Entwurfsmuster von Kopf bis Fuß

Wäre es nicht wundervoll, wenn es ein Buch über Entwurfsmuster gäbe, das mehr Spaß macht als ein Besuch beim Zahnarzt und aufschlussreicher ist als ein Steuerformular? Ist wohl nur ein Traum ...

Eric Freeman
Elisabeth Robson

mit
Kathy Sierra
Bert Bates

Deutsche Übersetzung von
Lars Schulten
und
Elke Buchholz

Beijing • Cambridge • Köln • Sebastopol • Tokyo

Die Informationen in diesem Buch wurden mit größter Sorgfalt erarbeitet. Dennoch können Fehler nicht vollständig ausgeschlossen werden. Verlag, Autoren und Übersetzer übernehmen keine juristische Verantwortung oder irgendeine Haftung für eventuell verbliebene Fehler und deren Folgen. D.h., wenn Sie beispielsweise ein Kernkraftwerk unter Verwendung dieses Buchs betreiben möchten, tun Sie dies auf eigene Gefahr.

Alle Warennamen werden ohne Gewährleistung der freien Verwendbarkeit benutzt und sind möglicherweise eingetragene Warenzeichen. Der Verlag richtet sich im Wesentlichen nach den Schreibweisen der Hersteller. Das Werk einschließlich aller seiner Teile ist urheberrechtlich geschützt. Alle Rechte vorbehalten einschließlich der Vervielfältigung, Übersetzung, Mikroverfilmung sowie Einspeicherung und Verarbeitung in elektronischen Systemen.

Kommentare und Fragen können Sie gerne an uns richten:
O'Reilly Verlag
Balthasarstr. 81
50670 Köln
E-Mail: kommentar@oreilly.de

Copyright der deutschen Ausgabe:
© 2015 by O'Reilly Verlag GmbH & Co. KG
1. Auflage 2006
2. Auflage 2015

Die Originalausgabe erschien 2004 unter dem Titel
Head First Design Patterns bei O'Reilly Media, Inc.

Bei der Erstellung dieses Buchs wurden keinerlei Enten oder Truthähne verletzt.

Die Mitglieder der »Gang of Four« haben uns die Erlaubnis erteilt, ihre Fotos in diesem Buch abzudrucken. Doch, sie sehen so gut aus.

Java™ und alle auf Java basierenden Warenzeichen und Logos sind
in den USA und in anderen Ländern Warenzeichen oder registrierte
Warenzeichen von Sun Microsystems, Inc.
O'Reilly Media, Inc. und der O'Reilly Verlag GmbH & Co. KG
sind von Sun Microsystems unabhängig.

Bibliografische Information Der Deutschen Bibliothek
Die Deutsche Bibliothek verzeichnet diese Publikation in der
Deutschen Nationalbibliografie; detaillierte bibliografische Daten
sind im Internet über http://dnb.ddb.de abrufbar.

Deutsche Übersetzung und Bearbeitung: Lars Schulten, Köln & Elke Buchholz, Aachen
Lektorat: Christine Haite & Alexandra Follenius, Köln
Korrektorat: Sibylle Feldmann, Düsseldorf
Fachgutachten: Hartmut Sailer, Heidelberg, Matthias Lange, Bayreuth,
Dirk Gomez, Bonn & Jochen Wiedmann, Eningen
Satz: Ulrich Borstelmann, Dortmund
Umschlaggestaltung: Ellie Volckhausen, Boston
Produktion: Karin Driesen & Andrea Miß, Köln
Belichtung, Druck und buchbinderische Verarbeitung: Media-Print, Paderborn

ISBN-13 978-3-95561-986-2

Dieses Buch ist auf 100% chlorfrei gebleichtem Papier gedruckt.

Für die Gang of Four, deren Fachwissen und deren Erfahrung beim Beschreiben und Erklären von Entwurfsmustern die Welt des Software-Designs für immer verändert und das Leben von Entwicklern weltweit verbessert haben.

Aber mal im Ernst – *wann* kommt die zweite Auflage? Schließlich ist es erst ~~zehn~~ *Jahre* her!
 zwanzig

Und für Elke Buchholz, der wir diese deutsche Ausgabe widmen.

Die *Autoren*

Die Autoren/Entwickler von »Entwurfsmuster von Kopf bis Fuß«

Eric Freeman

Elisabeth Robson

Eric wurde von seiner Mitstreiterin an der Von-Kopf-bis-Fuß-Reihe, Kathy Sierra, als »ein Exemplar der raren Spezies, die gleichermaßen beflissen in der Sprache, Praxis und Kultur so unterschiedlicher Lebenswelten wie der der hipper Hacker, Unternehmensdirektoren, Ingenieure und Think-Tanks sind« bezeichnet.

Beruflich hat Eric gerade ein Jahrzehnt als Direktor in einem Medienunternehmen abgeschlossen – er war CTO von Disney Online & Disney.com bei der Walt Disney Company. Jetzt widmet er seine Zeit WickedlySmart, einem Startup, das er gemeinsam mit Elisabeth aus der Taufe gehoben hat.

Von Haus aus ist Eric Informatiker und hat während seiner Ph.D.-Arbeit an der Yale University beim Branchenvisionär David Gelernter gelernt. Seine Doktorarbeit gilt als bahnbrechendes Werk zu Alternativen zur Desktop-Metapher und ist außerdem die erste Implementierung von Activity Streams, einem Konzept, das er und Dr. Gelernter entwickelt haben.

In seiner Freizeit befasst sich Eric intensiv mit Musik. Sein jüngstes Projekt, eine Kooperation mit dem Ambient Music-Pionier Steve Roach, können Sie im iOS App Store kostenlos unter dem Namen Immersion Station finden.

Eric lebt mit seiner Frau und seiner kleinen Tochter in Austin, Texas. Seine Tochter stattet Erics Studio häufig Besuche ab und liebt es, an den Knöpfen seiner Synthesizer und Audioeffekte herumzuspielen.

Schreiben Sie ihm an *eric@wickedlysmart.com* oder besuchen Sie sein Blog auf *http://www.ericfreeman.com*.

Elisabeth ist Software-Entwicklerin, Autorin und Lehrerin. Elisabeth ist seit ihren Studententagen an der Yale University mit Leib und Seele Informatikerin. Dort hat sie ihren Informatik-Hochschulabschluss erworben und eine nebenläufige visuelle Programmiersprache und Software-Architektur entworfen.

Für das Internet engagiert sie sich schon seit dessen Anfangszeit; sie ist Mitbegründerin der preisgekrönten Website The Ada Project (TAP), einer der ersten Websites, die explizit Karriereoptionen und Unterstützung für Frauen in der Informatik bereitstellt.

Aktuell ist sie Mitbegründerin von WickedlySmart, einem auf Webtechnologien spezialisierten Online-Lehr- und Lernsystem, wo sie Bücher, Artikel, Videos und mehr erstellt. Zuvor hat sie als Director of Special Projects bei O'Reilly Media Präsenz-Workshops und Onlinekurse zu einer Vielzahl von technischen Themen gestaltet und eine Leidenschaft für das Entwerfen von Lehrsystemen entwickelt, die Menschen helfen, Technologien zu verstehen. Vor ihrer Zeit bei O'Reilly verstreute sie Feenstaub bei The Walt Disney Company, wo sie Entwicklungs- und Forschungsarbeiten im Bereich Digitale Medien leitete.

Wenn sie nicht vor ihrem Computer sitzt, geht Elisabeth, stets die Kamera in Griffweite, in der freien Natur wandern, Rad oder Kajak fahren, oder sie kocht vegetarische Gerichte.

Sie können ihr eine E-Mail an *beth@wickedlysmart.com* senden und ihr Blog unter *elisabethrobson.com* besuchen.

Einführung in Entwurfsmuster

Die Köpfe hinter dieser Reihe
(und Mitverschwörer bei diesem Buch)

Kathy interessiert sich seit ihrer Zeit als Spieledesignerin (sie hat Spiele für Virgin, MGM und Amblin' geschrieben) für Lerntheorie. Sie hat einen großen Teil des Formats der amerikanischen Originalreihe »Head First« entwickelt, aus der dieses Buch stammt, während sie im Rahmen des berufsbegleitenden Studienprogramms der UCLA im Studiengang Unterhaltung das Fach »New Media Authoring« unterrichtet hat. Später war sie Master Trainer bei Sun Microsystems und hat Java-Dozenten darin ausgebildet, wie man die neuesten Java-Techniken vermittelt, sowie mehrere der Sun-Zertifizierungsprüfungen entwickelt. Gemeinsam mit Bert Bates hat sie die Konzepte dieser Reihe aktiv im Unterricht für Tausende von Entwicklern eingesetzt. Kathy ist Begründerin von *javaranch.com*, einer Site, die 2003 und 2004 mit einem »Jolt Cola Productivity Award« ausgezeichnet wurde. Sie könnten sie auch auf einer Java Jam Geek-Kreuzfahrt (*geekcruises.com*) beim Java-Unterricht antreffen.

Was sie mag: Laufen, Skifahren, Skateboardfahren, mit ihrem Islandpony spielen und eigenartige wissenschaftliche Phänomene. Was sie nicht mag: Entropie.

Sie können sie auf *javaranch.com* oder gelegentlich im Blog auf *seriouspony.com* antreffen. Schreiben Sie ihr an *kathy@wickedlysmart.com*.

Bert arbeitet schon lange als Software-Entwickler und -Architekt, aber die jahrzehntelange tägliche Arbeit mit künstlicher Intelligenz hat sein Interesse an Lerntheorie und computergestütztem Lernen gefördert. Seitdem unterstützt er Kunden dabei, bessere Programmierer zu werden. In letzter Zeit hat er das Entwicklerteam für einige von Suns Java-Zertifizierungsprüfungen geleitet.

Im ersten Jahrzehnt seiner Software-Karriere hat er die Welt bereist und für Rundfunk-Kunden wie Radio New Zealand, den Weather Channel und das Arts & Entertainment Network (A & E) gearbeitet. Eines seiner absoluten Lieblingsprojekte war der Aufbau einer kompletten Eisenbahnsystem-Simulation für Union Pacific Railroad.

Bert ist schon seit Langem hoffnungslos dem *Go*-Spiel verfallen und arbeitet – schon etwas zu lange – an einem *Go*-Programm. Er spielt ganz gut Gitarre und versucht sich jetzt am Banjo.

Halten Sie Ausschau nach ihm auf *javaranch.com* oder auf dem IGS-Go-Server oder schreiben Sie ihm unter *terrapin@wickedlysmart.com*.

Die Übersetzer

Über die Übersetzer dieses Buchs

Lars Schulten ist freier Übersetzer für IT-Fachliteratur und hat für den O'Reilly Verlag schon unzählige Bücher zu ungefähr allem übersetzt, was man mit Computern so anstellen kann. Eigentlich hat er mal Philosophie studiert, aber mit Computern schlägt er sich schon seit den Zeiten herum, in denen Windows laufen lernte. Die Liste der Dinge, mit denen er sich beschäftigt, ist ungefähr so lang, launenhaft und heterogen wie die seiner Lieblingsessen oder Lieblingsbücher.

Lars legt sich eben nicht gern fest. »Eine Klasse, eine Verantwortlichkeit«, das ist sicher nicht seine Sache. Am besten funktioniert er, wenn man ihn als Universaladapter betrachtet und verdachtsweise einfach mal eine Methode aufruft und sich dann vom Ergebnis überraschen lässt.

Elke Buchholz arbeitete als freiberufliche Übersetzerin und Lektorin. Sie hatte Naturwissenschaften studiert und anschließend einige Jahre lang für verschiedene Verlage Fachliteratur übersetzt, unter anderem auch Lehrbücher. Nach einer mehrjährigen Tätigkeit als Angestellte in einem Aachener Verlag war sie ab 2004 wieder selbstständig tätig.

Besonders gern übersetzte Elke Informatikfachliteratur, denn seit sie entdeckt hatte, wie spannend die Java-Programmierung sein kann, hat sie sich von diesem Fachgebiet nicht wieder losreißen können.

Passend zu ihrem Beruf und ihrem Lieblingshobby trug Elke BuchHolz einen »sprechenden Variablen(nach)namen«. Als geborener Bücherwurm musste sie sich zwangsläufig auch beruflich irgendwann den Büchern zuwenden. Damit auch der zweite Teil ihres Namens nicht zu kurz kam, spielte sie in ihrer Freizeit begeistert ein Holzblasinstrument, die Klarinette.

Im Jahr 2006, wenige Tage nach Drucklegung des 2. Nachdrucks dieses erfolgreichen Buchs, starb Elke. Dieses Buch verdankt ihr sehr viel. Ihre Hingabe, ihr feiner Humor und ihre Klugheit machten die gemeinsame Arbeit an diesem Buch zu einer ganz besonderen Freude. Wir werden Dich nicht vergessen, Elke.

Zur deutschen Übersetzung

Eine Herausforderung bei der Übersetzung von »Head First Design Patterns« war, möglichst alle verwendeten Bilder und Metaphern ins Deutsche zu übertragen, bei den Fachausdrücken aber auf in der Praxis ungebräuchliche Übersetzungen zu verzichten. So werden wir im Buch zwar Fabriken bauen, aber unser Entwurfsmuster heißt Factory, wir werden Beobachter entsenden, das Entwurfsmuster aber Observer nennen. Wir hoffen, dass unsere deutschen Leser die Entwurfsmuster so leichter vor Augen haben, aber dennoch wissen, wie der Profi diese Muster in der Praxis bezeichnet.

Der Inhalt (in der Übersicht)

	Einführung	xxiii
1	Willkommen bei den Entwurfsmustern: *eine Einführung*	1
2	Ihre Objekte auf dem Laufenden halten: *das Observer-Muster*	37
3	Objekte dekorieren: *das Decorator-Muster*	81
4	Backen in OO-Qualität: *das Factory-Muster*	111
5	Ein einzigartiges Objekt: *das Singleton-Muster*	171
6	Aufrufe einkapseln: *das Command-Muster*	193
7	Anpassungsfähigkeit beweisen: *das Adapter- und das Facade-Muster*	243
8	Algorithmen einkapseln: *das Template Methode-Muster*	283
9	Erfolgreiche Kollektionen: *das Iterator- und das Composite-Muster*	323
10	Die Zustände in Objekthausen: *das State-Muster*	393
11	Den Zugriff auf Objekte kontrollieren: *das Proxy-Muster*	437
12	Muster von Mustern: *zusammengesetzte Muster*	505
13	Entwurfsmuster in der realen Welt: *besser leben mit Mustern*	583
14	Anhang: *übrig gebliebene Muster*	617

Der Inhalt (jetzt ausführlich)

Einführung

Ihr mustergültiges Gehirn. Sie versuchen, etwas zu lernen, und Ihr Hirn tut sein Bestes, damit das Gelernte nicht hängen bleibt. Es denkt nämlich: »Wir sollten lieber ordentlich Platz für wichtigere Dinge lassen, z.B. für das Wissen, welche Tiere einem gefährlich werden könnten, oder dass es eine ganz schlechte Idee ist, nackt Snowboard zu fahren.« Tja, wie schaffen wir es nun, Ihr Gehirn davon zu überzeugen, dass Ihr Leben davon abhängt, etwas über Entwurfsmuster zu wissen?

Für wen ist dieses Buch?	xxiv
Wir wissen, was Ihr Gehirn denkt	xxv
Metakognition	xxvii
Machen Sie sich Ihr Hirn untertan	xxix
Die Fachgutachter	xxxii
Danksagungen	xxxiii

Inhaltsverzeichnis

Willkommen bei den Entwurfsmustern

1 Willkommen bei den Entwurfsmustern

Irgendjemand hat Ihre Probleme bereits gelöst. In diesem Kapitel lernen Sie, warum (und wie) Sie die Erfahrungen und Lektionen verwerten können, die andere Entwickler gelernt haben, die in den gleichen Entwurfsschwierigkeiten steckten und den Trip überlebt haben. Dazu werden wir einen Blick auf die Verwendung und die Vorteile von Entwurfsmustern werfen, uns einige grundlegende OO-Entwurfsprinzipien ansehen und ein Beispiel dafür durchgehen, wie ein bestimmtes Muster funktioniert. Am besten arbeiten Sie mit Mustern, indem Sie *Ihr Gehirn mit ihnen aufladen* und dann in Ihren Entwürfen und in bestehenden Anwendungen die *Punkte erkennen*, an denen Sie sie *anwenden können*. Anstelle von *Code*-Wiederverwendung bieten Ihnen Muster *Erfahrungs*-Wiederverwendung.

Denken Sie daran: Wer Konzepte wie Abstraktion und Vererbung kennt, ist deswegen noch lange kein toller OO-Entwickler. Ein echter Guru überlegt, wie er seine Entwürfe so flexibel gestalten kann, dass sie leicht zu warten und zu ändern sind.

Alles begann mit einer simplen SimEnte-Anwendung	2
Aber jetzt müssen die Enten fliegen lernen	3
Aber etwas ging schrecklich schief	4
Eike denkt über Vererbung nach	5
Und wie wäre es mit einem Interface?	6
Was würden Sie tun, wenn Sie an Eikes Stelle wären?	7
Die eine Konstante bei der Software-Entwicklung	8
Das Problem einkreisen	9
Das, was veränderlich ist, von dem trennen, was gleich bleibt	10
Entenverhalten entwerfen	11
Das Entenverhalten implementieren	13
Die Entenverhalten integrieren	15
Integration fortgesetzt ...	16
Verhalten dynamisch setzen	20
Noch mal im Ganzen: Gekapseltes Verhalten	22
HAT-EIN kann IST-EIN überlegen sein	23
Da wir gerade von Entwurfsmustern sprechen ...	24
Im Bistro an der Ecke aufgeschnappt ...	26
Im Büro nebenan aufgeschnappt ...	27
Die Macht eines gemeinsamen Mustervokabulars	28
Wie verwende ich Entwurfsmuster?	29
Werkzeuge für Ihren Design-Werkzeugkasten	32

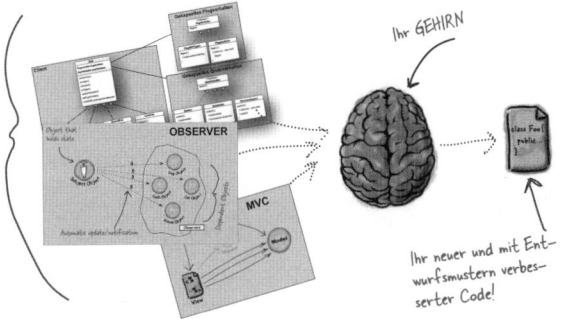

Ein Haufen von Mustern

Ihr GEHIRN

Ihr neuer und mit Entwurfsmustern verbesserter Code!

Das Observer-Muster

2 Ihre Objekte auf dem Laufenden halten

Verpassen Sie es nicht, wenn etwas Interessantes passiert! Wir haben ein Muster, das Ihre Objekte auf dem Laufenden hält, wenn etwas passiert, das Sie interessieren könnte. Objekte können sogar zur Laufzeit entscheiden, ob sie informiert werden möchten. Das Observer-Muster ist eins der Muster, die im JDK am häufigsten verwendet werden. Und es ist unglaublich nützlich. In diesem Kapitel sehen wir uns außerdem Eins-zu-viele-Beziehungen und lockere Bindungen an. Mit dem Observer-Muster werden Sie zum Mittelpunkt der Muster-Party.

Die Wetterstation-Anwendung im Überblick	39
Gestatten: das Observer-Muster	44
Herausgeber + Abonnenten = Observer-Muster	45
Die Definition des Observer-Musters	51
Die Definition des Observer-Musters: das Klassendiagramm	52
Die Macht der losen Kopplung	53
Die Wetterstation entwerfen	56
Die Wetterstation implementieren	57
Die Wetterstation in Betrieb nehmen	60
Javas eingebautes Observer-Muster verwenden	64
Wie Javas eingebautes Observer-Muster funktioniert	65
Die Wetterstation mit der eingebauten Unterstützung überarbeiten	67
Die dunkle Seite von java.util.Observable	71
Andere Orte im JDK, an denen Sie auf das Observer-Muster stoßen	72
Werkzeuge für Ihren Design-Werkzeugkasten	75

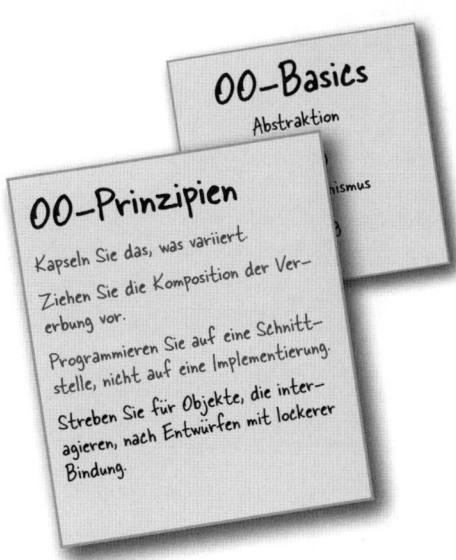

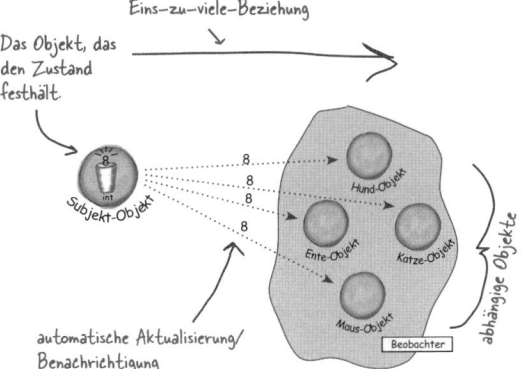

Inhaltsverzeichnis

3 Das Decorator-Muster

Objekte dekorieren

Nennen wir dieses Kapitel einfach »Vererbst du noch oder designst du schon?«. Wir untersuchen noch einmal einen typischen Fall überstrapazierter Vererbung, und Sie werden lernen, wie Sie Ihre Klassen mithilfe einer Form der Objekt-Zusammensetzung erst zur Laufzeit »dekorieren«. Warum? Wenn Ihnen die Techniken des Dekorierens einmal vertraut sind, können Sie Ihren Objekten (oder den Objekten anderer) neue Aufgaben geben, ohne den Code der zugrunde liegenden Klasse ändern zu müssen.

Willkommen bei Sternback-Kaffee	82
Das Offen/Geschlossen-Prinzip	88
Dürfen wir vorstellen: das Decorator-Muster!	90
Ein Getränk mit Dekorierern aufbauen	91
Die Definition des Decorator-Musters	93
Getränke dekorieren	94
Den Sternback-Code schreiben	97
Dekorierer aus der Praxis: Java I/O	102
Die java.io-Klassen dekorieren	103
Einen eigenen I/O-Dekorierer schreiben	104
Werkzeuge für Ihren Design-Werkzeugkasten	107

Das Factory-Muster

4 Backen in OO-Qualität

Machen Sie sich bereit, ein paar locker gebundene OO-Entwürfe zu backen. Das Erstellen von Objekten hat mehr zu bieten als die simple Verwendung des new-Operators. Sie werden lernen, dass Instantiierung eine Aktivität ist, die nicht immer in der Öffentlichkeit verübt werden sollte und oft zu Bindungsproblemen führen kann. Und das wollen Sie doch nicht, oder? Lernen Sie, wie Sie das Factory-Muster vor lästigen Abhängigkeiten retten kann.

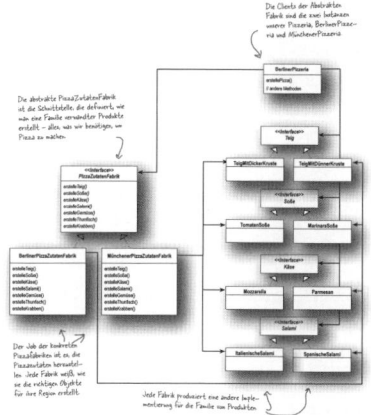

Die Aspekte identifizieren, die veränderlich sind	114
Die Objekt-Erstellung kapseln	116
Eine einfache Pizzafabrik erstellen	117
Die Definition der einfachen Fabrik	119
Ein Framework für die Pizzeria	122
Die Unterklassen entscheiden lassen	123
Eine Fabrikmethode deklarieren	127
Jetzt ist es endlich Zeit, dem Factory Method-Muster zu begegnen	133
Eine andere Perspektive: parallele Klassenhierarchien	134
Die Definition des Factory Method-Musters	136
Eine sehr abhängige Pizzeria	139
Ein Blick auf Objekt-Abhängigkeiten	140
Das Prinzip der Umkehrung der Abhängigkeiten	141
Das Prinzip anwenden	142
Stellen Sie Ihr Denken auf den Kopf	144
Ein paar Richtlinien, die Ihnen bei der Befolgung des Musters helfen	145
Inzwischen in der Pizzeria	146
Zutatenfamilien	147
Was wir gemacht haben	155
Die Definition des Abstract Factory-Musters	158
Factory Method und Abstract Factory im Vergleich	162
Werkzeuge für Ihren Design-Werkzeugkasten	164

Inhaltsverzeichnis

Das Singleton-Muster

Ein einzigartiges Objekt

Unser nächster Halt ist das Singleton-Muster, unsere Fahrkarte zur Erstellung einzigartiger Objekte von Klassen, von denen es nur eine einzige Instanz geben kann. Vielleicht freut es Sie zu erfahren, dass das Singleton-Muster in Bezug auf das Klassendiagramm das einfachste aller Muster ist. Das Diagramm enthält tatsächlich nur eine einzige Klasse! Aber machen Sie es sich nicht zu bequem. Trotz der Einfachheit in Bezug auf das Klassendiagramm werden wir auf eine Reihe Buckel und Schlaglöcher in seiner Implementierung stoßen. Sie schnallen sich also besser an.

Das kleine Singleton	173
Die klassische Implementierung des Singleton-Musters sezieren	175
Die Schokoladenfabrik	177
Definition des Singleton-Musters	179
Köln, ~~Houston~~, wir haben ein Problem ...	180
Mit Multithreading klarkommen	182
Können wir das Multithreading verbessern?	183
Inzwischen in der Schokoladenfabrik ...	185
Werkzeuge für Ihren Design-Werkzeugkasten	188

Das Command-Muster

6 Aufrufe einkapseln

In diesem Kapitel heben wir die Kapselung noch einmal auf ein ganz neues Niveau: Wir werden Methodenaufrufe einkapseln. Ja, wirklich. Indem wir den Methodenaufruf kapseln, können wir Teile von Berechnungen einfrieren, damit das Objekt, das die Berechnung aufruft, sich nicht darum kümmern muss, wie diese Dinge gemacht werden. Es verwendet einfach unsere eingefrorene Methode, um sie ausführen zu lassen. Mit diesen eingekapselten Methodenaufrufen können wir außerdem einige unverschämt geschickte Dinge tun, sie beispielsweise speichern, um sie zu protokollieren, oder wiederverwenden, um unserem Code eine Rückgängig-Funktionalität zu spendieren.

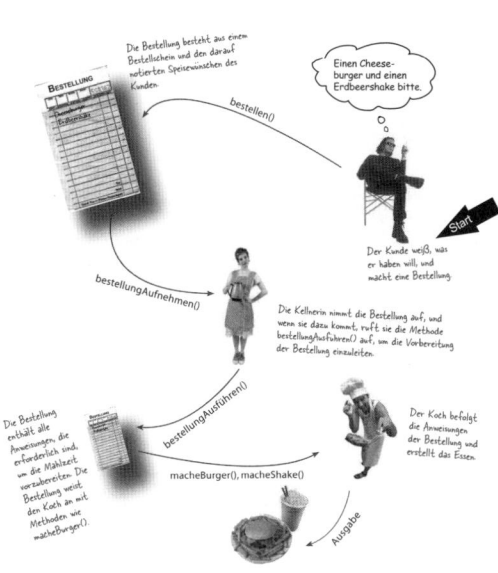

Kostenlose Hardware! Sehen wir uns mal diese Fernsteuerung an	195
Werfen wir einen Blick auf die Klassen der Hersteller	196
Inzwischen im Restaurant	199
Rollen und Verantwortlichkeiten im Restaurant Objekthausen	201
Vom Restaurant zum Command-Muster	203
Unser erstes Befehl-Objekt	205
Die Definition des Command-Musters	208
Den Fernsteuerungsplätzen Befehle zuweisen	211
Die Fernbedienung implementieren	212
Die Befehle implementieren	213
Die Fernsteuerung in Gang setzen	214
Zeit, diese Dokumentation zu schreiben	217
Einen Status verwenden, um Rückgängig zu implementieren	222
Jede Fernsteuerung braucht einen Party-Modus!	226
Einen Makro-Befehl verwenden	227
Das Command-Muster erfordert eine Menge an Klassen	230
Die Fernsteuerung mit Lambda-Ausdrücken vereinfachen	231
Weitere Verwendungen des Command-Musters: Warteschlangen für Befehle	237
Weitere Verwendungen des Command-Musters: Anfragen protokollieren	238
Werkzeuge für Ihren Design-Werkzeugkasten	239

Die Adapter- und Facade-Muster

7 Anpassungsfähigkeit beweisen

In diesem Kapitel werden wir uns an unmöglichen Dingen versuchen – einen rechteckigen Pflock in ein rundes Loch zu stecken beispielsweise. Klingt unmöglich? Nicht, wenn man Design-Patterns hat. Erinnern Sie sich an das Decorator-Muster? Wir haben Objekte umhüllt, um ihnen neue Verantwortlichkeiten zu geben. Jetzt werden wir einige Objekte mit einem anderen Ziel einpacken: um ihren Schnittstellen den Anschein zu verleihen, dass sie wie etwas aussehen, das sie nicht sind. Warum sollten wir das tun? Wir haben damit die Möglichkeit, ein Design, das eine bestimmte Schnittstelle erwartet, an eine Klasse anzupassen, die eine andere Schnittstelle implementiert. Und das ist nicht alles. Da wir gerade dabei sind, werden wir uns noch ein weiteres Muster ansehen, das Objekte umhüllt, um ihre Schnittstelle zu vereinfachen.

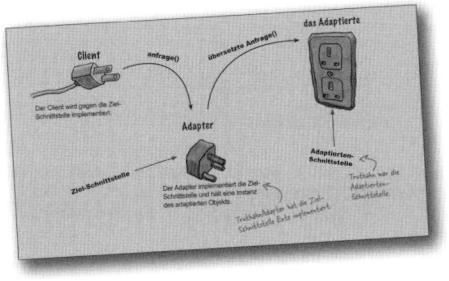

Adapter, wo wir nur hinschauen	244
Objektorientierte Adapter	245
Wenn es quakt wie eine Ente und watschelt wie eine Ente, ~~muss~~ könnte es ~~eine Ente~~ ein Truthahn sein, der mit einem Ente-Adapter eingepackt ist.	246
Den Adapter testen	248
Das Adapter-Muster erklärt	249
Der Client verwendet die Schnittstelle folgendermaßen:	249
Die Definition des Adapter-Musters	251
Objekt- und Klassen-Adapter	252
Adapter aus dem wirklichen Leben	256
Einen Enumerator an einen Iterator anpassen	257
Gemütliches Heimkino	263
Beleuchtung, Kamera, Fassade	266
Die Heimkino-Fassade aufbauen	269
Die Definition des Facade-Musters	272
Das Prinzip der Verschwiegenheit	273
Wie man sich KEINE Freunde macht	274
Das Facade-Muster und das Prinzip der Verschwiegenheit	277
Werkzeuge für Ihren Design-Werkzeugkasten	278

Das Template Method-Muster

Algorithmen einkapseln

Wir sind auf dem totalen Kapselungstrip. Wir haben die Objekt-Erstellung eingekapselt, Methodenaufrufe, komplexe Schnittstellen, Enten, Pizzas ... was könnte als Nächstes kommen? Wir werden dazu übergehen, Teile von Algorithmen zu kapseln, damit Unterklassen sich jederzeit in eine Berechnung einkapseln können, wenn sie das möchten. Außerdem werden wir einiges über ein Entwurfsprinzip lernen, das von Hollywood inspiriert ist.

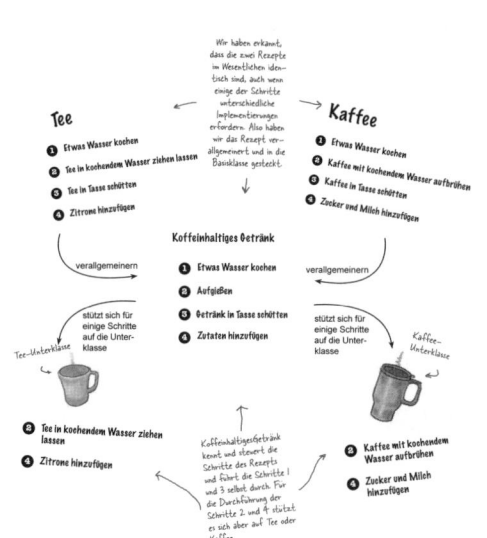

Zeit für noch etwas Koffein	284
Ein paar Kaffee- und Tee-Klassen (in Java) zusammenrühren	285
Dürfte ich vielleicht Ihren Kaffee, Tee abstrahieren?	288
zubereitungsRezept() abstrahieren	290
Was also haben wir gemacht?	293
Dürfen wir vorstellen: das Template Method-Muster!	294
Was hat uns das Template Method-Muster gebracht?	296
Die Definition des Template Method-Musters	297
Haken wir uns bei einer Template-Methode ein ...	300
Den Hook verwenden	301
Das Hollywood-Prinzip und das Template Method-Muster	305
Template-Methoden im wirklichen Leben	307
Mit dem Template Method-Muster sortieren	308
Wir haben ein paar Enten, die sortiert werden müssen	309
Enten mit Enten vergleichen	310
Sortieren wir also ein paar Enten	311
Der Aufbau einer Enten-Sortiermaschine	312
Swinging mit Frames	314
Werkzeuge für Ihren Design-Werkzeugkasten	319

Die Iterator- und Composite-Muster

9 Erfolgreiche Kollektionen

Es gibt viele Möglichkeiten, Objekte in eine Sammlung zu packen. Stecken Sie sie in ein Array-, Stack-, -List- oder Hashtable-Objekt. Sie haben die freie Auswahl. Und jede hat ihre Vor- und Nachteile. Aber irgendwann wird Ihr Client über diese Objekte iterieren wollen. Werden Sie ihm Ihre Implementierung zeigen, wenn er das tut? Wir hoffen ganz entschieden, dass Sie das nicht tun werden! Es wäre einfach nicht professionell. Sie müssen Ihre Karriere nicht riskieren. Sie werden sehen, wie Sie es Clients ermöglichen, über Ihre Objekt zu iterieren, ohne dass er je sieht, wie Sie Ihre Objekte speichern. Sie werden auch lernen, wie Sie Super Collections von Objekten pflegen, die mit einem einzigen Satz einige beeindruckende Datenstrukturen überspringen können. Und wenn Ihnen das immer noch nicht ausreicht, werden Sie außerdem ein oder zwei Dinge über Objektverantwortlichkeit lernen.

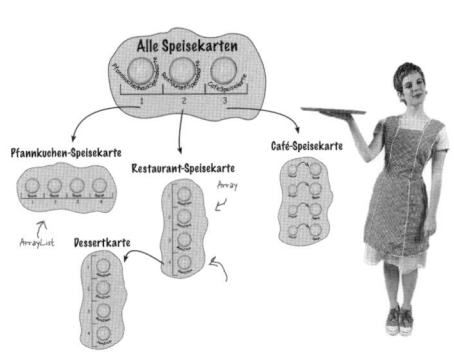

Nachricht des Tages: Restaurant Objekthausen und Pfannkuchenhaus Objekthausen fusionieren	324
Sehen wir uns die Speisen an	325
Können wir die Iteration kapseln?	332
Darf ich vorstellen: das Iterator-Muster	334
Der RestaurantSpeisekarte einen Iterator hinzufügen	335
Was wir gemacht haben	339
Mit java.util.Iterator sauber machen	342
Die Definition des Iterator-Musters	345
Eine einzige Verantwortlichkeit	348
Werfen wir einen Blick auf die Speisekarte des Cafés	351
Was wir gemacht haben?	355
Iteratoren und Collections	357
Ist die Kellnerin bereit für den Ansturm der Gäste?	359
Die Definition des Composite-Musters	364
Mit dem Composite-Muster Speisekarten entwerfen	367
Die SpeisekartenKomponente implementieren	368
Die Komposita-Speisekarte implementieren	370
Ein Rückblick auf Iterator	376
Der KompositumIterator	377
Der Null-Iterator	380
Die Magie von Iteratoren und Komposita zusammen	382
Werkzeuge für Ihren Design-Werkzeugkasten	388

Das State-Muster

10 Die Zustände in Objekthausen

Eine kaum bekannte Tatsache ist: Das Strategy- und das State-Muster sind Zwillinge, die bei der Geburt getrennt wurden. Wie Sie schon wissen, hat das Strategy-Muster später ein supererfolgreiches Geschäft mit austauschbaren Algorithmen aufgebaut. Das State-Pattern hingegen hat einen – vielleicht edelmütigeren – Weg eingeschlagen: Es hilft Objekten, ihr Verhalten mittels Veränderung ihres internen Zustands zu kontrollieren. Oft hört man es zu seiner Objekt-Klientel sagen: »Sprecht mir nach: Ich bin gut genug, ich bin klug genug, verdammt noch mal ...«

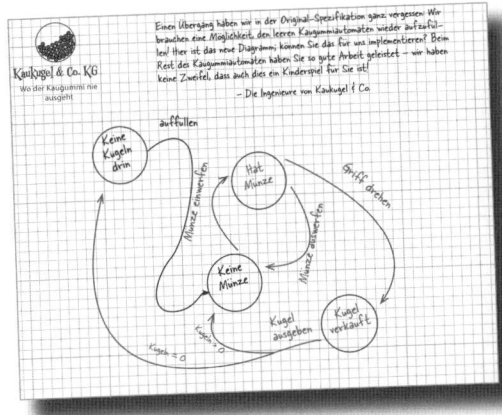

Java bringt die Kugel ins Rollen	394
Einführungskurs »Zustandsautomaten«	396
Den Code schreiben	398
Das musste ja kommen ... eine Änderungsanfrage!	402
ZUSTÄNDE wie bei Hempels unterm Sofa ...	404
Der neue Entwurf	406
Definition des Zustands-Interface und der Zustandsklassen	407
Implementierung unserer Zustandsklassen	409
Umbau des Kaugummiautomaten	410
Die Implementierung weiterer Zustände	412
Sehen wir uns mal an, was wir bis jetzt gemacht haben ...	415
Die Definition des State-Musters	418
Unser 1-von-10-Kaugummispiel ist noch nicht fertig	421
Demo für den Hauptgeschäftsführer von Kaukugel & Co. KG	423
Stimmt alles?	425
Kamingespräche	426
Das hätten wir beinahe vergessen!	428
Werkzeuge für Ihren Design-Werkzeugkasten	431

Inhaltsverzeichnis

11 Das Proxy-Muster

Den Zugriff auf Objekte kontrollieren

Haben Sie schon mal »good cop – bad cop« gespielt?

Sie sind der gute Polizist und helfen den Menschen nett und freundlich. Aber Sie möchten einfach nicht *jedem* zu Diensten sein, und deshalb haben Sie den bösen Polizisten, der den *Zugang zu Ihnen kontrolliert.* Genau das tun Proxys: Sie kontrollieren und steuern den Zugang zu etwas anderem. Wie Sie sehen werden, können Proxys sich auf ganz unterschiedliche Art und Weise vor ihre zugehörigen Objekte stellen. Proxys haben schon komplette Methodenaufrufe über das Internet für ihre Objekte durchgeführt; manchmal sind sie aber auch nur geduldige Stellvertreter für ziemlich faule Objekte.

Der Überwachungscode	439
Die Rolle des »Remote-Proxy«	442
Einführungskurs »Remote-Methoden«	445
Zurück zu unserem Remote-Proxy für den Kaugummiautomaten	457
Die Definition des Proxy-Musters	467
Der virtuelle Proxy	469
Entwurf des virtuellen Proxy für das CD-Cover	471
Was haben wir gemacht?	477
Die Erstellung eines Schutz-Proxy mit dem Proxy aus der Java-API	481
Kurzdrama: Objektschutz	485
Erzeugung eines dynamischen Proxy	486
Der Proxy-Zoo	494
Werkzeuge für Ihren Design-Werkzeugkasten	497
Der Code für den CD-Cover-Viewer	501

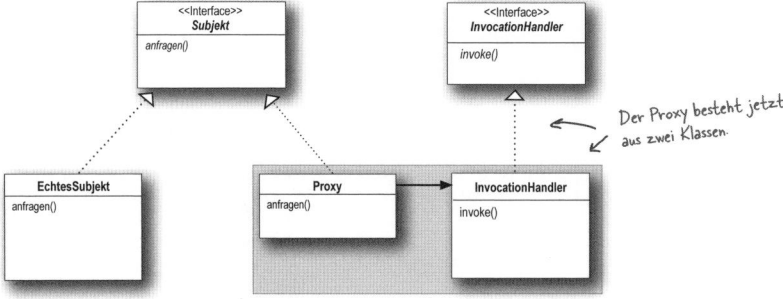

Zusammengesetzte Muster

12 Muster von Mustern

Wer hätte je gedacht, dass Entwurfsmuster zusammenarbeiten könnten?

Sie sind ja schon Zeuge der erbitterten Auseinandersetzungen am Kamin geworden (und dabei haben Sie noch nicht mal die Seiten mit den Kämpfen auf Leben und Tod gesehen, die wir auf Druck des Verlags wieder herausnehmen mussten). Mal ehrlich, hätten Sie geglaubt, dass Muster gut miteinander auskommen können? Also, ob Sie es glauben oder nicht: Einige der leistungsfähigsten OO-Designs setzen mehrere Muster gemeinsam ein. Machen Sie sich also bereit für Ihren nächsten Muster-Qualifikationslevel, denn jetzt stehen zusammengesetzte Muster auf dem Plan.

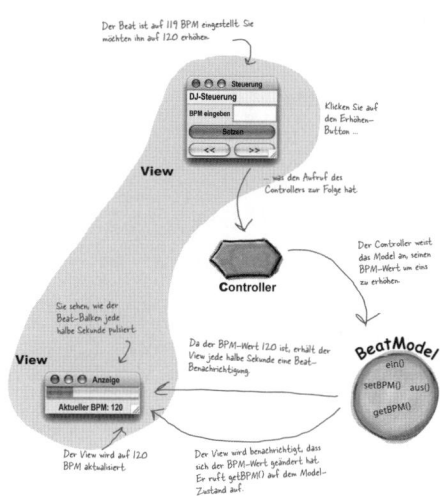

Mustergültige Zusammenarbeit	506
Ein Wiedersehen mit den Enten	507
Einen Adapter hinzufügen	510
Einen Decorator hinzufügen	512
Eine Fabrik hinzufügen	514
Jetzt noch das Composite-Muster und ein Iterator	519
Zum Schluss noch ein Observer	522
Was wir gemacht haben ...	529
Aus der VogelEntenperspektive: das Klassendiagramm	530
Der König der zusammengesetzten Muster	532
Wir stellen vor: Model-View-Controller	535
MVC, durch die Musterbrille betrachtet	538
Mit MVC den Takt angeben ...	540
Erstellung der Einzelteile	543
Implementierung des Views	546
Nun zum Controller	548
Alles zusammensetzen	550
Strategy intensiv	551
Anpassung des Models	552
MVC und das Web	555
Model 2: DJ am Handy	557
Model 2 im Test ...	561
Zum Ausprobieren:	562
Muster und Model 2	563
Werkzeuge für Ihren Design-Werkzeugkasten	566

Inhaltsverzeichnis

Besser leben mit Mustern

13 Entwurfsmuster in der realen Welt

Aaah, jetzt sind Sie bereit für eine strahlende neue Welt voller Entwurfsmuster! Aber bevor Sie all die tollen Chancen nutzen, die sich Ihnen jetzt bieten, müssen wir noch ein paar Einzelheiten besprechen, die Sie in der realen Welt beachten müssen – ja, ein bisschen komplizierter als hier in Objekthausen wird es schon! Schauen Sie mal auf die nächste Seite: Dort haben wir einen schönen Leitfaden, der Ihnen die Eingewöhnung erleichtern wird.

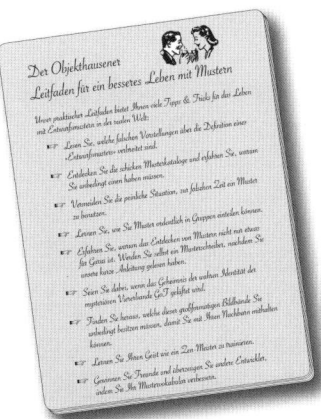

bjekthausener Leitfaden für ein besseres Leben mit Mustern	584
Definition eines Entwurfsmusters	585
Die Entwurfsmusterdefinition näher betrachtet	587
Möge die Macht mit Ihnen sein!	588
So, Sie möchten also selbst Entwurfsmuster schreiben?	593
Ordnung in Entwurfsmuster bringen	595
In Mustern denken	600
Ihr Denken wird mustergültig	603
Vergessen Sie nicht die Macht des gemeinsamen Vokabulars	605
Eine Fahrt durch Objekthausen mit der Gang of Four	607
Ihre Reise hat gerade erst begonnen ...	608
Der Musterzoo	610
Mit Antimustern gegen die Schlechtigkeit	612
Werkzeuge für Ihren Design-Werkzeugkasten	614
Abschied von Objekthausen ...	615
Schön, dass Sie hier waren!	615

14 Anhang: Übrig gebliebene Muster

Nicht jeder kann eine Berühmtheit sein. In den letzten zehn Jahren hat sich eine Menge geändert. Seit die 1. Auflage von *Entwurfsmuster: Elemente wiederverwendbarer objektorientierter Software* erschienen ist, haben Entwickler diese Muster Tausende von Malen angewendet. Die Muster, die in diesem Anhang zusammengefasst sind, sind vollwertige, ausgewiesene, offizielle GoF-Muster, sie werden nur nicht so oft verwendet wie die Muster, mit denen wir uns bis jetzt beschäftigt haben. Dennoch werden diese Muster mit vollem Recht als großartige Muster betrachtet, und wenn Sie in einer Situation sind, die danach verlangt, können Sie sie mit erhobenem Haupt anwenden. In diesem Anhang möchten wir Ihnen eine ungefähre Vorstellung davon vermitteln, worum es bei diesen Mustern geht.

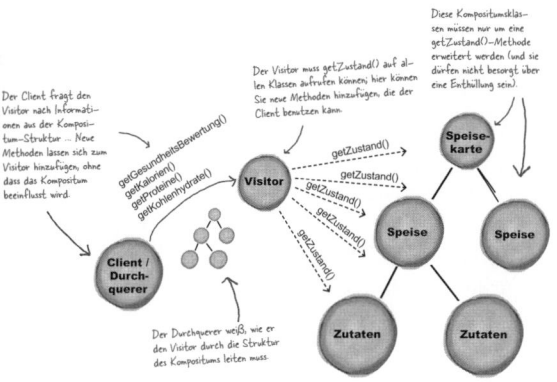

Bridge-Muster	618
Builder-Muster	620
Chain of Responsibility-Muster	622
Flyweight-Muster	624
Interpreter-Muster	626
Mediator-Muster	628
Memento-Muster	630
Prototype-Muster	632
Visitor-Muster	634

Index

637

Wie man dieses Buch benutzt

Einführung

In diesem Abschnitt beantworten wir die brennende Frage: »Und? Warum STEHT so was in einem Buch über Entwurfsmuster?«

Wie man dieses Buch benutzt

Für wen ist dieses Buch?

Wenn Sie alle folgenden Fragen mit »Ja« beantworten können …

① **Können Sie Java? (Sie müssen kein Guru sein.)** — *Wahrscheinlich kommen Sie auch klar, wenn Sie stattdessen C# können.*

② Möchten Sie Entwurfsmuster **lernen, verstehen, behalten** und *anwenden,* einschließlich der OO-Entwurfsprinzipien, auf denen Entwurfsmuster basieren?

③ Ziehen Sie eine anregende Unterhaltung beim Abendessen einer trockenen, langweiligen Vorlesung vor?

… dann ist dieses Buch etwas für Sie.

Wer sollte eher die Finger von diesem Buch lassen?

Wenn Sie eine der folgenden Fragen mit »Ja« beantworten können …

① **Sind Sie ein völliger Java-Neuling?**
(Sie müssen keine fortgeschrittenen Kenntnisse haben. Selbst wenn Sie *kein* Java können, dafür aber C#, werden Sie wahrscheinlich mindestens 80% der Code-Beispiele verstehen. *Vielleicht* kommen Sie sogar zurecht, wenn Sie C++ können.)

② Sind Sie ein Top-OO-Entwickler, der ein **Buch zum Nachschlagen** sucht?

③ Sind Sie ein Software-Architekt auf der Suche nach **Enterprise-**Entwurfsmustern?

④ Haben Sie **Angst, etwas Neues auszuprobieren?** Ist Ihnen eine Wurzelkanalbehandlung lieber, als Streifen kombiniert mit Karos zu tragen? Glauben Sie, dass ein Technikfachbuch, in dem Java-Komponenten vermenschlicht werden, nicht seriös sein kann?

… dann ist dieses Buch nicht das Richtige für Sie.

[Anmerkung der Marketing-Abteilung: Dieses Buch ist etwas für jeden, der eine Kreditkarte besitzt.]

Einführung

Wir wissen, was Sie gerade denken.

»Kann das wirklich ein seriöses Programmierlehrbuch sein?«

»Was ist mit all den Abbildungen?«

»Kann ich das auf diese Art wirklich lernen?«

Und wir wissen, was Ihr *Gehirn* gerade denkt.

Ihr Gehirn denkt, DAS HIER ist wichtig.

Ihr Gehirn lechzt nach Neuem. Es ist ständig dabei, Ihre Umgebung abzusuchen, und es *wartet* auf etwas Ungewöhnliches. So ist es nun einmal gebaut, und es hilft Ihnen zu überleben.

Heutzutage ist es weniger wahrscheinlich, dass Sie von einem Tiger verputzt werden. Aber Ihr Gehirn hält immer noch Ausschau. Man weiß ja nie.

Also, was macht Ihr Gehirn mit all den gewöhnlichen, normalen Routinesachen, denen Sie begegnen? Es tut alles in seiner Macht stehende, damit es dadurch nicht bei seiner *eigentlichen* Arbeit gestört wird: Dinge zu erfassen, die wirklich *wichtig* sind. Es gibt sich nicht damit ab, die langweiligen Sachen zu speichern, sondern lässt diese gar nicht erst durch den »Dies-ist-offensichtlich-nicht-wichtig«-Filter.

Woher *weiß* Ihr Gehirn denn, was wichtig ist? Nehmen Sie an, Sie machen einen Tagesausflug und ein Tiger springt vor Ihnen aus dem Gebüsch: Was passiert dabei in Ihrem Kopf und Ihrem Körper?

Neuronen feuern. Gefühle werden angekurbelt. *Chemische Substanzen durchfluten Sie.*

Und so weiß Ihr Gehirn:

Dies muss wichtig sein! Vergiss es nicht!

Aber nun stellen Sie sich vor, Sie sind zu Hause oder in einer Bibliothek. In einer sicheren, warmen, tigerfreien Zone. Sie lernen. Bereiten sich auf eine Prüfung vor. Oder Sie versuchen, irgendein schwieriges Thema zu lernen, von dem Ihr Chef glaubt, Sie bräuchten dafür eine Woche oder höchstens zehn Tage.

Da ist nur ein Problem: Ihr Gehirn versucht Ihnen einen großen Gefallen zu tun. Es versucht dafür zu sorgen, dass diese *offensichtlich* unwichtigen Inhalte nicht knappe Ressourcen verstopfen. Ressourcen, die besser dafür verwendet würden, die wirklich *wichtigen* Dinge zu speichern. Wie Tiger. Wie die Gefahren des Feuers. Oder dass Sie nie wieder in Shorts snowboarden sollten.

Und es gibt keine einfache Möglichkeit, Ihrem Gehirn zu sagen: »Hey, Gehirn, vielen Dank, aber egal, wie langweilig dieses Buch auch ist und wie klein der Ausschlag auf meiner emotionalen Richterskala gerade ist, ich *will* wirklich, dass du diesen Kram behältst.«

Ihr Gehirn denkt, DAS HIER zu speichern lohnt sich nicht.

Na toll. Nur noch 654 trockene, langweilige Seiten.

Sie sind hier ▸

Wir stellen uns unseren Leser als einen aktiv Lernenden vor.

Also, was ist nötig, damit Sie etwas lernen? Erst einmal müssen Sie es aufnehmen und dann dafür sorgen, dass Sie es nicht wieder vergessen. Es geht nicht darum, Fakten in Ihren Kopf zu schieben. Nach den neuesten Forschungsergebnissen der Kognitionswissenschaft, der Neurobiologie und der Lernpsychologie gehört zum Lernen viel mehr als nur Text auf einer Seite. Wir wissen, was Ihr Gehirn anmacht.

Einige der Lernprinzipien dieser Buchreihe:

Bilder einsetzen. An Bilder kann man sich viel besser erinnern als an Worte allein und lernt so viel effektiver (bis zu 89% Verbesserung bei Abrufbarkeits- und Lerntransferstudien). Außerdem werden die Dinge dadurch verständlicher. **Text in oder neben die Grafiken setzen,** auf die sie sich beziehen, anstatt darunter oder auf eine andere Seite. Die Leser werden auf den Bildinhalt bezogene Probleme dann mit *doppelt* so hoher Wahrscheinlichkeit lösen können.

Verwenden Sie einen gesprächsorientierten Stil mit persönlicher Ansprache. Nach neueren Untersuchungen haben Studenten nach dem Lernen bei Tests bis zu 40% besser abgeschnitten, wenn der Inhalt den Leser direkt in der ersten Person und im lockeren Stil angesprochen hat statt in einem formalen Ton. Halten Sie keinen Vortrag, sondern erzählen Sie Geschichten. Benutzen Sie eine zwanglose Sprache. Nehmen Sie sich selbst nicht zu ernst. Würden *Sie* einer anregenden Unterhaltung beim Abendessen mehr Aufmerksamkeit schenken oder einem Vortrag?

Es ist wirklich ätzend, eine abstrakte Methode zu sein, so ganz ohne Körper ...

Bringen Sie den Lernenden dazu, intensiver nachzudenken. Mit anderen Worten: Falls Sie nicht aktiv Ihre Neuronen strapazieren, passiert in Ihrem Gehirn nicht viel. Ein Leser muss motiviert, begeistert und neugierig sein und angeregt werden, Probleme zu lösen, Schlüsse zu ziehen und sich neues Wissen anzueignen. Und dafür brauchen Sie Herausforderungen, Übungen, zum Nachdenken anregende Fragen und Tätigkeiten, die beide Seiten des Gehirns und mehrere Sinne einbeziehen.

`abstract void umherwandern();`

Kein Body für die Methode! Am Schluss steht ein Semikolon.

Ergibt es einen Sinn zu sagen: Wanne IST-EIN Badezimmer? Badezimmer IST-EINE Wanne? Oder ist das eine HAT-EINE-Beziehung?

Ziehen Sie die Aufmerksamkeit des Lesers auf sich – und behalten Sie sie. Wir alle haben schon Erfahrungen dieser Art gemacht: »Ich will das wirklich lernen, aber ich kann einfach nicht über Seite 1 hinaus wach bleiben.« Ihr Gehirn passt auf, wenn Dinge ungewöhnlich, interessant, merkwürdig, auffällig, unerwartet sind. Ein neues, schwieriges, technisches Thema zu lernen muss nicht langweilig sein. Wenn es das nicht ist, lernt Ihr Gehirn viel schneller.

Sprechen Sie Gefühle an. Wir wissen, dass Ihre Fähigkeit, sich an etwas zu erinnern, wesentlich von dessen emotionalem Gehalt abhängt. Sie erinnern sich an das, was Sie *bewegt*. Sie erinnern sich, wenn Sie etwas *fühlen*. Nein, wir erzählen keine herzzerreißenden Geschichten über einen Jungen und seinen Hund. Was wir erzählen, ruft Überraschungs-, Neugier-, Spaß- und Was-soll-das?-Emotionen hervor und dieses Hochgefühl, das Sie beim Lösen eines Puzzles empfinden oder wenn Sie etwas lernen, was alle anderen schwierig finden. Oder wenn Sie merken, dass Sie etwas können, was dieser »Ich-bin-ein-besserer-Techniker-als-du«-Typ aus der Technikabteilung *nicht kann*.

Einführung

Metakognition: Nachdenken übers Denken

Wenn Sie wirklich lernen möchten, und zwar schneller und nachhaltiger, dann schenken Sie Ihrer Aufmerksamkeit Aufmerksamkeit. Denken Sie darüber nach, wie Sie denken. Lernen Sie, wie Sie lernen.

Die meisten von uns haben in ihrer Jugend keine Kurse in Metakognition oder Lerntheorie gehabt. Es wurde von uns *erwartet*, dass wir lernen, aber nur selten wurde uns auch *beigebracht*, wie man lernt.

Wir nehmen aber an, dass Sie wirklich etwas über Entwurfsmuster lernen möchten, wenn Sie dieses Buch in den Händen halten. Und wahrscheinlich möchten Sie nicht viel Zeit aufwenden. Und Sie wollen sich an das *erinnern*, was Sie lesen, und es anwenden können. Und deshalb müssen Sie es *verstehen*. Wenn Sie so viel wie möglich von diesem Buch profitieren wollen oder von irgendeinem anderen Buch oder einer anderen Lernerfahrung, übernehmen Sie Verantwortung für Ihr Gehirn. Ihr Gehirn im Zusammenhang mit diesem Lernstoff.

Der Trick besteht darin, Ihr Gehirn dazu zu bringen, neuen Lernstoff als etwas wirklich Wichtiges anzusehen. Als entscheidend für Ihr Wohlbefinden. So wichtig wie ein Tiger. Andernfalls stecken Sie in einem dauernden Kampf, in dem Ihr Gehirn sein Bestes gibt, um die neuen Inhalte davon abzuhalten, hängen zu bleiben.

Wie bringen Sie also Ihr Gehirn dazu, Entwurfsmuster für so wichtig zu halten wie einen Tiger?

Da gibt es den langsamen, ermüdenden Weg oder den schnelleren, effektiveren Weg. Der langsame Weg geht über bloße Wiederholung. Natürlich ist Ihnen klar, dass Sie lernen und sich sogar an die langweiligsten Themen erinnern *können*, wenn Sie sich die gleiche Sache immer wieder einhämmern. Wenn Sie nur oft genug wiederholen, sagt Ihr Gehirn: »Er hat zwar nicht das *Gefühl*, dass das wichtig ist, aber er sieht sich dieselbe Sache *immer und immer wieder* an – dann muss sie wohl wichtig sein.«

Der schnellere Weg besteht darin, **alles zu tun, was die Gehirnaktivität erhöht**, vor allem verschiedene Arten von Gehirnaktivität. Eine wichtige Rolle dabei spielen die auf der vorhergehenden Seite erwähnten Dinge – alles Dinge, die nachweislich helfen, dass Ihr Gehirn *für* Sie arbeitet. So hat sich z.B. in Untersuchungen gezeigt: Wenn Wörter *in* den Abbildungen stehen, die sie beschreiben (und nicht irgendwo anders auf der Seite, z.B. in einer Bildunterschrift oder im Text), versucht Ihr Gehirn herauszufinden, wie die Wörter und das Bild zusammenhängen, und dadurch feuern mehr Neuronen. Und je mehr Neuronen feuern, umso größer ist die Chance, dass Ihr Gehirn mitbekommt: Bei dieser Sache lohnt es sich aufzupassen und vielleicht auch, sich daran zu erinnern.

Ein lockerer Sprachstil hilft, denn Menschen tendieren zu höherer Aufmerksamkeit, wenn ihnen bewusst ist, dass sie ein Gespräch führen – man erwartet dann ja von ihnen, dass sie dem Gespräch folgen und sich beteiligen. Das Erstaunliche daran ist: Es ist Ihrem Gehirn ziemlich egal, dass die »Unterhaltung« zwischen Ihnen und einem Buch stattfindet! Wenn der Schreibstil dagegen formal und trocken ist, hat Ihr Gehirn den gleichen Eindruck wie bei einem Vortrag, bei dem in einem Raum passive Zuhörer sitzen. Nicht nötig, wach zu bleiben.

Aber Abbildungen und ein lockerer Sprachstil sind erst der Anfang.

Wie man dieses Buch benutzt

Das haben WIR getan:

Wir haben **Bilder** verwendet, weil Ihr Gehirn auf visuelle Eindrücke eingestellt ist, nicht auf Text. Soweit es Ihr Gehirn betrifft, sagt ein Bild *wirklich* mehr als 1.024 Worte. Und dort, wo Text und Abbildungen zusammenwirken, haben wir den Text *in* die Bilder eingebettet, denn Ihr Gehirn arbeitet besser, wenn der Text *innerhalb* der Sache steht, auf die er sich bezieht, und nicht in einer Bildunterschrift oder irgendwo vergraben im Text.

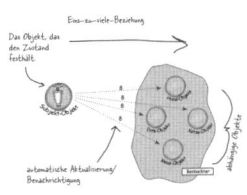

Wir haben **Redundanz** eingesetzt, d.h. dasselbe auf *unterschiedliche* Art und mit verschiedenen Medientypen ausgedrückt, damit Sie es über *mehrere Sinne* aufnehmen. Das erhöht die Chance, dass die Inhalte an mehr als nur einer Stelle in Ihrem Gehirn verankert werden.

Wir haben Konzepte und Bilder in **unerwarteter** Weise eingesetzt, weil Ihr Gehirn auf Neuigkeiten programmiert ist. Und wir haben Bilder und Ideen mit zumindest *etwas* **emotionalem Charakter** verwendet, weil Ihr Gehirn darauf eingestellt ist, auf die Biochemie von Gefühlen zu achten. An alles, was ein *Gefühl* in Ihnen auslöst, können Sie sich mit höherer Wahrscheinlichkeit erinnern, selbst wenn dieses Gefühl nicht mehr ist als ein bisschen **Belustigung, Überraschung oder Interesse.**

Der Muster-Guru

Wir haben einen **umgangssprachlichen Stil** mit direkter Anrede benutzt, denn Ihr Gehirn ist von Natur aus aufmerksamer, wenn es Sie in einer Unterhaltung wähnt als wenn es davon ausgeht, dass Sie passiv einer Präsentation zuhören – sogar dann, wenn Sie *lesen*.

Wir haben mehr als 40 **Aktivitäten** für Sie vorgesehen, denn Ihr Gehirn lernt und behält von Natur aus besser, wenn Sie Dinge **tun,** als wenn Sie nur darüber *lesen*. Und wir haben die Übungen zwar anspruchsvoll, aber doch lösbar gemacht, denn so ist es den meisten Lesern am liebsten.

Wir haben **mehrere unterschiedliche Lernstile** eingesetzt, denn vielleicht bevorzugen *Sie* ein Schritt-für-Schritt-Vorgehen, während jemand anders erst einmal den groben Zusammenhang verstehen und ein Dritter einfach nur ein Code-Beispiel sehen möchte. Aber ganz abgesehen von den jeweiligen Lernvorlieben profitiert *jeder* davon, wenn er die gleichen Inhalte in unterschiedlicher Form präsentiert bekommt.

Punkt für Punkt

Wir liefern Inhalte für **beide Seiten Ihres Gehirns,** denn je mehr Sie von Ihrem Gehirn einsetzen, umso wahrscheinlicher werden Sie lernen und behalten und umso länger bleiben Sie konzentriert. Wenn Sie mit einer Seite des Gehirns arbeiten, bedeutet das häufig, dass sich die andere Seite des Gehirns ausruhen kann; so können Sie über einen längeren Zeitraum produktiver lernen.

Und wir haben **Geschichten** und Übungen aufgenommen, die **mehr als einen Blickwinkel repräsentieren,** denn Ihr Gehirn lernt von Natur aus intensiver, wenn es gezwungen ist, selbst zu analysieren und zu beurteilen.

Puzzles

Wir haben **Herausforderungen** eingefügt: in Form von Übungen und indem wir **Fragen** stellen, auf die es nicht immer eine eindeutige Antwort gibt, denn Ihr Gehirn ist darauf eingestellt, zu lernen und sich zu erinnern, wenn es an etwas *arbeiten* muss. Überlegen Sie: Ihren *Körper* bekommen Sie ja auch nicht in Form, wenn Sie nur die Leute auf dem Sportplatz *beobachten*. Aber wir haben unser Bestes getan, um dafür zu sorgen, dass Sie – wenn Sie schon hart arbeiten – an den *richtigen* Dingen arbeiten. Dass Sie **nicht einen einzigen Dendriten darauf verschwenden,** ein schwer verständliches Beispiel zu verarbeiten oder einen schwierigen, mit Fachbegriffen gespickten oder übermäßig gedrängten Text zu analysieren.

Wir haben **Menschen** eingesetzt. In Geschichten, Beispielen, Bildern usw. – denn *Sie sind* ein Mensch. Und Ihr Gehirn schenkt *Menschen* mehr Aufmerksamkeit als *Dingen*.

Wir haben einen **80/20**-Ansatz benutzt. Wir gehen davon aus, dass dies nicht Ihr einziges Buch sein wird, wenn Sie einen Doktor in Software-Design machen wollen. Deshalb besprechen wir nicht *alles*. Nur das, was Sie wirklich *brauchen* werden.

Und das können SIE tun, um sich Ihr Gehirn untertan zu machen

Schneiden Sie dies aus und heften Sie es an Ihren Kühlschrank.

So, wir haben unseren Teil der Arbeit geleistet. Der Rest liegt bei Ihnen. Diese Tipps sind ein Anfang; hören Sie auf Ihr Gehirn und finden Sie heraus, was bei Ihnen funktioniert und was nicht. Probieren Sie neue Wege aus.

---

① **Immer langsam. Je mehr Sie verstehen, umso weniger müssen Sie auswendig lernen.**

Lesen Sie nicht nur. Halten Sie inne und denken Sie nach. Wenn das Buch Sie etwas fragt, springen Sie nicht einfach zur Antwort. Stellen Sie sich vor, dass Sie das wirklich jemand *fragt*. Je gründlicher Sie Ihr Gehirn zum Nachdenken zwingen, umso größer ist die Chance, dass Sie lernen und behalten.

② **Bearbeiten Sie die Übungen. Machen Sie selbst Notizen.**

Wir haben sie entworfen, aber wenn wir sie auch für Sie lösen würden, wäre dass, als ob jemand anderes Ihr Training für Sie absolviert. Und sehen Sie sich die Übungen *nicht einfach nur an*. **Benutzen Sie einen Bleistift.** Es deutet vieles darauf hin, dass körperliche Aktivität *beim* Lernen den Lernerfolg erhöhen kann.

③ **Lesen Sie die Abschnitte »Es gibt keine dummen Fragen«.**

Und zwar alle. Das sind keine Zusatzanmerkungen – *sie gehören zum Kerninhalt!* Überspringen Sie sie nicht.

④ **Lesen Sie dies als Letztes vor dem Schlafengehen. Oder lesen Sie danach zumindest nichts *Anspruchsvolles* mehr.**

Ein Teil des Lernprozesses (vor allem die Übertragung in das Langzeitgedächtnis) findet erst statt, *nachdem* Sie das Buch zur Seite gelegt haben. Ihr Gehirn braucht Zeit für sich, um weitere Verarbeitung zu leisten. Wenn Sie in dieser Zeit etwas Neues aufnehmen, geht ein Teil dessen, was Sie gerade gelernt haben, verloren.

⑤ **Trinken Sie Wasser. Viel.**

Ihr Gehirn arbeitet am besten in einem schönen Flüssigkeitsbad. Austrocknung (zu der es schon kommen kann, bevor Sie überhaupt Durst verspüren) beeinträchtigt die kognitive Funktion.

⑥ **Reden Sie drüber. Laut.**

Sprechen aktiviert einen anderen Teil des Gehirns. Wenn Sie etwas verstehen wollen oder Ihre Chancen verbessern wollen, sich später daran zu erinnern, sagen Sie es laut. Noch besser: Versuchen Sie es jemand anderem laut zu erklären. Sie lernen dann schneller und haben vielleicht Ideen, auf die Sie beim bloßen Lesen nie gekommen wären.

⑦ **Hören Sie auf Ihr Gehirn.**

Achten Sie darauf, Ihr Gehirn nicht zu überladen. Wenn Sie merken, dass Sie etwas nur noch überfliegen oder dass Sie das gerade erst Gelesene vergessen haben, ist es Zeit für eine Pause. Ab einem bestimmten Punkt lernen Sie nicht mehr schneller, indem Sie mehr hineinzustopfen versuchen; das kann sogar den Lernprozess stören.

⑧ **Aber bitte mit *Gefühl*!**

Ihr Gehirn muss wissen, dass es *um etwas Wichtiges geht*. Lassen Sie sich in die Geschichten hineinziehen. Erfinden Sie eigene Bildunterschriften für die Fotos. Über einen schlechten Scherz zu stöhnen ist *immer noch* besser, als gar nichts zu fühlen.

⑨ ***Entwerfen* Sie etwas!**

Wenden Sie das hier Gelernte auf einen Entwurf an, an dem Sie gerade arbeiten, oder gestalten Sie ein älteres Projekt damit um. Tun Sie *irgendetwas*, um neben den Übungen in diesem Buch weitere Erfahrungen zu sammeln. Sie brauchen dazu nur einen Bleistift und ein zu lösendes Problem ... ein Problem, das von einem oder mehreren Entwurfsmustern profitieren würde.

Wie man dieses Buch benutzt

Lies mich!

Dies ist ein Lernerlebnis, kein Nachschlagewerk. Wir haben bewusst alles herausgestrichen, was an irgendeiner Stelle des Buchs hinderlich für den Lernprozess sein könnte. Und wenn Sie das Buch das erste Mal durcharbeiten, müssen Sie am Anfang anfangen, denn das Buch macht bestimmte Annahmen darüber, was Sie schon gesehen und gelernt haben.

Wir verwenden ein einfacheres, modifiziertes Pseudo-UML.

Regisseur
getFilme()
getOscars()
getKevinBaconDegrees()

Wir verwenden einfache UML-ähnliche Diagramme.
Wahrscheinlich ist Ihnen UML schon einmal begegnet, aber in diesem Buch wird UML nicht behandelt und auch nicht vorausgesetzt. Wenn Sie noch nie UML gesehen haben – kein Problem, wir geben Ihnen unterwegs ein paar Hinweise. Mit anderen Worten: Sie müssen sich nicht mit Entwurfsmustern *und* UML gleichzeitig abplagen. Unsere Diagramme sind »UML-*ähnlich*« – wir versuchen, sie so UML-getreu wie möglich zu machen, aber manchmal müssen wir die Regeln ein bisschen abwandeln, meistens aus ganz eigennützigen gestalterischen Gründen.

Wir behandeln nicht alle Entwurfsmuster, die je erfunden wurden.
Es gibt *viele* Entwurfsmuster: die grundlegenden »Ur«-Muster (auch als GoF-Muster bekannt), die J2EE-Muster von SUN, JSP-Muster, Muster in der Architektur, Muster für Computerspiele und noch *eine Menge* mehr. Wir haben sie hier nicht alle behandelt, denn wir wollten ja nicht, dass unser Buch nachher mehr wiegt als sein Leser. Unser Schwerpunkt liegt auf denjenigen GoF-Mustern, die wirklich wichtig sind und *eine Rolle spielen*, und wir wollten sichergehen, dass Sie wirklich und wahrhaftig verstehen, wie und wo man sie anwendet. Im Anhang finden Sie einen kurzen Ausblick auf einige der anderen Muster (die, die Sie sehr wahrscheinlich eher selten einsetzen werden). Wenn Sie »Entwurfsmuster von Kopf bis Fuß« erst einmal durchhaben, können Sie einen beliebigen Musterkatalog aufschlagen und werden damit auf jeden Fall rasch zurechtkommen.

Die Übungen sind NICHT optional.
Die Übungen und sonstigen Aktivitäten sind keine Zugaben, sondern Grundbestandteil des Buchs. Einige davon helfen beim Einprägen, einige beim Verständnis und einige bei der Anwendung des Gelernten. ***Überspringen Sie die Übungen nicht.*** Das Einzige, was Sie nicht machen *müssen*, sind die Kreuzworträtsel, aber sie geben Ihrem Gehirn eine gute Möglichkeit, die Wörter einmal in einem anderen Zusammenhang zu sehen.

Wir verwenden das Wort »Komposition« im allgemeinen OO-Sinn, der flexibler ist als die strikte Begriffsdefinition von »Komposition« innerhalb von UML.
Wenn wir sagen, dass »ein Objekt durch Komposition mit einem anderen Objekt zusammengefügt« wurde, meinen wir damit, dass eine HAT-EIN-Beziehung zwischen ihnen besteht. So wurde dieser Begriff traditionell und auch im GoF-Buch verwendet (was das ist, erfahren Sie später). In UML wurde dieser Begriff dann später in verschiedene Kompositionstypen aufgegliedert. Aber auch wenn Sie UML-Experte sind, werden Sie das Buch lesen und den Begriff »Komposition« jeweils leicht in den genaueren Fachbegriff übersetzen können.

Einführung

Die Redundanz ist beabsichtigt und wichtig.

Eine der Besonderheiten eines Buchs dieser Reihe ist: Wir wollen, dass Sie *wirklich* verstehen. Und wenn Sie mit dem Buch fertig sind, sollen Sie sich an das Gelernte erinnern. Bei den meisten Nachschlagewerken besteht das Ziel nicht im Behalten und Erinnern. Aber in *diesem* Buch geht es ums *Lernen*, und deshalb werden manche Ideen und Begriffe mehr als ein Mal besprochen.

Die Code-Beispiele sind so kurz wie möglich.

Wir wissen von unseren Lesern, wie frustrierend es ist, sich durch 200 Zeilen Code zu wühlen, um die beiden Zeilen zu finden, die man zum Verständnis benötigt. Bei den meisten Beispielen in diesem Buch wird vom Kontext so wenig abgedruckt wie möglich – so wird der Teil, den Sie gerade lernen wollen, klar und einfach. Erwarten Sie beim Code nicht unbedingt, dass er stabil läuft oder vollständig ist – die Beispiele wurden speziell zum Zweck des Lernens geschrieben und sind nicht immer voll funktionsfähig.

In manchen Fällen haben wir nicht alle benötigten Importanweisungen mit abgedruckt; wir setzen jedoch voraus, dass Sie als Java-Programmierer beispielsweise wissen, dass ArrayList zu java.util gehört. Wenn die importierten Pakete nicht Bestandteil der normalen J2SE-API sind, haben wir das erwähnt. Außerdem haben wir den gesamten Quellcode zum Herunterladen ins Internet gestellt. Sie finden ihn unter

http://www.wickedlysmart.com/head-first-design-patterns/

Den für die deutsche Ausgabe lokalisierten Code finden Sie auf der Verlagswebsite zum Buch:

http://www.oreilly.de/catalog/hfdesignpat2ger/

Da wir uns auf den Lernaspekt des Codes konzentrieren wollen, haben wir unsere Klassen auch nicht in Pakete gesteckt (mit anderen Worten, sie liegen alle im Java-Standard-Verzeichnis). In der realen Welt empfehlen wir das allerdings nicht – wenn Sie sich die Code-Beispiele herunterladen, werden Sie feststellen, dass dort alle Klassen in Paketen organisiert sind.

Zu den Kopfnuss-Übungen gibt es keine Lösungen.

Für manche gibt es keine richtige Lösung, bei anderen wiederum ist es ein Teil der Lernerfahrung, dass Sie selbst entscheiden, ob und wann Ihre Antworten richtig sind. Bei einigen Kopfnuss-Übungen finden Sie Hinweise, die Ihnen die richtige Richtung zeigen.

Das Gutachter-Team

Fachgutachter

Jef Cumps

Valentin Crettaz

Barney Marispini

Ike Van Atta

Der unerschrockene Leiter des Extreme-Review-Teams

Johannes deJong

Jason Menard

Mark Spritzler

Dirk Schreckmann

Einführung

Philippe Maquet

Im Gedenken an Philippe Maquet
1960-2004

Dein erstaunliches Fachwissen, dein nicht nachlassender Enthusiasmus und dein intensives Bemühen um den Lernenden wird uns immer ein Ansporn sein.

Wir werden dich nie vergessen.

Danksagungen

An O'Reilly:

Unser besonderer Dank geht an **Mike Loukides** bei O'Reilly, der alles ins Leben gerufen und geholfen hat, aus dem »Head First«-Konzept eine Buchreihe zu entwickeln (»Head First« heißt die amerikanische Reihe, aus der dieses Buch stammt). Und ein großes Dankeschön auch an die treibende Kraft hinter Head First, **Tim O'Reilly.** Dank auch an die kluge Head First-»Serienmutter« **Kyle Hart,** an »InDesign-König« **Ron Bilodeau**, an Rockstar **Ellie Volckhausen** für ihr geniales Titeldesign, an **Melanie Yarbrough** für das Hüten der Herstellung, an **Colleen Gorman** für das gnadenlose Sprachkorrektorat und an **Bob Pfahler** für einen deutlich verbesserten Index. Vielen Dank schließlich an **Mike Hendrickson** und **Meghan Blanchette** dafür, dass sie sich für dieses Entwurfsmusterbuch eingesetzt und das Team zusammengestellt haben.

An unsere tapferen Fachgutachter:

Ganz besonders dankbar sind wir unserem Chef-Reviewer **Johannes deJong.** Du bist unser Held, Johannes. Überaus dankbar sind wir auch für die Beiträge des Co-Managers im **Javaranch-**Gutachter-Team, des verstorbenen **Philippe Maquet.** Du ganz persönlich hast das Leben tausender Entwickler bereichert und einen unauslöschlichen Eindruck in ihrem (und in unserem) Leben hinterlassen. **Jef Cumps** hat ein beängstigendes Talent, Probleme in unseren Rohfassungen der Kapitel zu finden, was für das Buch eine große Rolle gespielt hat. Danke, Jef! **Valentin Crettaz** (unser AOP-Fachmann), der schon seit dem allerersten Buch der Reihe dabei ist, hat uns (wie immer) gezeigt, wie sehr wir doch auf sein Fachwissen und seinen Einblick angewiesen sind. Du bist spitze, Valentin (aber leg die Krawatte ab!).

Zwei Neulinge im Head First-Fachgutachterteam, Barney Marispini und Ike Van Atta, haben ganz hervorragende Arbeit für das Buch geleistet – ihr habt uns *wirklich* entscheidende Rückmeldungen gegeben. Danke, dass ihr zum Team gestoßen seid.

Ausgezeichnete fachliche Hilfe haben wir auch von den Javaranch-Moderatoren und -Gurus **Mark Spritzler, Jason Menard, Dirk Schreckmann, Thomas Paul** und **Margarita Isaeva** erhalten. Und wie immer danken wir besonders dem Ober-Cowboy von javaranch.com, **Paul Wheaton.**

Danke auch an die Teilnehmer der Endrunde im Javaranch-Wettbewerb »Pick the Head First Design Patterns Cover«. Der Gewinner, Si Brewster, hat uns mit seinem Beitrag überzeugt, die Frau auszuwählen, die Sie jetzt auf unserem Einband sehen. In der Endrunde waren außerdem Andrew Esse, Gian Franco Casula, Helen Crosbie, Pho Tek, Helen Thomas, Sateesh Kommineni und Jeff Fisher.

Für die Aktualisierung in 2014 danken wir: George Hoffer, Ted Hill, Todd Bartoszkiewicz, Sylvain Tenier, Scott Davidson, Kevin Ryan, Rich Ward, Mark Francis Jaeger, Mark Masse, Glenn Ray, Bayard Fetler, Paul Higgins, Matt Carpenter, Julia Williams, Matt McCullough und Mary Ann Belarmino.

Weitere Danksagungen

Und noch mehr Leute*

Von Eric und Elisabeth

Das Schreiben eines Head First-Buchs ist ein wilder Ritt mit zwei fantastischen Führern: **Kathy Sierra** und **Bert Bates.** Mit Kathy und Bert werfen Sie alle Konventionen des Bücherschreibens über Bord und betreten eine Welt voller Geschichten, Lerntheorie, Kognitionswissenschaft und Alltagskultur, in der der Leser immer an erster Stelle steht. Danke euch beiden, dass ihr uns Zutritt zu eurer erstaunlichen Welt gewährt habt; wir hoffen, dass wir Eurer Reihe gerecht geworden sind. Im Ernst, es war fantastisch. Danke dafür, dass ihr uns so umsichtig geführt und vorangedrängt habt, und vor allem dafür, dass ihr uns euer »Kind« anvertraut habt. Ihr seid beide definitiv unverschämt schlau und außerdem die coolsten 29-Jährigen, die wir kennen. So ... wer noch?

Ein dickes Dankeschön an **Mike Loukides**, **Mike Hendrickson** und **Meghan Blanchette**. Mike L. hat uns den ganzen Weg entlang begleitet. Mike, du hast uns mit deinem aufschlussreichen Feedback bei der Gestaltung des Buchs geholfen und durch deine Ermutigungen dafür gesorgt, dass es vorwärts ging. Mike H., danke für deine Ausdauer, mit der du fünf Jahre lang versucht hast, uns zum Schreiben eines Buchs über Entwurfsmuster zu bewegen – endlich haben wir es getan, und wir sind froh, dass wir auf diese Reihe gewartet haben. Und Meg, danke, dass du dich mit uns in die Aktualisierung gestürzt hast. Ohne dich hätten wir das nicht geschafft.

Ganz besonderer Dank gebührt **Erich Gamma,** der beim Begutachten dieses Buchs weit über das Erwartete hinausgegangen ist (er hat sogar eine Rohfassung mit in den Urlaub genommen). Erich, dein Interesse an diesem Buch hat uns angespornt, und dein sorgfältiges Fachgutachten hat enorm zu seiner Verbesserung beigetragen. Wir danken außerdem der gesamten **Gang of Four** für ihre Unterstützung und ihr Interesse und für einen Sonderauftritt in Objekthausen. Dank schulden wir auch **Ward Cunningham** und der Mustergemeinde, die das Portland Pattern Repository geschaffen haben – es war uns beim Schreiben dieses Buchs als Ressource unentbehrlich.

Um so ein Fachbuch zu schreiben, braucht man eine ganze Dorfbevölkerung: **Bill Pugh** und **Ken Arnold** haben uns beim Singleton fachlich beraten. **Joshua Marinacci** hat uns tolle Tipps und Ratschläge zu Swing gegeben. Der Artikel »Why a Duck?« von **John Brewer** hat uns zu SimEnte angeregt (und wir freuen uns, dass auch er etwas für Enten übrig hat). **Dan Friedman** hat uns zu dem Beispiel mit dem kleinen Singleton angeregt. **Daniel Steinberg** hat als unser »technischer Verbindungsmann« und als unser Netzwerk für emotionale Unterstützung fungiert. Und bei **James Dempsey** von Apple bedanken wir uns dafür, dass wir seinen MVC-Song verwenden durften. Und Dank an **Richard Warburton**, der sichergestellt hat, dass unsere Java 8- Codeaktualisierungen für diese Ausgabe des Buches in Ordnung waren.

Schließlich ein persönliches Dankeschön an das **Javaranch-Gutachterteam** für ihre erstklassigen Fachgutachten und die herzliche Unterstützung. Es steckt mehr von euch in diesem Buch, als ihr wisst.

Von Kathy und Bert

Wir würden Mike Hendrickson gern dafür danken, dass er Eric und Elisabeth gefunden hat ... aber wir können es nicht. Aufgrund dieser beiden mussten wir (zu unserem Entsetzen) feststellen, dass wir nicht *die Einzigen* sind, die ein Head First-Buch schreiben können ;) Aber wenn die Leser unbedingt *glauben* wollen, dass es eigentlich Kathy und Bert sind, von denen die coolen Sachen in diesem Buch stammen – ja, wer sind *wir* denn, dass wir das richtig stellen könnten?

---

* Die große Zahl der Danksagungen hat folgenden Grund: Wir testen die Theorie, dass jeder, der in einem Buch bei den Danksagungen erwähnt wird, mindestens ein Exemplar davon kauft, wahrscheinlich sogar mehrere, wegen der Verwandtschaft und so. Wenn Sie bei den Danksagungen in unserem *nächsten* Buch erwähnt werden möchten und eine große Familie haben, schreiben Sie uns!

1 Einführung in Entwurfsmuster

Willkommen bei den Entwurfsmustern

> Wenn man in Objekthausen lebt, muss man auch bei den Entwurfsmustern mitmischen ... das machen jetzt doch alle. Bald werden wir die Stars in Bettys Mittwochabend-Mustergruppe sein.

Irgendjemand hat Ihre Probleme bereits gelöst. In diesem Kapitel lernen Sie, warum (und wie) Sie die Erfahrungen und Lektionen verwerten können, die andere Entwickler gelernt haben, die in den gleichen Entwurfsschwierigkeiten steckten und den Trip überlebt haben. Dazu werden wir einen Blick auf die Verwendung und die Vorteile von Entwurfsmustern werfen, uns einige grundlegende OO-Entwurfsprinzipien ansehen und ein Beispiel dafür durchgehen, wie ein bestimmtes Muster funktioniert. Am besten arbeiten Sie mit Mustern, indem Sie *Ihr Gehirn mit ihnen aufladen* und dann in Ihren Entwürfen und in bestehenden Anwendungen die *Stellen erkennen*, an denen Sie sie *anwenden können*. Anstelle von *Code*-Wiederverwendung bieten Ihnen Muster *Erfahrungs*-Wiederverwendung.

Alles begann mit einer simplen SimEnte-Anwendung

Eike arbeitet für ein Unternehmen, das das höchst erfolgreiche Ententeich-Simulationsspiel *SimEnte* erstellt. Das Spiel kann zeigen, wie eine Vielzahl von Entenarten herumschwimmt und Quak-Geräusche von sich gibt. Die ursprünglichen Entwickler des Spiels haben klassische OO-Techniken verwendet und eine Ente-Superklasse erstellt, von der alle anderen Ententypen abgeleitet sind.

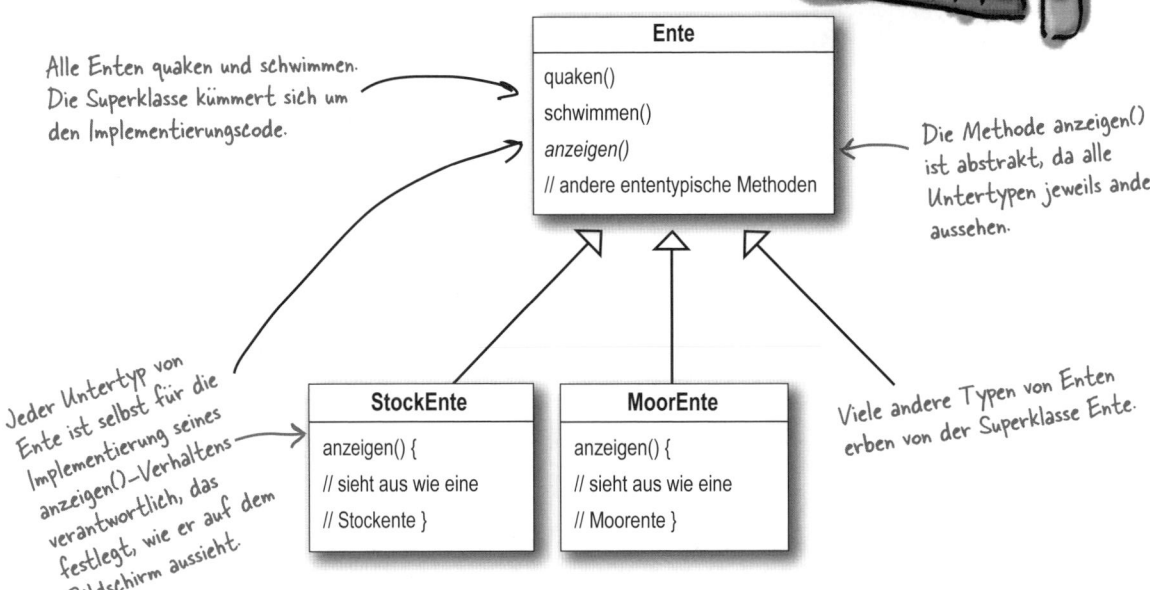

Im letzten Jahr geriet das Unternehmen unter erheblichen Druck durch Konkurrenten. Nach einer einwöchigen externen Brainstorming-Session beim Golfen hat die Unternehmensleitung entschieden, dass es Zeit für eine große Innovation sei. Sie bräuchten etwas *richtig* Beeindruckendes, das sie bei der anstehenden Aktionärsversammlung vorzeigen könnten, die *nächste Woche* in Maui stattfindet.

Einführung in Entwurfsmuster

Aber jetzt müssen die Enten fliegen lernen

Die Unternehmensleitung hat entschieden, dass fliegende Enten genau das sind, was die Simulation braucht, um die anderen SimEnte-Konkurrenten auszustechen. Und natürlich hat Eikes Manager ihnen gesagt, dass es für Eike kein Problem sei, in einer Woche etwas hervorzuzaubern. »Schließlich«, sagte Eikes Boss, »ist er ja ein OO-Programmierer ... *so schwer kann das doch nicht sein.*«

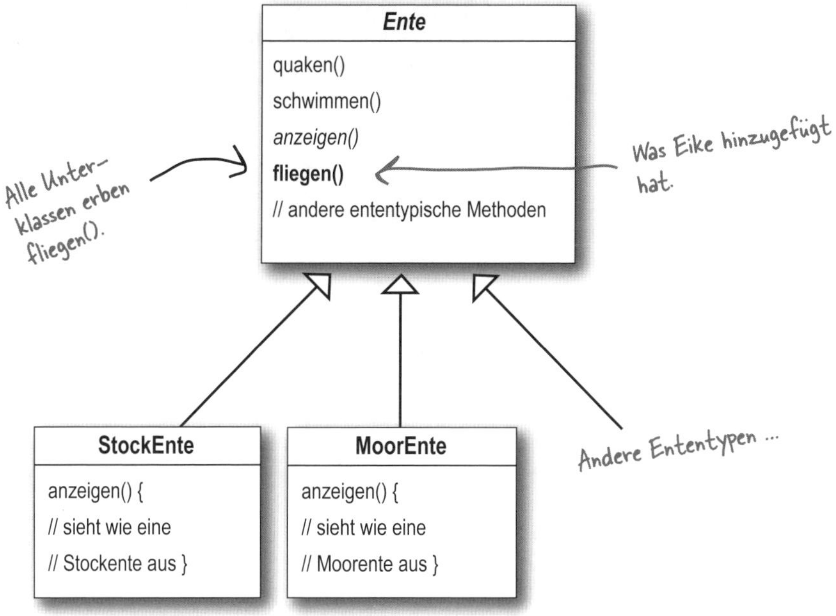

> Ich muss bloß der Ente-Klasse eine fliegen()-Methode hinzufügen, und dann wird die von allen Enten geerbt. Jetzt ist es an der Zeit, mein wahres OO-Genie zu zeigen.

← Eike

Was wir wollen.

Ente
- quaken()
- schwimmen()
- *anzeigen()*
- **fliegen()**
- // andere ententypische Methoden

Alle Unterklassen erben fliegen().

Was Eike hinzugefügt hat.

StockEnte
- anzeigen() {
- // sieht wie eine
- // Stockente aus }

MoorEnte
- anzeigen() {
- // sieht wie eine
- // Moorente aus }

Andere Ententypen ...

Sie sind hier ▶

Etwas ging schief

Aber etwas ging schrecklich schief

> Eike! Ich bin hier auf der Aktionärsversammlung. Sie haben gerade eine Demo vorgeführt, in der **Gummienten** über den Bildschirm flogen. Soll das ein Witz sein? Sieht so aus, als hättest du Lust, etwas Zeit auf Monster.com totzuschlagen!

Was ist passiert?

Eike hat nicht daran gedacht, dass nicht *alle* Unterklassen von Ente *fliegen* dürfen. Als Eike der Superklasse Ente das neue Verhalten hinzufügte, hat er ein Verhalten hinzugefügt, das für einige Ente-Unterklassen *nicht* geeignet ist. Jetzt fliegen im Programm SimEnte eigentlich nicht flugfähige Objekte herum.

Eine lokale Aktualisierung des Codes führte zu einem nicht lokalen Nebeneffekt (fliegende Gummiente)!

> Na gut. Mein Entwurf hat also einen kleinen Haken. Ich verstehe nicht, warum sie es nicht einfach ein »Feature« nennen. Ich finde es irgendwie süß.

Was er für eine großartige Verwendung von Vererbung zum Zweck der Wiederverwendung gehalten hat, stellt sich als weniger gut heraus, wenn es um die <u>Wartung</u> geht.

Dadurch, dass er fliegen() in die Superklasse gesteckt hat, hat er ALLEN Enten die Fähigkeit zu fliegen verliehen, auch denen, die nicht fliegen sollten.

```
         Ente
quaken()
schwimmen()
anzeigen()
fliegen()
// andere ententypische Methoden
```

```
StockEnte
anzeigen() {
// sieht wie eine
// Stockente aus }
```

```
MoorEnte
anzeigen() {
// sieht wie eine
// Moorente aus }
```

```
GummiEnte
quaken() {
// zu quietschen überschrieben
}
anzeigen() {
// sieht aus wie eine Gummiente
}
```

Gummienten quaken nicht, also wurde quaken() zu »quietschen« überschrieben.

Eike denkt über Vererbung nach

Ich könnte natürlich die Methode fliegen() genau so überschreiben, wie ich das mit der Methode quaken() gemacht habe.

GummiEnte

quaken() { // quietschen}

anzeigen() { // Gummiente}

fliegen() {

  // so überschrieben, dass sie

  // nichts tun

}

Aber was passiert, wenn wir dem Programm hölzerne Lockenten hinzufügen? Die sollten auch nicht fliegen oder quaken ...

LockEnte

quaken() {

  // zu Nichtstun überschrieben

}

anzeigen() { // Lockente}

fliegen() {

  // so überschrieben, dass sie

  // nichts tun

}

Hier ist eine weitere Klasse in der Hierarchie. Beachten Sie, dass LockEnte wie GummiEnte weder fliegt noch quakt.

 **Spitzen Sie Ihren Bleistift**

Welche der folgenden Punkte sind die Nachteile, wenn für das Entenverhalten *Vererbung* verwendet wird? (Wählen Sie alle Punkte, die zutreffen.)

- ❏ A. Code wird über Unterklassen verdoppelt.
- ❏ B. Verhaltensänderungen zur Laufzeit sind schwierig.
- ❏ C. Wir können die Enten nicht zum Tanzen bringen.
- ❏ D. Es ist nicht so einfach, Kenntnisse über das Verhalten aller Enten zu erlangen.
- ❏ E. Enten können nicht gleichzeitig fliegen und quaken.
- ❏ F. Änderungen können sich unbeabsichtigt auf andere Enten auswirken.

Vererbung ist keine Antwort

Und wie wäre es mit einem Interface?

Eike hat festgestellt, dass Vererbung anscheinend nicht die Antwort ist. Er hat nämlich gerade ein Memo erhalten, in dem die Unternehmensleitung verkündet, dass das Produkt jetzt alle sechs Monate aktualisiert werden soll. (Wie die Aktualisierung aussehen soll, ist allerdings noch nicht entschieden.) Eike weiß jetzt, dass er jedes Mal, wenn dem Programm eine neue Enten-Klasse hinzugefügt wird, fliegen() und quaken() unter die Lupe nehmen und gegebenenfalls überschreiben muss. *Für immer.*

Deswegen braucht er eine sauberere Lösung, damit nur *einige* (aber nicht *alle*) Ententypen fliegen und quaken können.

> Ich könnte fliegen() aus der Superklasse Ente herausziehen und daraus ein **Interface FlugFähig()** mit einer fliegen()-Methode machen. Dann implementieren nur die Enten, die fliegen sollen, dieses Interface und haben eine fliegen()-Methode ... und genau so könnte ich ein QuakFähig-Interface erstellen, weil ja nicht alle Enten quaken können.

FlugFähig	*QuakFähig*	Ente
fliegen()	quaken()	schwimmen() anzeigen() // ANDERE ententypische Methoden

StockEnte	MoorEnte	GummiEnte	LockEnte
anzeigen() fliegen() quaken()	anzeigen() fliegen() quaken()	anzeigen() quaken()	anzeigen()

Was halten SIE von diesem Entwurf?

Einführung in Entwurfsmuster

> Das ist so ungefähr die dümmste Idee, die dir bislang eingefallen ist. **Hast du schon mal was von »Code-Verdopplung« gehört?** Wenn du schon meinst, dass es Mist sei, ein paar Methoden zu überschreiben, was sagst du dann erst, wenn du eine kleine Veränderung am Flugverhalten vornehmen musst ... am Flugverhalten aller 48 fliegenden Unterklassen von Ente.

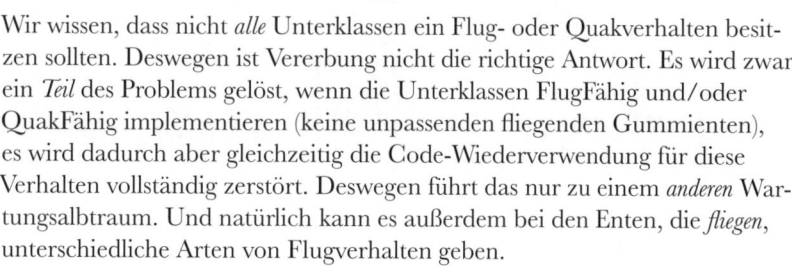

Was würden Sie tun, wenn Sie an Eikes Stelle wären?

Wir wissen, dass nicht *alle* Unterklassen ein Flug- oder Quakverhalten besitzen sollten. Deswegen ist Vererbung nicht die richtige Antwort. Es wird zwar ein *Teil* des Problems gelöst, wenn die Unterklassen FlugFähig und/oder QuakFähig implementieren (keine unpassenden fliegenden Gummienten), es wird dadurch aber gleichzeitig die Code-Wiederverwendung für diese Verhalten vollständig zerstört. Deswegen führt das nur zu einem *anderen* Wartungsalbtraum. Und natürlich kann es außerdem bei den Enten, die *fliegen*, unterschiedliche Arten von Flugverhalten geben.

Das ist der Punkt, an dem Sie vielleicht darauf warten könnten, dass ein Entwurfsmuster auf einem weißen Pferd herangaloppiert kommt und Ihnen den Tag rettet. Wie wunderbar das wäre? Aber nein. Jetzt wollen wir erst einmal eine Lösung auf die gute alte Art finden – *indem wir gute OO-Prinzipien des Software-Designs anwenden.*

> Wäre es nicht ein Traum, wenn es möglich wäre, Software so zu machen, dass man sie mit minimalen Auswirkungen auf bestehenden Code ändern könnte, wenn man sie ändern muss? Wir müssten weniger Zeit damit vergeuden, Code zu überarbeiten, und könnten uns mehr damit beschäftigen, wie wir das Programm dazu bringen, coolere Sachen zu machen ...

Sie sind hier ▶

Veränderung ist die Konstante

Die eine Konstante bei der Software-Entwicklung

Okay, auf welche Sache können Sie sich bei der Software-Entwicklung immer verlassen?

Egal, wo Sie arbeiten, was Sie erstellen oder in welcher Programmiersprache Sie schreiben, was ist die eine wahre Konstante, die Sie immer begleiten wird?

Veränderung

(Verwenden Sie einen Spiegel, um die Antwort zu lesen.)

Egal, wie gut Sie Ihre Anwendung entworfen haben, sie muss im Lauf der Zeit wachsen und sich wandeln, sonst ist sie tot.

Spitzen Sie Ihren Bleistift

Viele Dinge können Veränderungen anstoßen. Führen Sie einige der Gründe auf, die Sie veranlasst haben, den Code Ihrer Anwendungen zu ändern. (Als Anregung geben wir ein paar der Gründe an, die uns dazu veranlasst haben.)

Meine Kunden wollen jetzt etwas anderes oder neue Funktionalitäten.

Mein Arbeitgeber steigt auf ein anderes Datenbanksystem um und kauft außerdem seine Daten von einem neuen Zulieferer, der ein anderes Format verwendet. Äh!

_____

_____

_____

_____

_____

_____

Das Problem einkreisen

Jetzt wissen wir, dass Vererbung nicht so eingeschlagen hat, weil das Entenverhalten sich über die Unterklassen ändert und nicht *alle* Verhalten für *alle* Unterklassen geeignet sind. Zunächst klangen die Interfaces FlugFähig und QuakFähig viel versprechend – nur die Enten, die wirklich fliegen, implementieren FlugFähig usw. Der Haken ist bloß, dass Java-Interfaces keinen Implementierungscode enthalten und es deshalb keine Code-Wiederverwendung gibt. Und das heißt, dass Sie, immer wenn Sie ein Verhalten ändern müssen, das Verhalten in all den verschiedenen Unterklassen aufspüren und ändern müssen, in denen es definiert wird, und dabei wahrscheinlich *neue* Fehler einbauen.

Zum Glück gibt es genau hierfür ein Design-Prinzip.

> **Entwurfsprinzip**
>
> Identifizieren Sie die Aspekte Ihrer Anwendung, die sich ändern können, und trennen Sie sie von denen, die konstant bleiben.

Das erste von vielen Entwurfsprinzipien. Mit diesen werden wir im Verlauf des Buchs noch mehr Zeit verbringen.

Nehmen Sie das, was sich ändert, und »kapseln« Sie es, damit es Ihren restlichen Code nicht beeinflusst.

Das Ergebnis? Weniger unvorhergesehene Folgen durch Code-Veränderungen und mehr Flexibilität in Ihren Systemen.

Anders gesagt: Wenn Ihr Code eine Seite hat, die sich beispielsweise mit jeder neuen Anforderung ändert, dann wissen Sie jetzt, dass Sie ein Verhalten vor sich haben, das herausgezogen und von all dem anderen Zeug getrennt werden muss, das sich nicht ändert.

Es gibt noch eine weitere Möglichkeit, dieses Prinzip zu formulieren: ***Nehmen Sie die Teile, die sich ändern können, und kapseln Sie sie, damit Sie diese veränderlichen Teile später ändern oder erweitern können, ohne dass das Auswirkungen auf die Teile hat, die sich nicht ändern.***

So einfach dieses Konzept ist, bildet es doch die Grundlage fast aller Entwurfsmuster. Alle Muster bieten eine Methode, *einen Teil einer Anwendung unabhängig von allen anderen variieren zu lassen.*

Gut, jetzt ist es an der Zeit, das Entenverhalten aus den Enten-Klassen herauszuholen.

Das Veränderliche herausziehen

Das, was veränderlich ist, von dem trennen, was gleich bleibt

Wo fangen wir an? So weit wir das bisher sagen können, scheint die Klasse Ente, abgesehen von den Problemen mit fliegen() und quaken(), gut zu funktionieren. Offensichtlich gibt es keine anderen Teile, die veränderlich sind oder häufig geändert werden. Also werden wir die Klasse Ente, abgesehen von ein paar kleinen Änderungen, so ziemlich in Frieden lassen.

Jetzt werden wir, um »die Teile, die sich ändern, von denen zu trennen, die gleich bleiben«, zwei *Sätze* von Klassen erstellen (die von Ente vollkommen unabhängig sind): einen für das *Fliegen*, einen anderen für das *Quaken*.

Wir wissen, dass fliegen() und quaken() die Teile der Klasse Ente sind, die über die Enten hinweg variieren.

Um diese beide Verhalten von der Klasse Ente zu trennen, werden wir beide Methoden aus der Klasse Ente herausziehen und einen neuen Satz Klassen für das jeweilige Verhalten erstellen.

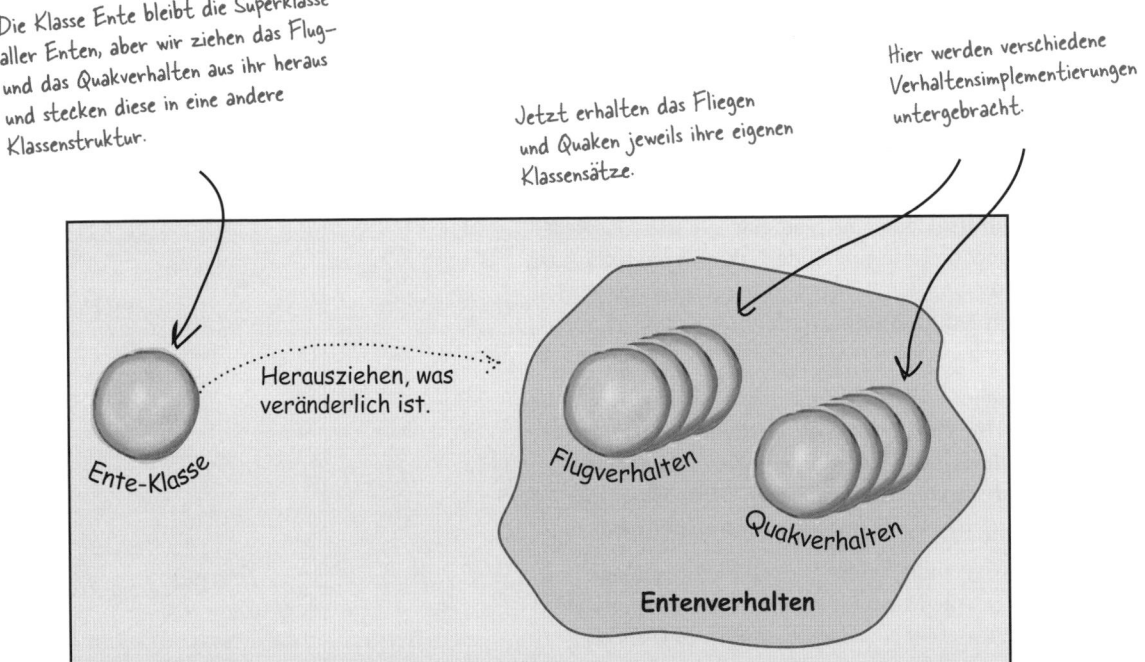

Die Klasse Ente bleibt die Superklasse aller Enten, aber wir ziehen das Flug- und das Quakverhalten aus ihr heraus und stecken diese in eine andere Klassenstruktur.

Jetzt erhalten das Fliegen und Quaken jeweils ihre eigenen Klassensätze.

Hier werden verschiedene Verhaltensimplementierungen untergebracht.

Entenverhalten entwerfen

Wie also entwerfen wir die Sätze von Klassen, die die Verhalten Fliegen und Quaken implementieren?

Wir möchten die Sache flexibel halten. Schließlich lag es an der mangelnden Flexibilität des Entenverhaltens, dass wir überhaupt Probleme bekommen haben. Und wir wissen, dass wir den Instanzen von Ente Verhaltensweisen *zuweisen* wollen. Beispielsweise möchten wir vielleicht eine neue Instanz von StockEnte instantiieren und mit einem bestimmten *Typ* von Flugverhalten initialisieren. Und während wir gerade dabei sind, warum wollen wir uns dann nicht gleich auch noch darum kümmern, dass wir das Verhalten einer Ente dynamisch ändern können? Anders gesagt, wir sollten Setter-Methoden für Verhalten in die Enten-Klassen einschließen, damit wir z.B. das Flugverhalten der StockEnte *zur Laufzeit ändern können*.

Lassen Sie uns, mit diesen Zielen vor Augen, einen Blick auf unser zweites Entwurfsprinzip werfen.

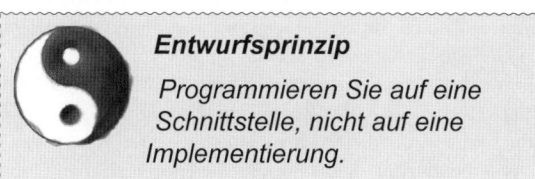

Entwurfsprinzip
Programmieren Sie auf eine Schnittstelle, nicht auf eine Implementierung.

Wir werden jeweils ein Interface zur Repräsentation der verschiedenen Verhaltensweisen verwenden – beispielsweise FlugVerhalten und QuakVerhalten –, und jede Implementierung eines *Verhaltens* wird eins dieser Interfaces implementieren.

Diesmal werden also nicht die *Ente*-Klassen die Interfaces für Fliegen und Quaken implementieren. Stattdessen erstellen wir einen Satz von Klassen, deren einziger Existenzgrund die Repräsentation eines Verhaltens (beispielsweise »Quietschen«) ist. Es sind diese Verhaltensklassen, nicht die Enten-Klassen, die die Verhaltensschnittstellen implementieren.

Das ist das Gegenteil von dem, was wir vorher gemacht haben, als das Verhalten entweder aus einer konkreten Implementierung in der Superklasse Ente stammte oder durch spezialisierte Implementierungen in den einzelnen Unterklassen realisiert wurde. In beiden Fällen haben wir uns auf eine *Implementierung* gestützt. Wir waren darauf festgelegt, diese spezifische Implementierung zu verwenden, und hatten keinen Spielraum, Verhalten auszuwechseln (oder konnten das nur erreichen, indem wir mehr Code schrieben).

In unserem neuen Entwurf verwenden die Ente-Unterklassen ein Verhalten, das durch eine *Schnittstelle* (FlugVerhalten und QuakVerhalten) repräsentiert wird, damit die eigentliche *Implementierung* des Verhaltens (anders gesagt, das bestimmte aktuelle Verhalten, das in der Klasse programmiert wird, die FlugVerhalten oder QuakVerhalten implementiert) nicht in die Ente-Unterklassen eingesperrt wird.

> Von jetzt an werden die Entenverhalten in einer separaten Klasse existieren – einer Klasse, die eine bestimmte Verhaltensschnittstelle implementiert.
>
> So müssen die Enten-Klassen nichts über die Details der Implementierung ihres eigenen Verhaltens wissen.

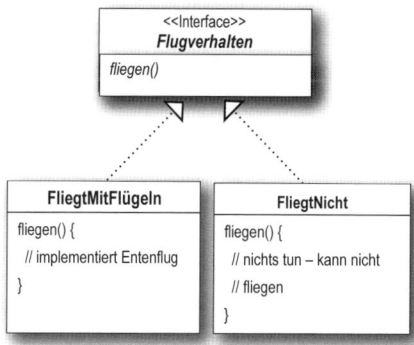

Auf eine Schnittstelle programmieren

> Ich verstehe nicht, warum wir für Flugverhalten ein *Interface* verwenden müssen? Das Gleiche kann man doch auch mit einer abstrakten Superklasse machen. Geht es nicht nur darum, dass die Polymorphie zum Tragen kommt?

»Auf eine Schnittstelle programmieren« heißt eigentlich »Auf einen Supertyp programmieren«.

Dass wir mal von »Schnittstelle«, mal von »Interface« sprechen, ist kein Zufall. Auch wenn der eine Begriff die deutsche Entsprechung des anderen Begriffs ist, werden die beiden Begriffe von uns für zwei verschiedene Dinge verwendet. Mit dem deutschen Wort Schnittstelle verweisen wir auf das allgemeine *Konzept* Schnittstelle (die nach außen sichtbare Seite einer Komponente, über die die Interaktion mit der Komponente gesteuert wird), mit dem englischen Begriff Interface auf das Java-Konstrukt `interface`. Man kann also *auf eine Schnittstelle programmieren*, ohne dazu tatsächlich ein Java-`interface` verwenden zu müssen. Worum es geht, ist, dass man Polymorphismus ausnutzt, indem man auf einen Supertyp programmiert, damit das tatsächliche Laufzeitobjekt nicht im Code festgeschrieben werden muss. Wir könnten »auf einen Supertyp programmieren« also folgendermaßen neu formulieren: »Der deklarierte Typ der Variablen sollte ein Supertyp, in der Regel eine abstrakte Klasse oder ein Interface, sein, damit die Objekte, die dieser Variablen zugewiesen werden, zu einer beliebigen konkreten Implementierung dieses Supertyps gehören können – und das bedeutet, dass die Klasse, die diese Objekte deklariert, die tatsächlichen Objekttypen nicht kennen muss!«

Sicher ist das für Sie kalter Kaffee. Aber um sicherzustellen, dass wir hier alle das Gleiche meinen, zeigen wir im Folgenden ein einfaches Beispiel für die Verwendung eines polymorphen Typs – stellen Sie sich eine abstrakte Klasse Tier mit den zwei konkreten Implementierungen Hund und Katze vor.

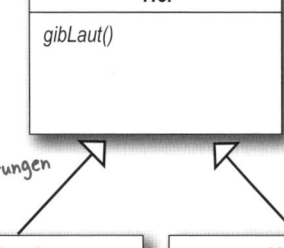

der abstrakte Supertyp (kann eine abstrakte Klasse ODER ein Interface sein)

konkrete Implementierungen

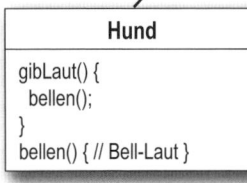

Auf eine Implementierung programmieren wäre:

```
Hund h = new Hund();
h.bellen();
```

Dadurch dass wir die Variable »h« als Variable vom Typ Hund (einer konkreten Implementierung von Tier) deklarieren, werden wir gezwungen, auf eine konkrete Implementierung zu programmieren.

Aber **auf eine(n) Schnittstelle/Supertyp programmieren** wäre:

```
Tier tier = new Hund();
tier.gibLaut();
```

Wir wissen, dass das Tier ein Hund ist, können die Tier-Referenz jetzt aber polymorph verwenden.

Noch besser ist es, die Instantiierung des Untertyps (wie mit new Hund()) nicht im Code festzuschreiben, sondern **das konkrete Implementierungsobjekt zur Laufzeit zuzuweisen**.

```
tier = getTier();
tier.gibLaut();
```

Wir wissen nicht, WAS der tatsächliche Untertyp ist ... uns interessiert nur, dass er weiß, wie er auf gibLaut() reagieren soll.

Das Entenverhalten implementieren

Hier haben wir die beiden Interfaces FlugVerhalten und QuakVerhalten und die entsprechenden Klassen, die die jeweiligen konkreten Verhaltensweisen implementieren:

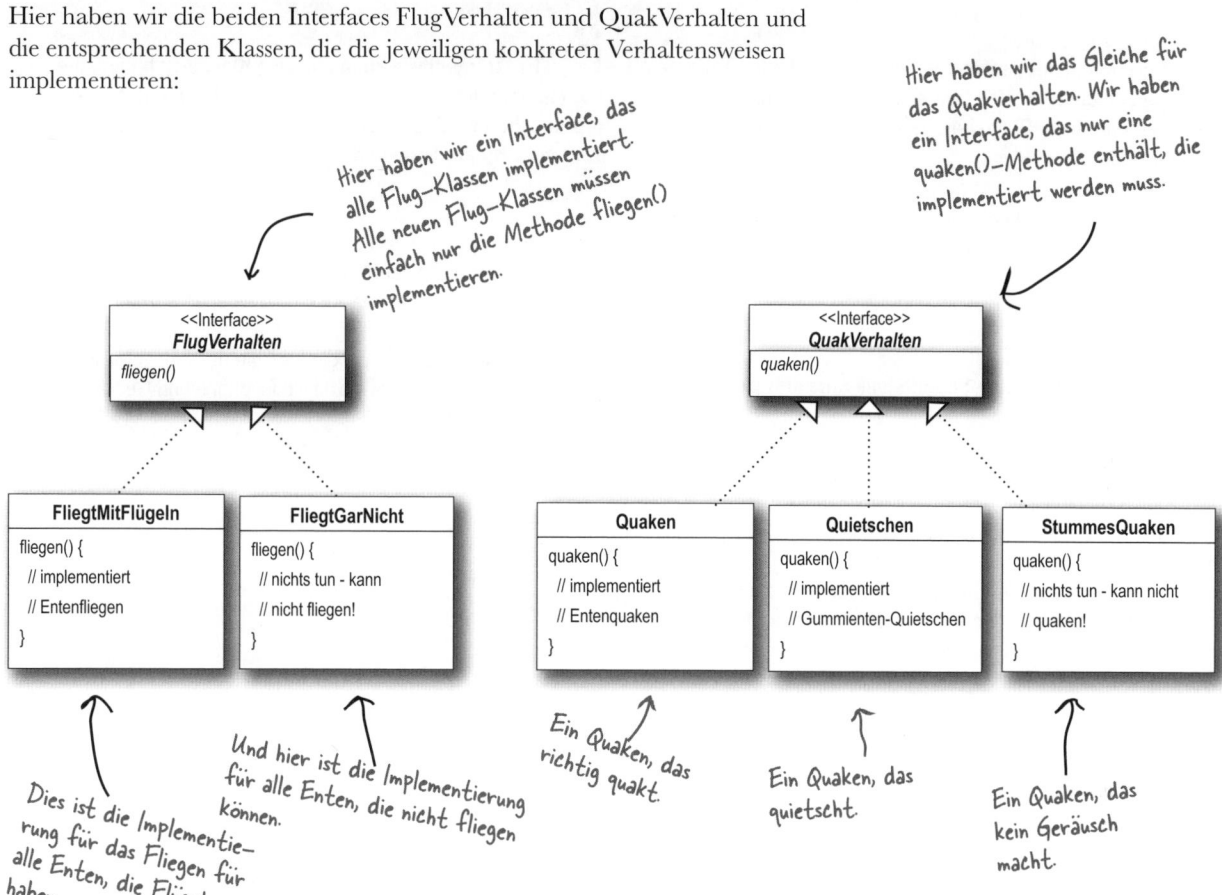

Bei diesem Entwurf können andere Typen von Objekten unsere Flug- und Quakverhalten wiederverwenden, weil diese Verhalten nicht mehr in unseren Ente-Klassen verborgen sind.

Wir können neue Verhalten hinzufügen, ohne irgendeine unserer bestehenden Verhaltensklassen zu ändern oder Hand an eine der Ente-Klassen zu legen, die Flugverhalten *nutzen*.

Verhalten in einer Klasse

Es gibt keine Dummen Fragen

F: Muss ich meine Anwendung immer erst implementieren, dann nachschauen, wo sich Dinge ändern, und dann wieder zurückgehen und diese Dinge heraustrennen und einkapseln?

A: Nicht immer. Wenn Sie eine Anwendung entwerfen, können Sie oft im Voraus die Gebiete erkennen, die veränderlich sind, und dann weitergehen und die Flexibilität in Ihren Code einbauen, die es Ihnen ermöglicht, damit klarzukommen.

F: Sollten wir auch eine Schnittstelle Ente erstellen?

A: Nicht in diesem Fall. Wenn wir erst einmal alles zusammengeknüpft haben, werden Sie sehen, dass es seine Vorteile hat, wenn Ente eine konkrete Klasse ist und bestimmte Enten wie StockEnte allgemeine Properties und Methoden erben. Jetzt, wo wir die veränderlichen Elemente aus der Entenvererbung herausgenommen haben, genießen wir die Vorteile dieser Struktur, ohne die Nachteile in Kauf nehmen zu müssen.

F: Es ist irgendwie komisch, eine Klasse zu haben, die nur ein Verhalten ist. Sollen Klassen nicht eigentlich Dinge repräsentieren? *Sollen Klassen nicht eigentlich gerade einen Zustand UND ein Verhalten haben?*

A: Es ist richtig, dass Klassen in einem OO-System Dinge repräsentieren, die in der Regel einen Zustand (Instanzvariablen) und Methoden haben. In diesem Fall ist es eben so, dass dieses *Ding* ein Verhalten ist. Ein Flugverhalten könnte beispielsweise Instanzvariablen besitzen, die die Attribute des Flugverhaltens (Flügelschläge pro Minute, maximale Flughöhe und Geschwindigkeit usw.) repräsentieren.

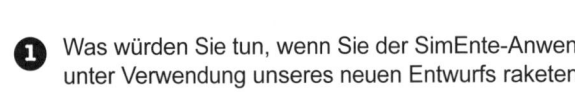

Spitzen Sie Ihren Bleistift

① Was würden Sie tun, wenn Sie der SimEnte-Anwendung unter Verwendung unseres neuen Entwurfs raketengetriebenes Fliegen hinzufügen müssten?

② Fällt Ihnen eine Klasse ein, die das Quakverhalten nutzen könnte, aber keine Ente ist?

Antworten:
1) Schreiben Sie eine FliegtRaketen-Getrieben-Klasse, die das Interface FlugVerhalten implementiert.
2) Ein Beispiel wäre eine Lockpfeife (ein Gerät, mit dem man Entengeräusche macht).

Einführung in Entwurfsmuster

Die Entenverhalten integrieren

Der Schlüssel ist, dass eine Ente ihr Flug- und Quakverhalten jetzt *delegiert*, anstatt Quak- und Flugmethoden zu verwenden, die in der Klasse Ente (oder einer ihrer Unterklassen) definiert werden.

Das geht so:

① **Zuerst fügen wir der Klasse Ente zwei Instanzvariablen** namens *flugVerhalten* und *quakVerhalten* hinzu, die mit dem Typ des Interface (und nicht mit einem konkreten Implementierungsklassentyp) deklariert werden. Jedes Ente-Objekt setzt diese Variablen polymorph, damit sie den *spezifischen* Verhaltenstyp referenziert, der zur Laufzeit gewünscht ist (FliegtMitFlügeln, Quietschen usw.).

Außerdem entfernen wir die Methoden fliegen() und quaken() aus der Klasse Ente (und allen Unterklassen), weil wir diese Verhalten in die Klassen FlugVerhalten und QuakVerhalten ausgelagert haben.

Wir ersetzen fliegen() und quaken() in der Klasse Ente durch zwei ähnliche Methoden namens tuFliegen() und tuQuaken(). Wie diese funktionieren, werden Sie als Nächstes sehen.

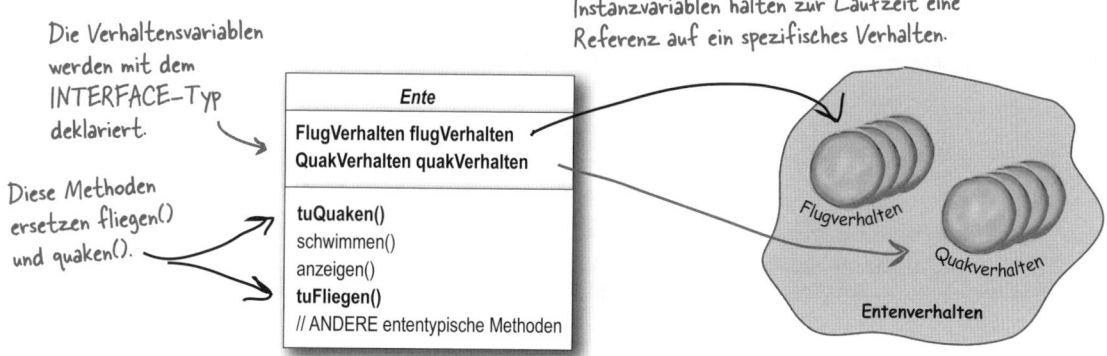

② **Jetzt implementieren wir tuQuaken():**

```
public abstract class Ente {
  QuakVerhalten quakVerhalten;
  // mehr

  public void tuQuaken() {
    quakVerhalten.quaken();
  }
}
```

Jede Ente enthält eine Referenz auf etwas, das das Interface QuakVerhalten implementiert.

Anstatt das QuakVerhalten selbst zu steuern, delegiert das Ente-Objekt dieses Verhalten an das Objekt, das durch quakVerhalten referenziert wird.

Ziemlich einfach, oder? Um zu quaken, sagt eine Ente einfach dem Objekt, das durch quakVerhalten referenziert wird, dass es für sie quaken soll.

In diesem Teil des Codes kümmern wir uns nicht darum, was für eine Art von Objekt das ist, **uns interessiert nur eins – dass es weiß, was es mit der Aufforderung quaken() anzufangen hat!**

Sie sind hier ▸ **15**

Entenverhalten integrieren

Integration fortgesetzt ...

❸ Gut, jetzt ist es Zeit, sich darum zu kümmern, **wie die Instanzvariablen flugVerhalten und quakVerhalten gesetzt werden**. Lassen Sie uns dazu einen Blick auf die Klasse StockEnte werfen:

```
public class StockEnte extends Ente {

   public StockEnte() {
      quakVerhalten = new Quaken();
      flugVerhalten = new FliegtMitFlügeln();
   }

   public void anzeigen() {
      System.out.println("Ich bin eine echte Stockente");
   }
}
```

Sie erinnern sich, dass StockEnte die Instanzvariablen quakVerhalten und flugVerhalten von der Klasse Ente erbt.

Eine StockEnte nutzt die Klasse Quaken für ihr Quaken. Wenn tuQuaken aufgerufen wird, wird die Verantwortung für das Quaken also an das Quaken-Objekt delegiert, und wir erhalten ein echtes Quaken.

Und sie nutzt FliegtMitFlügeln als FlugVerhalten-Typ.

Das Quaken von StockEnte ist ein echtes, lebendes Enten**quaken**, kein **Quietschen** und kein **stummes Quaken**. Was also geht hier vor? Wenn eine StockEnte instantiiert wird, initialisiert der Konstruktor von StockEnte die geerbte Instanzvariable quakVerhalten auf eine neue Instanz des Typs Quaken (eine konkrete Implementierungsklasse von QuakVerhalten).

Und das Gleiche geschieht auch für das Flugverhalten der Ente: Der Konstruktor von StockEnte initialisiert die Instanzvariable flugVerhalten auf eine Instanz des Typs FliegtMitFlügeln (eine konkrete Implementierungsklasse von FlugVerhalten).

Einführung in Entwurfsmuster

> Einen Moment bitte. Hatte ihr nicht gesagt, dass wir NICHT auf eine Implementierung programmieren sollen? Und was machen wir bitte da in diesem Konstruktor? Wir machen eine neue Instanz der konkreten Implementierungsklasse Quaken!

Guter Punkt. Genau das machen wir ... *hier und jetzt*.

Später im Buch wird unser Werkzeugkasten noch andere Entwurfsmuster enthalten, mit denen wir auch das reparieren können.

Behalten Sie trotzdem im Auge, dass wir die Verhalten zwar auf konkrete Klassen *setzen* (indem wir eine Verhaltensklasse wie Quaken oder FliegtMitFlügeln instantiieren und der Variablen zuweisen, die unsere Verhaltensreferenz hält), dieses zur Laufzeit aber *leicht* ändern könnten.

Wir haben hier also immer noch ziemlich viel Flexibilität, machen aber schlechte Arbeit, wenn es darum geht, die Instanzvariable auf flexible Weise zu setzen. Wenn Sie sich jedoch die Sache genauer anschauen, werden Sie sehen, dass wir zur Laufzeit (dank der Magie des Polymorphismus) dynamisch eine andere QuakVerhalten-Implementierungsklasse zuweisen könnten, weil die Instanzvariable den Typ des Interface hat.

Nehmen Sie sich etwas Zeit und überlegen Sie, wie Sie eine Ente so implementieren würden, dass sich ihr Verhalten zur Laufzeit ändern ließe. (Den Code, der das leistet, zeigen wir Ihnen ein paar Seiten später.)

Die Entenverhalten testen

Den Enten-Code testen

❶ Geben Sie die hier folgende Klasse Ente (Ente.java) und die zwei Seiten weiter vorn stehende Klasse StockEnte (StockEnte.java) ein und kompilieren Sie sie.

```java
public abstract class Ente {

    FlugVerhalten flugVerhalten;
    QuakVerhalten quakVerhalten;

    public Ente() {
    }

    public void tuFliegen() {
        flugVerhalten.fliegen();
    }

    public void tuQuaken() {
        quakVerhalten.quaken();
    }

    public void schwimmen() {
        System.out.println("Alle Enten schwimmen, auch Holzenten!");
    }
}
```

Zwei Referenzvariablen für die Verhaltenstyp-Interfaces deklarieren. Alle Unterklassen von Ente (im gleichen Package) erben diese.

Die Ausführung an die Verhaltensklassen delegieren.

❷ Geben Sie das Interface FlugVerhalten (FlugVerhalten.java) sowie die beiden Verhaltensimplementierungsklassen FliegtMitFlügeln (FliegtMitFlügeln.java) und FliegtGarNicht (FliegtGarNicht.java) ein und kompilieren Sie sie.

```java
public interface FlugVerhalten {
    public void fliegen();
}
```

Das Interface, das alle Flugverhalten-Klassen implementieren.

```java
public class FliegtMitFlügeln implements FlugVerhalten {
    public void fliegen() {
        System.out.println("Ich fliege!!");
    }
}
```

Flugverhalten-Implementierung für Enten, die FLIEGEN.

```java
public class FliegtGarNicht implements FlugVerhalten {
    public void fliegen() {
        System.out.println("Ich kann nicht fliegen.");
    }
}
```

Flugverhalten-Implementierung für Enten, die NICHT fliegen (wie Gummienten und Lockenten).

Den Enten-Code testen (Fortsetzung)

❸ Geben Sie das Interface QuakVerhalten (QuakVerhalten.java) sowie die drei Implementierungsklassen (Quaken.java, StummesQuaken.java und Quietschen.java) ein und kompilieren Sie sie.

```java
public interface QuakVerhalten {
  public void quaken();
}
```

```java
public class Quaken implements QuakVerhalten {
  public void quaken() {
    System.out.println("Quak");
  }
}
```

```java
public class StummesQuaken implements Quakverhalten {
  public void quaken() {
    System.out.println("<<Stille>>");
  }
}
```

```java
public class Quietschen implements QuakVerhalten {
  public void quaken() {
    System.out.println("Quietsch");
  }
}
```

❹ Geben Sie die Testklasse (MiniEntenSimulator.java) ein und kompilieren Sie sie.

```java
public class MiniEntenSimulator {
  public static void main(String[] args) {
    Ente mallard = new StockEnte();
    mallard.tuQuaken();
    mallard.tuFliegen();
  }
}
```

Ruft die geerbte tuQuaken()-Methode von StockEnte auf, die die Ausführung dann an das QuakVerhalten des Objekts delegiert (d.h. quaken() auf der geerbten Referenzvariablen quakVerhalten aufruft).

Dann machen wir das Gleiche mit der tuFliegen()-Methode von StockEnte.

❺ Das Programm starten.

```
Datei Bearbeiten Fenster Hilfe Gatagatagata
%java MiniEntenSimulator
Quak
Ich fliege!!
```

Enten mit dynamischem Verhalten

Verhalten dynamisch setzen

Was für eine Schande, dass wir in unsere Enten dieses ganze dynamische Verhalten eingebaut haben und es trotzdem nicht nutzen! Stellen Sie sich vor, Sie möchten den Verhaltenstyp der Ente durch eine Setter-Methode auf der Ente-Unterklasse setzen, anstatt sie im Konstruktor der Ente festzulegen.

❶ Fügen Sie der Klasse Ente zwei Methoden hinzu.

```
public void setFlugVerhalten(FlugVerhalten fv) {
   flugVerhalten = fv;
}

public void setQuakVerhalten(Quakverhalten qv) {
   quakVerhalten = qv;
}
```

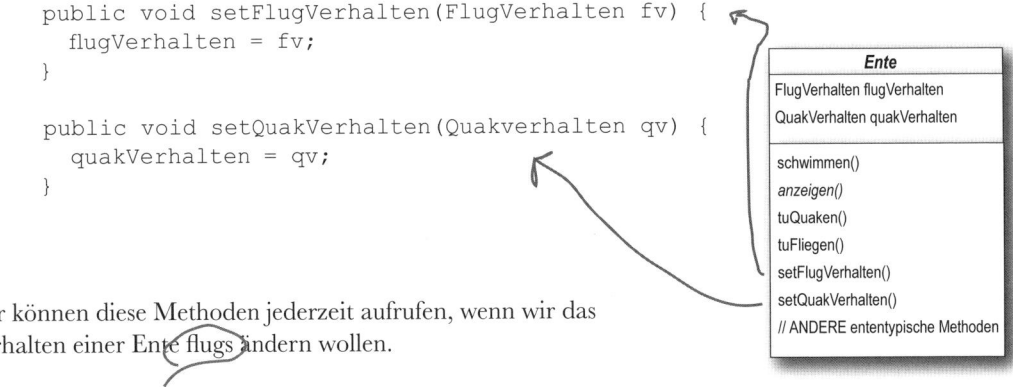

Wir können diese Methoden jederzeit aufrufen, wenn wir das Verhalten einer Ente flugs ändern wollen.

Anmerkung der Lektorin: Überflüssiges Wortspiel – weg damit

❷ Erstellen Sie einen neuen Ententyp (ModellEnte.java).

```
public class ModellEnte extends Ente {
   public ModellEnte() {
      flugVerhalten = new FliegtGarNicht();
      quakVerhalten = new Quaken();
   }

   public void anzeigen() {
      System.out.println("Ich bin eine Modellente.");
   }
}
```

Unsere Modellente beginnt ihr Leben erdverbunden ... sie kann nicht fliegen.

❸ Erstellen Sie einen neuen FlugVerhalten-Typ (FliegtRaketenGetrieben.java).

Ja, das ist richtig so. Wir erstellen ein raketengetriebenes Flugverhalten.

```
public class FliegtRaketenGetrieben implements FlugVerhalten {
   public void fliegen() {
      System.out.println("Ich flieg mit Raketenantrieb!");
   }
}
```

Einführung in Entwurfsmuster

④ Ändern Sie die Testklasse (MiniEntenSimulator.java), fügen Sie ihr die ModellEnte hinzu und verleihen Sie der ModellEnte einen Raketenantrieb.

vorher

```
public class MiniEntenSimulator {
  public static void main(String[] args) {
    Ente mallard = new StockEnte();
    mallard.tuQuaken();
    mallard.tuFliegen();

    Ente modell = new ModellEnte();
    modell.tuFliegen();
    modell.setFlugVerhalten(new FliegtRaketenGetrieben());
    modell.tuFliegen();
  }
}
```

Der erste Aufruf von tuFliegen() delegiert die Verarbeitung an das flugVerhalten-Objekt, das im Konstruktor von ModellEnte gesetzt wurde und eine Instanz von FliegtGarNicht ist.

Hier wird die geerbte Verhaltens-Setter-Methode aufgerufen – und siehe, plötzlich kann die Modellente mit Raketenantrieb fliegen.

Wenn es funktioniert hat, wurde das Flugverhalten der Modellente dynamisch geändert! DAS können Sie nicht tun, wenn die Implementierung in der Klasse Ente fixiert ist.

⑤ Starten Sie den Simulator!

```
Datei Bearbeiten Fenster Hilfe Yabadabadoo
%java MiniEntenSimulator
Quak
Ich fliege!!
Ich kann nicht fliegen.
Ich fliege mit Raketenantrieb!
```

nachher

Rufen Sie einfach auf der Ente die Setter-Methode für ein Verhalten auf, um ein bestimmtes Verhalten einer Ente zur Laufzeit zu ändern.

Sie sind hier ▸ **21**

Noch mal im Ganzen

Noch mal im Ganzen: Gekapseltes Verhalten

So, lang genug in den dunklen Tiefen des Entensimulator-Entwurfs herumgedümpelt – jetzt ist es Zeit aufzutauchen, Luft zu schnappen und einen Blick auf das große Ganze zu werfen.

Unten sehen Sie die vollständige überarbeitete Klassenstruktur. Da gibt es alles, was Sie wahrscheinlich erwarten: Enten, die Ente erweitern, Flugverhalten, die FlugVerhalten implementieren, und Quakverhalten, die QuakVerhalten implementieren.

Achten Sie auch darauf, dass wir angefangen haben, die Dinge etwas anders zu beschreiben. Statt uns die Entenverhalten als einen *Satz von Verhalten* zu denken, stellen wir sie uns jetzt als eine *Familie von Algorithmen* vor. Denken Sie darüber nach: Im Entwurf von SimEnte repräsentieren die Algorithmen Dinge, die eine Ente tun würde (unterschiedliche Arten zu quaken und zu fliegen), aber genauso leicht könnten wir die gleiche Technik für einen Satz von Klassen einsetzen, die Möglichkeiten implementieren, Mehrwertsteuersätze für unterschiedliche Länder zu berechnen.

Achten Sie besonders auf die *Beziehungen* zwischen den Klassen. Am besten nehmen Sie sich einen Stift und schreiben die entsprechenden Beziehungen (IST-EIN, HAT-EIN und IMPLEMENTIERT) an die jeweiligen Pfeile im Klassendiagramm.

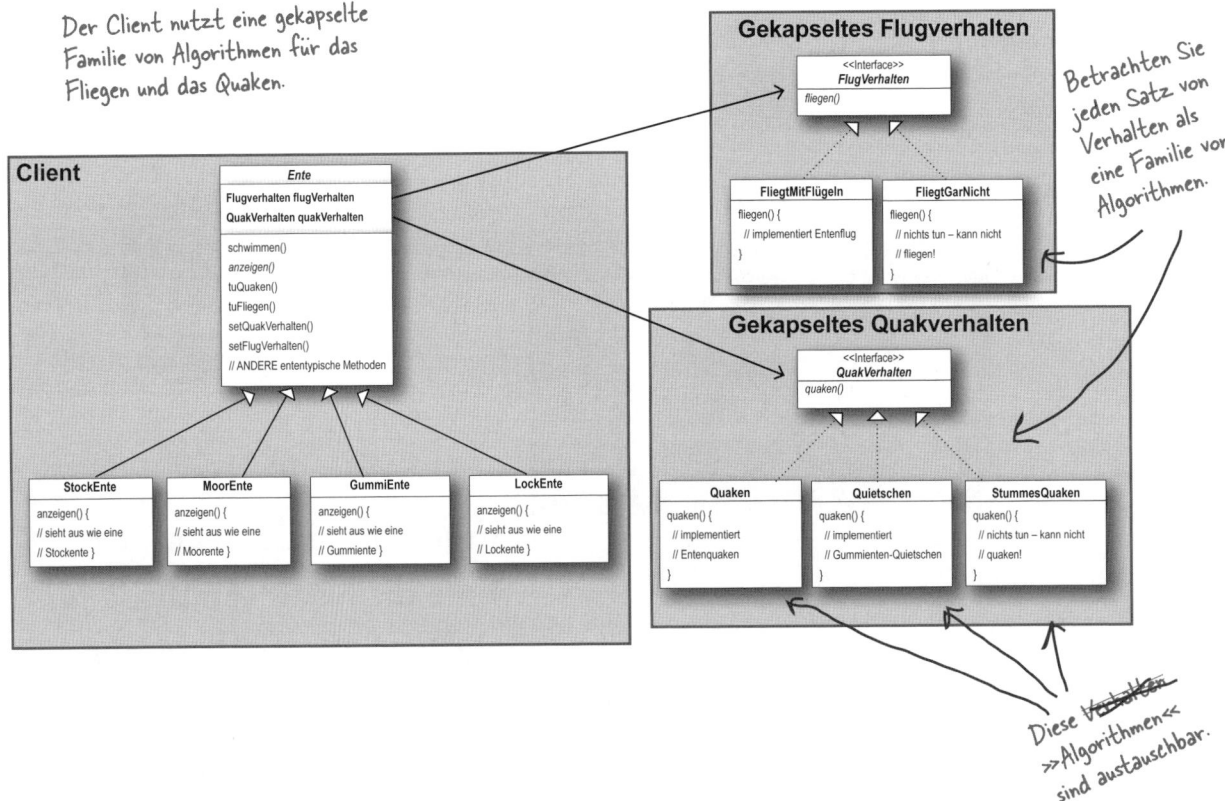

HAT-EIN kann IST-EIN überlegen sein

Die HAT-EIN-Beziehung ist sehr interessant: Jede Ente hat ein FlugVerhalten und ein QuakVerhalten, an die sie das Fliegen und Quaken delegiert.

Wenn Sie zwei Klassen auf diese Weise zusammenfügen, arbeiten Sie mit **Komposition**. Statt ihre Verhalten *zu erben*, erhalten die Enten ihr Verhalten durch *Komposition* mit dem richtigen Verhaltensobjekt.

Das ist eine wichtige Technik – genau gesagt, ist es unser drittes Entwurfsprinzip, das wir hier angewandt haben:

Entwurfsprinzip
Ziehen Sie Komposition der Vererbung vor.

Wie Sie gesehen haben, ist das Ergebnis viel flexibler, wenn Sie beim Aufbau von Systemen Komposition verwenden. Sie ermöglicht Ihnen nicht nur, eine Familie von Algorithmen in eigenen Klassensätzen zu kapseln, sondern auch, **das Verhalten zur Laufzeit zu ändern**, solange das Objekt, das Sie in der Komposition einsetzen, die richtige Verhaltensschnittstelle implementiert.

Komposition wird in vielen Entwurfsmustern verwendet, und im Verlauf des Buchs werden Sie noch einiges mehr über ihre Vor- und Nachteile erfahren.

Eine Lockpfeife ist eine Gerät, das Jäger verwenden, um Entenrufe (Quaken) nachzuahmen. Wie würden Sie eine Lockpfeife implementieren, die *nicht* von Ente erbt?

Meister und Schüler

Meister: Grashüpfer, sage mir, was du über die Pfade der Objektorientierung gelernt hast.

Schüler: Ich habe gelernt, Meister, dass die Verheißung des Pfads der Objektorientierung die Wiederverwendung ist.

Meister: Fahre fort, Grashüpfer ...

Schüler: Meister, mit Vererbung können alle guten Dinge wiederverwendet werden, und wir können unsere Entwicklungszeit so drastisch kürzen, als würden wir schnell den Bambus in den Wäldern schneiden.

Meister: Grashüpfer, wird dem Code mehr Zeit **vor** oder **nach** Abschluss der Entwicklung gewidmet?

Schüler: Die Antwort ist **nach**, Meister. Wir verbringen immer mehr Zeit damit, Software zu warten und zu ändern, als mit der ursprünglichen Entwicklung.

Meister: Grashüpfer, sollten wir unsere Anstrengung dann nicht weniger der Wiederverwendbarkeit als der Wartbarkeit und Erweiterbarkeit widmen?

Schüler: Meister, ich glaube, dass in diesen Worten Wahrheit ist.

Meister: Ich merke, du hast immer noch viel zu lernen. Ich möchte, dass du noch weiter über die Vererbung meditierst. Wie du gesehen hast, führt die Vererbung zu Problemen. Sinniere über andere Wege, Wiederverwendbarkeit zu erreichen.

Das Strategy-Muster

Da wir gerade von Entwurfsmustern sprechen ...

Herzlichen Glückwunsch zu Ihrem ersten Muster!

Sie haben gerade Ihr erstes Entwurfsmuster angewandt – das STRATEGY-Muster. Doch, wirklich, Sie haben das Strategy-Muster angewandt, um die Anwendung SimEnte zu überarbeiten. Dank dieses Musters ist der Simulator jetzt auf alle Änderungen vorbereitet, die auf der nächsten Geschäftsreise nach Vegas ausgebrütet werden könnten.

Nachdem Sie jetzt den langen Weg zu seiner Anwendung gegangen sind, folgt hier die formale Definition dieses Musters:

> **Das Strategy-Muster** definiert eine Familie von Algorithmen, kapselt sie einzeln und macht sie austauschbar. Das Strategy-Muster ermöglicht es, den Algorithmus unabhängig von den Clients die ihn einsetzen, variieren zu lassen.

Nehmen Sie DIESE Definition, wenn Sie Freunde beeindrucken wollen oder Vorgesetzte beeinflussen müssen.

Einführung in Entwurfsmuster

Design-Puzzle

Unten finden Sie einen Haufen von Klassen und Interfaces für ein Action-Adventure. Es gibt Klassen für Spielfiguren und Klassen für Waffenverhalten, die die Figuren im Spiel verwenden können. Jede Figur kann jeweils immer nur eine Waffe verwenden, kann aber jederzeit während des Spiels die Waffe wechseln. Ihre Aufgabe ist es, Ordnung in die Sache zu bringen ...

(Die Antworten finden Sie am Ende des Kapitels.)

Ihre Aufgabe:

❶ Ordnen Sie die Klassen an.

❷ Identifizieren Sie eine abstrakte Klasse, das Interface und die acht Klassen.

❸ Zeichnen Sie Pfeile zwischen den Klassen.

    a. Zeichnen Sie einen Pfeil folgender Art für Vererbung (»extends«).

    b. Zeichnen Sie einen Pfeil folgender Art für ein Interface (»implements«).

    c. Zeichnen Sie einen Pfeil folgender Art für eine HAT-EIN-Beziehung.

❹ Fügen Sie die Methode setWaffe() in die richtige Klasse ein.

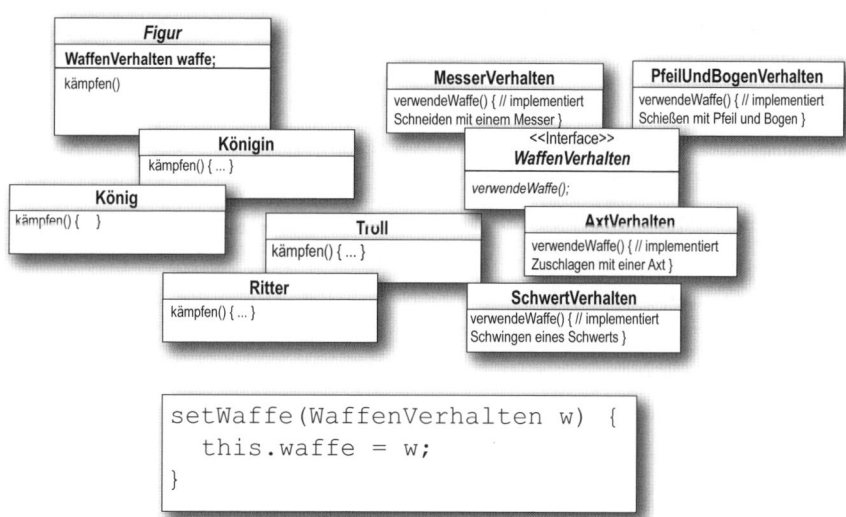

Sie sind hier ▶ 25

*Restaurant*gespräch

Im Bistro an der Ecke aufgeschnappt ...

Suse: Mach mir bitte einmal Pommes frites mit Ketchup und Mayonnaise, eine Eisschokolade mit Vanilleeis, ein gegrilltes Käse-Schinken-Sandwich, einen Thunfischsalat mit Toast, ein Bananensplit mit Eis & klein geschnittenen Bananen und einen Kaffee mit Milch und zwei Stücken Zucker, ... ach, und schieb einen Hamburger auf den Grill!

Flo: Einmal Fritten rot/weiß, einmal schwarz auf weiß, ein Standard, ein Radio, ein Hausboot, einen Kinderkaffee und brenn einen.

Was ist der Unterschied zwischen diesen beiden Bestellungen? Es gibt keinen! Beide bestellen das Gleiche. Nur dass Suse dazu doppelt so viel Worte braucht und dabei die Geduld eines mürrischen Kochs strapaziert.

Was hat Flo, was Suse nicht hat? **Ein gemeinsames Vokabular** mit dem Koch. Das macht es nicht nur einfacher, mit dem Koch zu kommunizieren, sondern sorgt auch dafür, dass der Koch sich weniger Dinge merken muss, weil er die Muster für die Speisen im Kopf hat.

Entwurfsmuster geben Ihnen ein gemeinsames Vokabular mit anderen Entwicklern. Wenn Sie das Vokabular erworben haben, können Sie leichter mit anderen Entwicklern kommunizieren und die, die Muster noch nicht kennen, anregen, diese zu lernen. Sie heben auch Ihr konzeptionelles Niveau, weil sie es Ihnen ermöglichen, **auf der *Muster*-Ebene zu denken**, nicht auf der holprigen *Objekt*-Ebene.

Einführung in Entwurfsmuster

Im Büro nebenan aufgeschnappt ...

> Ich habe jetzt diese Rundruf-Klasse erstellt. Sie hält alle Objekte nach, die den Rundruf abonniert haben, und sendet jedes Mal, wenn neue Daten ankommen, eine Nachricht an jeden Abonnenten. Besonders klasse ist, dass die Abonnenten dem Rundruf jederzeit beitreten und sich sogar selbst entfernen können. Das ist richtig dynamisch und arbeitet mit lockerer Bindung!

Rick

KOPF-NUSS

Fallen Ihnen andere gemeinsame Vokabulare ein, die jenseits von OO-Entwurf und Lokalbestellungen verwendet werden? (Hinweis: Was ist mit Automechanikern, Schreinern, Restaurantchefs, Luftverkehrskontrolle?) Welche Qualitäten werden mit dem Jargon kommuniziert?

Fallen Ihnen Aspekte des OO-Entwurfs ein, die gemeinsam mit den Musternamen kommuniziert werden? Welche Qualitäten werden gemeinsam mit dem Namen »Strategy-Muster« kommuniziert?

> Rick, warum sagst du nicht einfach, dass du das **Observer**-Muster verwendet hast?

> Genau. Wenn du in Mustern sprichst, dann wissen andere Entwickler sofort und genau, von was für einem Entwurf du sprichst. Aber komm nicht in den Musterrausch ... den merkst du daran, dass du anfängst, Muster für Hallo Welt zu verwenden ...

Sie sind hier ▶ 27

Gemeinsames Vokabular

Die Macht eines gemeinsamen Mustervokabulars

Wenn Sie über Muster kommunizieren, teilen Sie nicht nur einen Fachjargon.

Gemeinsame Mustervokabulare sind MÄCHTIG.
Wenn Sie mit einem anderen Entwickler oder einem Team über Muster kommunizieren, übermitteln Sie nicht nur einen Musternamen, sondern den ganzen Satz von Qualitäten, Charakteristiken und Einschränkungen, den das Muster repräsentiert.

»Wir nutzen das Strategy-Muster, um die verschiedenen Verhalten unserer Enten zu implementieren.« Das sagt Ihnen, dass die Entenverhalten in einem eigenen Klassensatz gekapselt wurden, der leicht erweitert und geändert werden kann – sogar zur Laufzeit, wenn das erforderlich ist.

Mit Mustern können Sie mit weniger mehr sagen.
Wenn Sie in einer Beschreibung ein Muster verwenden, wissen andere Entwickler schnell, welche Art von Entwurf Sie im Sinn haben.

Auf Musterebene zu reden ermöglicht Ihnen, länger »im Entwurf« zu bleiben. Wenn Sie mit Mustern über Softwaresysteme reden, können Sie die Betrachtungen länger auf der Entwurfsebene halten, ohne in das Klein-Klein der Implementierung von Objekten und Klassen eintauchen zu müssen.

An wie vielen Design-Meetings haben Sie teilgenommen, in denen schnell in Diskussionen über Implementierungsdetails verfallen wurde?

Gemeinsame Vokabulare können Ihrem Entwicklungsteam Beine machen. Ein Team, das sich mit Entwurfsmustern gut auskennt, bewegt sich schnell, und es gibt wenig Platz für Missverständnisse.

Während Ihr Team beginnt, Entwurfsideen und -erfahrungen mittels Musterbegriffen auszutauschen, bauen Sie eine Gemeinschaft von Musternutzern auf.

Gemeinsame Vokabulare können mehr Junior-Entwickler dazu bringen, dass sie sich weiterentwickeln. Wenn Senior-Entwickler Entwurfsmuster verwenden, werden Junior-Entwickler ebenfalls motiviert, sie zu lernen. Bauen Sie in Ihrem Unternehmen eine Gemeinschaft von Musternutzern auf.

Überlegen Sie, ob Sie in Ihrem Unternehmen nicht einen Muster-Kursus einrichten möchten. Vielleicht können Sie sich für das Lernen ja sogar bezahlen lassen ... ;-)

Wie verwende ich Entwurfsmuster?

Wir alle haben schon mit fertigen Bibliotheken und Frameworks gearbeitet. Wir nehmen sie, schreiben etwas Code gegen ihre APIs, kompilieren sie in unsere Programme ein und ziehen große Vorteile aus dem Code, den ein anderer geschrieben hat. Denken Sie nur an die Java-APIs und die Massen an Funktionalitäten, die sie Ihnen zur Verfügung stellen: Netzwerk, GUI, IO usw. Bibliotheken und Frameworks kommen einem Entwicklungsmodell nah, in dem wir nur die Komponenten auswählen und dann direkt einstöpseln können. Aber ... sie helfen uns nicht, unsere Anwendungen auf eine Weise zu strukturieren, die leichter zu verstehen, besser zu warten und flexibler ist. Das ist der Punkt, an dem Entwurfsmuster ins Spiel kommen.

Entwurfsmuster gehen nicht direkt in Ihren Code ein, sie gehen erst in Ihr GEHIRN. Wenn Sie Ihre Gehirn mit einer einsatztauglichen Kenntnis über Muster ausgestattet haben, können Sie sie auf Ihre neuen Entwürfe anwenden und Ihren alten Code überarbeiten, wenn Sie feststellen, dass dieser zu einem unflexiblen Durcheinander von Spaghetti-Code verkommt.

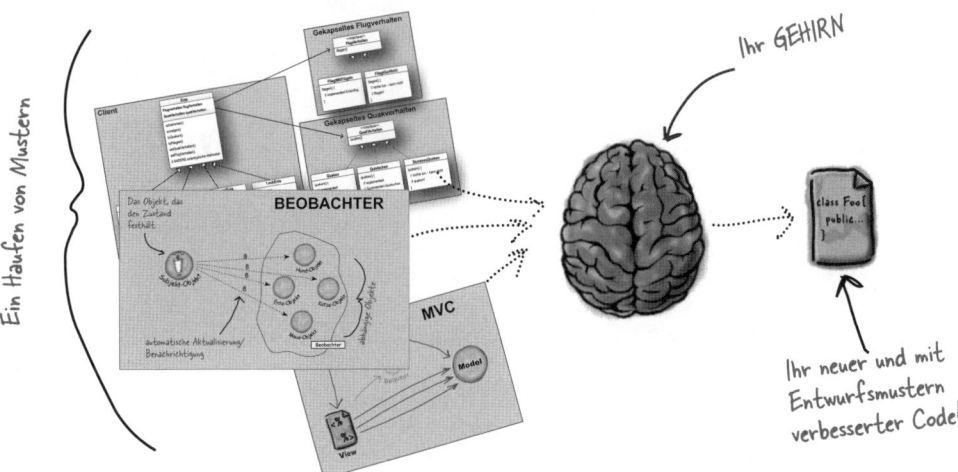

Es gibt keine Dummen Fragen

F: Wenn Entwurfsmuster so gut sind, warum kann dann nicht jemand eine Bibliothek von Mustern schreiben, damit ich das nicht tun muss?

A: Entwurfsmuster sind auf einer höheren Ebene angesiedelt als Bibliotheken. Entwurfsmuster sagen uns, wie wir Klassen und Objekte strukturieren müssen, um bestimmte Arten von Problemen zu lösen. Es ist unsere Aufgabe, diese Entwürfe so anzupassen, dass sie unseren jeweiligen Anwendungen angemessen sind.

F: Sind Bibliotheken und Frameworks nicht auch Entwurfsmuster?

A: Frameworks und Bibliotheken sind keine Entwurfsmuster. Sie bieten spezifische Implementierungen, die wir in unseren Code einbinden. Manchmal werden in der Implementierung von Bibliotheken und Frameworks jedoch Entwurfsmuster verwendet. Das ist gut, weil man APIs, die anhand von Entwurfsmustern strukturiert sind, schneller versteht, wenn man Entwurfsmuster kennt

F: Es gibt also keine Bibliothek von Entwurfsmustern?

A: Nein. Aber später werden Sie einen Katalog von Entwurfsmustern kennen lernen, der eine Liste von Mustern enthält, die Sie auf Ihre Anwendungen anwenden können.

Warum Entwurfsmuster?

Skeptischer Entwickler

Freundlicher Muster-Guru

Entwickler: Gut, hmm, aber ist das alles nicht einfach gutes objektorientiertes Design? Ich meine, solange ich Kapselung verwende, Abstraktion berücksichtige, Vererbung, Polymorphismus, muss ich mir da wirklich über Entwurfsmuster Gedanken machen? Eigentlich ist das alles doch recht einfach, oder? Habe ich nicht deswegen all die OO-Kurse besucht? Ich glaube, Entwurfsmuster sind gut für Leute, die keine Ahnung von gutem OO-Design haben.

Guru: Sss, das ist eins der schlimmsten Missverständnisse der objektorientierten Entwicklung: dass man meint, man schaffe, weil man die OO-Grundlagen kennt, auch automatisch flexible, wiederverwendbare und wartbare Systeme.

Entwickler: Nicht?

Guru: Nein. Wie sich herausstellt, ist es nicht immer ganz so offensichtlich, wie man OO-Systeme aufbaut, die diese Eigenschaften haben. Das musste erst mit harter Arbeit entdeckt werden.

Entwickler: Ich glaube, so langsam versteh ich das. Diese manchmal nicht so offensichtlichen Wege, objektorientierte Systeme aufzubauen, wurden gesammelt ...

Guru: ... genau, in einem Satz von Mustern, die man Entwurfsmuster nennt.

Entwickler: Wenn ich Muster kenne, kann ich also die harte Arbeit überspringen und gleich zu Entwürfen übergehen, die immer funktionieren?

Guru: Ja, in gewissem Maße. Aber denke daran, dass Design eine Kunst ist. Man muss immer Kompromisse machen. Aber wenn man gut durchdachten und erprobten Entwurfsmustern folgt, ist man immer im Vorteil.

Einführung in Entwurfsmuster

> Denke daran, dass du nicht schon dadurch ein guter objektorientierter Entwickler bist, dass du Konzepte wie Abstraktion, Vererbung und Polymorphismus kennst. Ein Design-Guru denkt darüber nach, wie er flexible Designs aufbaut, die wartbar und veränderbar sind.

Entwickler: Und was mache ich, wenn ich kein Muster finden kann?

Guru: Es gibt einige Prinzipien der Objektorientierung, die Mustern zugrunde liegen. Diese zu kennen, hilft dir, Situationen zu bewältigen, in denen du kein Muster findest, das deinem Problem angemessen ist.

Entwickler: Prinzipien? Sie meinen Prinzipien jenseits von Abstraktion, Kapselung und ...

Guru: Ja. Dass man darüber nachdenkt, wie sich OO-Systeme in der Zukunft ändern könnten, ist eins der Geheimnisse, die helfen, wartbaren Code zu erstellen. Und diese Prinzipien befassen sich mit derartigen Fragen.

Ihr Design-Werkzeugkasten

Werkzeuge für Ihren Design-Werkzeugkasten

Sie haben das erste Kapitel fast überstanden! Sie haben bereits einige Werkzeuge in Ihrem OO-Werkzeugkasten verstaut. Lassen Sie uns eine Liste dieser Werkzeuge erstellen, bevor wir zu Kapitel 2 weitergehen.

Punkt für Punkt

- Sie werden nicht allein dadurch zu einem guten OO-Designer, dass Sie die OO-Basics beherrschen.

- Gute OO-Entwürfe sind wiederverwendbar, erweiterbar und wartbar.

- Muster zeigen Ihnen, wie Sie Systeme mit guten OO-Entwurfseigenschaften entwerfen.

- Muster sind bewährte objektorientierte Erfahrung.

- Muster verschaffen Ihnen keinen Code, sie bieten Ihnen allgemeine Lösungen zu Entwurfsproblemen. Sie wenden diese auf Ihre spezifische Anwendung an.

- Muster werden nicht *erfunden*, sie werden *entdeckt*.

- Die meisten Muster und Prinzipien befassen sich mit Fragen der *Änderungen* an Software.

- Die meisten Muster ermöglichen es, dass ein Teil des Systems unabhängig von allen anderen Teilen variieren kann.

- Wir versuchen, in einem System das zu identifizieren, was sich ändert, um es zu kapseln.

- Muster bieten eine gemeinsame Sprache, die Ihre Kommunikation mit anderen Entwicklern optimieren kann.

OO-Basics

- Abstraktion
- Kapselung
- Polymorphismus
- Vererbung

Wir setzen voraus, dass Sie die OO-Basics kennen, wissen, wie man Klassen polymorph einsetzt, wie Vererbung dem Design by Contract ähnelt und wie Kapselung funktioniert. Wenn Sie in dieser Beziehung etwas eingerostet sind, nehmen Sie Ihre Java-Einführung zur Hand, gehen sie mal wieder durch und nehmen sich dann dieses Kapitel wieder vor.

OO-Prinzipien

- Kapseln Sie das, was variiert.
- Ziehen Sie die Komposition der Vererbung vor.
- Programmieren Sie auf eine Schnittstelle, nicht auf eine Implementierung.

Auf dem weiteren Weg werden wir uns diese Prinzipien aus der Nähe ansehen und der Liste noch ein paar weitere hinzufügen.

OO-Muster

Strategy – definiert eine Familie von Algorithmen, kapselt sie einzeln und macht sie austauschbar. Das Strategy-Muster ermöglicht es, den Algorithmus unabhängig von den Clients variieren zu lassen, die ihn einsetzen.

Denken Sie beim Lesen des Buchs immer daran, wie Muster sich auf OO-Basics und -Prinzipien stützen.

Eins hinter, aber noch viele vor uns!

Entwurfsmuster-Kreuzworträtsel

Geben wir Ihrer rechten Gehirnhälfte mal etwas zu tun.

Es handelt sich um ein ganz gewöhnliches Kreuzworträtsel, Umlaute werden als zwei Buchstaben dargestellt. Alle Lösungswörter stammen aus diesem Kapitel.

Waagerecht

2 JAVA IO, Networking, Sound.
4 Muster geben uns ein gemeinsames _____.
9 Eikes Lieblingsdrink.
15 Rick fand dieses Muster faszinierend.
16 Haben wir der Modellente nachträglich verliehen.
17 Muster _____ sich in vielen Anwendungen.
19 Das Muster, das den Simulator reparierte.
20 High-Level-Bibliotheken.
21 Von den _____ der anderen lernen.

Senkrecht

1 Hier fand die Demonstrationsvorführung von SimEnte statt.
3 Darauf sollten Sie programmieren, nicht auf eine Implementierung.
5 Muster gibt es nicht in _____.
6 Machen Gummienten.
7 Nicht Ihre eigenen.
8 Sollten Sie mit dem machen, was variiert.
10 Ente, die nicht quaken kann.
11 Gegrilltes Sandwich mit Käse und Schinken.
12 Die Entwicklungskonstante.
13 Ist der Vererbung vorzuziehen.
14 Die meisten Muster folgen den OO-_____.
18 Muster gehen in ihr ein _____.

Design-Puzzle – *die Lösung*

Die Lösung des Design-Puzzles

Figur ist die abstrakte Klasse für die anderen Figuren (König, Königin, Ritter und Troll) und Waffe das Interface, das alle Waffen implementieren. Alle richtigen Figuren und Waffen sind also konkrete Klassen.

Zum Wechseln der Waffe ruft jede Figur die Methode setWaffe() auf, die in der Superklasse Figur definiert wird. Während eines Kampfs wird die Methode verwendeWaffe() auf der aktuellen für eine Figur gesetzten Waffe aufgerufen, um anderen Figuren großen körperlichen Schaden zuzufügen.

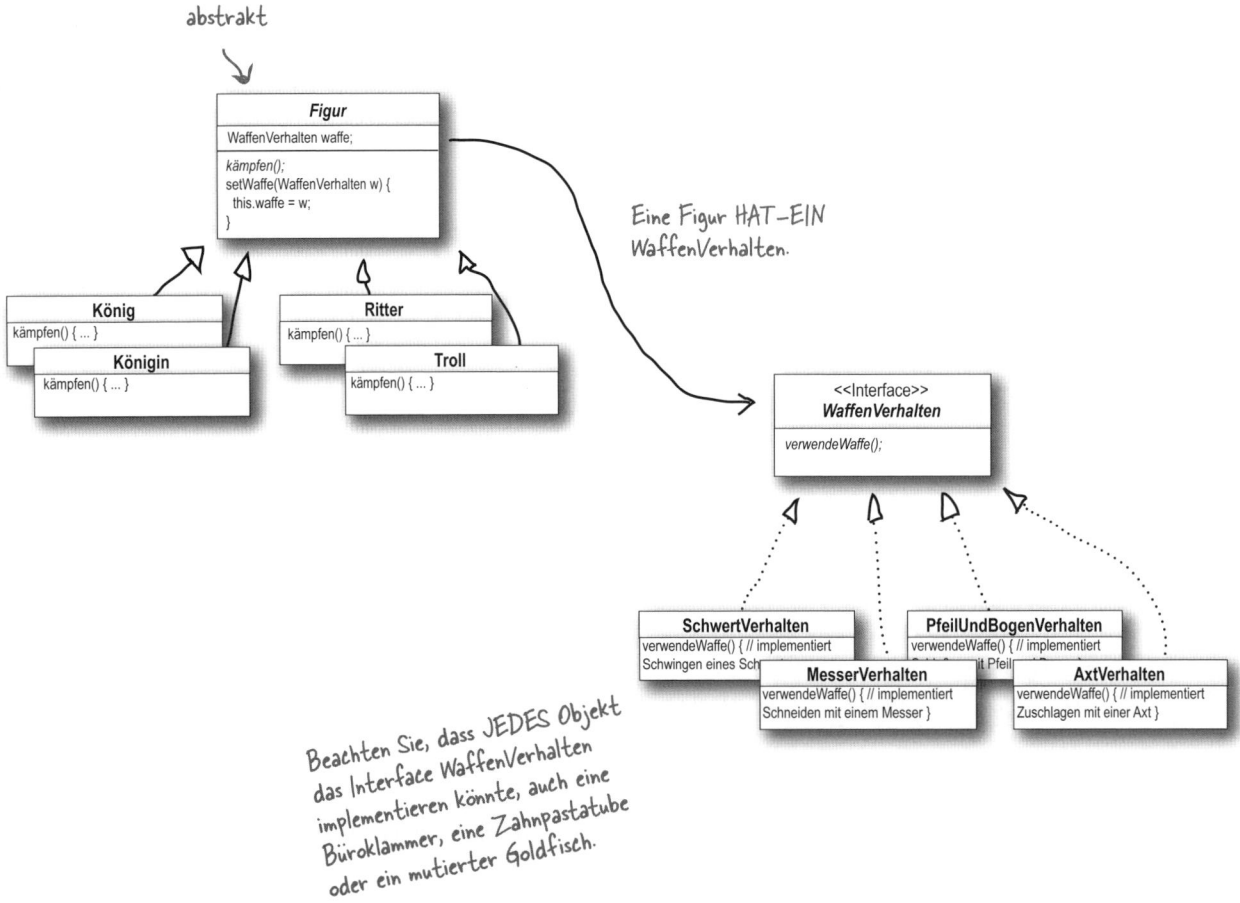

Spitzen Sie Ihren Bleistift

Welche der folgenden Punkte sind die Nachteile, wenn für das Entenverhalten *Vererbung* verwendet wird? (Wählen Sie alle Punkte, die zutreffen.)

- ☑ A. Code wird über Unterklassen verdoppelt.
- ☑ B. Verhaltensänderungen zur Laufzeit sind schwierig.
- ☐ C. Wir können die Enten nicht zum Tanzen bringen.
- ☑ D. Es ist nicht so einfach, Kenntnisse über das Verhalten aller Enten zu erlangen.
- ☐ E. Enten können nicht gleichzeitig fliegen und quaken.
- ☑ F. Änderungen können sich unbeabsichtigt auf andere Enten auswirken.

Spitzen Sie Ihren Bleistift

Lösung

Viele Dinge können Veränderungen anstoßen. Führen Sie einige der Gründe auf, die Sie veranlasst haben, den Code Ihrer Anwendungen zu ändern. (Als Anregung geben wir ein paar der Gründe an, die uns dazu veranlasst haben.)

Meine Kunden wollen jetzt etwas anderes oder neue Funktionalitäten.

Mein Arbeitgeber steigt auf ein anderes Datenbanksystem um und kauft außerdem seine Daten von einem neuen Zulieferer, der ein anderes Format verwendet. Äh!

Technologien ändern sich, und wir müssen unseren Code aktualisieren, um neuere Protokolle verwenden zu können.

Beim Aufbau unseres Systems haben wir so viele Dinge gelernt, dass wir noch mal von vorn anfangen und es besser machen wollen.

Entwurfsmuster-Kreuzworträtsel, Lösung

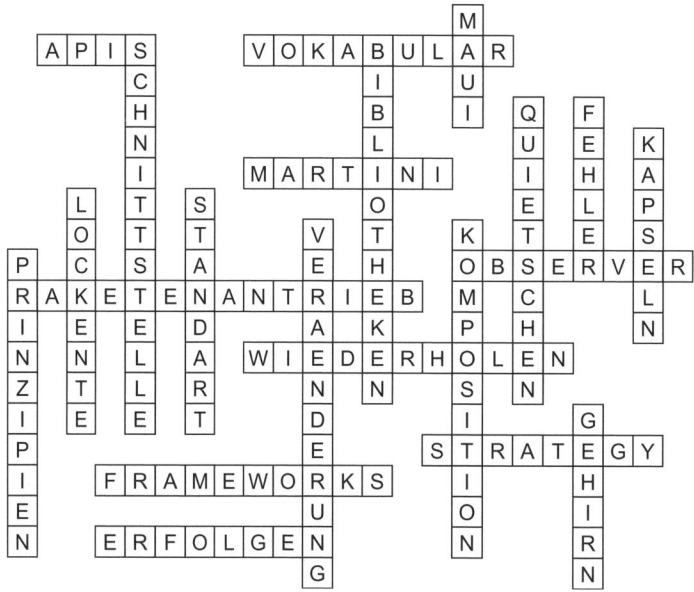

2 Das Observer-Muster

Ihre Objekte auf dem Laufenden halten

Verpassen Sie es nicht, wenn etwas Interessantes passiert!

Wir haben ein Muster, das Ihre Objekte auf dem Laufenden hält, wenn etwas passiert, das Sie interessieren könnte. Objekte können sogar zur Laufzeit entscheiden, ob sie informiert werden möchten. Das Observer-Muster ist eins der Muster, die im JDK am häufigsten verwendet werden. Und es ist unglaublich nützlich. In diesem Kapitel sehen wir uns außerdem Eins-zu-viele-Beziehungen und lockere Bindungen an. Mit dem Observer-Muster werden Sie zum Mittelpunkt der Muster-Party.

Wetterstation

Herzlichen Glückwunsch!

Ihr Team hat den Zuschlag für den Aufbau der neuen, zukunftsweisenden, internetbasierten Wetterstation der Wetter-O-Rama GmbH erhalten.

Wetter-O-Rama GmbH
Hauptstraße 100
12345 Schneefall

Arbeitsanweisung

Herzlichen Glückwunsch! Wir haben Sie ausgewählt, die neue, zukunftsweisende, internetbasierte Wetterstation von Wetter-O-Rama aufzubauen.

Die Wetterstation basiert auf unserem im Patentierungsverfahren befindlichen WetterDaten-Objekt, das die aktuellen Wetterbedingungen aufzeichnet (Temperatur, Luftfeuchtigkeit und Luftdruck). Wir hätten gern, dass Sie uns eine Anwendung erstellen, die anfänglich drei Anzeigeelemente anbietet: aktuelle Wetterbedingungen, Wetterstatistiken und eine einfache Wettervorhersage. Diese Elemente sollen jeweils in Echtzeit aktualisiert werden, wenn das WetterDaten-Objekt die neuesten Messwerte erhält.

Die Wetterstation soll außerdem erweiterbar sein. Wetter-O-Rama will die API veröffentlichen, damit andere Entwickler ihre eigenen Wetteranzeigen schreiben und problemlos einstöpseln können. Wir möchten, dass Sie diese API bereitstellen.

Wetter-O-Rama meint, über ein ausgezeichnetes Geschäftsmodell zu verfügen: Wenn die Kunden einmal am Haken hängen, beabsichtigen wir, sie für jede verwendete Anzeige zur Kasse zu bitten. Und jetzt das Beste: Wir haben vor, Sie in Aktienoptionen zu bezahlen.

Wir freuen uns auf Ihren Entwurf und Ihre Alpha-Anwendung.

Mit freundlichen Grüßen

Hans Tornado

Hans Tornado, Geschäftsführer

PS: Wir schicken Ihnen über Nacht die WetterDaten-Quelldateien.

Die Wetterstation-Anwendung im Überblick

Die drei Mitspieler im System sind die Wetterstation (das physische Gerät, das die tatsächlichen Wetterdaten sammelt), das WetterDaten-Objekt (das die von der Wetterstation einkommenden Daten nachhält und die Anzeigen aktualisiert) und die Anzeige, die den Benutzern die aktuellen Wetterbedingungen anzeigt.

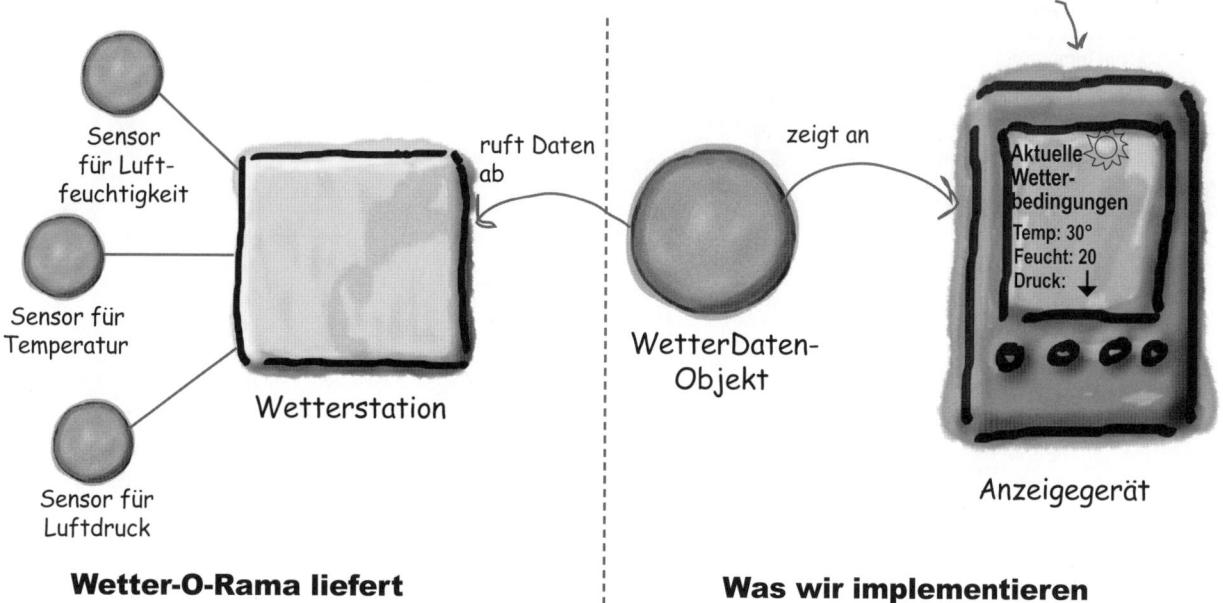

Wetter-O-Rama liefert | **Was wir implementieren**

Das WetterDaten-Objekt weiß, wie es mit der physischen Wetterstation reden muss, um die aktualisierten Daten zu erhalten. Dann aktualisiert das WetterDaten-Objekt seine Anzeigen für drei verschiedene Anzeigeelemente: Aktuelle Wetterbedingungen (zeigt Temperatur, Luftfeuchtigkeit und Luftdruck), Wetterstatistik und eine einfache Wettervorhersage.

Wenn wir uns entschließen, den Job anzunehmen, ist es unsere Aufgabe, eine Anwendung zu erstellen, die das WetterDaten-Objekt einsetzt, um die drei Anzeigen für die aktuellen Wetterbedingungen, die Wetterstatistiken und die Vorhersage zu aktualisieren.

Die WetterDaten-Klasse

Die Klasse WetterDaten entpacken

Wie versprochen, kommen die Quelldateien für WetterDaten am nächsten Morgen an. Der Code, wie ein Blick hinein offenbart, scheint recht gradlinig zu sein:

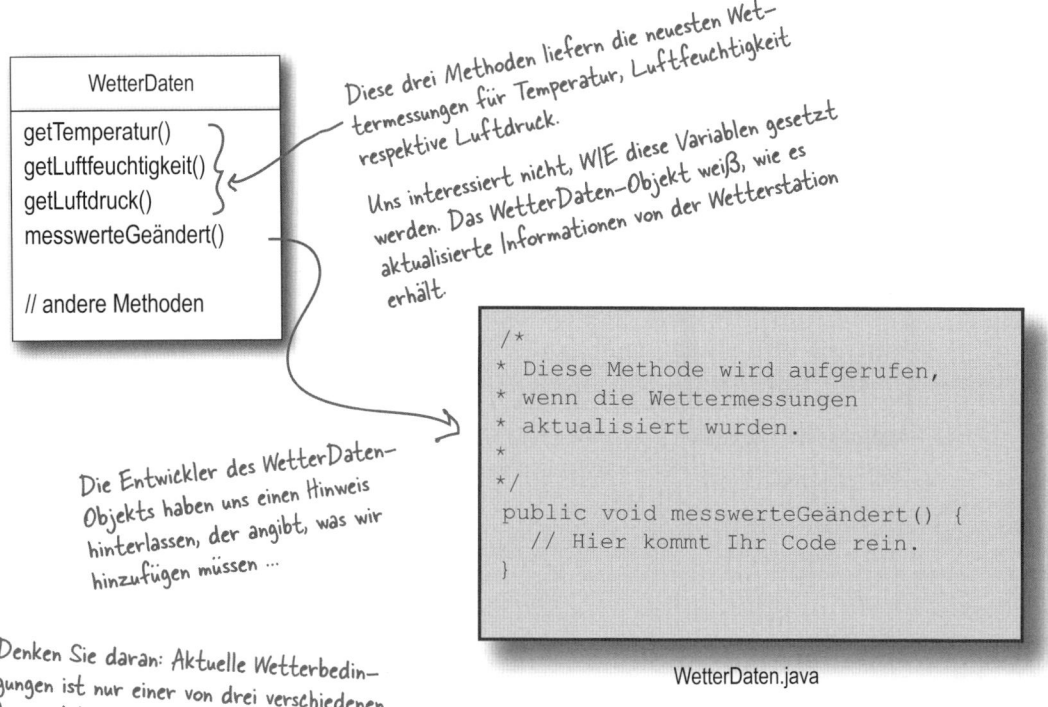

WetterDaten

getTemperatur()
getLuftfeuchtigkeit()
getLuftdruck()
messwerteGeändert()

// andere Methoden

Diese drei Methoden liefern die neuesten Wettermessungen für Temperatur, Luftfeuchtigkeit respektive Luftdruck.

Uns interessiert nicht, WIE diese Variablen gesetzt werden. Das WetterDaten-Objekt weiß, wie es aktualisierte Informationen von der Wetterstation erhält.

Die Entwickler des WetterDaten-Objekts haben uns einen Hinweis hinterlassen, der angibt, was wir hinzufügen müssen ...

```
/*
 * Diese Methode wird aufgerufen,
 * wenn die Wettermessungen
 * aktualisiert wurden.
 *
 */
public void messwerteGeändert() {
    // Hier kommt Ihr Code rein.
}
```

WetterDaten.java

Denken Sie daran: Aktuelle Wetterbedingungen ist nur einer von drei verschiedenen Anzeigebildschirmen.
↓

Anzeigegerät

Unsere Aufgabe ist es, messwerteGeändert() so zu implementieren, dass die drei Anzeigen für die aktuellen Bedingungen, die Wetterstatistiken und die Vorhersage aktualisiert werden.

Das Observer-Muster

Was wir bisher wissen

Die Spezifikation von Wetter-O-Rama war nicht so ganz klar, aber wir müssen herausfinden, was wir tun müssen. Was also wissen wir bislang?

```
getTemperatur()
getLuftfeuchtigkeit()
getLuftdruck()
```

☼ Die Klasse WetterDaten hat Getter-Methoden für drei Messwerte: Temperatur, Luftfeuchtigkeit und Luftdruck.

☼ Die Methode messwerteGeändert() wird jedes Mal aufgerufen, wenn neue Wetterdaten verfügbar sind. (Wir wissen und interessieren uns nicht dafür, wie die Methode aufgerufen wird, wir wissen nur, *dass* sie aufgerufen wird.)

```
messwerteGeändert()
```

Anzeige zwei

Anzeige eins

☼ Wir müssen drei Anzeigeelemente implementieren, die die Wetterdaten verwenden: eine Anzeige für *Aktuelle Bedingungen*, eine Anzeige für *Statistiken* und eine für eine *Vorhersage*. Diese Anzeigen müssen jedes Mal aktualisiert werden, wenn WetterDaten neue Messwerte hat.

Anzeige drei

☼ Das System muss erweiterbar sein – andere Entwickler sollen eigene Anzeigeelemente entwickeln können, und Benutzer sollen so viele Anzeigeelemente hinzufügen oder entfernen können, wie sie möchten. Aktuell wissen wir nur von den *drei* anfänglichen Anzeigetypen (Aktuelle Bedingungen, Statistiken und Vorhersage).

Zukünftige Anzeigen

Sie sind hier ▶ 41

Erster Versuch mit der Wetterstation

Einfach mal drauflos: Unser erster Entwurf

Hier ist eine erste Implementierungsmöglichkeit – wir nehmen den Tipp von den Wetter-O-Rama-Entwicklern auf und fügen unseren Code in die Methode messwerteGeändert() ein.

```
public class WetterDaten {

  // Deklaration der Instanzvariablen

  public void messwerteGeändert() {

    float temp = getTemperatur();
    float feuchtigkeit = getLuftfeuchtigkeit();
    float druck = getLuftdruck();

    aktuelleBedingungenAnzeige.aktualisieren(temp, feuchtigkeit, druck);
    statistikAnzeige.aktualisieren(temp, feuchtigkeit, druck);
    vorhersageAnzeige.aktualisieren(temp, feuchtigkeit, druck);
  }

  // andere WetterDaten-Methoden kommen hier rein
}
```

Die frischen Messungen werden abgerufen, indem die (bereits implementierten) Getter-Methoden von WetterDaten aufgerufen werden.

Jetzt die Anzeigen aktualisieren …

Jedes Anzeigeelement wird aufgefordert, seine Anzeige zu aktualisieren, und dabei werden ihm die neuesten Messwerte übergeben.

Spitzen Sie Ihren Bleistift

Welche der folgenden Bemerkungen treffen auf unseren ersten Entwurf oben zu? (Wählen Sie alle aus, die zutreffen.)

❏ A. Wir programmieren auf eine konkrete Implementierung, nicht auf Schnittstellen.

❏ B. Wir müssen den Code für jedes neue Anzeigeelement ändern.

❏ C. Wir haben keine Möglichkeit, zur Laufzeit Anzeigeelemente hinzuzufügen (oder zu entfernen).

❏ D. Die Anzeigeelemente implementieren keine gemeinsame Schnittstelle.

❏ E. Wir haben den Teil, der sich ändert, nicht eingekapselt.

❏ F. Wir verletzen die Kapselung der Klasse WetterDaten.

Was ist das Problem mit unserer Implementierung?

Denken Sie noch mal an all die Konzepte und Prinzipien aus Kapitel 1 zurück ...

```
public class WetterDaten {
  public void messwerteGeändert() {

    float temp = getTemperatur();
    float feuchtigkeit = getLuftfeuchtigkeit();
    float druck = getLuftdruck();

    aktuelleBedingungenAnzeige.aktualisieren(temp, feuchtigkeit, druck);
    statistikAnzeige.aktualisieren(temp, feuchtigkeit, druck);
    vorhersageAnzeige.aktualisieren(temp, feuchtigkeit, druck);
  }
}
```

Hier ändert sich etwas: Das müssen wir kapseln.

Da wir auf eine konkrete Implementierung programmiert haben, gibt es keine Möglichkeit, andere Anzeigeelemente hinzuzufügen oder zu entfernen, ohne Änderungen am Programm durchzuführen.

Zumindest scheinen wir eine gemeinsame Schnittstelle zu verwenden, um mit den Anzeigeelementen zu kommunizieren ... sie besitzen alle eine aktualisieren()-Methode, die Werte für Temperatur, Luftfeuchtigkeit und Luftdruck erwartet.

Entschuldigung, ich weiß, ich bin heute das erste Mal hier, aber da wir uns im Kapitel zum Observer-Muster befinden, sollten wir nicht allmählich anfangen, es auch zu verwenden?

Wir werden einen Blick auf Observer werfen und uns die Wetterüberwachungsanwendung danach wieder vornehmen, um rauszufinden, wie man es darauf anwendet.

Gestatten: Observer

Gestatten: das Observer-Muster

Sie wissen, wie Zeitungsabos funktionieren:

❶ Ein Verlag startet das Geschäft und veröffentlicht Zeitungen.

❷ Sie abonnieren ein bestimmtes Produkt eines Herausgebers, und jedes Mal, wenn es eine neue Ausgabe gibt, wird Sie Ihnen geliefert. Solange Sie Abonnent bleiben, erhalten Sie neue Zeitungen.

❸ Sie kündigen das Abonnement, wenn Sie die Zeitung nicht mehr möchten, und die Lieferung wird eingestellt.

❹ Solange der Herausgeber sein Gewerbe betreibt, abonnieren Personen, Hotels, Fluggesellschaften und andere Unternehmen die Zeitung oder kündigen ihre Abonnements.

Verpassen, was in Objekthausen passiert? Auf keinen Fall. Natürlich abonnieren wir!

Das Observer-Muster

Herausgeber + Abonnenten = Observer-Muster

Wenn klar ist, wie das Abonnieren einer Zeitung vor sich geht, haben Sie im Grunde auch das Observer-Muster verstanden, nur dass hier der Herausgeber als SUBJEKT und die Abonnenten als BEOBACHTER bezeichnet werden.

Sehen wir uns das genauer an:

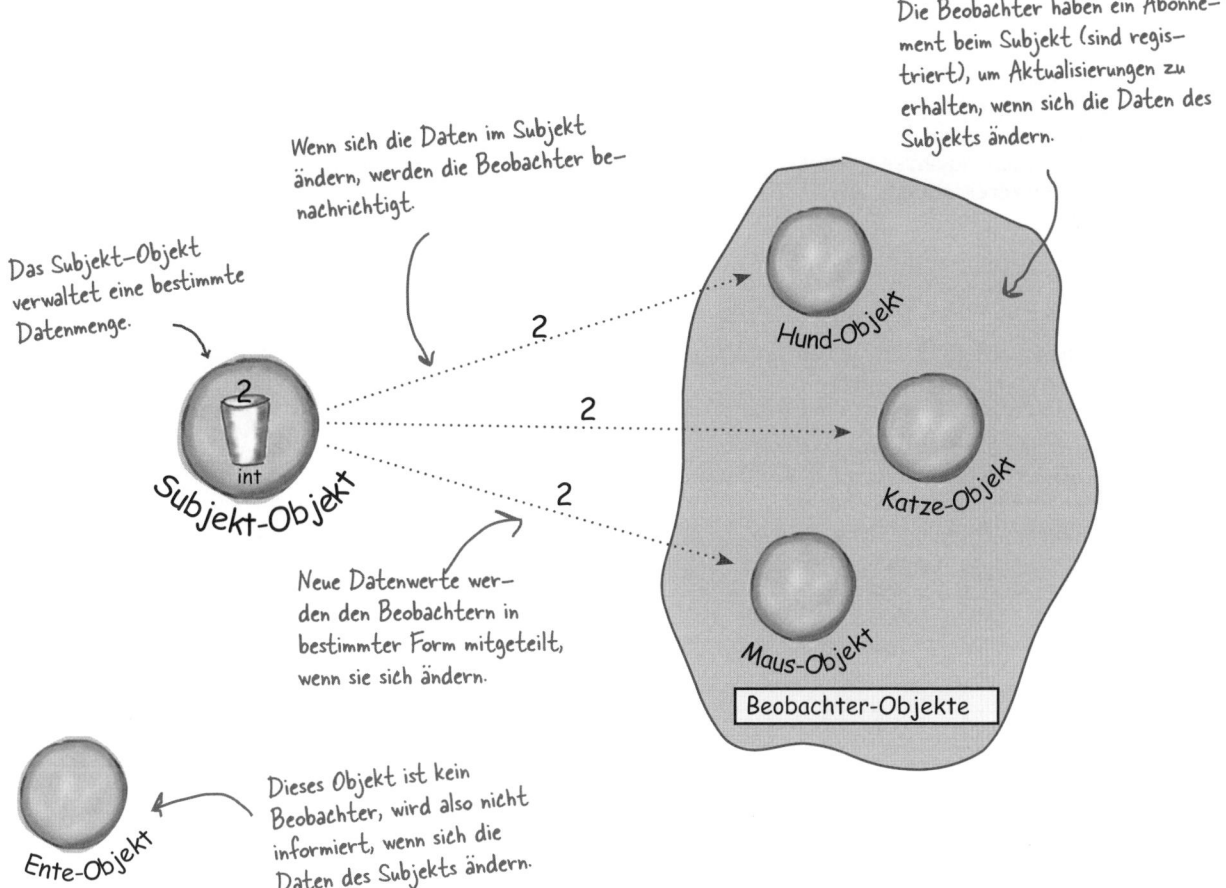

Die Beobachter haben ein Abonnement beim Subjekt (sind registriert), um Aktualisierungen zu erhalten, wenn sich die Daten des Subjekts ändern.

Wenn sich die Daten im Subjekt ändern, werden die Beobachter benachrichtigt.

Das Subjekt-Objekt verwaltet eine bestimmte Datenmenge.

Neue Datenwerte werden den Beobachtern in bestimmter Form mitgeteilt, wenn sie sich ändern.

Dieses Objekt ist kein Beobachter, wird also nicht informiert, wenn sich die Daten des Subjekts ändern.

Sie sind hier ▸ 45

Ein Tag im Leben des Observer-Musters

Ein Ente-Objekt kommt vorbei und sagt dem Subjekt, dass es ein Beobachter werden möchte.

Ente möchte endlich Bescheid wissen, was passiert. Diese ints, die Subjekt verschickt, wenn sich sein Zustand ändert, sehen ziemlich interessant aus ...

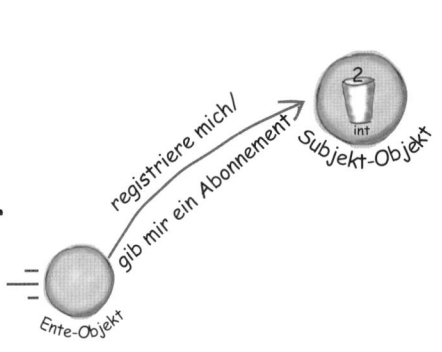
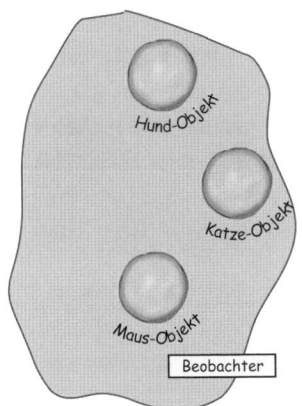

Das Ente-Objekt ist jetzt ein offizieller Beobachter.

Ente ist ganz aufgedreht ... sie ist auf der Liste und wartet mit großer Vorfreude auf die nächste Benachrichtigung, damit sie ein int bekommen kann.

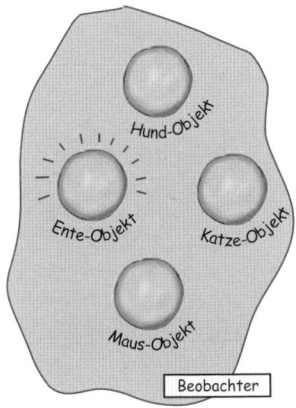

Das Subjekt erhält einen neuen Datenwert!

Jetzt erhalten Ente und alle anderen Beobachter eine Benachrichtigung, dass sich Subjekt geändert hat.

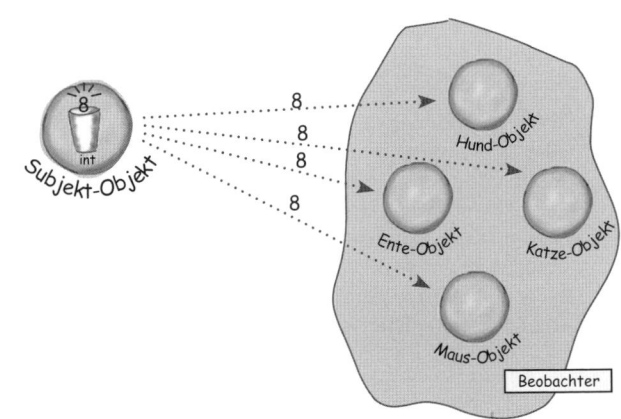

Das Observer-Muster

Das Maus-Objekt bittet darum, als Beobachter entfernt zu werden.

Das Maus-Objekt bekommt schon seit Ewigkeiten ints und ist sie leid. Deswegen hat es entschieden, dass es nicht länger Beobachter sein möchte.

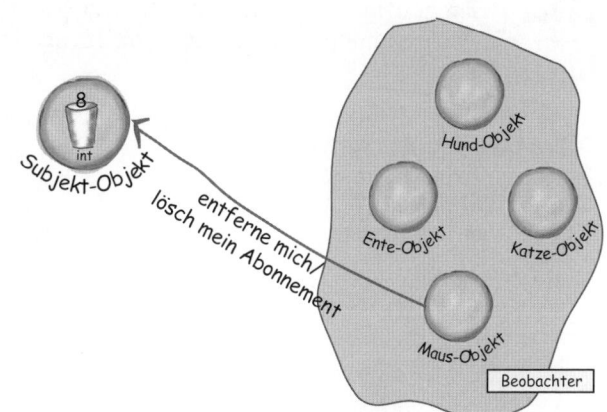

Raus die Maus!

Das Subjekt berücksichtigt die Anfrage der Maus und entfernt sie aus der Gruppe der Beobachter.

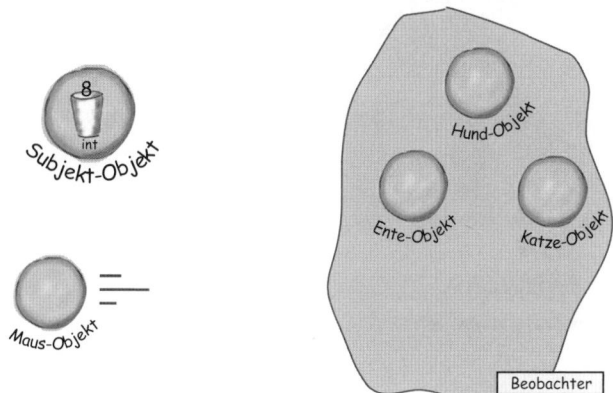

Das Subjekt hat einen neuen int.

Alle Beobachter, außer Maus, die nicht mehr dabei ist, erhalten eine weitere Benachrichtigung. Erzähl keinem, kleine Maus, dass du diese ints nicht insgeheim vermisst ... vielleicht fragst du ja eines Tages, ob du nicht doch wieder Beobachter sein kannst.

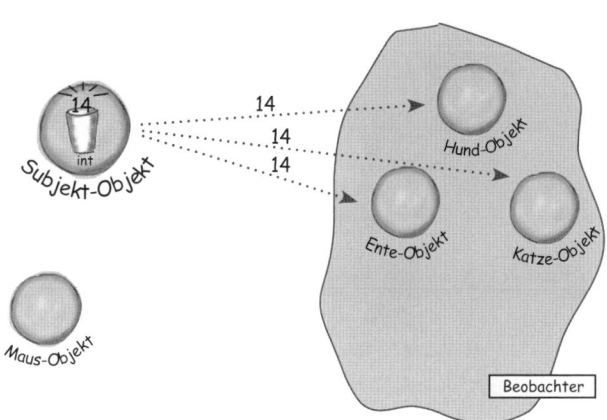

Sie sind hier ▸ 47

Fünf-Minuten-Drama

Fünf-Minuten-Drama: ein Subjekt unter Beobachtung

Im heutigen Sketch treffen zwei Nach-Dot-Com-Blase-Programmierer auf einen Arbeitsvermittler ...

Ich bin Laura. Ich suche nach einer Anstellung im Bereich Java-Entwicklung. Ich habe fünf Jahre Erfahrung und ...

① Software-Entwickler 1

Klar, du und alle anderen auch, Süße. Ich setze dich auf meine Liste von Java-Entwicklern. Und ruf mich nicht an. Ich melde mich bei dir!

② Headhunter/Subjekt

Hi, meine Name ist Anna. Ich habe eine Menge EJB-Systeme geschrieben und interessiere mich für jeden Job im Bereich Java-Entwicklung, den Sie zu bieten haben.

③ Software-Entwickler 2

Ich setzte dich auf die Liste zu all den anderen.

④ Subjekt

Das Observer-Muster definieren

Zwei Wochen später

Anna genießt das Leben und ist kein Beobachter mehr. Außerdem erfreut sie sich an einem netten fetten Vertragsbonus, weil die Firma keinen Vermittler bezahlen musste.

Aber was ist aus unserer lieben Laura geworden? Man erzählt, dass sie den Vermittler jetzt auf dessen eigener Bühne schlägt. Sie ist nicht nur immer noch Beobachter – sie hat jetzt auch ihre eigene Benachrichtigungsliste und benachrichtigt ihre eigenen Beobachter. Laura ist jetzt Subjekt und Beobachter in einem.

Die Definition des Observer-Musters

Wenn man versucht, sich das Observer-Muster vorzustellen, ist ein Zeitungsabonnementdienst mit seinen Herausgebern und Abonnenten eine gute Möglichkeit, das Muster zu erklären.

Offiziell wird das Observer-Muster üblicherweise folgendermaßen definiert:

> **Das Observer-Muster** definiert eine Eins-zu-viele-Abhängigkeit zwischen Objekten in der Art, dass alle abhängigen Objekte benachrichtigt werden, wenn sich der Zustand des einen Objekts ändert.

Lassen Sie uns diese Definition mal in Beziehung zu dem setzen, was wir bisher über das Muster gesagt haben.

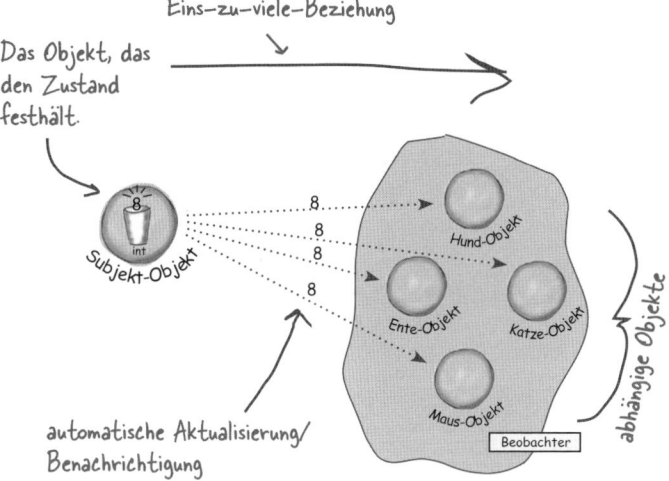

Das Observer-Muster definiert eine Eins-zu-viele-Beziehung zwischen einem Satz von Objekten.

Wenn sich der Zustand eines Objekts ändert, werden alle von ihm abhängigen Objekte benachrichtigt.

Das Subjekt und die Beobachter definieren das Eins-zu-viele-Verhältnis. Die Beobachter sind vom Subjekt insofern abhängig, als sie eine Benachrichtigung erhalten, wenn sich der Zustand des Objekts ändert. Abhängig von der Art der Benachrichtigung, können die Beobachter auch mit neuen Werten aktualisiert werden.

Wie Sie feststellen werden, gibt es mehrere Möglichkeiten, das Observer-Muster zu implementieren, aber die meisten drehen sich um einen Klassenentwurf, der Subjekt- und Beobachter-Schnittstelle einschließt.

Lassen Sie uns einen Blick darauf werfen …

Lockere Bindung

Die Definition des Observer-Musters: das Klassendiagramm

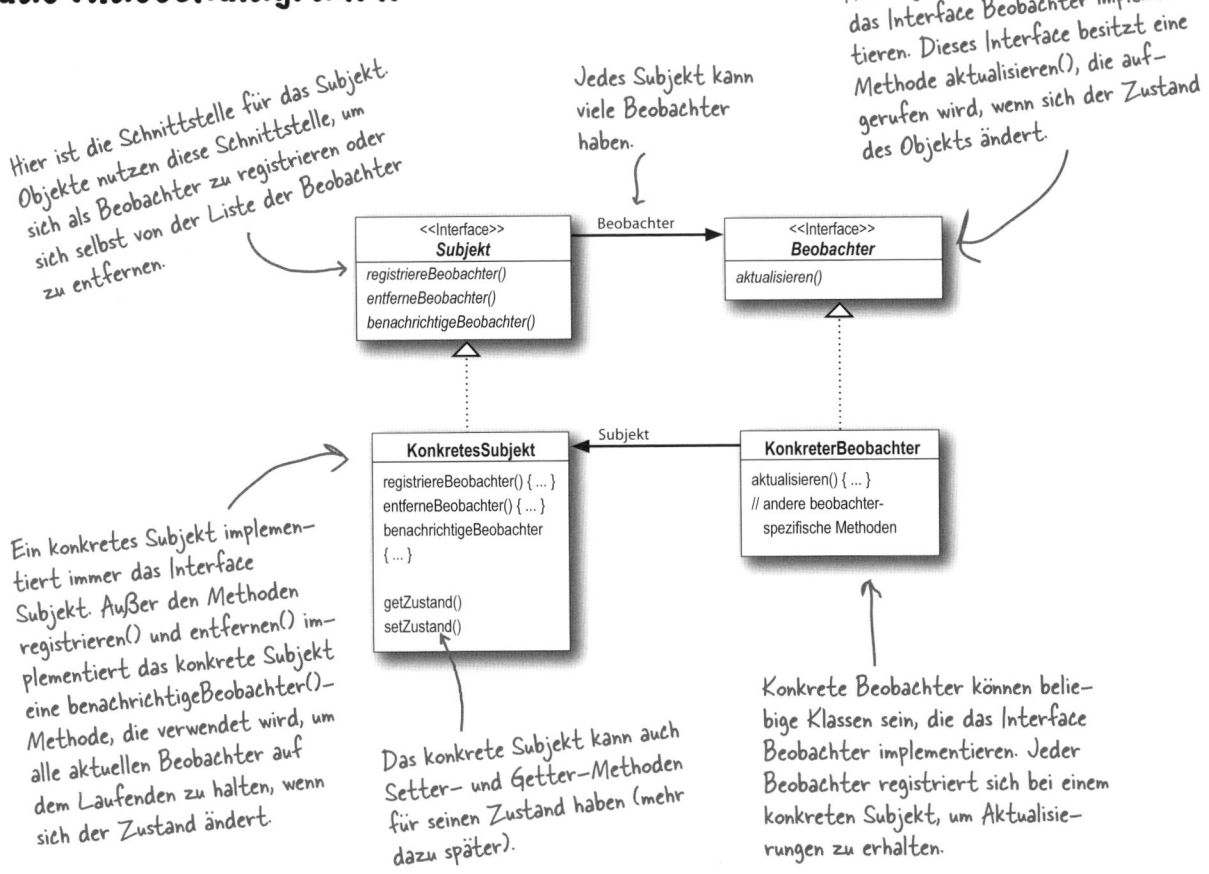

Es gibt keine
Dummen Fragen

F: Was hat das mit Eins-zu-viele-Beziehungen zu tun?

A: Beim Observer-Muster ist das Subjekt das Objekt, das den Zustand enthält und kontrolliert. Es gibt also EIN Subjekt mit Zustand. Die Beobachter andererseits verwenden den Zustand, auch wenn es nicht ihr eigener ist. Es gibt viele Beobachter, und sie sind davon abhängig, dass das Subjekt ihnen mitteilt, wenn sich ihr Zustand ändert. Es gibt also eine Beziehung zwischen dem EINEN Subjekt und den VIELEN Beobachtern.

F: Wie spielt Abhängigkeit da rein?

A: Weil das Subjekt der einzige Eigentümer der Daten ist, sind die Beobachter davon abhängig, dass das Subjekt sie aktualisiert, wenn sich die Daten ändern. Das führt zu einem saubereren OO-Design, als wenn man vielen Objekten erlaubt, die gleichen Daten zu kontrollieren.

Die Macht der losen Kopplung

Wenn zwei Objekte locker gebunden sind, können sie miteinander interagieren, müssen aber nur wenige Kenntnisse voneinander besitzen.

Das Observer-Muster bietet ein Objekt-Design, bei dem Subjekt und Beobachter locker gebunden sind.

Warum?

Das Subjekt weiß über einen Beobachter nur eine Sache: dass er eine bestimmte Schnittstelle implementiert (das Interface Beobachter). Es muss die konkrete Klasse des Beobachters nicht kennen noch sonst etwas anderes über ihn wissen. Weil das Subjekt nichts anderes benötigt als eine Liste der Objekte, die das Interface Observer implementieren, können wir jederzeit neue Beobachter hinzufügen. Wir können sogar Beobachter zur Laufzeit durch andere Beobachter auswechseln, ohne dass das Subjekt ins Stolpern gerät. Genauso können wir jederzeit Beobachter entfernen.

Wir müssen das Subjekt nie verändern, um neue Beobachter hinzuzufügen. Nehmen wir an, es kommt eine neue Klasse vorbei, die ein Beobachter sein muss. Wir müssen keinerlei Veränderungen am Subjekt vornehmen, um Platz für den neue Klassentyp zu schaffen. Wir müssen bloß in der neuen Klasse das Interface Beobachter implementieren und die Instanzen der Klasse als Beobachter registrieren. Dem Subjekt ist das egal. Es verschickt Benachrichtigungen an alle Objekte, die das Interface Beobachter implementieren.

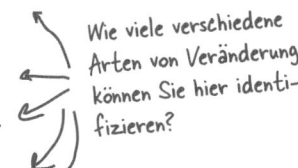

Wie viele verschiedene Arten von Veränderung können Sie hier identifizieren?

Wir können Subjekt und Beobachter unabhängig voneinander wiederverwenden. Wenn wir einen anderen Verwendungszweck für ein Subjekt oder einen Beobachter haben, können wir sie leicht wiederverwenden, weil sie nicht fest verbunden sind.

Änderungen am Subjekt oder an einem Beobachter haben auf den jeweils anderen keinen Einfluss. Weil die beiden locker gebunden sind, können wir an beiden Veränderungen vornehmen, solange die Objekte immer noch ihren Verpflichtungen nachkommen, die Schnittstelle Subjekt oder Beobachter zu implementieren.

Entwurfsprinzip

Streben Sie bei Entwürfen mit interagierenden Objekten nach lockerer Kopplung.

Entwürfe mit lockerer Bindung ermöglichen es uns, flexible OO-Systeme aufzubauen, die mit Veränderungen klarkommen, weil sie die Abhängigkeiten zwischen Objekten minimieren.

Die Wetterstation planen

Spitzen Sie Ihren Bleistift

Versuchen Sie, bevor Sie fortfahren, die Klassen zu skizzieren, die Sie benötigen, um die Wetterstation zu implementieren, einschließlich der Klasse WetterDaten und ihrer Anzeigeelemente. Stellen Sie sicher, dass Ihr Diagramm darstellt, wie die einzelnen Teile zusammenpassen und wie ein anderer Entwickler eigene Anzeigeelemente implementieren könnte.

Wenn Sie etwas Hilfe benötigen, lesen Sie die nächste Seite. Ihre Kollegen sprechen bereits darüber, wie die Wetterstation entworfen werden muss.

Das Observer-Muster

Gespräch am Arbeitsplatz

Zurück beim Projekt Wetterstation haben Ihre Kollegen bereits begonnen, das Problem zu durchdenken ...

Astrid: Wie werden wir das Ding also aufbauen?

Maria: Gut, es hilft schon mal, dass wir wissen, dass wir das Observer-Muster verwenden.

Astrid: Stimmt ... aber wie wenden wir es an?

Maria: Hmm. Vielleicht schauen wir uns noch mal die Definition an:

Das Observer-Muster definiert ein Eins-zu-viele-Verhältnis der Art, dass alle abhängigen Objekte automatisch aktualisiert werden, wenn sich der Zustand eines Objekts ändert.

Maria: Wenn man darüber nachdenkt, macht das irgendwie schon Sinn. Unsere WetterDaten-Klasse ist das »Eins«, und unsere »viele« sind die verschiedenen Anzeigeelemente, die die Wettermessungen verwenden.

Astrid: Stimmt. Die WetterDaten-Klasse hat ganz klar einen Zustand ... das sind Temperatur, Luftfeuchtigkeit und Luftdruck – die ändern sich auf alle Fälle.

Maria: Ja. Und wenn sich diese Messungen ändern, müssen wir alle Anzeigeelemente benachrichtigen, damit sie damit anstellen können, was auch immer sie mit den Messwerten anstellen möchten.

Astrid: Cool. Ich glaube, ich verstehe jetzt, wie das Observer-Muster auf unser Wetterstation-Problem angewandt werden kann.

Maria: Da sind aber noch ein paar Dinge zu berücksichtigen, bei denen ich mir nicht sicher bin, ob ich das jetzt schon verstehe.

Astrid: Was zum Beispiel?

Maria: Beispielsweise, wie wir die Wettermessungen an die Anzeigeelemente liefern?

Astrid: Na, werfen wir doch noch mal einen Blick auf das Bild vom Observer-Muster. Wenn wir das WetterDaten-Objekt zum Subjekt machen und die Anzeigeelemente zu den Beobachtern, dann registrieren sich die Anzeigen selbst beim WetterDaten-Objekt, um die Informationen zu erhalten, die sie benötigen, oder?

Maria: Ja ... und wenn die Wetterstation über ein Anzeigeelement Bescheid weiß, braucht es einfach nur eine Methode aufzurufen, um ihm die Messwerte mitzuteilen.

Astrid: Wir dürfen nicht vergessen, dass alle Anzeigeelemente unterschiedlich sein können. Ich denke, das ist der Punkt, an dem eine gemeinsame Schnittstelle ins Spiel kommt. Auch wenn alle Komponenten unterschiedliche Typen haben, sollten Sie alle das gleiche Interface implementieren, damit das WetterDaten-Objekt weiß, wie es ihnen die Messwerte senden kann.

Maria: Ich verstehe, was du meinst. Also hat jede Anzeige zum Beispiel eine aktualisieren()-Methode, die von WetterDaten aufgerufen wird.

Astrid: Und aktualisieren() wird in einem gemeinsamen Interface definiert, das alle Elemente implementieren ...

Sie sind hier ▸ **55**

Die Wetterstation entwerfen

Sieht dieses Diagramm so ähnlich aus wie Ihres?

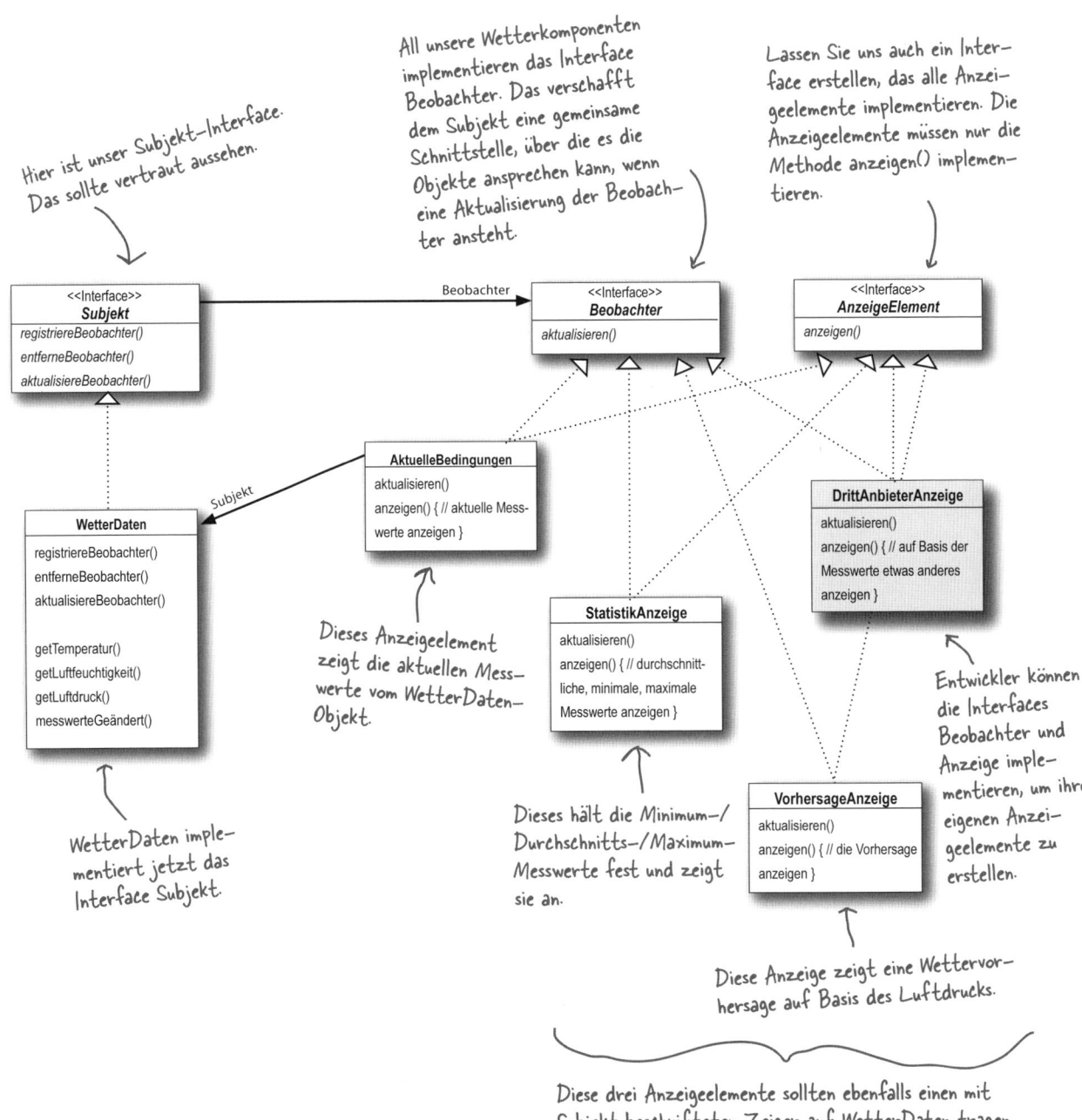

Die Wetterstation implementieren

Jetzt beginnen wir auf Basis des Klassendiagramms und der Hinweise von Maria und Astrid (ein paar Seiten weiter vorn) mit unserer Implementierung. Später in diesem Kapitel werden Sie sehen, dass Java etwas eingebaute Unterstützung für das Observer-Muster bietet. Aber zu Beginn wollen wir uns mal die Hände schmutzig machen und unseren eigenen Beobachter zusammenbasteln. Auch wenn Sie Javas eingebaute Unterstützung in manchen Fällen einsetzen können, ist es häufig flexibler, einen eigenen Beobachter zu schreiben (und so viel schwerer ist es auch nicht). Lassen Sie uns also mit den Interfaces beginnen:

```
public interface Subjekt {
  public void registriereBeobachter (Beobachter b);
  public void entferneBeobachter(Beobachter b);
  public void benachrichtigeBeobachter();
}
```

Diese beiden Methoden erwarten einen Beobachter als Argument, d.h. den Beobachter, der registriert oder entfernt werden soll.

Diese Methode wird aufgerufen, um alle Beobachter zu benachrichtigen, wenn sich der Zustand des Subjekts geändert hat.

```
public interface Beobachter {
  public void aktualisieren(float temp, float feucht, float druck);
}
```

Das sind die Zustandswerte, die die Beobachter vom Subjekt erhalten, wenn sich ein Wetter-Messwert ändert.

Das Interface Observer wird von allen Observern implementiert, damit sie alle die Methode aktualisieren() implementieren. Hier folgen wir den Hinweisen von Maria und Astrid und übergeben den Beobachtern die Messwerte.

```
public interface AnzeigeElement{
  public void anzeigen();
}
```

Das Interface AnzeigeElement enthält nur eine Methode, anzeigen(), die wir aufrufen werden, wenn das Anzeigeelement angezeigt werden soll.

> Maria und Astrid dachten, dass es die geradlinigste Vorgehensweise zur Aktualisierung des Zustands wäre, die Messwerte direkt zu übergeben. Halten Sie das für vernünftig? Hinweis: Ist das ein Bereich der Anwendung, der sich in Zukunft ändern könnte? Wenn er sich ändern würde, wäre diese Änderung dann gut gekapselt, oder würde sie Änderungen an vielen Teilen des Codes erfordern?
>
> Fallen Ihnen andere Möglichkeiten ein, das Problem der Übergabe des aktualisierten Zustands an die Beobachter anzugehen?
>
> Keine Sorge. Wir werden zu dieser Entwurfsentscheidung zurückkehren, wenn wir die anfängliche Implementierung abgeschlossen haben.

Das Interface Subjekt in WetterDaten implementieren

ERINNERUNG: Wir geben in den Code-Listings keine import- und package-Anweisungen an. Den vollständigen Quellcode erhalten Sie auf der wickedlysmart-Website oder auf der Website von O'Reilly. Die URLs finden Sie auf Seite xxxi in der Einführung.

Erinnern Sie sich an unseren ersten Versuch am Anfang dieses Kapitels, die Klasse WetterDaten zu implementieren? Vielleicht möchten Sie Ihr Gedächtnis noch einmal auffrischen? Jetzt ist es an der Zeit, die Sache mit dem Observer-Muster im Hinterkopf erneut durchzuführen ...

```java
public class WetterDaten implements Subjekt {
    private ArrayList beobachter;
    private float temperatur;
    private float feuchtigkeit;
    private float luftdruck;

    public WetterDaten() {
        beobachter = new ArrayList();
    }

    public void registriereBeobachter(Beobachter b) {
        beobachter.add(b);
    }

    public void entferneBeobachter(Beobachter b) {
        int i = beobachter.indexOf(b);
        if (i >= 0) {
            beobachter.remove(i);
        }
    }

    public void benachrichtigeBeobachter() {
        for (int i = 0; i < beobachter.size(); i++) {
            Beobachter b = (Beobachter)beobachter.get(i);
            b.aktualisieren(temperatur, feuchtigkeit, luftdruck);
        }
    }

    public void messwerteGeändert() {
        benachrichtigeBeobachter();
    }

    public void setMesswerte(float temp, float feucht, float druck) {
        this.temperatur = temp;
        this.feuchtigkeit = feucht;
        this.luftdruck = druck;
        messwerteGeändert();
    }

    // andere WetterDaten-Methoden
}
```

WetterDaten implementiert jetzt das Interface Subjekt.

Wir haben eine ArrayList hinzugefügt, die die Beobachter aufnimmt, und erstellen sie im Konstruktor.

Hier implementieren wir das Interface Subjekt.

Wenn sich ein Beobachter registriert, hängen wir ihn einfach ans Ende der Liste an.

Wenn sich ein Beobachter entfernen will, entfernen wir ihn gleichermaßen einfach aus der Liste.

Jetzt kommt der spaßige Teil. Hier teilen wir allen Beobachtern den Zustand mit. Weil sie alle Beobachter sind, wissen wir, dass sie aktualisieren() implementieren, und wissen deswegen, wie wir sie benachrichtigen können.

Wir benachrichtigen die Beobachter, wenn wir aktualisierte Messwerte von der Wetterstation bekommen.

Gut. Eigentlich wollten wir mit jedem Buch ja eine hübsche kleine Wetterstation ausliefern. Darauf hat sich der Verlag aber leider nicht eingelassen. Statt echte Wetterdaten von einem Gerät zu lesen, werden wir also diese Methode verwenden, um unsere Anzeigeelemente zu testen. Zum Spaß könnten Sie Code schreiben, mit denen die Messwerte aus dem Web abgerufen werden.

Lassen Sie uns jetzt die Anzeigeelemente aufbauen

Jetzt, da wir die Klasse WetterDaten klargemacht haben, ist es an der Zeit, die AnzeigeElemente zu erstellen. Wetter-O-Rama hat drei bestellt: die Anzeige für die aktuellen Wetterbedingungen, die Anzeige mit den Statistiken und die Anzeige mit der Vorhersage. Lassen Sie uns einen Blick auf die Anzeige der aktuellen Bedingungen werfen. Wenn Sie dieses Anzeigeelement verstanden haben, können Sie den Code für die Statistik- und die Vorhersageanzeige aus dem Head First-Code-Verzeichnis auschecken. Sie werden feststellen, dass sie sehr ähnlich sind.

Diese Anzeige implementiert Beobachter, damit sie Änderungen vom WetterDaten-Objekt erhält.

Sie implementiert außerdem AnzeigeElement, weil unsere API verlangen wird, dass alle Anzeigeelemente dieses Interface implementieren.

```
public class AktuelleBedingungenAnzeige implements Beobachter, AnzeigeElemente {
  private float temperatur;
  private float feuchtigkeit;
  private Subjekt wetterDaten;

  public AktuelleBedingungenAnzeige(Subjekt wetterDaten) {
    this.wetterDaten= wetterDaten;
    wetterDaten.registriereBeobachter(this);
  }

  public void aktualisieren(float temp, float feucht, float druck) {
    this.temperatur = temp;
    this.feuchtigkeit = feucht;
    anzeigen();
  }

  public void anzeigen() {
    System.out.println("Aktuelle Wetterbedingungen: " + temperatur
    + "Grad C und " + Luftfeuchtigkeit+ "% feuchtigkeit");
  }
}
```

Dem Konstruktor wird das wetter-Daten-Objekt (das Subjekt) übergeben, und wir können es verwenden, um die Anzeige als Beobachter zu registrieren.

Wenn aktualisieren() aufgerufen wird, speichern wir Temperatur und Luftfeuchtigkeit und rufen anzeigen() auf.

Die Methode anzeigen() gibt einfach nur die neuesten Werte für Temperatur und Luftfeuchtigkeit aus.

Es gibt keine Dummen Fragen

F: Ist aktualisieren() der beste Ort für den Aufruf von anzeigen()?

A: In diesem einfachen Beispiel machte es Sinn, anzeigen() aufzurufen, wenn sich die Werte geändert haben. Sie haben allerdings recht, dass es viel bessere Möglichkeiten gibt, die Art der Anzeige zu entwerfen. Das werden wir sehen, wenn wir zum Model-View-Controller-Muster kommen.

F: Warum haben Sie eine Referenz auf das Subjekt gespeichert? Es sieht nicht so aus, als würden Sie es nach dem Konstruktor jemals wieder benötigen.

A: Richtig. Aber in Zukunft möchten wir uns vielleicht wieder aus der Liste der Beobachter entfernen lassen. Dann wäre es praktisch, eine Referenz auf das Subjekt zur Hand zu haben.

Die Wetterstation *testen*

Die Wetterstation in Betrieb nehmen

❶ Zunächst erstellen wir eine Test-Klasse.

Die Wetterstation ist einsatzbereit. Alles, was wir jetzt noch brauchen, ist etwas Code, der alles zusammenklebt. Hier ist unser erster Versuch. Später in diesem Buch kehren wir noch einmal an diese Stelle zurück und stellen sicher, dass sämtliche Komponenten mithilfe einer Konfigurationsdatei leicht eingestöpselt werden können. Für den Augenblick funktioniert alles auf folgende Weise:

```java
public class WetterStation {
    public static void main(String[] args) {
        WetterDaten wetterDaten= new WetterDaten();

        AktuelleBedingungenAnzeige aktuelleAnzeige =
            new AktuelleBedingungenAnzeige (wetterDaten);
        StatistikAnzeige statistikAnzeige = new StatistikAnzeige(wetterDaten);
        VorhersageAnzeige vorhersageAnzeige= new VorhersageAnzeige(wetterDaten);

        wetterDaten.setMesswerte(30, 65, 30.4f);
        wetterDaten.setMesswerte(32, 70, 29.2f);
        wetterDaten.setMesswerte(28, 90, 29.2f);
    }
}
```

Zuerst legen wir das WetterDaten-Objekt an.

Wenn Sie den Code nicht herunterladen möchten, können Sie diese beiden Zeilen auskommentieren, um ihn auszuführen.

Dann erstellen wir drei Anzeigen und übergeben ihnen das WetterDaten-Objekt.

Neue Wettermessungen simulieren.

❷ Führen Sie den Code aus und lassen Sie das Observer-Muster zaubern.

```
Datei Bearbeiten Fenster Hilfe Sturm
%java WetterStation
Aktuelle Bedingungen: 30.0 Grad C und 65.0% Luftfeuchtigkeit
Mit/Max/Min Temperatur = 30.0/30.0/30.0
Vorhersage: Wetterbesserung in Sicht!
Aktuelle Bedingungen: 32.0 Grad C und 70.0% Luftfeuchtigkeit
Mit/Max/Min Temperatur = 31.0/32.0/30.0
Vorhersage: Gehen Sie von kälterem, regnerischem Wetter aus.
Aktuelle Bedingungen: 28.0 Grad C und 90.0% Luftfeuchtigkeit
Mit/Max/Min Temperatur = 30.0/32.0/28.0
Vorhersage: Wetter geht weiter so.
```

Spitzen Sie Ihren Bleistift

Hans Tornado, der Geschäftsführer von Wetter-O-Rama, hat gerade angerufen: Es sei unmöglich, das Produkt ohne ein Wärmeindex-Anzeigeelement auszuliefern. Hier die Details:

Der Wärmeindex ist ein Index, der Temperatur und Luftfeuchtigkeit kombiniert, um die gefühlte Temperatur zu ermitteln (wie warm es sich wirklich anfühlt). Um den Wärmeindex zu berechnen, nimmt man die Temperatur T (in Fahrenheit) und die relative Luftfeuchtigkeit RL und verwendet diese Formel:

```
wärmeindex =
```

$16.923 + 1.85212 * 10^{-1} * T + 5.37941 * FL - 1.00254 * 10^{-1} * T * FL + 9.41695 * 10^{-3} * T^2 + 7.28898 * 10^{-3} * FL^2 + 3.45372 * 10^{-4} * T^2 * FL - 8.14971 * 10^{-4} * T * FL^2 + 1.02102 * 10^{-5} * T^2 * FL^2 - 3.8646 * 10^{-5} * T^3 + 2.91583 * 10^{-5} * FL^3 + 1.42721 * 10^{-6} * T^3 * FL + 1.97483 * 10^{-7} * T * FL^3 - 2.18429 * 10^{-8} * T^3 * FL^2 + 8.43296 * 10^{-10} * T^2 * FL^3 - 4.81975 * 10^{-11} * T^3 * FL^3$

Na, dann fangen Sie mal mit dem Tippen an!

War nur ein Witz. Machen Sie sich keine Sorgen. Sie müssen diese Formel nicht von Hand eingeben. Erstellen Sie einfach Ihre WärmeindexAnzeige-Java-Datei und kopieren Sie die Formel aus der Datei heatindex.txt hinein. Zum Schluss müssen Sie das Ergebnis mit C = F • $\frac{9}{5}$ + 32° in Grad Celsius umrechnen.

heatindex.txt können Sie auf wickedlysmart.com erhalten.

Wie das funktioniert? Dazu müssten Sie in *Meteorologie von Kopf bis Fuß* nachschlagen oder jemanden vom Deutschen Wetterdienst fragen (oder probieren Sie es mal mit einer Google-Suche).
Wenn Sie fertig sind, sollte Ihre Ausgabe so aussehen:

```
Datei Bearbeiten Fenster Hilfe HintermRegenbogen
%java WetterStation
Aktuelle Bedingungen: 30.0 Grad C und 65.0% Luftfeuchtigkeit
Mit/Max/Min Temperatur = 30.0/30.0/30.0
Vorhersage: Wetterbesserung in Sicht!
Der Wärmeindex ist: 33.99548
Aktuelle Bedingungen: 32.0 Grad C und 70.0% Luftfeuchtigkeit
Mit/Max/Min Temperatur = 31.0/32.0/30.0
Vorhersage: Gehen Sie von kälterem, regnerischem Wetter aus.
Der Wärmeindex ist: 40.06101
Aktuelle Bedingungen: 28.0 Grad C und 90.0% Luftfeuchtigkeit
Mit/Max/Min Temperatur = 30.0/32.0/28.0
Vorhersage: Wetter geht weiter so.
Der Wärmeindex ist: 34.08596
```

Das ist das, was sich in dieser Ausgabe geändert hat.

Kamingespräche: Subjekt und Beobachter

Kamingespräche

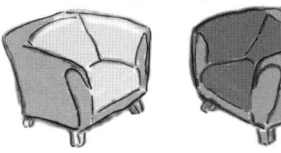

Heute Abend: **Ein Subjekt und ein Beobachter diskutieren über die richtige Weise, Zustandsinformationen an Beobachter zu übermitteln.**

Subjekt

Ich bin froh, dass wir endlich eine Gelegenheit finden, persönlich miteinander zu reden.

Ich mache doch meinen Job, oder? Ich sage Ihnen immer, was passiert ... Das ich nicht weiß, wer ihr wirklich seid, heißt noch lange nicht, dass es mich nicht interessiert. Und nebenbei, das Allerwichtigste über euch weiß ich – ihr alle implementiert das Interface Beobachter.

Ach ja? Was zum Beispiel?

Oooh, Entschuuuldigung. Ich muss meinen Zustand mit meinen Benachrichtigungen versenden, damit all ihr faulen Beobachter wisst, was passiert ist!

Gut ... vermutlich würde das funktionieren. Ich müsste mich selbst allerdings noch mehr öffnen, damit ihr Beobachter eintreten und den Zustand holen könntet, den ihr benötigt. Das könnte gefährlich sein. Ich kann euch nicht reinlassen und an allem, was ich habe, herumschnüffeln lassen.

Beobachter

Wirklich? Ich dachte, Sie würden sich nicht besonders für uns Beobachter interessieren.

Na gut, aber das ist doch nur ein kleiner Teil von dem, was ich wirklich bin. Und überhaupt, ich weiß viel mehr über Sie ...

Na, Sie geben immer Ihren Zustand an uns Beobachter weiter, damit wir sehen können, was in Ihnen vor sich geht. Was manchmal etwas nervend ist ...

Halt. Einen Augenblick bitte. Erstens, wir sind nicht faul, wir haben zwischen Ihren ach so wichtigen Benachrichtigungen einfach noch andere Dinge zu tun, Herr Subjekt, und zweitens, warum lassen Sie uns nicht zu Ihnen kommen, damit wir uns den Zustand holen können, wenn wir wollen, anstatt ihn einfach allen zuzuschieben?

Subjekt

Klar. Ich könnte euch meinen Zustand **herausziehen** lassen. Aber ist das nicht unbequemer für Euch? Wenn ihr jedes Mal, wenn ihr etwas braucht, zu mir kommen müsst, müsst ihr eventuell mehrere Methodenaufrufe ausführen, um alle Zustandsinformationen zu erhalten, die ihr haben wollt. Aus dem Grund denke ich, dass **Rausschieben** besser ist. Dann bekommt ihr alles, was ihr braucht, in einer einzigen Benachrichtigung.

Na, ich sehe aber bei beiden Verfahrensweisen ihre Vorteile. Mir ist aufgefallen, dass es ein eingebautes Java-Observer-Muster gibt, das es einem ermöglicht, entweder das Herausgeben- oder das Herausziehen-Verfahren zu verwenden.

Klasse ... vielleicht wird mir ein gutes Beispiel für das Herausziehen präsentiert, dass mich dazu bringt, meine Meinung zu ändern.

Beobachter

Warum schreiben Sie nicht einfach ein paar öffentliche Getter-Methoden, über die wir den Zustand abrufen können, den wir benötigen?

Warum sind Sie gleich so aufdringlich? Es gibt so viele verschiedene Arten von uns Beobachtern, dass Sie unmöglich alles vorhersehen können, was wir benötigen. Lassen Sie uns einfach zu Ihnen kommen, um die Zustandsinformationen abzurufen, die wir benötigen. So werden diejenigen von uns, die nur Teile des Zustands benötigen, nicht gezwungen, alles zu nehmen. Das sorgt auch dafür, dass die Dinge später leichter zu modifizieren sind. Nehmen wir beispielsweise mal an, Sie expandieren und fügen Ihrem Zustand etwas hinzu. Wenn Sie dann mit Herausziehen arbeiten, müssen Sie nicht herumlaufen und alle Aktualisierungsaufrufe für alle Beobachter ändern. Sie brauchen einfach nur sich selbst zu ändern und mehr Getter-Methoden anzubieten, die Zugriff auf die zusätzlichen Zustandsinformationen bieten.

Oh, wirklich? Ich glaube, dass wir uns das als Nächstes ansehen werden ...

Was? Wir sollen uns über etwas einig sein? Scheint ja fast, als stürbe die Hoffnung wirklich zuletzt.

Javas eingebautes Observer-Muster

Javas eingebautes Observer-Muster verwenden

Bisher haben wir für das Observer-Muster unseren eigenen Code geschrieben, aber Java bietet in mehreren APIs eingebaute Unterstützung dafür. Am allgemeinsten sind das Interface Observer und die Klasse Observable im Package java.util. Sie sind unseren Interfaces Subjekt und Beobachter sehr ähnlich, bieten Ihnen aber sehr viel vorgefertigte Funktionalität. Sie können für die Aktualisierung Ihrer Beobachter, wie Sie sehen werden, außerdem entweder ein Herausgeben- oder ein Herausziehen-Modell verwenden.

Sehen Sie sich dieses überarbeitete OO-Design für die Wetterstation an, um ein ordentliches Feeling für java.util.Observer und java.util.Observable zu bekommen:

> Mit Javas eingebauter Unterstützung müssen Sie nur Observable erweitern und ihr mitteilen, wann die Beobachter benachrichtigt werden sollen. Den Rest erledigt die API für Sie.

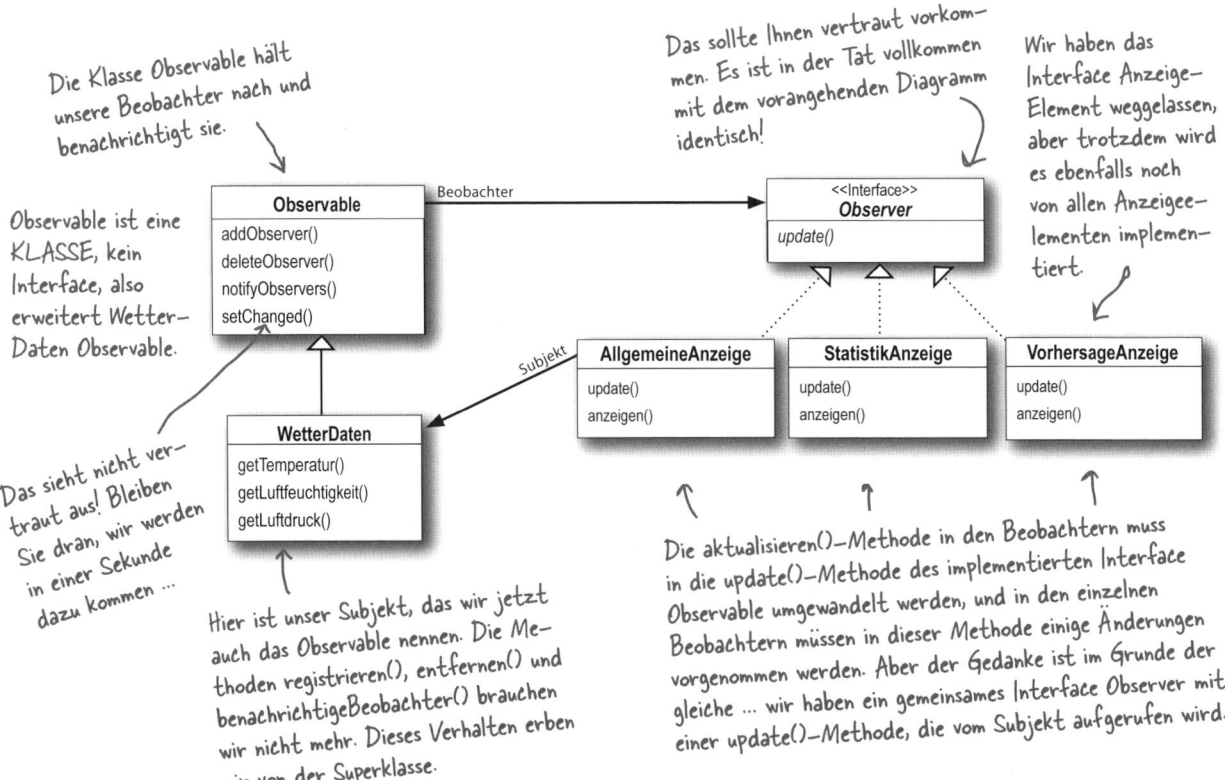

64   Kapitel 2

Wie Javas eingebautes Observer-Muster funktioniert

Das eingebaute Observer-Muster funktioniert etwas anders als die Implementierung, die wir für die Wetterstation verwendet haben. Der offensichtlichste Unterschied ist, dass WetterDaten (unser Subjekt) jetzt die Klasse Observable erweitert und (neben ein paar anderen) die Hinzufügen-, Löschen- und Benachrichtigen-Methoden für Beobachter erbt. Hier sehen Sie, wie wir Javas Version verwenden:

Damit das Objekt ein Beobachter wird ...

... implementieren wir wie gewöhnlich eine Beobachter-Schnittstelle (diesmal das Interface java.util.Observer) und rufen für alle Beobachter auf einem Observable-Objekt addObserver() auf. Gleichermaßen rufen wir deleteObserver() auf, um ein Objekt als Beobachter zu entfernen.

Damit das Observable Benachrichtigungen sendet ...

... müssen wir zunächst ein Observable erstellen, indem wir die Superklasse java.util.Observable erweitern. Von hier ab ist es ein zweischrittiger Prozess:

❶ Zunächst rufen wir die Methode setChanged() auf, um anzuzeigen, dass sich der Zustand in Ihrem Objekt geändert hat.

❷ Dann rufen wir eine der beiden notifyObservers()-Methoden auf:

    entweder `notifyObservers()`   **oder** `notifyObservers(Object arg)`

Diese Version akzeptiert ein willkürliches Daten-Objekt, das jedem Observer übergeben wird, wenn er benachrichtigt wird.

Damit ein Observer Benachrichtigungen erhält ...

... implementiert es die Methode update(). Die Signatur der Methode sieht etwas anders aus als die unserer aktualisieren()-Methode:

    `update(Observable o, Object arg)`

Das Subjekt, das die Benachrichtigungen versendet, wird mit diesem Argument übergeben.

Das wird das Daten-Objekt, das an notifyObservers() übergeben wurde, oder null, wenn kein Daten-Objekt angegeben wurde.

Wenn Sie die Daten an die Beobachter »herausgeben« wollen, können Sie diese als Daten-Objekt für die Methode notifyObserver(arg) übergeben. Wenn nicht, muss der Observer die Daten »herausziehen«, die er vom Observable-Objekt erhalten will. Wie? Lassen Sie uns die Wetterstation überarbeiten, dann werden Sie es sehen.

Hinter den *Kulissen*

> Augenblick. Ich hätte da noch eine Frage, bevor wir uns das ansehen. Warum brauchen wir diese setChanged()-Methode? Eben haben wir die nicht gebraucht.

Die Methode setChanged() wird verwendet, um anzuzeigen, dass sich der Zustand geändert hat und dass die Methode notifyObservers(), wenn sie aufgerufen wird, die Beobachter aktualisieren soll. Wenn notifyObservers() aufgerufen wird, ohne dass zuvor setChanged() aufgerufen wurde, werden die Beobachter NICHT benachrichtigt. Werfen wir einen Blick hinter die Kulissen von Observable, um herauszufinden, wie das funktioniert:

Hinter den Kulissen

```
setChanged() {
  geändert = wahr
}

notifyObservers(Object arg) {
  wenn (geändert) {
    für jeden Observer auf
    der Liste {
      update(this, arg) aufrufen
    }
    geändert = falsch
  }
}

notifyObservers() {
  notifyObservers(null)
}
```

Pseudocode für die Klasse Observable.

→ Die Methode setChanged() setzt einen Geändert-Schalter auf wahr.

→ notifyObservers() benachrichtigt ihre Beobachter nur, wenn der Schalter Geändert WAHR ist.

→ Und nach der Benachrichtigung der Observer setzt sie den Geändert-Schalter auf falsch.

Warum ist das notwendig? Die Methode setChanged() soll Ihnen mehr Flexibilität dabei bieten, wie Sie Ihre Beobachter aktualisieren, indem Sie Ihnen ermöglicht, die Benachrichtigungen zu optimieren. Stellen Sie sich beispielsweise vor, die Temperaturmessungen bei unserer Wetterstation wären so präzise, dass sie ständig um ein paar Zehntel Grad schwanken. Das könnte das WetterDaten-Objekt veranlassen, kontinuierlich Benachrichtigungen auszusenden. Wenn wir aber nur dann Benachrichtigungen verschicken wollen, wenn sich die Temperatur um mehr als ein halbes Grad ändert, würden wir setChanged() nur aufrufen, nachdem das passiert ist.

Vielleicht werden Sie die Funktionalität nicht so oft verwenden, aber sie ist da, wenn Sie sie brauchen. Unabhängig davon müssen Sie setChanged() aufrufen, damit die Benachrichtigungen funktionieren. Wenn diese Funktionalität für Sie hilfreich ist, sollten Sie auch die Methoden clearChanged(), die den Geändert-Status wieder auf falsch setzt, und hasChanged(), die Ihnen den aktuellen Geändert-Status mitteilt, einsetzen.

Die Wetterstation mit der eingebauten Unterstützung überarbeiten

Zunächst werden wir WetterDaten so überarbeiten, dass es java.util.Observable verwendet

❶ Sicherstellen, dass wir die richtigen Observer/Observable importieren.

❷ Jetzt bilden wir eine Unterklasse von Observable.

❸ Wir müssen die Beobachter nicht mehr selbst nachhalten oder uns selbst um ihre Registrierung und Entfernung kümmern (das erledigt jetzt die Superklasse), deswegen haben wir den Code zum Hinzufügen, Entfernen und Benachrichtigen entfernt.

❹ Unser Konstruktor muss keine Datenstruktur mehr erstellen, die die Beobachter festhält.

✱ Beachten Sie, dass wir mit dem Aufruf von notifyObservers kein Daten-Objekt versenden. Das heißt, dass wir das Herausziehen-Modell verwenden werden.

❺ Wir rufen jetzt zuerst setChanged() auf, um anzuzeigen, dass sich der Zustand geändert hat, bevor wir notifyObservers() aufrufen.

❻ Diese Methoden sind nicht neu. Aber da wir das »Herausziehen« verwenden werden, dachten wir, wir erinnern Sie mal daran, dass es sie gibt. Die Beobachter werden sie nutzen, um an den Zustand des WetterDaten-Objekts zu gelangen.

```java
import java.util.Observable;
import java.util.Observer;

public class WetterDaten extends Observable {
  private float temperatur;
  private float feuchtigkeit;
  private float luftdruck;

  public WetterDaten() {   }

  public void messwerteGeändert() {
    setChanged();
    notifyObservers();
  }

  public void setMesswerte(float temp, float feucht, float druck) {
    this.temperatur = temp;
    this.feuchtigkeit = feucht;
    this.luftdruck = druck;
    messwerteGeändert();
  }

  public float getTemperatur() {
    return temperatur;
  }

  public float getFeuchtigkeit() {
    return feuchtigkeit;
  }

  public float getLuftdruck() {
    return luftdruck;
  }
}
```

Die aktuellen Bedingungen überarbeiten

Jetzt wollen wir AktuelleBedingungenAnzeige überarbeiten

❶ Wieder stellen wir sicher, dass wir die richtigen Observer/Observable importieren.

❷ Jetzt implementieren wir das Interface Observer aus java.util.

❸ Unser Konstruktor erwartet nun ein Observable, und wir verwenden das, um die aktuellen Bedingungen als Observer hinzuzufügen.

❹ Wir haben die Methode update() so geändert, dass Sie ein Observable und das optionale Datenargument akzeptiert.

❺ In update() prüfen wir zunächst, ob das Observable vom Typ WetterDaten ist, und verwenden dann seine Getter-Methoden, um die Messwerte für Temperatur und Luftdruck herauszuziehen. Danach können wir anzeigen() aufrufen.

```java
import java.util.Observable;
import java.util.Observer;

public class AktuelleBedingungenAnzeige implements Observer, AnzeigeElement {
  Observable observable;
  private float temperatur;
  private float feuchtigkeit;

  public AktuelleBedingungenAnzeige(Observable observable) {
    this.observable = observable;
    observable.addObserver(this);
  }

  public void update(Observable obs, Object arg) {
    if (obs instanceof WetterDaten) {
      WetterDaten wetterDaten = (WetterDaten)obs;
      this.temperatur = wetterDaten.getTemperatur();
      this.feuchtigkeit = wetterDaten.getFeuchtigkeit();
      anzeigen();
    }
  }

  public void anzeigen() {
    System.out.println("Aktuelle Bedingungen: " + temperatur
      + " Grad C und " + feuchtigkeit + "% Luftfeuchtigkeit");
  }
}
```

Das Observer-Muster

Code-Magneten

Die Klasse VorhersageAnzeige liegt verstreut im Eisschrank. Können Sie die Codeschnipsel so rekonstruieren, dass alles funktioniert? Einige der geschweiften Klammern sind zu Boden gefallen, und weil sie so klein sind, haben wir uns das Aufheben gespart. Geben Sie einfach so viele dazu, wie Sie brauchen!

```
public VorhersageAnzeige(Observable observable) {
```

```
anzeigen();
```

```
observable.addObserver(this);
```

```
if (observable instanceof WetterDaten) {
```

```
public class VorhersageAnzeige
implements Observer, AnzeigeElement {
```

```
public void anzeigen() {
    // hier kommt der
    // anzeigen()-Code rein
}
```

```
letzterLuftdruck = aktuellerLuftdruck;
aktuellerLuftdruck = wetterDaten.getLuftdruck();
```

```
private float aktuellerLuftdruck = 29.92f;
private float letzterLuftdruck;
```

```
WetterDaten wetterDaten =
    (WetterDaten)observable;
```

```
public void update(Observable observable,
Object arg) {
```

```
import java.util.Observable;
import java.util.Observer;
```

Testlauf

Den neuen Code ausführen

Nur um sicherzugehen, führen wir den neuen Code aus

```
Datei Bearbeiten Fenster Hilfe TestenSieDasZuHause
%java WetterStation
Vorhersage: Wetterbesserung in Sicht!
Mit/Max/Min Temperatur = 80.0/80.0/80.0
Aktuelle Bedingungen: 80.0 Grad C und 65.0% Luftfeuchtigkeit
Vorhersage: Gehen Sie von kälterem, regnerischem Wetter aus.
Mit/Max/Min Temperatur = 81.0/82.0/80.0
Aktuelle Bedingungen: 82.0 Grad C und 70.0% Luftfeuchtigkeit
Vorhersage: Wetter geht weiter so.
Mit/Max/Min Temperatur = 80.0/82.0/78.0
Aktuelle Bedingungen: 78.0 Grad C und 90.0% Luftfeuchtigkeit
%
```

Hmm, fällt Ihnen ein Unterschied auf? Sehen Sie noch mal hin ...

Sie sehen die gleichen Berechnungen, aber mysteriöserweise ist die Abfolge der Textausgabe anders. Wie konnte das passieren? Überlegen Sie eine Minute, bevor Sie weiterlesen ...

Verlassen Sie sich bei Observer-Benachrichtigungen nie auf die Reihenfolge der Auswertung

java.util.Observable hat seine notifyObservers()-Methode so implementiert, dass die Observer in einer *anderen* Reihenfolge benachrichtigt werden als bei unserer eigenen Implementierung. Wer hat Recht? Keiner. Wir haben uns einfach entschieden, die Sache anders zu implementieren.

Ein Fehler wäre es allerdings, wenn wir unseren Code so geschrieben hätten, dass er von einer bestimmten Benachrichtigungsreihenfolge *abhängig* wäre. Warum? Grund dafür ist, dass sich die Benachrichtigungsreihenfolge ändern könnte, wenn Sie Ihre Observable/Observer-Implementierungen ändern müssen. Das könnte dann zu falschen Ergebnissen führen. Das ist natürlich *nicht* gerade etwas, was wir als locker gebunden bezeichnen würden.

Das Observer-Muster

> Verletzt java.util.Observable nicht unser OO-Entwurfsprinzip, auf Schnittstellen und nicht auf Implementierungen zu programmieren?

Die dunkle Seite von java.util.Observable

Ja, guter Punkt. Wie Sie bemerkt haben, ist Observable eine *Klasse*, kein *Interface*. Noch schlimmer, es *implementiert* nicht mal ein Interface. Unglücklicherweise weist die java.util.Observable-Implementierung eine Reihe von Problemen auf, die ihre Nützlichkeit und ihre Wiederverwendbarkeit beeinträchtigen. Das soll nicht heißen, dass sie nicht gewisse Dienste leistet. Aber es gibt tiefe Fallgruben, auf die man achten muss.

Observable ist eine Klasse

Unser Prinzip hat Ihnen bereits gesagt, dass das kein guter Gedanke ist. Aber welchen Schaden verursacht es wirklich?

Erstens: Weil Observable eine *Klasse* ist, müssen Sie sie *erweitern*. Das bedeutet, dass es nicht möglich ist, das Observable-Verhalten einer vorhandenen Klasse hinzuzufügen, die bereits eine andere Superklasse erweitert. Das schränkt ihr Wiederverwendbarkeitspotenzial ein (und ist das nicht der wichtigste Grund dafür, dass wir Muster verwenden?).

Zweitens: Weil Observable kein Interface ist, können Sie auch nicht Ihre eigenen Implementierungen schreiben, die mit Javas eingebauter Observer-API spielen. Sie haben auch nicht die Wahl, die java.util-Implementierung gegen eine andere (beispielsweise Thread-basierte) Implementierung auszutauschen.

Observable schützt entscheidende Methoden

Sehen Sie sich die Observable-API genau an, werden Sie feststellen, dass die Methode setChanged() protected ist. Na und? Na, das heißt, dass Sie setChanged() nur aufrufen können, wenn Sie eine Unterklasse von Observable gebildet haben. Und das heißt wiederum, dass Sie noch nicht mal eine Instanz der Klasse Observable erstellen und mit Ihren eigenen Objekten zusammensetzen können. Sie *müssen* eine Unterklasse ableiten. Hier verletzt dieser Entwurf ein zweites Entwurfsprinzip ... *die Komposition der Vererbung vorzuziehen!*

Was kann man tun?

Observable *kann* Ihren Zwecken genügen, wenn Sie java.util.Observable erweitern können. Andernfalls müssen Sie eventuell Ihre eigene Implementierung schreiben, wie wir das am Anfang dieses Kapitel getan haben. Unabhängig davon kennen Sie das Observer-Muster jetzt so gut, dass Sie eine gute Ausgangsposition für die Arbeit mit einer API haben, die das Muster verwendet.

Sie sind hier ▶

Andere Orte im JDK, an denen Sie auf das Observer-Muster stoßen

Die java.util-Implementierung von Observer/Observable ist nicht der einzige Ort im JDK, an dem man auf das Observer-Muster stößt. JavaBeans und Swing bieten jeweils auch ihre eigenen Implementierungen des Musters. Mittlerweile wissen Sie genug über Observer, um diese APIs allein zu erforschen. Trotzdem wollen wir zu unserem Vergnügen mal ein kleines schnelles Swing-Beispiel machen.

> Wenn Sie sich für das Observer-Muster in JavaBeans interessieren, sehen Sie sich das Interface PropertyChangeListener an.

Etwas Hintergrund ...

Sehen wir uns einen einfachen Teil der Swing-API, JButton, an. Wenn Sie ins Getriebe der Superklasse von JButton, AbstractButton, schauen, sehen Sie, dass sie add/removeListener-Methoden hat. Mit diesen Methoden können Sie Beobachter – oder Listener, wie Sie unter Swing genannt werden – hinzufügen oder entfernen, um unterschiedliche Typen von Ereignissen zu überwachen, die auf der Swing-Komponente eintreten könnten. Ein ActionListener ermöglicht Ihnen beispielsweise, alle Arten von Aktionen »mitzuhören«, die auf einem Butten auftreten können, wie das Anklicken eines Buttons. In der gesamten Swing-API finden Sie die verschiedensten Typen von Listenern.

Eine kleine, lebensverändernde Anwendung

Gut, unsere Anwendung ist ziemlich simpel. Sie haben einen Button, der »Soll ich es tun?« fragt. Und wenn Sie auf den Button klicken, können die Listener (die Beobachter) so antworten, wie sie wollen. Wir implementieren zwei solcher Listener, die EngelListener und TeufelListener heißen. Die Anwendung verhält sich so:

Und der Code ...

Diese lebensverändernde Anwendung benötigt nicht viel Code. Wir müssen bloß ein JButton-Objekt erstellen, es einem JFrame hinzufügen und unsere Listener einrichten. Wir werden für die Listener innere Klassen verwenden, eine verbreitete Technik in der Swing-Programmierung. Wenn Sie mit inneren Klassen oder Swing nicht vertraut sind, sollten Sie noch mal einen Blick in das »Getting GUI«-Kapitel von Head First Java werfen.

Eine simple Swing-Anwendung, die einfach nur einen Frame erstellt und einen Button reinsteckt.

```java
public class SwingObserverBeispiel {
  JFrame frame;

  public static void main(String[] args) {
    SwingObserverBeispiel beispiel = new SwingObserverBeispiel();
    beispiel.go();
  }

  public void go() {
    frame = new JFrame();
    JButton button = new JButton("Soll ich es tun?");
    button.addActionListener(new EngelListener());
    button.addActionListener(new TeufelListener());

    // hier werden die Frame-Eigenschaften gesetzt
  }

  class EngelListener implements ActionListener {
    public void actionPerformed(ActionEvent event) {
      System.out.println("Tu es nicht, du könntest es bereuen!");
    }
  }

  class TeufelListener implements ActionListener {
    public void actionPerformed(ActionEvent event) {
      System.out.println("Los, mach es!");
    }
  }
}
```

Erstellt die Teufel- und Engel-Listener-Objekte (die Beobachter).

Dies sind die Klassendefinitionen der Beobachter, die als innere Klassen definiert werden (was allerdings nicht erforderlich ist).

Statt update() wird die Methode actionPerformed() aufgerufen, wenn sich der Zustand des Subjekts (hier des Buttons) ändert.

Lambda-Ausdrücke und Beobachter

Anstelle billiger Swing-ActionListener habe ich in meinem Swing-Code Lambda-Ausdrücke verwendet. Nutze ich trotzdem noch das Observer-Muster?

Lambda-Ausdrücke wurden in Java 8 eingeführt. Es ist kein Problem, wenn Sie mit ihnen noch nicht vertraut sind. Sie können für Ihre Swing-Observer weiterhin innere Klassen nutzen.

Ja, Sie nutzen weiterhin das Observer-Muster. Durch die Verwendung von Lambda-Ausdrücken anstelle von inneren Klassen überspringen Sie einfach den Schritt der Erstellung eines ActionListener-Objekts. Bei Lambda-Ausdrücken erstellen Sie stattdessen ein Funktionsobjekt, das als Observer dient. Wenn Sie dieses Funktionsobjekt an addActionListener() übergeben, prüft Java, ob seine Signatur der von actionPerformed() entspricht, der einzigen Methode im ActionListener-Interface.

Wird der Button dann angeklickt, teilt das Button-Objekt seinen Observern – Funktionsobjekte, die mit Lambda-Ausdrücken erstellt wurden, eingeschlossen – mit, dass er geklickt wurde, und ruft auf allen Listenern die Methode actionPerformed() auf.

Schauen wir uns genauer an, wie man Lambda-Ausdruck einsetzen könnte, um den Code von der letzten Seite zu vereinfachen:

Der aktualisierte Code mit Lambda-Ausdrücken:

```java
public class SwingObserverBeispiel {
    JFrame frame;
    public static void main(String[] args) {
        SwingObserverBeispiel beispiel = new SwingObserverBeispiel();
        beispiel.go();
    }
    public void go() {
        frame = new JFrame();
        JButton button = new JButton("Soll ich es tun?");
        button.addActionListener(event ->
            System.out.println("Los, mach es!"));
        button.addActionListener(event ->
            System.out.println("Tu es nicht, du könntest es bereuen!"));
        // hier werden die Frame-Eigenschaften gesetzt
    }
}
```

Wir haben EngelListener und TeufelListener durch Lambda-Ausdrücke ersetzt, die die gleiche Funktionalität wie die ursprünglichen Objekte implementieren.

Die zwei ActionListener-Klassen (TeufelListener und EngelListener) haben wir gänzlich gestrichen.

Mehr Informationen zu Lambda-Ausdrücken finden Sie in den Java-Dokumentationen und in Kapitel 6.

Wenn Sie den Button anklicken, werden die über die Lambda-Ausdrücke erstellten Funktionsobjekte benachrichtigt, und die von ihnen implementierte Methode werden ausgeführt.

Lambda-Ausdrücke machen diesen Code erheblich prägnanter.

Das Observer-Muster

Werkzeuge für Ihren Design-Werkzeugkasten

Willkommen am Ende von Kapitel 2. Sie haben Ihrem OO-Werkzeugkasten ein paar neue Sachen hinzugefügt ...

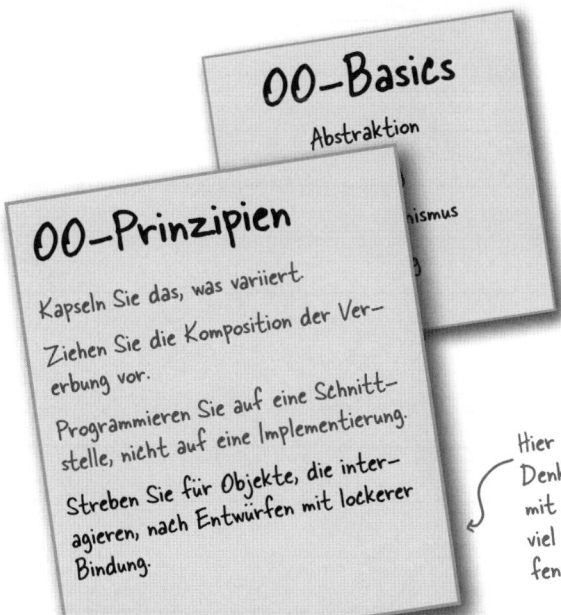

Hier ist Ihr neuestes Prinzip. Denken Sie daran: Entwürfe mit lockerer Bindung sind viel flexibler und viel offener für Veränderungen.

Ein neues Muster, mit dem einer Gruppe von Objekten auf Basis einer lockeren Bindung Zustände mitgeteilt werden können. Das war noch nicht alles, was wir vom Observer-Muster gesehen haben — warten Sie nur, bis wir über MVC reden.

Punkt für Punkt

- Das Observer-Muster definiert ein Eins-zu-viele-Verhältnis zwischen Objekten.

- Subjekte oder, wie wir sie auch kennen, Observables aktualisieren Beobachter über eine gemeinsame Schnittstelle.

- Die Beobachter sind insofern locker angebunden, als das Observable über sie nichts anderes weiß, als dass sie das Interface Observer implementieren.

- Sie können Daten aus dem Observable herausgeben oder herausziehen, wenn Sie das Muster verwenden (wobei das Herausziehen als die »richtigere« Methode betrachtet wird).

- Verlassen Sie sich nicht auf eine bestimmte Reihenfolge der Benachrichtigung Ihrer Beobachter.

- Java besitzt eine Reihe von Implementierungen des Observer-Musters, einschließlich des allgemeinen java.util.Observable.

- Nehmen Sie sich vor den Haken der Implementierung von java.util.Observable in Acht.

- Haben Sie keine Hemmungen, Ihre eigene Observable-Implementierung zu schreiben, wenn das erforderlich ist.

- Swing macht wie andere GUI-Frameworks extensiven Gebrauch vom Observer-Muster.

- Sie finden das Muster auch an vielen anderen Orten einschließlich JavaBeans und RMI.

Sie sind hier ▸ **75**

what's the goal

Aufgabe zu den Entwurfsprinzipien

Beschreiben Sie für jedes Entwurfsprinzip, wie das Observer-Muster das Prinzip umsetzt.

Entwurfsprinzip
Identifizieren Sie die Aspekte Ihrer Anwendung, die sich ändern können, und trennen Sie sie von denen, die konstant bleiben.

_____
_____
_____
_____
_____
_____
_____

Entwurfsprinzip
Programmieren Sie auf eine Schnittstelle, nicht auf eine Implementierung.

_____
_____
_____
_____
_____
_____
_____

Das ist eine schwierige Frage. Hinweis: Denken Sie daran, wie Beobachter und Subjekt zusammenarbeiten.

Entwurfsprinzip
Ziehen Sie Komposition der Vererbung vor.

_____
_____
_____
_____

Das Observer-Muster

Entwurfsmuster-Kreuzworträtsel

Zeit, Ihrem Kopf mal wieder etwas zu tun zu geben!
Diesmal stammen alle Lösungswörter aus Kapitel 2.

Waagerecht

1 Wollte keine ints mehr und hat sich als Beobachter entfernt.
7 Observer möchten _____ werden, wenn etwas passiert.
11 Engel und Teufel _____ den Button.
12 Der Geschäftsführer hat den ____index fast vergessen.
13 Beobachter sind vom Subjekt _____.
15 Temperatur, Luftfeuchtigkeit und _____.
18 Wie entfernt man sich als Beobachter?
21 Ein Subjekt kann mit _____ Beobachtern sprechen.
23 AktuelleBedingungenAnzeige implementiert dieses Interface.
24 _____ kann für Sie Observer verwalten.

Senkrecht

2 Java-Framework mit vielen Beobachtern.
3 Das haben Sie vergessen, wenn Sie nicht benachrichtigt werden, wenn Sie eigentlich hätten benachrichtigt werden sollen.
4 Verlassen Sie sich bei Benachrichtigungen darauf nicht.
5 Er sagt, Sie sollen es tun.
6 Sie sollten Ihre Bindungen _____ lassen.
8 Programmieren Sie auf eine _____, nicht auf eine Implementierung.
9 Ein Subjekt ähnelt einem _____.
10 Die Klasse WetterDaten _____ das Interface Subjekt.
14 Das Subjekt wollte ursprüngliche alle Daten an die Beobachter _____.
16 Implementieren Sie diese Methode, damit Sie benachrichtigt werden.
17 Observable ist eine _____, kein Interface.
19 Der Geschäftsführer von Wetter-O-Rama trägt den Namen dieses Sturms.
20 Laura war zugleich Beobachter und _____.
22 Anna hat sich selbst einen gesucht.

Sie sind hier ▸

Lösungen *zu den Übungen*

Spitzen Sie Ihren Bleistift — Lösung

Welche der folgenden Bemerkungen treffen auf unseren ersten Entwurf oben zu? (Wählen Sie alle aus, die zutreffen.)

- ☑ A. Wir programmieren auf eine konkrete Implementierung, nicht auf Schnittstellen.
- ☑ B. Wir müssen den Code für jedes neue Anzeigeelement ändern.
- ☑ C. Wir haben keine Möglichkeit, zur Laufzeit Anzeigeelemente hinzuzufügen (oder zu entfernen).
- ☐ D. Die Anzeigeelemente implementieren keine gemeinsame Schnittstelle.
- ☑ E. Wir haben den Teil, der sich ändert, nicht eingekapselt.
- ☐ F. Wir verletzen die Kapselung der Klasse WetterDaten.

Aufgabe zu den Entwurfsprinzipien

Entwurfsprinzip
Identifizieren Sie die Aspekte Ihrer Anwendung, die sich ändern können, und trennen Sie sie von denen, die konstant bleiben.

Das, was beim Observer-Muster variiert, ist der Zustand des Objekts und die Anzahl und die Typen der Beobachter. Mit diesem Muster können Sie die Objekte variieren, die vom Zustand des Objekts abhängig sind, ohne das Subjekt verändern zu müssen. Das nennt man vorausschauend handeln!

Entwurfsprinzip
Programmieren Sie auf eine Schnittstelle, nicht auf eine Implementierung.

Subjekt und Beobachter nutzen beide Interfaces. Das Subjekt hält Objekte nach, die das Interface Observer implementieren, während die Beobachter sich registrieren und vom Subjekt-Interface benachrichtigt werden. Wie wir gesehen haben, hält das die Dinge ordentlich und locker gebunden.

Entwurfsprinzip
Ziehen Sie Komposition der Vererbung vor.

Das Observer-Muster nutzt Komposition, um eine beliebige Anzahl von Beobachtern mit ihren Subjekten zu verbinden. Diese Beziehungen werden nicht durch irgendeine Art von Vererbungshierarchie implementiert. Nein, sie werden zur Laufzeit durch Komposition eingerichtet!

Code-Magneten, Lösung

Die Klasse VorhersageAnzeige liegt verstreut im Eisschrank. Können Sie die Code-schnipsel so rekonstruieren, dass alles funktioniert? Einige der geschweiften Klammern sind zu Boden gefallen, und weil sie so klein sind, haben wir uns das Aufheben gespart. Geben Sie einfach so viele dazu, wie Sie brauchen! Hier ist unsere Lösung.

```java
import java.util.Observable;
import java.util.Observer;

public class VorhersageAnzeige
    implements Observer, AnzeigeElement {

    private float aktuellerLuftdruck = 29.92f;
    private float letzterLuftdruck;

    public VorhersageAnzeige(Observable observable) {
        observable.addObserver(this);
    }

    public void update(Observable observable,
                       Object arg) {
        if (observable instanceof WetterDaten) {
            WetterDaten wetterDaten =
                (WetterDaten)observable;
            letzterLuftdruck = aktuellerLuftdruck;
            aktuellerLuftdruck = wetterDaten.getLuftdruck();
            anzeigen();
        }
    }

    public void anzeigen() {
        // hier kommt der
        // anzeigen()-Code rein
    }
}
```

Entwurfsmuster-Kreuzworträtsel Lösung

Entwurfsmuster-Kreuzworträtsel, Lösung

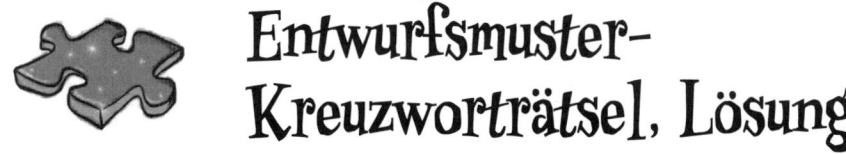

3 Das Decorator-Muster

Objekte dekorieren

> Früher dachte ich immer, echte Männer bilden grundsätzlich für alles Unterklassen. Bis ich gelernt habe, welche Macht man in den Händen hält, wenn man zur Laufzeit und nicht zur Kompilierzeit erweitert. Und sehen Sie mich heute mal an!

Nennen wir dieses Kapitel einfach »Vererbst du noch oder designst du schon?«. Wir untersuchen noch einmal einen typischen Fall überstrapazierter Vererbung, und Sie werden lernen, wie Sie Ihre Klassen mithilfe einer Form der Objekt-Zusammensetzung erst zur Laufzeit »dekorieren«. Warum? Wenn Ihnen die Techniken des Dekorierens einmal vertraut sind, können Sie Ihren Objekten (oder den Objekten anderer) neue Aufgaben geben, ohne den Code der zugrunde liegenden Klasse ändern zu müssen.

Die Sternback-Geschichte

Willkommen bei Sternback-Kaffee

Sternback-Kaffee hat sich einen Namen gemacht als die zurzeit am schnellsten expandierende Kaffeehaus-Kette. Wenn Sie bei Ihnen an der Ecke vor der Filiale stehen, müssen Sie nur einen Blick über die Straße werfen und werden dort bestimmt gleich auf die nächste stoßen.

Aufgrund der rasanten Expansion kämpft das Unternehmen damit, sein Bestellsystem so zu aktualisieren, dass es dem Getränkeangebot entspricht.

Als Sternback das Geschäft aufnahm, hat man die Klassen folgendermaßen entworfen …

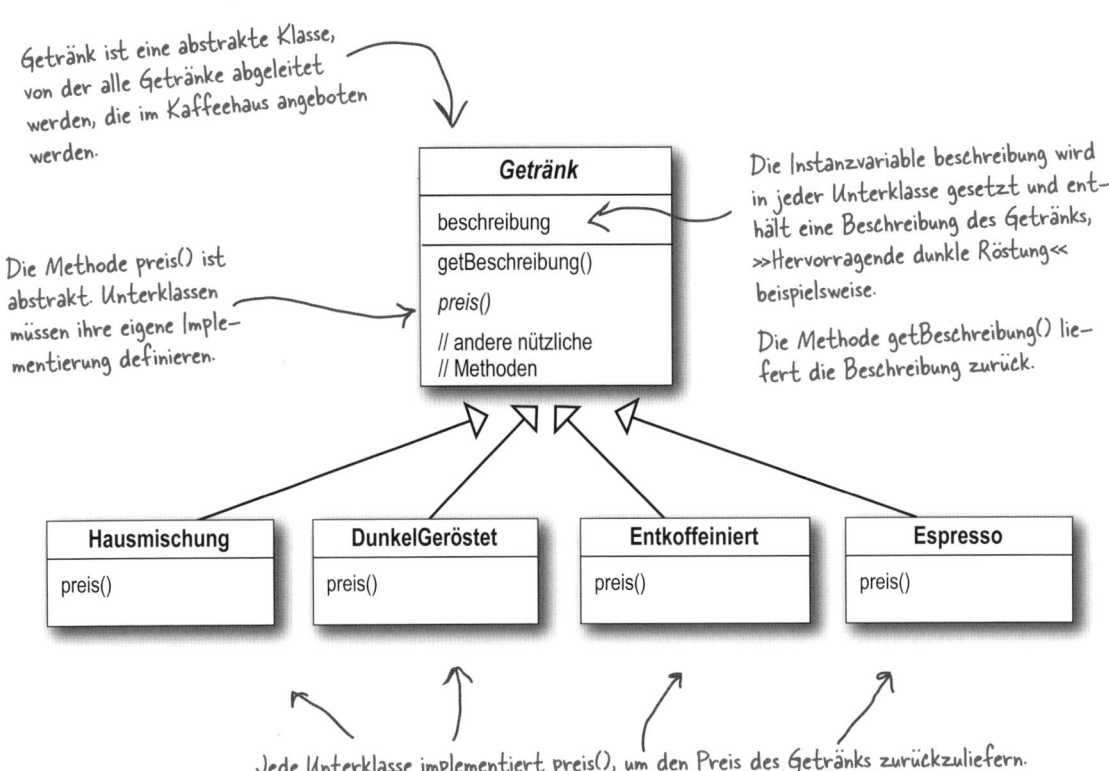

Das *Decorator-Muster*

Zum Kaffee kann man auch verschiedenste Zutaten wie heiße Milch, Soja oder Schokolade bestellen, und obendrauf kann man noch Milchschaum haben. Natürlich berechnet Sternback jede dieser Zutaten extra. Deswegen muss Sternback sehen, dass sie in das Bestellsystem integriert werden.

Hier ist der erste Versuch ...

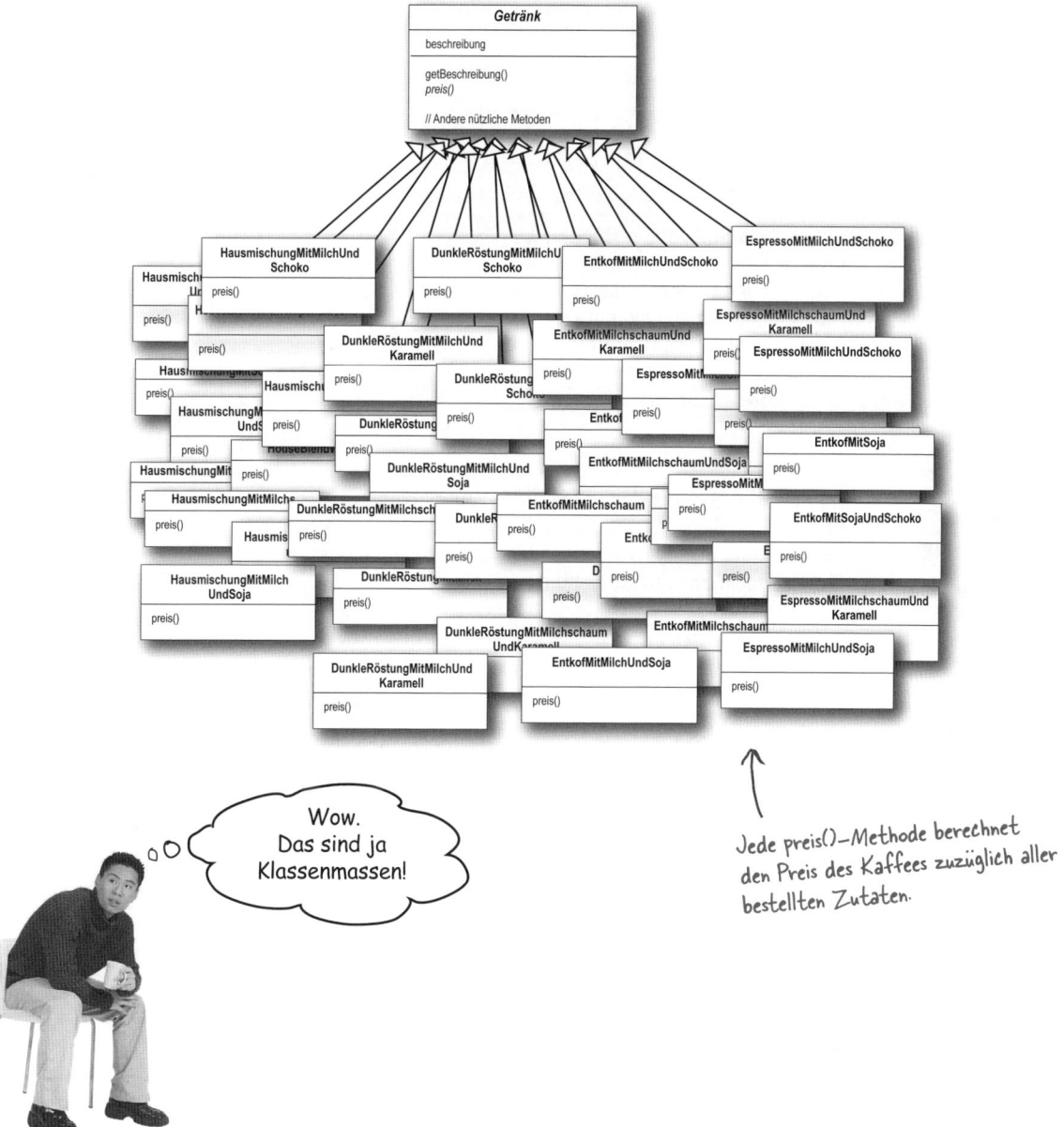

Sie sind hier ▸ 83

Entwurfsprinzipien verletzen

KOPF-NUSS

Es ist ziemlich offensichtlich, dass Sternback sich damit selbst einen Wartungsalbtraum beschert hat. Was passiert beispielsweise, wenn der Milchpreis steigt? Oder was machen sie, wenn sie eine neue Karamell-Garnierung einführen?

Wenn Sie das Wartungsproblem einmal außer Acht lassen, welche der Entwurfsprinzipien, die wir bisher behandelt haben, werden hier verletzt?

Hinweis: Zwei davon werden ziemlich grundlegend verletzt.

> Das ist dämlich: Wozu brauchen wir all diese Klassen? Können wir nicht einfach in der Superklasse Instanzvariablen und Vererbung nutzen, um die Zutaten nachzuhalten?

Gut. Lassen Sie uns das versuchen. Wir beginnen mit der Basisklasse Getränk und fügen ihr Instanzvariablen hinzu, die angeben, ob ein Getränk Milch, Soja, Schoko oder Milchschaum enthält oder nicht.

Getränk

beschreibung
milch
soja
schoko
milchschaum

---

getBeschreibung()
preis()

hasMilch()
setMilch()
hasSoja()
setSoja()
...
// Andere nützliche Metoden

Neue Boolesche Werte für die einzelnen Zutaten.

Jetzt implementieren wir die Methode preis() in Getränk (anstatt sie abstrakt zu lassen), damit sie den Preis für die Zutatenkombination einer bestimmten Getränk-Instanz berechnen kann. Unterklassen müssen preis() immer noch überschreiben, aber sie rufen auch die Version der Superklasse auf, damit sie den Preis für das Grundgetränk zuzüglich der hinzugefügten Zutaten berechnen können.

Diese Methoden lesen und setzen die Booleschen Werte für die Zutaten.

Das Decorator-Muster

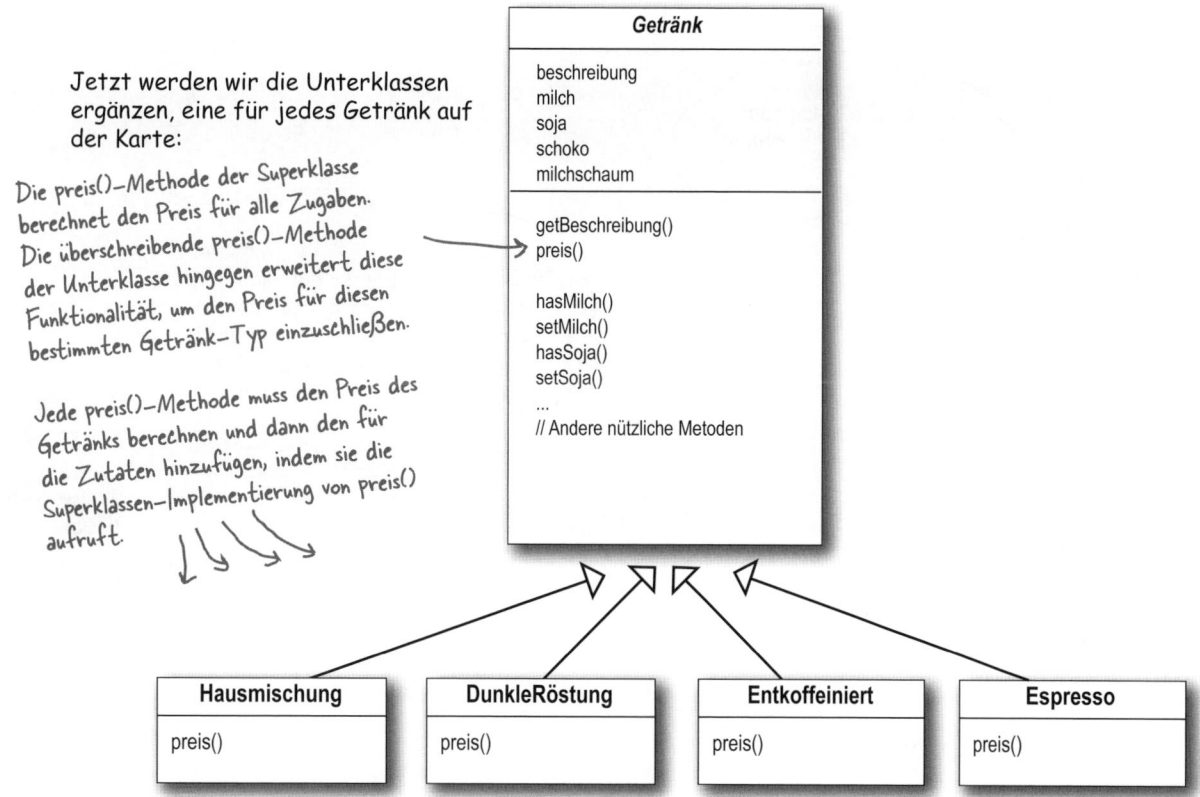

Jetzt werden wir die Unterklassen ergänzen, eine für jedes Getränk auf der Karte:

Die preis()-Methode der Superklasse berechnet den Preis für alle Zugaben. Die überschreibende preis()-Methode der Unterklasse hingegen erweitert diese Funktionalität, um den Preis für diesen bestimmten Getränk-Typ einzuschließen.

Jede preis()-Methode muss den Preis des Getränks berechnen und dann den für die Zutaten hinzufügen, indem sie die Superklassen-Implementierung von preis() aufruft.

Spitzen Sie Ihren Bleistift

Schreiben Sie die preis()-Methoden für die folgenden Klassen (Pseudo-Java genügt):

```
public class Getränk {
    public double preis() {




    }
}
```

```
public class DunkleRöstung extends Getränk {

    public DunkleRöstung() {
      beschreibung = "Hervorragende dunkle Röstung";
    }

    public double preis() {




    }
}
```

Sie sind hier ▶

Die Auswirkungen von Veränderungen

> Sehen Sie? Nur fünf Klassen. Das ist bestimmt der richtige Weg.

> Da bin ich nicht so sicher. Ich sehe bei diesem Ansatz einiges an Problempotenzial, wenn ich mir darüber Gedanken mache, wie sich der Entwurf in der Zukunft eventuell ändern muss.

Spitzen Sie Ihren Bleistift

Welche Anforderungen oder andere Faktoren könnten sich ändern, die Auswirkungen auf diesen Entwurf haben?

Preisänderungen bei den Zutaten könnten die Bearbeitung von bestehendem Code erforderlich machen.

Neue Zutaten würden uns zwingen, der Superklasse neue Methoden hinzuzufügen und ihre preis()-Methode zu verändern.

Vielleicht führen wir neue Getränke ein? Für manche dieser Getränke (Eistee?) könnten die Zutaten etwas unpassend sein, und trotzdem würde die Unterklasse Tee Methoden wie hasMilchschaum() erben.

Wie wir in Kapitel 1 gesehen haben, ist das ziemlich übel.

Was ist, wenn ein Kunde Doppelschoko wünscht?

Sie sind dran:

_____

_____

_____

Das Decorator-Muster

Meister und Schüler

Meister: Grashüpfer, seit unserem letzten Treffen ist einige Zeit verstrichen. Hast du gründlich über die Vererbung meditiert?

Schüler: Ja, Meister. Vererbung ist zwar mächtig, aber ich habe gelernt, dass sie nicht immer zu den flexibelsten oder wartbarsten Entwürfen führt.

Meister: Aha! Du hast kleine Fortschritte gemacht. Also sag mir, mein Schüler, wie du ohne Vererbung Wiederverwendbarkeit erreichen willst.

Schüler: Meister, ich habe gelernt, dass es Wege gibt, Verhalten zur Laufzeit durch Komposition und Delegierung zu »vererben«.

Meister: Weiter bitte.

Schüler: Wenn ich Verhalten durch Ableitung erbe, wird dieses Verhalten statisch zur Kompilierzeit festgelegt. Außerdem müssen alle Unterklassen das gleiche Verhalten erben. Aber wenn ich das Verhalten eines Objekts durch Komposition erweitere, kann ich das dynamisch zur Laufzeit tun.

Meister: Sehr gut, Grashüpfer. Du beginnst, die Macht der Zusammensetzung zu verstehen.

Schüler: Ja. Mit dieser Technik kann ich Objekten mehrere neue Aufgaben geben. Das können sogar Aufgaben sein, an die der Entwickler der Superklasse nie gedacht hat. Und ich muss seinen Code dafür nicht anrühren.

Meister: Was hast du über die Auswirkungen der Komposition auf die Wartbarkeit von Code gelernt?

Schüler: Ja, darauf wollte ich gerade eingehen. Durch die dynamische Komposition von Objekten kann ich neue Funktionalitäten hinzufügen, indem ich neuen Code schreibe, anstatt bestehenden Code zu ändern. Weil ich keinen bestehenden Code ändern muss, sinkt die Gefahr erheblich, dass ich in bereits vorhandenen Code Fehler einbaue oder unerwünschte Nebeneffekte verursache.

Meister: Sehr gut. Das reicht für heute, Grashüpfer. Ich möchte gern, dass du dich aufmachst und noch mehr über dieses Thema meditierst ... Denke daran: Wie die Lotusblüte am Abend sollte Code (für Veränderungen) geschlossen sein und doch wie die Lotusblüte am Morgen (für Erweiterung) offen bleiben.

Das Offen/Geschlossen-Prinzip

Grashüpfer ist auf dem Weg zur Erkenntnis eines der wichtigsten Entwurfsprinzipien:

Entwurfsprinzip

Klassen sollten für Erweiterung offen, aber für Veränderung geschlossen sein.

Treten Sie ein. Es ist geöffnet. Wenn Sie wollen, erweitern Sie unsere Klassen mit jedem neuen Verhalten, das Ihnen gefällt. Wenn sich Ihre Bedürfnisse oder Anforderungen ändern (und wir wissen, dass sie das werden), gehen Sie einfach weiter und schreiben Ihre eigenen Erweiterungen.

Leider haben wir geschlossen. Ja, so ist es. Wir haben sehr viel Zeit damit verbracht, diesen Code richtig und fehlerfrei zu machen. Deswegen können wir nicht zulassen, dass Sie bestehenden Code modifizieren. Er muss für Änderungen geschlossen bleiben. Falls Ihnen das nicht passt, können Sie sich an den Geschäftsführer wenden.

Unser Ziel ist es zu ermöglichen, dass Klassen leicht erweitert werden können, um neue Verhalten zu integrieren, ohne bestehenden Code zu verändern. Was es uns bringt, wenn wir das erreichen? Entwürfe, die für Veränderungen offen und flexibel genug sind, um neue Funktionalitäten aufzunehmen und so geänderten Anforderungen gerecht zu werden.

Es gibt keine Dummen Fragen

F: Für Erweiterungen offen und für Veränderungen geschlossen? Das klingt ziemlich widersprüchlich. Wie kann ein Entwurf beides zugleich sein?

A: Das ist eine sehr gute Frage. Natürlich klingt das zunächst widersprüchlich. Je weniger etwas modifizierbar ist, um so schwerer ist es schließlich auch zu erweitern, oder?

Aber es stellt sich dennoch heraus, dass es ein paar clevere OO-Techniken gibt, die die Erweiterung von Systemen ermöglichen, auch wenn wir den zugrunde liegenden Code nicht ändern können. Denken Sie an das Observer-Muster (aus Kapitel 2) ... indem wir neue Beobachter hinzufügen, können wir das Subjekt jederzeit ändern, ohne dem Code des Subjekts etwas hinzuzufügen. Sie werden noch eine ganze Reihe weiterer Möglichkeiten kennen lernen, Verhalten mit OO-Entwurfstechniken zu erweitern.

F: Okay, ich verstehe Observable. Aber ganz allgemein: Wie entwerfe ich etwas so, dass es erweiterbar und dennoch für Veränderungen geschlossen ist?

A: Viele der Muster bieten uns erprobte Entwürfe, die Ihren Code vor Veränderung schützen, indem sie Erweiterungsmöglichkeiten bieten. In diesem Kapitel werden Sie ein gutes Beispiel dafür sehen, wie man das Decorator-Muster verwendet, um dem Offen/Geschlossen-Prinzip zu genügen.

F: Wie erreiche ich, dass jeder Teil meines Entwurfs dem Offen/Geschlossen-Prinzip folgt?

A: Normalerweise ist das nicht möglich. Es braucht viel Zeit und Anstrengung, OO-Entwürfe flexibel und für Erweiterung offen zu gestalten, ohne dass dazu bestehender Code modifiziert werden muss. In der Regel können wir es uns nicht leisten, jeden Teil unseres Entwurfs festzunageln (und es wäre wahrscheinlich auch Verschwendung). Dem Offen/Geschlossen-Prinzip zu folgen führt in der Regel zur Einführung neuer Abstraktionsschichten und macht unseren Code deswegen komplexer. Sie sollten sich in Ihren Entwürfen auf die Bereiche konzentrieren, in denen Änderungen am wahrscheinlichsten sind, und diese Prinzipien dort anwenden.

F: Woher weiß ich, welche Bereiche da wichtiger sind?

A: Zum Teil ist das eine Frage der Erfahrung im Entwurf von OO-Systemen, zum Teil eine Frage der Beherrschung des Gebiets, auf dem man arbeitet. Andere Beispiele nachzuvollziehen wird Ihnen helfen, in Ihren eigenen Entwürfen solche Bereiche zu identifizieren, die sich bestimmt ändern.

Auch wenn es wie ein Widerspruch klingt: Es gibt Techniken, die es ermöglichen, Code zu erweitern, ohne ihn direkt zu modifizieren.

Seien Sie vorsichtig, wenn Sie die Codebereiche auswählen, die erweitert werden müssen. Das Offen/Geschlossen-Prinzip ÜBERALL anzuwenden ist Verschwendung, unnötig und kann zu komplexem, schwer verständlichem Code führen.

Das Decorator-Muster vorgestellt

Dürfen wir vorstellen: das Decorator-Muster!

> Okay, genug mit dem »Club der objektorientierten Entwürfe«. Wir haben hier echte Probleme! Erinnern Sie sich an uns? Sternback-Kaffee? Glauben Sie, Sie könnten eins dieser Entwurfsprinzipien einsetzen, um uns zu helfen?

Gut, wir haben eingesehen, dass es nicht so toll funktioniert, unser Getränke-plus-Zutaten-Preissystem über das Vererbungsschema darzustellen – das führt zu einer Klassen-Explosion, einem starren Entwurf oder dazu, dass wir der Basisklasse Funktionalitäten hinzufügen, die für einige der Unterklassen nicht geeignet sind.

Deswegen werden wir stattdessen Folgendes machen: Wir beginnen mit einem Getränk und »dekorieren« es zur Laufzeit mit Zutaten. Wenn der Kunde eine dunkle Röstung mit Schoko und Milchschaum möchte, geht das beispielsweise so:

① **Wir nehmen ein DunkleRöstung-Objekt,**

② **dekorieren es mit einem Schoko-Objekt,**

③ **dekorieren es mit einem Milchschaum-Objekt,**

④ **rufen die Methode preis() auf und stützen uns auf Delegierung, um den Preis für die Zutaten hinzuzufügen.**

Gut! Aber wie »dekoriert« man ein Objekt, und wie spielt die Delegierung da rein? Ein Hinweis: Stellen Sie sich Dekorierer-Objekte als »Wrapper« vor. Lassen Sie uns mal sehen, wie das funktioniert ...

Das Decorator-Muster

Ein Getränk mit Dekorierern aufbauen

❶ Wir beginnen mit unserem DunkleRöstung-Objekt.

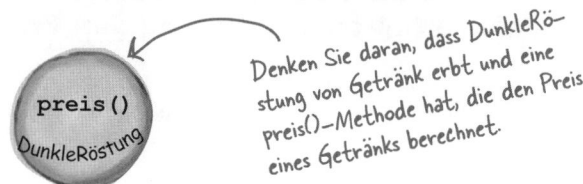

Denken Sie daran, dass DunkleRöstung von Getränk erbt und eine preis()-Methode hat, die den Preis eines Getränks berechnet.

❷ Der Kunde möchte Schoko, also erzeugen wir ein Schoko-Objekt und packen es um DunkleRöstung.

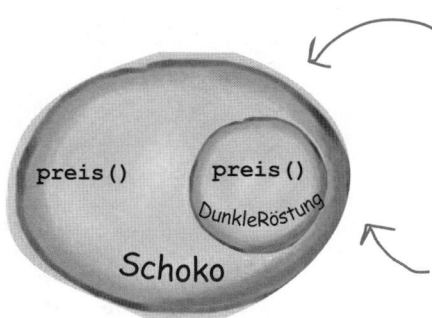

Das Schoko-Objekt ist ein Dekorierer. Es ist ein Typ, der das Objekt widerspiegelt, das es dekoriert, in diesem Fall ein Getränk. (Mit »widerspiegeln« meinen wir, dass es den gleichen Typ hat.)

Schoko hat also ebenfalls eine preis()-Methode, und durch Polymorphie können wir jedes Getränk, das in ein Schoko eingepackt ist, ebenfalls als ein Getränk behandeln (weil Schoko ein Untertyp von Getränk ist).

❸ Der Kunde möchte außerdem Milchschaum, also erstellen wir einen Milchschaum-Dekorierer und packen Schoko damit ein.

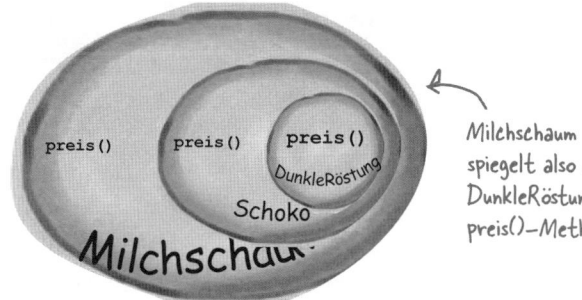

Milchschaum ist ein Dekorierer, er spiegelt also ebenfalls den Typ von DunkleRöstung wider und enthält eine preis()-Methode.

Eine in Schoko und Milchschaum eingepackte DunkleRöstung ist also immer noch ein Getränk. Wir können damit also alles machen, was wir mit einer DunkleRöstung machen können, seine preis()-Methode aufrufen eingeschlossen.

Sie sind hier ▶

Dekorierer-Eigenschaften

4 Jetzt ist es an der Zeit, den Preis für den Kunden zu berechnen. Das machen wir, indem wir preis() auf dem äußersten Dekorierer, Milchschaum, aufrufen, und Milchschaum delegiert die Berechnung des Preises dann an die Objekte, die es dekoriert. Wenn es einen Preis erhalten hat, fügt es den Preis für Milchschaum hinzu.

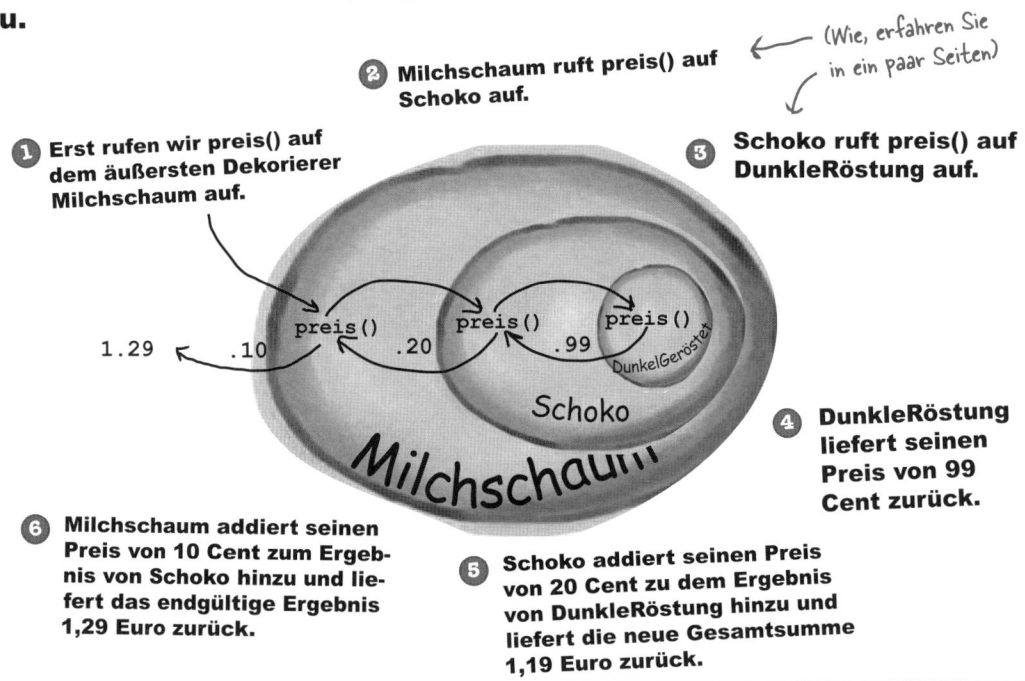

Das also wissen wir bisher

- Dekorierer haben den gleichen Supertyp wie die Objekte, die sie dekorieren.
- Sie können ein oder mehr Objekte verwenden, um ein Objekt einzupacken.
- Da der Dekorierer den gleichen Supertyp wie das dekorierte Objekt hat, können wir das dekorierte Objekt anstelle des ursprünglichen (jetzt eingepackten) Objekts herumreichen.
- **Der Dekorierer fügt sein eigenes Verhalten hinzu, bevor und/oder nachdem der Aufruf an das dekorierte Objekt delegiert wurde, um die Arbeit abzuschließen.** *Wichtiger Punkt!*
- Objekte können jederzeit dekoriert werden. Wir können Objekte also zur Laufzeit dynamisch mit so vielen Dekorierern dekorieren, wie es uns gefällt.

Sehen wir uns jetzt an, wie das alles wirklich funktioniert, indem wir uns die Definition für das Decorator-Muster ansehen und etwas Code schreiben.

Die Definition des Decorator-Musters

Werfen wir zunächst einen Blick auf die Beschreibung des Decorator-Musters:

> **Das Decorator-Muster** fügt einem Objekt dynamisch zusätzliche Verantwortlichkeiten hinzu. Dekorierer bieten eine flexible Alternative zur Ableitung von Unterklassen zum Zweck der Erweiterung der Funktionalität.

Das beschreibt zwar die *Rolle* des Decorator-Musters, erklärt aber nicht besonders gut, wie wir das Muster auf unsere eigene Implementierung *anwenden*. Werfen wir einen Blick auf das Klassendiagramm, das etwas informativer ist (auf der nächsten Seite sehen wir uns an, wie diese Struktur auf das Getränke-Problem angewandt wird).

Jede Komponente kann eigenständig verwendet oder durch einen Dekorierer eingepackt werden.

Komponente
- methodeA()
- methodeB()
- // weitere Methoden

KonkreteKomponente ist das Objekt, dem wir dynamisch neue Verhalten hinzufügen. Es erweitert Komponente.

KonkreteKomponente
- methodeA()
- methodeB()
- // weitere Methoden

Dekorierer
- methodeA()
- methodeB()
- // weitere Methoden

Jeder Dekorierer HAT-EINE (verpackt eine) Komponente. Das heißt, dass der Dekorierer eine Instanzvariable hat, die eine Referenz auf ein Komponente-Objekt hält.

Dekorierer implementieren das gleiche Interface oder die gleiche abstrakte Klasse wie die Komponente, die sie dekorieren.

KonkreterDekoriererA
- Komponente verpacktesObjekt
- methodeA()
- methodeB()
- neuesVerhalten()
- // weitere Methoden

KonkreterDekoriererB
- Komponente verpacktesObjekt
- Objekt neuerZustand
- methodeA()
- methodeB()
- // weitere Methoden

KonkreterDekorierer hat eine Instanzvariable für das Ding, das es dekoriert (das Komponente-Objekt, das der Dekorierer einpackt).

Dekorierer können den Zustand der Komponente erweitern.

Dekorierer können neue Methoden hinzufügen, aber in der Regel werden neue Verhalten hinzugefügt, indem nach oder vor einer in der Komponente vorhandenen Methode Berechnungen durchgeführt werden.

Unsere Getränke dekorieren

So weit, so gut, fügen wir also unsere Sternback-Getränke in dieses Framework ein ...

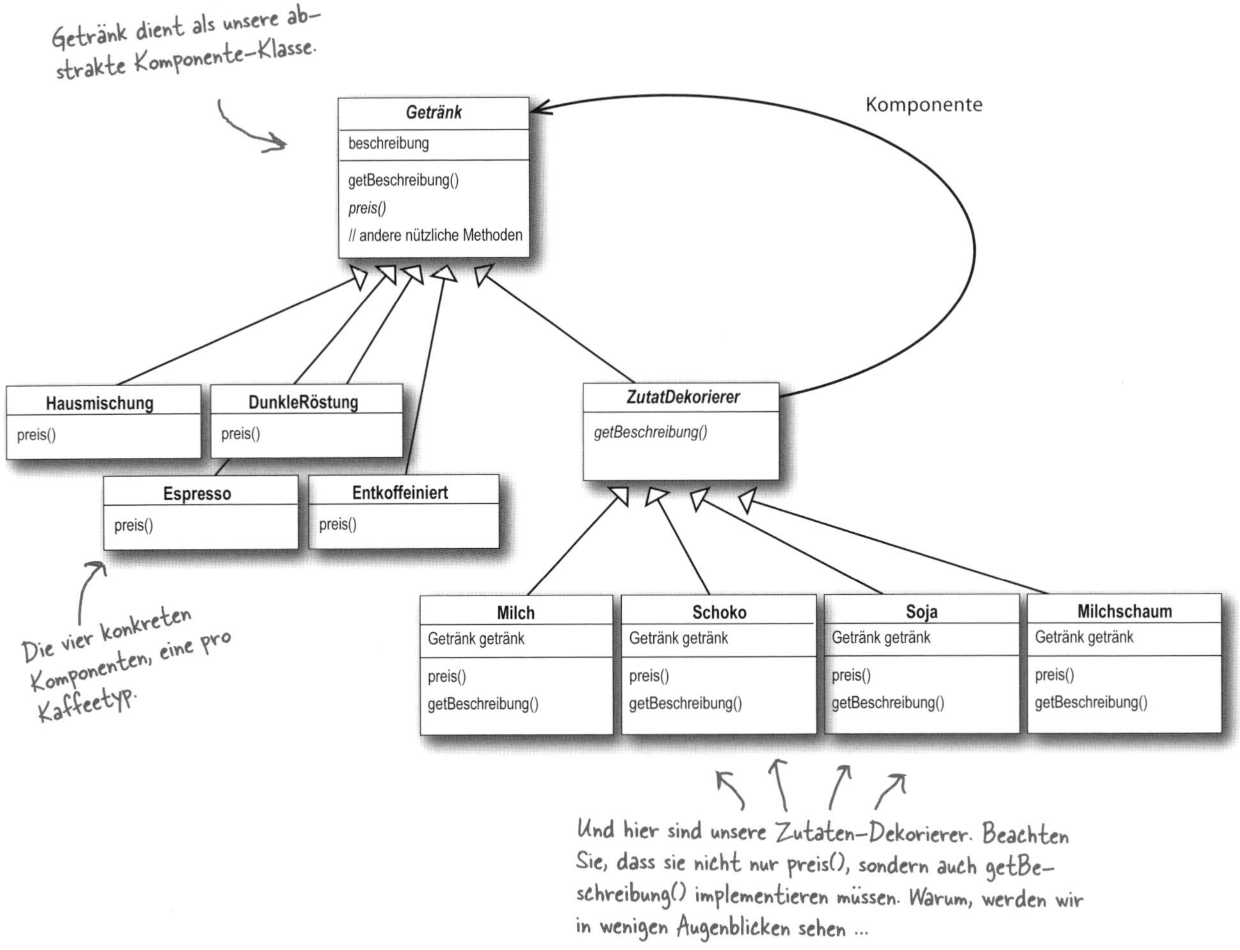

Getränk dient als unsere abstrakte Komponente-Klasse.

Getränk
beschreibung
getBeschreibung()
preis()
// andere nützliche Methoden

Komponente

Hausmischung
preis()

DunkleRöstung
preis()

Espresso
preis()

Entkoffeiniert
preis()

Die vier konkreten Komponenten, eine pro Kaffeetyp.

ZutatDekorierer
getBeschreibung()

Milch
Getränk getränk
preis()
getBeschreibung()

Schoko
Getränk getränk
preis()
getBeschreibung()

Soja
Getränk getränk
preis()
getBeschreibung()

Milchschaum
Getränk getränk
preis()
getBeschreibung()

Und hier sind unsere Zutaten-Dekorierer. Beachten Sie, dass sie nicht nur preis(), sondern auch getBeschreibung() implementieren müssen. Warum, werden wir in wenigen Augenblicken sehen ...

> **KOPF-NUSS**
>
> Überlegen Sie, bevor wir fortfahren, wie Sie die preis()-Methode für die Kaffees und die Zutaten implementieren würden. Überlegen Sie auch, wie Sie die getBeschreibung-Methode für die Zutaten implementieren würden.

Gespräch im Büro

Kleine Verwirrung hinsichtlich Vererbung und Komposition

Maria: Hmm. Ich bin etwas verwirrt ... Ich dachte, wir würden Vererbung in diesem Muster nicht verwenden und uns stattdessen auf Komposition stürzen.

Astrid: Wie meinst du das?

Maria: Sieh dir doch das Klassendiagramm an. ZutatDekorierer erweitert die Klasse Getränk. Das ist doch wohl Vererbung, oder?

Astrid: Klar. Ich denke, der entscheidende Punkt ist, dass die Dekorierer den gleichen Typ haben, wie die Objekte, die sie dekorieren sollen. Wir verwenden die Vererbung hier also, um das *Übereinstimmen der Typen* zu erreichen, wir verwenden sie nicht, um *Verhalten* zu bekommen.

Maria: Okay, ich verstehe, dass die Dekorierer die gleiche »Schnittstelle« benötigen wie die Komponente, die sie einpacken, weil sie den Platz der Komponente einnehmen sollen. Aber wo kommt da das Verhalten rein?

Astrid: Wenn wir einen Dekorierer mit einer Komponente zusammensetzen, fügen wir ein neues Verhalten hinzu. Wir erwerben das neue Verhalten nicht, indem wir es von der Superklasse erben, sondern indem wir Objekte zusammensetzen.

Maria: Gut. Wir leiten also eine Unterklasse von der abstrakten Klasse Getränk ab, damit wir den richtigen Typ erhalten, nicht um ihr Verhalten zu erben. Das Verhalten kommt durch die Komposition von Dekorierern mit den Basiskomponenten und den anderen Dekorierern zu Stande.

Astrid: Stimmt.

Maria: Mensch, ich hab's! Und weil wir Objekt-Komposition verwenden, kriegen wir viel mehr Flexibilität zum Mischen und Zusammenstellen von Zutaten und Getränken. Sehr ausgefeilt.

Astrid: Genau, wenn wir uns auf Vererbung stützen, dann kann das Verhalten nur statisch zur Kompilierzeit festgelegt werden. Anders gesagt, wir bekommen nur das Verhalten, das uns die Superklasse gibt oder das wir überschreiben. Bei Komposition können wir Dekorierer mischen und zusammenstellen, wie wir wollen ... und das *zur Laufzeit*.

Maria: Und wenn ich das richtig verstehe, können wir jederzeit neue Dekorierer implementieren, um neue Verhalten hinzuzufügen. Würden wir uns auf Vererbung stützen, müssten wir jedes Mal, wenn wir neue Verhalten hinzufügen wollen, bestehenden Code ändern.

Astrid: Ganz genau.

Maria: Eine Frage habe ich aber noch. Wenn alles, was wir erben, der Typ der Komponente ist, warum haben wir für Getränk dann kein Interface verwendet anstatt einer abstrakten Klasse?

Astrid: Erinnerst du dich darin, dass Sternback bereits eine abstrakte Getränk-Klasse *hatte*, als wir den Code bekommen haben? Traditionellerweise gibt das Decorator-Muster eine abstrakte Komponente vor, aber in Java könnten wir natürlich ein Interface verwenden. Aber wir versuchen immer, Änderungen an bestehendem Code zu vermeiden, und »reparieren« ihn hier deswegen nicht, wenn die abstrakte Klasse genauso gut funktioniert.

Dekorierer-Training

Neue Angestellte einarbeiten

Erstellen Sie eine Abbildung, die die Bestellung von »Doppel-Schoko-Soja-Kaffee mit Milchschaum« darstellt. Entnehmen Sie die richtigen Preise der Speisekarte und zeichnen Sie Ihre Abbildung in dem Format, das wir oben (ein paar Seiten weiter vorn) verwendet haben:

Ich hätte gern, dass Sie mir einen Doppel-Schoko-Soja-Kaffee mit Milchschaum machen.

① Erst rufen wir preis() auf dem äußersten Dekorierer Milchschaum auf.
② Milchschaum ruft preis() auf Schoko auf.
③ Schoko ruft preis() auf DunkleRöstung auf.
④ DunkleRöstung liefert seinen Preis von 99 Cent zurück.
⑤ Schoko addiert seinen Preis von 20 Cent zu dem Ergebnis von DunkleRöstung hinzu und liefert die neue Gesamtsumme 1,19 Euro zurück.
⑥ Milchschaum addiert seinen Preis von 10 Cent zum Ergebnis von Schoko hinzu und liefert das endgültige Ergebnis 1,29 Euro zurück.

Diese Abbildung wurde für das Getränk »Schoko-Dunkle Röstung mit Milchschaum« erstellt.

Sternback-Kaffee

Kaffees

Hausmischung	0,89
Dunkle Röstung	0,99
Entkoffeiniert	1,05
Espresso	1,99

Zutaten

Heiße Milch	0,10
Schoko	0,20
Soja	0,15
Milchschaum	0,10

Spitzen Sie Ihren Bleistift — Zeichnen Sie Ihre Abbildung hier.

HINWEIS: Sie können einen Doppel-Schoko-Soja-Kaffee mit Milchschaum machen, indem Sie eine Hausmischung mit Soja, zweimal Schoko und Milchschaum kombinieren.

Den Sternback-Code schreiben

Jetzt ist es an der Zeit, diesen Entwurf zu etwas echtem Code zu verquirlen.

Beginnen wir mit der Klasse Getränk, die gegenüber Sternbacks Originalentwurf nicht verändert werden muss. Werfen wir einen Blick darauf:

```java
public abstract class Getränk {
    String beschreibung = "Unbekanntes Getränk";

    public String getBeschreibung() {
        rreturn beschreibung;
    }

    public abstract double preis();
}
```

Getränk ist eine abstrakte Klasse mit den beiden Methoden getBeschreibung() und preis().

getBeschreibung() ist bereits implementiert, aber preis() muss in den Unterklassen implementiert werden.

Getränk ist eigentlich ziemlich simpel. Implementieren wir also auch die abstrakte Klasse für die Zutaten (Dekorierer):

Da die Zutaten mit Getränk austauschbar sein müssen, erweitern wir die Klasse Getränk.

```java
public abstract class ZutatDekorierer extends Getränk {
    public abstract String getBeschreibung();
}
```

Außerdem verlangen wir, dass die Zutaten-Dekorierer alle die Methode getBeschreibung() neu implementieren. Noch mal: Warum, werden wir gleich sehen ...

Die Getränke implementieren

Getränke programmieren

Jetzt haben wir unsere Basisklassen erledigt und können ein paar Getränke implementieren. Wir beginnen mit Espresso. Denken Sie daran, dass wir eine Beschreibung für dieses bestimmte Getränk setzen und außerdem die Methode preis() implementieren müssen.

Zuerst erweitern wir die Klasse Getränk, weil Espresso ein Getränk ist.

```
public class Espresso extends Getränk {

    public Espresso() {
        beschreibung = "Espresso";
    }

    public double preis() {
        return 1.99;
    }
}
```

Um die Beschreibung kümmern wir uns, indem wir sie im Konstruktor für die Klasse setzen. Erinnern Sie sich daran, dass die Instanzvariable beschreibung von Getränk geerbt wird.

Außerdem müssen wir den Preis eines Espresso berechnen. Da wir uns jetzt nicht mehr darum sorgen müssen, in dieser Klasse die Zutaten hinzuzufügen, liefern wir einfach den Preis für einen Espresso von 1,99 € zurück.

```
public class Hausmischung extends Getränk {
    public Hausmischung() {
        beschreibung = "Hausmischung";
    }

    public double preis() {
        return .89;
    }
}
```

Hier ist ein weiteres Getränk. Wir müssen nur die entsprechende Beschreibung, »Hausmischung«, setzen und dann den richtigen Preis zurückliefern: 89 Cent.

Die anderen beiden Getränke-Klassen (DunkleRöstung und Entkoffeiniert) können Sie auf genau die gleiche Weise erstellen.

Sternback-Kaffee

Kaffees	
Hausmischung	0,89
Dunkle Röstung	0,99
Entkoffeiniert	1,05
Espresso	1,99

Zutaten	
Heiße Milch	0,10
Schoko	0,20
Soja	0,15
Milchschaum	0,10

Die Zutaten programmieren

Wenn Sie an unser Klassendiagramm für das Decorator-Muster zurückdenken, sehen Sie, dass wir jetzt die abstrakte Komponente (Getränk), die konkreten Komponenten (Hausmischung usw.) und den abstrakten Dekorierer (ZutatDekorierer) geschrieben haben. Jetzt ist es Zeit, die konkreten Dekorierer zu implementieren. Hier ist Schoko:

Schoko ist ein Dekorierer, also erweitern wir ZutatDekorierer.

Erinnern Sie sich, dass ZutatDekorierer Getränk erweitert.

Wir werden Schoko mit einer Referenz auf ein Getränk instantiieren, indem wir:

(1) eine Instanzvariable verwenden, um das Getränk aufzunehmen, das wir einpacken, und

(2) eine Möglichkeit nutzen, diese Instanzvariable auf das Objekt zu setzen, das wir einpacken. Hier übergeben wir das einzupackende Getränk an den Konstruktor des Dekorierers.

```java
public class Schoko extends ZutatDekorierer {
    Getränk getränk;

    public Schoko(Getränk getränk) {
        this.getränk = getränk;
    }

    public String getBeschreibung() {
        return getränk.getBeschreibung() + ", Schoko";
    }

    public double preis() {
        return .20 + getränk.preis();
    }
}
```

Jetzt müssen wir den Preis unseres Getränks mit Schoko berechnen. Erst delegieren wir den Aufruf an das Objekt, das wir dekorieren, damit es den Preis berechnen kann. Dann fügen wir dem Ergebnis den Preis von Schoko hinzu.

Wir möchten, dass unsere Beschreibung nicht nur den Namen des Getränks – beispielsweise »Dunkle Röstung« – enthält, sondern auch jedes Element einschließt, das das Getränk dekoriert – beispielsweise »Dunkle Röstung, Schoko«. Deswegen delegieren wir zuerst den Aufruf an das Objekt, das wir dekorieren, um seine Beschreibung zu erhalten, und hängen dieser Beschreibung dann »Schoko« an.

Auf der nächsten Seite werden wir das Getränk wirklich instantiieren und mit all seinen Zutaten (Dekorierern) einpacken, aber erst ...

Spitzen Sie Ihren Bleistift

Schreiben und kompilieren Sie den Code für die anderen Zutaten Soja und Milchschaum. Sie benötigen dies, um die Anwendung fertig zu stellen und zu testen.

Die Getränke testen

Kaffee servieren

Glückwunsch. Jetzt können Sie sich zurücklehnen, ein paar Kaffees bestellen und den flexiblen Entwurf bewundern, den Sie mit dem Decorator-Muster geschaffen haben.

Hier ist etwas Test-Code,* um Bestellungen auszuführen:

```java
public class SternbackKaffee {

    public static void main(String args[]) {
        Getränk getränk = new Espresso();
        System.out.println(getränk.getBeschreibung()
                + " " + getränk.preis() + " €");

        Getränk getränk2 = new DunkleRöstung();
        getränk2 = new Schoko(getränk2);
        getränk2 = new Schoko(getränk2);
        getränk2 = new Milchschaum(getränk2);
        System.out.println(getränk2.getBeschreibung()
                + " " + getränk2.preis() + " €");

        Getränk getränk3 = new Hausmischung();
        getränk3 = new Soja(getränk3);
        getränk3 = new Schoko(getränk3);
        getränk3 = new Milchschaum(getränk3);
        System.out.println(getränk3.getBeschreibung()
                + " " + getränk3.preis() + " €");
    }
}
```

- Einen Espresso ohne Zutaten bestellen und seine Beschreibung sowie die Kosten ausgeben lassen.
- Ein DunkleRöstung-Objekt erstellen, mit einmal Schoko einpacken, mit noch mal Schoko einpacken und dann in einen Milchschaum einpacken.
- Schließlich erhalten wir eine Hausmischung mit Soja, Schoko und Milchschaum.

*Einen viel besseren Weg, dekorierte Objekte zu erstellen, werden wir sehen, wenn wir das Factory- und das Builder-Entwurfsmuster behandeln.

Und jetzt lassen wir die Bestellungen ausführen:

```
Datei  Bearbeiten  Fenster  Hilfe  FlöckchenInMeinemKaffee
%java SternbackKaffee
Espresso 1.99 €
Dunkle Röstung, Schoko, Schoko, Milchschaum 1.49 €
Hausmischung, Soja, Schoko, Milchschaum 1.34 €
%
```

Das Decorator-Muster

Es gibt keine Dummen Fragen

F: Ich mache mir etwas Sorgen um Code, der auf eine bestimmte konkrete Komponente – beispielsweise Hausmischung – prüft und dann irgendetwas macht, wie einen Rabatt berechnen. Nachdem ich Hausmischung mit Dekorierern eingepackt habe, funktioniert so etwas nicht mehr.

A: Stimmt genau. Wenn Sie mit Code arbeiten, der auf den Typ einer konkreten Komponente angewiesen ist, zerbrechen Dekorierer diesen Code. Solange Sie nur Code auf Basis des abstrakten Komponententyps schreiben, bleibt die Verwendung von Dekorierern für Ihren Code transparent. Aber sobald Sie anfangen, Code auf Basis konkreter Komponenten zu schreiben, müssen Sie das Design Ihrer Anwendung und Ihren Einsatz von Dekorierern überdenken.

F: Könnte es nicht schnell passieren, dass ein Client eines Getränks bei einem Dekorierer hängen bleibt, der nicht der äußerste Dekorierer ist? Könnte man nicht leicht Code schreiben, der bei einer dunklen Röstung mit Schoko, Soja und Milchschaum am Ende eine Referenz auf Soja statt auf Milchschaum hat, was dazu führen würde, dass Milchschaum in die Bestellung nicht eingeschlossen wird?

A: Natürlich könnte man argumentieren, dass man bei der Verwendung des Decorator-Musters mehr Objekte verwalten muss und dass deswegen eine höhere Wahrscheinlichkeit besteht, dass Programmierfehler die Art von Problemen verursachen, von denen Sie sprechen. Üblicherweise werden Dekorierer allerdings mithilfe anderer Muster wie Factory und Builder erstellt. Wenn wir diese Muster behandelt haben, werden Sie sehen, dass die Erstellung der konkreten Komponente mit ihrem Dekorierer »gut gekapselt« ist und nicht zu derartigen Problemen führt.

F: Können Dekorierer Kenntnis von den anderen Dekorierern in der Kette haben? Nehmen wir an, ich hätte gern, dass meine getBeschreibung()-Methode »Milchschaum, Doppel-Schoko« statt »Schoko, Milchschaum, Schoko« ausgibt. Das würde erfordern, dass mein äußerster Dekorierer alle Dekorierer kennt, die er einpackt.

A: Dekorierer sollen den Objekten, die sie einpacken, Verhalten hinzufügen. Wenn Sie beginnen, auf mehrere Schichten in der Dekoriererkette zu blicken, dann strecken Sie Decorator über seinen eigentlichen Zweck. Trotzdem sind solche Sachen möglich. Stellen Sie sich beispielsweise einen ZutatPrettyPrint-Dekorierer vor, der die resultierende Beschreibung parst und »Schoko, Milchschaum, Schoko« als »Milchschaum, Doppel-Schoko« ausgeben kann. getBeschreibung() könnte natürlich auch eine ArrayList mit Beschreibungen zurückliefern, um das zu erleichtern.

Spitzen Sie Ihren Bleistift

Unsere Freunde von Sternback haben ihren Speisekarten Größen hinzugefügt. Sie können Kaffee jetzt in den Größen Tall, Grande und Venti bestellen (Übersetzung: Klein, Mittel und Groß). Sternback betrachtete das als eine innere Komponente der Kaffee-Klasse. Sie haben der Klasse Getränk also zwei Methoden hinzugefügt: setGröße() und getGröße(). Sie möchten außerdem, dass Preise für die Zutaten größenabhängig sind. Soja soll also beispielsweise für Tall, Grande und Venti 10, 15 respektive 20 Cent kosten.
Wie würden Sie die Dekorierer-Klassen ändern, um dieser Anforderungsänderung zu entsprechen?

```
public abstract class Getränk {
    public enum Größe { TALL, GRANDE, VENTI };
    Größe größe = Größe.TALL;
    String beschreibung = "Unbekanntes Getränk";
    public String getBeschreibung() {
        return beschreibung;
    }
    public void setGröße(Größe größe) {
        this.größe = größe;
    }
    public Größe getGröße() {
        return this.größe;
    }
    public abstract double preis();
}
```

Dekorierer aus der Praxis: Java I/O

Die Vielzahl der Klassen im java.io-Package ist *überwältigend*. Glauben Sie nicht, Sie wären der Einzige, der beim ersten (und zweiten und dritten) Blick auf diese API »Wow« gesagt hat. Aber jetzt, da Sie das Decorator-Muster kennen, sollten Sie die I/O-Klassen besser verstehen, weil das java.io-Package zu einem Großteil auf dem Decorator-Muster basiert. Hier sehen Sie einen typischen Satz von Objekten, die Dekorierer verwenden, um Funktionalitäten für das Lesen aus einer Datei hinzuzufügen:

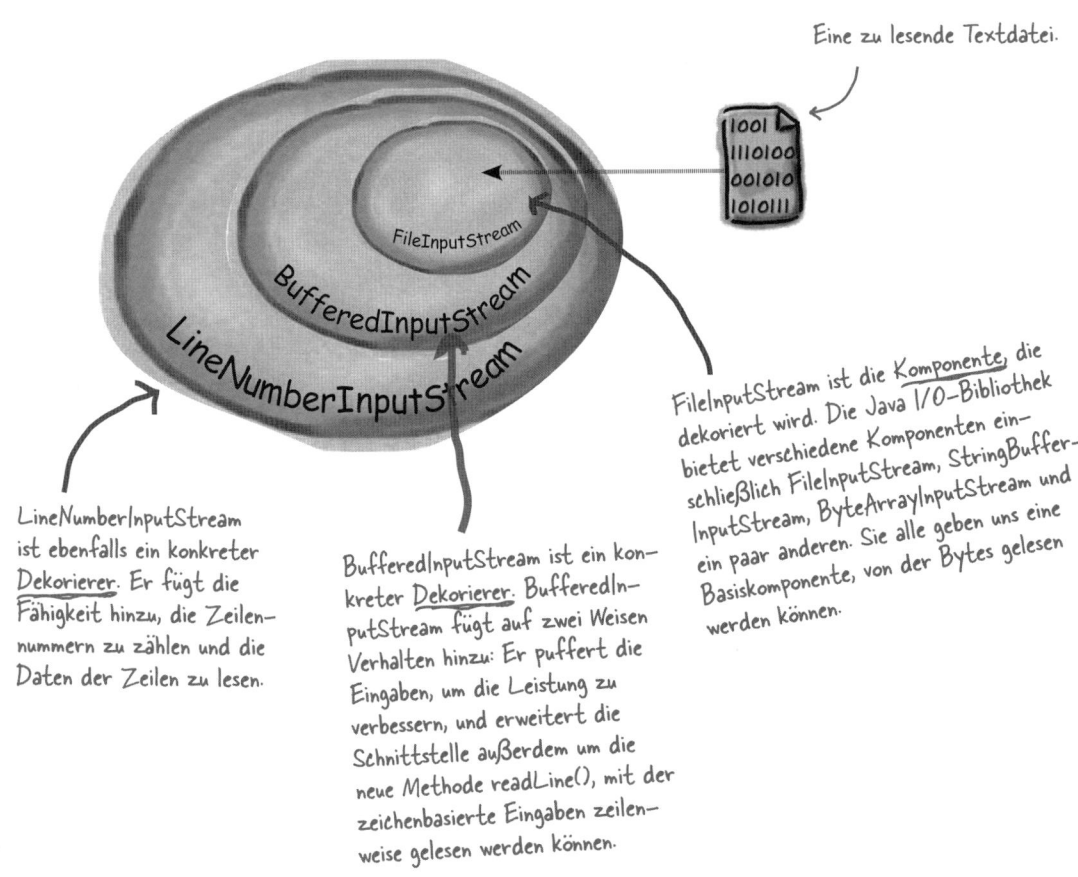

BufferedInputStream und **LineNumber**InputStream erweitern beide **Filter**InputStream, die als abstrakte Dekorierer-Klasse dient.

Die java.io-Klassen dekorieren

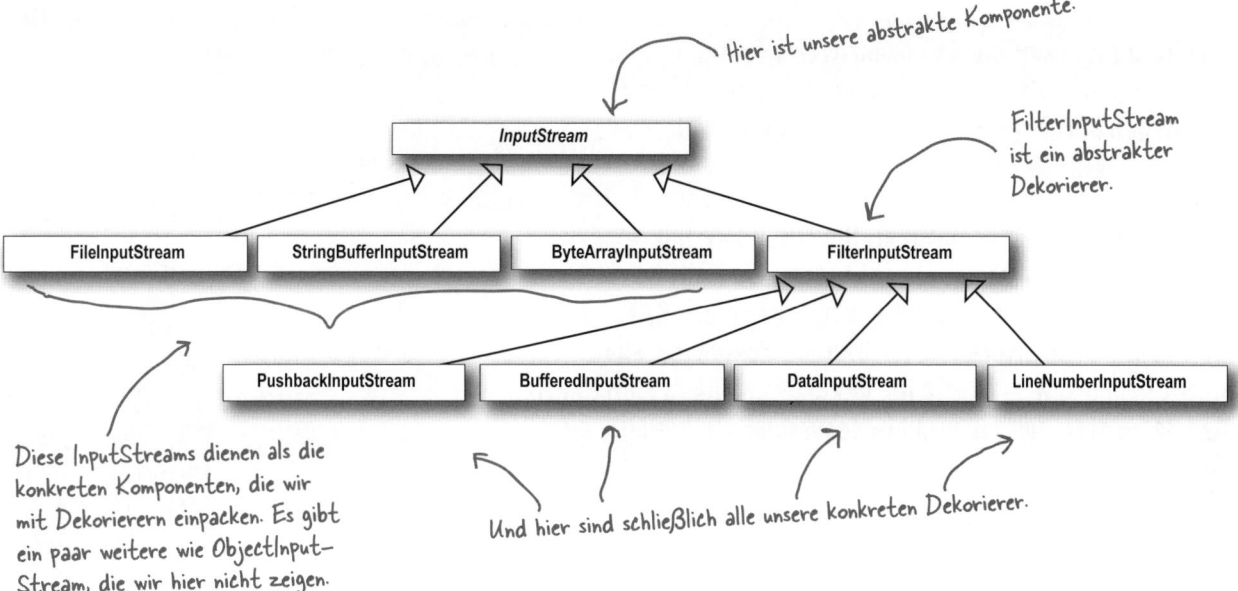

Sie sehen, dass sich das nicht so sehr vom Sternback-Design unterscheidet. Sie sollten gut vorbereitet dazu in der Lage sein, die Dokumentation der java.io-API durchzusehen und Dekorierer für die verschiedenen *Input*-Streams zu erstellen.

Sie werden feststellen, dass die *Output*-Streams das gleiche Design haben. Und wahrscheinlich haben Sie auch schon festgestellt, dass die Reader/Writer-Streams (für zeichenbasierte Daten) das Design der Stream-Klassen fast widerspiegeln (abgesehen von ein paar Unterschieden und Inkonsistenzen, aber doch ähnlich genug, um herauszufinden, was vor sich geht).

Aber Java I/O zeigt auch die *Nachteile* des Decorator-Musters auf: Designs, die dieses Muster einsetzen, führen oft zu vielen kleinen Klassen, die die Entwickler erschlagen können, die versuchen, die Decorator-basierte API zu verwenden. Aber jetzt, da Sie wissen, wie Decorator funktioniert, verlieren Sie sicher nicht mehr so leicht den Überblick, wenn Sie die Decorator-lastige API eines anderen verwenden und dazu in der Lage sind herauszufinden, wie die Klassen organisiert sind, damit Sie sie problemlos dekorieren können, um das Verhalten zu erreichen, das Sie wünschen.

Einen eigenen I/O-Dekorierer schreiben

Gut, jetzt kennen Sie das Decorator-Muster, und Sie haben das I/O-Klassendiagramm gesehen. Sie sollten eigentlich bereit sein, Ihren eigenen Input-Dekorierer zu schreiben.

Wie wäre es damit: Schreiben Sie einen Dekorierer, der alle Großbuchstaben im Eingabestrom in Kleinbuchstaben konvertiert. Anders gesagt: Wird der Satz »Ich kenne das Decorator-Muster und bin deswegen EIN KÖNIG!« gelesen, wandelt Ihr Dekorierer das in »ich kenne das decorater-muster und bin deswegen ein könig!« um.

Kein Problem. Ich habe gerade die Klasse FilterInputStream erweitert und überschreibe die read()-Methoden.

Vergessen Sie nicht, java.io zu importieren (wird nicht gezeigt).

Erweitern Sie zuerst FilterInputStream, den abstrakten Dekorierer für alle InputStreams.

```
public class LowerCaseInputStream extends FilterInputStream {

    public LowerCaseInputStream(InputStream in) {
        super(in);
    }

    public int read() throws IOException {
        int c = super.read();
        return (c == -1 ? c : Character.toLowerCase((char)c));
    }

    public int read(byte[] b, int offset, int len) throws IOException {
        int ergebnis = super.read(b, offset, len);
        for (int i = offset; i < offset+ergebnis; i++) {
            b[i] = (byte)Character.toLowerCase((char)b[i]);
        }
        return ergebnis;
    }
}
```

Jetzt müssen wir zwei read()-Methoden implementieren. Diese erwarten ein Byte (oder ein Array von Bytes) und konvertieren jedes Byte (das ein Zeichen repräsentiert) in Kleinbuchstaben, wenn es einen Großbuchstaben darstellt.

ERINNERUNG: Wir geben in den Code-Listings keine import- und package-Anweisungen an. Holen Sie sich den vollständigen Quellcode von unserer Website. Sie finden die URL auf Seite xxxi in der Einführung.

Den neuen Java I/O-Dekorierer testen

Schreiben Sie Test-Code, um den I/O-Dekorierer zu testen:

```java
public class EingabeTest {
    public static void main(String[] args) throws IOException {
        int c;
        try {
            InputStream in =
                new LowerCaseInputStream(
                    new BufferedInputStream(
                        new FileInputStream("test.txt")));

            while((c = in.read()) >= 0) {
                System.out.print((char)c);
            }

            in.close();
        } catch (IOException e) {
            e.printStackTrace();
        }
    }
}
```

Richten Sie den FileInputStream ein und dekorieren Sie ihn erst mit einem BufferedInputStream und dann mit unserem brandneuen LowerCaseInputStream-Filter.

Nutzen Sie einfach den Stream, um die Zeichen bis zum Ende der Datei zu lesen und währenddessen auszugeben.

> Ich kenne das Decorator-Muster und bin deswegen EIN KÖNIG!

Datei test.txt

Diese Datei müssen Sie erstellen.

Setzen Sie es in Bewegung:

```
Datei Bearbeiten Fenster Hilfe DekoriererRegel
% java EingabeTest
ich kenne das decorater-muster und bin deswegen ein könig!
%
```

Dekorierer-Interview

Muster unter der Lupe
Interview der Woche: Geständnis eines Dekorierers

Von Kopf bis Fuß: Herzlich willkommen, Decorator-Muster. Man hört, dass Sie in letzter Zeit ziemlich niedergeschlagen waren?

Decorator: Stimmt. Ich weiß, dass die Welt in mir ein berühmtes Entwurfsmuster sieht, aber, wissen Sie, auch ich habe meine Probleme wie alle anderen auch.

VKbF: Möchten Sie vielleicht einige Ihrer Probleme mit uns teilen?

Decorator: Sicher. Ähm ... Sie wissen, dass ich die Macht habe, Entwürfen Flexibilität hinzuzufügen. Das zumindest steht fest. Aber ich habe auch eine *dunkle Seite*. Manchmal, wissen Sie, kann ich einem Entwurf viele kleine Klassen hinzufügen, und das führt gelegentlich zu Entwürfen, die für andere nicht so leicht zu verstehen sind.

VKbF: Können Sie uns vielleicht ein Beispiel geben?

Decorator: Nehmen Sie beispielsweise die Java I/O-Bibliotheken. Die sind berüchtigt dafür, wie schwer sich die Leute am Anfang damit tun, sie zu verstehen. Würden sie die Klassen einfach als einen Satz von Wrappern um einen InputStream betrachten, wäre das Leben viel leichter.

VKbF: Das klingt aber nicht so schlimm. Sie sind immer noch ein tolles Muster. Das zu verbessern ist doch nur eine Frage der allgemeinen Bildung des öffentlichen Verständnisses, oder?

Decorator: Ich fürchte, dass das nicht alles ist. Ich habe außerdem Typisierungsprobleme. Es ist doch so: Manchmal nehmen die Leute einfach etwas Client-Code, der sich auf bestimmte Typen stützt, und führen Dekorierer ein, ohne die Sache ordentlich zu durchdenken. Eine der tollen Sachen bei mir ist natürlich, **dass man Dekorierer in der Regel transparent einfügen kann und der Client nie erfahren muss, dass er mit einem Dekorierer zu tun hat**. Aber wie ich schon sagte, ist mancher Code von bestimmten Typen abhängig, und wenn Sie dann versuchen, Dekorierer einzufügen, macht es einfach bumm! Da passieren die schlimmsten Dinge.

VKbF: Ja, ich glaube, jeder versteht, dass man beim Einfügen von Dekorierern sehr vorsichtig sein muss. Ich glaube nicht, dass das ein Grund ist, niedergeschlagen zu sein.

Decorator: Weiß ich. Ich versuche auch, es nicht zu sein. Aber ich habe auch noch das Problem, dass die Einführung von Dekorierern die Komplexität des Codes wachsen lassen kann, der benötigt wird, um die Komponente zu instantiieren. Wenn Sie Dekorierer einsetzen, müssen Sie nicht nur die Komponente instantiieren, sondern sie auch noch mit wer weiß wie vielen Dekorierern einpacken.

VKbF: In der kommenden Woche werden hier die Factory- und Builder-Muster zum Interview sitzen – ich habe gehört, dass die in dieser Hinsicht hilfreich sein können?

Decorator: Das ist richtig. Ich sollte mit den Typen öfter reden.

VKbF: Trotz allem werden Sie für uns alle ein tolles Muster bleiben, weil Sie für flexible Entwürfe sorgen und dem Offen/Geschlossen-Prinzip treu bleiben. Also Kopf hoch und denken Sie positiv!

Decorator: Ich tu mein Bestes, vielen Dank.

Das Decorator-Muster

Werkzeuge für Ihren Design-Werkzeugkasten

Sie haben ein weiteres Kapitel verdaut und ein neues Prinzip sowie ein neues Muster in Ihrem Werkzeugkasten.

Punkt für Punkt

- Vererbung ist eine Form von Erweiterung, aber nicht notwendigerweise der beste Weg, um Ihren Entwürfen Flexibilität zu verleihen.

- Unsere Entwürfe sollten die Erweiterung von Verhalten ermöglichen, ohne dass dazu bestehender Code geändert werden müsste.

- Oft können Komposition und Delegierung verwendet werden, um zur Laufzeit neue Verhalten hinzuzufügen.

- Für die Erweiterung von Verhalten bietet das Decorator-Muster eine Alternative zur Ableitung von Unterklassen.

- Das Decorator-Muster schließt einen Satz von Dekorierer-Klassen ein, die verwendet werden, um konkrete Komponenten einzupacken.

- Dekorierer-Klassen spiegeln den Typ der Komponente wider, die sie dekorieren. (Sie haben sogar tatsächlich den gleichen Typ wie die Komponente, die sie dekorieren, entweder durch Vererbung oder durch die Implementierung eines Interface.)

- Dekorierer ändern das Verhalten der Komponenten, indem sie vor und/oder nach (oder auch anstelle von) Methodenaufrufen auf der Komponente neue Funktionalitäten hinzufügen.

- Sie können eine Komponente mit einer beliebigen Zahl von Dekorierern einpacken.

- Dekorierer sind für die Clients der Komponente üblicherweise transparent, außer wenn sich der Client auf den konkreten Typ der Komponente stützt.

- Dekorierer können in Ihren Entwürfen zu vielen kleinen Objekten führen, und eine übermäßige Verwendung kann den Code unübersichtlich machen.

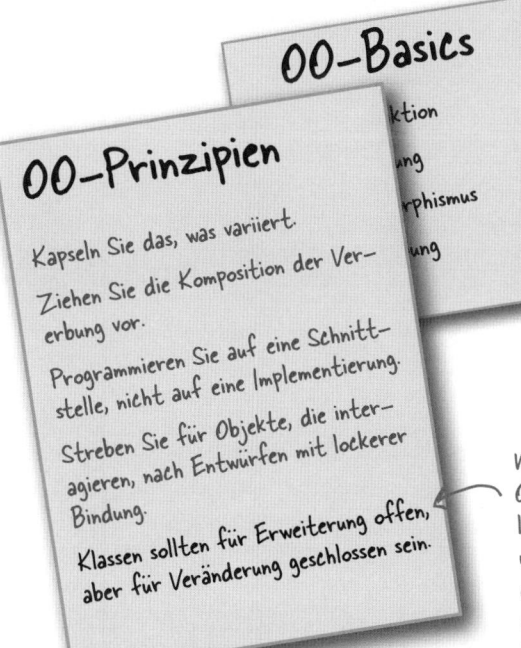

OO-Basics
...ktion
...ung
...rphismus
...ung

OO-Prinzipien

Kapseln Sie das, was variiert.

Ziehen Sie die Komposition der Vererbung vor.

Programmieren Sie auf eine Schnittstelle, nicht auf eine Implementierung.

Streben Sie für Objekte, die interagieren, nach Entwürfen mit lockerer Bindung.

Klassen sollten für Erweiterung offen, aber für Veränderung geschlossen sein.

Wir können uns jetzt vom Offen/Geschlossen-Prinzip leiten lassen. Wir werden uns bemühen, unser System so zu entwerfen, dass die geschlossenen Teile von unseren neuen Erweiterungen isoliert werden.

OO-Muster

Strategie... Algorithmen... austa... richt... Client...

Observer – definiert eine Eins-zu-viele-...

Decorator – fügt einem Objekt dynamisch zusätzliche Verantwortlichkeiten hinzu. Dekorierer bieten eine flexible Alternative zur Ableitung von Unterklassen zum Zweck der Erweiterung der Funktionalität.

Und hier ist unser erstes Muster zum Erstellen von Entwürfen, die dem Offen/Geschlossen-Prinzip genügen. Aber ist es wirklich das erste? Haben wir nicht schon ein anderes Muster verwendet, das ebenfalls diesem Prinzip folgt?

Sie sind hier ▸ **107**

Lösungen *zu den Übungen*

Spitzen Sie Ihren Bleistift — Lösung

Schreiben Sie die preis()-Methoden für die folgenden Klasse (Pseudo-Java reicht). Hier ist unsere Lösung:

```java
public class Getränk {

  // Deklarieren Sie die Instanzvariablen milchPreis,
  // sojaPreis, schokoPreis und milchschaumPreis sowie
  // Getter- und Setter-Methoden für Milch, Soja, Schoko
  // und Milchschaum.

  public float preis() {

    float zutatenPreis = 0.0;
    if (hasMilch()) {
      zutatenPreis += milchPreis;
    }
    if (hasSoja()) {
      zutatenPreis += sojaPreis;
    }
    if (hasSchoko()) {
      zutatenPreis += schokoPreis;
    }
    if (hasMilchschaum()) {
      zutatenPreis += milchschaumPreis;
    }
    return zutatenPreis;
  }
}


public class DunkleRöstung extends Getränk {

  public DunkleRöstung() {
    beschreibung = "Hervorragende dunkle Röstung ";
  }

  public float preis() {

    return 1.99 + super.preis();

  }
}
```

Das Decorator-Muster

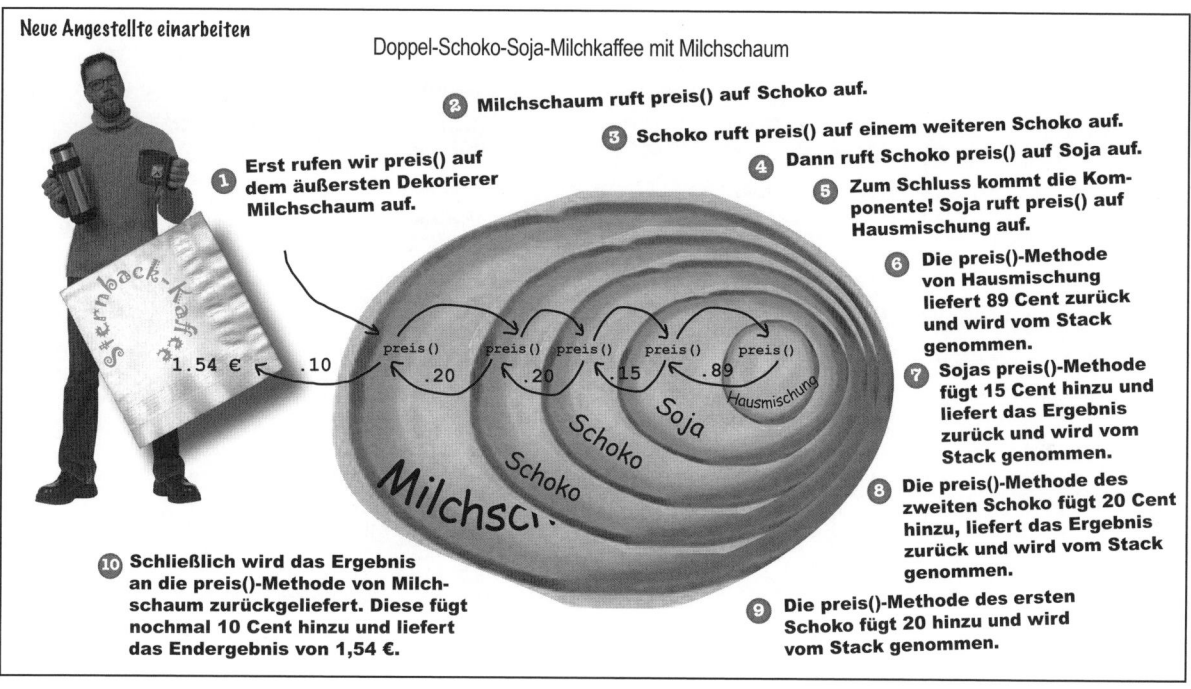

Lösungen zu den Übungen

Spitzen Sie Ihren Bleistift

Lösung

Unsere Freunde von Sternback haben ihren Speisekarten Größen hinzugefügt. Sie können Kaffee jetzt in den Größen Tall, Grande und Venti bestellen (Übersetzung: klein, mittel und groß). Sternback betrachtete das als eine innere Komponente der Kaffee-Klasse. Sie haben der Klasse Getränk also zwei Methoden hinzugefügt: setGröße() und getGröße(). Sie möchten außerdem, dass Preise für die Zutaten größenabhängig sind. Soja soll also beispielsweise für Tall, Grande und Venti 10, 15 respektive 20 Cent kosten. Wie würden Sie die Dekorierer-Klassen ändern, um dieser Anforderungsänderung zu entsprechen?

```
public abstract class ZutatDekorierer extends Getränk {
  public Getränk getränk;
  public abstract String getBeschreibung();

  public Größe getGröße() {
    return getränk.getGröße();
  }
}
```

Wir haben die getränk-Instanzvariable in den ZutatDekorierer verschoben und den Dekorierern eine getGröße()-Methode hinzugefügt, die einfach die Größe des Getränks zurückliefert.

```
public class Soja extends ZutatDekorierer {

  public Soja(Getränk getränk) {
    this.getränk = getränk;
  }

  public String getBeschreibung() {
    return getränk.getBeschreibung() + ", Soja";
  }

  public double preis() {
    double preis = getränk.preis();
    if (getränk.getGröße() == Getränk.TALL) {
      preis += .10;
    } else if (getränk.getGröße() == Getränk.GRANDE) {
      preis += .15;
    } else if (getränk.getGröße() == Getränk.VENTI) {
      preis += .20;
    }
    return preis;
  }
}
```

Hier holen wir uns die Größe (die sich bis zum konkreten Getränk durchzieht) und fügen dann die entsprechenden Kosten hinzu.

4 Das Factory-Muster

Backen in OO-Qualität

Machen Sie sich bereit, ein paar locker gebundene OO-Entwürfe zu backen. Das Erstellen von Objekten hat mehr zu bieten als die simple Verwendung des new-Operators. Sie werden lernen, dass Instantiierung eine Aktivität ist, die nicht immer in der Öffentlichkeit verübt werden sollte und oft zu Bindungsproblemen führen kann. Und das wollen Sie doch nicht, oder? Lernen Sie, wie Sie das Factory-Muster vor lästigen Abhängigkeiten retten kann.

Über »new« nachdenken

> Jetzt haben wir schon drei Kapitel hinter uns, und Sie haben meine Frage zu **new** immer noch nicht beantwortet. Wir sollen nicht auf eine Implementierung programmieren, aber jedes Mal, wenn ich **new** verwende, mache ich doch genau das, oder?

Denken Sie »konkret«, wenn Sie »new« sehen.

Ja, wenn Sie **new** verwenden, instantiieren Sie eindeutig eine konkrete Klasse, und das ist definitiv eine Implementierung und keine Schnittstelle. Und es bleibt eine gute Frage. Sie wissen jetzt ja, dass Ihr Code zerbrechlicher und weniger flexibel ist, wenn Sie ihn an eine konkrete Klasse binden.

```
Ente ente = new StockEnte();
```

Wir möchten Interfaces verwenden, um unseren Code flexibel zu halten.

Aber wir müssen eine Instanz einer konkreten Klasse erstellen!

Wenn Sie einen Satz verwandter Klassen haben, müssen Sie oft Code wie diesen schreiben:

```
if (picknick) {
  ente = new StockEnte();
} else if (jagd) {
  ente = new LockEnte();
} else if (inBadewanne) {
  ente = new GummiEnte();
}
```

Wir haben einen Haufen verschiedener Ente-Klassen, und wir wissen erst zur Laufzeit, welche wir instantiieren müssen.

Wir haben hier verschiedene konkrete Klassen, die instantiiert werden. Dabei wird die Entscheidung, welche instantiiert werden soll, zur Laufzeit in Abhängigkeit von einem Satz bestimmter Bedingungen getroffen.

Wenn Sie derartigen Code sehen, wissen Sie, dass Sie diesen Code wieder öffnen müssen, wenn Änderungen oder Erweiterungen anstehen, um zu untersuchen, was hinzugefügt (oder gelöscht) werden muss. Oft taucht solcher Code in mehreren Teilen der Anwendung auf und macht Pflege und Aktualisierungen dadurch schwieriger und fehleranfällig.

Das Factory-Muster

> Aber irgendwo muss man das Objekt erstellen, und Java gibt uns doch nur eine Möglichkeit, Objekte zu erstellen, oder? Was sollen wir also tun?

Was ist der Haken an »new«?

In technischer Hinsicht ist **new** vollkommen in Ordnung. Schließlich ist es ein fundamentaler Bestandteil von Java. Der eigentlich Schuldige ist unser alter Freund VERÄNDERUNG und die Auswirkungen, die Veränderungen auf unsere Verwendung von **new** haben.

Sie wissen, dass Sie sich selbst vor vielen Veränderungen schützen können, die an einem System im Lauf der Zeit vorgenommen werden müssen, indem Sie auf eine Schnittstelle programmieren. Warum? Wenn Ihr Code auf eine Schnittstelle geschrieben ist, funktioniert er aufgrund von Polymorphismus mit jeder Klasse, die das entsprechende Interface implementiert. Aber wenn Sie Code haben, der viele konkrete Klassen verwendet, dann riskieren Sie Probleme, weil der Code eventuell geändert werden muss, wenn neue konkrete Klassen hinzugefügt werden. Ihr Code ist mit anderen Worten also nicht »für Veränderungen geschlossen«. Um ihn mit neuen Typen zu erweitern, müssen Sie ihn wieder öffnen.

Denken Sie daran, dass Entwürfe für »Erweiterung offen, aber für Veränderungen geschlossen« sein sollen – alles dazu finden Sie in Kapitel 3.

Was können Sie also tun? In Zeiten wie diesen sollten Sie sich wieder auf ein OO-Entwurfsprinzip zurückbesinnen, um nach Hinweisen zu suchen. Denken Sie an unser erstes Prinzip. Es befasst sich mit Veränderung und weist uns an, *die Aspekte zu identifizieren, die sich ändern können, und sie von denen zu trennen, die gleich bleiben.*

Wie könnten Sie alle Teile Ihrer Anwendung, die konkrete Klassen instantiieren, nehmen und vom Rest der Anwendung trennen oder einkapseln?

Sie sind hier ▶ **113**

Identifizieren, was sich verändert

Die Aspekte identifizieren, die veränderlich sind

Nehmen wir an, Sie besitzen eine Pizzeria. Als innovationsfreudiger Pizzeriabesitzer aus Objekthausen könnten Sie Code wie diesen hier schreiben:

```
Pizza bestellePizza() {
  Pizza pizza = new Pizza();

  pizza.vorbereiten();
  pizza.backen();
  pizza.schneiden();
  pizza.einpacken();
  return pizza;
}
```

Aus Flexibilitätsgründen sollte das eigentlich eine abstrakte Klasse oder ein Interface sein, aber beides könnten wir nicht direkt instantiieren.

Aber mit einem Typ Pizza kommen Sie nicht aus

Sie fügen also etwas Code hinzu, der den passenden Pizzatyp *bestimmt* und sich dann darum kümmert, die Pizza zu *machen*:

```
Pizza bestellePizza(String typ) {
  Pizza pizza;

  if (typ.equals("Salami")) {
    pizza = new SalamiPizza();
  } else if (typ.equals("Spinat") {
    pizza = new SpinatPizza();
  } else if (typ.equals("Schinken") {
    pizza = new SchinkenPizza();
  }

  pizza.vorbereiten();
  pizza.backen();
  pizza.schneiden();
  pizza.einpacken();
  return pizza;
}
```

Jetzt übergeben wir bestellePizza den Typ der Pizza.

Auf Basis des Pizzatyps instantiieren wir die konkrete Klasse und weisen sie der Instanzvariablen pizza zu. Beachten Sie, dass jeder der Pizzatypen das Interface Pizza implementieren muss.

Wenn wir eine Pizza haben, bereiten wir sie vor (das Übliche eben: Teig ausrollen, Soße draufgeben, Belag und Käse hinzufügen), dann backen, schneiden und verpacken wir sie! Jeder Untertyp von Pizza (SalamiPizza, SpinatPizza) weiß, wie er sich selbst zubereiten muss.

Aber es müssen noch mehr Pizzas hinzugefügt werden

Sie bemerken, dass Ihre Konkurrenten ihren Speisekarten ein paar beliebte Pizzas hinzugefügt haben: die Thunfischpizza und die Krabbenpizza. Natürlich müssen Sie mit der Konkurrenz mitziehen und fügen Ihrer Speisekarte diese Elemente hinzu. Außerdem haben Sie in letzter Zeit nicht viele Spinatpizzas verkauft und entschließen sich deshalb, diese von der Speisekarte zu streichen:

Dieser Code ist NICHT für Veränderungen geschlossen. Wenn die Pizzeria ihr Pizzaangebot verändert, müssen wir den Code öffnen und modifizieren.

```
Pizza bestellePizza(String typ) {
    Pizza pizza;

    if (typ.equals("Salami")) {
        pizza = new SalamiPizza();
    } else if (typ.equals("Spinat") {
        pizza = new SpinatPizza();
    } else if (typ.equals("Schinken") {
        pizza = new SchinkenPizza();
    } else if (typ.equals("Thunfisch") {
        pizza = new ThunfischPizza();
    } else if (typ.equals("Krabben") {
        pizza = new KrabbenPizza();
    }

    pizza.vorbereiten();
    pizza.backen();
    pizza.schneiden();
    pizza.einpacken();
    return pizza;
}
```

Das ist das, was veränderlich ist. Während sich das Pizzaangebot mit der Zeit ändert, müssen Sie diesen Code immer und immer wieder anpassen.

Das ist das, bei dem wir davon ausgehen, das es gleich bleibt. Die Zubereitung, das Backen und das Verpacken einer Pizza haben sich zu einem Großteil seit Jahren nicht mehr geändert. Deswegen gehen wir nicht davon aus, dass sich dieser Code ändert, sondern nur die Pizzas, auf denen er operiert.

Ganz offensichtlich ist die Klärung, *welche* konkrete Klasse instantiiert werden soll, für das Durcheinander in unserer bestellePizza()-Methode verantwortlich und verhindert, dass sie gegenüber Veränderungen geschlossen bleibt. Aber jetzt, da wir wissen, was veränderlich ist und was nicht, ist es wahrscheinlich an der Zeit, dieses einzukapseln.

Die Objekt-Erstellung kapseln

Die Objekt-Erstellung kapseln

Jetzt wissen wir also, dass wir besser bedient sind, wenn wir die Objekt-Erstellung aus der Methode bestellePizza() herausziehen. Aber wie? Wir werden einfach den Code zum Erstellen herausziehen und in ein anderes Objekt verschieben, das sich nur damit befasst, Pizzas zu erstellen.

```
if (typ.equals("Salami")) {
    pizza = new SalamiPizza();
} else if (typ.equals("Schinken") {
    pizza = new SchinkenPizza();
} else if (typ.equals("Thunfisch") {
    pizza = new ThunfischPizza();
} else if (typ.equals("Krabben") {
    pizza = new KrabbenPizza();
}
```

```
Pizza bestellePizza(String typ) {
    Pizza pizza;


    pizza.vorbereiten();
    pizza.backen();
    pizza.schneiden();
    pizza.einpacken();
    return pizza;
}
```

Zuerst ziehen wir den Code zur Objekt-Erstellung aus der Methode bestellePizza heraus.

Aber was kommt hier rein?

Dann fügen wir diesen Code in ein Objekt ein, das sich nur damit befasst, wie Pizzas erstellt werden sollen. Wenn ein anderes Objekt eine Pizza benötigt, muss es sich an dieses Objekt wenden.

Wir haben einen Namen für dieses neue Objekt: Wir nennen es eine Fabrik.

Fabriken kümmern sich um die Details der Objekt-Erstellung. Wenn wir eine EinfachePizzaFabrik haben, wird unsere bestellePizza()-Methode einfach zu einem Client dieses Objekts. Jedes Mal, wenn es eine Pizza benötigt, bittet es die Pizzafabrik, eine herzustellen. Dann sind die Zeiten vorbei, in denen die Methode bestellePizza() etwas über den Unterschied zwischen SalamiPizza und KrabbenPizza wissen muss. Jetzt kümmert sich die Methode bestellePizza() nur noch darum, dass sie eine Pizza erhält, die das Interface Pizza implementiert, damit sie vorbereiten(), backen(), schneiden() und einpacken() aufrufen kann.

Wir müssen hier immer noch ein paar Kleinigkeiten ausfüllen. Womit wird beispielsweise der Erstellungscode in bestellePizza() ersetzt? Implementieren wir einfach eine EinfachePizzaFabrik und finden wir es heraus ...

Eine einfache Pizzafabrik erstellen

Beginnen wir mit der Fabrik selbst. Was wir jetzt machen werden, ist, eine Klasse zu definieren, die die Objekt-Erstellung für alle Pizzas kapselt. Hier ist sie ...

Hier ist unsere neue Klasse, die EinfachePizzaFabrik. Sie hat nur eine einzige Lebensaufgabe: für ihre Kunden Pizzas herzustellen.

Erst definieren wir in der Fabrik die Methode erstellePizza(). Das ist die Methode, die alle Clients nutzen werden, um neue Objekte zu instantiieren.

```java
public class EinfachePizzaFabrik {
    public Pizza erstellePizza(String typ) {
        Pizza pizza = null;

        if (typ.equals("Salami")) {
            pizza = new SalamiPizza();
        } else if (typ.equals("Schinken")) {
            pizza = new SchinkenPizza();
        } else if (typ.equals("Thunfisch")) {
            pizza = new ThunfischPizza();
        } else if (typ.equals("Krabben")) {
            pizza = new KrabbenPizza();
        }
        return pizza
    }
}
```

Dies ist der Code, den wir auf der Methode bestellePizza() herausgepflückt haben.

Dieser Code wird, genau wie unsere ursprüngliche Methode bestellePizza(), immer noch durch den Pizzatyp parametrisiert.

Es gibt keine Dummen Fragen

F: Welche Vorteile bietet das? Es sieht eigentlich so aus, als würden wir das Problem nur in ein anderes Objekt verschieben.

A: Sie sollten immer daran denken, dass EinfachePizzaFabrik viele Clients haben kann. Bisher haben wir nur die Methode bestellePizza() gesehen. Es könnte jedoch auch eine PizzeriaSpeisekarte-Klasse geben, die die Pizzas abruft, um die aktuellen Beschreibungen und Preise einzusehen. Es könnte ebenso eine Klasse PizzaKurier geben, die mit Pizzas anders umgeht als unsere Pizzeria-Klasse und trotzdem ein Client von EinfachePizzaFabrik ist.

Indem wir die Pizzaerstellung in einer Klasse kapseln, erreichen wir also, dass wir die Änderungen nur noch an einer Stelle durchführen müssen, wenn sich die Implementierung ändert. Vergessen Sie nicht, dass es uns auch darum ging, die konkreten Instantiierungen aus unserem Client-Code zu entfernen.

F: Ich habe mal ein ähnliches Design wie das hier gesehen, bei dem eine Fabrik wie die hier als eine statische Methode definiert wurde. Was ist der Unterschied?

A: Eine einfache Fabrik als eine statische Methode zu definieren ist eine gebräuchliche Technik, die üblicherweise als statische Fabrik bezeichnet wird. Warum eine statische Methode verwendet wird? Weil Sie dann kein Objekt instantiieren müssen, um die Klasse verwenden zu können. Aber denken Sie daran, dass das auch den Nachteil hat, dass Sie keine Unterklassen bilden können, in denen sich das Verhalten der Erstellungsmethode ändern ließe.

Einfache **Fabrik**

Die Pizzeria-Klasse überarbeiten

Es ist nun an der Zeit, unseren Client-Code zu flicken. Wir möchten erreichen, dass wir uns die Pizzas von der Fabrik liefern lassen. Hier sind die Änderungen:

Jetzt übergeben wir Pizzeria eine Referenz auf eine EinfachePizzaFabrik.

```
public class Pizzeria {
   EinfachePizzaFabrik fabrik

   public Pizzeria(EinfachePizzaFabrik fabrik) {
      this.fabrik = fabrik;
   }

   Pizza bestellePizza(String typ) {
      Pizza pizza;

      pizza = fabrik.erstellePizza(typ);

      pizza.vorbereiten();
      pizza.backen();
      pizza.schneiden();
      pizza.einpacken();
      return pizza;
   }
   // andere Pizzeria-Methoden
}
```

Pizzeria wird die Fabrik im Konstruktor übergeben.

Und die Methode bestellePizza() nutzt die Fabrik, um ihre Pizzas zu erstellen, indem sie einfach den Typ der Bestellung weiterreicht.

*Beachten Sie, dass wir den **new**-Operator durch eine **Erstellungsmethode** im Fabrik-Objekt ersetzt haben. Es gibt hier keine konkreten Instantiierungen mehr!*

Wir wissen, dass uns die Objekt-Komposition (unter anderem) ermöglicht, Verhalten zur Laufzeit dynamisch zu ändern, weil wir Implementierungen einschieben und rausziehen können. Wie könnten wir das in unserer Pizzeria verwenden? Was für Fabrik-Implementierungen können wir einschieben und rausziehen?

Wir wissen nicht, an was Sie so denken, aber wir denken an Pizza-Fabriken, die Pizzas nach Berliner, Münchener, Kölner (nicht zu vergessen nach Düsseldorfer) Art herstellen.

Die Definition der einfachen Fabrik

Muster-Ehrenmedaille

Die einfache Fabrik ist eigentlich kein Entwurfsmuster, sondern eher ein Programmieridiom. Aber sie wird verbreitet verwendet, deswegen verleihen wir ihr die Musterehrenmedaille. Einige Entwickler verwechseln dieses Idiom mit dem »Factory-Pattern«. Wenn das nächste Mal zwischen Ihnen und einem anderen Entwickler eine peinliche Stille herrscht, haben Sie also ein nettes Thema, um das Eis zum Schmelzen zu bringen.

Dass die einfache Fabrik kein ECHTES Muster ist, bedeutet aber noch lange nicht, dass wir uns nicht ansehen sollten, wie sie zusammengebaut ist. Werfen wir einen Blick auf das Klassendiagramm für unsere neue Pizzeria:

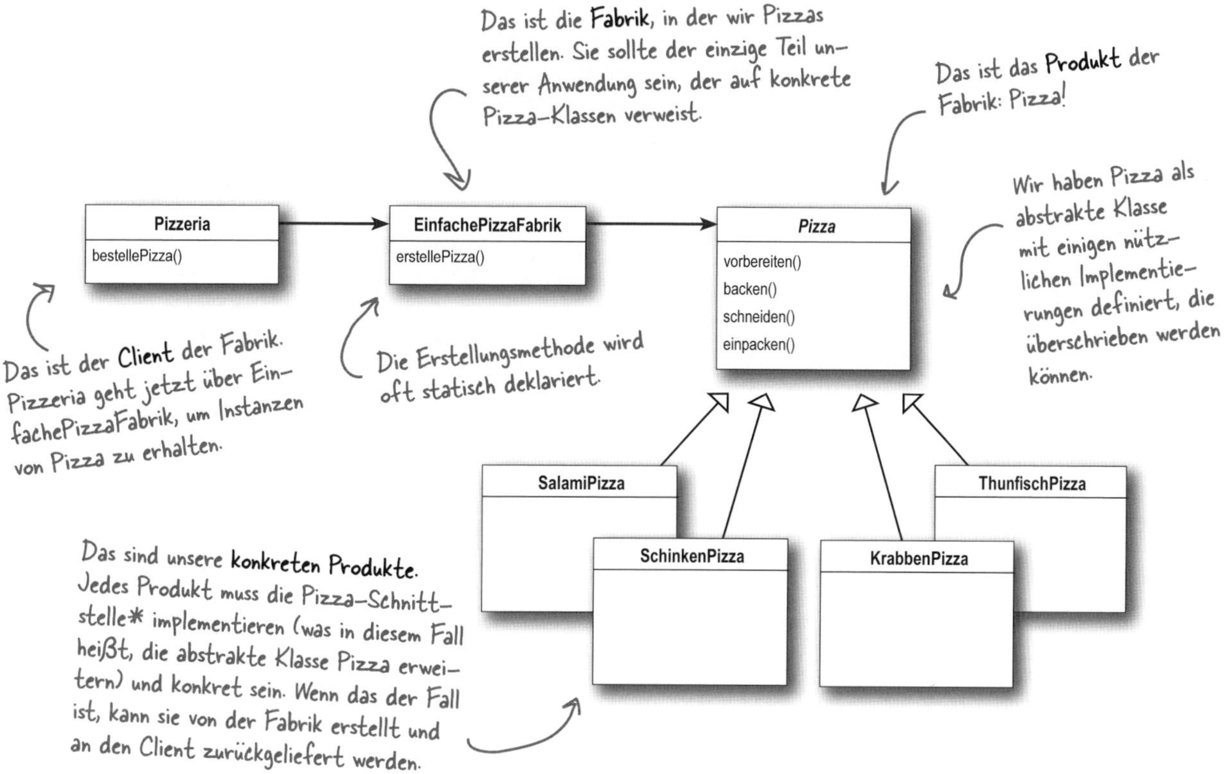

Das ist die Fabrik, in der wir Pizzas erstellen. Sie sollte der einzige Teil unserer Anwendung sein, der auf konkrete Pizza-Klassen verweist.

Das ist das Produkt der Fabrik: Pizza!

Wir haben Pizza als abstrakte Klasse mit einigen nützlichen Implementierungen definiert, die überschrieben werden können.

| Pizzeria | → | EinfachePizzaFabrik | → | Pizza |
| bestellePizza() | | erstellePizza() | | vorbereiten()
backen()
schneiden()
einpacken() |

Das ist der Client der Fabrik. Pizzeria geht jetzt über EinfachePizzaFabrik, um Instanzen von Pizza zu erhalten.

Die Erstellungsmethode wird oft statisch deklariert.

SalamiPizza, SchinkenPizza, KrabbenPizza, ThunfischPizza

Das sind unsere konkreten Produkte. Jedes Produkt muss die Pizza-Schnittstelle* implementieren (was in diesem Fall heißt, die abstrakte Klasse Pizza erweitern) und konkret sein. Wenn das der Fall ist, kann sie von der Fabrik erstellt und an den Client zurückgeliefert werden.

Betrachten Sie die einfache Fabrik als Aufwärmübung. Als Nächstes werden wir zwei Schwerlast-Muster untersuchen, die beide Fabriken sind. Aber keine Angst, es gibt noch mehr Pizza!

---

*Noch mal zur Erinnerung: Bei Entwurfsmustern bedeutet die Phrase »eine Schnittstelle implementieren« (oder »ein Interface implementieren«) NICHT immer: »Schreiben Sie eine Klasse, die über das Schlüsselwort ‚implements' in der Klassendeklaration ein Java-Interface implementiert.« In der allgemeinen Verwendung der Aussage wird eine konkrete Klasse, die eine Methode von einem Supertypen implementiert (der eine Klasse ODER ein Interface sein kann), immer noch als Klasse betrachtet, die »die Schnittstelle« dieses Supertyps »implementiert«.

Pizzeria-Kette

Von der Pizzeria zur Pizzeria-Kette

Ihre Pizzeria in Objekthausen ist so gut eingeschlagen, dass Sie die Wettbewerber verdrängt haben und jetzt jeder eine Pizzeria in seiner Nachbarschaft haben will. Als Haupthaus wollen Sie die Qualität der Zweigstellen sicherstellen und fordern, dass diese Ihren erprobten Code verwenden.

Was aber ist mit den regionalen Unterschieden? Vielleicht möchte jede Zweigstelle (Berlin, München und Köln, um nur ein paar zu nennen) ein unterschiedliches Sortiment an Pizzas anbieten, das davon abhängig ist, wo sich die Zweigstelle befindet und was die lokalen Pizzaliebhaber bevorzugen.

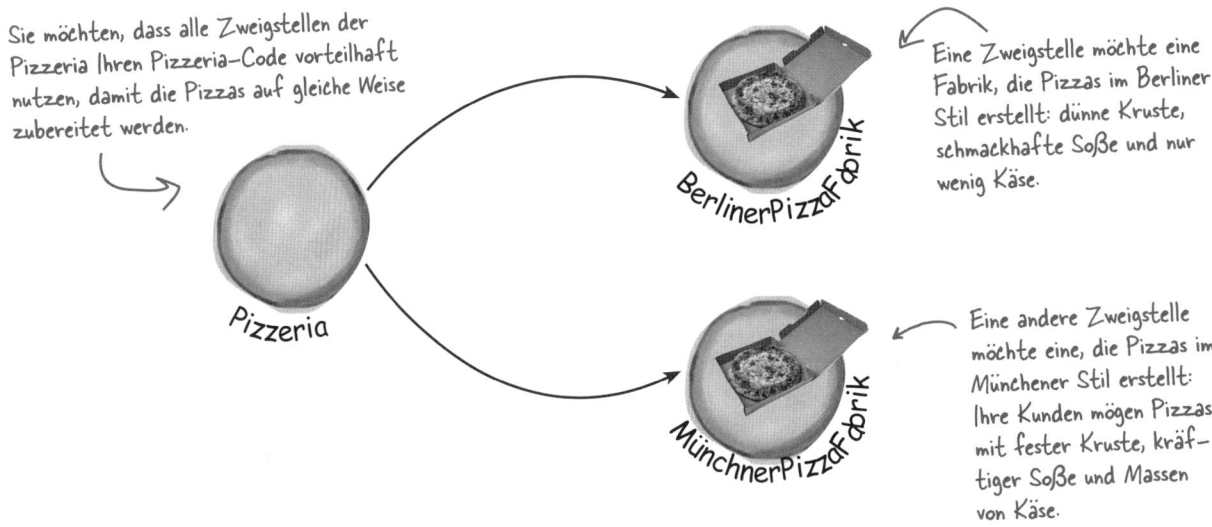

Wir haben einen Ansatz gesehen …

Wenn wir die EinfachePizzaFabrik nehmen und drei unterschiedliche Fabriken, BerlinerPizzaFabrik, MünchenerPizzaFabrik und KölnerPizzaFabrik, erstellen, können wir einfach die Pizzeria mit der geeigneten Fabrik zusammensetzen, und die Zweigstelle kann die Arbeit aufnehmen. Das ist ein Ansatz.

Sehen wir uns an, wie das aussehen würde …

Das Factory-Muster

```
BerlinPizzaFabrik berlinFabrik = new BerlinPizzaFabrik();
Pizzeria berlinPizza = new Pizzeria(berlinFabrik);
berlinPizza.bestellen("Schinken");
```

Hier erzeugen wir eine Fabrik, um Pizzas im Berliner Stil zu machen.

Dann erstellen wir eine Pizzeria und übergeben ihr einen Referenz auf die Berliner Fabrik.

Und wenn wir Pizzas machen, erhalten wir Pizzas im Berliner Stil.

```
MünchenPizzaFabrik münchenFabrik= new MünchenPizzaFabrik();
Pizzeria münchenPizza = new Pizzeria(münchenFabrik);
münchenPizza.bestellen("Schinken");
```

Genau so erzeugen wir auch Münchener Pizzerias: Wir erzeugen eine Fabrik für Münchener Pizzas und erzeugen eine Pizzeria, die durch eine Münchener Fabrik zusammengesetzt wird. Wenn wir Pizzas machen, erhalten wir Pizzas, wie man sie in München mag.

Aber Sie hätten gern etwas mehr Qualitätskontrolle ...

Sie haben einen Testlauf der EinfacheFabrik-Idee durchgeführt und dabei festgestellt, dass die Zweigstellen Ihre Fabrik verwendet haben, um Pizzas zu erstellen, für den restlichen Vorgang dann aber ihre selbst gestrickten Prozeduren verwendet haben: Sie backen die Dinge etwas anders, vergessen, die Pizza zu schneiden, und verwenden Verpackungen anderer Hersteller.

Beim erneuten Durchdenken des Problems erkennen Sie, dass Sie eigentlich ein Framework erstellen möchten, das Pizzeria und Pizzaerstellung zusammenbindet und trotzdem ermöglicht, dass die Dinge flexibel bleiben.

In unserem früheren Code vor EinfachePizzaFabrik hatten wir den Code zur Pizzaerstellung an die Pizzeria gebunden. Dieser Code war aber nicht sonderlich flexibel. Wie also kriegen wir unsere Pizza und können sie auch noch essen?

Ich mache schon seit Jahren Pizza und dachte mir, ich füge der Pizzeriaprozedur meine eigenen »Verbesserungen« hinzu ...

Etwas, das Sie in einer guten Zweigstelle nicht wollen. Sie wollen lieber NICHT wissen, was er auf seine Pizza packt.

Sie sind hier ▸

Die Unterklassen entscheiden lassen

Ein Framework für die Pizzeria

Es *gibt* eine Möglichkeit, alle Aktivitäten zur Pizzaerstellung in der Klasse Pizzeria zu lokalisieren und den Zweigstellen dennoch die Freiheit für eigene regionale Pizzastile zu geben.

Dazu werden wir Folgendes machen: Wir werden die Methode erstellePizza() wieder in Pizzeria stecken, diesmal aber als eine **abstrakte Methode**, und dann eine Pizzeria-Unterklasse für jeden regionalen Stil erstellen.

Sehen wir uns zuerst die Änderungen an Pizzeria an:

PizzaStore ist jetzt abstrakt (siehe unten, warum).

```
public abstract class Pizzeria {

    Pizza bestellePizza(String typ) {
        Pizza pizza;

        pizza = erstellePizza(typ);

        pizza.vorbereiten();
        pizza.backen();
        pizza.schneiden();
        pizza.einpacken();

        return pizza;
    }

    abstract erstellePizza(String typ);
}
```

Jetzt ist erstellePizza wieder ein Aufruf einer Methode in Pizzeria anstatt in einem Fabrik-Objekt.

All das sieht völlig gleich aus …

Jetzt haben wir unser Fabrik-Objekt in diese Methode verschoben.

Unsere »Fabrikmethode« ist nun eine abstrakte Methode in Pizzeria.

Jetzt wartet unsere Pizzeria nur noch auf Unterklassen. Wir werden Unterklassen für alle regionalen Typen (BerlinPizzeria, MünchenPizzeria, KölnPizzeria) erstellen, und jede Unterklasse wird selbst entscheiden, wie eine Pizza aussieht. Sehen wir uns an, wie das funktioniert.

Die Unterklassen entscheiden lassen

Erinnern Sie sich daran, die Pizzeria hat bereits ein ausgefeiltes Bestellsystem in der Methode erstellePizza(). Sie möchten sicherstellen, dass dieses über alle Zweigstellen konsistent ist.

Was bei den regionalen Pizzerias variiert, ist die Art der Pizzas, die sie herstellen – Berlin hat dünne Krusten, München dicke und so weiter. Wir werden alle diese Variationen in die Methode erstellePizza() schieben und sie dafür verantwortlich machen, die richtige Art von Pizza zu erstellen. Das machen wir, indem wir jede Unterklasse von Pizzeria definieren lassen, wie die Methode erstellePizza() aussieht. Wir werden also eine Reihe konkreter Unterklassen von Pizzeria haben, die jeweils eigene Pizzavariationen besitzt, die alle in das Pizzeria-Framework passen und weiterhin die gut abgestimmte Methode bestellePizza() verwenden.

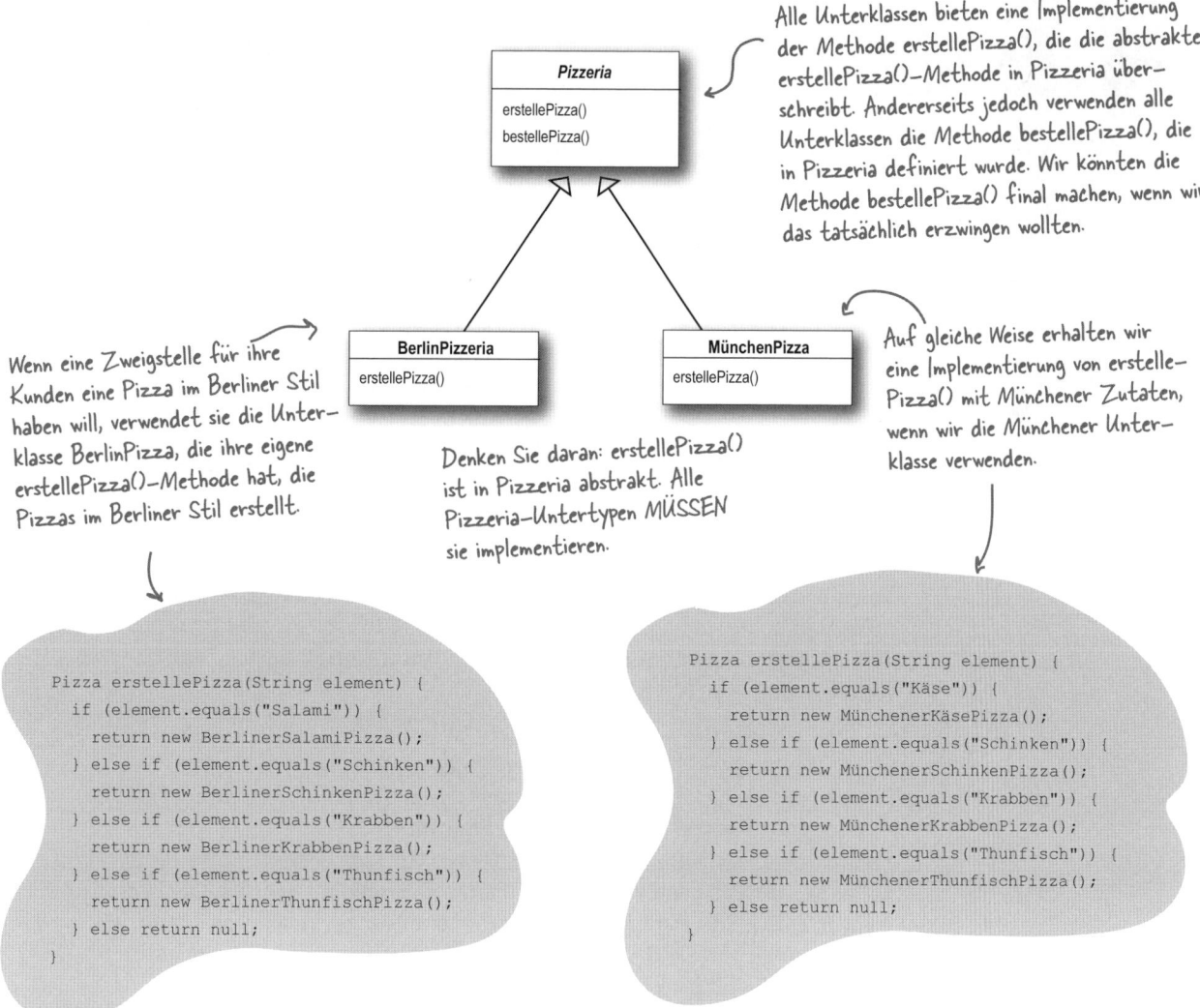

Wie entscheiden die Klassen?

Ich versteh das nicht. Die Pizzeria-Unterklassen sind einfach nur Unterklassen. Wie entscheiden die was? Ich seh nicht, dass in BerlinPizzeria irgendwelche logischen Entscheidungen getroffen werden ...

Denken Sie darüber aus der Perspektive der bestellePizza()-Methode von Pizzeria nach: Sie wird in der abstrakten Pizzeria definiert, aber die konkreten Typen werden erst in den Unterklassen erstellt.

bestellePizza() wird in der abstrakten Pizzeria definiert, nicht in den Unterklassen. Die Methode hat also keine Ahnung, in welcher Unterklasse der Code wirklich ausgeführt und die Pizza erstellt wird.

Um das jetzt noch etwas weiter zu vertiefen: Die Methode bestellePizza() macht viele Dinge mit einem Pizza-Objekt (wie vorbereiten, backen, schneiden, verpacken). Weil Pizza abstrakt ist, hat bestellePizza() keine Vorstellung davon, welche konkreten Klassen einbezogen sind. Anders gesagt: Sie ist entkoppelt!

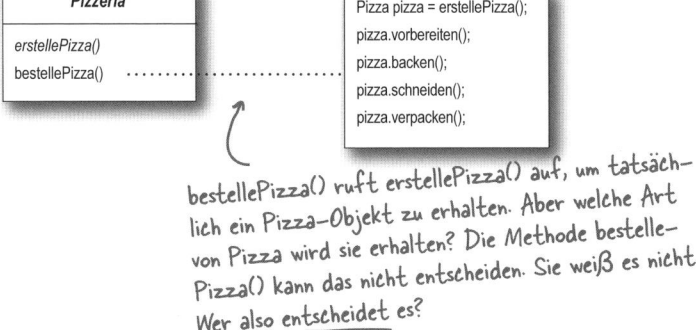

bestellePizza() ruft erstellePizza() auf, um tatsächlich ein Pizza-Objekt zu erhalten. Aber welche Art von Pizza wird sie erhalten? Die Methode bestellePizza() kann das nicht entscheiden. Sie weiß es nicht. Wer also <u>entscheidet</u> es?

Wenn bestellePizza() erstellePizza() aufruft, wird eine ihrer Unterklassen zu einer Aktion aufgerufen, und zwar, um eine Pizza zu erstellen. Welche Art von Pizza wird gemacht? Na, das wird durch die Wahl der Pizzeria festgelegt, bei der Sie die Pizza bestellen: BerlinPizzeria oder MünchenPizzeria.

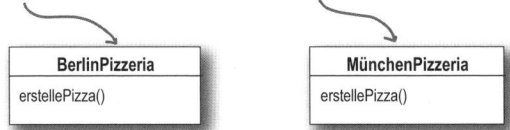

Gibt es also Entscheidungen, die Unterklassen zur Laufzeit treffen? Nein, eigentlich nicht. Aus der Perspektive von bestellePizza() aber schon. Wenn Sie eine BerlinPizzeria wählen, entscheidet diese Unterklasse, was für eine Pizza erstellt wird. Die Unterklassen treffen also nicht wirklich eine »Entscheidung«: *Sie* haben entschieden, indem Sie die gewünschte Pizzeria ausgewählt haben – und die entscheidet dann, welche Art von Pizza gemacht wird.

Eröffnen wir also eine Pizzeria

Es hat seine Vorteile, eine Zweigstelle zu sein. Man erhält die ganze Pizzeria-Funktionalität umsonst. Die regionalen Zweigstellen müssen nur eine Unterklasse von Pizzeria bilden und eine erstellePizza()-Methode anbieten, die ihre Art von Pizza implementiert. Hier werden wir uns um die drei wichtigen Pizzaarten für die Zweigstellen kümmern.

Dies ist der regionale Berliner Stil:

erstellePizza() liefert eine Pizza, und die Unterklasse trägt die vollständige Verantwortung dafür, welche konkrete Pizza sie instanziiert.

BerlinPizzeria erweitert Pizzeria und erbt also (unter anderem) die Methode bestellePizza().

```
public class BerlinPizzeria extends Pizzeria {
   Pizza erstellePizza(String element) {
      if (element.equals("Salami")) {
         return new BerlinerSalamiPizza();
      } else if (element.equals("Schinken")) {
         return new BerlinerSchinkenPizza();
      } else if (element.equals("Krabben")) {
         return new BerlinerKrabbenPizza();
      } else if (element.equals("Thunfisch")) {
         return new BerlinerThunfischPizza();
      } else return null;
   }
}
```

Wir müssen erstellePizza implementieren, da diese Methode in Pizzeria abstrakt ist.

Dies ist der Ort, an dem wir unsere konkreten Klassen erstellen. Für jeden Pizzatyp erstellen wir einen Berliner Stil.

* *Beachten Sie, dass die bestellePizza()-Methode der Superklasse keine Ahnung hat, was für Pizzas wir machen. Sie weiß nur, dass sie sie vorbereiten, backen, schneiden und verpacken kann!*

Wenn wir unsere Pizzeria-Unterklassen erstellt haben, sollten wir daran gehen, ein oder zwei Pizzas zu bestellen. Aber bevor wir das tun, könnten Sie auf der nächsten Seite vielleicht mal versuchen, den Münchener und den Kölner Pizzeria-Stil zu erstellen.

Eine Fabrikmethode

Spitzen Sie Ihren Bleistift

BerlinPizzeria haben wir bereits zusammengeschustert. Nur zwei stehen noch aus, damit wir die Pizzeria-Kette ins Leben rufen können! Schreiben Sie hier die Implementierungen für MünchenPizzeria und KölnPizzeria:

Eine Fabrikmethode deklarieren

Mit nur ein paar Veränderungen an Pizzeria sind wir von der Instantiierung der konkreten Klassen über ein Objekt-Handle zu einem Satz von Unterklassen übergegangen, die jetzt diese Verantwortung übernehmen. Sehen wir uns das aus der Nähe an:

```
public abstract class Pizzeria {

  public Pizza bestellePizza(String typ) {

    Pizza pizza = erstellePizza(typ);

    pizza.vorbereiten();
    pizza.backen();
    pizza.schneiden();
    pizza.verpacken();

    return pizza;
  }

  protected abstract Pizza erstellePizza(String element);

  // andere Methoden
}
```

Die Unterklassen von Pizzeria kümmern sich für uns in der Methode erstellePizza() um die Objekt-Instantiierung.

BerlinPizzeria
erstellePizza()

MünchenPizzeria
erstellePizza()

Die ganze Verantwortung für die Instantiierung von Pizzas wurde in eine Methode verschoben, die als Fabrik dient.

Code unter der Lupe

Eine Factory Method-Fabrikmethode kümmert sich um die Objekt-Erstellung und kapselt sie in einer Unterklasse. Damit wird der Client-Code in der Superklasse vom Objekt-Erstellungscode in der Unterklasse losgekoppelt.

```
abstract Produkt fabrikMethode(String typ)
```

Eine Fabrikmethode kann so parametrisiert sein (oder nicht), dass sie unter verschiedenen Formen eines Produkts auswählt.

Eine Fabrikmethode kümmert sich um die Objekt-Erstellung und kapselt sie in einer Unterklasse. Das entkoppelt den Client-Code in der Superklasse von der Objekt-Erstellung in der Unterklasse.

Eine Fabrikmethode liefert ein Produkt zurück, das üblicherweise innerhalb der Methoden verwendet wird, die in der Superklasse definiert werden.

Eine Fabrikmethode isoliert den Client (den Code in der Superklasse, beispielsweise bestellePizza()) so, dass er nicht wissen muss, welche konkrete Art von Produkt tatsächlich erstellt wird.

Eine Pizza bestellen

Sehen wir uns an, wie es funktioniert: Bestellen wir Pizzas mit Factory Method

Wie also bestellen sie?

1. Zuerst benötigen Tassilo und Ben eine Instanz von Pizzeria. Tassilo muss eine MünchenPizzeria instantiieren, Ben eine BerlinPizzeria.

2. Mit ihrer Pizzeria zur Hand rufen Ben und Tassilo jeweils die Methode bestellePizza() auf und übergeben ihr den gewünschten Typ Pizza (Salami, Krabben und so weiter).

3. Um die Pizzas zu machen, wird die Methode erstellePizza() aufgerufen, die in den beiden Unterklassen BerlinPizzeria und MünchenPizzeria definiert ist. Ihren Definitionen entsprechend instantiieren BerlinPizzeria Pizzas im Berliner Stil und MünchenPizzeria Pizzas im Münchener Stil. In beiden Fällen wird die Pizza an die Methode bestellePizza() zurückgeliefert.

4. Die Methode bestellePizza() hat keine Ahnung, was für eine Art Pizza erstellt wurde. Aber sie weiß, dass es eine Pizza ist, und macht, backt, schneidet und verpackt sie für Ben und Tassilo.

Das Factory-Muster

Sehen wir uns an, wie diese Pizzas auf Bestellung gemacht werden ...

Hinter den Kulissen

1 **Gehen wir Bens Bestellung durch: Zuerst brauchen wir eine BerlinPizzeria:**

```
Pizzeria berlinPizzeria = new BerlinPizzeria();
```

Erzeugt eine Instanz von BerlinPizzeria.

2 **Jetzt haben wir eine Zweigstelle und können eine Bestellung aufnehmen:**

```
berlinPizzeria.bestellePizza("Salami");
```

Auf der berlinPizzeria-Instanz wird die Methode bestellePizza aufgerufen (es wird die in Pizzeria definierte Methode ausgeführt).

BerlinerPizzeria

erstellePizza("Salami")

3 **Dann ruft die Methode bestellePizza() die Methode erstellePizza() auf:**

```
Pizza pizza = erstellePizza("Salami");
```

Denken Sie daran, dass erstellePizza(), die Fabrikmethode, in der Unterklasse implementiert ist. In diesem Fall liefert sie eine Berliner Salamipizza zurück.

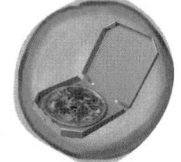

Pizza

4 **Schließlich haben wir eine rohe Pizza zur Verfügung und die Methode bestellePizza() kümmert sich darum, dass sie fertig gestellt wird:**

```
pizza.vorbereiten();
pizza.backen();
pizza.schneiden();
pizza.verpacken();
```

Alle diese Methoden werden in der spezifischen Pizza definiert, die von der Fabrikmethode erstellePizza() zurückgeliefert wird, die in BerlinPizzeria definiert wurde.

Die Methode bestellePizza() erhält eine Pizza zurück, ohne zu wissen, welche konkrete Klasse es genau ist.

Sie sind hier ▸

Die Pizza-Klassen

Uns fehlt nur noch eine Sache: Pizza!

Ohne ein paar Pizzas wird unsere Pizzeria nicht sehr beliebt werden. Implementieren wir also welche:

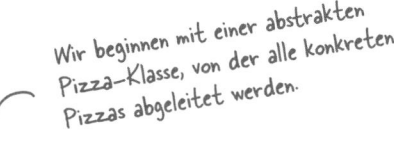

Wir beginnen mit einer abstrakten Pizza-Klasse, von der alle konkreten Pizzas abgeleitet werden.

```java
public abstract class Pizza {
  String name;
  String teig;
  String soße;
  ArrayList beläge = new ArrayList();

  void vorbereiten() {
    System.out.println("Bereite " + name);
    System.out.println("Werfe Teig ...");
    System.out.println("Füge Soße hinzu ...");
    System.out.println("Füge Beläge hinzu: ");
    for (int i = 0; i < beläge.size(); i++) {
      System.out.println("   " + beläge.get(i));
    }
  }

  void backen() {
    System.out.println("Backe 25 Minuten bei 350 Grad");
  }

  void schneiden() {
    System.out.println("Schneide die Pizza diagonal in Stücke");
  }

  void verpacken() {
    System.out.println("Packe die Pizza in die offizielle Pizzeria-Schachtel");
  }

  public String getName() {
    return name;
  }
}
```

Jede Pizza hat einen Namen, einen Typ Teig, einen Typ Soße und eine Anzahl Beläge.

Die abstrakte Klasse bietet ein paar elementare Vorgaben für das Backen, Schneiden und Verpacken.

Die Zubereitung besteht aus einer bestimmten Anzahl von Schritten in festgelegter Reihenfolge.

ZUR ERINNERUNG: Wir geben in den Code-Listings keine import- und package-Anweisungen an. Holen Sie sich den vollständigen Quellcode von unserer Website. Sie finden die URL auf Seite xxxi in der Einführung.

Wir brauchen nur noch ein paar konkrete Unterklassen ... wie wäre es damit, wenn wir mal Salamipizzas im Berliner und im Münchener Stil definierten:

```java
public class BerlinerSalamiPizza extends Pizza {
  public BerlinerSalamiPizza() {
    name = "Salamipizza Berliner Art";
    teig = "Teig mit knuspriger Kruste";
    soße = "Marinara-Soße";

    beläge.add("Geriebener Parmesan");
    beläge.add("Salami in Scheiben");
  }
}
```

Eine Berliner Pizza hat eine eigene Marinara-Soße und eine dünne Kruste.

Und zwei Beläge, Salami und Parmesan!

```java
public class MünchenerSalamiPizza extends Pizza {
  public MünchenerSalamiPizza() {
    name = "Deftige Salamipizza im Münchener Stil";
    teig = "Teig mit extra dicker Kruste";
    soße = "Tomatensoße";

    beläge.add("Mozzarella");
  }

  void schneiden() {
    System.out.println("Schneide die Pizza in rechteckige Stücke");
  }
}
```

Die Münchener Pizza verwendet eine Tomatensoße und hat eine extra dicke Kruste.

Auf die deftige Münchener Pizza kommt viel Mozzarella!

Für die Pizza im Münchener Stil wird außerdem die schneiden()-Methode überschrieben, damit die Pizza in rechteckige Stücke geschnitten wird.

Ein paar Pizzas machen

Sie haben lange genug gewartet, jetzt ist es Zeit für etwas Pizza

```
public class PizzaTestlauf {

  public static void main(String[] args) {
    Pizzeria berlinPizzeria = new BerlinPizzeria();
    Pizzeria münchenPizzeria = new MünchenPizzeria();

    Pizza pizza = berlinPizzeria.bestellePizza("Salami");
    System.out.println("Ben hat eine " + pizza.getName() + " bestellt\n");

    pizza = münchenPizzeria.bestellePizza("Salami");
    System.out.println("Tassilo hat eine " + pizza.getName() + " bestellt\n");
  }
}
```

Erst erstellen wir zwei unterschiedliche Pizzerias.

Dann verwenden wir die eine, um Bens Bestellung zu erledigen.

Und die andere für Tassilos Bestellung.

```
Datei Bearbeiten Fenster Hilfe WasWollenSieAufIhrePizza?
% java PizzaTestlauf
--- Mache eine Salamipizza Berliner Art ---
Bereite Salami-Pizza Berliner Art
Werfe Teig ...
Füge Soße hinzu ...
Füge Beläge hinzu:
   Geriebener Parmesan
   Salami in Scheiben
Backe 25 Minuten bei 350
Schneide die Pizza diagonal in Stücke
Packe die Pizza in die offizielle Pizzeriaschachtel
Ben hat eine Salami-Pizza Berliner Art bestellt

--- Mache eine deftige Salamipizza im Münchener Stil ---
Bereite deftige Salamipizza im Münchener Stil
Werfe Teig ...
Füge Soße hinzu ...
Füge Beläge hinzu:
   Mozzarella
Backe 25 Minuten bei 350
Schneide die Pizza in rechteckige Stücke
Packe die Pizza in die offizielle Pizzeriaschachtel
Tassilo hat eine deftige Salamipizza im Münchener Stil bestellt
%
```

Beide Pizzas werden vorbereitet, die Zutaten hinzugefügt und die Pizzas dann gebacken, geschnitten und verpackt. Unsere Superklasse musste sich nie um die Details kümmern. Das hat alles die Unterklasse erledigt, indem sie einfach die richtige Pizza instantiiert hat.

Das Factory-Muster

Jetzt ist es endlich Zeit, dem Factory Method-Muster zu begegnen

Alle Factory-Muster kapseln die Objekt-Erstellung. Das Factory Method-Muster kapselt die Objekt-Erstellung, indem es die Unterklassen entscheiden lässt, welche Objekte erstellt werden. Sehen wir uns diese Klassendiagramme an, um zu sehen, wer die Mitspieler in diesem Muster sind:

Die Hersteller-Klassen

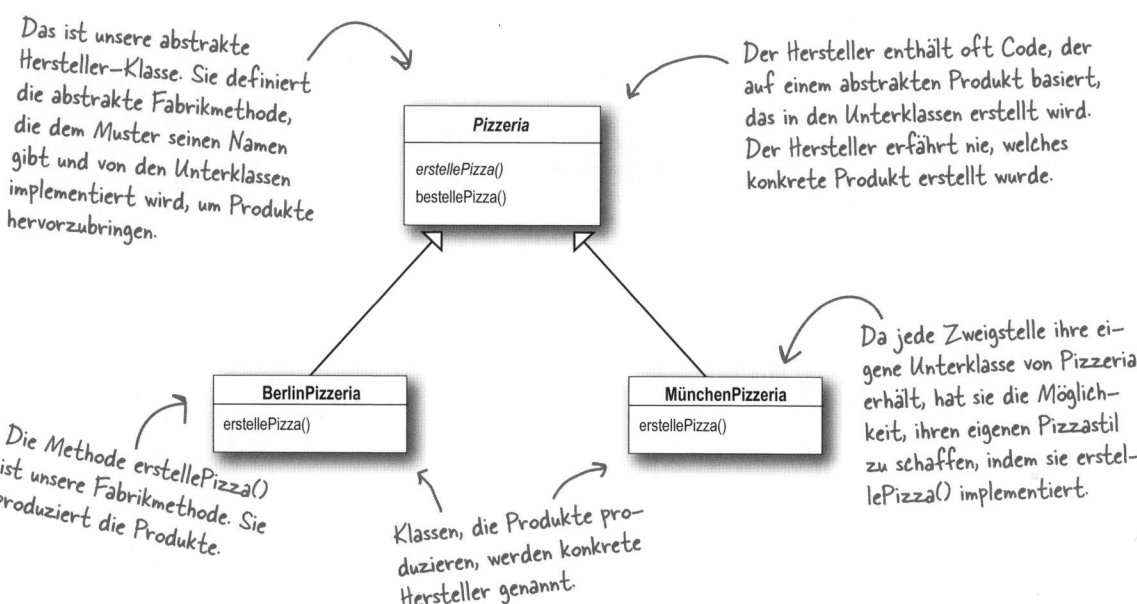

Die Produkt-Klassen

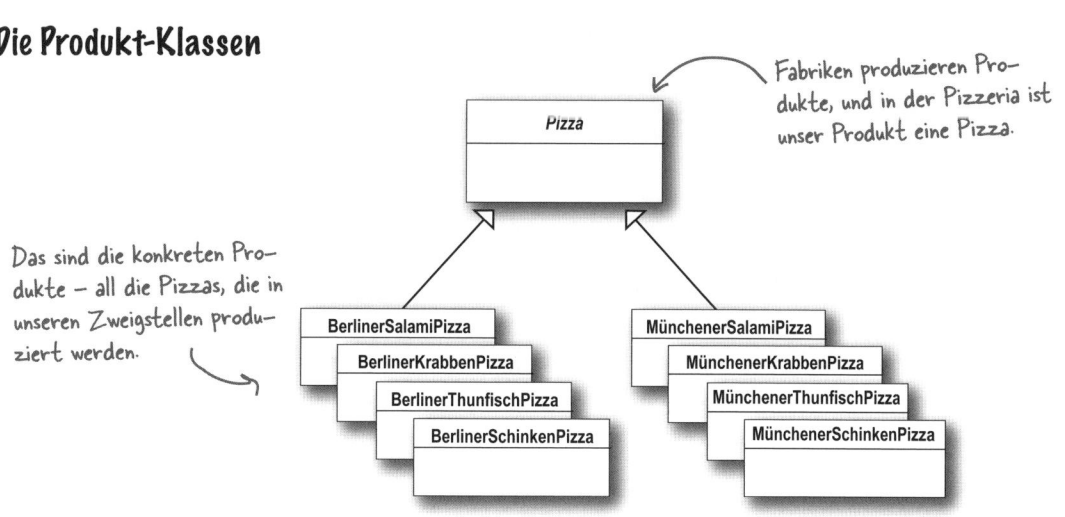

Sie sind hier ▸ **133**

Hersteller und Produkte

Eine andere Perspektive: parallele Klassenhierarchien

Wir haben gesehen, dass die Fabrikmethode ein Framework bietet, indem sie eine erstellePizza()-Methode bereitstellt, die mit einer Fabrikmethode kombiniert ist. Auch in der Art und Weise, wie dieses Muster die Kenntnis über die Produkte in den einzelnen Herstellern kapselt, lässt sich dieses Muster als Framework betrachten.

Sehen wir uns die beiden parallelen Klassenhierarchien und ihr Verhältnis zueinander an:

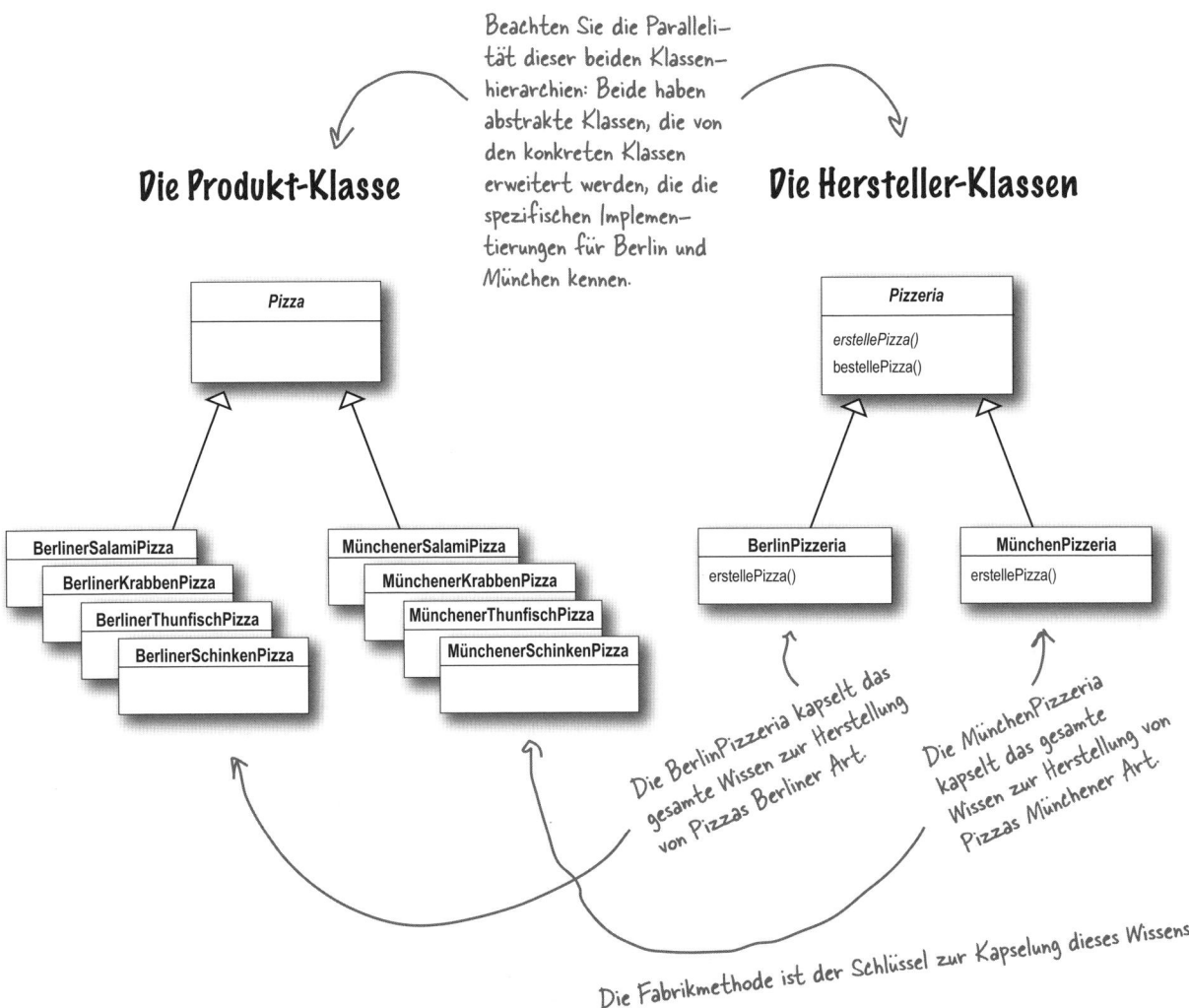

Das Factory-Muster

 Entwurfspuzzle

Wir brauchen noch einen anderen Typ Pizza für die verrückten Kölner (auf *nette* Weise verrückt natürlich). Zeichnen Sie einen weiteren parallelen Satz von Klassen, um unserer Pizzeria einen regionalen Typ für Köln hinzuzufügen.

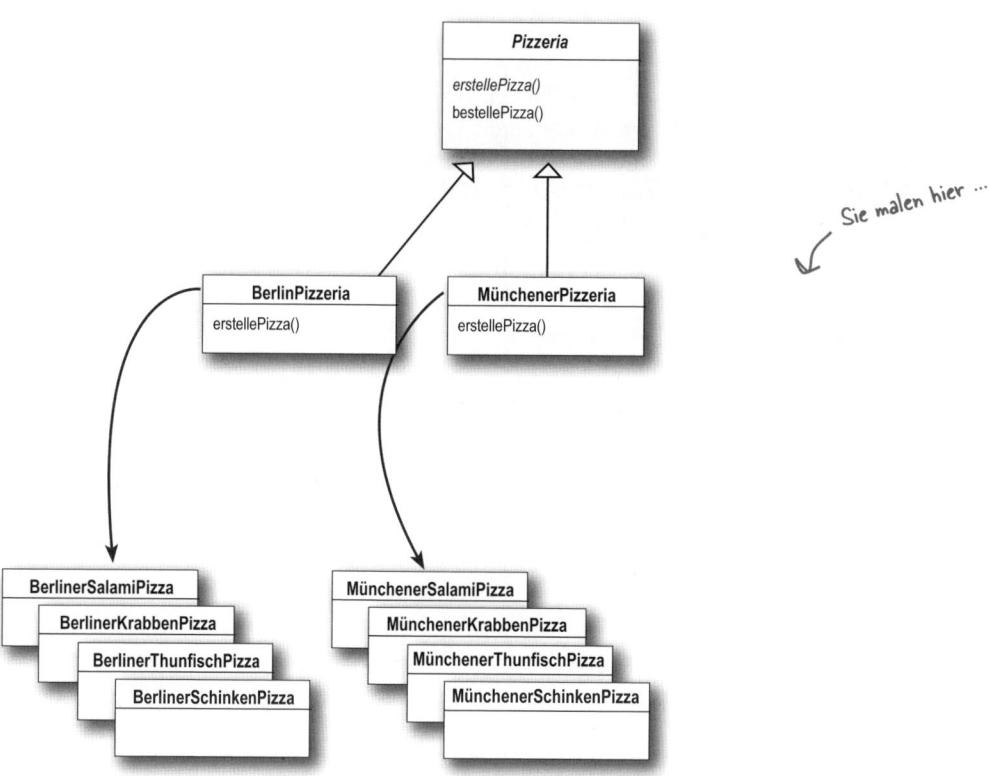

Sie malen hier ...

Gut, und jetzt schreiben Sie die fünf *seltsamsten* Dinge auf, die Sie sich auf einer Pizza vorstellen können. Dann können Sie in Köln das Pizzageschäft aufnehmen!

_____
_____
_____
_____
_____

Die Definition des Factory Method-Musters

Es ist an der Zeit, die offizielle Definition des Factory Method-Musters abzuliefern:

> **Das Factory Method-Muster** definiert eine Schnittstelle zur Erstellung eines Objekts, lässt aber die Unterklassen entscheiden, welche Klassen instantiiert werden. Factory Method ermöglicht einer Klasse, die Instantiierung in Unterklassen zu verlagern.

Wenn Sie das Klassendiagramm unten betrachten, können Sie erkennen, dass der abstrakte Hersteller Ihnen eine Schnittstelle mit einer Methode zum Erstellen von Objekten bietet. Diese Methode wird auch als »Fabrikmethode« bezeichnet. Alle anderen Methoden, die in der abstrakten Hersteller-Klasse implementiert sind, sind so geschrieben, dass sie auf den Produkten operieren, die die Fabrikmethode produziert. Erst die Unterklassen bieten tatsächlich eine Implementierung der Fabrikmethode und produzieren damit Produkte.

Wie in der offiziellen Definition hören Sie häufig Entwickler davon sprechen, dass das Factory Method-Muster die Unterklassen entscheiden lässt, welche Klasse instantiiert wird. Von »entscheiden« sprechen sie nicht, weil das Muster den Unterklassen erlaubt, zur Laufzeit eigenständige Entscheidungen zu treffen, sondern weil die Hersteller-Klasse so geschrieben ist, dass sie keine Kenntnis von den Produkten hat, die tatsächlich hergestellt werden. Das wird nur durch die Wahl der Unterklasse entschieden, die verwendet wird.

Sie könnten sie fragen, was sie mit »entscheiden« meinen, aber wir sind uns sicher, dass Sie das jetzt besser verstehen als diese Entwickler!

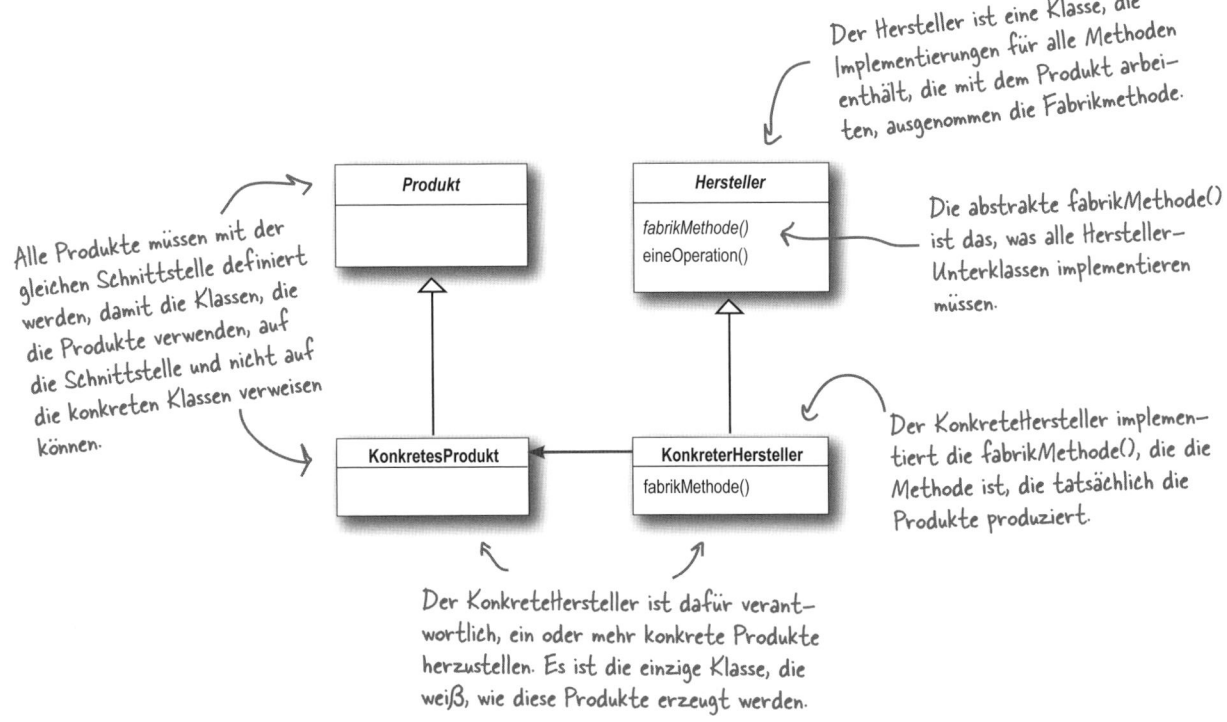

Das *Factory*-Muster

Es gibt keine Dummen Fragen

F: **Was ist der Vorteil des Factory Method-Musters, wenn man nur einen konkreten Hersteller hat?**

A: Wenn man nur einen konkreten Hersteller hat, ist das Factory Method-Muster nützlich, weil die Implementierung des Produkts von seiner Verwendung entkoppelt wird. Wenn Sie zusätzliche Produkte hinzufügen oder die Implementierung eines Produkts ändern, hat das keine Auswirkungen auf Ihren Hersteller (weil der Hersteller nicht fest an ein KonkretesProdukt gekoppelt ist).

F: **Könnte man sagen, dass unsere Berliner und Münchener Pizzerias anhand der einfachen Fabrik implementiert wurden? Sie sehen so aus.**

A: Sie sind ähnlich, werden aber auf andere Weise verwendet. Auch wenn die Implementierungen der konkreten Pizzerias der EinfachePizzaFabrik stark ähneln, sollten Sie daran denken, dass die konkreten Pizzerias eine Klasse erweitern, in der erstellePizza() als eine abstrakte Methode definiert wurde. Die Pizzerias können selbst entscheiden, wie sie das Verhalten der Methode erstellePizza() definieren. Bei einer einfachen Fabrik ist die Fabrik ein anderes Objekt, das mit der Pizzeria zusammengesetzt wird.

F: **Sind die Fabrikmethode und der Hersteller immer abstrakt?**

A: Nein. Sie können eine Basis-Fabrikmethode definieren, die ein konkretes Produkt herstellt. Dann haben Sie jederzeit die Möglichkeit, Produkte zu erstellen, auch wenn es keine Unterklassen des Herstellers gibt.

F: **Jede Pizzeria kann auf Basis des übergebenen Typs vier verschiedene Typen von Pizzas machen. Machen alle konkreten Hersteller mehrere Produkte, oder machen sie manchmal auch nur eins?**

A: Was wir hier implementieren, nennt man eine parametrisierte Fabrikmethode. Eine solche kann, wie Sie erkannt haben, auf Basis eines übergebenen Parameters verschiedene Objekte erstellen. Häufig aber produziert eine Fabrik auch nur ein Objekt und ist nicht parametrisiert. Beides sind gültige Ausprägungen des Musters.

F: **Ihre parametrisierten Typen scheinen nicht »typsicher« zu sein. Es wird ja bloß ein String übergeben! Was ist, wenn ich eine »KrapfenPizza« bestelle?**

A: Da haben Sie absolut Recht; dies würde das verursachen, was man branchenüblich einen »Laufzeitfehler« nennt. Es gibt einige ausgefeiltere Techniken, die eingesetzt werden können, um Parameter »typsicherer« zu machen, oder anders gesagt, sicherzustellen, dass Fehler in Parametern zur Kompilierzeit abgefangen werden können. Sie können beispielsweise Objekte erstellen, die die Parametertypen repräsentieren, statische Konstanten oder, in Java 5, *Enums* verwenden.

F: **Ich bin immer noch etwas verwirrt in Bezug auf den Unterschied zwischen der einfachen Fabrik und dem Factory Method-Muster. Sie scheinen mir sehr ähnlich. Der einzige Unterschied ist, dass bei Factory Method die Klasse, die die Pizzas liefert, eine Unterklasse ist. Können Sie das erklären?**

A: Sie haben damit Recht, dass die Unterklassen eine starke Ähnlichkeit zur einfachen Fabrik aufweisen. Sie sollten sich die einfache Fabrik aber als eine einmalige Angelegenheit vorstellen. Bei Factory Method erstellen Sie aber ein Framework, in dem die Unterklassen entscheiden, welche Implementierung verwendet wird. Beispielsweise bietet die Methode erstellePizza() in Factory Method ein allgemeines Framework zur Erstellung von Pizzas, das sich auf eine Fabrikmethode stützt, um die konkreten Klassen zu erstellen, die sich tatsächlich um die Herstellung einer Pizza kümmern. Indem Sie Unterklassen von Pizzeria bilden, entscheiden Sie, welche konkreten Produkte in die Erstellung der Pizza eingehen, die erstellePizza() zurückliefert. Im Vergleich dazu liefert Ihnen die einfache Fabrik zwar eine Möglichkeit, die Objekt-Erstellung zu kapseln, aber trotzdem nicht die Flexibilität, die Factory Method bietet, weil Sie keine Möglichkeit haben, die Produkte zu variieren, die Sie herstellen.

Meister und *Schüler*

Meister und Schüler

Meister: Sage mir, Grashüpfer, wie deine Ausbildung vorangeht.

Schüler: Meister, ich habe mein Studium des »Kapseln, was veränderlich ist«, vorangetrieben.

Meister: Fahre fort ...

Schüler: Ich habe gelernt, dass man den Code kapseln kann, der Objekte erstellt. Hat man Code, der konkrete Klassen instantiiert, ist das ein Bereich häufiger Veränderungen. Ich habe eine Technik gelernt, die man als »Fabrik« bezeichnet, und die ermöglicht es, das Verhalten der Instantiierung zu kapseln.

Meister: Und diese »Fabriken«. Welche Vorteile bieten sie?

Schüler: Viele. Indem ich meinen gesamten Erstellungscode in ein Objekt oder eine Methode packe, verhindere ich Verdopplungen in meinem Code und biete einen Ort an, an dem die Wartung erfolgen kann. Das heißt auch, dass Clients sich nur auf Schnittstellen stützen und nicht auf die konkreten Klassen, die zur Instantiierung der Objekte erforderlich sind. Wie ich während meiner Studien erfahren habe, erlaubt mir dieses, auf eine Schnittstelle, nicht auf eine Implementierung zu programmieren. Und das macht meinen Code flexibler und in Zukunft einfacherer erweiterbar.

Meister: Ja Grashüpfer, deine OO-Instinkte entwickeln sich. Hast du heute Fragen an deinen Lehrer?

Schüler: Meister, ich weiß, dass ich durch die Kapselung der Objekt-Erstellung Code auf Abstraktionen schreiben und meinen Client-Code von den eigentlichen Implementierungen entkoppeln kann. Aber mein Fabrik-Code muss trotzdem noch konkrete Klassen verwenden, um echte Objekte zu instantiieren. Streue ich mir da nicht bloß Sand in die Augen?

Meister: Im Leben ist es so, dass man Objekte erstellt, Grashüpfer. Wir müssen Objekte erstellen, sonst werden wir nie auch nur ein einziges Java-Programm schreiben. Aber kennen wir diese Lebensweisheit, können wir unseren Code so entwerfen, dass wir diesen Code so einschließen wie eine Sanduhr den Sand, den du in deine Augen streuen wolltest. Haben wir ihn eingeschlossen, können wir den Code für die Objekt-Erstellung schützen und pflegen. Lassen wir unseren Erstellungscode einfach herumliegen, wird ihn der erste Wind in alle Himmelsrichtungen verwehen.

Schüler: Meister, ich sehe die Wahrheit in diesen Worten.

Meister: So wie ich wusste, dass du sie sehen würdest. Jetzt, bitte, gehe und meditiere über Objekt-Abhängigkeiten.

Eine sehr abhängige Pizzeria

Spitzen Sie Ihren Bleistift

Tun wir mal so, als hätten Sie noch nie etwas von einer OO-Factory gehört. Hier ist eine Version der Pizzeria, die keine Fabrik verwendet. Zählen Sie, von wie vielen konkreten Pizza-Objekten diese Klasse abhängig ist. Von wie vielen Objekten wäre sie abhängig, wenn Sie dieser Pizzeria Pizzas nach Kölner Art hinzufügen würden?

```java
public class AbhängigePizzeria {

  public Pizza erstellePizza(String art, String typ) {
    Pizza pizza = null;
    if (art.equals("Berlin")) {
      if (typ.equals("Salami")) {
        pizza = new BerlinerSalamiPizza();
      } else if (typ.equals("Schinken")) {
        pizza = new BerlinerSchinkenPizza();
      } else if (typ.equals("Krabben")) {
        pizza = new BerlinerKrabbenPizza();
      } else if (typ.equals("Thunfisch")) {
        pizza = new BerlinerThunfischPizza();
      }
    } else if (art.equals("München")) {
      if (typ.equals("Salami")) {
        pizza = new MünchenerSalamiPizza();
      } else if (typ.equals("Schinken")) {
        pizza = new MünchenerSchinkenPizza();
      } else if (typ.equals("Krabben")) {
        pizza = new MünchenerKrabbenPizza();
      } else if (typ.equals("Thunfisch")) {
        pizza = new MünchenerThunfischPizza();
      }
    } else {
      System.out.println("Fehler: Ungültiger Pizzatyp");
      return null;
    }
    pizza.vorbereiten();
    pizza.backen();
    pizza.schneiden();
    pizza.verpacken();
    return pizza;
  }
}
```

Kümmert sich um alle Pizzas Berliner Art.

Kümmert sich um alle Pizzas Münchener Art.

Hier können Sie Ihre Antwort notieren:

Anzahl _____

Anzahl mit Kölner Art _____

Objekt-Abhängigkeiten

Ein Blick auf Objekt-Abhängigkeiten

Wenn Sie ein Objekt direkt instantiieren, sind Sie von seiner konkreten Klasse abhängig. Sehen Sie sich noch einmal unsere sehr abhängige Pizzeria auf der vorangegangenen Seite an. Sie erstellt alle Pizza-Objekte direkt in der Pizzeria-Klasse, anstatt das an eine Fabrik zu delegieren.

Wenn wir ein Diagramm zeichnen, das diese Version der Pizzeria und alle Objekte repräsentiert, von denen sie abhängig ist, sähe das so aus:

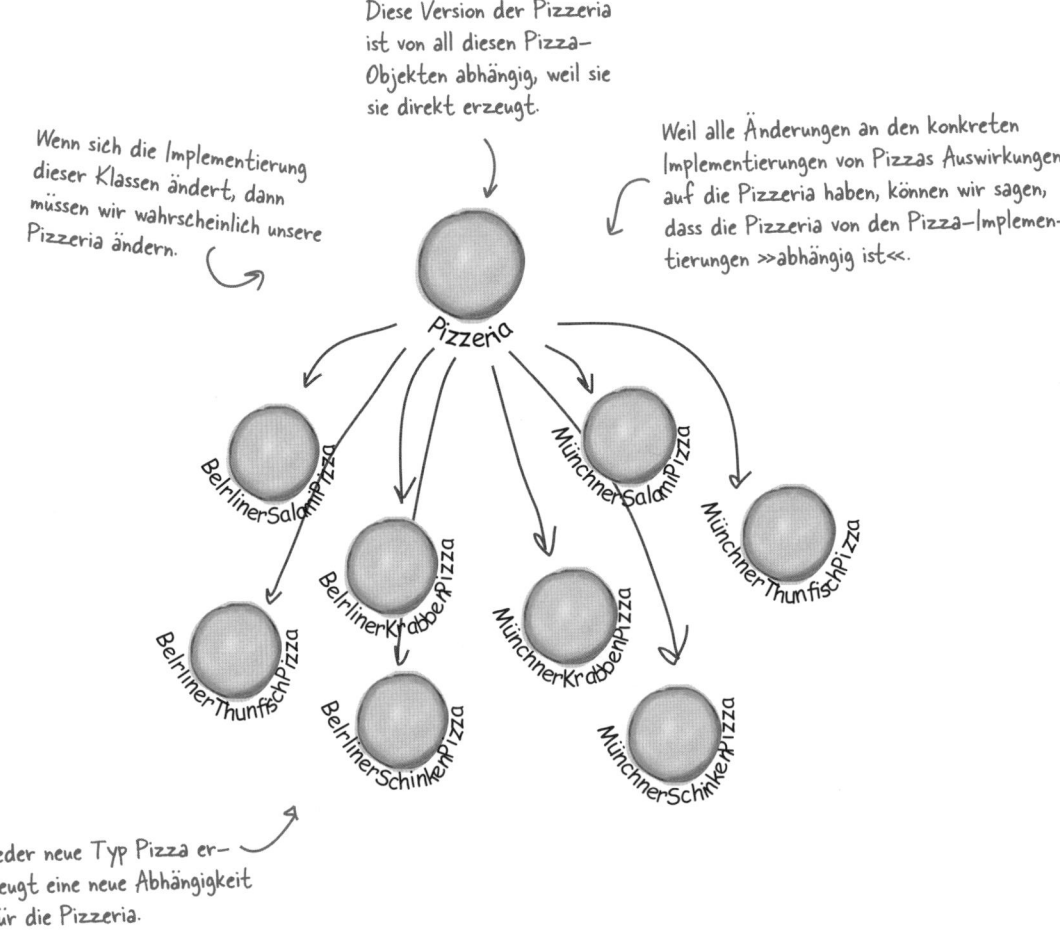

Das Prinzip der Umkehrung der Abhängigkeiten

Es sollte jetzt ziemlich offensichtlich sein, dass es eine »gute Sache« ist, wenn wir in unserem Code die Abhängigkeiten von konkreten Klassen reduzieren. Und tatsächlich gibt es auch ein OO-Entwurfsprinzip, das eine formale Fassung dieser Feststellung bietet. Es hat sogar einen großen formellen Namen: *Dependency Inversion Principle* (oder für die, die eine knappe deutsche Form bevorzugen: »Abhängigkeitsumkehrungsprinzip«).

> *Ein weiteres Schlagwort, das Sie einsetzen können, um die Vorgesetzten im Raum zu beeindrucken! Ihre Gehaltserhöhung wird die Kosten für dieses Buch sicher locker wieder einspielen. Und außerdem gewinnen Sie die Bewunderung Ihrer Entwicklerkollegen.*

Hier ist das allgemeine Prinzip:

> **Entwurfsprinzip**
>
> Stützen Sie sich auf Abstraktionen. Stützen Sie sich nicht auf konkrete Klassen.

Zunächst scheint das dem »Programmieren Sie auf eine Schnittstelle, nicht auf eine Implementierung« ziemlich ähnlich, stimmt's? Es ist ihm ähnlich. Aber das Prinzip der Umkehrung von Abhängigkeiten macht eine noch deutlichere Aussage zur Abstraktion. Es schlägt vor, dass unsere hochstufigen Komponenten nicht von unseren niedrigstufigen Elementen abhängig sein sollen. Stattdessen sollten sie sich *beide* auf Abstraktionen stützen.

> *Eine »hochstufige« Komponente ist eine Klasse mit einem Verhalten, das auf Basis anderer, »niedrigstufiger« Komponenten basiert. Zum Beispiel ist Pizzeria eine hochstufige Komponente, weil ihr Verhalten in Abhängigkeit von den Pizzas definiert ist – sie erstellt all die verschiedenen Pizza-Objekte, bereitet sie vor, backt sie, schneidet sie und verpackt sie. Die Pizzas hingegen, die sie verwendet, sind niedrigstufige Komponenten.*

Aber was zum Teufel heißt das?

Na, schauen wir doch einfach noch einmal auf unser Pizzeria-Diagramm auf der vorangegangenen Seite. Pizzeria ist unsere »hochstufige Komponente«, die Pizza-Implementierungen sind unsere »niedrigstufigen Komponenten«, und Pizzeria ist offensichtlich von den konkreten Pizza-Klassen abhängig.

Jetzt sagt uns dieses Prinzip, dass wir unseren Code auf Abstraktionen stützen sollen, nicht auf konkrete Klassen. Das gilt für unsere hochstufigen und unsere niedrigstufigen Module gleichermaßen.

Wie wir das erreichen? Überlegen wir noch mal, wie wir dieses Prinzip auf unsere Implementierung der sehr abhängigen Pizzeria anwenden würden.

Das Prinzip anwenden

Das Hauptproblem mit der sehr abhängigen Pizzeria ist, dass sie von allen Pizzatypen abhängig ist, weil sie die konkreten Typen in der Methode bestellePizza() tatsächlich instantiiert.

Obwohl wir eine Abstraktion erstellt haben, Pizza, erzeugen wir im Code trotzdem noch konkrete Pizzas. Diese Abstraktion leistet also nicht besonders viel für uns.

Wie können wir diese Instantiierungen aus der Methode bestellePizza herauskriegen? Na, wie wir wissen, ist es genau das, was uns das Factory Method-Muster ermöglicht.

Nachdem wir Factory Method auf unser Diagramm angewendet haben, sieht dieses folgendermaßen aus:

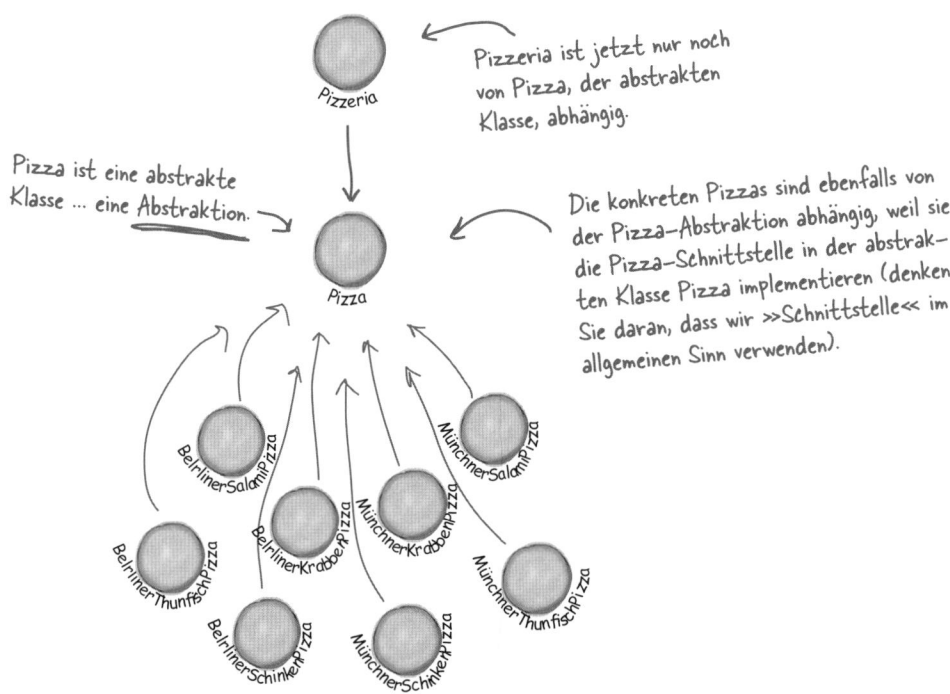

Sie bemerken sicher, dass nach der Anwendung der Factory Method die hochstufigen Komponenten, die Pizzeria, und die niedrigstufigen Komponenten, die Pizzas, gleichermaßen von Pizza, der Abstraktion, abhängig sind. Factory Method ist nicht die einzige Technik dafür, dem Prinzip der Umkehrung der Abhängigkeiten treu zu bleiben, aber es ist eine der mächtigsten.

Das Factory-Muster

Okay! Das mit der Abhängigkeit versteh ich. Aber warum heißt das Ding **Umkehrung der Abhängigkeiten**?

Wo ist die »Umkehrung« im Prinzip der Umkehrung der Abhängigkeiten?

Die »Umkehrung« taucht in der Bezeichnung Prinzip der Umkehrung der Abhängigkeiten auf, weil es die Art und Weise umkehrt, wie Sie sich einen OO-Entwurf üblicherweise vorstellen. Sehen Sie sich das Diagramm auf der vorigen Seite an. Achten Sie darauf, dass die niedrigstufigen Komponenten jetzt von einer hochstufigen Abstraktion abhängig sind. Die hochstufige Komponente ist gleichermaßen an diese Abstraktion gebunden. Die von oben nach unten laufende Karte der Abhängigkeiten, die wir vor ein paar Seiten gezeichnet haben, hat sich umgekehrt, denn jetzt sind sowohl die hochstufigen als auch die niedrigstufigen Komponenten von der Abstraktion abhängig.

Gehen wir doch noch mal die Überlegungen durch, die hinter einem typischen Entwurfsvorgang stehen, und überlegen, wie es unsere Überlegungen zu dem Entwurf umkehren kann, wenn wir das Prinzip darin einführen ...

Stellen Sie Ihr Denken auf den Kopf

Hmmm, Pizzerias fertigen, backen und verpacken Pizzas. Also muss meine Pizzeria einen Haufen verschiedener Pizzas machen können: Salamipizza, Schinkenpizza, Krabbenpizza und so weiter ...

Also: Sie müssen eine Pizzeria implementieren. Was ist der erste Gedanke, der Ihnen in den Kopf kommt?

Sollte Ihre Pizzeria nichts über die konkreten Pizzatypen wissen müssen, weil sie dann von all diesen konkreten Klassen abhängig wäre!

Und jetzt wollen wir Ihr Denken einmal umkehren ... anstatt oben zu beginnen, beginnen Sie bei den Pizzas und überlegen sich, was Sie abstrahieren können.

Mal sehen. Eine Salamipizza, eine Schinkenpizza und eine Krabbenpizza sind alle einfach Pizzas. Sie sollten also eine gemeinsame Pizza-Schnittstelle haben.

Richtig! Sie denken an die Abstraktion *Pizza*. Also gehen Sie jetzt doch mal zurück und denken Sie noch mal über die Pizzeria nach.

Da ich jetzt die Abstraktion Pizza habe, kann ich meine Pizzeria darauf entwerfen und muss mich nicht um die konkreten Pizza-Klassen kümmern.

Warm. Aber dazu müssten Sie sich auf eine Fabrik stützen, um diese konkreten Klassen aus der Pizzeria herauszukriegen. Wenn Sie das erledigt haben, sind Ihre verschiedenen konkreten Pizzatypen *und* Ihre Pizzeria nur noch von einer Abstraktion abhängig. Wir sind von einem Entwurf ausgegangen, bei dem die Pizzeria von konkreten Klassen abhängig war, und haben diese Abhängigkeiten (und Ihr Denken) umgekehrt.

Ein paar Richtlinien, die Ihnen bei der Befolgung des Musters helfen

Die folgenden Richtlinien können Ihnen helfen, OO-Entwürfe zu vermeiden, die das Prinzip von der Umkehrung der Abhängigkeiten verletzen:

- Keine Variable sollte eine Referenz auf eine konkrete Klasse halten.

- Keine Klasse sollte von einer konkreten Klasse abgeleitet sein.

- Keine Methode sollte eine implementierte Methode einer ihrer Basisklassen überschreiben.

> Wenn Sie new verwenden, halten Sie eine Referenz auf eine konkrete Klasse. Verwenden Sie eine Factory, um das zu umgehen!

> Wenn Sie von einer konkreten Klasse ableiten, sind Sie von einer konkreten Klasse abhängig. Leiten Sie von einer Abstraktion wie einem Interface oder einer abstrakten Klasse ab.

> Wenn Sie eine implementierte Methode überschreiben, war Ihre Basisklasse keine Abstraktion, die als Ausgangspunkt tauglich ist. Zweck der in der Basisklasse implementierten Methoden ist, dass sie von allen Ihren Unterklassen geteilt werden.

> Einen Augenblick. Es ist doch gar nicht möglich, diesen Richtlinien zu folgen! Wenn ich Ihnen folge, werde ich nie auch nur ein einziges Programm schreiben!

Sie haben vollkommen Recht! Wie viele unserer Prinzipien ist auch dieses eher eine Richtlinie, nach der Sie streben sollten, als eine Regel, die Sie immer befolgen müssen. Klar verletzen alle jemals geschriebenen Java-Programme diese Richtlinien!

Aber wenn Sie diese Richtlinien verinnerlichen und sie beim Entwerfen im Hinterkopf haben, wissen Sie, wann Sie das Prinzip verletzen und dass Sie dazu auch einen guten Grund haben. Wenn Sie eine Klasse haben, bei der Änderungen unwahrscheinlich sind und Sie das genau wissen, bricht die Welt nicht zusammen, wenn Sie in Ihrem Code eine konkrete Klasse instantiieren. Denken Sie darüber nach. Wir instantiieren ständig String-Objekte, ohne darüber nachzudenken. Verletzen wir damit das Prinzip? Ja. Ist das in Ordnung? Ja. Warum? Weil es sehr unwahrscheinlich ist, dass String sich jemals ändern wird.

Wenn es aber wahrscheinlich ist, dass sich eine von Ihnen geschriebene Klasse ändert, dann haben Sie ein paar gute Techniken wie das Factory Method-Muster, um die Änderung zu kapseln.

*Zutaten**familien***

Inzwischen in der Pizzeria

Der Entwurf für die Pizzeria nimmt langsam Gestalt an: Er besitzt ein flexibles Framework und macht gute Arbeit, wenn es um die Befolgung der Entwurfsprinzipien geht.

Der Schlüssel zum Erfolg der Pizzeria Objekthausen waren immer die frischen, hochwertigen Zutaten. Aber während des Einsatzes des neuen Frameworks haben Sie festgestellt, dass Ihre Zweigstellen zwar Ihren *Prozeduren* folgen, einige Zweigstellen für ihre Pizzas aber schlechtere Zutaten verwendet haben, um die Kosten zu reduzieren und ihre Gewinnspanne zu erhöhen. Sie wissen, dass Sie etwas tun müssen, weil das dem Objekthausener Markenzeichen langfristig schaden wird!

Konsistenz bei Ihren Zutaten sichern

Wie also sichern Sie, dass alle Zweigstellen hochwertige Zutaten verwenden? Sie bauen eine Fabrik, die sie herstellt und an Ihre Zweigstellen ausliefert!

Dieser Plan hat allerdings einen Haken: Ihre Zweigstellen befinden sich in unterschiedlichen Regionen, und etwas, das in Berlin eine rote Soße ist, ist in München noch lange keine rote Soße. Es gibt also einen Satz von Zutaten, der nach Berlin geliefert werden muss, und einen *anderen* Satz, der nach München geliefert werden muss. Sehen wir uns das aus der Nähe an:

Münchner Pizza-Speisekarte

Salamipizza
Tomatensoße, italienische Salami, Mozzarella

Schinkenpizza
Tomatensoße, Tiroler Speck, Zwiebeln, Schmand, Mozzarella

Krabbenpizza
Tomatensoße, Krabben, Knoblauch, Mozzarella

Thunfischpizza
Tomatensoße, Thunfisch, schwarze Oliven, Kapern, Mozzarella

Wir haben die gleichen Produktfamilien (Teig, Soße, Salami, Schinken, Thunfisch), aber regional unterschiedliche Implementierungen.

Berliner Pizza-Speisekarte

Salamipizza
Marinara-Soße, spanische Salami, Parmesan

Schinkenpizza
Marinara-Soße, Rucola, Parmaschinken, Mozzarella, Knoblauch, Parmesan

Krabbenpizza
Marinara-Soße, Krabben, Knoblauch, Parmesan

Thunfischpizza
Marinara-Soße, Thunfisch, Zwiebeln, Parmesan

Das Factory-Muster

Zutatenfamilien

Berlin verwendet einen Satz von Zutaten, München einen anderen. Bei der Beliebtheit der Pizzeria Objekthausen dauert es sicher nicht lange, bevor Sie einen weiteren Satz regionaler Zutaten nach Köln verschicken müssen ... und was kommt danach? Düsseldorf?

Damit das funktioniert, müssen Sie herausfinden, wie Sie mit Familien von Zutaten umgehen.

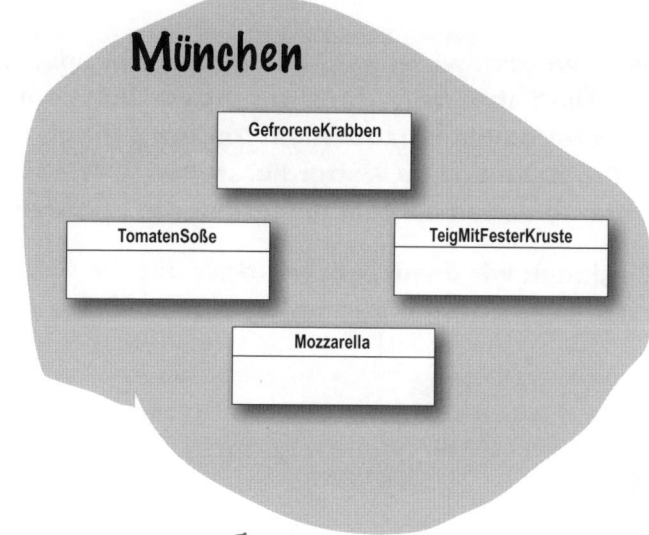

München
- GefroreneKrabben
- TomatenSoße
- TeigMitFesterKruste
- Mozzarella

Berlin
- FrischeKrabben
- MarinaraSoße
- TeigMitDünnerKruste
- Parmesan

Köln
- Scampi
- BruschettaSoße
- TeigMitSehrDünnerKruste
- ZiegenKäse

Alle Objekthausener Pizzas werden aus den gleichen Komponenten zubereitet, aber jede Region hat andere Implementierungen dieser Komponenten.

Jede Familie besteht aus einem Typ Teig, einem Typ Käse und einem Meeresfrüchtebelag (und ein paar weiteren, die wir hier nicht gezeigt haben, wie Gemüse und Gewürze).

Insgesamt bilden diese drei Regionen Zutatenfamilien. Dabei implementiert jede Region eine vollständige Zutatenfamilie.

Sie sind hier ▸ **147**

*Zutaten*fabrik

Die Zutatenfabriken aufbauen

Jetzt werden wir eine Fabrik bauen, um unsere Zutaten herzustellen. Die Fabrik wird dafür verantwortlich sein, alle Zutaten in der Zutatenfamilie herzustellen. Anders gesagt, die Fabrik muss Teig, Soße, Käse und so weiter herstellen ... Wie wir mit den regionalen Unterschieden umgehen, werden Sie in Kürze sehen.

Beginnen wir damit, ein Interface für die Fabrik zu erstellen, die all unsere Zutaten herstellt:

```
public interface PizzaZutatenFabrik {

    public Teig erstelleTeig();
    public Soße erstelleSoße();
    public Käse erstelleKäse();
    public Salami erstelleSalami();
    public Gemüse[] erstelleGemüse();
    public Thunfisch erstelleThunfisch();
    public Krabben erstelleKrabben();
}
```

Für jede Zutat definieren wir in unserem Interface eine Erstellungsmethode.

Massen neuer Klassen, jeweils eine pro Zutat.

Gäbe es allgemeines »Zutatenwerkzeug«, das in jeder Instanz der Fabrik implementiert werden müsste, hätten wir daraus auch ein abstrakte Klasse machen können ...

Und das ist das, was wir machen werden:

❶ Wir bauen eine Fabrik für jede Region. Dazu erstellen Sie eine Unterklasse der PizzaZutatenFabrik, die jede der Erstellungsmethoden implementiert.

❷ Wir implementieren einen Satz von Zutaten-Klassen, die mit der Fabrik verwendet werden, wie Parmesan, Paprika und TeigMitDickerKruste. Diese Klassen können von Regionen geteilt werden, wenn das passend ist.

❸ Dann müssen wir das alles zusammenkitten, indem wir unsere neuen Zutatenfabriken in den alten Pizzeria-Code einarbeiten.

Die Berliner Zutatenfabrik aufbauen

Hier ist also die Implementierung für die Berliner Zutatenfabrik. Diese Fabrik ist auf Marinara-Soße, Parmesan, frische Krabben usw. spezialisiert:

Die Berliner Zutatenfabrik implementiert die Schnittstelle für alle Zutatenfabriken.

```java
public class BerlinerPizzaZutatenFabrik implements PizzaZutatenFabrik {

  public Teig erstelleTeig() {
     return new TeigMitDünnerKruste();
  }

  public Soße erstelleSoße() {
     return new MarinaraSoße();
  }

  public Käse erstelleKäse() {
     return new Parmesan();
  }

  public Salami erstelleSalami() {
     return new SpanischeSalami();
  }

  public Gemüse[] erstelleGemüse() {
     Gemüse gemüse[] = { new Knoblauch(), new Zwiebeln(), new Pilze(), new Paprika() };
     return gemüse;
  }

  public Thunfisch erstelleThunfisch() {
     return new ThunfischStücke();
  }

  public Krabben erstelleKrabben() {
     return new FrischeKrabben();
  }
}
```

Für alle Zutaten in der Zutatenfamilie erstellen wir eine Berliner Version.

Für die Gemüse liefern wir ein Array mit Gemüsen zurück. Wir haben die Gemüse hier hartcodiert. Das könnten wir raffinierter machen. Aber da das uns beim Lernen des Factory-Musters nicht weiterhilft, haben wir die Sache hier einfach gelassen.

Bester, ökologisch gefangener Thunfisch in Stücken. Er wird von Berlin und München gemeinsam verwendet. Denken Sie daran, ihn zu verwenden, wenn Sie selbst das Vergnügen haben, die Münchener Fabrik zu implementieren.

Berlin hat einen guten Draht zur Nordsee und erhält frische Krabben. In München müssen sie sich mit gefrorenen zufrieden geben.

Eine Fabrik bauen

Spitzen Sie Ihren Bleistift

Schreiben Sie die MünchenerPizzaZutatenFabrik. Sie können die unten angegebenen Klassen in Ihrer Implementierung referenzieren.

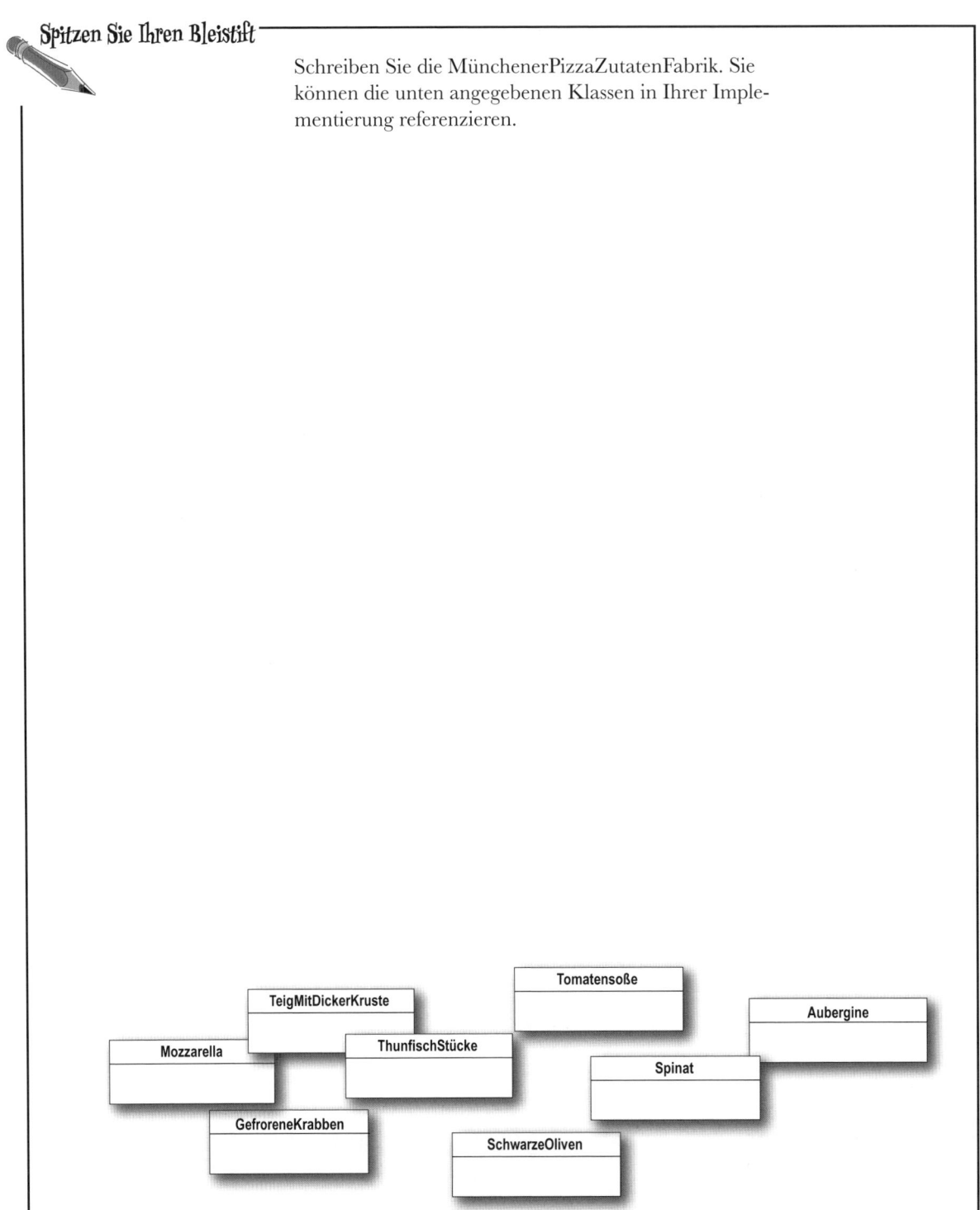

Die Pizza überarbeiten

Jetzt haben wir unsere Fabriken hochgefahren und sind bereit, hochwertige Zutaten herzustellen. Daher müssen wir unsere Pizzas überarbeiten, damit sie nur die Zutaten verwenden, die von unseren Fabriken produziert werden. Wir beginnen mit der abstrakten Klasse Pizza:

```java
public abstract class Pizza {
  String name;
  Teig teig;
  Soße soße;
  Salami salami;
  Gemüse gemüse[];
  Käse käse;
  Thunfisch thunfisch;
  Krabben krabben;

  abstract void vorbereiten();

  void backen() {
    System.out.println("Backe 25 Minuten bei 350");
  }

  void schneiden() {
    System.out.println("Schneide die Pizza diagonal in Stücke");
  }

  void verpacken() {
    System.out.println("Packe die Pizza in die offizielle Pizzeria-Schachtel");
  }

  void setName(String name) {
    this.name = name;
  }

  String getName() {
    return name;
  }

  public String toString() {
    // hier kommt der Code zum Ausgeben der Pizzas rein
  }
}
```

Jede Pizza hält einen Satz von Zutaten, die bei ihrer Zubereitung verwendet werden.

Wir haben die Methode vorbereiten() jetzt abstrakt gemacht. Hier werden wir die Zutaten für die Pizza sammeln, die natürlich von der Zutatenfabrik kommen.

Mit Ausnahme der Methode vorbereiten() bleiben unsere anderen Methoden unverändert.

Zutaten entkoppeln

Die Pizza überarbeiten (Fortsetzung)

Jetzt haben wir eine abstrakte Pizza, von der wir ausgehen können, und nun ist es an der Zeit, die Pizzas Berliner und Münchener Art zu erstellen – nur werden sie diesmal die Zutaten direkt von der Fabrik erhalten. Die Zeiten, in denen die Zweigstellen bei den Zutaten schlampen können, sind vorbei!

Als wir den Factory Method-Code geschrieben haben, hatten wir eine BerlinerSalamiPizza und eine MünchenerSalamiPizza. Wenn Sie sich die beiden Klassen anschauen, sehen Sie, dass sie sich nur in ihrer Verwendung der regionalen Zutaten unterscheiden. Die Pizzas werden auf gleiche Weise gemacht (Teig + Soße + Käse). Das Gleiche gilt für die anderen Pizzas: Vegetarisch, Krabben und so weiter. Alle folgen den gleichen Zubereitungsschritten, sie haben einfach nur unterschiedliche Zutaten.

Sie sehen also, dass wir gar keine zwei Klassen für jede Pizza benötigen. Um die regionalen Unterschiede kümmert sich die Zutatenfabrik für uns. Hier ist die Salamipizza:

```
public class SalamiPizza extends Pizza {
  PizzaZutatenFabrik zutatenFabrik;

  public SalamiPizza(PizzaZutatenFabrik zutatenFabrik) {
    this.zutatenFabrik = zutatenFabrik;
  }

  void vorbereiten() {
    System.out.println("Mache " + name);
    teig = zutatenFabrik.erstelleTeig();
    soße = zutatenFabrik.erstelleSoße();
    salami = zutatenFabrik.erstelleSalami();
    käse = zutatenFabrik.erstelleKäse();
  }
}
```

Um eine Pizza zu machen, brauchen wir eine Fabrik, die die Zutaten liefert. Also wird jeder Pizza-Klasse im Konstruktor eine Fabrik übergeben, die in einer Instanzvariablen gespeichert wird.

Das ist der Ort, an dem gezaubert wird!

Die Methode vorbereiten() geht die Schritte durch, die erforderlich sind, um eine Salamipizza zu erstellen, und immer, wenn sie eine Zutat benötigt, bittet sie die Fabrik, diese herzustellen.

Das Factory-Muster

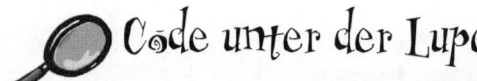
Code unter der Lupe

Der Pizza-Code verwendet die Fabrik, mit der er zusammengesetzt wurde, um die Zutaten zu produzieren, die in der Pizza verwendet werden. Welche Zutaten produziert werden, ist von der verwendeten Fabrik abhängig. Der Klasse Pizza ist das egal. Sie weiß, wie man Pizzas macht. Die Bindung an die verschiedenen regionalen Zutaten ist jetzt aufgehoben. Deswegen kann sie einfach wieder verwendet werden, wenn es Fabriken für Ostfriesland, Schwaben oder wo auch immer gibt.

```
soße = zutatenFabrik.erstelleSoße();
```

Wir setzen die Instanzvariable von Pizza so, dass sie auf die bestimmte Soße verweist, die in dieser Pizza verwendet wird.

Das ist unsere Zutatenfabrik. Pizza kümmert sich nicht darum, was für eine Fabrik verwendet wird. Es muss nur eine Zutatenfabrik sein.

Die Methode erstelleSoße() liefert die Soße zurück, die in dieser Region verwendet wird. Wird die Methode auf einer Berliner Zutatenfabrik aufgerufen, erhalten wir eine Marinara-Soße.

Befassen wir uns ebenfalls mit der Krabbenpizza:

```java
public class KrabbenPizza extends Pizza {
  PizzaZutatenFabrik zutatenFabrik;

  public KrabbenPizza(PizzaZutatenFabrik zutatenFabrik) {
    this.zutatenFabrik = zutatenFabrik;
  }

  void vorbereiten() {
    System.out.println("Mache " + name);
    teig = zutatenFabrik.erstelleTeig();
    soße = zutatenFabrik.erstelleSoße();
    käse = zutatenFabrik.erstelleKäse();
    krabben = zutatenFabrik.erstelleKrabben();
  }
}
```

KrabbenPizza verstaut ebenfalls eine Zutatenfabrik.

Um eine Krabbenpizza zu machen, sammelt die Methode vorbereiten() die erforderlichen Zutaten von der lokalen Fabrik.

Ist die Fabrik eine Berliner Fabrik, sind die Krabben frisch, sonst sind sie tiefgefroren.

Sie sind hier ▸ **153**

Die richtige Zutatenfabrik verwenden

Rückkehr zur Pizzeria

Wir haben es fast geschafft. Wir müssen nur noch einen kurzen Ausflug zu unseren Zweigstellen machen, um sicherzustellen, dass sie die richtigen Pizzas verwenden. Wir müssen ihnen auch noch eine Referenz auf ihre lokalen Zutatenfabriken spendieren:

```
public class BerlinerPizzeria extends Pizzeria {

  protected Pizza erstellePizza(String item) {
    Pizza pizza = null;
      PizzaZutatenFabrik zutatenFabrik =
      new BerlinerPizzaZutatenFabrik();

    if (item.equals("Salami")) {

      pizza = new SalamiPizza(zutatenFabrik);
      pizza.setName("Salamipizza Berliner Art");

    } else if (item.equals("Schinken")) {

      pizza = new SchinkenPizza(zutatenFabrik);
      pizza.setName("Schinkenpizza Berliner Art");

    } else if (item.equals("Krabben")) {

      pizza = new KrabbenPizza(zutatenFabrik);
      pizza.setName("Krabbenpizza Berliner Art");

    } else if (item.equals("Thunfisch")) {

      pizza = new ThunfischPizza(zutatenFabrik);
      pizza.setName("Thunfischpizza Berliner Art");

    }
    return pizza;
  }
}
```

Die Berliner Pizzeria wird mit einer Berliner Zutatenfabrik zusammengesetzt. Diese wird verwendet, um die Zutaten für alle Pizzas Berliner Art herzustellen.

Jetzt übergeben wir jeder Pizza die Fabrik, die verwendet werden soll, um die erforderlichen Zutaten zu produzieren.

Gehen Sie eine Seite zurück und sorgen Sie dafür, dass Sie verstehen, wie die Pizzas und die Fabrik zusammenarbeiten!

Für jeden Typ Pizza instantiieren wir eine neue Pizza und geben ihr die Fabrik, die sie braucht, um ihre Zutaten zu erhalten.

KOPF-NUSS

Vergleichen Sie diese Version der Methode erstellePizza() mit der Factory Method-Implementierung weiter vorn in diesem Kapitel.

Was wir gemacht haben

Das war eine ganz ordentliche Reihe von Code-Änderungen. Was genau haben wir da gemacht?

Wir haben ein Mittel geliefert, für Pizzas eine Familie von Zutaten zu erzeugen, indem wir einen neuen Typ Fabrik eingeführt haben, der als Abstract Factory (Abstrakte Fabrik) bezeichnet wird.

Eine Abstract Factory gibt uns eine Schnittstelle zur Erzeugung einer Familie von Produkten. Wenn wir Code schreiben, der diese Schnittstelle verwendet, entkoppeln wir unseren Code von der bestimmten Fabrik, die die Produkte erzeugt. Das ermöglicht uns, eine Vielzahl von Fabriken zu implementieren, die Produkte produzieren, die für unterschiedliche Kontexte – wie verschiedene Regionen, Betriebssysteme, Look-and-Feels – gedacht sind.

Weil unser Code nicht mehr an die tatsächlichen Produkte gebunden ist, können wir andere Fabriken einsetzen, um andere Verhalten zu erreichen (beispielsweise um in unserem Fall statt Marinara-Soße Tomatensoße zu erhalten).

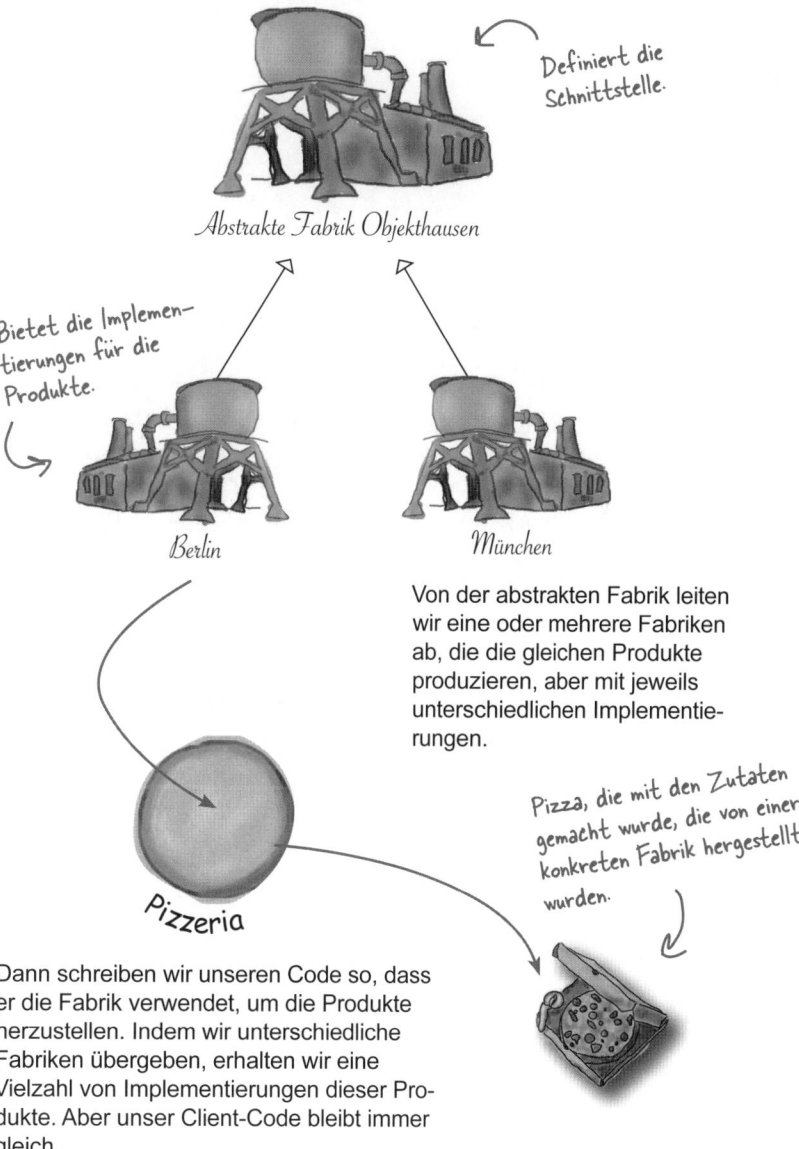

Eine Abstrakte Fabrik bietet eine Schnittstelle für eine Familie von Produkten. Was ist eine Familie? In unserem Beispiel sind das all die Dinge, die wir brauchen, um Pizza zu machen: Teig, Soße, Käse, Fleischsorten und Gemüse.

Definiert die Schnittstelle.

Abstrakte Fabrik Objekthausen

Bietet die Implementierungen für die Produkte.

Berlin *München*

Von der abstrakten Fabrik leiten wir eine oder mehrere Fabriken ab, die die gleichen Produkte produzieren, aber mit jeweils unterschiedlichen Implementierungen.

Pizzeria

Dann schreiben wir unseren Code so, dass er die Fabrik verwendet, um die Produkte herzustellen. Indem wir unterschiedliche Fabriken übergeben, erhalten wir eine Vielzahl von Implementierungen dieser Produkte. Aber unser Client-Code bleibt immer gleich.

Pizza, die mit den Zutaten gemacht wurde, die von einer konkreten Fabrik hergestellt wurden.

Noch ein paar Pizzas bestellen

Mehr Pizza für Ben und Tassilo

Hinter den Kulissen

Ben und Tassilo kriegen einfach nicht genug von der Objekthausener Pizza! Was sie allerdings nicht wissen, ist, dass ihre Bestellungen jetzt die neuen Zutatenfabriken verwenden.

Der erste Teil des Bestellvorgangs hat sich gar nicht geändert. Sehen wir uns wieder Bens Bestellung an:

❶ Zuerst brauchen wir eine BerlinPizzeria:

```
Pizzeria berlinPizzeria = new BerlinPizzeria();
```

Erzeugt eine Instanz von BerlinPizzeria.

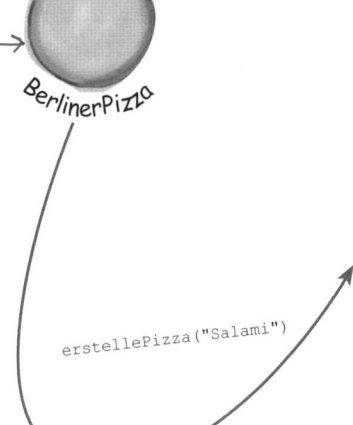

BerlinerPizza

❷ Jetzt haben wir eine Zweigstelle und können eine Bestellung aufnehmen:

```
berlinPizzeria.bestellePizza("Salami");
```

Auf der berlinPizzeria-Instanz wird die Methode bestellePizza aufgerufen.

erstellePizza("Salami")

❸ Dann ruft die Methode bestellePizza() die Methode erstellePizza() auf:

```
Pizza pizza = erstellePizza("Salami");
```

156   Kapitel 4

Das Factory-Muster

Von hier ab ändern sich die Dinge, weil wir eine Zutatenfabrik verwenden.

Hinter den Kulissen

④ Wenn die Methode erstellePizza() aufgerufen wird, kommt unsere Zutatenfabrik ins Spiel:

Die Zutatenfabrik wird in der Pizzeria ausgewählt und instantiiert und dann an den Konstruktor der einzelnen Pizzas übergeben.

```
Pizza pizza = new SalamiPizza(berlinerZutatenFabrik);
```

Erzeugt eine Instanz von Pizza, die mit einer Berliner Zutatenfabrik zusammengesetzt ist.

hält

BerlinerZutatenFabrik

Pizza

⑤ Als Nächstes müssen wir die Pizza vorbereiten. Ist die Methode vorbereiten() aufgerufen, wird die Fabrik aufgefordert, die Zutaten vorzubereiten:

```
void vorbereiten() {
    teig = zutatenFabrik.erstelleTeig();
    soße = zutatenFabrik.erstelleSoße();
    salami = zutatenFabrik.erstelleSalami();
    käse = zutatenFabrik.erstelleKäse();
}
```

→ Dünne Kruste
→ Marinara-Soße
→ Spanische Salami
→ Parmesan

vorbereiten()

Für Bens Pizza wird die Berliner Zutatenfabrik verwendet. Also erhalten wir auch die Berliner Zutaten.

⑥ Und schließlich haben wir die vorbereitete Pizza in der Hand, die von bestellePizza() gebacken, geschnitten und verpackt wird.

Sie sind hier ▸ **157**

Die Definition der abstrakten Fabrik

Die Definition des Abstract Factory-Musters

Nun fügen wir unserer Musterfamilie ein weiteres Factory-Muster hinzu, eins, das es uns ermöglicht, Familien von Produkten zu bilden. Sehen wir uns die offizielle Definition für dieses Muster an:

> **Das Abstract Factory-Muster** bietet eine Schnittstelle zum Erstellen von Familien verwandter oder zusammenhängender Objekte an, ohne konkrete Klassen anzugeben.

Ganz sicher wissen wir inzwischen, dass Abstract Factory es einem Client ermöglicht, eine abstrakte Schnittstelle zu verwenden, um einen Satz verwandter Produkte zu erstellen, ohne etwas über die konkreten Produkte zu wissen, die tatsächlich produziert werden. Auf diese Weise wird der Client von den Einzelheiten der konkreten Produkte entkoppelt. Sehen wir uns das Klassendiagramm an, um nachzusehen, wie all das zusammenpasst:

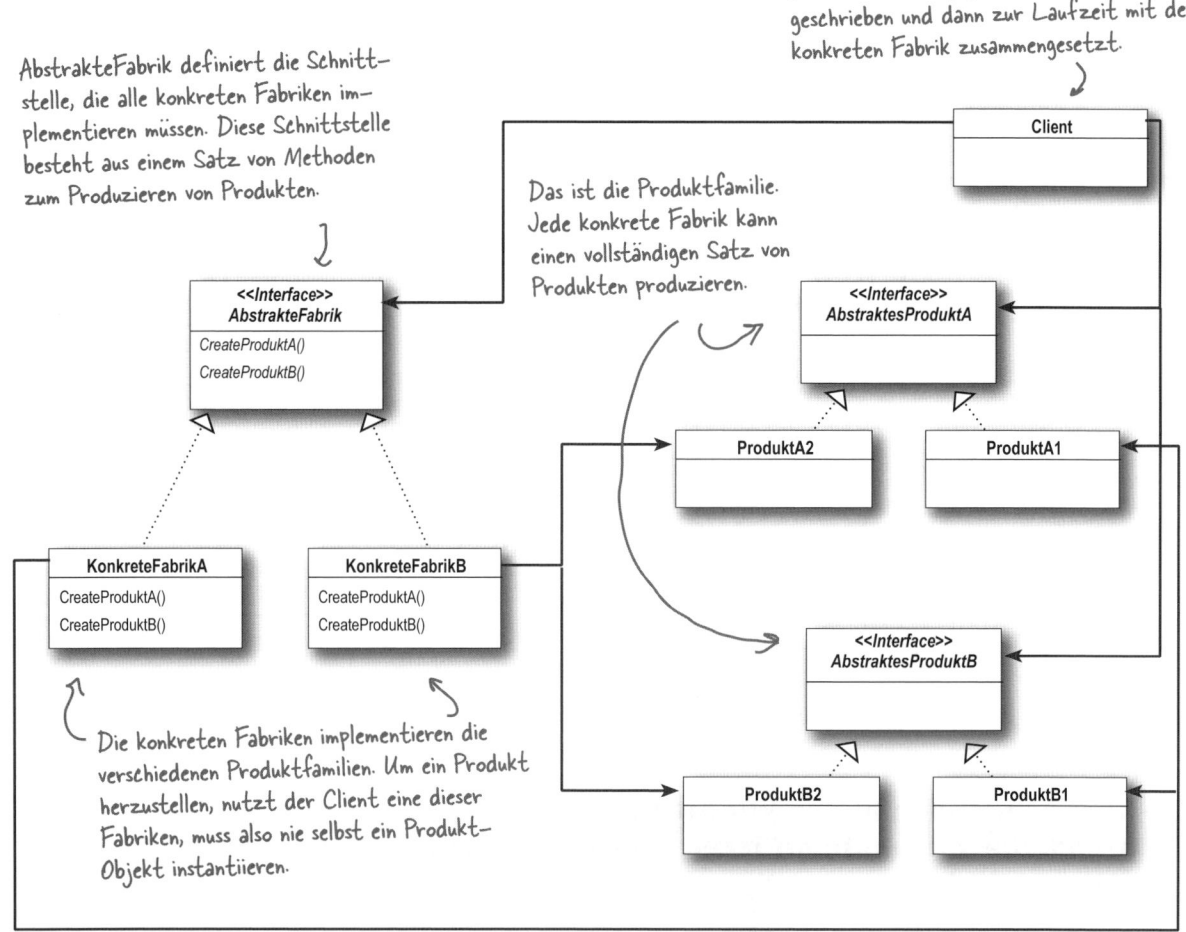

Das Factory-Muster

Das ist ein ziemlich kompliziertes Klassendiagramm. Sehen wir uns an, wie es in den Begriffen unserer Pizzeria aussieht:

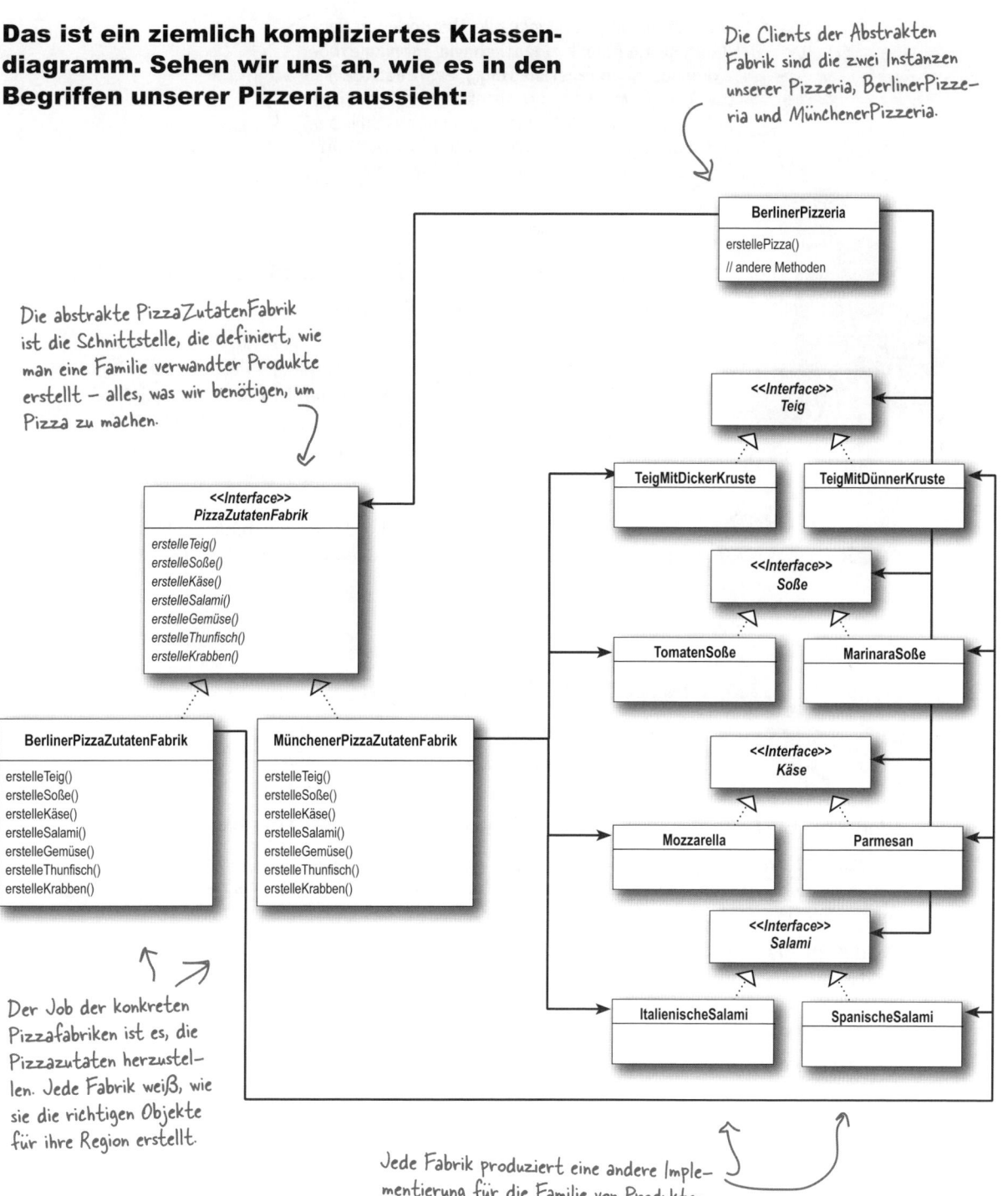

Die Clients der Abstrakten Fabrik sind die zwei Instanzen unserer Pizzeria, BerlinerPizzeria und MünchenerPizzeria.

Die abstrakte PizzaZutatenFabrik ist die Schnittstelle, die definiert, wie man eine Familie verwandter Produkte erstellt – alles, was wir benötigen, um Pizza zu machen.

Der Job der konkreten Pizzafabriken ist es, die Pizzazutaten herzustellen. Jede Fabrik weiß, wie sie die richtigen Objekte für ihre Region erstellt.

Jede Fabrik produziert eine andere Implementierung für die Familie von Produkten.

Sie sind hier ▸ **159**

Interview mit den Factory-Mustern

> Mir ist aufgefallen, dass alle Methoden in der Abstrakten Fabrik eigentlich wie Fabrikmethoden aussehen (erstelleTeig(), erstelleSoße() usw.). Jede Methode ist als abstrakt deklariert und wird von den Unterklassen so überschrieben, dass sie irgendein Objekt erzeugt. Entspricht das nicht dem Factory Method-Muster?

Ist das eine Factory Method, die sich da in der Abstract Factory verbirgt?

Gut aufgepasst! Es ist tatsächlich häufig so, dass die Methoden einer Abstrakten Fabrik als Fabrikmethoden implementiert werden. Macht doch Sinn, oder? Aufgabe einer Abstrakten Fabrik ist die Definition einer Schnittstelle zur Erstellung eines Satzes von Produkten. Jede Methode in dieser Schnittstelle ist dafür verantwortlich, ein konkretes Produkt zu erstellen, und wir implementieren eine Unterklasse der Abstrakten Fabrik, um diese Implementierungen zu liefern. Fabrikmethoden sind ein natürliches Mittel zur Implementierung von Produkt-Methoden in Ihren abstrakten Fabriken.

 **Muster unter der Lupe**

Interview der Woche:
Factory Method und Abstract Factory

Von Kopf bis Fuß: Wow, ein Interview mit zwei Mustern auf einmal! Das ist Neuland für uns.

Factory Method: Wissen Sie, ich bin nicht so sicher, ob es mir gefällt, hier mit Abstract Factory zusammengeworfen zu werden. Dass wir beide Factory-Muster sind, heißt noch lange nicht, dass wir nicht beide unsere eigenen Interviews bekommen sollten.

Von Kopf bis Fuß: Da reagieren Sie aber gleich ein wenig zu gereizt, oder? Wir wollten Sie beide in das Interview einbeziehen, um dem Leser die mögliche Verwirrung zu nehmen, wer von Ihnen wer ist. Sie sind einander ja doch recht ähnlich, und ich habe gehört, dass manche Leute Sie gelegentlich verwechseln.

Abstract Factory: Das stimmt, ich bin gelegentlich mit Factory Method verwechselt worden, und ich weiß, dass du, Factory Method, ähnliche Probleme hattest. Wir sind beide echt gut, wenn es darum geht, Anwendungen von spezifischen Implementierungen zu entkoppeln. Nur tun wir es auf unterschiedliche Weise. Ich verstehe schon, warum die Leute uns manchmal verwechseln.

Factory Method: Es geht mir einfach auf die Nerven. Schließlich verwende ich zum Erstellen Klassen und du Objekte. Das ist doch was ganz anderes!

Das *Factory*-Muster

Von Kopf bis Fuß: Können Sie uns das genauer erklären?

Factory Method: Klar. Wir beide, Abstract Factory und ich, erstellen Objekte – das ist unser Job. Aber ich mach das über Vererbung ...

Abstract Factory: ... und ich über Objekt-Zusammensetzung.

Factory Method: Richtig. Und das bedeutet, dass man, wenn man mit mir Objekte erstellen will, eine Klasse erweitern und eine Fabrikmethode überschreiben muss.

Von Kopf bis Fuß: Und diese Fabrikmethode? Was macht die?

Factory Method: Die stellt natürlich Objekte her! Was ich sagen will, ist, dass das Wichtige am Factory Method-Muster ist, dass man eine Unterklasse verwendet, die für einen die Objekt-Erstellung erledigt. So müssen die Clients nur den abstrakten Typen kennen, den sie verwenden. Um die konkreten Typen kümmert sich schon die Unterklasse. Anders gesagt: Ich entkopple die Clients von den konkreten Typen.

Abstract Factory: Und genau das mache ich auch. Nur auf etwas andere Weise.

Von Kopf bis Fuß: Machen Sie ruhig weiter, Abstract Factory. Sie sagten etwas über Objekt-Komposition?

Abstract Factory: Ich liefere einen abstrakten Typ zur Erstellung einer Familie von Produkten. Unterklassen dieses Typs definieren, wie diese Produkte produziert werden. Um die Fabrik zu verwenden, instantiieren sie eine und übergeben sie an irgendwelchen Code, der gegen den abstrakten Typ geschrieben ist. Also sind meine Clients, wie bei Factory Method, von den tatsächlichen konkreten Produkten entkoppelt, die sie verwenden.

Von Kopf bis Fuß: Ah, verstehe. Ein weiterer Vorteil ist also, dass Sie einen Satz verwandter Produkte gruppieren.

Abstract Factory: Das ist richtig.

Von Kopf bis Fuß: Was passiert, wenn Sie diesen Satz verwandter Produkte erweitern müssen, beispielsweise um ein weiteres hinzuzufügen? Müssen Sie dazu nicht Ihre Schnittstelle ändern?

Abstract Factory: Das stimmt. Meine Schnittstelle muss sich ändern, wenn neue Produkte hinzugefügt werden. Ich weiß, dass man das im Allgemeinen nicht so gern hat ...

Factory Method: <kichert>

Abstract Factory: Was gibt es da zu kichern, Factory Method?

Factory Method: Ach komm schon, das ist eine wichtige Sache! Deine Schnittstelle ändern. Das heißt, dass du den Code anpacken und die Schnittstelle in jeder Unterklasse ändern musst! Das klingt nach einer ganzen Menge Arbeit.

Abstract Factory: Und? Ich brauche eine große Schnittstelle, weil ich verwendet werde, um eine ganze Familie von Produkten herzustellen. Du erstellst nur ein einziges Produkt und brauchst deswegen keine große Schnittstelle, sondern bloß eine einzige Methode.

Von Kopf bis Fuß: Abstract Factory, ich habe gehört, dass Sie oft Fabrikmethoden verwenden, um Ihre konkreten Fabriken zu implementieren?

Abstract Factory: Ja. Ich gebe zu, dass meine konkreten Fabriken oft eine Fabrikmethode implementieren, um ihre Produkte herzustellen. Aber bei mir werden die nur verwendet, um Produkte herzustellen ...

Factory Method: ... während ich im abstrakten Hersteller in der Regel Code implementiere, der die konkreten Typen verwendet, die die Unterklassen erstellen.

Von Kopf bis Fuß: Das klingt ,als würden Sie beide jeweils gute Arbeit leisten. Ich bin sicher, dass die Leute gern verschiedene Möglichkeiten zur Auswahl haben. Schließlich sind Fabriken so nützlich, dass man sie in den unterschiedlichsten Situationen einsetzen möchte. Beide kapseln Sie die Objekt-Erstellung, um Anwendungen locker gebunden zu halten und weniger abhängig von Implementierungen zu machen. Und das ist, egal ob man Factory Method oder Abstract Factory verwendet, eine klasse Sache. Möchte vielleicht jeder von Ihnen zum Abschluss noch etwas sagen?

Abstract Factory: Danke. Denken Sie an mich, Abstract-Factory, und verwenden Sie mich, wenn Sie Familien von Produkten haben, die Sie herstellen müssen, und sicherstellen möchten, dass Ihre Clients Produkte verwenden, die zusammengehören.

Factory Method: Ich bin Factory Method. Verwenden Sie mich, um Ihren Client-Code von den konkreten Klassen zu entkoppeln, die Sie instantiieren müssen, oder wenn Sie nicht im Voraus alle konkreten Klassen kennen, die Sie benötigen. Wenn Sie mich verwenden wollen, bilden Sie einfach eine Unterklasse von mir und implementieren meine Fabrikmethode!

Muster im Vergleich

Factory Method und Abstract Factory im Vergleich

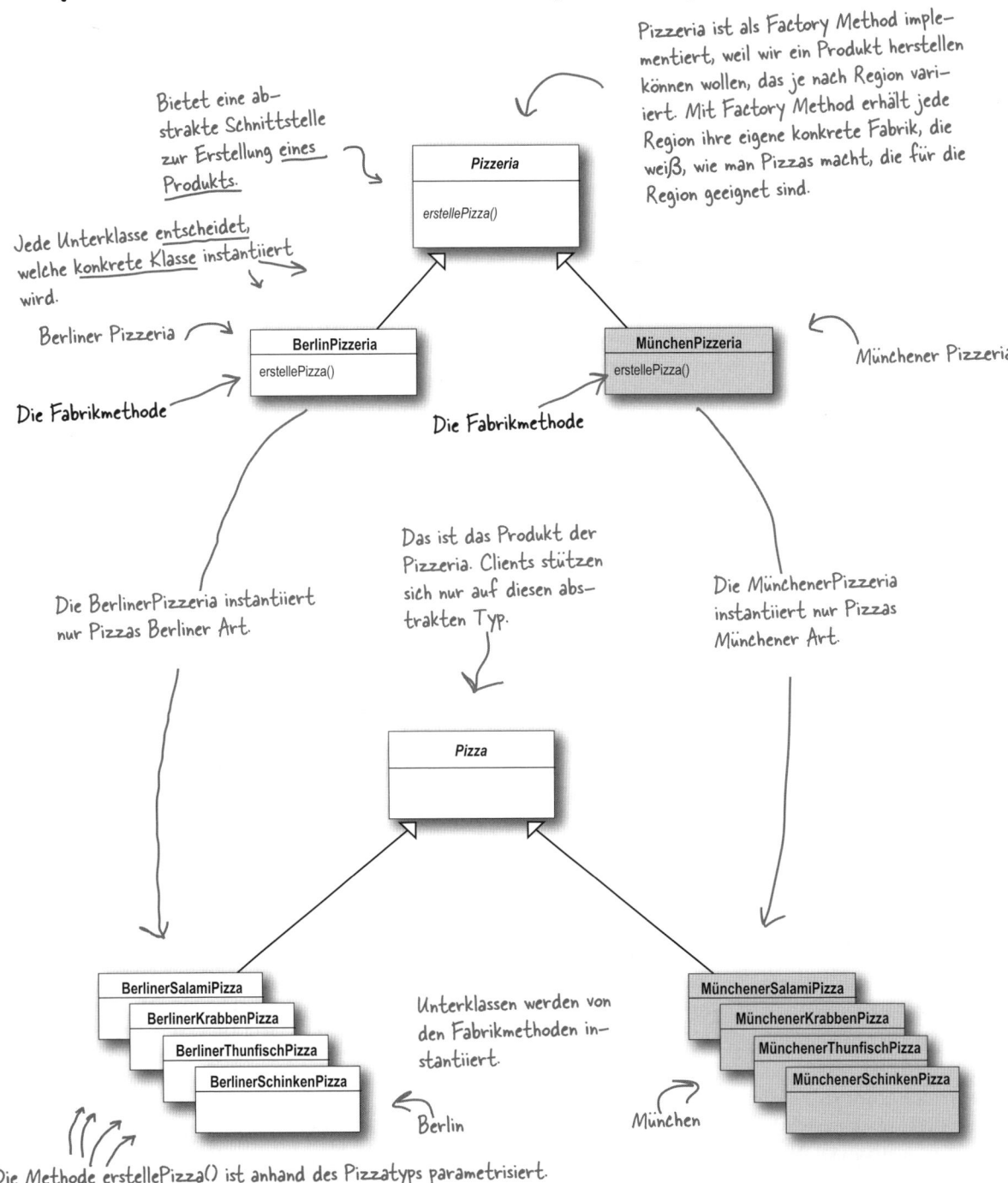

Das *Factory*-Muster

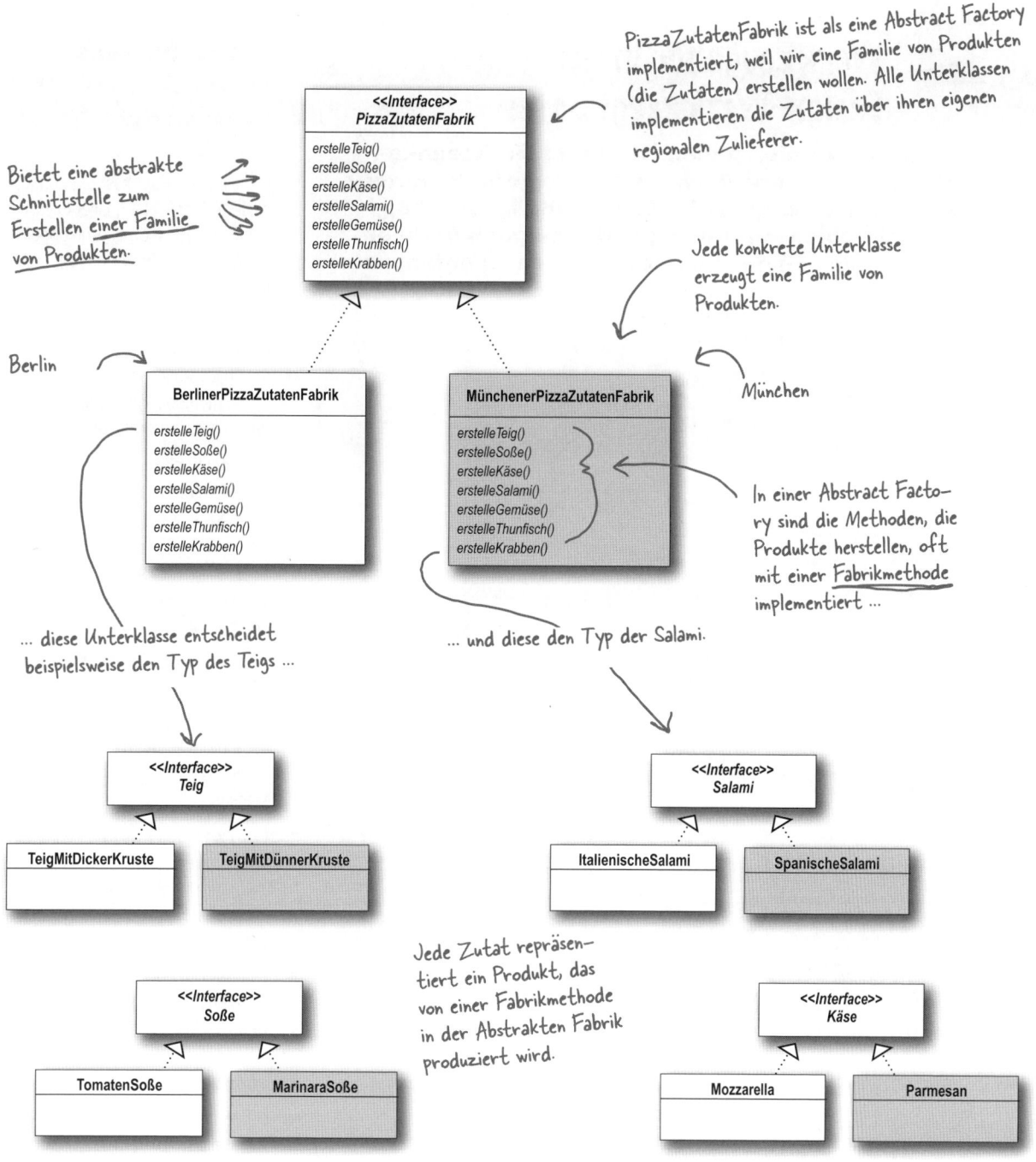

Ihr Design-Werkzeugkasten

Werkzeuge für Ihren Design-Werkzeugkasten

In diesem Kapitel haben wir Ihrem Werkzeugkasten zwei weitere Werkzeuge hinzugefügt: Factory Method und Abstract Factory. Beide Muster kapseln die Objekt-Erstellung und ermöglichen Ihnen, Ihren Code von den konkreten Typen zu entkoppeln.

Punkt für Punkt

- Alle Factories kapseln die Objekt-Erstellung.
- Die einfache Fabrik ist eine unkomplizierte Möglichkeit, Clients von konkreten Klassen zu entkoppeln, ist aber kein echtes Entwurfsmuster.
- Factory Method stützt sich auf Vererbung: Die Objekt-Erstellung wird an Unterklassen delegiert, die die Fabrikmethode implementieren, um Objekte zu erstellen.
- Abstract Factory stützt sich auf Objekt-Komposition: Die Objekt-Erstellung ist in Methoden implementiert, die in der Fabrik-Schnittstelle vorgegeben werden.
- Alle Factory-Muster fördern lockere Bindung, indem sie für Ihre Anwendung die Abhängigkeit von konkreten Klassen reduzieren.
- Der Zweck von Factory Method ist es, einer Klasse zu ermöglichen, die Instantiierung bis in ihre Unterklassen zu verzögern.
- Der Zweck der Abstract Factory ist es, Familien verwandter Objekte zu erstellen, ohne dabei von den konkreten Klassen abhängig zu sein.
- Das Prinzip der Umkehrung der Abhängigkeiten leitet uns an, Abhängigkeiten von konkreten Typen zu vermeiden und Abstraktionen anzustreben.
- Factories sind eine mächtige Technik, um auf Abstraktionen statt auf konkreten Klassen zu programmieren.

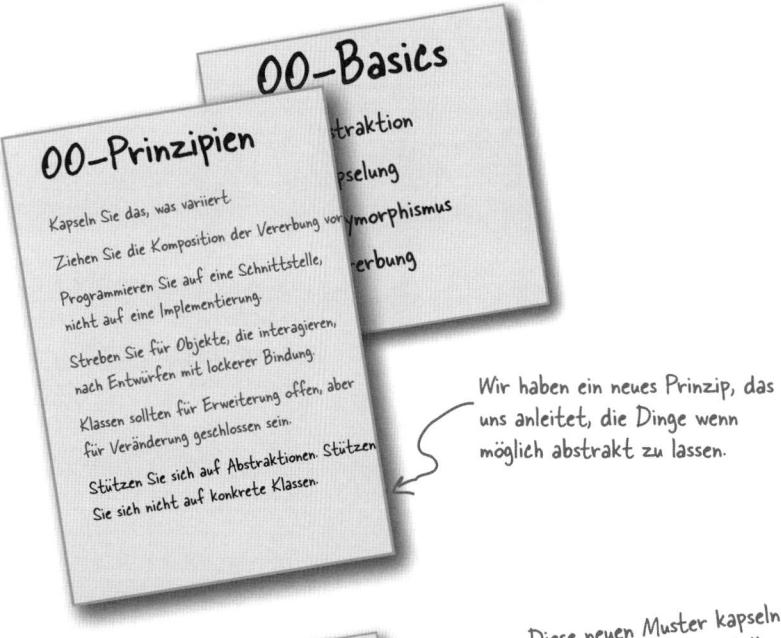

Wir haben ein neues Prinzip, das uns anleitet, die Dinge wenn möglich abstrakt zu lassen.

Diese neuen Muster kapseln beide die Objekt-Erstellung und führen zu weniger fest gebundenen und flexibleren Entwürfen.

Das *Factory-Muster*

Entwurfsmuster-Kreuzworträtsel

Das war ein langes Kapitel. Nehmen Sie sich ein Stück Pizza und entspannen Sie sich, während Sie dieses Kreuzworträtsel lösen. Alle Lösungswörter stammen aus diesem Kapitel.

Waagerecht

4   Wenn Sie new verwenden, programmieren Sie auf eine _____.
7   ErstellePizza() ist eine _____.
9   Abstract Factory erstellt eine _____ von Produkten.
11 Kein echtes Muster und trotzdem nützlich.
13 In Simple Factory und Abstract Factory haben wir _____ verwendet, in Factory Method Vererbung.
14 Alle Factory-Muster ermöglichen uns, die Objekt-Erstellung zu _____.
15 Dieser Käse wird für alle Pizzas Berliner Art verwendet.

Senkrecht

1   Bei Abstract Factory ist jede Zutatenfabrik eine _____.
2   Bei Factory Method ist jede Zweigstelle ein _____.
3   Bei Factory Method, endlich mal ein FIO, stützen sich Pizzeria und die konkreten Pizzas auf diese Abstraktion.
5   In Berlin sind sie frisch, in München tiefgefroren.
6   Wer entscheidet bei Factory Method, welche Klasse instantiiert wird?
8   Wenn eine Klasse ein Objekt einer konkreten Klasse instantiiert, ist sie von diesem Objekt _____.
10 Ben mag Pizza dieser Stadt.
12 Rolle der Pizzeria beim Factory Method-Muster.

Sie sind hier ▸ 165

Lösungen zu den Übungen

Spitzen Sie Ihren Bleistift

Lösung

BerlinPizzeria haben wir bereits zusammengeschustert. Nur zwei stehen noch aus, und wir können die Pizzeria-Kette ins Leben rufen! Schreiben Sie hier die Implementierungen für MünchenPizzeria und KölnPizzeria:

Diese beiden Pizzerias sind mit der Berliner Pizzeria fast identisch – sie machen nur andere Arten von Pizza.

```java
public class MünchenPizzeria extends Pizzeria {
  protected Pizza erstellePizza(String element) {
    if (element.equals("Salami")) {
      return new MünchenerSalamiPizza();
    } else if (element.equals("Schinken")) {
      return new MünchenerSchinkenPizza();
    } else if (element.equals("Krabben")) {
      return new MünchenerKrabbenPizza();
    } else if (element.equals("Thunfisch")) {
      return new MünchenerThunfischPizza();
    } else return null;
  }
}
```

Bei der Münchener Pizzeria müssen wir nur sicherstellen, dass wir Pizzas Münchener Art herstellen ...

```java
public class KölnPizzeria extends Pizzeria {
  protected Pizza erstellePizza(String element) {
    if (element.equals("Salami")) {
      return new KölnerSalamiPizza();
    } else if (element.equals("Schinken")) {
      return new KölnerSchinkenPizza();
    } else if (element.equals("Krabben")) {
      return new KölnerKrabbenPizza();
    } else if (element.equals("Thunfisch")) {
      return new KölnerThunfischPizza();
    } else return null;
  }
}
```

... und für die Kölner Pizzeria, dass wir Pizzas Kölner Art machen.

Lösung des Design-Puzzles

Wir brauchen noch einen anderen Typ Pizza für die verrückten Kölner (auf *nette* Weise verrückt natürlich). Zeichnen Sie einen weiteren parallelen Satz von Klassen, um unserer Pizzeria einen regionalen Typ für Köln hinzuzufügen.

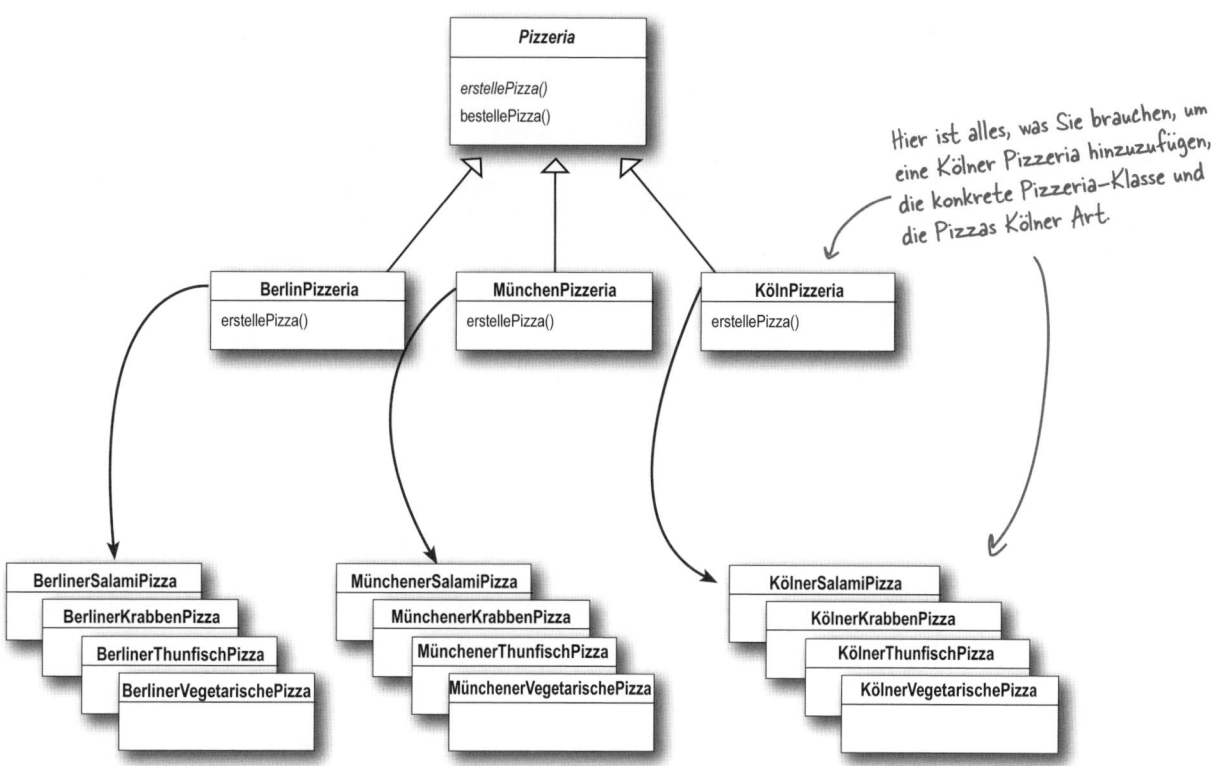

Gut, und jetzt schreiben Sie die fünf *seltsamsten* Dinge auf, die Sie sich auf einer Pizza vorstellen können. Dann können Sie in Köln das Pizzageschäft aufnehmen!

Hier unsere Vorschläge …
- Reibekuchen
- Blutwurst
- Sauerkraut
- Rosinen
- Apfelmus

Lösung *zu den Übungen*

Ein sehr abhängige Pizzeria

Spitzen Sie Ihren Bleistift

Tun wir mal so, als hätten Sie noch nie etwas von einer OO-Factory gehört. Hier ist eine Version der Pizzeria, die keine Fabrik verwendet. Zählen Sie, von wie vielen konkreten Pizza-Objekten diese Klasse abhängig ist. Von wie vielen Objekten wäre sie abhängig, wenn Sie dieser Pizzeria Pizzas nach Kölner Art hinzufügen würden?

```java
public class AbhängigePizzeria {

  public Pizza erstellePizza(String art, String typ) {
  Pizza pizza = null;
  if (art.equals("Berlin")) {
    if (typ.equals("Salami")) {
      pizza = new BerlinerSalamiPizza();
    } else if (typ.equals("Schinken")) {
      pizza = new BerlinerSchinkenPizza();
    } else if (typ.equals("Krabben")) {
      pizza = new BerlinerKrabbenPizza();
    } else if (typ.equals("Thunfisch")) {
      pizza = new BerlinerThunfischPizza();
    }
    } else if (art.equals("München")) {
      if (typ.equals("Salami")) {
        pizza = new MünchenerSalamiPizza();
      } else if (typ.equals("Schinken")) {
        pizza = new MünchenerSchinkenPizza();
      } else if (typ.equals("Krabben")) {
        pizza = new MünchenerKrabbenPizza();
      } else if (typ.equals("Thunfisch")) {
        pizza = new MünchenerThunfischPizza();
      }
    } else {
      System.out.println("Fehler: Ungültiger Pizzatyp");
      return null;
    }
    pizza.vorbereiten();
    pizza.backen();
    pizza.schneiden();
    pizza.verpacken();
    return pizza;
  }
}
```

Kümmert sich um alle Pizzas Berliner Art.

Kümmert sich um alle Pizzas Münchener Art.

Hier können Sie Ihre Antwort notieren: **8** Anzahl   **12** Anzahl mit Kölner Art

Das Factory-Muster

Spitzen Sie Ihren Bleistift
Lösung

Schreiben Sie die MünchenerPizzaZutatenFabrik. Sie können die unten angegebenen Klassen in Ihrer Implementierung referenzieren.

```
public class MünchenerPizzaZutatenFabrik
  implements PizzaZutatenFabrik
{

  public Teig erstelleTeig() {
    return new TeigMitDickerKruste();
  }

  public Soße erstelleSoße() {
    return new TomatenSoße();
  }

  public Käse erstelleKäse() {
    return new Mozzarella();
  }

  public Salami erstelleSalami() {
    return new ItalienischeSalami();
  }

  public Gemüse[] erstelleGemüse() {
    Gemüse gemüse[] = { new SchwarzeOliven(),
                        new Spinat(),
                        new Aubergine() };
    return gemüse;
  }

  public Thunfisch erstelleThunfisch() {
    return new ThunfischStücke();
  }

  public Krabben erstelleKrabben() {
    return new GefroreneKrabben();
  }
}
```

TeigMitDickerKruste

Tomatensoße

Aubergine

Mozzarella

ThunfischStücke

Spinat

GefroreneKrabben

SchwarzeOliven

Sie sind hier ▸ **169**

Lösung des Kreuzworträtsels

Entwurfsmuster-Kreuzworträtsel, Lösung

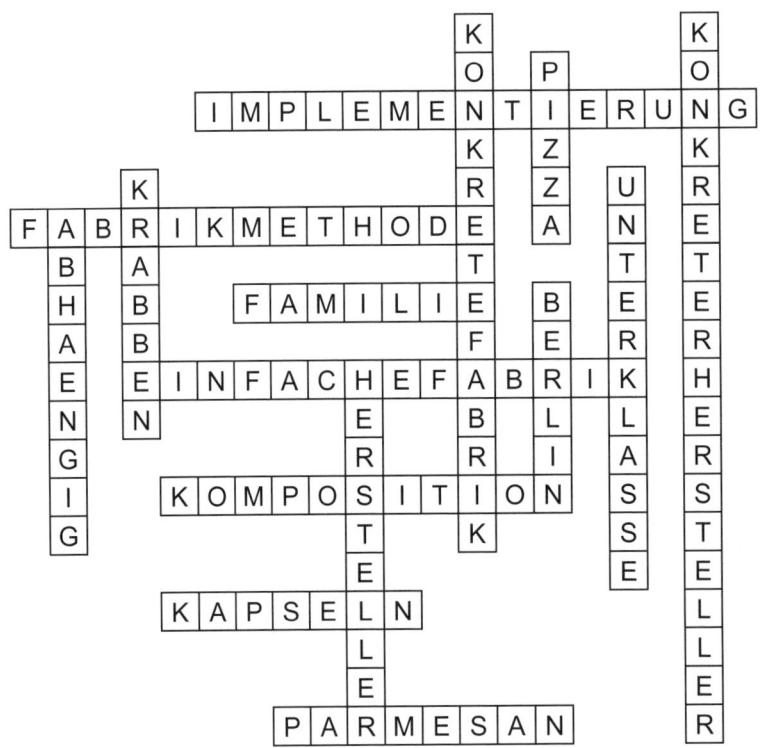

5 Das Singleton-Muster

Ein einzigartiges Objekt

Unser nächster Halt ist das Singleton-Muster, unsere Fahrkarte zur Erstellung einzigartiger Objekte von Klassen, von denen es nur eine einzige Instanz geben kann. Vielleicht freut es Sie zu erfahren, dass das Singleton-Muster in Bezug auf das Klassendiagramm das einfachste aller Muster ist. Das Diagramm enthält tatsächlich nur eine einzige Klasse! Aber machen Sie es sich nicht zu bequem. Trotz der Einfachheit in Bezug auf das Klassendiagramm werden wir auf eine Reihe Buckel und Schlaglöcher in seiner Implementierung stoßen. Sie schnallen sich also besser an.

Eins und nur eins

Entwicklerin: Was bringt das?

Guru: Es gibt viele Objekte, von denen wir nur eins benötigen: Thread-Pools, Caches, Dialogfenster, Objekte, die Benutzer- und Registrierungseinstellungen verwalten, Objekte, die zum Logging verwendet werden, und Objekte, die als Treiber für Geräte wie Drucker und Grafikkarten dienen. Bei vielen dieser Typen von Objekten würde es sogar alle möglichen Probleme wie fehlerhaftes Programmverhalten, Ressourcenverschwendung oder inkonsistente Ergebnisse geben, wenn wir mehrere Objekte eines Typs instantiieren würden.

Entwicklerin: Gut. Vielleicht gibt es ja Klassen, die nur einmal instantiiert werden sollten. Aber braucht man dazu wirklich ein ganzes Kapitel? Kann das nicht einfach über Konventionen oder globale Variablen erledigt werden? In Java könnte man das beispielsweise doch mit einer statischen Variablen machen.

Guru: In vielerlei Hinsicht **ist** das Singleton-Muster **eine Konvention**, die sichert, dass nur ein einziges Objekt einer bestimmten Klasse instantiiert wird. Falls du eine bessere hast, würden wir alle uns sehr freuen, wenn du dieses Wissen mit uns teilen würdest. Aber denk daran: Wie alle Muster ist das Singleton-Muster eine bewährte Methode, um zu sichern, dass nur ein Objekt erzeugt wird. Das Singleton-Muster gibt uns außerdem wie eine globale Variable einen globalen Zugriffspunkt, aber ohne die üblichen Nachteile.

Entwicklerin: Welche Nachteile?

Guru: Na, diesen zum Beispiel: Wenn du einer globalen Variablen ein Objekt zuweist, dann musst du dieses Objekt erstellen, wenn die Anwendung gestartet wird.* Oder? Was ist, wenn dieses Objekt viele Ressourcen benötigt und deine Anwendung es am Ende nicht ein einziges Mal verwendet hat? Wie du sehen wirst, können wir unsere Objekte mit dem Singleton-Muster dann erstellen, wenn sie benötigt werden.

Entwicklerin: Das klingt aber immer noch nicht so, als sollte das sonderlich schwer sein.

Guru: Wenn du mit statischen Klassenvariablen und Methoden sowie den Zugriffsmodifizierern gut zurechtkommst, ist es das nicht. Es ist aber auf alle Fälle interessant zu sehen, wie ein Singleton funktioniert. Und auch wenn es so einfach klingt, ist es eine schwierige Sache, den Singleton-Code richtig hinzubekommen. Stell dir einfach mal die entscheidende Frage: Wie verhindere ich, dass mehr als ein Objekt instantiiert wird? So offensichtlich ist das nicht, oder?

---

*Das ist eigentlich implementierungsabhängig. Manche JVMs erstellen diese Objekte verzögert (Anmerkung des Übersetzers).

Das kleine Singleton
Als kleine Übung führen wir ein kurzes Gespräch, wie Sokrates es vielleicht angehen würde.

Wie würdest du ein einzelnes Objekt erstellen?	`new MeinObjekt();`
Und was ist, wenn ein anderes Objekt ein MeinObjekt erstellen will? Könnte es MeinObjekt dann erneut aufrufen?	Ja. Natürlich.
Wenn wir eine Klasse haben, können wir die dann immer mehrfach instantiieren?	Ja. Natürlich nur, wenn es eine öffentliche Klasse ist.
Und wenn nicht?	Na, wenn es keine öffentliche Klasse ist, kann sie nur von Klassen im gleichen Paket instantiiert werden. Aber die können sie immer noch mehrfach instantiieren.
Hm. Interessant. Wusstest du, dass du Folgendes machen kannst? ```\npublic MeinObjekt {\n private MeinObjekt() {}\n}\n```	Nein. Habe ich nie drüber nachgedacht. Aber ich denke, dass das vernünftig ist. Es ist ja schließlich eine zulässige Definition.
Und was bedeutet es?	Ich nehme an, dass die Klasse nicht instantiiert werden kann, weil sie einen privaten Konstruktor hat.
Und gibt es ein Objekt, das diesen Konstruktor verwenden könnte?	Hm. Ich denke, dass der Code in MeinObjekt der einzige ist, der diesen Konstruktor aufrufen könnte. Aber das scheint nicht so sinnvoll zu sein.

Ein Singleton erzeugen

Warum nicht?	Weil ich eine Instanz der Klasse haben muss, um ihn aufrufen zu können. Aber ich kriege keine Instanz der Klasse, weil keine andere Klasse sie instantiieren kann. Das ist das Henne-Ei-Problem: Ich kann den Konstruktor aus einem Objekt vom Typ MeinObjekt nutzen, kann dieses Objekt aber nie instantiieren, weil kein anderes Objekt »new MeinObjekt()« verwenden kann.

Gut. War nur so ein Gedanke. Was macht dieser Code hier?
 	
 ``java
public class MeinObjekt {
  public static MeinObjekt getInstanz(){
  }
}
``
	MeinObjekt ist eine Klasse mit einer statischen Methode. Die statische Methode können wir so aufrufen:
	
	 `MeinObjekt.getInstanz();`

Warum hast du MeinObjekt anstelle irgendeiner Objekt-Referenz verwendet?	Na, getInstanz() ist eine statische Methode oder, anders gesagt, eine KLASSENMETHODE. Man muss den Klassennamen verwenden, um eine statische Methode zu referenzieren.

Sehr interessant. Wie wäre es, wenn wir beide Sachen zusammenpacken?
 	
 Kann man *jetzt* MeinObjekt instantiieren?
 	
 ``java
public class MeinObjekt {
  private MeinObjekt() {}
  public static MeinObjekt getInstanz() {
    return new MeinObjekt();
  }
}
``
	Wow, natürlich kann man das.

Kannst du dir jetzt eine zweite Möglichkeit vorstellen, ein Objekt zu instantiieren?	`MeinObjekt.getInstanz();`
Kannst du den Code jetzt so fertigstellen, dass nur EINE Instanz von MeinObjekt erzeugt werden kann?	Ja, ich glaube, das kann ich ... (Den Code finden Sie auf der nächsten Seite.)

Das Singleton-Muster

Die klassische Implementierung des Singleton-Musters sezieren

Achtung

Falls Sie das Buch nur durchblättern, sollten Sie den Code hier nicht blind eingeben. Ein paar Seiten weiter werden Sie sehen, dass er ein paar Haken hat.

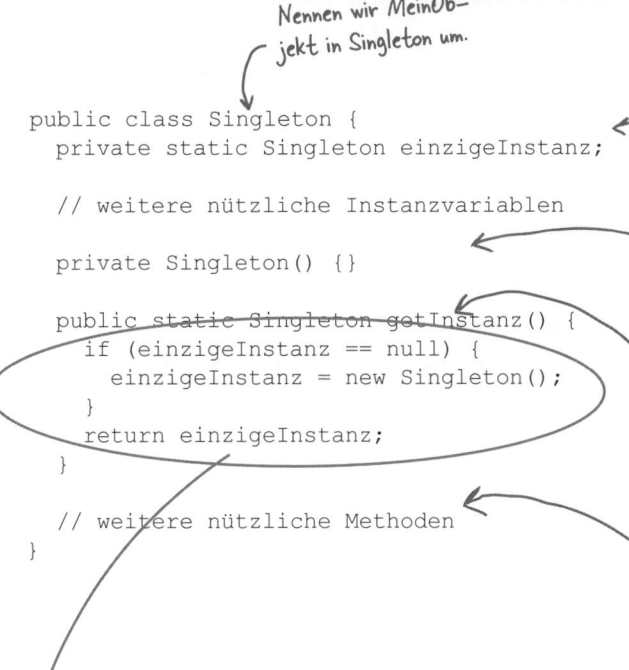

```java
public class Singleton {
    private static Singleton einzigeInstanz;

    // weitere nützliche Instanzvariablen

    private Singleton() {}

    public static Singleton getInstanz() {
        if (einzigeInstanz == null) {
            einzigeInstanz = new Singleton();
        }
        return einzigeInstanz;
    }

    // weitere nützliche Methoden
}
```

Nennen wir MeinObjekt in Singleton um.

Wir haben eine statische Variable, die die einzige Instanz der Klasse Singleton aufnehmen soll.

Unser Konstruktor ist privat deklariert. Nur Singleton kann diese Klasse instantiieren!

Die Methode getInstanz() gibt uns eine Möglichkeit, die Klasse zu instantiieren und eine Instanz der Klasse zurückzuliefern.

Da Singleton eine gewöhnliche Klasse ist, hat es natürlich weitere nützliche Instanzvariablen und -methoden.

Code unter der Lupe

```java
if (einzigeInstanz == null) {
    einzigeInstanz = new Singleton();
}
return einzigeInstanz;
```

einzigeInstanz hält unsere EINE Instanz. Denken Sie daran, dass es eine statische Variable ist.

Wenn einzigeInstanz null ist, haben wir noch keine Instanz erstellt ...

... und wenn noch keine Instanz existiert, instantiieren wir das Singleton über seinen privaten Konstruktor und weisen diese Instanz einzigeInstanz zu. Beachten Sie, dass die Instanz nie erstellt wird, wenn wir sie nicht benötigen. Das bezeichnet man üblicherweise als »lazy instantiation« (weil wir unseren Programmen und der JVM keine Faulheit ankreiden wollen, werden wir künftig von »verzögerter Instantiierung« sprechen).

Wenn wir zu diesem Code kommen, haben wir eine Instanz und liefern sie zurück.

Wenn einzigeInstanz nicht null ist, wurde die Instanz bereits erstellt. Dann springen wir einfach zur return-Anweisung weiter.

Sie sind hier ▸ 175

Interview mit Singleton

Muster unter der Lupe

Interview der Woche:
Geständnis eines Singletons

Von Kopf bis Fuß: Wir freuen uns, Ihnen heute ein Interview mit einem Singleton-Objekt liefern zu können. Vielleicht erzählen Sie uns zu Anfang etwas über sich selbst.

Singleton: Ja, mach ich: Ich bin absolut einzigartig. Es gibt mich nur ein einziges Mal!

Von Kopf bis Fuß: Nur einmal?

Singleton: Ja, nur einmal. Ich basiere auf dem Singleton-Muster, das sicherstellt, dass es immer nur eine einzige Instanz von mir gibt.

Von Kopf bis Fuß: Ist das nicht irgendwie Verschwendung? Da hat sich jemand die Mühe gemacht, eine ausgewachsene Klasse zu entwickeln, und dann kann man aus ihr nur ein Objekt herausholen!

Singleton: Überhaupt nicht! In diesem EINEN steckt gewaltige Macht. Nehmen wir an, Sie haben ein Objekt, das Registrierungseinstellungen enthält. Mehrere Kopien dieses Objekts und seiner Werte wollen Sie dann unter allen Umständen vermeiden – das würde zu einem Chaos führen. Indem Sie ein Objekt wie mich verwenden, können Sie sichern, dass jedes Objekt in Ihrer Anwendung die gleiche globale Ressource verwendet.

Von Kopf bis Fuß: Erklären Sie uns das weiter …

Singleton: Oh, ich bin für alle möglichen Dinge geeignet. Allein zu sein hat manchmal seine Vorteile, wissen Sie. Ich werde oft eingesetzt, um Pools mit Ressourcen wie Verbindungen oder Threads zu verwalten.

Von Kopf bis Fuß: Trotzdem, nur ein einziges Exemplar Ihrer Art? Das klingt nach Einsamkeit.

Singleton: Weil es mich nur einmal gibt, bin ich ganz schon beschäftigt. Nett wäre es allerdings, wenn mich mehr Entwickler kennen würden – viele Entwickler stoßen auf Probleme, weil bei ihnen viele Kopien eines Objekts herumfliegen und sie sich dessen gar nicht bewusst sind.

Von Kopf bis Fuß: Und, wenn man das fragen darf, wie wissen Sie, dass es Sie nur einmal gibt? Kann nicht einfach jemand mit dem new-Operator ein »neues Exemplar von Ihnen erstellen«?

Singleton: Nein! Ich bin absolut einzigartig.

Von Kopf bis Fuß: Ähm, schwören die Entwickler einen Eid, dass sie Sie nur ein einziges Mal instantiieren?

Singleton: Natürlich nicht. Um die Wahrheit zu sagen … jetzt wird es etwas persönlich … ich habe keinen öffentlichen Konstruktor.

Von Kopf bis Fuß: KEINEN ÖFFENTLICHEN KONSTRUKTOR! Äh, Entschuldigung, keinen öffentlichen Konstruktor?

Singleton: Das stimmt. Mein Konstruktor ist als privat deklariert.

Von Kopf bis Fuß: Wie funktioniert das? Wie werden Sie überhaupt JEMALS instantiiert?

Singleton: Wissen Sie, wenn Sie ein Singleton-Objekt erhalten wollen, instantiieren sie es nicht, sondern bitten nur um eine Instanz. Meine Klasse enthält dazu eine statische Methode namens getInstanz(). Rufen Sie die auf, erscheine ich sofort und bin arbeitsbereit. Wahrscheinlich ist es sogar so, dass ich bereits anderen Objekten helfe, wenn Sie mich um Hilfe bitten.

Von Kopf bis Fuß: Ja, Herr Singleton, da scheint sich in Ihren vier Wänden ja einiges abzuspielen, damit all das funktionieren kann. Vielen Dank, dass Sie sich uns offenbart haben, und wir hoffen, bald mal wieder mit Ihnen sprechen zu können!

Die Schokoladenfabrik

Jeder weiß, dass moderne Schokoladenfabriken computergesteuerte Schokoladenkocher haben. Aufgabe des Kochers ist es, Schokolade und Milch aufzunehmen, zum Kochen zu bringen und dann an die nächste Phase zu übergeben, in der die Schokoriegel gemacht werden.

Hier ist die Steuerungsklasse für industrietaugliche Schokoladenkocher von Schok-O-Holika. Wenn Sie sich den Code ansehen, werden Sie feststellen, dass man große Sorgfalt walten ließ, damit keine Probleme auftauchen, beispielsweise dadurch, dass 500 Liter ungekochte Mischung ausgeleert werden oder der Kocher gefüllt wird, wenn er bereits voll ist, oder ein leerer Kocher zum Kochen gebracht wird!

```java
public class SchokoladenKocher {
  private boolean leer;
  private boolean gekocht;

  public SchokoladenKocher() {
    leer = true;
    gekocht = false;
  }

  public void füllen() {
    if (isLeer()) {
      leer = false;
      gekocht = false;
      // den Kocher mit der Milch-Schokolade-Mischung füllen
    }
  }

  public void leeren() {
    if (!isLeer() && isGekocht()) {
      // gekochte Milch-Schokolade-Mischung ausleeren
      leer = true;
    }
  }

  public void kochen() {
    if (!isLeer() && !isGekocht()) {
      // den Inhalt zum Kochen bringen
      gekocht = true;
    }
  }

  public boolean isLeer() {
    return leer;
  }

  public boolean isGekocht() {
    return gekocht;
  }
}
```

> Dieser Code wird nur gestartet, wenn der Kocher leer ist!

> Der Kocher muss leer sein, damit er gefüllt werden kann. Und wenn er voll ist, setzen wir die Schalter leer und gekocht.

> Der Kocher muss voll (nicht leer) und gekocht sein, damit er geleert werden kann. Wenn er geleert ist, setzen wir leer wieder auf true.

> Der Kocher muss voll und noch nicht gekocht sein, damit die Mischung gekocht werden kann. Wenn die Mischung gekocht ist, setzen wir den Schalter gekocht auf true.

Schokoladenkocher-Singleton

Schok-O-Holika hat ordentliche Arbeit geleistet, um zu sichern, dass keine üblen Dinge passieren. Denken Sie nicht? Oder machen Sie sich doch Sorgen, dass ein paar sehr hässliche Dinge passieren könnten, wenn zwei Kocher-Instanzen ausbrechen?

Was könnte passieren, wenn in einer Anwendung zwei Instanzen von SchokoladenKocher erzeugt werden?

Spitzen Sie Ihren Bleistift

Können Sie Schok-O-Holika helfen, die Klasse SchokoladenKocher zu verbessern, indem Sie sie in ein Singleton verwandeln?

```
public class SchokoladenKocher {
    private boolean leer;
    private boolean gekocht;

    ☐

    ☐ SchokoladenKocher() {
        leer = true;
        gekocht = false;
    }

    ☐

    public void füllen() {
        if (isLeer()) {
           leer = false;
           gekocht = false;
           // den Kocher mit der Milch-Schokolade-Mischung füllen
        }
    }
    // Rest des SchokoladenKocher-Codes
}
```

Definition des Singleton-Musters

Jetzt, da Sie die klassische Implementierung des Singleton-Musters im Kopf haben, können Sie sich zurücklehnen, ein Stück Schokolade genießen und sich die feineren Punkte des Singleton-Musters ansehen.

Beginnen wir mit einer kompakten Definition des Musters:

> **Das Singleton-Muster** sichert, dass es nur eine Instanz einer Klasse gibt, und bietet einen globalen Zugriffspunkt für diese Instanz.

Da gibt es keine großen Überraschungen. Aber lassen Sie uns das noch etwas in seine Einzelteile zerlegen:

- Was passiert hier wirklich? Wir nehmen eine Klasse und lassen sie eine einzige Instanz von sich selbst verwalten. Wir verhindern auch, dass irgendeine andere Klasse eigenständig eine neue Instanz erstellt. Um eine Instanz zu erhalten, muss man über die Klasse selbst gehen.

- Wir bieten außerdem einen globalen Zugriffspunkt für die Instanz: Jedes Mal, wenn Sie eine Instanz benötigen, fragen Sie einfach bei der Klasse nach, und diese reicht Ihnen die eine Instanz. Wie Sie gesehen haben, können wir das so implementieren, dass das Singleton verzögert erstellt wird, was bei ressourcenintensiven Objekten besonders wichtig ist.

Gut, sehen wir uns das Klassendiagramm an:

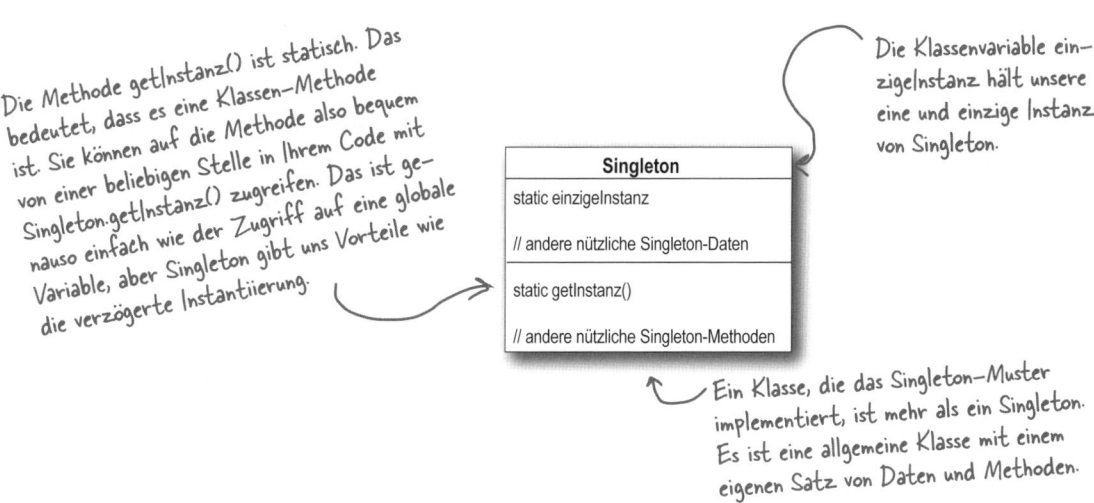

Sie sind hier ▸ **179**

Threads sind ein Problem

Köln ~~Houston,~~ wir haben ein Problem ...

Es scheint, als hätte uns SchokoladenKocher im Stich gelassen. Obwohl wir den Code mit dem klassischen Singleton verbessert haben, konnte die füllen()-Methode von SchokoladenKocher anfangen, den Kocher zu füllen, obwohl bereits eine Mischung aus Milch und Schokolade kochte! Das macht 500 Liter verschüttete Milch (und Schokolade)! Was ist passiert!?

> Wir wissen nicht, was passiert ist! Der neue Singleton-Code lief wunderbar. Uns fällt nur eine einzige Sache ein. Wir haben der Steuerung von SchokoladenKocher ein paar Optimierungen hinzugefügt, die mehrere Threads nutzen.

Könnte diese Ergänzung das verursacht haben? Wenn wir die Variable einzigeInstanz einmal auf die einzige Instanz von SchokoladenKocher gesetzt haben, ist es dann nicht so, dass alle Aufrufe von getInstanz() die gleiche Instanz zurückliefern sollten? Stimmt das?

Das Singleton-Muster

Spielen Sie JVM

Wir haben zwei Threads, die jeweils diesen Code ausführen. Ihre Aufgabe ist es, die JVM zu spielen und herauszufinden, ob es einen Fall gibt, in dem zwei Threads verschiedene Kocher-Objekte erhalten könnten. Hinweis: Sie müssen eigentlich nur auf die Abfolge der Operationen in der Methode getInstanz() und den Wert von einzigeInstanz blicken, um zu erkennen, wo sie sich überschneiden können. Die Code-Magnete können Ihnen helfen zu untersuchen, wie sich der Code so verstricken könnte, dass zwei Kocher-Objekte erstellt werden.

```
SchokoladenKocher kocher =
     SchokoladenKocher.getInstanz();
füllen();
kochen();
leeren();
```

```
public static SchokoladenKocher
getInstanz() {

   if (einzigeInstanz == null) {

      einzigeInstanz =
         new SchokoladenKocher();

   }

   return einzigeInstanz;

}
```

Prüfen Sie Ihre Antworten auf Seite 190, bevor Sie umblättern.

Thread1	Thread2	Wert von einzigeInstanz

Sie sind hier ▸ **181**

Multithreading und Singleton

Mit Multithreading klarkommen

Unsere Multithreading-Probleme lassen sich schon fast trivial beheben, indem getInstanz() zu einer synchronisierten Methode gemacht wird:

```
public class Singleton {
  private static Singleton einzigeInstanz;

  // weitere nützliche Instanzvariablen

  private Singleton() {}

  public static synchronized Singleton getInstanz() {
    if (einzigeInstanz == null) {
      einzigeInstanz = new Singleton();
    }
    return einzigeInstanz;
  }

  // weitere nützliche Methoden
}
```

Indem wir getInstanz() das Schlüsselwort synchronized hinzufügen, erzwingen wir, dass jeder Thread wartet, bis er an der Reihe ist, bevor er in die Methode eintritt. Das bedeutet, dass zwei Threads die Methode nicht gleichzeitig betreten können.

> Ich stimme zu, dass dieses das Problem behebt. Aber Synchronisierung ist teuer. Ist das kein Problem?

Guter Punkt. Und eigentlich ist es noch etwas schlimmer, als Sie bemerkt haben: Die Synchronisierung ist nur ein einziges Mal relevant, und zwar dann, wenn die Methode das erste Mal durchlaufen wird. Anders gesagt: Wenn wir die Variable einzigeInstanz einmal auf eine Instanz von Singleton gesetzt haben, ist es nicht mehr erforderlich, diese Methode zu synchronisieren. Nach dem ersten Durchlauf ist die Synchronisierung eine vollständig überflüssige Verschwendung!

Können wir das Multithreading verbessern?

Bei den meisten Java-Anwendungen müssen wir offensichtlich sichern, dass das Singleton auch funktioniert, wenn mehrere Threads vorhanden sind. Aber es scheint ziemlich teuer, die Methode getInstanz() zu synchronisieren. Was können wir also tun?

Sie haben ein paar Möglichkeiten ...

1. Tun Sie nichts, wenn die Leistung von getInstanz() für Ihre Anwendung nicht entscheidend ist.

Sie haben richtig gehört. Wenn das Aufrufen von getInstanz() bei Ihrer Anwendung keine wesentlichen Nachteile bewirkt, vergessen Sie es einfach. Die Synchronisierung von getInstanz() ist gradlinig und effektiv. Denken Sie einfach daran, dass das Synchronisieren einer Methode die Leistung um den Faktor 100 mindern kann. Sollte eine viel genutzte Methode Ihres Codes getInstanz() verwenden, müssen Sie sich die Sache eventuell also noch einmal überlegen.

2. Wechseln Sie von der verzögert erzeugten Instanz zu einer vorzeitig erzeugten Instanz.

Wenn Ihre Anwendung immer eine Instanz des Singletons erzeugt und verwendet oder die Nachteile der Erstellungs- und Laufzeitaspekte des Singletons nicht zu gravierend sind, sollten Sie Ihr Singleton wie hier vorzeitig erstellen:

```java
public class Singleton {
    private static Singleton einzigeInstanz = new Singleton();

    private Singleton() {}

    public static Singleton getInstanz() {
        return einzigeInstanz;
    }
}
```

Nehmen Sie die Sache vorweg und erstellen Sie eine Instanz von Singleton mit einem statischen Initialisierer. Dieser Code ist garantiert Thread-sicher!

Wir haben bereits eine Instanz und liefern einfach diese zurück.

Verwenden wir diesen Ansatz, verlassen wir uns darauf, dass die JVM die einzige Instanz des Singletons schon erzeugt, wenn die Klasse geladen wird. Die JVM sichert, dass die Instanz erstellt wird, bevor irgendein Thread auf die statische Variable einzigeInstanz zugreift.

Zweifach geprüftes Sperren

3. Verwenden Sie »zweifach geprüftes Sperren«, um die Verwendung der Synchronisierung in getInstanz() zu reduzieren.

Mit zweifach geprüftem Sperren prüfen wir ERST, ob bereits eine Instanz erstellt wurde, und synchronisieren DANN, wenn noch keine erstellt wurde. Auf diese Weise synchronieren wird nur beim ersten Mal. Und das ist genau das, was wir wollten.

Sehen wir uns den Code an:

```java
public class Singleton {
  private volatile* static Singleton einzigeInstanz;

  private Singleton() {}

  public static Singleton getInstanz() {
    if (einzigeInstanz == null) {
      synchronized (Singleton.class) {
        if (einzigeInstanz == null) {
          einzigeInstanz = new Singleton();
        }
      }
    }
    return einzigeInstanz;
  }
}
```

Prüft auf eine Instanz und tritt in einen synchronisierten Block ein, wenn noch keine vorhanden ist.

Wir synchronisieren nur beim ersten Mal!

Im Block wird erneut geprüft, und wenn die Instanz immer noch null ist, wird sie erstellt.

* Das Schlüsselwort volatile sichert, dass mehrere Threads richtig mit der Variablen einzigeInstanz umgehen, wenn sie in der Singleton-Instanz initialisiert wird.

Wenn bei Ihrer Verwendung der Methode getInstanz() die Leistung ein Problem ist, kann die Methode, Singleton zu implementieren, die Nachteile drastisch reduzieren.

Achtung

Zweifach geprüftes Sperren funktioniert nicht in Java 1.4 oder früher!

Unglücklicherweise enthalten in Java 1.4 und früher viele JVMs Implementierungen des Schlüsselworts volatile, die falsche Synchronisierungen für zweifach geprüftes Sperren ermöglichen. Wenn Sie eine andere JVM als Java 5 verwenden müssen, sollten Sie für die Implementierung Ihres Singletons andere Methoden der Implementierung in Betracht ziehen.

Das Singleton-Muster

Inzwischen in der Schokoladenfabrik ...

Während wir unterwegs waren und Multithreading-Probleme diagnostiziert haben, wurde der Schokoladenkocher gesäubert und ist jetzt wieder einsatzbereit. Aber erst müssen wir die Multithreading-Probleme lösen. Wir haben ein paar Lösungen zur Hand, die jeweils verschiedene Nachteile haben. Welche Lösung werden wir also einsetzen?

Spitzen Sie Ihren Bleistift

Beschreiben Sie für jede Lösung die Anwendbarkeit auf unser Problem, um den SchokoladenKocher-Code zu reparieren.

Die Methode getInstanz() synchronisieren:

_____

_____

Vorzeitige Instantiierung verwenden:

_____

_____

Zweifach geprüftes Sperren:

_____

_____

Glückwunsch!

Jetzt haben Sie die Schokoladenfabrik zu einem glücklichen Kunden gemacht. Schok-O-Holika ist sehr zufrieden damit, wie sich Ihre Fachkenntnisse auf den Kocher-Code ausgewirkt haben. Egal, welche Multithreading-Lösung Sie angewandt haben, der Kocher sollte jetzt so fit sein, dass keine Unglücke mehr passieren. Herzlichen Glückwunsch. Es ist Ihnen in diesem Kapitel nicht nur gelungen, 500 Litern heißer Schokolade auszuweichen, sondern Sie sind auch alle Probleme durchgegangen, die beim Singleton auftauchen können.

Fragen zum Singleton

Es gibt keine Dummen Fragen

F: **Für ein so einfaches Muster, das nur aus einer Klasse besteht, haben Singletons aber doch eine Reihe von Problemen.**

A: Na, wir haben Sie ja gleich zu Anfang gewarnt! Aber lassen Sie sich von den Problemen nicht entmutigen. Auch wenn es eine verzwickte Sache sein kann, Singletons *richtig* zu implementieren, so sind Sie mit den Techniken, Singletons zu erstellen, jetzt gut vertraut und können sie einsetzen, wenn Sie die Anzahl der Instanzen steuern müssen, die erstellt werden.

F: **Kann ich nicht einfach eine Klasse definieren, in der alle Methoden und Variablen als statisch deklariert sind? Wäre das nicht das Gleiche wie ein Singleton?**

A: Ja. Vorausgesetzt, Ihre Klasse ist in sich selbst abgeschlossen und benötigt keine komplexen Initialisierungsvorgänge. Aber aufgrund der Art und Weise, wie Java statische Initialisierungen handhabt, kann das eine ziemlich unsaubere Angelegenheit werden, insbesondere wenn mehrere Klassen betroffen sind. Dieses Szenario kann oft zu diffizilen, schwer zu findenden Fehlern führen, die aus der Reihenfolge der Initialisierung resultieren. Wenn es keinen überzeugenden Grund gibt, Ihr »Singleton« auf diese Weise zu initialisieren, ist es deutlich besser, wenn Sie auf dem Boden der objektorientierten Welt bleiben.

F: **Was ist mit Klassenladern? Ich habe gehört, dass es passieren kann, dass zwei Klassenlader jeweils ihre eigenen Instanzen eines Singletons erhalten.**

A: Ja, das ist richtig, weil jeder Klassenlader einen Namensraum definiert. Wenn Sie zwei oder mehr Klassenlader haben, können Sie die gleiche Klasse mehrfach (in jedem Klassenlader) laden. Wenn diese Klasse ein Singleton ist, können wir dann mehrere Instanzen des Singletons haben, weil wir mehrere Versionen der Klasse haben. Wenn Sie mehrere Klassenlader und Singletons verwenden, sollten Sie also vorsichtig sein. Sie können das Problem beispielsweise umgehen, indem Sie den Klassenlader selbst angeben.

Entspann dich! *Gerüchte, dass Singletons vom Garbage Collector gefressen werden, sind stark übertrieben*

Vor Java 1.2 konnte ein Fehler im Garbage Collector dazu führen, dass Singletons vorzeitig eingesammelt wurden, wenn es keine globale Referenz auf sie gab. Anders gesagt, Sie erzeugten ein Singleton, und das wurde vom Garbage Collector eingesammelt und zerstört, wenn die einzige Referenz auf das Singleton sich im Singleton selbst befand. Das führt zu verwirrenden Fehlern, weil nach dem »Einsammeln« des Singletons der nächste Aufruf von getInstance() ein nagelneues Singleton hervorbrachte. In vielen Anwendungen kann das zu irritierenden Verhalten führen, weil Zustände mysteriöserweise auf die Initialisierungswerte zurückgesetzt werden oder Dinge wie Netzwerkverbindungen zurückgesetzt werden.

Dieser Fehler wurde in Java 1.2 behoben. Eine globale Referenz ist jetzt nicht mehr erforderlich. Wenn Sie aus irgendeinem Grund immer noch eine Prä-Java 1.2-JVM einsetzen, sollten Sie sich dieses Problems bewusst sein. Andernfalls können Sie sich im Wissen, dass Ihre Singletons nicht vorzeitig eingesammelt werden, entspannt zurücklehnen.

F: Man hat mir häufig gesagt, dass eine Klasse immer nur eine Sache machen sollte. Dass eine Klasse zwei Dinge tut, wird als schlechtes OO-Design betrachtet. Verletzt ein Singleton nicht diese Regel?

A: Sicher verweisen Sie auf das Prinzip »eine Klasse, eine Verantwortlichkeit«. Ja, da haben Sie recht. Das Singleton ist nicht nur dafür verantwortlich, seine eine Instanz zu verwalten (und globalen Zugriff darauf zu bieten), es ist auch für das verantwortlich, was die eigentliche Rolle dieser Klasse in Ihrer Anwendung ist. Deswegen könnte man natürlich argumentieren, dass sie zwei Verantwortlichkeiten übernimmt. Trotzdem ist es nicht schwer einzusehen, dass eine Klasse, die ihre eigene Instanz verwaltet, ihren Nutzen hat. Auf alle Fälle vereinfacht sie das allgemeine Design. Außerdem sind viele Entwickler mit dem Singleton-Muster vertraut, da es verbreitet verwendet wird. Und trotzdem spüren einige Entwickler das Bedürfnis, die Singleton-Funktionalität aus der Klasse zu abstrahieren.

F: Ich wollte eine Unterklasse meines Singletons bilden, bin dabei aber auf Probleme gestoßen. Kann man Klassen von einem Singleton ableiten?

A: Ein Problem bei der Ableitung von Klassen von einem Singleton ist, dass der Konstruktor privat ist. Das Erste, was Sie tun müssten, wäre also, den Konstruktor so zu ändern, dass er als public oder protected deklariert ist. Aber dann ist das *eigentlich* kein Singleton mehr, weil andere Klassen die Klasse instantiieren können.

Wenn Sie Ihren Konstruktor ändern, taucht auch noch ein weiteres Problem auf. Die Implementierung von Singleton basiert auf einer statischen Variablen. Wenn Sie ganz normal eine Unterklasse bilden, teilen sich alle abgeleiteten Klassen die gleiche Instanzvariable. Das ist wahrscheinlich nicht das, was Sie beabsichtigt hatten. Damit das Ableiten von Unterklassen funktioniert, ist es also erforderlich, in der Basisklasse irgendeine Art von Registrierung für die Arten zu implementieren.

Bevor Sie ein solches Schema implementieren, sollten Sie sich fragen, was Sie wirklich damit gewinnen, wenn Sie von einem Singleton ableiten. Wie die meisten Muster soll das Singleton nicht unbedingt eine Lösung sein, die in eine Bibliothek gepackt werden kann. Außerdem ist es trivial, einer bestehenden Klasse Singleton-Code hinzuzufügen. Und wenn Sie in Ihrer Anwendung eine große Zahl von Singletons verwenden, sollten Sie einen genauen Blick auf Ihren Entwurf werfen. Singletons sollten eigentlich spärlich eingesetzt werden.

F: Ich verstehe immer noch nicht ganz, warum globale Variablen schlimmer sind als ein Singleton.

A: In Java sind globale Variablen im Wesentlichen statische Referenzen auf Objekte. Es gibt eine Reihe von Nachteilen, wenn globale Variablen auf diese Weise verwendet werden. Einen haben wir bereits erwähnt: das Problem der verzögerten gegenüber der schnellen Instantiierung. Aber wir müssen auch den Zweck des Musters im Blick behalten: zu sichern, dass nur eine Instanz einer Klasse existiert, und globalen Zugriff auf diese Instanz zu bieten. Das Zweite kann eine globale Variable leisten, das Erste nicht. Außerdem scheinen globale Variablen Entwickler zu verführen, den Namensraum mit vielen globalen Referenzen auf kleine Objekte zu verschmutzen. Singletons fördern das nicht in diesem Maß, können aber trotzdem missbraucht werden.

Ihr Design-Werkzeugkasten

Werkzeuge für Ihren Design-Werkzeugkasten

Jetzt haben Sie Ihrem Werkzeugkasten ein weiteres Muster hinzugefügt. Singleton bietet Ihnen eine weitere Methode, Objekte zu erstellen – in diesem Fall einzigartige Objekte.

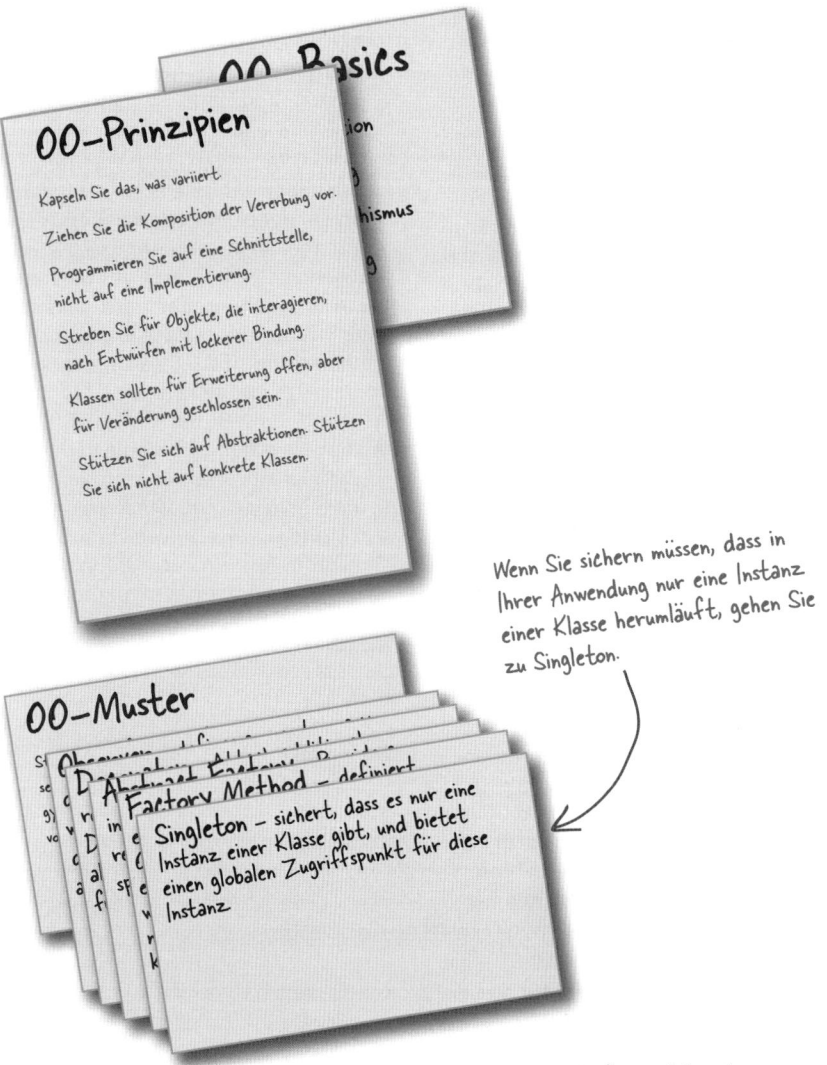

Punkt für Punkt

- Das Singleton-Muster sichert, dass Sie in Ihrer Anwendung höchstens eine Instanz einer Klasse haben.

- Das Singleton-Muster bietet außerdem einen globalen Zugriffspunkt auf diese Instanz.

- Javas Implementierung des Singleton-Musters verwendet eine Kombination aus einem privaten Konstruktor, einer statischen Methode und einer statischen Variablen.

- Prüfen Sie die bei Ihnen geltenden Leistungs- und Ressourcenbeschränkungen, um die geeignete Singleton-Implementierung für Multithreading-Anwendungen zu wählen (und eigentlich sollten wir alle Anwendungen als Multithreading-Anwendungen betrachten!).

- Passen Sie auf bei der Implementierung der zweifach geprüften Sperre. Sie ist in Java 2 vor Version 5 nicht Thread-sicher.

- Seien Sie vorsichtig, wenn Sie mehrere Klassenlader verwenden. Das kann die Singleton-Implementierung Matt setzen und zu mehreren Instanzen führen.

- Wenn Sie eine JVM vor Java 1.2 verwenden, müssen Sie eine Registrierung für Singletons erstellen, um den Garbage Collector auszutricksen.

Das Singleton-Muster

Entwurfsmuster-Kreuzworträtsel

Lehnen Sie sich zurück, öffnen Sie die Pralinenschachtel, die man Ihnen geschickt hat, weil Sie das Multithreading-Problem gelöst haben, und entspannen Sie sich, indem Sie dieses kleine Kreuzworträtsel lösen. Alle Lösungswörter stammen aus diesem Kapitel.

Waagerecht

1 Wird im Kocher der Schokolade hinzugefügt.
2 Das Singleton-Muster besteht aus nur einer einzigen _____.
5 Singleton sichert, dass nur eine davon vorkommt.
6 Schokoladen-Hauptstadt Deutschlands.
9 Ein Singleton ist eine Klasse, die eine Instanz von _____ verwaltet (zwei Wörter).
12 Firma, die die Schokolade herstellt.
14 Vor Java 1.2 kann er Ihre Singletons auffressen (zwei Wörter).
15 Für manche Männer »einzigartig«.
16 Ein Vorteil gegenüber globalen Variablen: _____ Initialisierung.

Senkrecht

1 Damit kommt die klassische Implementierung nicht klar.
3 Wenn Sie sich um die verzögerte Initialisierung keine Gedanken machen müssen, können Sie Ihre Instanzen _____ erzeugen.
4 Singleton bietet eine einzige Instanz und einen _____ Zugriffspunkt.
7 Es war dem Singleton etwas peinlich, dass es keinen öffentlichen _____ hat.
8 Mehrere _____ können zu Problemen führen (englischer Begriff).
10 Mit diesem Schlüsselwort können Sie Thread-Sicherheit erreichen.
11 Eine falsche Implementierung führte dazu, dass er überlief.
13 Um den new-Operator vollständig auszuhebeln, müssen wir den Konstruktor mit diesem Schlüsselwort deklarieren.

Sie sind hier ▸ **189**

Lösungen zu den Übungen

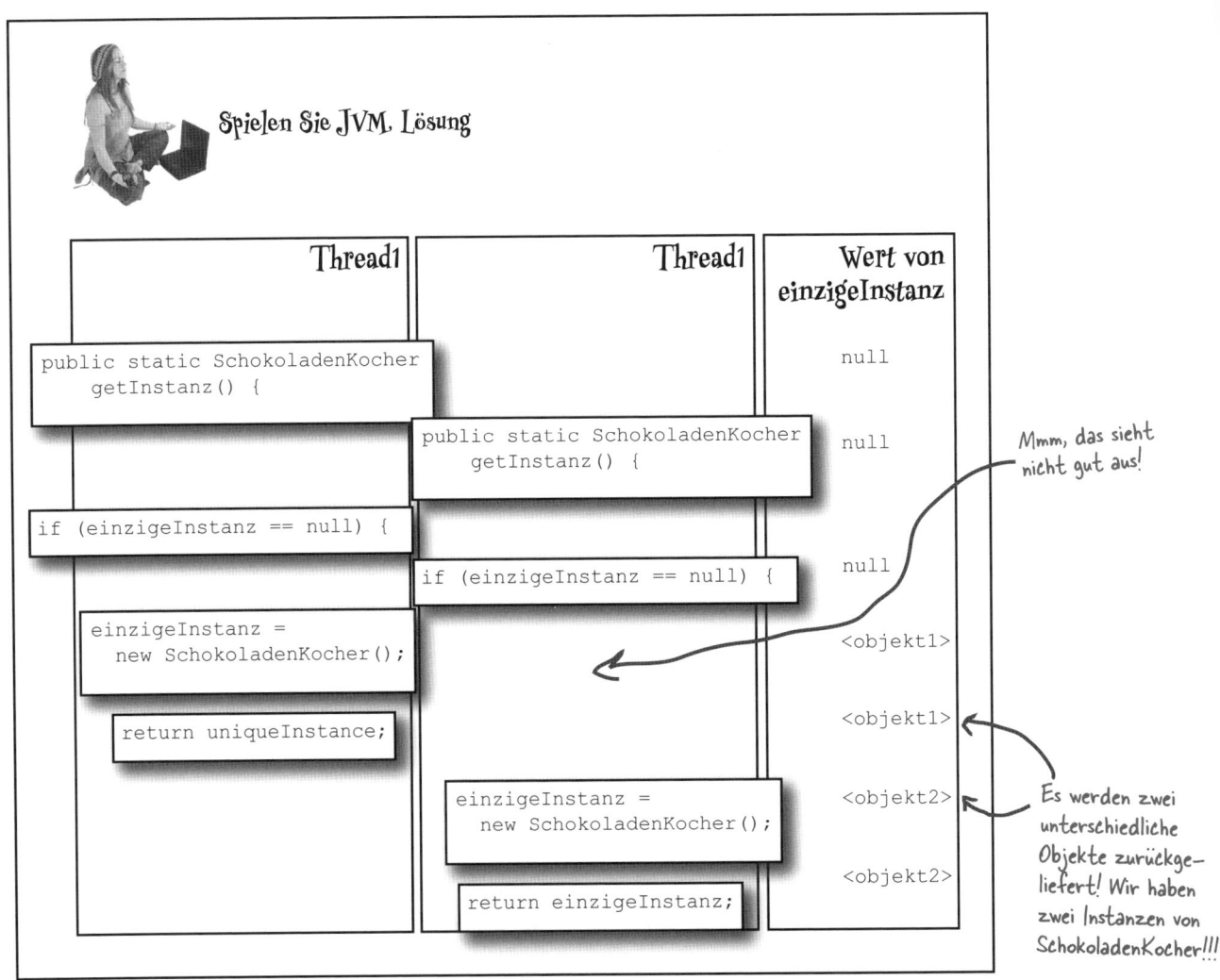

Das Singleton-Muster

Spitzen Sie Ihren Bleistift

Lösung

Können Sie Schok-O-Holika helfen, die Klasse SchokoladenKocher zu verbessern, indem Sie sie in ein Singleton verwandeln?

```
public class SchokoladenKocher {
  private boolean leer;
  private boolean gekocht;

  private static SchokoladenKocher einzigeInstanz;

  private SchokoladenKocher() {
    leer = true;
    gekocht = false;
  }

  public static SchokoladenKocher getInstanz() {
    if (einzigeInstanz == null) {
      einzigeInstanz = new SchokoladenKocher();
    }
    return einzigeInstanz;
  }

  public void füllen() {
    if (isLeer()) {
      leer = false;
      gekocht = false;
      // den Kocher mit der Milch-Schokolade-Mischung füllen
    }
  }
  // Rest des SchokoladenKocher-Codes
}
```

Lösung des Kreuzworträtsels

Spitzen Sie Ihren Bleistift

Lösung — Beschreiben Sie für jede Lösung die Anwendbarkeit auf unser Problem, um den SchokoladenKocher-Code zu reparieren.

Die Methode getInstanz() synchronisieren:

Eine geradlinige Technik, die immer funktioniert. Da wir beim SchokoladenKocher keine Leistungsprobleme zu haben scheinen, wäre das eine gute Wahl.

Vorzeitige Instantiierung verwenden:

In unserem Code wird SchokoladenKocher immer instantiiert, deswegen würde eine statische Initialisierung zu keinen Problemen führen. Diese Lösung würde genauso gut funktionieren wie die synchronisierte Methode, wäre für Entwickler, die mit dem Standardmuster vertraut sind, aber vielleicht etwas weniger transparent.

Zweifach geprüftes Sperren:

Da wir keine Leistungsprobleme haben, scheint zweifach geprüftes Sperren zu viel des Guten. Außerdem müssten wir sichern, dass Java 5 verwendet wird.

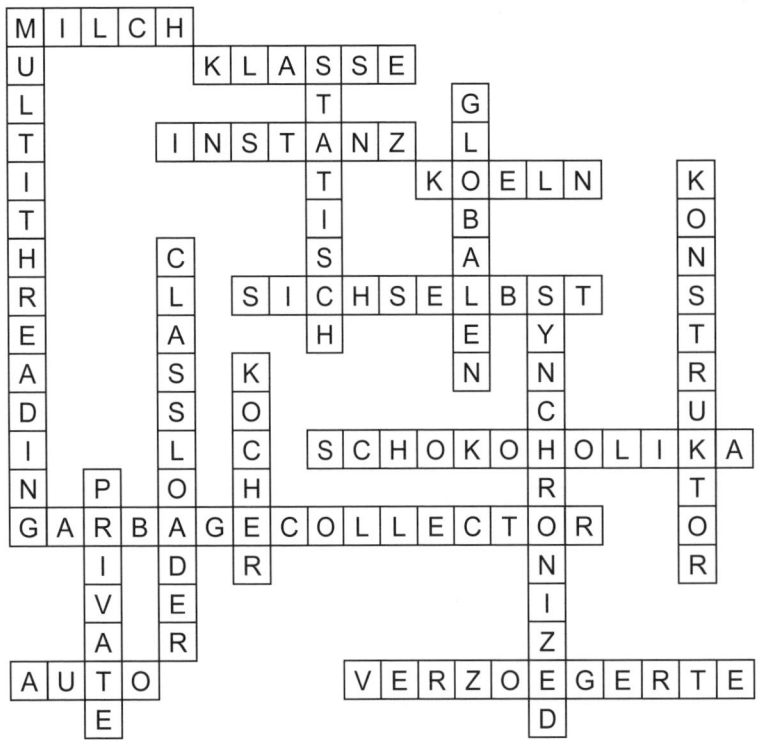

Entwurfsmuster-Kreuzworträtsel, Lösung

6 Das Command-Muster
Aufrufe einkapseln

> Diese Kästen zum Weitergeben streng geheimer Informationen haben das Spionagegeschäft revolutioniert. Ich werfe einfach meine Anfragen ein, und schon verschwinden Menschen, wechseln über Nacht Regierungen, wird meine Wäsche gereinigt. Ich muss mir keine Gedanken darüber machen, wann, wo oder wie – es passiert einfach!

In diesem Kapitel heben wir die Kapselung noch einmal auf ein ganz neues Niveau: Wir werden Methodenaufrufe einkapseln.

Das ist richtig. Indem wir den Methodenaufruf kapseln, können wir Teile von Berechnungen einfrieren, damit das Objekt, das die Berechnung aufruft, sich nicht darum kümmern muss, wie diese Dinge gemacht werden. Es verwendet einfach unsere eingefrorene Methode, um sie ausführen zu lassen. Mit diesen eingekapselten Methodenaufrufen können wir außerdem einige unverschämt geschickte Dinge tun, sie beispielsweise speichern, um sie zu protokollieren, oder wiederverwenden, um unserem Code eine Rückgängig-Funktionalität zu spendieren.

hier fängt ein neues Kapitel an

Heim-Automatisierung oder Krise

Heim-Automatisierung oder Krise AG
Industriestraße 2001, Suite 2010
62914 Zukünftigen

Guten Tag!

Vor Kurzem hat Hans Tornado, der Geschäftsführer von Wetter-O-Rama, mir eine Demo und Infos zu Ihrer neuen erweiterbaren Wetterstation zukommen lassen. Ich muss sagen, dass ich von der Software-Architektur echt beeindruckt war. Deswegen würde ich Sie gern beauftragen, die API für unsere neue Heim-Automatisierungsfernsteuerung zu entwerfen. Als Gegenleistung für Ihre Dienste würden wir Sie gern großzügig mit Aktienoptionen für Heim-Automatisierung oder Krise AG entlohnen.

Ich lege einen Prototyp unserer bahnbrechenden Fernsteuerung bei, damit Sie sich einen Überblick verschaffen können. Die Fernsteuerung bietet sieben programmierbare Plätze (die jeweils einem anderen Haushaltsgerät zugewiesen werden können) mit zugeordneten Ein/Aus-Knöpfen. Die Fernsteuerung bietet außerdem einen globalen Rückgängig-Knopf.

Des Weiteren füge ich eine CD-R bei, auf der Sie einen Satz von Java-Klassen finden, die von verschiedenen Herstellern von Geräten zur Steuerung von automatisierbaren Haushaltsgeräten wie Lampen, Ventilatoren, Whirlpools, Audioanlagen und vergleichbar steuerbaren Geräten erstellt wurden.

Wir wünschen uns, dass Sie eine API zur Programmierung der Fernsteuerung erstellen, über die jedem Platz ein zu steuerndes Gerät oder eine Gruppe von Geräten zugewiesen werden kann. Bitte beachten Sie, dass es von entscheidender Bedeutung ist, dass wir die aktuell auf der CD enthaltenen Geräte sowie beliebige weitere Geräte steuern können, die die Hersteller in Zukunft anbieten könnten.

Bei der guten Arbeit, die Sie für die Wetterstation von Wetter-O-Rama geleistet haben, sind wir sicher, dass Sie auch bei unserer Fernsteuerung eine hervorragende Arbeit abliefern werden!

Wir freuen uns auf Ihren Entwurf.

Mit freundlichen Grüßen,

Billy Thompson

Bill »X-10« Thompson, Geschäftsführer

Kostenlose Hardware! Sehen wir uns mal diese Fernsteuerung an

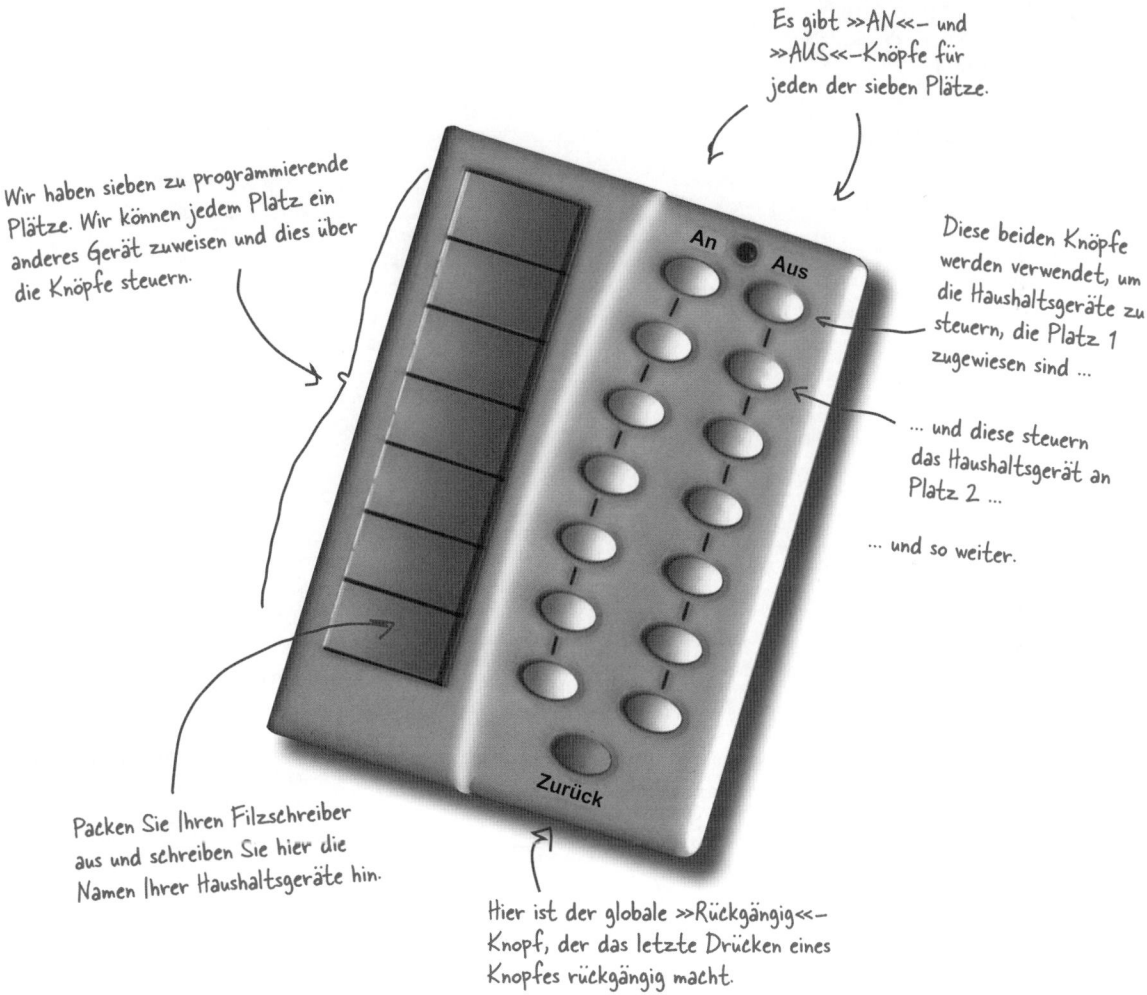

Hersteller-Klassen von Heim-Automatisierung

Werfen wir einen Blick auf die Klassen der Hersteller

Sehen Sie sich die Klassen der Gerätehersteller auf der CD-R an. Sie sollten Ihnen eine Vorstellung der Schnittstellen der Objekte liefern, die wir mit der Fernsteuerung steuern wollen.

Das sieht so aus, als hätten wir hier eine ganz ordentliche Ansammlung von Klassen. Und es ist nicht erkennbar, dass die Industrie sich irgendwelche Mühe gegeben hätte, einen verbindlichen Satz von Schnittstellen herauszubilden. Nicht nur das. Es hört sich auch noch so an, als könnten wir in Zukunft noch mehr von diesen Klassen erwarten. Der Entwurf der API für die Fernsteuerung könnte interessant werden. Fangen wir mal mit dem Entwurf an.

Das Command-Muster

Bürogespräche

Ihre Kollegen diskutieren schon, wie die Fernsteuerungs-API aussehen soll ...

> Also müssen wir mal wieder ein neues Design entwerfen. Als Erstes würde ich festhalten, dass wir einerseits eine einfache Fernsteuerung mit einfachen An/Aus-Knöpfen haben, andererseits aber eine Sammlung von Hersteller-Klassen, die ziemlich heterogen ist.

Astrid

Maria: Ja. Ich hatte erwartet, wir würden einen Haufen Klassen mit ein()- und aus()-Methoden sehen. Und was haben wir hier: Methoden wie dimmen(), setTemperatur(), setLautstärke(), setSender().

Astrid: Nicht nur das. Es klingt auch noch so, als könnten wir in Zukunft noch weitere Hersteller-Klassen mit gleichermaßen heterogenen Methoden erwarten.

Maria: Ich denke, es ist wichtig, dass wir das als Trennung von Aufgabengebieten betrachten: Die Fernsteuerung sollte wissen, wie sie einen Knopfdruck zu verstehen hat und Anforderungen formuliert. Aber sie sollte nicht viel über die Heim-Automatisierung wissen oder wie man einen Whirlpool einschaltet.

Astrid: Das klingt nach einem guten Design. Aber wenn die Fernsteuerung dumm ist und nur weiß, wie man allgemeine Anforderungen stellt, wie entwerfen wir sie dann so, dass sie eine Handlung aufrufen kann, die Dinge erledigt wie das Einschalten einer Lampe oder das Öffnen eines Garagentors?

Maria: Da bin ich nicht ganz sicher. Aber ich bin sicher, dass es nicht wünschenswert ist, wenn die Fernsteuerung die Details der Hersteller-Klassen kennt.

Astrid: Wie meinst du das?

Maria: Na, die Fernsteuerung sollte nicht aus einer Anhäufung von if-Anweisungen wie »if Platz1 == Licht then light.ein(), else if Platz1 == Whirlpool then whirlpool.strahlerEin()« bestehen. Wir wissen doch, dass das schlechtes Design ist.

Astrid: Stimmt. Jedes Mal, wenn neue Hersteller-Klassen herauskommen, müssten wir uns den Code nehmen und verändern und würden dabei wahrscheinlich Fehler und nur noch mehr Arbeit für uns produzieren!

Sie sind hier ▸ **197**

Das Command-Muster könnte helfen

Eike

> Entschuldigung. Aber ich habe zufällig zugehört. Seit Kapitel 1 habe ich mich in Entwurfsmuster reingekniet. Es gibt da ein Muster, das heißt »Command-Pattern«, das vielleicht hilfreich sein könnte.

Maria: Echt? Schieß los.

Eike: Mit dem Command-Pattern kann man den, der einen Request für eine Aktion stellt, von dem die Aktion aktuell durchführenden Objekt entkoppeln. Hier kommt der Request wohl von der Fernsteuerung, und das die Aktion durchführende Objekt ist eine Instanz von einer unserer Hersteller-Klassen.

Astrid: Wie geht das? Wie können wir die entkoppeln? Wenn ich auf einen Knopf drücke, muss die Fernsteuerung doch schließlich ein Licht einschalten.

Eike: Das kannst du tun, indem du in dein Design »Command-Objekte« einführst. Ein Command-Objekt kapselt einen Request auf einem bestimmten Objekt (wie dem WohnzimmerBeleuchtung-Objekt), der eine bestimmte Aktion (wie Licht anschalten) anfordert. Wenn wir für jeden Knopf ein Command-Objekt speichern, wird dieses dann aufgefordert, eine Aktion zu erledigen, wenn ein Knopf gedrückt wird. Die Fernsteuerung hat dann keine Ahnung, was die Aktion ist. Die hat bloß das Command-Objekt, das weiß, wie es mit dem richtigen Objekt reden muss, damit die Arbeit erledigt wird. Und so wird die Fernsteuerung von dem Licht-Objekt entkoppelt, versteht ihr?

Astrid: Das klingt auf alle Fälle, als ginge das in die richtige Richtung.

Maria: Mir fällt es immer noch schwer, meinen Kopf in das Muster einzudenken.

Eike: Weil die Objekte so entkoppelt sind, ist es etwas schwierig, sich vorzustellen, wie das Muster wirklich funktioniert.

Maria: Hört mal zu. Vielleicht habe ja zumindest ich die richtige Idee: Mit diesem Muster könnten wir eine API erstellen, in der diese Befehl-Objekte in die Fernsteuerungsplätze geladen werden. Das würde dafür sorgen, dass der Code der Fernsteuerung selbst sehr einfach bleibt. Das Befehl-Objekt kapselt dann, wie eine Heim-Automatisierungsaufgabe erledigt wird und welches Objekt diese Aufgabe erledigen muss.

Eike: Ja, das klingt gut. Ich glaube, dass dieses Muster euch auch mit diesem Rückgängig-Knopf helfen kann. Den Teil habe ich mir aber noch nicht angesehen.

Maria: Das hört sich ja richtig ermutigend an. Aber ich glaube, ich muss noch etwas tun, damit ich das Muster richtig verstehe.

Astrid: Ich auch.

Das Command-Muster

Inzwischen im Restaurant
oder: Eine kurze Einführung in das Command-Muster

Wie Eike gesagt hat, ist es nicht ganz einfach, das Command-Muster zu verstehen, wenn man nur seine Beschreibung hört. Aber keine Angst, wir haben ein paar Freunde, die uns dabei helfen können: Erinnern Sie sich an unser freundliches Restaurant aus Kapitel 1? Es ist schon eine Weile her, dass wir Suse, Flo und dem Koch einen Besuch abgestattet haben, aber jetzt haben wir einen guten Grund zurückzukehren (einen außer dem Essen und der tollen Unterhaltung): Das Restaurant wird uns helfen, das Command-Muster zu verstehen.

Machen wir also einen kleinen Umweg über das Restaurant und betrachten wir die Interaktion zwischen den Kunden, der Kellnerin, den Bestellungen und dem Koch. Diese Interaktionen werden uns helfen, die Objekte zu verstehen, die beim Command-Muster beteiligt sind, und uns außerdem ein Gefühl dafür geben, wie die Entkopplung funktioniert. Anschließend werden wir uns die API für die Fernsteuerung vorknöpfen.

Wir nehmen Platz im Restaurant Objekthausen ...

Gut. Wir wissen alle, wie so ein Restaurant funktioniert:

❶ Sie, der **Kunde**, geben bei der **Kellnerin** die **Bestellung** auf.

❷ Die **Kellnerin** nimmt die **Bestellung**, legt sie auf die Theke und sagt: »Hier ist eine neue Bestellung.«

❸ Der **Koch** bereitet Ihr Essen anhand der **Bestellung** vor.

Sie sind hier ▸ **199**

Das Restaurant

Sehen wir uns das Zusammenspiel etwas gründlicher an

Und da sich das Restaurant in Objekthausen befindet, sollten wir uns auch Gedanken über die beteiligten Objekte und Methoden machen!

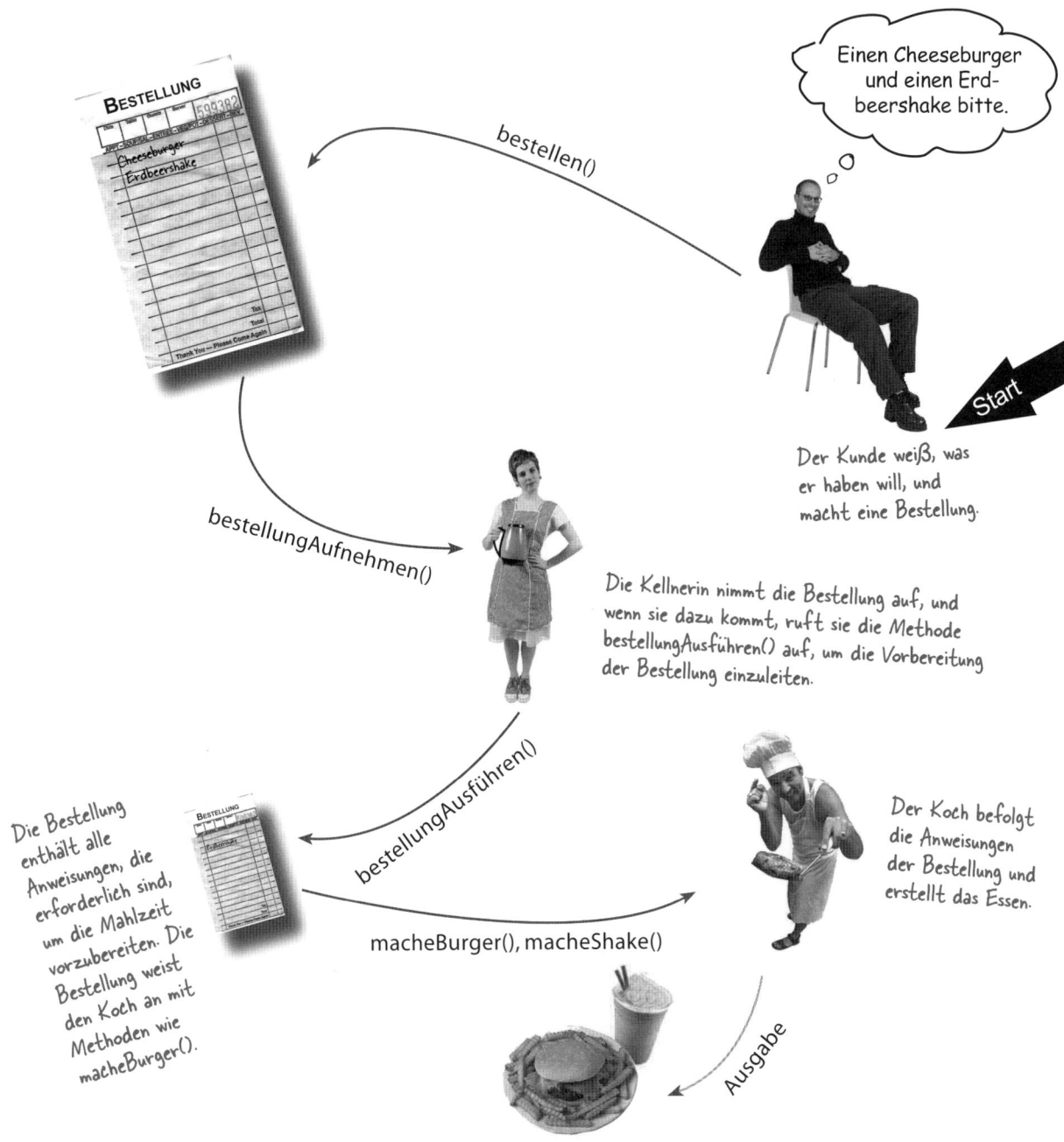

Einen Cheeseburger und einen Erdbeershake bitte.

Start

Der Kunde weiß, was er haben will, und macht eine Bestellung.

Die Kellnerin nimmt die Bestellung auf, und wenn sie dazu kommt, ruft sie die Methode bestellungAusführen() auf, um die Vorbereitung der Bestellung einzuleiten.

Der Koch befolgt die Anweisungen der Bestellung und erstellt das Essen.

Die Bestellung enthält alle Anweisungen, die erforderlich sind, um die Mahlzeit vorzubereiten. Die Bestellung weist den Koch an mit Methoden wie macheBurger().

Das Command-Muster

Rollen und Verantwortlichkeiten im Restaurant Objekthausen

Ein Bestellschein kapselt die Aufforderung zur Vorbereitung eines Essens.

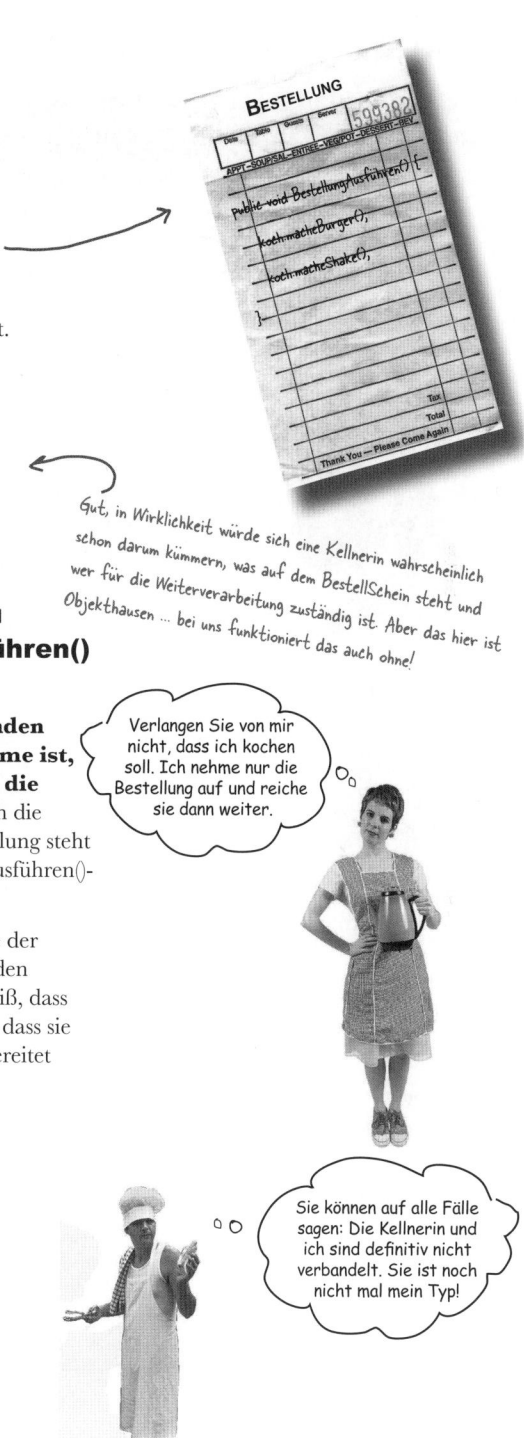

Denken Sie sich den BestellSchein als ein Objekt, das als Aufforderung zur Zubereitung einer Mahlzeit dient. Wie jedes andere Objekt kann es herumgereicht werden – von der Kellnerin zur Bestellannahme oder zur nächsten Kellnerin, die ihre Schicht aufnimmt. Es hat eine Schnittstelle, die aus nur einer Methode, bestellungAusführen(), besteht. Diese kapselt die Handlungen, die zur Vorbereitung der Mahlzeit erforderlich sind. Es enthält außerdem eine Referenz auf das Objekt, das es zur Zubereitung braucht (hier ist das der Koch). Es ist insofern gekapselt, als dass die Kellnerin nicht wissen muss, was die Bestellung enthält oder wer die Mahlzeit vorbereitet. Sie muss den Schein nur an der Bestellannahme einreichen und »Hier ist eine neue Bestellung!« rufen.

Gut, in Wirklichkeit würde sich eine Kellnerin wahrscheinlich schon darum kümmern, was auf dem BestellSchein steht und wer für die Weiterverarbeitung zuständig ist. Aber das hier ist Objekthausen ... bei uns funktioniert das auch ohne!

Aufgabe der Kellnerin ist es, den BestellSchein zu nehmen und auf ihm die Methode bestellungAusführen() aufzurufen.

Die Kellnerin hat es leicht: Sie nimmt die Bestellung des Kunden und weiterer Kunden auf, bis sie wieder an der Bestellannahme ist, und ruft dann die Methode bestellungAusführen() auf, damit die Mahlzeit vorbereitet wird. Wie wir bereits gesagt haben, macht sich die Kellnerin in Objekthausen keine Gedanken darüber, was auf der Bestellung steht und wer sie ausführt. Sie weiß nur, dass Bestellscheine eine bestellungAusführen()-Methode haben, die sie aufrufen kann, damit der Job erledigt wird.

Über den ganzen Tag verteilt wird die bestellungAufnehmen()-Methode der Kellnerin mit immer neuen Bestellscheinen von unterschiedlichen Kunden parametrisiert. Aber das bringt sie nicht aus dem Gleichgewicht. Sie weiß, dass alle Bestellscheine die Methode bestellungAusführen() unterstützen und dass sie bestellungAusführen() jederzeit aufrufen kann, wenn eine Mahlzeit zubereitet werden muss.

Verlangen Sie von mir nicht, dass ich kochen soll. Ich nehme nur die Bestellung auf und reiche sie dann weiter.

Der Koch hat die Kenntnisse, die zur Zubereitung der Mahlzeit erforderlich sind.

Der Koch ist das Objekt, das wirklich weiß, wie Mahlzeiten zubereitet werden. Hat die Kellnerin die Methode bestellungAusführen() aufgerufen, übernimmt der Koch und implementiert alle Methoden, die erforderlich sind, um Mahlzeiten zuzubereiten. Beachten Sie, dass Kellnerin und Koch vollständig entkoppelt sind: Die Kellnerin hat Bestellscheine, die die Details der Bestellung kapseln. Sie ruft für jede Bestellung nur eine Methode auf, damit diese ausgeführt wird. Gleichermaßen erhält der Koch seine Anweisungen vom Bestellschein. Er muss nie direkt mit der Kellnerin kommunizieren.

Sie können auf alle Fälle sagen: Die Kellnerin und ich sind definitiv nicht verbandelt. Sie ist noch nicht mal mein Typ!

Sie sind hier ▸

Das Restaurant ist ein Modell für **das Command-Muster**

Na und? Wir haben ein Restaurant mit einer Kellnerin, die durch einen BestellSchein nicht mit einem Koch verbandelt ist. Kannst du bitte zum Punkt kommen!

Geduld, gleich sind wir da ...

Denken Sie sich das Restaurant als ein Modell für ein OO-Entwurfsmuster, das es ermöglicht, ein Objekt, das einen Auftrag aufgibt, von dem Objekt zu trennen, das diese Aufträge entgegennimmt und ausführt. Bei der API unserer Fernsteuerung müssen wir beispielsweise den Code, der aufgerufen wird, wenn ein Knopf gedrückt wird, von dem Objekt der herstellerspezifischen Klassen trennen, die diese Aufträge ausführen. Was wäre, wenn jeder Platz der Fernsteuerung ein Objekt wie das Bestellschein-Objekt aus dem Restaurant enthielte? Wenn ein Knopf gedrückt würde, würden wir einfach das Äquivalent der Methode bestellungAusführen() auf diesem Objekt aufrufen und könnten das Licht einschalten lassen, ohne dass die Fernsteuerung genau wissen muss, wie sie das bewirkt oder welche Objekte dafür sorgen, dass das gemacht wird.

Lassen Sie uns jetzt in einen anderen Gang schalten und das Restaurantgerede auf das Command-Muster abbilden ...

Widmen Sie, bevor wir weitergehen, dem Diagramm von vor zwei Seiten und den Rollen und Verantwortlichkeiten im Restaurant noch etwas Zeit, bis Sie denken, dass Sie die Objekte und die Beziehungen der Objekte im Restaurant Objekthausen gut im Griff haben. Wenn Sie das geschafft haben, bereiten Sie sich darauf vor, das Command-Muster festzunageln!

Vom Restaurant zum Command-Muster

Jetzt haben wir genug Zeit im Restaurant Objekthausen verbracht, um alle Figuren und ihre jeweiligen Verantwortlichkeiten gut genug zu kennen. Überarbeiten wir nun das Restaurantdiagramm so, dass es dem Command-Muster entspricht. Sie werden sehen, dass die Mitspieler die gleichen bleiben. Nur ihre Namen haben sich geändert.

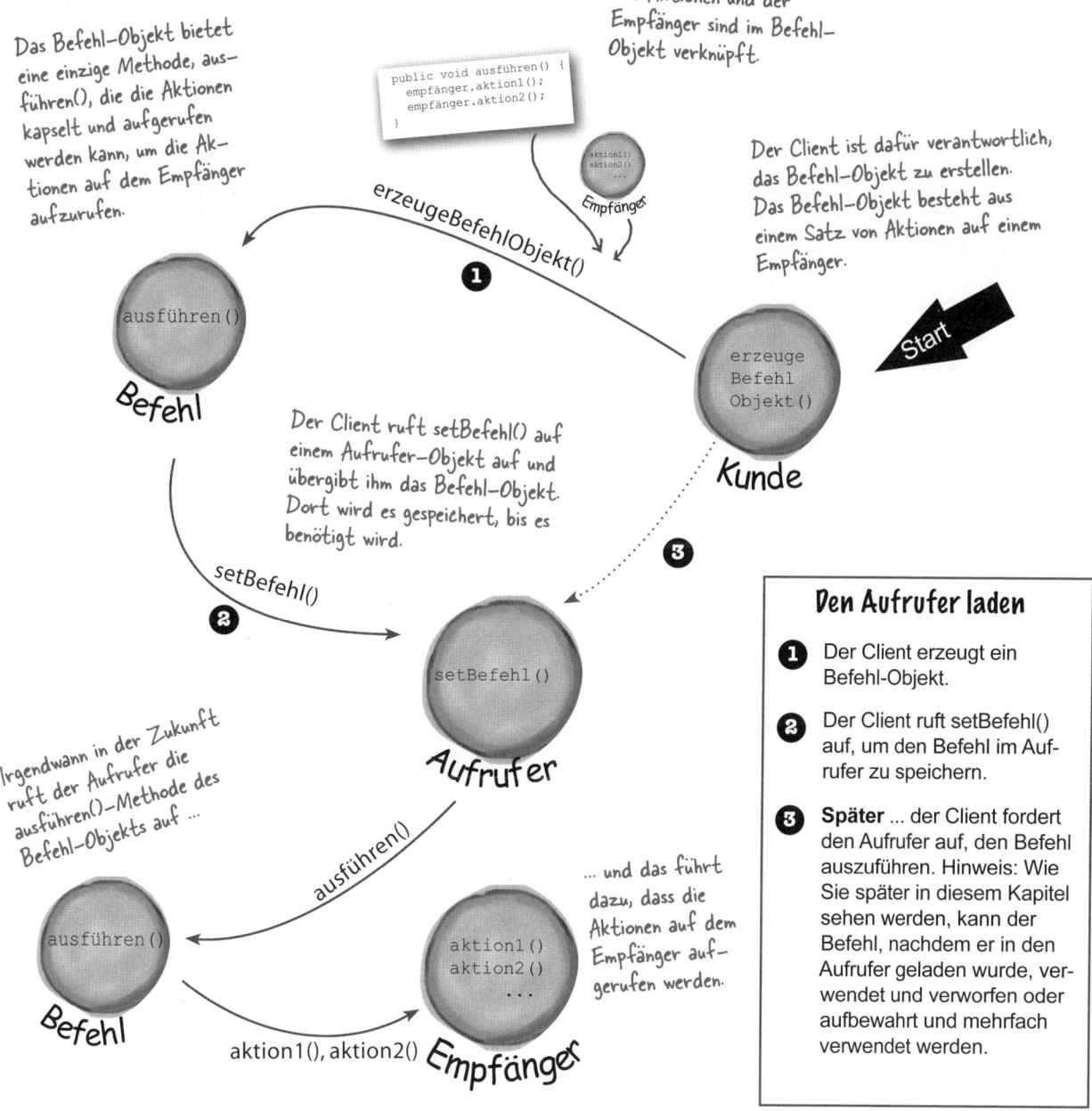

Den Aufrufer laden

1. Der Client erzeugt ein Befehl-Objekt.

2. Der Client ruft setBefehl() auf, um den Befehl im Aufrufer zu speichern.

3. **Später** ... der Client fordert den Aufrufer auf, den Befehl auszuführen. Hinweis: Wie Sie später in diesem Kapitel sehen werden, kann der Befehl, nachdem er in den Aufrufer geladen wurde, verwendet und verworfen oder aufbewahrt und mehrfach verwendet werden.

Sie sind hier ▸ **203**

Wer macht was?

Ordnen Sie die Restaurant-Objekte den Namen zu, die ihnen im Command-Muster entsprechen.

Restaurant	Command-Muster
Kellnerin	Befehl
Koch	ausführen()
BestellungAusführen()	Client
Bestellung	Aufrufer
Kunde	Empfänger
bestellungAufnehmen()	SetBefehl()

Unser erstes Befehl-Objekt

Wird es nicht langsam Zeit, dass wir unser erstes Befehl-Objekt aufbauen? Lassen Sie uns also weitergehen und etwas Code für die Fernsteuerung schreiben. Auch wenn wir noch nicht herausgearbeitet haben, wie wir die API für die Fernsteuerung entwickeln wollen, kann es uns helfen, wenn wir ein paar elementare Dinge zusammenbauen ...

Die Befehl-Schnittstelle implementieren

Das Erste zuerst: Alle Befehl-Objekte implementieren die gleiche Schnittstelle, die aus einer Methode besteht. Im Restaurant haben wir diese Methode bestellungAusführen() genannt. Üblicherweise hat diese den Namen ausführen(), und wir werden hier die deutsche Entsprechung ausführen() verwenden.

Hier ist das Befehl-Interface:

```
public interface  Befehl {
    public void ausführen();
}
```

Einfach. Wir brauchen nur eine einzige Methode namens ausführen().

Einen Befehl implementieren, um das Licht einzuschalten

Nehmen wir jetzt an, wie möchten einen Befehl implementieren, um ein Licht anzuschalten. Blicken wir auf unsere Hersteller-Klassen zurück, sehen wir, dass die Klasse Licht zwei Methoden hat: ein() und aus(). Das könnten Sie folgendermaßen als Befehl implementieren:

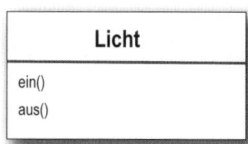

Das ist ein Befehl, wir müssen also das Interface Befehl implementieren.

```
public class LichtAnBefehl implements Befehl {
    Licht licht;

    public LichtAnBefehl(Licht licht) {
        this.licht = licht;
    }

    public void ausführen() {
        licht.ein();
    }
}
```

Dem Konstruktor wird das bestimmte Licht übergeben, das dieser Befehl steuert – z.B. die Wohnzimmerbeleuchtung –, und er speichert es in der Instanzvariablen licht. Wenn ausführen() aufgerufen wird, ist es das Licht-Objekt, das der Empfänger des Auftrags sein wird.

Die Methode ausführen() ruft auf dem Empfänger-Objekt, hier dem Licht, das wir steuern, die Methode ein() auf.

Da wir jetzt eine Klasse LichtEinBefehl haben, wollen wir mal sehen, wie wir sie einsetzen können ...

Das Befehl-Objekt verwenden

Halten wir die Dinge erst einmal einfach: Nehmen wir an, wir haben eine Fernsteuerung mit nur einem Knopf und einem korrespondierenden Platz, der ein zu steuerndes Gerät aufnehmen kann:

```java
public class EinfacheFernSteuerung {
    Befehl platz;

    public EinfacheFernSteuerung() {}

    public void setBefehl(Befehl befehl) {
        platz = befehl;
    }

    public void knopfWurdeGedrückt() {
        platz.ausführen();
    }
}
```

Wir haben einen Platz, der einen Befehl aufnehmen kann, der ein Gerät steuert.

Wir haben eine Methode, um den Befehl zu setzen, der über den Platz gesteuert wird. Dieser Code könnte mehrfach aufgerufen werden, wenn der Client das Verhalten des Fernsteuerungsknopfs ändern wollte.

Diese Methode wird aufgerufen, wenn der Knopf gedrückt wird. Sie nimmt einfach den aktuell an den Platz gebundenen Befehl und ruft seine ausführen()-Methode auf.

Einen einfachen Test erstellen, um die Fernsteuerung zu verwenden

Hier ist etwas Code, um unsere EinfacheFernSteuerung zu testen. Sehen wir ihn uns an. Wir zeigen auf, wie die Teile dem Diagramm des Command-Musters entsprechen:

```java
public class FernSteuerungTest {
    public static void main(String[] args) {
        EinfacheFernSteuerung fernsteuerung = new EinfacheFernSteuerung();
        Licht licht = new Licht();
        LichtAnBefehl lichtAn = new LichtAnBefehl(licht);

        fernsteuerung.setBefehl(lichtAn);
        fernsteuerung.knopfWurdeGedrückt();
    }
}
```

Im Command-Muster-Jargon ist das unser Client.

Die Fernsteuerung ist unser Aufrufer. Ihr wird ein Befehl-Objekt übergeben, das verwendet werden kann, um Aufträge abzugeben.

Jetzt werden wir ein Licht-Objekt erstellen. Es wird der Empfänger des Auftrags sein.

Hier erstellen wir einen Befehl und übergeben ihm den Empfänger.

Hier übergeben wir den Befehl an den Aufrufer.

Und dann simulieren wir einen Knopfdruck.

Hier ist die Ausgabe der Ausführung dieses Test-Codes!

```
Datei Bearbeiten Fenster Hilfe SitzeImDunkeln
% java FernSteuerungTest
Das Licht ist an
%
```

Spitzen Sie Ihren Bleistift

Jetzt sind Sie an der Reihe, die Klasse GaragenTorÖffnenBefehl zu implementieren. Geben Sie erst unten den Code für die Klasse an. Sie brauchen das Klassendiagramm für GaragenTor.

GaragenTor
hoch()
runter()
halt()
lichtEin()
lichtAus()

```
public GaragenTorÖffnenBefehl
    implements Befehl {
```

Hier kommt Ihr Code rein!

```
}
```

Welche Ausgabe würden Sie erhalten, wenn Sie folgenden Code ausführten, nachdem Sie Ihre Klasse erstellt haben? (Hinweis: Die hoch()-Methode von GaragenTor gibt »Garagentor ist offen« aus, wenn sie fertig ist.)

```
public class FernSteuerungTest {
    public static void main(String[] args) {
        EinfacheFernSteuerung fernSteuerung = new EinfacheFernSteuerung();
        Licht licht = new Licht();
        GaragenTor garagenTor = new GaragenTor();
        LichtAnBefehl lichtAn = new LichtAnBefehl(licht);
        GaragenTorÖffnenBefehl garageOffen =
            new GaragenTorÖffnenBefehl(garagenTor);

        fernSteuerung.setBefehl(lichtAn);
        fernSteuerung.knopfWurdeGedrückt();
        fernSteuerung.setBefehl(garageOffen);
        fernSteuerung.knopfWurdeGedrückt();
    }
}
```

```
Datei Bearbeiten Fenster Hilfe Eier&Schinken
%java FernSteuerungTest
```

Hier kommt Ihre Ausgabe rein!

Die Definition des Command-Musters

Sie haben Ihre Zeit im Restaurant Objekthausen abgesessen, die API für die Fernsteuerung teilweise implementiert und dabei ein ganz brauchbares Bild davon gewonnen, wie die Klassen und Objekte im Command-Muster interagieren. Jetzt werden wir das Command-Muster definieren und die Einzelheiten festnageln.

Beginnen wir mit der offiziellen Definition:

> **Das Command-Muster** kapselt einen Auftrag als ein Objekt und ermöglicht es so, andere Objekte mit verschiedenen Aufträgen zu parametrisieren, Aufträge in Warteschlangen einzureihen oder zu protokollieren oder das Rückgängigmachen von Operationen zu unterstützen.

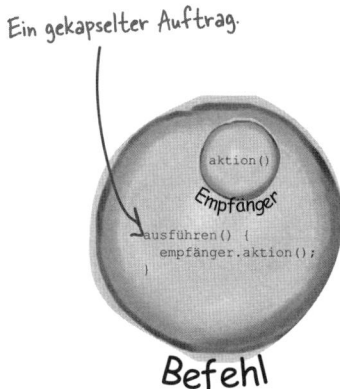

Ein gekapselter Auftrag.

Gehen wir das schrittweise durch. Wir wissen, dass ein Befehl-Objekt *einen Auftrag kapselt*, indem es einen Satz von Aktionen auf einem bestimmten Empfänger zusammenknüpft. Um das zu erreichen, packt es die Aktionen und den Empfänger in ein Objekt, das nur eine Methode, ausführen(), anbietet. Wird ausführen() aufgerufen, sorgt die Methode dafür, dass auf dem Empfänger die Aktionen aufgerufen werden. Von außen weiß kein anderes Objekt wirklich, welche Aktionen auf welchem Empfänger ausgeführt werden. Andere Objekte wissen nur, dass ihre Aufträge erledigt werden, wenn sie die Methode ausführen() aufrufen.

Wir haben auch ein paar Beispiele dafür gesehen, wie *ein Objekt* mit einem Befehl *parametrisiert wird*. Im Restaurant wurde die Kellnerin über den Tag verteilt mit mehreren Bestellungen parametrisiert. Bei der einfachen Fernsteuerung haben wir den Knopf erst mit einem »Licht an«-Befehl besetzt, den wir später dann durch einen »Garagentor öffnen«-Befehl ersetzt haben. Wie der Kellnerin war es unserem Fernsteuerungsplatz gleich, welches Befehl-Objekt er enthielt. Wichtig war nur, dass das Objekt das Interface Befehl implementiert.

Noch nicht begegnet ist uns, wie man Befehle einsetzt, um *Aufträge in Warteschlangen einzureihen oder zu protokollieren oder das Rückgängigmachen von Operationen zu unterstützen*. Aber machen Sie sich keine Gedanken, das sind ziemlich gradlinige Erweiterungen des grundlegenden Command-Musters, die wir uns bald ansehen werden. Wir können auch problemlos das so genannte Meta-Command-Muster unterstützen, wenn wir die Basics einmal zurechtgerückt haben. Mit dem Meta-Command-Muster können Sie Befehlsmakros erstellen, damit Sie mehrere Befehle auf einmal ausführen lassen können.

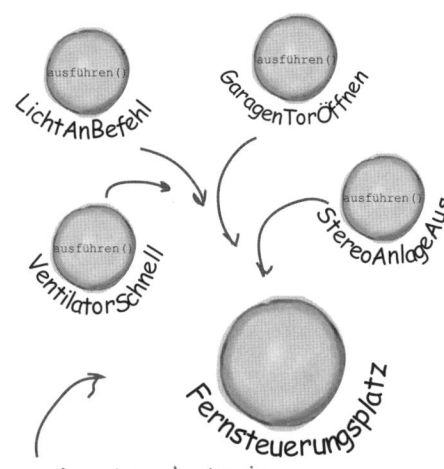

Ein Aufrufer – beispielsweise ein Platz auf einer Fernsteuerung – kann mit verschiedenen Aufträgen parametrisiert werden.

Das Command-Muster

Die Definition des Command-Musters: das Klassendiagramm

Der Client ist dafür verantwortlich, KonkreterBefehl zu erzeugen und seinen Empfänger zu setzen.

Der Aufrufer hält einen Befehl und fordert ihn irgendwann auf, einen Auftrag auszuführen, indem er seine ausführen()-Methode aufruft.

Befehl deklariert eine Schnittstelle für alle Befehle. Wie Sie bereits wissen, wird ein Befehl durch seine ausführen()-Methode aufgerufen, die einen Empfänger auffordert, eine Aktion durchzuführen. Sicher fällt Ihnen auch auf, dass diese Schnittstelle eine rückgängig()-Methode besitzt. Mit der werden wir uns später in diesem Kapitel befassen.

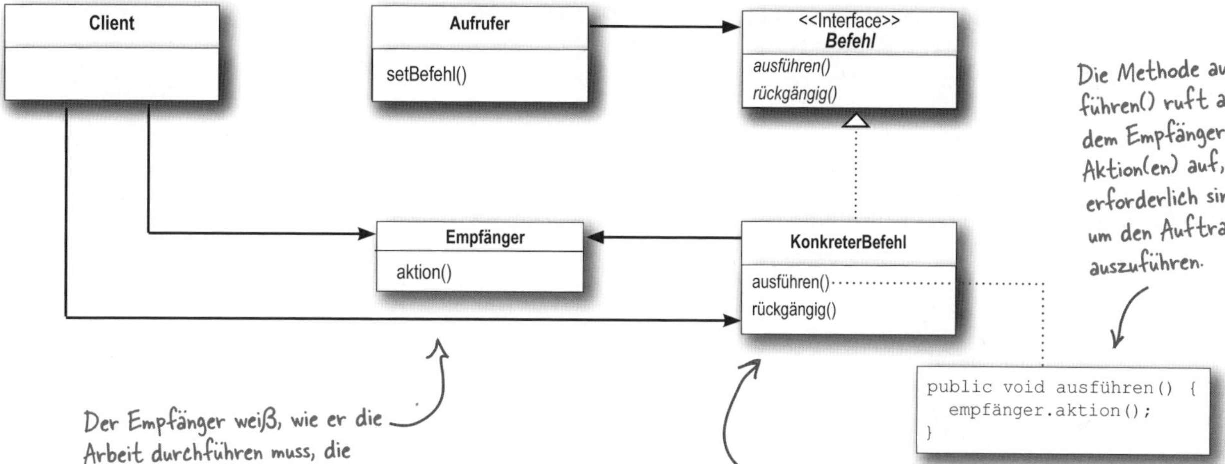

```
Client

Aufrufer
setBefehl()

<<Interface>>
Befehl
ausführen()
rückgängig()

Empfänger
aktion()

KonkreterBefehl
ausführen()
rückgängig()
```

Die Methode ausführen() ruft auf dem Empfänger die Aktion(en) auf, die erforderlich sind, um den Auftrag auszuführen.

```
public void ausführen() {
    empfänger.aktion();
}
```

Der Empfänger weiß, wie er die Arbeit durchführen muss, die erforderlich ist, um den Auftrag auszuführen. Eine beliebige Klasse kann als Empfänger fungieren.

Ein KonkreterBefehl definiert eine Bindung zwischen einer Aktion und einem Empfänger. Der Aufrufer erstellt einen Auftrag, indem er ausführen() aufruft, und KonkreterBefehl führt diesen aus, indem er auf dem Empfänger ein oder mehr Aktionen aufruft.

KOPF-NUSS

Wie unterstützt das Design des Command-Musters die Entkopplung des Aufrufers eines Auftrags vom Empfänger dieses Auftrags?

Sie sind hier ▸

Womit fangen wir an?

> Ich glaube, ich habe das Command-Pattern jetzt ganz gut im Griff. Klasse Tipp, Eike. Ich glaube, wir werden die Superstars sein, wenn wir diese Fernsteuerungs-API erledigt haben.

Maria: Ich auch. Womit fangen wir also an?

Astrid: Wie bei EinfacheFernSteuerung brauchen wir eine Möglichkeit, unseren Fernsteuerungsplätzen Befehle zuzuweisen. Wir haben da sieben Plätze, für die es jeweils einen »An«- und einen »Aus«-Knopf gibt. Wir könnten der Fernsteuerung Befehle ungefähr so zuweisen, wie auf der nächsten Seite dargestellt.

Maria: Scheint vernünftig, abgesehen von diesen Licht-Objekten. Wie unterscheidet die Fernsteuerung die Wohnzimmerbeleuchtung von der Küchenbeleuchtung?

Astrid: Das ist es ja gerade! Sie unterscheidet sie nicht! Sie weiß nichts anderes, als dass sie ausführen() auf dem entsprechenden Befehl-Objekt aufrufen muss, wenn ein Knopf gedrückt wird.

Maria: Jaja, hatte ich schon verstanden. Aber in der Implementierung? Wie stellen wir da sicher, dass die richtigen Objekte die richtigen Geräte ein- und ausschalten?

Astrid: Wenn wir die Befehle erstellen, die in die Fernsteuerung geladen werden sollen, erstellen wir einen LichtBefehl, der an das Objekt für die Wohnzimmerbeleuchtung geknüpft ist, und einen, der an das für die Küchenbeleuchtung geknüpft ist. Du weißt doch: Der Empfänger des Auftrags wird an den Befehl gebunden, in den er gekapselt ist. Und wenn dann der Knopf gedrückt wird, interessiert es keinen mehr, welches Licht welches ist. Es passiert einfach das Richtige, wenn die ausführen()-Methode aufgerufen wird.

Maria: Ich glaube, jetzt habe ich es. Komm, lass uns die Fernsteuerung implementieren, dann wird schon alles klarer werden!

Astrid: Klingt gut. Versuchen wir es ...

Das **Command**-Muster

Den Fernsteuerungsplätzen Befehle zuweisen

Wir haben also einen Plan: Wir werden jedem Platz der Fernsteuerung einen Befehl zuweisen. Das macht die Fernsteuerung zu unserem *Aufrufer*. Wenn ein Knopf gedrückt wird, wird die Methode ausführen() auf dem entsprechenden Befehl aufgerufen, und das führt dazu, dass auf dem Empfänger (wie Licht, Ventilator, Stereoanlage) Aktionen ausgeführt werden.

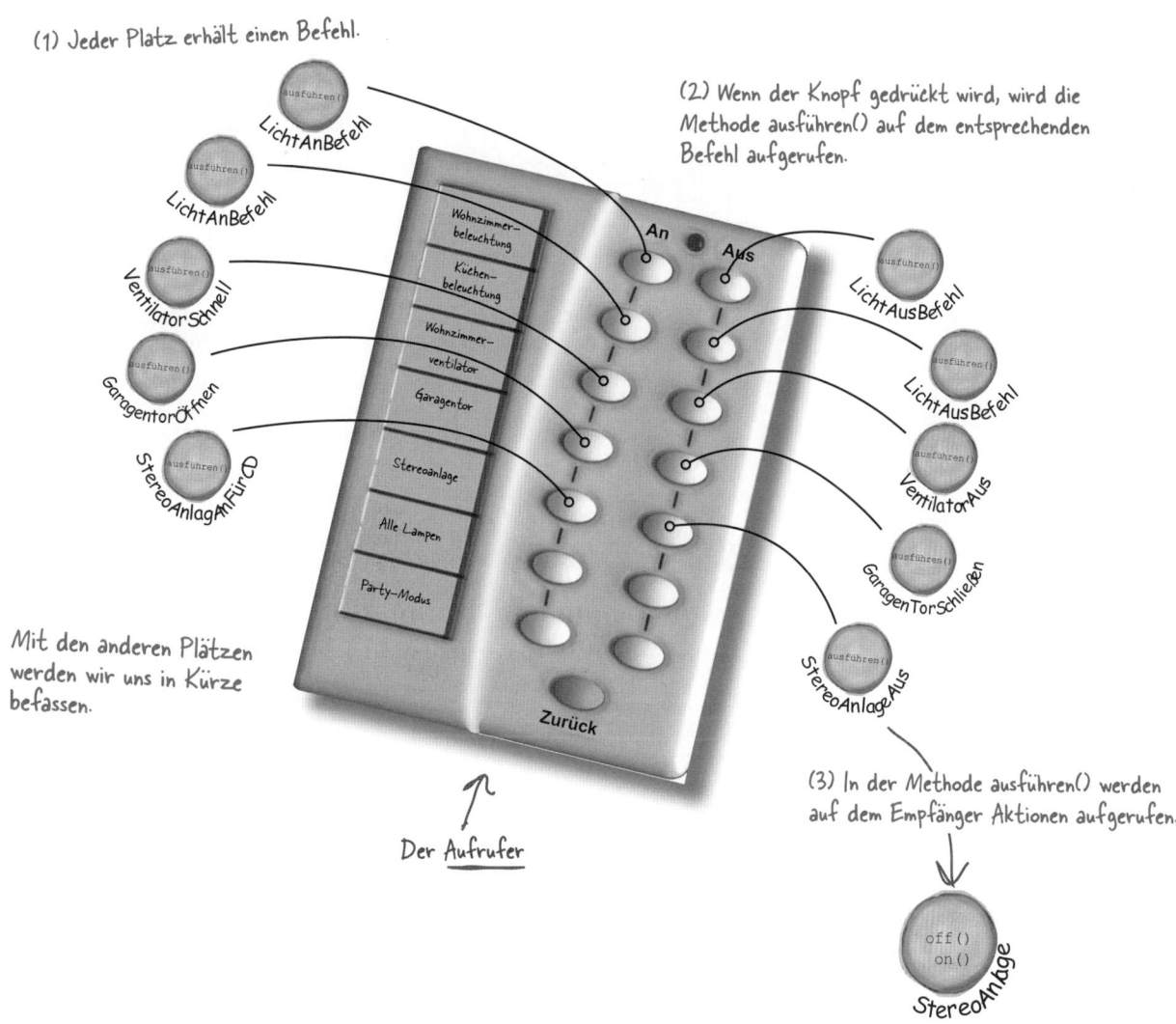

Die Fernbedienung implementieren

```java
public class FernSteuerung {
    Befehl[] anBefehle;
    Befehl[] ausBefehle;

    public FernSteuerung() {
        anBefehle = new Befehl[7];
        ausBefehle = new Befehl[7];

        Befehl keinBefehl = new KeinBefehl();
        for (int i = 0; i < 7; i++) {
            anBefehle[i] = keinBefehl;
            ausBefehle[i] = keinBefehl;
        }
    }

    public void setBefehl(int platz, Befehl anBefehl, Befehl ausBefehl) {
        anBefehle[platz] = anBefehl;
        ausBefehle[platz] = ausBefehl;
    }

    public void anKnopfWurdeGedrückt (int platz) {
        anBefehle[platz].ausführen();
    }

    public void ausKnopfWurdeGedrückt(int platz) {
        ausBefehle[platz].ausführen();
    }

    public String toString() {
        StringBuffer stringBuff = new StringBuffer();
        stringBuff.append(„\n------ Fernsteuerung -------\n");
        for (int i = 0; i < anBefehle.length; i++) {
            stringBuff.append(„[platz " + i + „] " + anBefehle[i].getClass().getName()
                + „    " + ausBefehle[i].getClass().getName() + „\n");
        }
        return stringBuff.toString();
    }
}
```

Dieses Mal wird sich die Fernsteuerung um sieben AN- und AUS-Befehle kümmern, die wir in entsprechenden Arrays festhalten.

Im Konstruktor müssen wir nur die AN- und AUS-Arrays instantiieren und initialisieren.

Die Methode setBefehl() nimmt eine Platznummer und einen AN- oder AUS-Befehl entgegen, der für diesen Platz gespeichert werden soll. Sie steckt diese Befehle in die AN- und AUS-Arrays, damit sie später verwendet werden können.

Wenn ein AN- oder AUS-Knopf gedrückt wird, kümmert sich die Hardware darum, die entsprechende anKnopfWurdeGedrückt()- oder ausKnopfWurdeGedrückt()-Methode aufzurufen.

Wir überschreiben toString(), um die Plätze gemeinsam mit den entsprechenden Befehlen auszugeben. Das werden wir verwenden, wenn wir die Fernsteuerung testen.

Die Befehle implementieren

An der Implementierung des LichtAnBefehls haben wir uns bereits bei Einfache-FernSteuerung versucht. Wir können den Code hier einfach nur einstöpseln, und alles funktioniert wunderbar. AUS-Befehle unterscheiden sich davon nicht. LichtAusBefehl sieht beispielsweise so aus:

```java
public class LichtAusBefehl implements Befehl {
    Licht licht;

    public LichtAusBefehl(Licht licht) {
        this.licht = licht;
    }

    public void ausführen() {
        licht.an();
    }
}
```

Der LichtAusBefehl funktioniert genau so wie der LichtAnBefehl, außer dass wir den Empfänger an eine andere Aktion binden: die aus()-Methode.

Versuchen wir uns mal an einer etwas größeren Herausforderung: Wie wäre es, wenn wir die An- und Aus-Befehle für die Stereoanlage schreiben? Gut, Aus ist leicht. Wir binden einfach die Stereoanlage an die aus()-Methode in StereoanlageAusBefehl. An ist etwas komplizierter. Nehmen wir an, wir wollen einen StereoanlageAnMitCDBefehl schreiben ...

StereoAnlage
ein()
aus()
setCD()
setDVD()
setRadio()
setLautstärke()

```java
public class StereoAnlageAnMitCDBefehl implements Befehl {
    StereoAnlage stereo;

    public StereoAnlageAnMitCDBefehl(StereoAnlage stereo) {
        this.stereo = stereo;
    }

    public void ausführen() {
        stereo.an();
        stereo.setCD();
        stereo.setLautstärke(11);
    }
}
```

Wie beim LichtAnBefehl wird die Instanz der Stereoanlage übergeben, die gesteuert werden soll. Diese wird in einer lokalen Instanzvariablen gespeichert.

Um diesen Auftrag auszuführen, müssen wir drei Methoden auf StereoAnlage aufrufen: Erst müssen wir sie einschalten, dann so setzen, dass CDs abgespielt werden, und schließlich die Lautstärke auf 11 setzen. Warum 11? Na, 11 ist besser als 10, oder?

Nicht so übel. Sehen Sie sich die restlichen Hersteller-Klassen an. Jetzt sind Sie auf alle Fälle dazu in der Lage, die restlichen Befehl-Klassen herauszuhauen, die wir dafür benötigen.

Sie sind hier ▸ **213**

Die Fernsteuerung testen

Die Fernsteuerung in Gang setzen

Unsere Arbeit mit der Fernsteuerung ist fast erledigt. Wir müssen nur noch ein paar Tests ausführen und eine Dokumentation zusammenschustern, die die API beschreibt. Heim-Automatisierung oder Krise AG wird sicher beeindruckt sein, oder sehen Sie das anders? Es ist uns gelungen, ein Design zu entwerfen, das es ihnen ermöglicht, eine Fernsteuerung herzustellen, die einfach zu warten ist. Und sie werden in Zukunft keine Probleme mehr damit haben, die Hersteller davon zu überzeugen, ein paar einfache Befehl-Klassen zu schreiben, weil die so leicht zu schreiben sind.

Testen wir also mal den Code!

```
public class FernsteuerungsLader {

    public static void main(String[] args) {
        FernSteuerung fernSteuerung = new FernSteuerung();

        Licht wohnzimmerBeleuchtung = new Licht("Wohnzimmer");
        Licht küchenBeleuchtung = new Licht("Küche");
        Ventilator ventilator= new Ventilator("Wohnzimmer");
        GaragenTor garagenTor = new GaragenTor("");
        StereoAnlage stereo = new StereoAnlage("Wohnzimmer");
```
⎫ Alle Geräte an ihren entsprechenden Orten erzeugen.

```
        LichtAnBefehl wohnzimmerBeleuchtungAn =
                new LichtAnBefehl(wohnzimmerBeleuchtung);
        LichtAusBefehl wohnzimmerBeleuchtungAus =
                new LichtAusBefehl(wohnzimmerBeleuchtung);
        LichtAnBefehl küchenLichtAn =
                new LichtAnBefehl(küchenBeleuchtung);
        LichtAusBefehl küchenLichtAus =
                new LichtAusBefehl(küchenBeleuchtung);
```
⎫ Alle LichtBefehl-Objekte erzeugen.

```
        VentilatorAnBefehl ventilatorAn =
                new VentilatorAnBefehl(ventilator);
        VentilatorAusBefehl ventilatorAus =
                new VentilatorAusBefehl(ventilator);
```
⎫ An und Aus für den Ventilator erzeugen.

```
        GaragenTorHochBefehl garagenTorHoch =
                new GaragenTorHochBefehl(garagenTor);
        GaragenTorRunterBefehl garagenTorRunter =
                new GaragenTorRunterBefehl(garagenTor);
```
⎫ Hoch- und Runter-Befehle für das Garagentor erzeugen.

```
        StereoAnlageAnMitCDBefehl stereoAnMitCd =
                new StereoAnlageAnMitCDBefehl(stereo);
        StereoAnlageAusBefehl   stereoAn =
                new StereoAnlageAusBefehl(stereo);
```
⎫ An- und Aus-Befehle für die Stereoanlage erzeugen.

Das Command-Muster

```
        fernSteuerung.setBefehl(0, wohnzimmerBeleuchtungAn, wohnzimmerBeleuchtungAus);
        fernSteuerung.setBefehl(1, küchenLichtAn, küchenLichtAus);
        fernSteuerung.setBefehl(2, ventilatorAn, ventilatorAus);
        fernSteuerung.setBefehl(3, stereoAnMitCD, stereoAus);

        System.out.println(fernSteuerung);

        fernSteuerung.anKnopfWurdeGedrückt (0);
        fernSteuerung.ausKnopfWurdeGedrückt(0);
        fernSteuerung.anKnopfWurdeGedrückt (1);
        fernSteuerung.ausKnopfWurdeGedrückt(1);
        fernSteuerung.anKnopfWurdeGedrückt (2);
        fernSteuerung.ausKnopfWurdeGedrückt(2);
        fernSteuerung.anKnopfWurdeGedrückt (3);
        fernSteuerung.ausKnopfWurdeGedrückt(3);
    }
}
```

Jetzt haben wir alle unsere Befehle und können sie in die Plätze der Fernsteuerung laden.

Das ist der Ort, an dem wir unsere toString()-Methode einsetzen, um jeden Platz der Fernsteuerung und den ihr jeweils zugewiesenen Befehl auszugeben.

Das war es. Jetzt können wir loslegen! Gehen wir die einzelnen Plätze durch und drücken wir ihre An- und Aus-Knöpfe.

Sehen wir uns die Ausgabe des Tests unserer Fernsteuerung an:

```
------ Fernsteuerung ------
[Platz 0] LichtAnBefehl           LichtAusBefehl
[Platz 1] LichtAnBefehl           LichtAusBefehl
[Platz 2] VentilatorAnBefehl      VentilatorAusBefehl
[Platz 3] StereoAnlageAnBefehl    StereoAnlageAusMitCD
[Platz 4] KeinBefehl              KeinBefehl
[Platz 5] KeinBefehl              KeinBefehl
[Platz 6] KeinBefehl              KeinBefehl

Wohnzimmer: Licht ist an
Wohnzimmer: Licht ist aus
Küche: Licht ist an
Küche: Licht ist aus
Wohnzimmer: Ventilator läuft
Wohnzimmer: Ventilator ist aus
Wohnzimmer: Stereoanlage ist an
Wohnzimmer: Stereoanlage spielt CD
Wohnzimmer: Stereoanlagen-Lautstärke gesetzt auf 11
Wohnzimmer: Stereoanlage ist aus
```

An-Befehle   Aus-Befehle

Unsere Befehle im Einsatz! Denken Sie daran, dass die Ausgabe aller Geräte von den Hersteller-Klassen kommt. Beispielsweise gibt ein Licht-Objekt »Wohnzimmer: Licht ist an« aus, wenn es eingeschaltet wird.

Null-Objekt

> Einen Augenblick. Was ist mit diesem KeinBefehl, der in die Plätze vier bis sechs geladen wird? Was ist das für ein Trick?

Gut aufgepasst. Wir haben hier etwas hineingepfuscht. Wir wollten in der Fernsteuerung nicht jedes Mal testen müssen, ob ein Platz geladen ist, wenn wir ihn referenzieren. Beispielsweise müssten wir sonst in der Methode einKnopfWurdeGedrückt() Code wie diesen haben:

```
public void einKnopfWurdeGedrückt(int platz) {
    if (anBefehle[platz] != null) {
        anBefehle[platz].ausführen();
    }
}
```

Wie also kommen wir darum herum? Indem wir einen Befehl implementieren, der nichts tut!

```
public class KeinBefehl implements Befehl {
    public void ausführen() { }
}
```

Dann weisen wir im Konstruktor von FernSteuerung jedem Platz ein KeinBefehl-Objekt zu und können uns darauf verlassen, dass wir in jedem Platz immer einen Befehl haben, den wir aufrufen können.

```
Befehl keinBefehl = new KeinBefehl();
for (int i = 0; i < 7; i++) {
    anBefehle[i] = keinBefehl;
    ausBefehle[i] = keinBefehl;
}
```

Deswegen sehen Sie in der Ausgabe unseres Testlaufs Plätze, denen kein Befehl zugewiesen wurde außer dem KeinBefehl-Objekt, das wir zugewiesen haben, als wir die FernSteuerung erzeugt haben.

Muster ehrenhalber

Das Objekt KeinBefehl ist ein Beispiel für ein *Null-Objekt*. Ein Null-Objekt ist nützlich, wenn es kein richtiges Objekt gibt, das Sie zurückliefern könnten, Sie den Client aber von der Verantwortung befreien wollen, mit `null` umgehen zu müssen. In unserer Fernsteuerung haben wir beispielsweise nicht so viele Objekte, dass wir jedem Platz ein Objekt zuweisen könnten. Deswegen haben wir das Objekt KeinBefehl geschaffen, das als Surrogat dient und nichts tut, wenn die Methode ausführen() aufgerufen wird.

Anwendungsfälle für Null-Objekte finden Sie in Verbindung mit vielen Entwurfsmustern, und gelegentlich werden Sie auch darauf stoßen, dass das Null-Objekt selbst als Entwurfsmuster bezeichnet wird.

Zeit, diese Dokumentation zu schreiben

Fernsteuerungs-API-Design für Heim-Automatisierung oder Krise AG

Wir freuen uns, Ihnen das folgende Design und die API für Ihre Heim-Automatisierungsfernsteuerung vorzulegen. Unser wichtigstes Entwurfsziel war es, den Fernsteuerungscode so einfach wie möglich zu halten, damit keine Änderungen daran erforderlich sind, wenn neue Hersteller-Klassen erzeugt werden. Zu diesem Zweck haben wir uns des Command-Patterns bedient, um die Klasse FernSteuerung logisch von den Hersteller-Klassen zu entkoppeln. Wir gehen davon aus, dass das die Herstellungskosten für die Fernsteuerung ebenso drastisch reduziert wie die nachfolgenden Wartungskosten.

Das folgende Klassendiagramm bietet einen Überblick über unser Design:

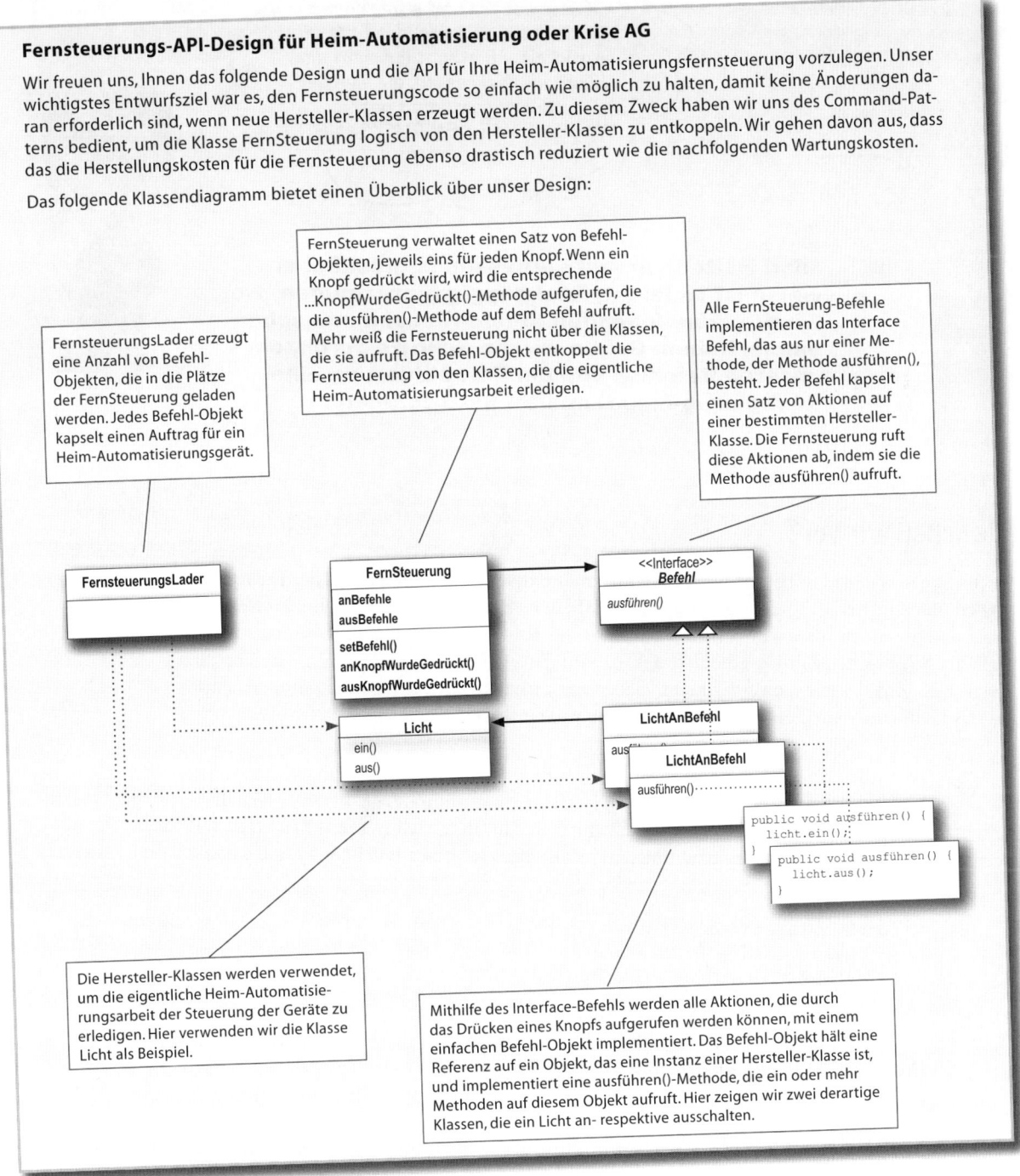

FernsteuerungsLader erzeugt eine Anzahl von Befehl-Objekten, die in die Plätze der FernSteuerung geladen werden. Jedes Befehl-Objekt kapselt einen Auftrag für ein Heim-Automatisierungsgerät.

FernSteuerung verwaltet einen Satz von Befehl-Objekten, jeweils eins für jeden Knopf. Wenn ein Knopf gedrückt wird, wird die entsprechende ...KnopfWurdeGedrückt()-Methode aufgerufen, die die ausführen()-Methode auf dem Befehl aufruft. Mehr weiß die Fernsteuerung nicht über die Klassen, die sie aufruft. Das Befehl-Objekt entkoppelt die Fernsteuerung von den Klassen, die die eigentliche Heim-Automatisierungsarbeit erledigen.

Alle FernSteuerung-Befehle implementieren das Interface Befehl, das aus nur einer Methode, der Methode ausführen(), besteht. Jeder Befehl kapselt einen Satz von Aktionen auf einer bestimmten Hersteller-Klasse. Die Fernsteuerung ruft diese Aktionen ab, indem sie die Methode ausführen() aufruft.

Die Hersteller-Klassen werden verwendet, um die eigentliche Heim-Automatisierungsarbeit der Steuerung der Geräte zu erledigen. Hier verwenden wir die Klasse Licht als Beispiel.

Mithilfe des Interface-Befehls werden alle Aktionen, die durch das Drücken eines Knopfs aufgerufen werden können, mit einem einfachen Befehl-Objekt implementiert. Das Befehl-Objekt hält eine Referenz auf ein Objekt, das eine Instanz einer Hersteller-Klasse ist, und implementiert eine ausführen()-Methode, die ein oder mehr Methoden auf diesem Objekt aufruft. Hier zeigen wir zwei derartige Klassen, die ein Licht an- respektive ausschalten.

Vergessen Sie Rückgängig nicht

> Klasse Job, sieht aus, als hättet ihr da einen umwerfenden Entwurf entwickelt. Aber habt ihr nicht eine Kleinigkeit vergessen, die sich der Kunde gewünscht hat?
> WAS IST MIT DEM RÜCKGÄNGIG-KNOPF!!!!?

Mist! Hätten wir fast vergessen ... glücklicherweise ist es leicht, Rückgängig hinzuzufügen, wo wir die grundlegenden Befehl-Klassen nun schon einmal haben. Gehen wir die Schritte durch, um unseren Befehlen und der Fernsteuerung eine Rückgängig-Funktionalität hinzuzufügen ...

Wie gehen wir vor?

Wir müssen also neue Funktionalitäten hinzufügen, um den Zurück-Knopf auf der Fernsteuerung zu unterstützen. Er funktioniert folgendermaßen: Nehmen wir an, das Wohnzimmerlicht ist aus und Sie drücken auf der Fernsteuerung den An-Knopf. Natürlich geht dann das Licht an. Wenn Sie jetzt den Zurück-Knopf drücken, wird die letzte Aktion rückgängig gemacht – in diesem Fall führt das dazu, dass das Licht wieder ausgeschaltet wird. Bringen wir also erst einmal das Licht zum Leuchten, bevor wir uns komplexeren Beispielen widmen:

 Wenn Befehle Rückgängig unterstützen, haben sie eine rückgängig()-Methode, die der Methode ausführen() entgegengesetzt ist. Das, was ausführen() als Letztes gemacht hat, wird von rückgängig() wieder rückgängig gemacht. Bevor wir unseren Befehlen rückgängig() hinzufügen können, müssen wir also dem Interface Befehl eine rückgängig()-Methode hinzufügen:

```
public interface Befehl {
  public void ausführen();
  public void rückgängig();
}
```
← Hier ist die neue rückgängig()-Methode.

Das war nicht so schwer.

Kümmern wir uns jetzt um den Licht-Befehl und implementieren dort die Methode rückgängig().

Das Command-Muster

❷ Beginnen wir mit dem LichtAnBefehl: Wurde die ausführen()-Methode von LichtAn-Befehl aufgerufen, dann wurde die ein()-Methode aufgerufen. Wir wissen, dass rückgängig() das Gegenteil davon erreicht, wenn sie die Methode aus() aufruft.

```
public class LichtAnBefehl implements Befehl {
  Licht licht;

  public LichtAnBefehl(Licht licht) {
    this.licht = licht;
  }

  public void ausführen() {
    licht.ein();
  }

  public void rückgängig() {
    licht.aus();
  }
}
```

ausführen() schaltet das Licht ein, also schaltet rückgängig das Licht einfach wieder aus.

Kinderspiel! Jetzt zum LichtAusBefehl. Hier muss rückgängig() nur die ein()-Methode von Licht aufrufen.

```
public class LichtAusBefehl implements Befehl {
  Licht licht;

  public LichtAusBefehl(Licht licht) {
    this.licht = licht;
  }

  public void ausführen() {
    licht.aus();
  }

  public void rückgängig() {
    licht.ein();
  }
}
```

Und hier schaltet rückgängig() das Licht wieder ein!

Geht es noch einfacher? Gut. Wir sind noch nicht fertig. Wir müssen in die Fern-Steuerung noch eine Unterstützung einbauen, um den zuletzt gedrückten Knopf nachzuhalten und das Drücken des Rückgängig-Knopfs zu verarbeiten.

Rückgängig implementieren

❸ Um die Unterstützung für den Rückgängig-Knopf hinzuzufügen, müssen wir an der Klasse FernSteuerung nur ein paar kleine Änderungen vornehmen. Das werden wir folgendermaßen machen: Wir fügen eine neue Instanzvariable hinzu, um den zuletzt aufgerufenen Befehl nachzuhalten. Wenn dann der Rückgängig-Knopf gedrückt wird, rufen wir diesen Befehl ab und rufen seine rückgängig-Methode auf.

```
public class FernSteuerungMitRückgängig {
  Befehl[] anBefehle;
  Befehl[] ausBefehle;
  Befehl rückgängigBefehl;       ←  Hier werden wir den letzten ausgeführten
                                     Befehl für den Rückgängig-Knopf speichern.

  public FernSteuerungMitRückgängig() {
    anBefehle = new Befehl[7];
    ausBefehle = new Befehl[7];

    Befehl keinBefehl = new KeinBefehl();
    for(int i=0;i<7;i++) {
      anBefehle[i] = keinBefehl;
      ausBefehle[i] = keinBefehl;
    }
    rückgängigBefehl = keinBefehl;     ←  Wie die anderen Plätze wird Rückgängig
  }                                        zunächst mit KeinBefehl initialisiert,
                                           damit nichts passiert, wenn dieser
                                           Knopf gedrückt wird, bevor irgendein
                                           anderer Knopf gedrückt wurde.

  public void setBefehl(int platz, Befehl anBefehl, Befehl einBefehl) {
    anBefehle[platz] = anBefehl;
    ausBefehle[platz] = einBefehl;
  }
                                              Wenn ein Knopf gedrückt wird,
                                              nehmen wir den und führen ihn erst
  public void anKnopfWurdeGedrückt(int platz) {    einmal aus. Dann speichern wir eine
    anBefehle[platz].ausführen();                   Referenz auf den Befehl in der
    rückgängigBefehl = anBefehle[platz];    ←     Instanzvariablen rückgängigBefehl.
  }                                                Das tun wir für AN- und AUS-
                                                   Befehle gleichermaßen.
  public void ausKnopfWurdeGedrückt(int platz) {
    ausBefehle[platz].ausführen();
    rückgängigBefehl = ausBefehle[platz];    ←
  }
                                              Wenn der Rückgängig-Knopf ge-
                                              drückt wird, rufen wir die Methode
  public void rückgängigKnopfWurdeGedrückt() {    rückgängig() auf dem Befehl auf,
    rückgängigBefehl.rückgängig();           ←   der in rückgängigBefehl gespei-
  }                                              chert ist. Damit wird die Operation
                                                  des zuletzt ausgeführten Befehls
  public String toString() {                      umgekehrt.
    // toString()-Code hier
  }
}
```

Zeit, diesen Rückgängig-Knopf in die Mangel zu nehmen

Gut. Überarbeiten wir jetzt die Test-Klasse ein bisschen, um den Rückgängig-Knopf zu testen:

```java
public class FernsteuerungsLader {

  public static void main(String[] args) {
    FernSteuerungMitRückgängig fernSteuerung = new FernSteuerungMitRückgängig();

    Licht wohnzimmerLicht = new Licht("Wohnzimmer");

    LichtAnBefehl wohnzimmerLichtAn =
        new LichtAnBefehl(wohnzimmerLicht);
    LichtAusBefehl wohnzimmerLichtAus =
        new LichtAusBefehl(wohnzimmerLicht);

    fernSteuerung.setBefehl(0, wohnzimmerLichtAn, wohnzimmerLichtAus);

    fernSteuerung.anKnopfWurdeGedrückt(0);
    fernSteuerung.ausKnopfWurdeGedrückt(0);
    System.out.println(fernSteuerung);
    fernSteuerung.rückgängigKnopfWurdeGedrückt();
    fernSteuerung.ausKnopfWurdeGedrückt(0);
    fernSteuerung.anKnopfWurdeGedrückt(0);
    System.out.println(fernSteuerung);
    fernSteuerung.rückgängigKnopfWurdeGedrückt();
  }
}
```

← Ein Licht und unsere neuen, Rückgängig-fähigen Licht-An- und Licht-Aus-Befehle erzeugen.

← Die Licht-Befehle der Fernsteuerung an Platz 0 hinzufügen.

← Das Licht anschalten, dann wieder wieder aus und dann rückgängig machen.

← Dann das Licht ausschalten, wieder anschalten und rückgängig machen.

Und hier sind die Ergebnisse des Tests ...

```
% java FernsteuerungsLader
Licht ist an
Licht ist aus
------ Fernsteuerung ------
[Platz 0] LichtAnBefehl    LichtAusBefehl
[Platz 1] KeinBefehl       KeinBefehl
[Platz 2] KeinBefehl       KeinBefehl
[Platz 3] KeinBefehl       KeinBefehl
[Platz 4] KeinBefehl       KeinBefehl
[Platz 5] KeinBefehl       KeinBefehl
[Platz 6] KeinBefehl       KeinBefehl
[Rückgängig] LichtAusBefehl
Licht ist an
Licht ist aus
Licht ist an
------ Fernsteuerung ------
[Platz 0] LichtAnBefehl    LichtAusBefehl
[Platz 1] KeinBefehl       KeinBefehl
[Platz 2] KeinBefehl       KeinBefehl
[Platz 3] KeinBefehl       KeinBefehl
[Platz 4] KeinBefehl       KeinBefehl
[Platz 5] KeinBefehl       KeinBefehl
[Platz 6] KeinBefehl       KeinBefehl
[Rückgängig] LichtAnBefehl
Licht ist aus
```

← Das Licht anschalten, dann wieder aus.

← Hier sind die Licht-Befehle.

← Jetzt enthält der Rückgängig-Befehl den LichtAusBefehl, den letzten aufgerufenen Befehl.

← Rückgängig wurde gedrückt ... die rückgängig()-Methode von LichtAnBefehl schaltet das Licht wieder an.

← Dann schalten wir das Licht aus und wieder an.

← Jetzt enthält der RückgängigBefehl den LichtAn-Befehl, den letzten aufgerufenen Befehl.

← Rückgängig wurde gedrückt, das Licht ist wieder aus.

Wir müssen für *Rückgängig* einen Status pflegen

Einen Status verwenden, um Rückgängig zu implementieren

Okay, Rückgängig für Licht zu implementieren war lehrreich, aber etwas zu einfach. Normalerweise muss man ein paar Statusinformationen pflegen, um Rückgängig zu implementieren. Versuchen wir uns an etwas Interessanterem wie dem Ventilator aus den Hersteller-Klassen. Der Ventilator besitzt verschiedene Geschwindigkeiten, die gesetzt werden können, und eine aus()-Methode.

Ventilator
schnell()
mittel()
langsam()
aus()
getGeschwindigkeit()

Hier ist der Quellcode für den Ventilator:

```java
public class Ventilator {
  public static final int SCHNELL = 3;
  public static final int MITTEL = 2;
  public static final int LANGSAM = 1;
  public static final int AUS = 0;
  String ort;
  int geschwindigkeit;

  public Ventilator(String ort) {
    this.ort = ort;
    geschwindigkeit = AUS;
  }

  public void schnell() {
    geschwindigkeit = SCHNELL;
    System.out.println(ort + ": Ventilator läuft schnell");
  }

  public void mittel() {
    geschwindigkeit = MITTEL;
    System.out.println(ort + ": Ventilator läuft auf mittlerer Stufe");
  }

  public void langsam() {
    geschwindigkeit = LANGSAM;
    System.out.println(ort + ": Ventilator läuft langsam");
  }

  public void aus() {
    geschwindigkeit = AUS;
    System.out.println(ort + ": Ventilator ist aus");
  }

  public int getGeschwindigkeit() {
    return geschwindigkeit;
  }
}
```

Beachten Sie, dass die Klasse Ventilator einen lokalen Status für die Geschwindigkeit des Ventilators nachhält.

Hm ... um Rückgängig zu implementieren, muss ich wohl die vorige Geschwindigkeit des Ventilators in Betracht ziehen.

Diese Methoden setzen die Geschwindigkeit des Ventilators.

Mit getGeschwindigkeit() können Sie die aktuelle Geschwindigkeit des Ventilators abrufen.

Den Ventilator-Befehlen Rückgängig hinzufügen

Kümmern wir uns jetzt darum, den verschiedenen Ventilator-Befehlen Rückgängig hinzuzufügen. Dazu müssen wir die letzte Geschwindigkeit des Ventilators nachhalten und den Ventilator wieder in diesen Zustand versetzen, wenn die Methode rückgängig() aufgerufen wird. Hier ist der Code für den Befehl VentilatorSchnellBefehl:

```java
public class VentilatorSchnellBefehl implements Befehl {
  Ventilator ventilator;
  int letzteGeschwindigkeit;

  public VentilatorSchnellBefehl(Ventilator ventilator) {
    this.ventilator = ventilator;
  }

  public void ausführen() {
    letzteGeschwindigkeit = ventilator.getGeschwindigkeit();
    ventilator.schnell();
  }

  public void rückgängig() {
    if (letzteGeschwindigkeit == Ventilator.SCHNELL) {
      ventilator.schnell();
    } else if (letzteGeschwindigkeit == Ventilator.MITTEL) {
      ventilator.mittel();
    } else if (letzteGeschwindigkeit == Ventilator.LANGSAM) {
      ventilator.langsam();
    } else if (letzteGeschwindigkeit == Ventilator.AUS) {
      ventilator.aus();
    }
  }
}
```

Wir haben einen lokalen Status hinzugefügt, um die vorige Geschwindigkeit des Ventilators nachzuhalten.

In ausführen() müssen wir erst die aktuelle Geschwindigkeit des Ventilators speichern, bevor wir sie ändern, falls wir unsere Aktionen rückgängig machen müssen.

Zum Rückgängigmachen setzen wir die Geschwindigkeit des Ventilators wieder auf die vorige Geschwindigkeit zurück.

> Wir müssen noch drei weitere Ventilator-Befehle schreiben: Langsam, Mittel und Aus. Wissen Sie, wie diese implementiert werden?

Den Ventilator testen

Machen Sie sich bereit, den Ventilator zu testen

Zeit, unsere Fernsteuerung mit den Ventilator-Befehlen zu laden. An Platz 0 werden wir die Einstellungen für die mittlere Ventilatorgeschwindigkeit laden, an Platz 1 die für die schnelle. In beiden Fällen halten die entsprechenden Aus-Knöpfe den Aus-Befehl für den Ventilator.

Hier ist unser Testskript:

```
public class FernSteuerungsLader {

  public static void main(String[] args) {
    FernSteuerungMitRückgängig fernSteuerung = new FernSteuerungMitRückgängig();

    Ventilator ventilator = new Ventilator("Wohnzimmer");

    VentilatorMittelBefehl ventilatorMittel =
        new VentilatorMittelBefehl(ventilator);
    VentilatorSchnellBefehl ventilatorSchnell =
        new VentilatorSchnellBefehl(ventilator);
    VentilatorAusBefehl ventilatorAus =
        new VentilatorAusBefehl(ventilator);

    fernSteuerung.setBefehl(0, ventilatorMittel, ventilatorAus);
    fernSteuerung.setBefehl(1, ventilatorSchnell, ventilatorAus);

    fernSteuerung.anKnopfWurdeGedrückt(0);
    fernSteuerung.ausKnopfWurdeGedrückt(0);
    System.out.println(fernSteuerung);
    fernSteuerung.rückgängigKnopfWurdeGedrückt();

    fernSteuerung.anKnopfWurdeGedrückt(1);
    System.out.println(fernSteuerung);
    fernSteuerung.rückgängigKnopfWurdeGedrückt();
  }
}
```

Hier instantiieren wir drei Befehle: Schnell, Mittel und Aus.

Hier packen wir Mittel in Platz 0 und Schnell in Platz 1. Wir laden auch die Aus-Befehle.

Erst schalten wir den Ventilator auf Mittel.

Dann schalten wir ihn aus.

Rückgängig! Der Ventilator sollte zu Mittel zurückgehen ...

Diesmal wird der Ventilator auf Schnell gestellt.

Und noch mal wird Rückgängig gedrückt. Der Ventilator sollte zu Mittel zurückkehren.

Den Ventilator testen

Wir starten also die Fernsteuerung, laden sie mit Befehlen und drücken ein paar Knöpfe!

```
Datei  Bearbeiten  Fenster  Hilfe  RückgängigDamit!

% java FernsteuerungsLader
Wohnzimmer: Ventilator läuft auf mittlerer Stufe
Wohnzimmer: Ventilator ist aus

------ Fernsteuerung -------
[P 0] headfirst.command              .rückgängig.VentilatorMittelBefehl    headfirst.command.rückgängig.
VentilatorAusBefehl
[Platz 1] VentilatorSchnellBefehl    VentilatorAusBefehl
[Platz 2] KeinBefehl                 KeinBefehl
[Platz 3] KeinBefehl                 KeinBefehl
[Platz 4] KeinBefehl                 KeinBefehl
[Platz 5] KeinBefehl                 KeinBefehl
[Platz 6] KeinBefehl                 KeinBefehl
[Rückgängig] VentilatorAusBefehl

Wohnzimmer: Ventilator läuft auf mittlerer Stufe
Wohnzimmer: Ventilator läuft schnell

------ Fernsteuerung -------
[Platz 0] VentilatorMittelBefehl     VentilatorAusBefehl
[Platz 1] VentilatorSchnellBefehl    VentilatorAusBefehl
[Platz 2] KeinBefehl                 KeinBefehl
[Platz 3] KeinBefehl                 KeinBefehl
[Platz 4] KeinBefehl                 KeinBefehl
[Platz 5] KeinBefehl                 KeinBefehl
[Platz 6] KeinBefehl                 KeinBefehl
[Rückgängig] VentilatorSchnellBefehl

Wohnzimmer: Ventilator läuft auf mittlerer Stufe
%
```

Hier sind die Befehle in der Fernsteuerung ...

Den Ventilator auf Mittel stellen und dann ausschalten.

Den letzten Befehl rückgängig machen – und der Ventilator läuft wieder mit mittlerer Geschwindigkeit.

Jetzt den Ventilator auf Schnell schalten.

Jetzt ist Schnell der letzte ausgeführte Befehl.

Noch ein Rückgängig, und der Ventilator läuft wieder mit mittlerer Geschwindigkeit.

... und Rückgängig hält den letzten ausgeführten Befehl, den VentilatorAusBefehl.

Makro-Befehle

Jede Fernsteuerung braucht einen Party-Modus!

Was bringt es, wenn man eine Fernsteuerung hat und es nicht ausreicht, auf eine einzige Taste zu drücken, damit die Beleuchtung gedämpft, die Stereoanlage und der Fernseher angeschaltet werden und der Whirlpool hochgefahren wird.

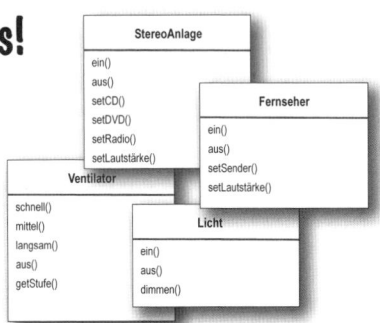

> Hm. Unsere Fernsteuerung bräuchte einen Knopf für jedes Gerät. Ich glaube nicht, dass das möglich ist.

> Warte mal, Astrid. Sei dir da nicht so sicher. Ich glaube, wir können all das machen, ohne die Fernsteuerung überhaupt zu ändern.

Marias Idee ist es, eine neue Art von Befehl zu erstellen – einen Befehl, der andere Befehle ausführen kann ... und nicht nur einen. Ziemlich gute Idee, oder?

```
public class MakroBefehl implements Befehl {
  Befehl[] befehle;

  public MakroBefehl(Befehl[] befehle) {
    this.befehle = befehle;
  }

  public void ausführen() {
    for (int i = 0; i < befehle.length; i++) {
      befehle[i].ausführen();
    }
  }
}
```

Nimmt ein Array von Befehlen und speichert sie im MakroBefehl.

Wenn das Makro von der Fernsteuerung ausgeführt wird, werden alle Befehle auf einmal ausgeführt.

Das Command-Muster

Einen Makro-Befehl verwenden

Gehen wir die Schritte zur Anwendung eines Makro-Befehls durch:

❶ Erst erstellen wir die Gruppe von Befehlen, die in das Makro gehören sollen:

Alle Geräte werden erstellt: ein Licht, ein Fernseher, eine Stereoanlage und der Whirlpool.

```
Licht licht = new Licht("Wohnzimmer");
Fernseher fernseher = new Fernseher("Wohnzimmer");
StereoAnlage stereo = new StereoAnlage("Wohnzimmer");
Whirlpool whirlpool = new Whirlpool();

LichtAnBefehl lichtAn = new LichtAnBefehl(licht);
StereoAnlageEinBefehl stereoAn = new StereoAnlageEinBefehl(stereo);
FernseherAnBefehl fernseherAn = new FernseherAnBefehl(fernseher);
WhirlpoolAnBefehl whirlpoolAn = new WhirlpoolAnBefehl(whirlpool);
```

Jetzt werden alle Ein-Befehle erstellt, um sie zu steuern.

> **Spitzen Sie Ihren Bleistift**
>
> Wir benötigen auch noch die Befehle für die Aus-Knöpfe.
> Schreiben Sie hier den Code, mit dem diese erstellt werden:

❷ Als Nächstes erstellen wir zwei Arrays, eins für die An-Befehle und eins für die Aus-Befehle, und laden sie mit den entsprechenden Befehlen:

Erzeugt jeweils ein Array für den An- und den Aus-Befehl ...

```
Befehl[] partyAn = { lichtAn, stereoAn, fernseherAn, whirlpoolAn};
Befehl[] partyAus = { lichtAus, stereoAus, fernseherAus, whirlpoolAus};

MakroBefehl partyAnMakro = new MakroBefehl(partyAn);
MakroBefehl partyAusMakro = new MakroBefehl(partyAus);
```

... und zwei entsprechende Makros, die diese aufnehmen.

❸ Dann weisen wir den MakroBefehl wie üblich einem Knopf zu:

```
fernSteuerung.setBefehl(0, partyAnMakro, partyAusMakro);
```

Der Makro-Befehl wird wie jeder andere Befehl einem Knopf zugewiesen.

Sie sind hier ▶ **227**

Den Makro-Befehl testen

4 Schließlich müssen wir nur noch ein paar Knöpfe drücken, um zu sehen, ob das funktioniert:

```
System.out.println(fernSteuerung);
System.out.println("--- Schalte Makro ein---");
fernSteuerung.anKnopfWurdeGedrückt(0);
System.out.println("--- Schalte Makro aus---");
fernSteuerung.ausKnopfWurdeGedrückt(0);
```

Hier ist die Ausgabe:

```
% java FernsteuerungsLader
------ Fernsteuerung ------
[Platz 0] MakroBefehl        MakroBefehl
[Platz 1] KeinBefehl         KeinBefehl
[Platz 2] KeinBefehl         KeinBefehl
[Platz 3] KeinBefehl         KeinBefehl
[Platz 4] KeinBefehl         KeinBefehl
[Platz 5] KeinBefehl         KeinBefehl
[Platz 6] KeinBefehl         KeinBefehl
[Rückgängig] KeinBefehl

--- Schalte Makro ein---
Licht ist an
Wohnzimmer: Stereoanlage ist an
Wohnzimmer: Fernseher ist an
Whirlpool wird erhitzt auf kochende 35 Grad
Whirlpool blubbert!

--- Schalte Makro aus---
Licht ist aus
Wohnzimmer: Stereoanlage ist aus
Wohnzimmer: Fernseher ist aus
Whirlpool wird abgekühlt auf 32 Grad

%
```

Hier sind die beiden Makro-Befehle.

Alle Befehle im Makro werden ausgeführt, wenn wir das An-Makro aufrufen ...

... und wenn wir das Aus-Makro aufrufen. Sieht aus, als würde die Sache funktionieren.

Das Command-Muster

Übung

Das Einzige, was unserem MakroBefehl noch fehlt, ist die Rückgängig-Funktionalität. Wenn nach einem MakroBefehl auf den Rückgängig-Knopf gedrückt wird, müssen alle Befehle, die im Makro ausgeführt wurden, ihre letzten Aktionen rückgängig machen. Hier ist der Code für den MakroBefehl. Fahren Sie fort und implementieren Sie die rückgängig()-Methode:

```
public class MakroBefehl implements Befehl {
  Befehl[] befehle;

  public MakroBefehl(Befehl[] befehle) {
    this.befehle = befehle;
  }

  public void ausführen() {
    for (int i = 0; i < befehle.length; i++) {
      befehle[i].ausführen();
    }
  }

  public void rückgängig() {



  }
}
```

Es gibt keine Dummen Fragen

F: Brauche ich immer einen Empfänger? Warum kann das Befehl-Objekt nicht die Details der ausführen()-Methode implementieren?

A: In der Regel streben wir nach dummen Befehl-Objekten, die einfach nur eine Aktion auf einem Empfänger aufrufen. Es gibt jedoch viele Beispiele für »kluge« Befehl-Objekte, die den größten Teil oder sogar die gesamte Logik implementieren, die erforderlich ist, um einen Auftrag auszuführen. Sicher kann man das tun. Aber denken Sie daran, dass Sie nicht mehr den gleichen Grad von Entkopplung zwischen Aufrufer und Empfänger haben und Ihre Befehle auch nicht mehr mit Empfänger parametrisieren können.

F: Wie kann ich eine History von Rückgängig-Operationen implementieren? Anders gesagt: Ich möchte den Rückgängig-Knopf mehrfach drücken können.

A: Gute Frage! Aber eigentlich ist das ziemlich einfach. Statt nur eine Referenz auf den letzten Befehl zu halten, pflegen Sie einen Stack zuvor ausgeführter Befehle. Jedes Mal, wenn Rückgängig gedrückt wird, nimmt Ihr Aufrufer dann das erste Element vom Stack und ruft seine rückgängig()-Methode auf.

F: Könnte ich den Party-Modus nicht auch einfach als einen gewöhnlichen Befehl implementieren, indem ich einen PartyBefehl erstelle und die Aufrufe zur Ausführung der anderen Befehle in die ausführen()-Methode des PartyBefehls packe?

A: Das könnten Sie. Allerdings würden Sie den Party-Modus damit im Grunde im PartyBefehl festnageln. Warum wollen Sie sich den Ärger aufhalsen? Mit dem MakroBefehl können Sie dynamisch entscheiden, welche Befehle in den Party-Modus aufgenommen werden sollen. Sie haben also mehr Flexibilität, wenn Sie den MakroBefehl verwenden. Im Allgemeinen ist der MakroBefehl die elegantere Lösung und erfordert außerdem weniger neuen Code.

Die Anzahl an Befehl-Klassen reduzieren?

Das Command-Muster erfordert eine Menge an Klassen

Wenn man das Command-Muster nutzt, führt das zu einer Menge kleinen Klassen – den konkreten Befehl-Implementierungen –, die die Anfragen an den entsprechenden Empfänger kapseln. In unserer Fernsteuerungsimplementierung gibt es zwei Befehl-Klassen für jede Empfänger-Klasse. Beispielsweise gibt es für den Licht-Empfänger LichtAnBefehl und LichtAusBefehl, für den GaragenTor-Empfänger GaragenTorHochBefehl und GaragenTorRunterBefehl und so weiter. Das ist jede Menge zusätzlicher Kram, der für nur wenige verpackte Berechnungen erforderlich ist, die die gleiche Schnittstelle für die Fernsteuerung bieten:

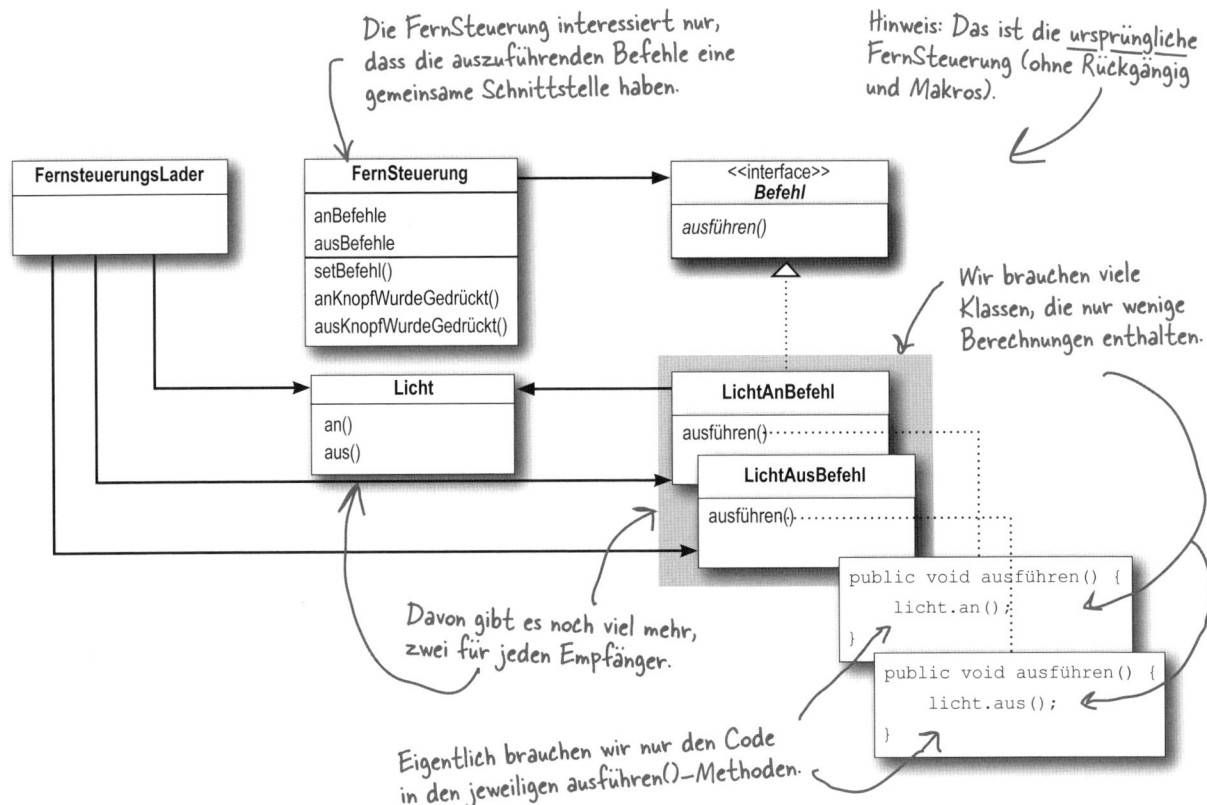

Brauchen wir alle diese Befehl-Klassen überhaupt?

Ein Befehl besteht einfach aus ein paar verpackten Berechnungen. Befehle bieten uns eine Möglichkeit, eine gemeinsame Schnittstelle für die Verhalten vieler verschiedener Empfänger zu gewährleisten (Lampen, Whirlpools, StereoAnlage-Anlagen), die jeweils eigene Sätze von Aktionen aufweisen.

Was wäre, wenn Sie die gemeinsame Schnittstelle für alle Befehle beibehalten, die Berechnungen aber aus den einzelnen konkreten Befehl-Implementierungen herausnehmen und stattdessen direkt nutzen könnten? Könnten wir uns damit dieser zusätzlichen Klassen entledigen und unseren Code vereinfachen? Genau das können Sie mit Lambda-Ausdrücken erreichen. Schauen wir uns das nun an …

Die Fernsteuerung mit Lambda-Ausdrücken vereinfachen

Sie haben zwar bereits gesehen, wie unproblematisch das Command-Muster ist, trotzdem bietet uns Java ein weiteres praktisches Werkzeug, das die Dinge sogar noch mehr vereinfacht: Lambda-Ausdrücke. Ein Lambda-Ausdruck ist eine Kurzform für eine Methode – ein paar Berechnungen – genau an der Stelle, an der Sie sie benötigen. Sie müssen keine eigene Klasse mehr erstellen, die diese Methode enthält, um dann ein Objekt dieser Klasse zu instantiieren, auf dem Sie die Methode aufrufen können. Stattdessen sagen Sie einfach mit einem Lambda-Ausdruck: »Hier ist die Methode, die aufgerufen werden soll.« Wir wollen, dass die Methode ausführen() aufgerufen wird.

Wenn Sie mit Lambda-Ausdrücken noch nicht vertraut sind (sie wurden in Java 8 eingeführt), kann es etwas dauern, bis man sich an sie gewöhnt. Sie sollten keine Schwierigkeiten bei der Lektüre der folgenden Seiten haben, aber werfen Sie einen Blick in eine Java-Referenz, um auf den neuesten Stand zu kommen.

Ersetzen wir die LichtAnBefehl- und LichtAusBefehl-Objekte durch Lambda-Ausdrücke, um uns anzuschauen, wie das funktioniert. Mit folgenden Schritten sorgen Sie dafür, dass anstelle von Befehl-Objekten Lambda-Ausdrücke verwendet werden, um der Fernsteuerung Befehle für Licht an und Licht aus hinzuzufügen:

Schritt 1: Den Empfänger erstellen

Dieser Schritt hat sich nicht verändert:

```
Licht wohnzimmerBeleuchtung = new Licht("Wohnzimmer");
```

Licht
an()
aus()

Schritt 2: Die Befehle der Fernsteuerung mit Lambdas setzen

Hier geschehen die Wunder. Wir erstellen jetzt keine LichtAnBefehl- und LichtAusBefehl-Objekte, um sie fernSteuerung.setBefehl() zu übergeben, sondern übergeben einfach anstelle der Objekte einen Lambda-Ausdruck mit dem Code der entsprechenden ausführen()-Methode:

```
fernSteuerung.setBefehl(0, () -> { wohnzimmerBeleuchtung.an(); },
                          () -> { wohnzimmerBeleuchtung.aus(); } );
```

Hier sind die beiden Lambda-Ausdrücke

Die Lambdas werden setBefehl() als Befehle übergeben.

```
public void setBefehl(int platz, Befehl anBefehl, Befehl ausBefehl) {
    anBefehle[platz] = anBefehl;
    ausBefehle[platz] = ausBefehl;
}
```

Schritt 3: Den Fernsteuerungsknopf betätigen

Auch dieser Schritt ändert sich nicht. Allerdings ist, wenn anKnopfWurdeGedrückt(0) aufgerufen wird, der Befehl in Platz 0 ein Funktionsobjekt (das mit einem Lambda-Ausdruck erstellt wurde). Wenn wir auf dem Befehl ausführen() aufrufen, wird dieser Methode die Methode zugeordnet, die durch den Lambda-Ausdruck definiert wurde, und dann ausgeführt.

```
fernSteuerung.anKnopfWurdeGedrückt (0);
```

```
public void anKnopfWurdeGedrückt (int platz) {
    anBefehle[platz].ausführen();
}
```

An Platz 0 des anBefehle-Arrays ist der Lambda-Ausdruck gespeichert, den wir in Schritt 2 an setBefehl() übergeben haben. Die Methode ausführen() wird auf die Methode im Lambda-Ausdruck abgebildet und ausgeführt.

```
() -> { wohnzimmerBeleuchtung.an(); }
```

Die Methode eines *Lambda-Ausdrucks* aufrufen

Das kann ja wohl kaum funktionieren! Der Lambda-Ausdruck, den wir an setBefehl() übergeben, hat nicht einmal eine ausführen()-Methode. Wie bitte soll also die Methode im Lambda je aufgerufen werden?

Wir sagten doch »Wunder«, oder?

War nur ein Scherz ... eigentlich ist da kein Wunder im Spiel. Wir nutzen Lambda-Ausdrücke als Ersatz für Befehl-Objekte, und das Befehl-Interface hat nur eine einzige Methode: ausführen(). Der Lambda-Ausdruck, den wir nutzen, muss eine mit dieser Methode kompatible Methode haben, und das hat er: ausführen() erwartet keine Argumente (wie unser Lambda-Ausdruck) und liefert keinen Wert (auch das trifft auf unseren Lambda-Ausdruck zu) – und das macht den Compiler glücklich.

Wir übergeben den Lambda-Ausdruck an den Befehl-Parameter der Methode setBefehl():

```
                                        () -> { wohnzimmerBeleuchtung.an(); }
                     Keine Argumente ...
                                                        ... kein Rückgabewert.
public void setBefehl(int platz,
                      Befehl anBefehl,
                      Befehl ausBefehl) {
    ...
}
```

```
public interface Befehl {
    public void ausführen();
}
```
Keine Argumente ... kein Rückgabewert.

Ja, die Signatur des Lambda-Ausdrucks entspricht der Signatur der einzigen Methode in Befehl. Wir können also loslegen!

Der Compiler prüft, ob das Interface Befehl eine Methode hat, die dem Lambda-Ausdruck entspricht, und das ist der Fall: ausführen().

Wenn wir auf dem Befehl ausführen() aufrufen, wird die Methode im Lambda-Ausdruck aufgerufen:

```
anBefehle[platz].ausführen();
```

In einem Befehl gibt es nur eine Methode. Das ist also die Methode, für die der Lambda-Ausdruck einsteht.

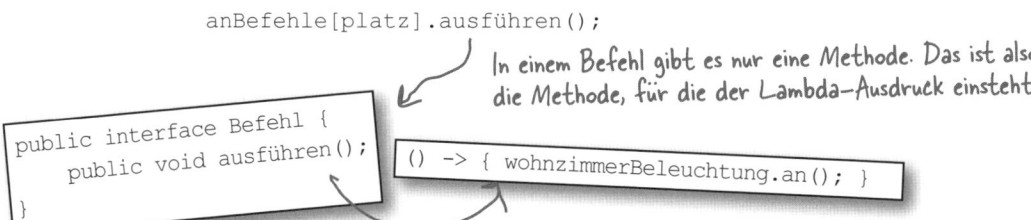

Merken Sie sich einfach: Das funktioniert, solange die Schnittstelle des Parameters, an den wir den Lambda-Ausdruck übergeben, nur eine Methode hat und die Signatur dieser Methode mit der der Lambda-Methode übereinstimmt.

Weitere Vereinfachungen mit Methodenreferenzen

Mit *Methodenreferenzen* können wir unseren Code sogar noch weiter vereinfachen. Wenn der Lambda-Ausdruck, den Sie übergeben, nur eine Methode aufruft, können Sie stattdessen einfach anstelle des Lambda-Ausdrucks eine Methodenreferenz übergeben. Beispielsweise so:

```
fernSteuerung.setBefehl(0, wohnzimmerBeleuchtung::an, wohnzimmerBeleuchtung::aus);
```

Das ist eine Referenz auf die an()-Methode des wohnzimmerBeleuchtung-Objekts.

Das ist eine Referenz auf die aus()-Methode des wohnzimmerBeleuchtung-Objekts.

Statt eines Lambda-Ausdrucks, der die an()-Methode von wohnzimmerBeleuchtung aufruft, übergeben wir *eine Referenz auf diese Methode selbst*.

Was ist, wenn wir in unserem Lambda-Ausdruck mehrere Dinge tun müssen?

Gelegentlich müssen die Lambda-Ausdrücke, die Sie anstelle von Befehl-Objekten verwenden, mehrere Dinge tun. Schauen wir uns beispielsweise an, wie man die Objekte stereoAnlageAnMitCDBefehl und stereoAusBefehl durch Lambda-Ausdrücke ersetzt. Dann werden wir uns den vollständigen Code für den FernsteuerungsLader anschauen, damit Sie sehen können, wie all diese Konzepte zusammenspielen.

stereoAusBefehl führt lediglich einen einfachen Einzeilenbefehl aus:

```
stereo.aus();
```

Für diesen Befehl können wir anstelle eines Lambda-Ausdrucks also einfach eine Methodenreferenz, stereo::aus, nutzen.

Aber stereoAnlageAnMitCDBefehl tut *drei* Dinge:

```
stereo.an();
stereo.setCD();
stereo.setLautstärke(11);
```

Hier reicht eine Methodenreferenz nicht. Stattdessen können wir einen einzeiligen Lambda-Ausdruck schreiben oder separat erstellen, benennen und ihn dann über diesen Namen an die setBefehl()-Methode von fernSteuerung übergeben. Folgendermaßen erstellen Sie den Lambda-Ausdruck separat und geben ihm einen Namen:

```
Befehl stereoAnlageAnMitCD = () -> {
    stereo.an(); stereo.setCD(); stereo.setLautstärke(11);
};
fernSteuerung.setBefehl(3, stereoAnlageAnMitCD, stereo::aus);
```

Dieser Lambda-Ausdruck macht (genau wie die ausführen()-Methode von stereoAnlageAnMitCDBefehl) drei Dinge.

Wir können den Lambda-Ausdruck über seinen Namen übergeben.

Beachten Sie, dass wir als Typ des Lambda-Ausdrucks Befehl nutzen. Der Lambda-Ausdruck wird der ausführen()-Methode des Interface Befehl zugeordnet, und wir übergeben ihn in setBefehl() an einen Befehl-Parameter.

Lambda-Ausdrücke testen

Die Fernsteuerung mit Lambda-Ausdrücken testen

Wir vereinfachen den Code der ursprünglichen Fernsteuerungsimplementierung (ohne die Rückgängig-Implementierung) mit Lambda-Ausdrücken, indem wir den Code in der Fernsteuerung so ändern, dass wir die konkreten Befehl-Objekte durch Lambda-Ausdrücke ersetzen, und passen den FernSteuerung-Konstruktor so an, dass anstelle des KeinBefehl-Objekts ebenfalls ein Lambda-Ausdruck verwendet wird. Nachdem wir das getan haben, können wir alle konkreten Befehl-Klassen (LichtAnBefehl, LichtAusBefehl, WhirlPoolAnBefehl, WhirlPoolAusBefehl und so weiter) löschen. Und das war's auch schon. Alles andere bleibt unverändert. Achten Sie darauf, dass Sie das Interface Befehl selbst aber *nicht* löschen. Dieses benötigen Sie noch, um die mit den Lambda-Ausdrücken erstellten Funktionsobjekte zuzuordnen, die in der Fernsteuerung gespeichert und an die diversen Methoden übergeben werden.

Hier ist der neue Code für die Klasse FernSteuerungsLader:

```java
public class FernSteuerungsLader {
    public static void main(String[] args) {
        FernSteuerung fernSteuerung = new FernSteuerung();

        Licht wohnzimmerBeleuchtung = new Licht("Wohnzimmer");
        Licht küchenBeleuchtung = new Licht("Küche");
        Ventilator ventilator = new Ventilator("Wohnzimmer");
        GaragenTor garagenTor = new GaragenTor("Haupthaus");
        StereoAnlage stereo = new StereoAnlage("Wohnzimmer");

        fernSteuerung.setBefehl(0, wohnzimmerBeleuchtung::an, wohnzimmerBeleuchtung::aus);
        fernSteuerung.setBefehl(1, küchenBeleuchtung::an, küchenBeleuchtung::aus);
        fernSteuerung.setBefehl(2, ventilator::hoch, ventilator::aus);

        Command stereoOnWithCD = () -> {
            stereo.an(); stereo.setCD(); stereo.setLautstärke(11);
        };
        fernSteuerung.setBefehl(3, stereoAnlageAnMitCD, stereo::an);
        fernSteuerung.setBefehl(4, garagenTor::hoch, garagenTor::runter);

        System.out.println(fernSteuerung);

        fernSteuerung.anKnopfWurdeGedrückt(0);
        fernSteuerung.ausKnopfWurdeGedrückt(0);
        fernSteuerung.anKnopfWurdeGedrückt(1);
        fernSteuerung.ausKnopfWurdeGedrückt(1);
        fernSteuerung.anKnopfWurdeGedrückt(2);
        fernSteuerung.ausKnopfWurdeGedrückt(2);
        fernSteuerung.anKnopfWurdeGedrückt(3);
        fernSteuerung.ausKnopfWurdeGedrückt(3);
    }
}
```

Wir haben den gesamten Code entfernt, der konkrete Befehl-Objekte erstellte (und wir haben auch die entsprechenden Klassen gelöscht). Jetzt ist unser Code viel prägnanter (und wir haben die Anzahl an Klassen von 22 auf 9 reduziert).

Überall dort, wo wir einfache Befehle mit nur einem Methodenaufruf hatten, nutzen wir Methodenreferenzen. Wo wir mehrere Methodenaufrufe benötigten, nutzen wir vollständige Lambda-Ausdrücke.

(Methodenreferenzen können Sie als kompakte Lambda-Ausdrücke betrachten. Beides ist tatsächlich das Gleiche; eine Methodenreferenz ist einfach eine Kurzform für einen Lambda-Ausdruck, der nur eine Methode aufruft.)

Das Command-Muster

Und vergessen wir nicht, dass wir den FernSteuerung-Konstruktor ändern müssen, um den Code zu entfernen, der die KeinBefehl-Objekte erstellt, um diese durch Lambda-Ausdrücke zu ersetzen:

```java
public class FernSteuerung {
    Befehl[] anBefehle;
    Befehl[] ausBefehle;

    public FernSteuerung() {
        anBefehle = new Befehl[7];
        ausBefehle = new Befehl[7];

        for (int i = 0; i < 7; i++) {
            anBefehle[i] = () -> { };
            ausBefehle[i] = () -> { };
        }
    }
    // der restliche Code folgt hier
}
```

> Wow, wir haben die Implementierung von 22 auf 9 Klassen reduziert. Das ist viel übersichtlicher.

Wir haben den Code zur Erstellung des KeinBefehl-Objekts entfernt.

Statt eines KeinBefehl-Objekts nutzen wir einen Lambda-Ausdruck, der nichts macht! (Genau wie die ausführen()-Methode des KeinBefehl-Objekts nichts machte.)

Schauen wir uns die Ergebnisse dieser Lambda-Ausdrücke an ...

```
Menü Bearbeiten Fenster Hilfe BefehleMachenDinge

% java FernSteuerungsLader
------ Fernsteuerung -------
[Platz 0] FernSteuerungsLader$$Lambda$1/168423058      FernSteuerungsLader$$Lambda$2/1247233941
[Platz 1] FernSteuerungsLader$$Lambda$3/258952499      FernSteuerungsLader$$Lambda$4/603742814
[Platz 2] FernSteuerungsLader$$Lambda$5/1325547227     FernSteuerungsLader$$Lambda$6/980546781
[Platz 3] FernSteuerungsLader$$Lambda$9/1706377736     FernSteuerungsLader$$Lambda$10/1804094807
[Platz 4] FernSteuerung$$Lambda$1/713338599            FernSteuerung$$Lambda$2/1247233941
[Platz 5] FernSteuerung$$Lambda$1/713338599            FernSteuerung$$Lambda$2/1247233941
[Platz 6] FernSteuerung$$Lambda$1/713338599            FernSteuerung$$Lambda$2/1247233941

Wohnzimmer: Licht ist an
Wohnzimmer: Licht ist aus
Küche: Licht ist an
Küche: Licht ist aus
Wohnzimmer: Ventilator ist an
Wohnzimmer: Ventilator ist aus
Wohnzimmer: Stereoanlage ist an
Wohnzimmer: Stereoanlage spielt CD
Wohnzimmer: Stereoanlagen-Lautstärke gesetzt auf 11
Wohnzimmer: Stereoanlage ist aus
%
```

An-Plätze   Aus-Plätze

Bei der Anzeige der Fernsteuerung sehen wir jetzt diese Namen anstelle der Namen der Befehl-Klassen. Diese Ausgabe ist nicht sonderlich hilfreich.

Wieder einmal sehen wir unsere Befehle im Einsatz. Diesmal werden unsere Befehle allerdings durch Lambda-Ausdrücke statt durch Befehl-Objekte definiert.

Sie sind hier ▸ **235**

Fragen und Antworten zu Lambda-Ausdrücken

Es gibt keine Dummen Fragen

F: Können Lambda-Ausdrücke Parameter oder Rückgabewerte haben? Oder müssen es immer argumentlose Methoden ohne Rückgabewert sein?

A: Ja, Lambda-Ausdrücke können Parameter und einen Rückgabewert haben (werfen Sie noch einmal einen Blick in Kapitel 2, um zu sehen, wie wir in unserem Swing-Observer-Beispiel anstelle eines ActionListener einen Lambda-Ausdruck mit einem Argument verwendet haben). Aber die Regeln bleiben die gleichen: Die Signatur des Lambda-Ausdrucks muss der Signatur der einen Methode in dem Typ des Objekts entsprechen, den der Lambda-Ausdruck vertreten soll. Mehr Informationen zur Formulierung von Lambda-Ausdrücken mit Parametern und Rückgabewerten (und dem Umgang mit den jeweiligen Typen) finden Sie in der Java-Dokumentation.

F: Sie wiederholen ständig, dass ein Lambda-Ausdruck einer Methode in einem Interface entsprechen muss, das nur eine einzige Methode enthält. Heißt das, dass wir keine Lambda-Ausdrücke verwenden können, wenn das Interface zwei Methoden hat?

A: Ganz genau. Ein Interface, wie unser Befehl-Interface (oder ActionListener), das nur eine Methode besitzt, wird als *funktionelles Interface* bezeichnet. Lambda-Ausdrücke wurden speziell dafür konzipiert, die Methoden in funktionellen Interfaces zu ersetzen. Zum Teil, um den Code zu reduzieren, der erforderlich ist, wenn man eine Menge dieser kleinen Klassen mit funktionellen Interfaces hat. Wenn Ihr Interface zwei Methoden hat, ist es kein funktionelles Interface und kann nicht durch einen Lambda-Ausdruck ersetzt werden. Denken Sie einmal darüber nach: Ein Lambda-Ausdruck ist ein Ersatz für eine Methode, nicht der Ersatz für ein vollständiges Objekt. Es ist nicht möglich, zwei Methoden durch einen Lambda-Ausdruck zu ersetzen.

F: Heißt das, dass wir für unsere Fernsteuerungs-Implementierung mit Rückgängig-Operation keine Lambda-Ausdrücke verwenden können? Bei der hat unser Befehl-Interface zwei Methoden: ausführen() und rückgängig().

A: Richtig. Wahrscheinlich könnte man eine Möglichkeit finden, auch bei dieser Version Lambdas zu nutzen (indem man zwei verschiedene Arten von Befehlen verwendet), aber der Code würde dadurch letztendlich vermutlich komplexer werden als unsere ursprüngliche Fernsteuerungsimplementierung mit Rückgängig, die Befehl-Objekte nutzt.

Lambda-Ausdrücke sollen Ihnen helfen, bei funktionellen Interfaces (mit nur einer Methode) Ihren Code zu vereinfachen. Wenn Sie feststellen, dass Sie angestrengt versuchen, das zu umgehen, um Fälle wie Befehle mit Rückgängig zu unterstützen, sind Lambda-Ausdrücke wahrscheinlich nicht die richtige Lösung.

F: Warum sehen die Namen der An- und Aus-Plätze so seltsam aus, wenn wir die FernSteuerung anzeigen?

A: Wenn Sie sich erneut ansehen, wie wir die toString()-Methode von FernSteuerung implementiert haben, werden Sie feststellen, dass wir getClass() nutzen, um die Klasse des Befehl-Objekts zu ermitteln, und auf dieser dann getName() nutzen, um den Namen der Klasse zu erhalten, der auf der Konsole als String ausgegeben wird. Das war ein praktisches Verfahren, um eine Bezeichnung für die einzelnen Plätze zu erhalten, war aber immer eine gewisse Pfuscherei.

Wie Sie an der Ausgabe erkennen können, haben Lambda-Ausdrücke keine ansehnlichen Klassennamen. Das liegt daran, dass ihnen ihre Namen intern von der Java-Runtime zugewiesen werden und Java keine Ahnung hat, was ein bestimmter Lambda-Ausdruck bewirken soll. Für Java sind es einfach Funktionsobjekte, die einer Methode in einem Interface entsprechen.

Wir können die FernSteuerung-Anzeige reparieren, indem wir den setBefehl()-Code in FernSteuerung ändern und z.B. für jeden Platz einen Namensparameter zulassen, der dann von der toString()-Methode verwendet wird. Dann übergeben wir in FernSteuerungsLader mit den Befehlen einen lesbaren Namen an setBefehl(). Das würde auch eher der Realität entsprechen (wenn Sie eine eigene Fernsteuerung programmieren, werden Sie wahrscheinlich eigene Beschriftungen festlegen wollen).

Weitere Verwendungen des Command-Musters: Warteschlangen für Befehle

Befehle geben uns die Möglichkeit, einen Teil einer Berechnung (einen Empfänger und einen Satz von Aktionen) einzupacken und als ein vollwertiges Objekt herumzureichen. Die Berechnung selbst kann lange Zeit, nachdem die Client-Anwendung das Command-Objekt erzeugt hat, aufgerufen werden. Sie könnte sogar von einem anderen Thread aufgerufen werden. Wir können dieses Szenario noch weitertreiben und auf viele nützliche Anwendungen wie Scheduler, Thread-Pools, Job-Queues und viele andere anwenden.

Denken Sie sich eine Job-Queue: Sie hängen ans Ende der Schlange neue Befehle an, und am anderen Ende sitzt eine Gruppe von Threads. Die Threads führen das folgende Skript aus: Sie entfernen einen Befehl aus der Queue, rufen seine ausführen()-Methode auf, warten, bis der Aufruf abgearbeitet ist, verwerfen dann das Befehl-Objekt und holen sich ein neues.

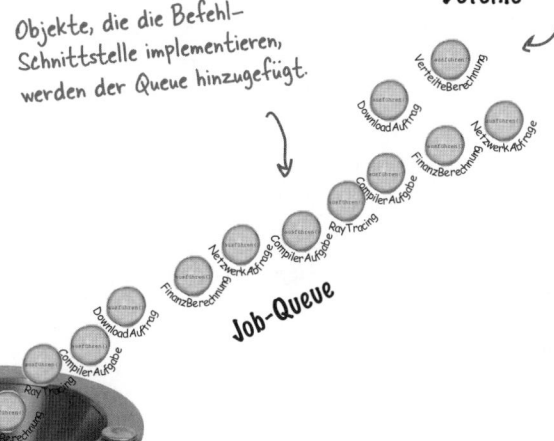

Objekte, die die Befehl-Schnittstelle implementieren, werden der Queue hinzugefügt.

Befehle

Job-Queue

Das verschafft uns eine effektive Möglichkeit, die Berechnungen auf eine bestimmte Anzahl von Threads zu beschränken.

Threads empfangen Befehl-Objekte nacheinander von der Queue und rufen ihre ausführen()-Methode auf. Nachdem der Vorgang abgeschlossen ist, gehen sie zurück, um sich ein neues Befehl-Objekt zu verschaffen.

rechnende Threads

Beachten Sie, dass die Job-Queue-Klassen vollständig von den Objekten entkoppelt sind, die die Berechnung durchführen. In einem Augenblick kann ein Thread eine mathematische Berechnung durchführen, im nächsten etwas vom Netzwerk abrufen. Die Job-Queue-Objekte kümmern sich darum nicht. Sie rufen einfach Befehle ab und rufen ausführen() auf. Und wenn ein Thread verfügbar ist, wird gleichermaßen die ausführen()-Methode aufgerufen, solange Sie Objekte in die Schlange packen, die das Command-Muster implementieren.

KOPF-NUSS

Wie könnte ein Webserver eine solche Queue einsetzen? Welche weiteren Anwendungen können Sie sich vorstellen?

Anfragen protokollieren

Weitere Verwendungen des Command-Musters: Anfragen protokollieren

Die Semantik einiger Anwendungen erfordert, dass wir alle Aktionen protokollieren und damit eine Wiederherstellung nach einem Systemabsturz ermöglichen, indem wir diese Aktionen wieder aufrufen. Das Command-Muster kann diese Semantiken mit zwei zusätzlichen Methoden unterstützen: speichern() und laden(). In Java könnten wir Objekt-Serialisierung verwenden, um diese Methoden zu implementieren. Aber die üblichen Probleme der Verwendung von Serialisierung zum Zweck der Persistenz bleiben gültig.

Wie funktioniert das? Während wir Befehle ausführen, speichern wir eine History dieser Befehle auf der Festplatte. Wenn ein Systemabsturz eintritt, laden wir die Befehl-Objekte erneut und führen ihre ausführen()-Methoden zusammen und in der richtigen Reihenfolge auf.

Natürlich hätte diese Art der Protokollierung bei einer Fernsteuerung wenig Sinn. Es gibt allerdings viele Anwendungen, die Aktionen auf großen Datenstrukturen aufrufen, die bei Veränderungen nicht jedes Mal so schnell gespeichert werden können. Durch die Verwendung von Protokollierung können wir alle Operationen seit dem letzten Speicherpunkt speichern und diese Operationen erneut auf unseren Speicherpunkt anwenden, falls ein Systemabsturz eintritt. Nehmen Sie beispielsweise eine Tabellenkalkulationsanwendung: Wir könnten unser Wiederherstellungsprotokoll implementieren, indem wir die Aktionen auf der Tabelle speichern, anstatt bei jeder Änderung eine Kopie der Tabelle auf der Festplatte zu speichern. In umfangreicheren Anwendungen könnten diese Techniken erweitert und auf Operationen in einem transaktionsähnlichen Modus angewandt werden, damit entweder alle Operationen abgeschlossen werden oder keine.

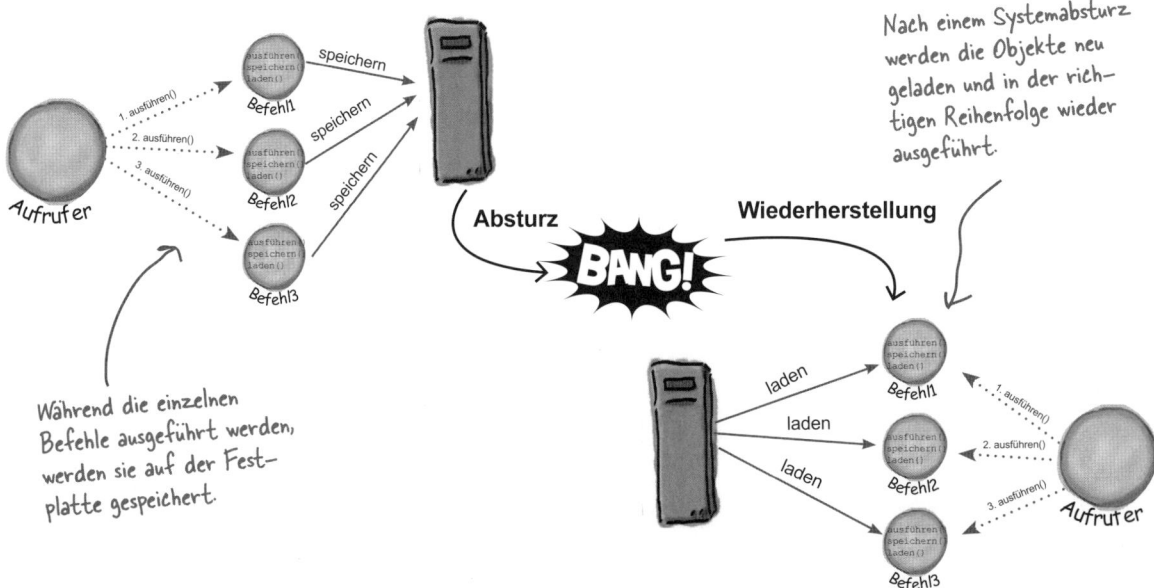

Werkzeuge für Ihren Design-Werkzeugkasten

Ihr Werkzeugkasten beginnt schwer zu werden! In diesem Kapitel haben wir ein Muster hinzugefügt, das es uns ermöglicht, Methoden in Befehl-Objekten zu kapseln: Speichern Sie sie, reichen Sie sie herum und rufen Sie sie auf, wenn Sie sie benötigen.

Punkt für Punkt

- Das Command-Muster entkoppelt ein Objekt und versendet einen Auftrag an ein anderes, das weiß, wie es ihn ausführen muss.
- Ein Befehl-Objekt steht im Zentrum dieses Entkoppelns und kapselt einen Empfänger mit einer Aktion (oder einer Gruppe von Aktionen).
- Ein Aufrufer beauftragt ein Befehl-Objekt, indem er dessen ausführen()-Methode aufruft, die diese Aktionen auf dem Empfänger aufruft.
- Aufrufer können mit Befehlen sogar dynamisch zur Laufzeit parametrisiert werden.
- Befehle können das Rückgängigmachen von Operationen unterstützen, indem sie eine rückgängig()-Methode implementieren, die das Objekt in den Zustand zurückversetzt, der bestand, als die Methode ausführen() das letzte Mal aufgerufen wurde.
- Makro-Befehle sind eine einfache Erweiterung des Command-Musters, die es ermöglichen, mehrere Befehle aufzurufen. Auch Makro-Befehle können problemlos eine Rückgängig-Operation unterstützen.
- In der Praxis ist es nicht selten, das »kluge« Befehl-Objekte den Auftrag selbst implementieren, anstatt ihn an einen Empfänger zu delegieren.
- Befehle können auch verwendet werden, um Loggings und Transaktionssysteme zu implementieren.

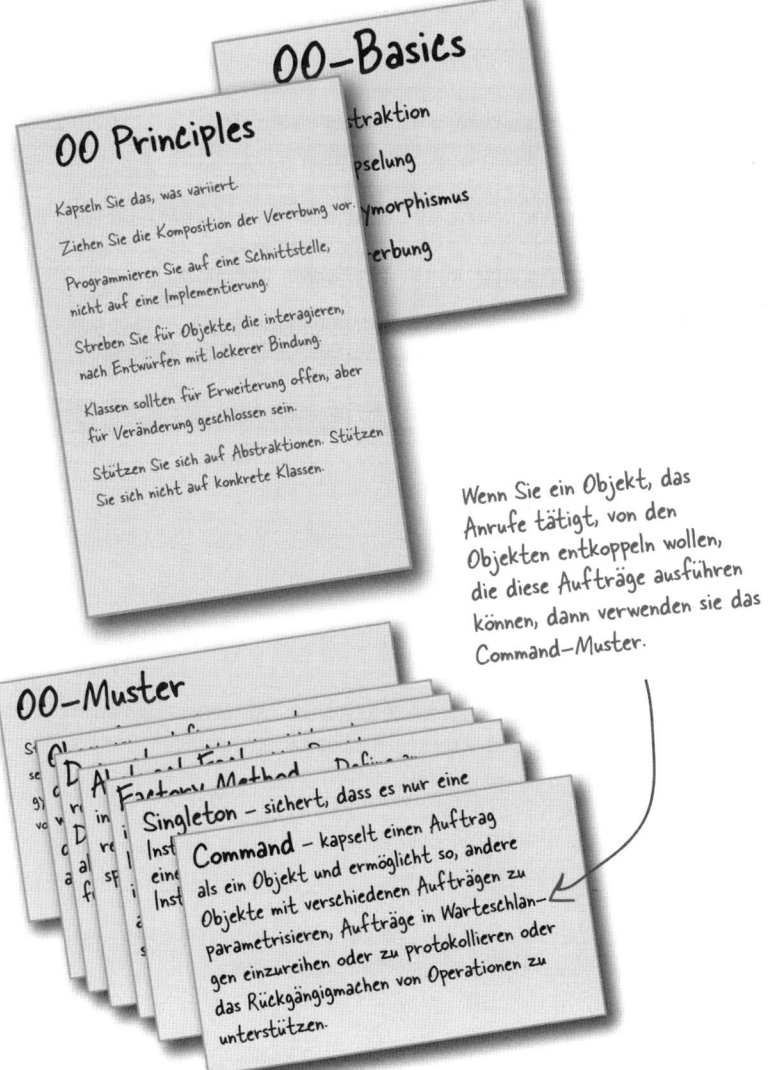

Wenn Sie ein Objekt, das Anrufe tätigt, von den Objekten entkoppeln wollen, die diese Aufträge ausführen können, dann verwenden sie das Command-Muster.

Übungen

Entwurfsmuster-Kreuzworträtsel

Zeit, eine Pause zu machen und alles sacken zu lassen.

Ein weiteres Kreuzworträtsel. Alle Lösungswörter stammen aus diesem Kapitel.

Waagerecht

1 Das kann die Kellnerin nicht.
3 Wurde mit unserem ersten Befehl-Objekt gesteuert.
5 Das Objekt, das weiß, wie die Sache erledigt wird.
7 Das Objekt, das Aktionen und Empfänger kennt.
10 Ein Befehl kapselt einen _____.
13 Hängt an der Decke und dreht sich im Kreis.
15 Sind bei der Fernbedienung die Empfänger.
16 War mit dem Koch definitiv nicht verbandelt.

Senkrecht

1 Ein Befehl kapselt einen Satz von Aktionen und einen Empfänger.
2 Fachgebiet der Firma, die uns weiterempfahl.
4 Aufrufer werden mit Befehlen _____.
6 Die Kellnerin war ein _____.
8 Aufrufer und Empfänger sind _____.
9 Unsere Lieblingsstadt.
11 Diese Methode bieten alle Befehle.
12 Was man mit dem Command-Muster noch machen kann.
14 Rolle des Kunden im Command-Muster.

Das Command-Muster

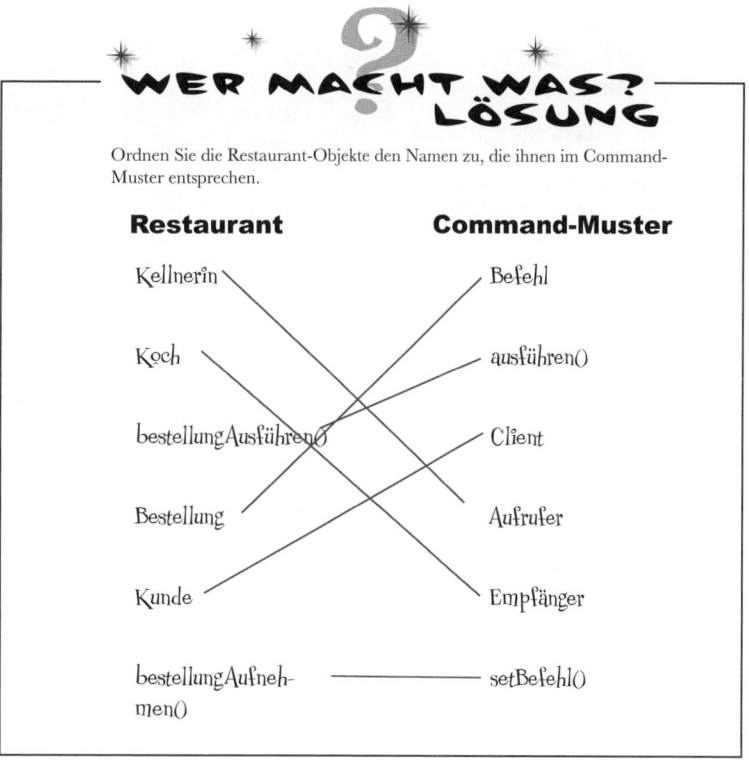

WER MACHT WAS? LÖSUNG

Ordnen Sie die Restaurant-Objekte den Namen zu, die ihnen im Command-Muster entsprechen.

Restaurant	Command-Muster
Kellnerin	Befehl
Koch	ausführen()
bestellungAusführen()	Client
Bestellung	Aufrufer
Kunde	Empfänger
bestellungAufnehmen()	setBefehl()

- Kellnerin → Aufrufer
- Koch → Empfänger
- bestellungAusführen() → ausführen()
- Bestellung → Befehl
- Kunde → Client
- bestellungAufnehmen() → setBefehl()

Spitzen Sie Ihren Bleistift
Lösung

```
public class GaragenTorHochBefehl implements Befehl {
  GaragenTor garagenTor;

  public GaragenTorHochBefehl(GaragenTor garagenTor) {
    this.garagenTor = garagenTor;
  }

  public void ausführen() {
    garagenTor.hoch();
  }
}
```

```
Datei Bearbeiten Fenster Hilfe SitzeImDunkeln
% java FernSteuerungTest

Licht ist an
Garagentor ist offen

%
```

Sie sind hier ▶ 241

Lösungen zu den Übungen

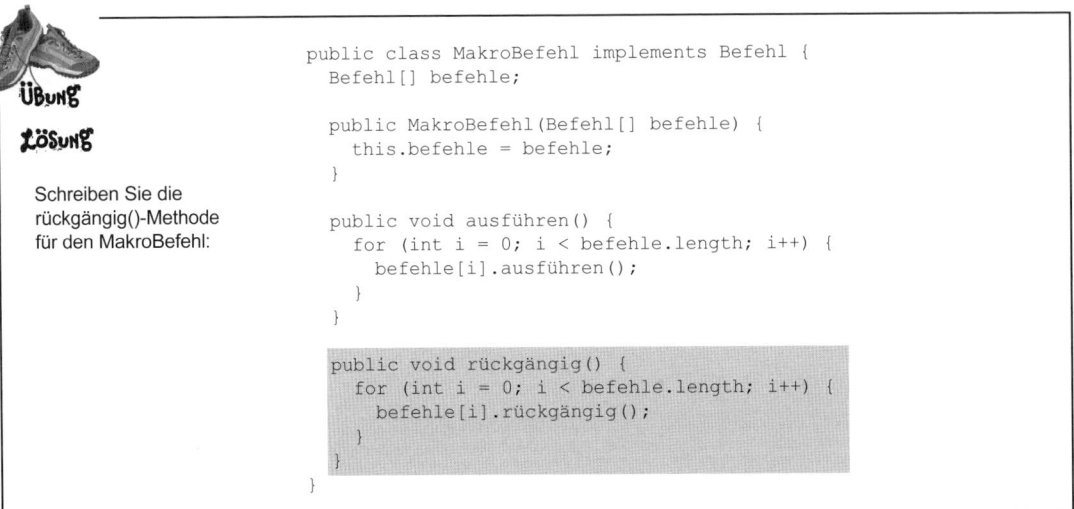

Schreiben Sie die rückgängig()-Methode für den MakroBefehl:

```
public class MakroBefehl implements Befehl {
  Befehl[] befehle;

  public MakroBefehl(Befehl[] befehle) {
    this.befehle = befehle;
  }

  public void ausführen() {
    for (int i = 0; i < befehle.length; i++) {
      befehle[i].ausführen();
    }
  }

  public void rückgängig() {
    for (int i = 0; i < befehle.length; i++) {
      befehle[i].rückgängig();
    }
  }
}
```

Spitzen Sie Ihren Bleistift — Lösung

Hier ist der Code für die Erstellung der Befehle für die Aus-Knöpfe.

```
LichtAusBefehl lichtAus = new LichtAusBefehl(licht);
StereoAnlageAusBefehl stereoAus = new StereoAnlageAusBefehl(stereo);
FernseherAusBefehl fernseherAus = new FernseherAusBefehl(fernseher);
WhirlpoolAusBefehl whirlpoolAus = new WhirlpoolAusBefehl(whirlpool);
```

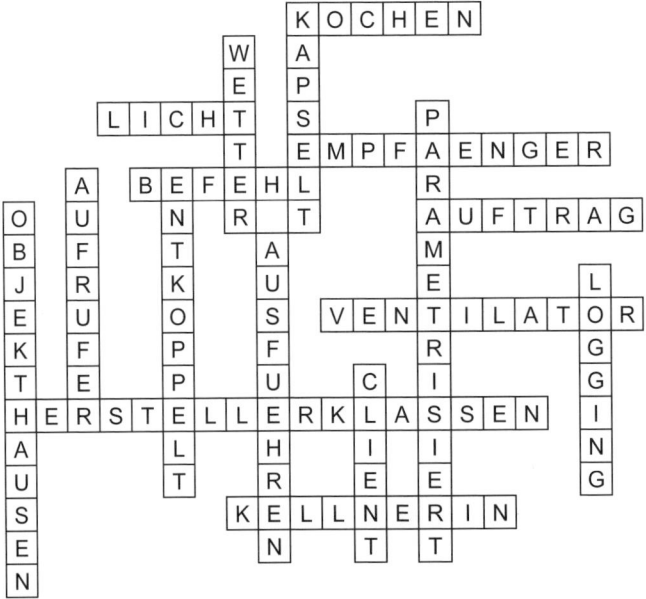

7 Die Adapter- und Facade-Muster
Anpassungsfähigkeit beweisen

In diesem Kapitel werden wir uns an unmöglichen Dingen versuchen – einen rechteckigen Pflock in ein rundes Loch zu stecken beispielsweise. Klingt unmöglich? Nicht, wenn man Design-Patterns hat. Erinnern Sie sich an das Decorator-Muster? Wir haben **Objekte umhüllt**, um ihnen neue Verantwortlichkeiten zu geben. Jetzt werden wir einige Objekte mit einem anderen Ziel einpacken: um ihren Schnittstellen den Anschein zu verleihen, dass sie wie etwas aussehen, das sie nicht sind. Warum sollten wir das tun? Wir haben damit die Möglichkeit, ein Design, das eine bestimmte Schnittstelle erwartet, an eine Klasse anzupassen, die eine andere Schnittstelle implementiert. Und das ist nicht alles. Da wir gerade dabei sind, werden wir uns noch ein weiteres Muster ansehen, das Objekte umhüllt, um ihre Schnittstelle zu vereinfachen.

Überall Adapter

Adapter, wo wir nur hinschauen

Sie werden keine Probleme damit haben zu verstehen, was ein OO-Adapter ist, weil die Welt voll davon ist. Wie wäre es mit einem Beispiel: Stecker und Steckdosen sind eigentlich genormt – aber nicht international. Wenn Sie gerne reisen, kennen Sie das Problem: Sie brauchen in manchen Ländern einen Adapter, wenn Sie Ihren Fön, Laptop oder Rasierapparat anschließen möchten ...

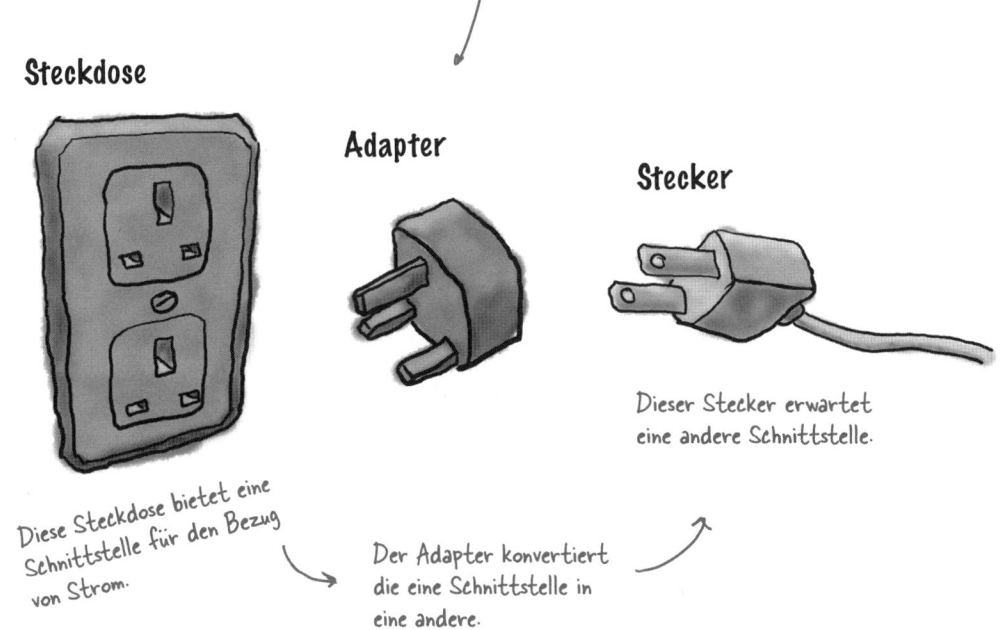

Steckdose

Adapter

Stecker

Diese Steckdose bietet eine Schnittstelle für den Bezug von Strom.

Der Adapter konvertiert die eine Schnittstelle in eine andere.

Dieser Stecker erwartet eine andere Schnittstelle.

Sie wissen, was der Adapter macht: Er sitzt zwischen dem Stecker des Laptops und der andersartigen Steckdose. Seine Aufgabe ist es, die inkompatible Steckdose so anzupassen, dass Sie den Laptop einstecken und mit Strom versorgen können. Oder betrachten Sie es folgendermaßen: Der Adapter ändert die Schnittstelle der Steckdose in die, die der Laptop erwartet.

Einige Stromadapter sind einfach – sie ändern nur die Gestalt der Steckdose so, dass sie Ihrem Stecker entspricht, und reichen den Strom einfach durch. Aber andere Adapter sind intern komplexer und müssen eventuell den Strom umwandeln, damit er den Anforderungen Ihres Geräts entspricht.

Gut, das ist das wahre Leben. Aber was ist mit objektorientierten Adaptern? Na, unsere OO-Adapter spielen die gleiche Rolle wie ihre Gegenstücke aus dem echten Leben: Sie nehmen eine Schnittstelle und passen sie an die an, die der Client erwartet.

Fallen Ihnen andere Adapter aus dem täglichen Leben ein?

Objektorientierte Adapter

Nehmen wir an, Sie haben ein bestehendes Softwaresystem, in das Sie eine neue Klassenbibliothek eines Zulieferers einbauen müssen, der seine Schnittstellen anders entworfen hat als der letzte Zulieferer:

Ihre Schnittstelle passt nicht zu der, gegen die Sie Ihren Code geschrieben haben. Das wird nicht funktionieren!

Okay, Sie wollen das Problem nicht lösen, indem Sie Ihren bestehenden Code ändern (und Sie können den Code des Zulieferers nicht ändern). Was also machen Sie? Na, Sie könnten eine Klasse schreiben, die die Schnittstelle des neuen Zulieferers, an die anpasst, mit der Sie arbeiten.

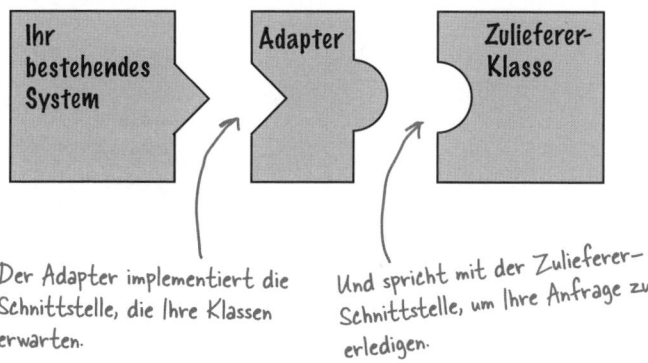

Der Adapter implementiert die Schnittstelle, die Ihre Klassen erwarten.

Und spricht mit der Zulieferer-Schnittstelle, um Ihre Anfrage zu erledigen.

Der Adapter fungiert als Vermittler, der Anfragen vom Client enthält und diese in Anfragen umwandelt, die die Zulieferer-Klassen verstehen.

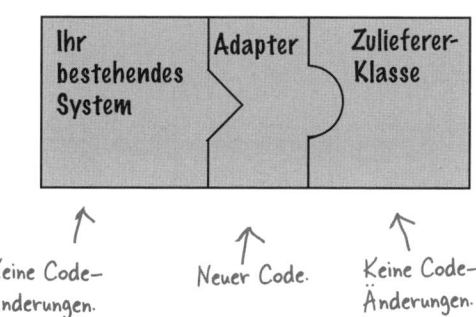

Keine Code-Änderungen.

Neuer Code.

Keine Code-Änderungen.

Fällt Ihnen eine Lösung ein, bei der SIE GAR KEINEN zusätzlichen Code schreiben müssen, um die neuen Zulieferer-Klassen zu integrieren? Wie wäre es, den Zulieferer dazu zu bringen, die Adapter-Klassen zu schreiben?

Truthahn-Adapter

Wenn es quakt wie eine Ente und watschelt wie eine Ente, ~~muss~~ könnte es ~~eine Ente~~ ein Truthahn sein, der mit einem Ente-Adapter eingepackt ist.

Sehen wir uns mal einen Adapter im Einsatz an. Erinnern Sie sich an unsere Enten aus Kapitel 1? Werfen wir noch einmal einen Blick auf eine leicht vereinfachte Version der Ente-Interfaces und -Klassen:

```
public interface Ente {
   public void quaken();
   public void fliegen();
}
```

Diesmal implementieren unsere Enten ein Ente-Interface, das es Enten ermöglicht, zu fliegen und zu quaken.

Hier ist eine Unterklasse von Ente, die StockEnte.

```
public class StockEnte implements Ente {
   public void quaken() {
      System.out.println("Quak");
   }
   public void fliegen() {
      System.out.println("Ich fliege");
   }
}
```

Eine einfache Implementierung: Die Ente gibt einfach nur aus, was sie macht.

Jetzt ist es an der Zeit, dem neuesten Geflügel in der Nachbarschaft gegenüberzutreten:

```
public interface Truthahn {
   public void kollern();
   public void fliegen();
}
```

Truthähne quaken nicht, sie kollern.

Truthähne können fliegen, allerdings nur kurze Strecken.

Das Adapter-Muster

```java
public class WilderTruthahn implements Truthahn {
  public void kollern() {
    System.out.println("Koller koller");
  }

  public void fliegen() {
    System.out.println("Ich fliege nur kurze Strecken");
  }
}
```

Dies ist eine konkrete Implementierung von Truthahn. Wie Ente gibt sie einfach nur die Aktionen aus.

Nehmen wir jetzt an, Sie haben zu wenig Ente-Objekte und möchten als Ersatz ein paar Truthahn-Objekte verwenden. Es liegt jedoch auf der Hand, dass wir die Truthähne nicht einfach so einsetzen können, weil sie eine andere Schnittstelle haben.

Schreiben wir also mal einen Adapter:

 **Code unter der Lupe**

Als Erstes müssen Sie die Schnittstelle des Typs implementieren, für den Sie einen Adapter erstellen wollen. Das ist die Schnittstelle, die Ihr Client erwartet.

```java
public class TruthahnAdapter implements Ente {
  Truthahn truthahn;

  public TruthahnAdapter(Truthahn truthahn) {
    this.truthahn = truthahn;
  }

  public void quaken() {
    truthahn.kollern();
  }

  public void fliegen() {
    for(int i=0; i < 5; i++) {
      truthahn.fliegen();
    }
  }
}
```

Dann müssen wir uns eine Referenz auf das Objekt verschaffen, das wir anpassen wollen. Hier machen wir das über den Konstruktor.

Jetzt müssen wir alle Methoden in der Schnittstelle implementieren: Die quaken()-Übersetzung zwischen den Klassen ist kein Problem: Wir rufen einfach die Methode kollern() auf.

Auch wenn beide Schnittstellen die Methode fliegen() haben, fliegen Truthähne nur in kurzen Sprüngen – sie können nicht wie Enten über längere Strecken fliegen. Um die fliegen()-Methode einer Ente auf die eines Truthahns abzubilden, müssen wir die fliegen()-Methode von Truthahn fünfmal aufrufen, um das abzufangen.

Sie sind hier ▶ **247**

Den Adapter testen

Jetzt brauchen wir nur noch etwas Code, um unseren Adapter zu testen:

```java
public class EnteTestlauf {
  public static void main(String[] args) {
    StockEnte duck = new StockEnte();

    WilderTruthahn truthahn = new WilderTruthahn();
    Ente truthahnAdapter = new TruthahnAdapter(truthahn);

    System.out.println("Der Truthahn sagt ...");
    truthahn.kollern();
    truthahn.fliegen();

    System.out.println("\nDie Ente sagt ...");
    testeEnte(ente);

    System.out.println("\nDer TruthahnAdapter sagt ...");
    testeEnte(truthahnAdapter);
  }

  static void testeEnte(Ente ente) {
    ente.quaken();
    ente.fliegen();
  }
}
```

Erzeugen wir eine Ente ...

... und einen Truthahn.

Packen wir dann den Truthahn in einen Truthahn-Adapter ein, der ihn wie eine Ente aussehen lässt.

Anschließend testen wir den Truthahn: lassen ihn kollern und lassen ihn fliegen.

Jetzt testen wir die Ente, indem wir die Methode testeEnte() aufrufen, die ein Ente-Objekt erwartet.

Und jetzt der spannende Moment: Wir versuchen, den Truthahn als Ente auszugeben ...

Hier ist die Methode testeEnte(). Sie erhält eine Ente und ruft ihre Methoden quaken() und fliegen() auf.

Testlauf

```
% java EnteTestlauf

Der Truthahn sagt ...

Koller koller

Ich fliege nur kurze Strecken

Die Ente sagt ...
Quak
Ich fliege

Der TruthahnAdapter sagt ...
Koller koller
Ich fliege nur kurze Strecken
Ich fliege nur kurze Strecken
Ich fliege nur kurze Strecken
Ich fliege nur kurze Strecken
Ich fliege nur kurze Strecken
```

Der Truthahn kollert und fliegt ein kurzes Stück.

Die Ente quakt und fliegt – wie erwartet.

Und der Adapter kollert, wenn quaken() aufgerufen wird, und fliegt ein paar Mal, wenn fliegen() aufgerufen wird. Die Methode testeEnte() erfährt nie, dass sie es mit einem als Ente verkleideten Truthahn zu tun hat!

Das Adapter-Muster erklärt

Jetzt haben wir eine Vorstellung davon, was ein Adapter ist, und können einen Schritt zurückgehen und uns die Teile erneut ansehen.

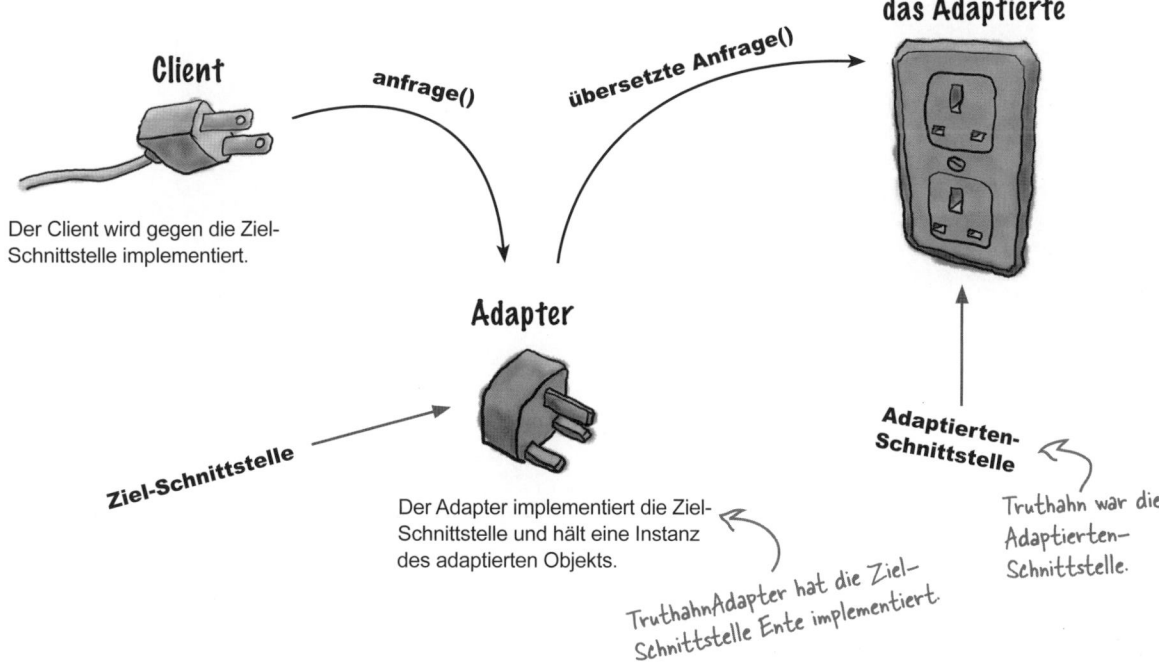

Der Client verwendet die Schnittstelle folgendermaßen:

1. **Der Client stellt eine Anfrage an den Adapter, indem er unter Verwendung der Ziel-Schnittstelle eine Methode auf ihm aufruft.**

2. **Der Adapter übersetzt diese Anfrage in ein oder mehrere Aufrufe auf das Adaptierte, für die er die Adaptierten-Schnittstelle verwendet.**

3. **Der Client empfängt die Ergebnisse des Aufrufs und erfährt nie, dass da ein Adapter ist, der eine Übersetzung durchführt.**

Beachten Sie, dass der Client und das adaptierte Objekt entkoppelt sind — keiner von beiden weiß etwas über den anderen.

Fragen an das Adapter-Muster

Spitzen Sie Ihren Bleistift

Nehmen wir an, wir brauchen nun auch einen Adapter, der eine Ente in einen Truthahn konvertiert. Nennen wir ihn EnteAdapter. Schreiben Sie diese Klasse.

Was haben Sie mit der Methode fliegen() gemacht (schließlich wissen wir, dass Enten länger fliegen als Truthähne)? Prüfen Sie Ihre Antworten anhand der Lösungen am Ende dieses Kapitels. Können Sie sich eine bessere Lösung denken?

Es gibt keine Dummen Fragen

F: Wie viel »Adaption« muss ein Adapter durchführen? Es sieht so aus, als hätte ich eine GANZE MENGE Arbeit vor mir, wenn ich eine umfangreiche Ziel-Schnittstelle anpassen muss.

A: Das kann natürlich passieren. Die Arbeit bei der Implementierung eines Adapters ist tatsächlich proportional zur Größe der Schnittstelle, die Sie als Ziel-Schnittstelle unterstützen müssen. Überlegen Sie sich einfach einmal, welche Möglichkeiten Sie haben. Sie könnten alle clientseitigen Aufrufe für die Schnittstelle überarbeiten. Aber das würde eine ganze Menge Überlegungen und Code-Änderungen bedeuten. Oder Sie können einfach eine Klasse bieten, die alle Änderungen in einer Klasse kapselt.

F: Umhüllt ein Adapter immer nur eine einzige Klasse?

A: Die Aufgabe des Adapter-Musters ist es, eine Schnittstelle in eine andere zu konvertieren. Die meisten Beispiele für das Adapter-Muster zeigen zwar einen Adapter, der ein adaptiertes Objekt einpackt, aber wir wissen beide, dass das Leben nicht immer so einfach ist. Deswegen kann es gut sein, dass Sie auf Situationen stoßen, in denen ein Adapter ein oder mehrere adaptierte Objekte verpacken muss, die erforderlich sind, um die Ziel-Schnittstelle zu implementieren. Das ist mit einem weiteren Muster verwandt, das als Facade-Muster bezeichnet wird. Diese beiden werden oft miteinander verwechselt. Erinnern Sie uns daran, dass wir uns diesen Punkt später in diesem Kapitel noch einmal ansehen, wenn wir über das Facade-Muster sprechen.

F: Was ist, wenn mein System alte und neue Teile hat, von denen die alten Teile noch die alte Zulieferer-Schnittstelle erwarten, während wir die neuen Teile schon so geschrieben haben, dass sie mit der neuen Zulieferer-Schnittstelle arbeiten? Das wird doch verwirrend, wenn wir für die einen den Adapter verwenden und für die anderen die nicht verpackte Schnittstelle. Wäre es da nicht besser, den alten Code abzuschreiben und die Sache mit dem Adapter zu lassen?

A: Nicht unbedingt. Beispielsweise könnten Sie auch einen Zwei-Wege-Adapter schreiben, der beide Schnittstelle unterstützt. Wenn Sie das machen möchten, müssen Sie einfach beide beteiligten Schnittstellen implementieren, damit der Adapter als die alte oder die neue Schnittstelle agieren kann.

Die Definition des Adapter-Musters

Genug von Enten, Truthähnen, Steckern und Steckdosen! Sehen wir uns die offizielle Definition des Adapter-Musters an:

> **Das Adapter-Muster** konvertiert die Schnittstelle einer Klasse in die Schnittstelle, die der Client erwartet. Adapter ermöglichen die Zusammenarbeit von Klassen, die ohne nicht zusammenarbeiten könnten, weil sie inkompatible Schnittstellen haben.

Wir wissen also, dass dieses Muster es uns ermöglicht, einen Client mit einer inkompatiblen Schnittstelle zu verwenden, indem wir einen Adapter erstellen, der diese Konvertierung leistet. Das bewirkt, dass der Client von der implementierten Schnittstelle entkoppelt wird. Und wenn wir davon ausgehen, dass sich die Schnittstelle mit der Zeit ändert, kapselt der Adapter diese Änderungen, damit der Client nicht jedes Mal geändert werden muss, wenn er mit einer anderen Schnittstelle zusammenarbeiten muss.

Wir haben uns das Laufzeitverhalten dieses Musters bereits angesehen. Sehen wir uns also auch sein Klassendiagramm an:

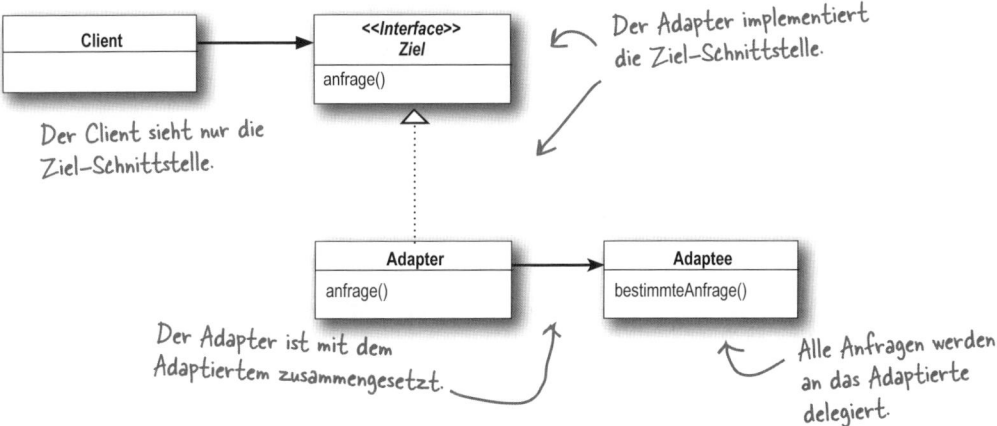

Das Adapter-Muster steckt voller guter OO-Entwurfsprinzipien: Sehen Sie sich die Verwendung von Objekt-Komposition an, mit der das Adaptierte mit der veränderten Schnittstelle eingepackt wird. Dieses Verfahren hat den Vorteil, dass wir den Adapter mit einer beliebigen Untermenge des Adaptierten verwenden können.

Sehen Sie sich auch an, wie das Muster den Client an die Schnittstelle und nicht an eine Implementierung bindet. Wir könnten mehrere Adapter verwenden, die jeweils einen anderen Satz von Hintergrund-Klassen verwenden. Oder wir könnten im Anschluss neue Implementierungen hinzufügen, solange diese der Ziel-Schnittstelle genügen.

Objekt- und Klassen-Adapter

Auch wenn wir jetzt das Muster definiert haben, haben wir Ihnen noch nicht alles gesagt. Eigentlich gibt es *zwei* Arten von Adaptern: *Objekt*-Adapter und *Klassen*-Adapter. Bisher hat dieses Kapitel Objekt-Adapter behandelt, und das Diagramm auf der vorigen Seite ist ein Diagramm für einen Objekt-Adapter.

Was also ist ein *Klassen*-Adapter und warum haben wir Ihnen bisher noch nichts davon erzählt? Weil dafür mehrfache Vererbung erforderlich ist, die in Java nicht möglich ist. Aber das heißt trotzdem nicht, dass Sie nie in die Verlegenheit kommen werden, Klassen-Adapter zu benötigen, wenn Sie in Ihrer Lieblingssprache mit Mehrfachvererbung arbeiten! Sehen wir uns das Klassendiagramm für Mehrfachvererbung an.

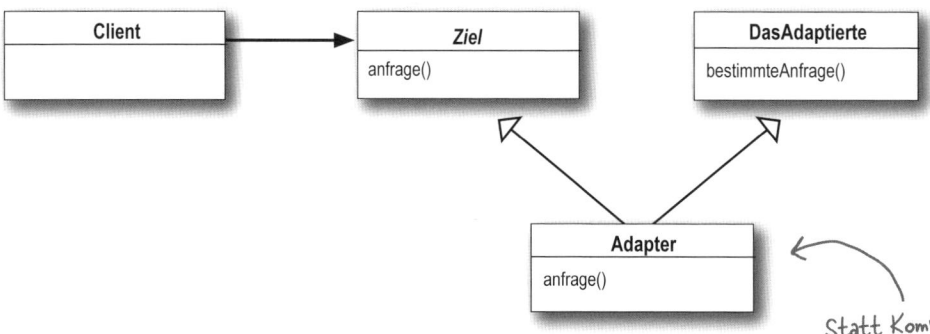

Statt Komposition zu verwenden, um unser Objekt anzupassen, bildet der Adapter jetzt eine Unterklasse des Adaptierten und des Ziels.

Das sieht vertraut aus? Stimmt – der einzige Unterschied ist, dass wir bei einem Klassen-Adapter eine Unterklasse des Ziels und der Adaptierten Klasse bilden, während wir beim Objekt-Adapter Komposition verwenden, um die Anfragen an das Adaptierte zu übergeben.

> Objekt- und Klassen-Adapter verwenden zwei verschiedene Mittel, um etwas zu adaptieren (Komposition bzw. Vererbung). Welche Auswirkungen haben die Implementierungsunterschiede auf die Flexibilität des Adapters?

Das Adapter-Muster

Enten-Sticker

Ihre Aufgabe ist es, die Ente- und Truthahn-Sticker den Teilen des Diagramms hinzuzufügen, die die Rolle beschreiben, die dieser Vogel in unserem Beispiel oben spielt. (Versuchen Sie es, ohne zurückzublättern.) Fügen Sie dann Ihre eigenen Anmerkungen hinzu, die beschreiben, wie es funktioniert.

Klassen-Adapter

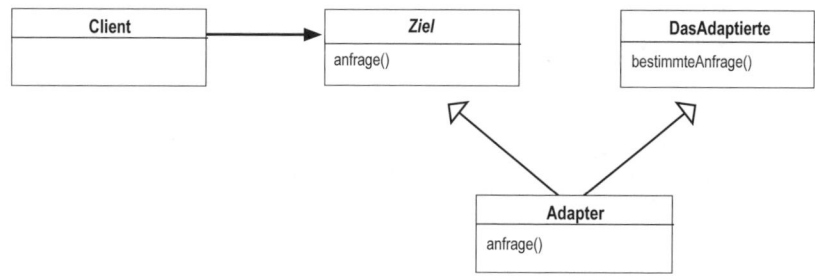

Objekt-Adapter

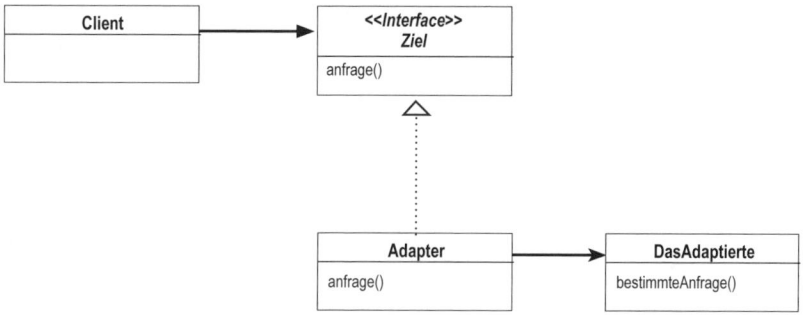

Ziehen Sie diese Sticker auf das Klassendiagramm, um zu zeigen, welcher Teil des Klassendiagramms die Ente und welcher den Truthahn repräsentiert.

Sie sind hier ▸ **253**

Lösungen zu den Übungen

Lösung zum Enten-Sticker

HINWEIS: Der Klassen-Adapter verwendet Mehrfachvererbung. Sie können ihn also nicht in Java implementieren ...

Klassen-Adapter

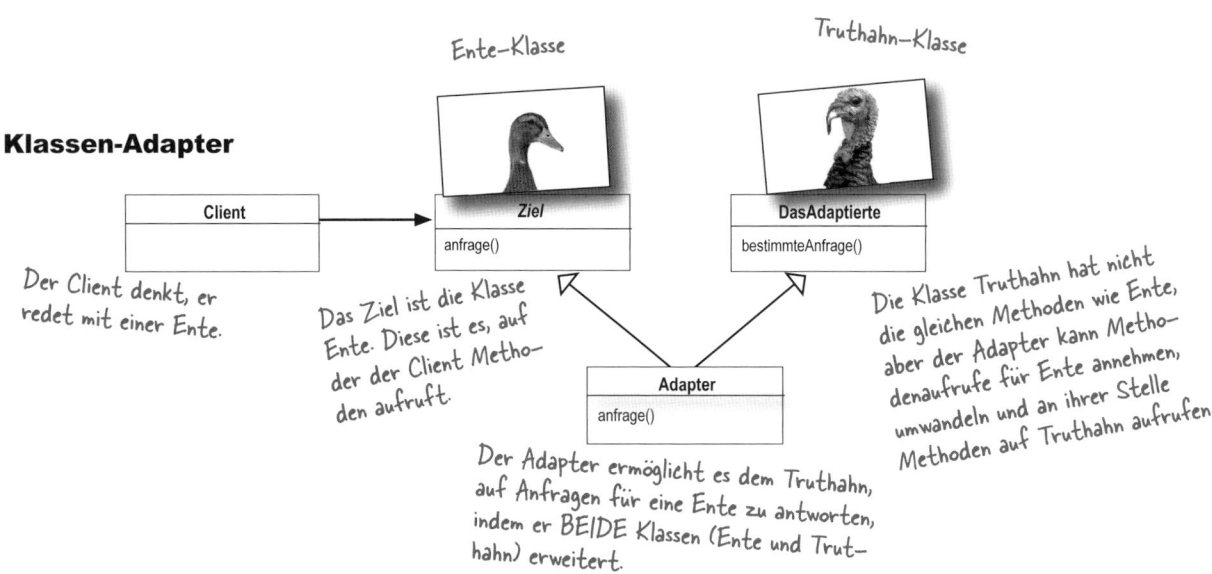

Der Client denkt, er redet mit einer Ente.

Das Ziel ist die Klasse Ente. Diese ist es, auf der der Client Methoden aufruft.

Der Adapter ermöglicht es dem Truthahn, auf Anfragen für eine Ente zu antworten, indem er BEIDE Klassen (Ente und Truthahn) erweitert.

Die Klasse Truthahn hat nicht die gleichen Methoden wie Ente, aber der Adapter kann Methodenaufrufe für Ente annehmen, umwandeln und an ihrer Stelle Methoden auf Truthahn aufrufen.

Objekt-Adapter

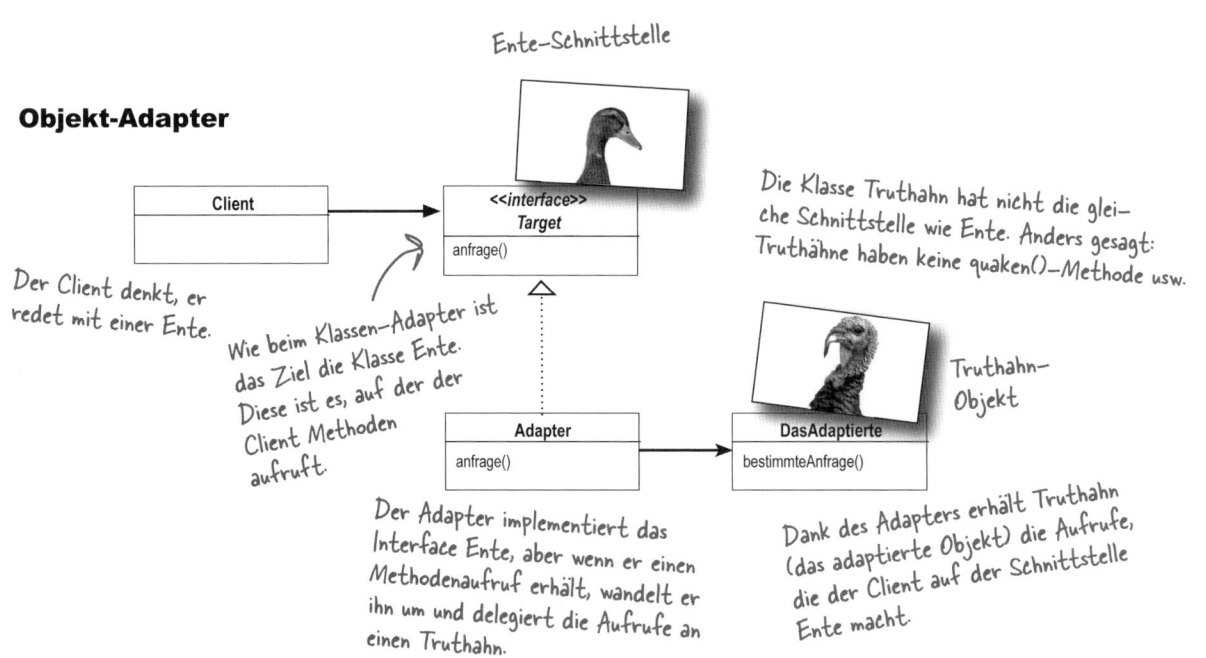

Der Client denkt, er redet mit einer Ente.

Wie beim Klassen-Adapter ist das Ziel die Klasse Ente. Diese ist es, auf der der Client Methoden aufruft.

Der Adapter implementiert das Interface Ente, aber wenn er einen Methodenaufruf erhält, wandelt er ihn um und delegiert die Aufrufe an einen Truthahn.

Die Klasse Truthahn hat nicht die gleiche Schnittstelle wie Ente. Anders gesagt: Truthähne haben keine quaken()-Methode usw.

Dank des Adapters erhält Truthahn (das adaptierte Objekt) die Aufrufe, die der Client auf der Schnittstelle Ente macht.

Kamingespräche

Heute Abend: **Objekt-Adapter und Klassen-Adapter im Zwiegespräch**

Objekt-Adapter

Weil ich Komposition verwende, bin ich im Vorteil. Ich kann nicht nur eine adaptierte Klasse adaptieren, sondern jede beliebige ihrer Unterklassen.

Dort, wo ich lebe, ziehen wir die Komposition der Vererbung vor. Du sparst vielleicht ein paar Zeilen Code. Aber ich muss doch bloß ein bisschen Code schreiben, um Aufrufe an die adaptierte Klasse zu delegieren. Wir mögen eben Flexibilität.

Du machst dir Gedanken über ein winziges Objekt? Du kannst vielleicht schnell eine Methode überschreiben, aber wenn ich meinem Adapter-Code ein Verhalten hinzufüge, funktioniert das mit meiner adaptierten Klasse *und* all ihren Unterklassen.

Mach mal langsam. Ich brauche doch nur wieder Komposition mit der Unterklasse, damit das funktioniert.

Möchtest du was sehen, was chaotisch ist? Schau in den Spiegel!

Klassen-Adapter

Das stimmt. Damit habe ich Probleme, weil ich mich einer bestimmten adaptierten Klasse widme. Aber ich habe einen großen Vorteil, weil ich mein adaptiertes Objekt nicht vollständig neu implementieren muss. Und da ich einfach nur eine Unterklasse bilde, kann ich außerdem das Verhalten meiner adaptierten Klasse überschreiben, wenn ich das muss.

Flexibel? Vielleicht. Aber effizient? Nein. Wenn man einen Klassen-Adapter verwendet, hat man nur eine Sache, nicht Adapter und adaptierte Klasse.

Toll. Und was ist, wenn eine Unterklasse der adaptierten Klasse selbst ein neues Verhalten hinzufügt? Was dann, hä?

Klingt chaotisch ...

Adapter aus dem wirklichen Leben

Werfen wir einen Blick auf die Verwendung eines einfachen Adapters aus dem wirklichen Leben (einen, der zumindest etwas ernsthafter ist als unsere Enten) ...

Alte Enumerations

Wenn Sie schon eine Weile mit Java arbeiten, erinnern Sie sich wahrscheinlich, dass die frühen Collection-Typen (Vector, Stack, Hashtable und ein paar andere) eine elements()-Methode implementierten, die eine Enumeration zurückliefert. Das Interface Enumeration ermöglicht Ihnen, die Elemente einer Collection zu durchlaufen, ohne im Einzelnen zu wissen, wie sie in der Collection verwaltet werden.

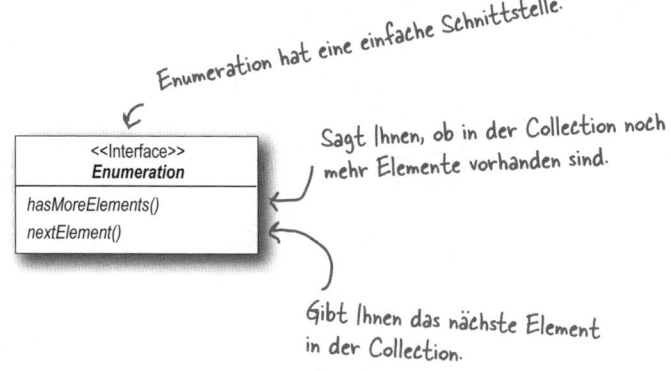

Neue Iteratoren

Als Sun seine neueren Collection-Klassen veröffentlichte, hat man ein Iterator-Interface verwendet, das es Ihnen wie Enumeration ermöglicht, die Menge von Elementen in einer Collection zu durchlaufen, und die zusätzliche Fähigkeit bietet, Elemente zu entfernen.

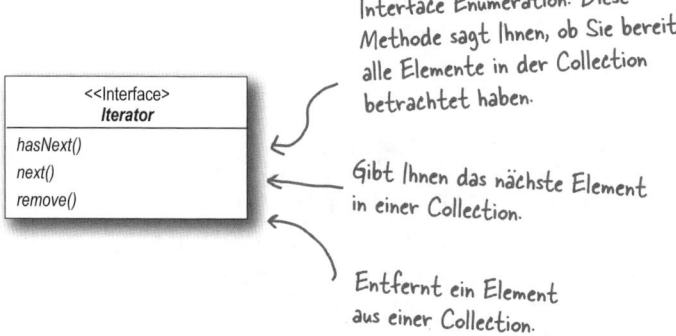

Und heute ...

Oft müssen wir uns mit altem Code herumschlagen, der die Enumerator-Schnittstelle anbietet, obwohl wir für unseren neuen Code eigentlich nur Iteratoren verwenden wollen. Sieht so aus, als müssten wir einen Adapter bauen.

Einen Enumerator an einen Iterator anpassen

Sehen wir uns zuerst unsere beiden Schnittstellen an, um herauszufinden, wie die Methoden einander zugeordnet werden können. Anders gesagt: Wir versuchen herauszufinden, welche Methode wir auf der adaptierten Klasse aufrufen müssen, wenn der Client eine Methode auf dem Ziel aufruft.

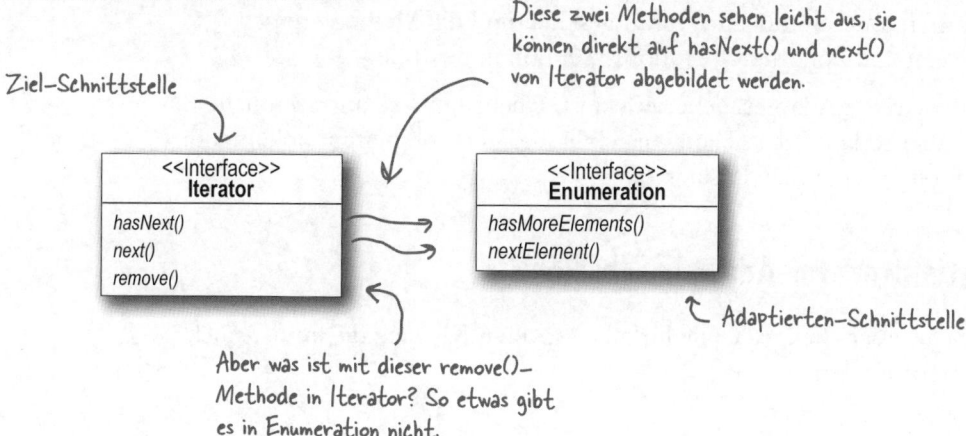

Den Adapter entwerfen

Hier sehen Sie, wie die Klassen aussehen sollten: Wir benötigen einen Adapter, der die Ziel-Schnittstelle implementiert und mit einem adaptierten Objekt zusammengesetzt ist. Die Methoden hasNext() und next() lassen sich direkt vom Ziel auf das Adaptierte abbilden: Wir werden sie einfach durchreichen. Aber was machen wir mit remove()? Denken Sie einen Augenblick darüber nach (und dann werden wir uns auf der nächsten Seite damit befassen). Hier ist erst einmal das Klassendiagramm:

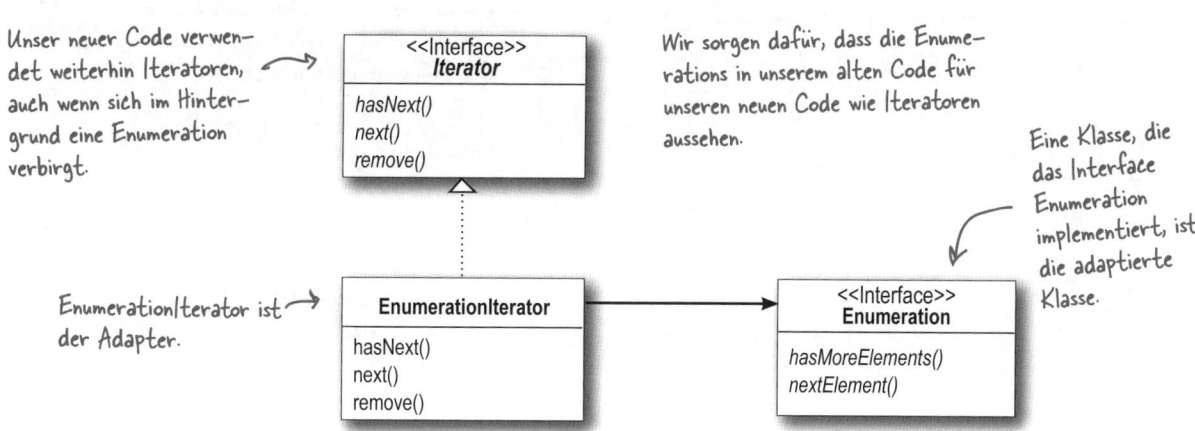

Enumeration-Iterator-Adapter

Die remove()-Methode versorgen

Wir wissen ja, dass Enumeration das Entfernen von Elementen nicht unterstützt. Es ist ein »schreibgeschütztes« Interface. Es gibt also keine Möglichkeit, eine vollständig funktionsfähige remove()-Methode für den Adapter zu schreiben. Das Beste, was wir machen können, ist, noch eine Runtime-Exception auszulösen. Glücklicherweise haben die Designer von Iterator diesen Bedarf vorausgesehen und die Methode remove() so definiert, dass sie eine UnsupportedOperationException unterstützt.

Das ist ein Fall, in dem der Adapter nicht perfekt ist. Clients müssen auf eventuelle Exceptions achten. Aber so lange der Client vorsichtig und der Adapter gut dokumentiert ist, ist das eine absolut vernünftige Lösung.

Den EnumerationIterator-Adapter schreiben

Hier ist der einfache, aber effektive Code für all diese alten Klassen, die immer noch Enumerations hervorbringen.

```java
public class EnumerationIterator implements Iterator<Object> {
    Enumeration<?> enumeration;

    public EnumerationIterator(Enumeration<?> enumeration) {
        this.enumeration = enumeration;
    }

    public boolean hasNext() {
        return enumeration.hasMoreElements();
    }

    public Object next() {
        return enumeration.nextElement();
    }

    public void remove() {
        throw new UnsupportedOperationException();
    }
}
```

Da wir Enumeration an Iterator anpassen, implementiert unser Adapter das Interface Iterator ... er muss schließlich aussehen wie ein Iterator.

Die Enumeration, die wir anpassen. Wir verwenden Komposition, speichern unsere Referenz also in einer Instanzvariablen.

Die hasNext()-Methode von Iterator wird an die hasMoreElements()-Methode von Enumeration delegiert ...

... und die next()-Methode von Iterator wird an die nextElement()-Methode von Enumeration delegiert.

Unglücklicherweise können wir die remove()-Methode von Iterator nicht unterstützen und müssen deswegen meckern (um nicht zu sagen: aufgeben), indem wir einfach eine Exception auslösen.

Das Adapter-Muster

Java hat zwar den Schritt zu Iterator gemacht, es gibt aber trotzdem noch viel alten Client-Code, der vom Interface Enumeration abhängig ist. Ein Adapter, der einen Iterator in eine Enumeration umwandelt, wäre also auch ganz nützlich.

Schreiben Sie einen Adapter, der einen Iterator an eine Enumeration anpasst. Sie können Ihren Code testen, indem Sie eine ArrayList anpassen. Die Klasse ArrayList unterstützt das Interface Iterator, bietet aber keine Unterstützung für Enumerations (zumindest bisher noch nicht).

Einige Stromadapter ändern nicht nur die Schnittstelle – sie fügen auch weitere Features hinzu, wie einen Überspannungsschutz, Signalleuchten und anderen Schnickschnack.

Welches Muster würden Sie verwenden, wenn Sie derartige Features implementieren müssten?

Kamingespräche

Heute Abend: **Das Decorator- und das Adapter-Muster unterhalten sich über ihre Unterschiede.**

Decorator

Ich bin wichtig. Bei meinem Job geht es um nichts anderes als um *Verantwortung* – wenn ein Decorator beteiligt ist, wissen Sie, dass Ihrem Entwurf neue Verantwortlichkeiten oder Verhalten hinzugefügt werden.

Vielleicht ist das wahr. Aber glaube nicht, dass wir nicht hart arbeiten. Wenn wir eine umfangreiche Schnittstelle dekorieren müssen, kann das eine ganze Menge Code erfordern.

Nett. Glaube nicht, wir würden den ganzen Ruhm ernten. Manchmal bin ich auch nur ein Decorator, der von wer weiß wie vielen anderen Decoratorn umhüllt wird. Wenn ein Methodenaufruf an dich delegiert wird, hast du keine Ahnung, wie viele andere Decorator damit schon gearbeitet haben, und nichts garantiert dir, dass du jemals Anerkennung dafür erhältst, dass du die Anfrage bearbeitet hast.

Adapter

Ihr Typen wollt den ganzen Ruhm, während wir Adapter unten in den Gräben stecken und die schmutzige Arbeit machen: Schnittstellen umwandeln. Unsere Jobs sind vielleicht nicht ganz so glanzvoll, aber unsere Clients sind sicher dankbar, weil wir ihnen das Leben erleichtern.

Versuch mal Adapter zu spielen, wenn mehrere Klassen zusammengebracht werden müssen, um die Schnittstelle zusammenzubasteln, die dein Client erwartet. Das ist verdammt hart. Aber wie sagt man bei uns: »Nur ein entkoppelter Client ist ein glücklicher Client.«

Und? Wenn Adapter ihre Arbeit machen, wissen unsere Clients überhaupt nicht, dass wir da sind. Das kann schon ein undankbarer Job sein.

Decorator

Adapter

Aber was bei uns Adaptern so toll ist, ist, dass wir es Clients ermöglichen, neue Bibliotheken und Teilmengen zu verwenden, ohne auch nur ein *bisschen* Code zu ändern. Sie brauchen sich einfach nur darauf zu verlassen, dass wir die Umwandlung für sie erledigen. Klar, das ist eine Nische, aber wir sind richtig gut dabei.

Wir Decoratoren tun das auch, nur erlauben wir, dass Klassen *neue Verhalten* hinzugefügt werden, ohne dass bestehender Code geändert werden muss. Ich behaupte immer noch, dass Adapter nur raffinierte Decoratoren sind – schließlich ist es doch so, dass ihr genau wie wir ein Objekt umhüllt.

Nein. Nein. Überhaupt nicht. Wir wandeln die Schnittstelle, die wir umhüllen, *immer* um. Ihr macht das *nie*. Ich würde sagen, dass ein Decorator wie ein Adapter ist. Der einzige Unterschied ist, dass ihr die Schnittstelle nicht ändert!

Nein. Unsere Aufgabe ist es, die Verhalten oder Verantwortlichkeiten der Objekte zu erweitern, die wir umhüllen. Wir sind nicht nur eine *einfache Durchgangsstation*.

Hey, wen bezeichnest du da als eine einfache Durchgangsstation? Komm mal runter, dann werden wir sehen, wie lang *du* durchhältst, wenn du ein paar Schnittstellen umwandeln sollst!

Vielleicht sollten wir uns einfach darauf einigen, dass wir uns nicht einigen können. Auf dem Papier scheinen wir einander in gewisser Hinsicht zu ähneln, aber in Bezug auf die *Absicht* sind wir *meilenweit* voneinander entfernt.

Ja. Da sind wir ausnahmsweise einmal einer Meinung.

Wer macht was?

Und jetzt zu etwas anderem

In diesem Kapitel gibt es noch ein anderes Muster.

Sie haben gesehen, dass das Adapter-Muster die Schnittstelle einer Klasse in die Schnittstelle umwandelt, die der Client erwartet. Sie wissen auch, dass wir das in Java erreichen, indem wir das Objekt mit der nicht kompatiblen Schnittstelle in ein Objekt einpacken, das die richtige Schnittstelle implementiert.

Wir werden uns jetzt ein anderes Muster ansehen, das die Schnittstelle verändert, dieses aber aus einem anderen Grund macht: um die Schnittstelle zu vereinfachen. Es heißt passenderweise Facade-Muster, weil dieses Muster die ganze Komplexität von ein oder mehr Klassen hinter einer sauberen, gut beleuchteten Fassade verbirgt.

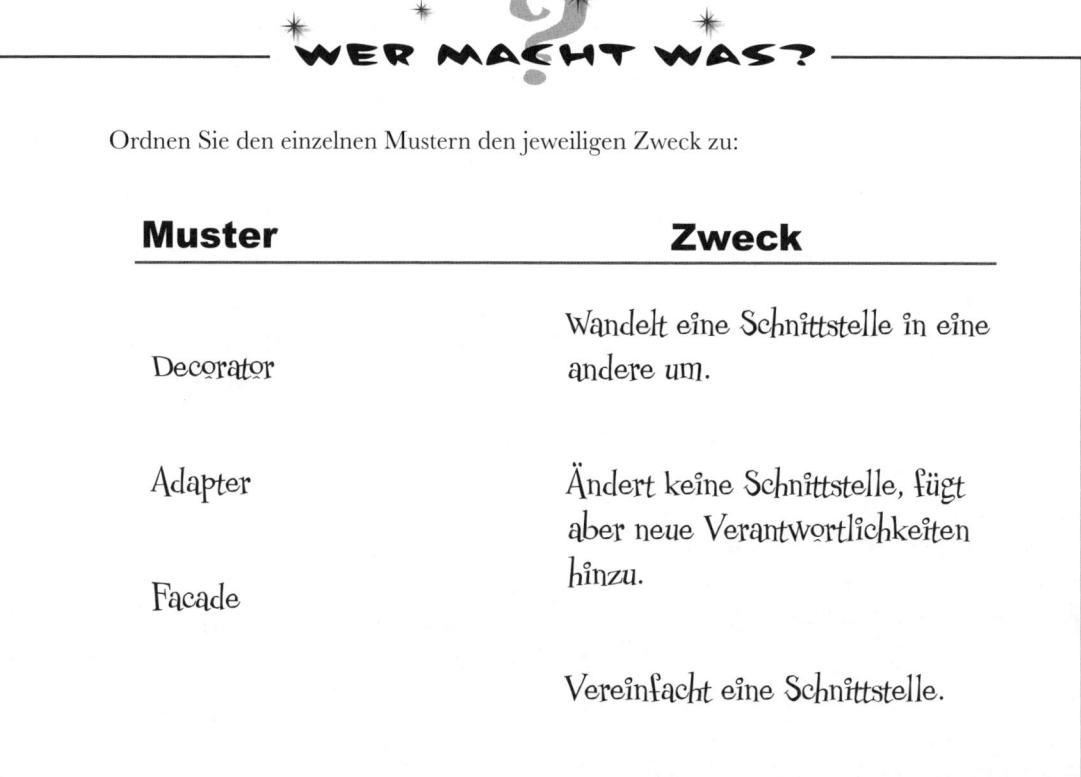

Ordnen Sie den einzelnen Mustern den jeweiligen Zweck zu:

Muster	Zweck
Decorator	Wandelt eine Schnittstelle in eine andere um.
Adapter	Ändert keine Schnittstelle, fügt aber neue Verantwortlichkeiten hinzu.
Facade	
	Vereinfacht eine Schnittstelle.

Gemütliches Heimkino

Bevor wir uns den Einzelheiten des Facade-Musters widmen, werfen wir einen Blick auf eine wachsende Leidenschaft in aller Welt: ein eigenes Heimkino zusammenzubasteln.

Sie haben sich etwas umgesehen und ein Killer-System mit einem DVD-Player, einem Beamer, einer automatischen Leinwand, Surround-Sound und einer Popcorn-Maschine zusammengestellt.

Sehen Sie sich die einzelnen Komponenten an, die Sie zusammengepackt haben:

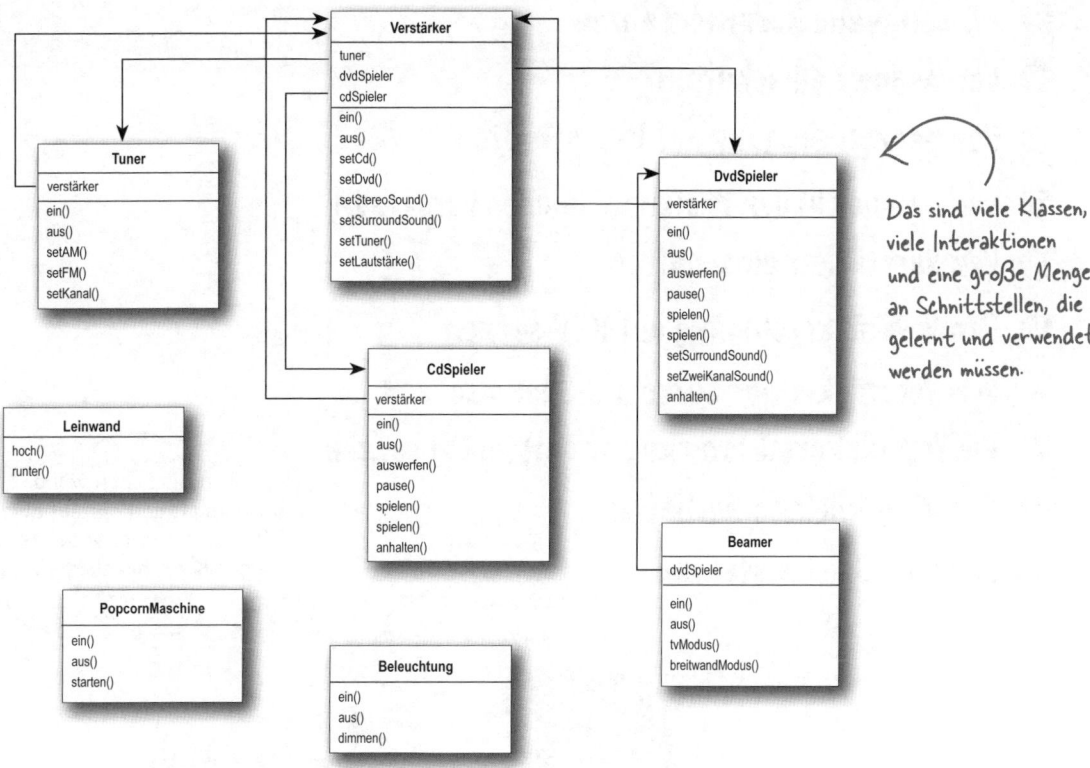

Das sind viele Klassen, viele Interaktionen und eine große Menge an Schnittstellen, die gelernt und verwendet werden müssen.

Sie haben Wochen damit verbracht, Kabel zu verlegen, den Beamer aufzustellen, alle Verbindungen herzustellen und abzustimmen. Jetzt ist es Zeit, das Ganze in Bewegung zu setzen und einen Film zu genießen ...

Was man machen muss, um einen Film zu schauen

Einen Film anschauen (auf die harte Tour)

Wählen Sie eine DVD aus, entspannen Sie sich und machen Sie sich für den Kinozauber bereit. Ach, eine Sache hätten wir noch vergessen – um einen Film zu schauen, müssen Sie ein paar einfache Aufgaben erledigen:

1. Die Popcorn-Maschine einschalten
2. Die Popcorn-Maschine starten
3. Die Beleuchtung dimmen
4. Die Leinwand herunterfahren
5. Den Beamer einschalten
6. Den Beamer-Eingang auf DVD schalten
7. Den Beamer in den Breitwandmodus versetzen
8. Den Verstärker einschalten
9. Den Verstärkereingang auf DVD setzen
10. Den Verstärker auf Surround-Sound setzen
11. Die Verstärkerlautstärke auf Mittel (5) setzen
12. Den DVD-Spieler einschalten
13. Den DVD-Spieler starten

Ich bin schon völlig geschafft, und dabei habe ich noch nichts anderes gemacht, als alles einzuschalten!

Sehen wir uns die gleichen Aufgaben anhand der Klassen und Methodenaufrufe an, die erforderlich sind, um sie durchzuführen:

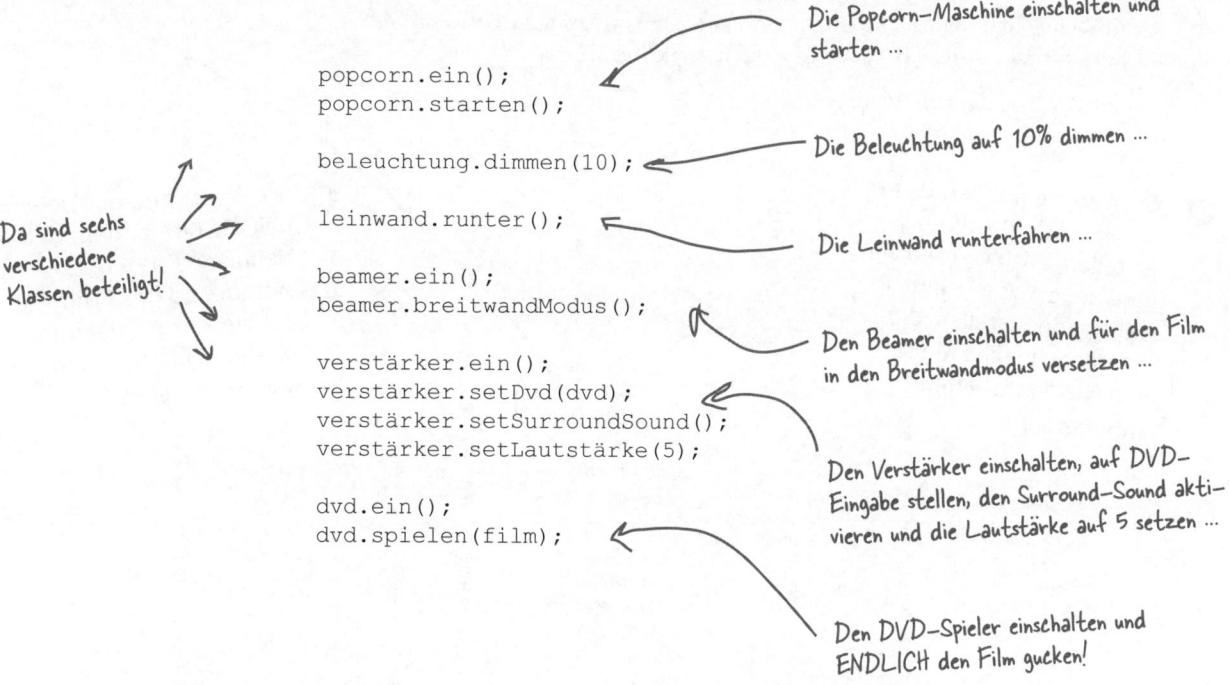

Da sind sechs verschiedene Klassen beteiligt!

```
popcorn.ein();
popcorn.starten();
```
Die Popcorn-Maschine einschalten und starten ...

```
beleuchtung.dimmen(10);
```
Die Beleuchtung auf 10% dimmen ...

```
leinwand.runter();
```
Die Leinwand runterfahren ...

```
beamer.ein();
beamer.breitwandModus();
```
Den Beamer einschalten und für den Film in den Breitwandmodus versetzen ...

```
verstärker.ein();
verstärker.setDvd(dvd);
verstärker.setSurroundSound();
verstärker.setLautstärke(5);
```
Den Verstärker einschalten, auf DVD-Eingabe stellen, den Surround-Sound aktivieren und die Lautstärke auf 5 setzen ...

```
dvd.ein();
dvd.spielen(film);
```
Den DVD-Spieler einschalten und ENDLICH den Film gucken!

Aber es gibt noch mehr zu tun ...

- Wie schalten Sie alles aus, wenn der Film vorbei ist? Müssten Sie nicht all das noch einmal in umgekehrter Form durchführen?
- Wäre es nicht genauso umständlich, wenn Sie eine CD oder Radio hören möchten?
- Wenn Sie Ihr System aktualisieren, müssten Sie wahrscheinlich eine etwas andere Vorgehensweise lernen.

Was sollen wir also tun? Es wird immer klarer, dass so ein Heimkino eine komplexe Angelegenheit ist!

Sehen wir uns an, wie das Facade-Muster uns aus diesem Chaos helfen kann, damit wir den Film genießen können ...

Beleuchtung, Kamera, Fassade

Eine Fassade ist genau das, was Sie brauchen: Mit dem Facade-Muster können Sie ein komplexes Basissystem nehmen und seine Verwendung vereinfachen, indem Sie eine Fassade-Klasse implementieren, die eine vernünftigere Schnittstelle anbietet. Machen Sie sich keine Sorgen: Wenn Sie das ganze Potential des komplexen Basissystems benötigen, steht sie Ihnen immer noch zur Verfügung. Aber wenn Sie nur eine einfache Schnittstelle brauchen, ist die Fassade für Sie da.

Sehen wir uns an, wie die Fassade funktioniert:

① Es ist Zeit, eine Fassade für das Heimkinosystem zu erstellen. Dazu werden wir eine neue Klasse, HeimkinoFassade, erstellen, die ein paar einfache Methoden wie filmSchauen() anbietet.

② Die Fassade-Klasse behandelt die Komponenten des Heimkinos als ein Basissystem und führt Aufrufe auf diesem auf, um ihre Methode filmSchauen() zu implementieren.

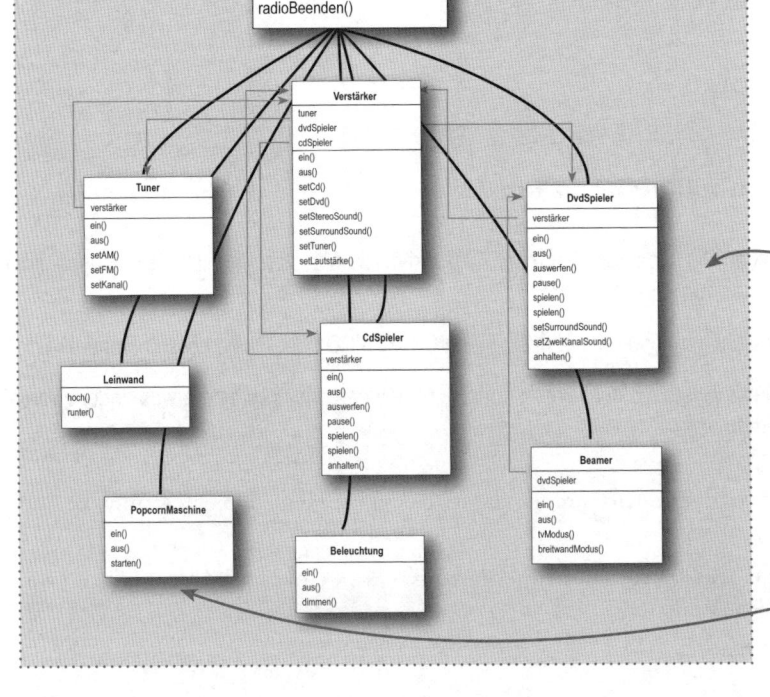

Das Basissystem, das die Fassade vereinfacht.

Das Adapter-Muster

filmSchauen()

Ein Client des Basissystems der Fassade.

3 Ihr Client-Code ruft jetzt die Methoden auf der Heimkino-Fassade auf, nicht auf dem Basissystem. Um einen Film anzuschauen, rufen wir also nur noch eine Methode auf, filmSchauen(). Diese kommuniziert dann für uns mit der Beleuchtung, dem DVD-Spieler, dem Beamer, dem Verstärker, der Leinwand und der Popcorn-Maschine.

Ich muss einfach ans Basissystem rankommen!

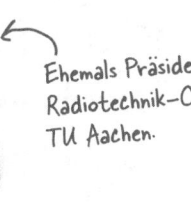

Ehemals Präsident des Radiotechnik-Clubs der TU Aachen.

4 Auch mit der Fassade bleibt das zugrunde liegende System zugänglich, so dass es direkt verwendet werden kann. Wenn Sie die erweiterte Funktionalität der Klassen des Basissystems benötigen, stehen sie zu Ihrer Verfügung.

Sie sind hier ▸ **267**

Fassade und Adapter

Es gibt keine Dummen Fragen

F: Wenn die Fassade die Klassen des Basissystems kapselt, wie erhält ein Client, der die Lowlevel-Funktionalität benötigt, dann Zugriff darauf?

A: Fassaden »kapseln« die Klassen des Basissystems nicht. Sie bieten einfach nur eine vereinfachte Schnittstelle. Die Klassen des Basissystems stehen immer noch zur direkten Verwendung zur Verfügung, wenn Clients spezifischere Schnittstellen verwenden müssen. Das ist eine nette Eigenschaft des Facade-Musters: Es bietet eine vereinfachte Schnittstelle, stellt denen, die sie benötigen, aber immer noch die vollständige Funktionalität des Systems bereit.

F: Fügt die Fassade neue Funktionalitäten hinzu, oder reicht sie die einzelnen Aufträge einfach an das Basissystem weiter?

A: Eine Fassade muss nicht einfach nur das Basissystem verwenden, sondern kann auch seine eigenen »Schmankerl« hinzufügen. Auch wenn unsere Heimkino-Fassade keine neuen Verhalten implementiert, ist sie beispielsweise doch schlau genug zu wissen, dass die Popcorn-Maschine eingeschaltet werden muss, bevor sie gestartet werden kann (und auch alle Einzelheiten dazu, wie eine Filmvorführung eingeschaltet und abgewickelt wird).

F: Kann jedes Basissystem nur eine Fassade haben?

A: Nicht unbedingt. Das Muster erlaubt es, dass eine beliebige Zahl von Fassaden für ein bestimmtes Basissystem erstellt wird.

F: Welche Vorteile bietet die Fassade, abgesehen von dem Umstand, dass ich eine einfachere Schnittstelle habe?

A: Das Facade-Muster erlaubt Ihnen ebenfalls, Ihre Client-Implementierung von einem bestimmten Basissystem zu entkoppeln. Nehmen wir an, Sie erhalten eine ordentliche Gehaltserhöhung und entschließen sich, Ihr Heimkino mit neuen Komponenten aufzurüsten, die alle andere Schnittstellen haben. Wenn Sie Ihren Client gegen die Fassade statt das Basissystem geschrieben haben, muss Ihr Client-Code nicht geändert werden, nur die Fassade (die vielleicht sogar vom Hersteller bereitgestellt wird!).

> *Eine Fassade vereinfacht nicht nur eine Schnittstelle, sie entkoppelt den Client auch vom Basissystem.*

F: Den Unterschied zwischen dem Adapter-Muster und dem Facade-Muster stellt man also daran fest, dass der Adapter eine Klasse einpackt, eine Fassade aber viele Klassen repräsentieren kann?

A: Nein! Erinnern Sie sich, dass das Adapter-Muster die Schnittstelle von ein oder mehr Klassen in die Schnittstelle ändern kann, die der Client erwartet. Auch wenn die meisten Lehrbeispiele den Adapter dabei zeigen, wie er eine Klasse anpasst, müssen Sie eventuell einen Adapter für mehrere Klassen schreiben, um die Schnittstelle anzubieten, gegen die der Client geschrieben ist. Genauso kann Fassade eine vereinfachte Schnittstelle für eine einzelne Klasse mit einer sehr komplexen Schnittstelle bieten. Den Unterschied zwischen den beiden macht man nicht daran fest, wie viele Klassen sie »einpacken«, sondern am jeweiligen **Zweck**. Der Zweck des Adapter-Musters ist es, eine Schnittstelle so zu **ändern**, dass sie der entspricht, die ein Client erwartet. Der Zweck des Facade-Musters ist es, eine **vereinfachte** Schnittstelle für ein Basissystem anzubieten.

> *Fassaden und Adapter können mehrere Klassen einpacken, aber der Zweck einer Fassade ist es, die Schnittstelle zu vereinfachen, der Zweck eines Adapters hingegen, die Schnittstelle in eine andere umzuwandeln.*

Die Heimkino-Fassade aufbauen

Gehen wir den Aufbau der HeimkinoFassade durch: Der erste Schritt ist es, Komposition zu verwenden, damit die Fassade Zugriff auf alle Komponenten des Basissystems hat:

```java
public class HeimkinoFassade {
   Verstärker verstärker;
   Tuner tuner;
   DvdSpieler dvd;
   CdSpieler cd;
   Beamer beamer;
   Beleuchtung beleuchtung;
   Leinwand leinwand;
   PopcornMaschine popcorn;

   public HeimkinoFassade(Verstärker amp,
         Tuner tuner,
         DvdSpieler dvd,
         CdSpieler cd,
         Beamer beamer,
         Leinwand leinwand,
         Beleuchtung beleuchtung,
         PopcornMaschine popcorn) {
     this.verstärker = amp;
     this.tuner = tuner;
     this.dvd = dvd;
     this.cd = cd;
     this.beamer = beamer;
     this.leinwand = leinwand;
     this.beleuchtung = beleuchtung;
     this.popcorn = popcorn;
   }
     // hier kommen die anderen Methoden hin
}
```

Dies ist die Komposition. Das sind alles Komponenten des Basissystems, die wir verwenden werden.

Der Fassade wird in ihrem Konstruktor eine Referenz auf jede Komponente des Basissystems übergeben. Die Fassade weist dann jede der entsprechenden Instanzvariablen zu.

Diese werden wir gleich ergänzen ...

Die Fassade implementieren

Die vereinfachte Schnittstelle implementieren

Jetzt ist es Zeit, die Komponenten des Basissystems zu einer vereinheitlichten Schnittstelle zusammenzubringen. Implementieren wir mal die Methoden filmSchauen() und filmBeenden():

```java
public void filmSchauen(String film) {
    System.out.println("Machen Sie sich bereit, der Film fängt gleich an ...");
    popcorn.ein();
    popcorn.starten();
    beleuchtung.dimmen(10);
    leinwand.runter();
    beamer.ein();
    beamer.breitwandModus();
    verstärker.ein();
    verstärker.setDvd(dvd);
    verstärker.setSurroundSound();
    verstärker.setLautstärke(5);
    dvd.ein();
    dvd.spielen(film);
}
```

filmSchauen() folgt der gleichen Abfolge, die wir zuvor von Hand ausführen mussten, packt sie aber in eine praktische Methode ein, die die ganze Arbeit erledigt. Beachten Sie, dass wir bei jeder Aufgabe die Verantwortlichkeit an die entsprechende Komponente des Basissystems delegieren.

```java
public void filmBeenden() {
    System.out.println("Fahre Heimkino herunter ...");
    popcorn.aus();
    beleuchtung.ein();
    leinwand.hoch();
    beamer.aus();
    verstärker.aus();
    dvd.anhalten();
    dvd.auswerfen();
    dvd.aus();
}
```

Und filmBeenden() kümmert sich für uns darum, dass alles ausgeschaltet wird. Wieder wird jede Aufgabe an die entsprechende Komponente im Basissystem delegiert.

Welche Fassaden sind Ihnen in der Java-API begegnet?
Wo würden Sie sich ein paar neue wünschen?

Einen Film anschauen (auf die sanfte Tour)

It's SHOWTIME!

```
public class HeimkinoTestlauf {
  public static void main(String[] args) {
    // hier werden die Komponenten instantiiert

    HeimkinoFassade heimKino =
      new HeimkinoFassade(verstärker, tuner, dvd, cd,
                    beamer, leinwand, beleuchtung, popcorn);

    heimKino.filmSchauen("LOST IN TRANSLATION");
    heimKino.filmBeenden();
  }
}
```

Hier im Testlauf erstellen wir die Komponenten direkt. Normalerweise wird dem Client eine Fassade gegeben, er muss sie nicht erst selbst konstruieren.

Erst instantiieren Sie die Fassade mit allen Komponenten im Basissystem.

Verwenden Sie die vereinfachte Schnittstelle, um den Film erst zu starten und dann zu beenden.

Hier ist die Ausgabe.

Der Aufruf der filmSchauen()-Methode der Fassade erledigt die ganze Arbeit für uns ...

... und hier haben wie den Film zu Ende geschaut und rufen filmBeenden() auf, um alles auszuschalten.

```
% java HeimkinoFassade
Machen Sie sich bereit, der Film fängt gleich an ...
Poppi an
Poppi, mache Popcorn!
Kinobeleuchtung gedimmt auf 10%
Kinoleinwand fährt runter
Super-Beamer an
Super-Beamer in Breitwandmodus (16x9 Seitenverhältnis)
Super-Verstärker an
Super-Verstärker setze DVD-Spieler auf Super-DVD-Spieler
Super-Verstärker aktiviere Surround-Sound (5 Boxen, 1 Subwoofer)
Super-Verstärker setze Lautstärke auf 5
Super-DVD-Spieler an
Super-DVD-Spieler spielt "LOST IN TRANSLATION"
Fahre Heimkino herunter ...
Poppi aus
Kinobeleuchtung an
Kinoleinwand fährt hoch
Super-Beamer aus
Super-Verstärker aus
Super-DVD-Spieler beende "LOST IN TRANSLATION"
Super-DVD-Spieler ausgeworfen
Super-DVD-Spieler aus
%
```

Definition des Facade-Musters

Die Definition des Facade-Musters

Um das Facade-Muster zu verwenden, erstellen wir eine Klasse, die eine Menge komplexerer Klassen, die zu einem Basissystem gehören, vereinfacht und vereinheitlicht. Im Unterschied zu vielen anderen Mustern ist das Facade-Muster recht gradlinig. Es gibt keine verwirrenden Abstraktionen, die Ihnen den Kopf verknoten. Aber das nimmt ihm nichts von seiner Kraft: Das Facade-Muster ermöglicht uns, eine enge Kopplung zwischen Clients und Basissystemen zu vermeiden, und hilft uns auch, wie Sie in Kürze sehen werden, einem neuen Prinzip der Objektorientierung zu genügen.

Werfen wir einen Blick auf die offizielle Definition des Musters, bevor wir dieses neue Prinzip einführen:

> **Das Facade-Muster** bietet eine vereinheitlichte Schnittstelle für einen Satz von Schnittstellen eines Basissystems. Die Fassade definiert eine hochstufigere Schnittstelle, die die Verwendung des Basissystems vereinfacht.

Hier steht nicht viel, was Sie nicht schon wüssten. Aber eines der wichtigsten Dinge, die man zu einem Muster im Kopf behalten sollte, ist sein Zweck. Diese Definition sagt uns laut und deutlich, dass es der Zweck des Facade-Musters ist, die Verwendung eines Basissystems durch eine vereinfachte Schnittstelle zu erleichtern.

Das können Sie im Klassendiagramm dieses Muster erkennen:

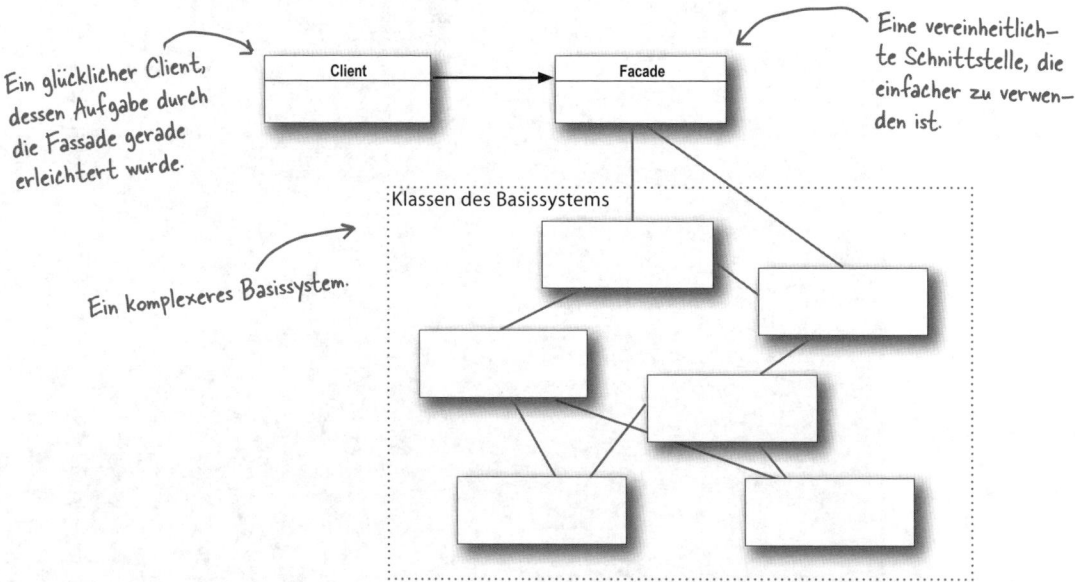

Das war's. Sie haben ein weiteres Muster im Sack. Jetzt ist es Zeit für dieses neue OO-Prinzip. Achtung! Es könnte ein paar Ihrer Grundüberzeugungen infrage stellen!

Das Prinzip der Verschwiegenheit

Das Prinzip der Verschwiegenheit leitet uns an, die Interaktion zwischen Objekten auf nur ein paar gute »Freunde« zu beschränken.

Dieses Prinzip wird üblicherweise so formuliert:

Entwurfsprinzip

Prinzip der Verschwiegenheit – sprechen Sie nur mit Ihren engsten Freunden.

Aber was bedeutet das im richtigen Leben? Es bedeutet, dass Sie beim Entwurf eines Systems bei jedem Objekt Vorsicht in Bezug auf die Klassen walten lassen müssen, mit denen es interagiert, und wie es mit diesen interagiert.

Dieses Prinzip hält uns davon ab, Entwürfe zu erstellen, in denen eine große Anzahl von Klassen so aneinander gekoppelt sind, dass sich Änderungen in einem Teil des Systems auf andere Teile auswirken. Wenn Sie viele Abhängigkeiten zwischen Ihren Klassen aufbauen, bauen Sie ein zerbrechliches System auf, dessen Wartung teuer ist und das für andere sehr schwer zu verstehen ist.

 An wie viele Klassen ist dieser Code gebunden?

```
public float getTemperatur() {
   return station.getThermometer().getTemperatur();
}
```

Das Prinzip der Verschwiegenheit

Wie man sich KEINE Freunde macht

Doch wie verhindert man das? Das Prinzip bietet einige Richtlinien: Nehmen Sie ein beliebiges Objekt – das Prinzip sagt uns dann, dass wir von jeder Methode in diesem Objekt nur Methoden aufrufen sollen, die:

- zum Objekt selbst,
- zu Objekten, die der Methode als Parameter übergeben wurden,
- zu Objekten, die die Methode erstellt oder instantiiert, sowie
- zu Komponenten des Objekts

> Beachten Sie, dass diese Richtlinien uns sagen, keine Methoden auf Objekten aufzurufen, die von Aufrufen anderer Methoden zurückgeliefert wurden!!

> Betrachten Sie als »Komponente« jedes Objekt, das von einer Instanzvariablen referenziert wird. Anders gesagt: Betrachten Sie das als eine HAT-EINE-Beziehung.

gehören. Klingt stimmig, oder? Was ist das Problem daran, eine Methode auf einem Objekt aufzurufen, das wir von einer anderen Methode zurückerhalten? Na, wenn wir das tun, dann richten wir eine Anfrage an einen Bestandteil eines anderen Objekts (und erhöhen so die Anzahl von Objekten, die wir direkt kennen). In solchen Fällen zwingt uns das Prinzip, das Objekt aufzufordern, für uns diese Anfrage zu stellen. So vermeiden wir, dass wir die Komponenten dieses Objekts kennen müssen (und halten den Kreis unserer Freunde klein). Ein Beispiel:

Ohne das Prinzip

```
public float getTemperatur() {
    Thermometer thermometer = station.getThermometer();
    return thermometer.getTemperatur();
}
```

> Hier erhalten wir das Thermometer-Objekt von der Station und rufen dann selbst die Methode getTemperatur() auf.

Mit dem Prinzip

```
public float getTemp() {
    return station.getTemperatur();
}
```

> Wenn wir das Prinzip anwenden, fügen wir der Klasse Station eine Methode hinzu, die für uns die Anfrage an das Thermometer richtet. Das verringert die Anzahl der Klassen, von denen wir abhängig sind.

Unsere Methodenaufrufe an die Leine nehmen

Hier sehen Sie eine Auto-Klasse, die alle Möglichkeiten demonstriert, wie man Methoden aufrufen darf, wenn man dem Prinzip der Verschwiegenheit genügen will:

```java
public class Auto {
  Motor motor;
  // andere Instanzvariablen

  public Auto() {
    // Motor usw. initialisieren
  }

  public void start(Schlüssel schlüssel) {
    Türen türen= new Türen();

    boolean autorisiert = schlüssel.drehen();

    if (autorisiert) {
      motor.starten();
      cockpitAnzeigeAktualisieren();
      türen.schließen();
    }
  }

  public void cockpitAnzeigeAktualisieren() {
    // Anzeige aktualisieren
  }
}
```

Dies ist eine Komponente dieser Klasse. Ihre Methoden können wir aufrufen.

Hier erstellen wir ein neues Objekt. Auch seine Methoden sind erlaubt.

Sie können Methoden auf einem Objekt aufrufen, das als Parameter übergeben wurde.

Sie können eine Methode auf einer Komponente des Objekts aufrufen.

Sie können eine lokale Methode des Objekts aufrufen.

Sie können eine Methode auf einem Objekt aufrufen, das Sie erstellt oder instantiiert haben.

Es gibt keine Dummen Fragen

F: Es gibt ein anderes Prinzip, das als Demeters Gesetz bezeichnet wird. Inwiefern sind die beiden verwandt?

A: Die beiden sind identisch, und Sie werden darauf stoßen, dass die beiden Namen gleichberechtigt verwendet werden. Wir ziehen es aus mehreren Gründen vor, den Namen »Prinzip der Verschwiegenheit« zu verwenden: Erstens ist der Name intuitiver, und zweitens impliziert die Verwendung des Worts »Gesetz«, dass man dieses Prinzip immer anwenden muss.

Eigentlich ist kein Prinzip ein Gesetz. Alle Prinzipien sollten nur dann und dort verwendet werden, wo sie nützlich sind. Bei allen Designs muss man Kompromisse machen (Abstraktion gegen Geschwindigkeit, Raum gegen Zeit und so weiter). Die Prinzipien bieten eine Richtschnur, und bevor sie angewandt werden, müssen alle Faktoren in Betracht gezogen werden.

F: Gibt es Nachteile bei der Anwendung des Prinzips der Verschwiegenheit?

A: Ja. Das Prinzip reduziert zwar die Abhängigkeiten zwischen Objekten, und Studien haben gezeigt, dass das die Softwarewartung verbilligt, aber es ist auch so, dass die Anwendung des Prinzips dazu führt, dass mehr »Wrapper-Klassen« geschrieben werden, um die Methodenaufrufe auf andere Komponenten zu steuern. Das kann zu einer erhöhten Komplexität und Entwicklungszeit sowie einer verminderten Laufzeitleistung führen.

Das *Prinzip der Verschwiegenheit* verletzen

Spitzen Sie Ihren Bleistift

Verletzt eine dieser Klassen das Prinzip der Verschwiegenheit? Warum oder warum nicht?

```
public Haus {
  WetterStation station;
  // andere Methoden und Konstruktoren

  public float getTemperatur() {
    return station.getThermometer().getTemperatur();
  }
}



public Haus {
  WetterStation station;

  // andere Methoden und Konstruktoren

  public float getTemperatur() {
    Thermometer thermometer = station.getThermometer();
    return getTempHelfer(thermometer);
  }

  public float getTempHelfer(Thermometer thermometer) {
    return thermometer.getTemperature();
  }
}
```

SCHUTZHELMPFLICHT! ACHTEN SIE AUF HERABFALLENDE ÜBERZEUGUNGEN!

KOPF-NUSS

Fällt Ihnen eine gebräuchliche Java-Verwendung ein, die das Prinzip der Verschwiegenheit verletzt?

Sollte Ihnen das Sorgen machen?

Antwort: Wie wäre es mit System.out.println()?

276 Kapitel 7

Das Facade-Muster und das Prinzip der Verschwiegenheit

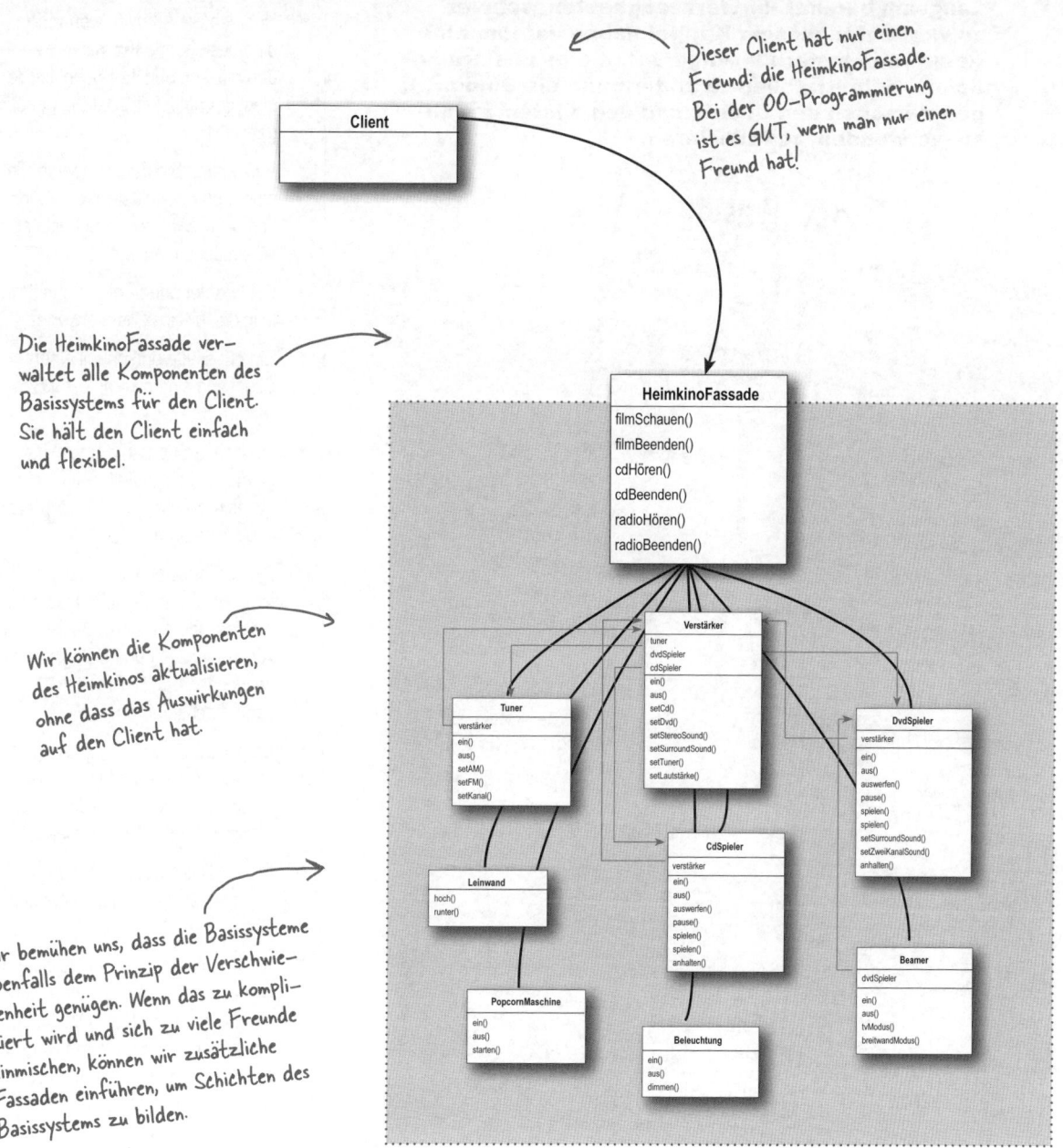

Ihr Design-Werkzeugkasten

Werkzeuge für Ihren Design-Werkzeugkasten

Langsam beginnt Ihr Werkzeugkasten, schwer zu werden! In diesem Kapitel haben wir ihm eine Reihe von Mustern hinzugefügt, die es uns ermöglichen, Schnittstellen zu ändern und die Bindungen zwischen den Clients und den Systemen, die sie verwenden, zu reduzieren.

Punkt für Punkt

- Nehmen Sie Adapter, wenn Sie eine bestehende Klasse verwenden müssen und ihre Schnittstelle nicht der entspricht, die Sie benötigen.
- Verwenden Sie Facade, wenn Sie eine große Schnittstelle oder eine komplexe Menge von Schnittstellen vereinfachen müssen.
- Ein Adapter ändert eine Schnittstelle in die, die ein Client erwartet.
- Eine Fassade entkoppelt einen Client von einem komplexen Basissystem.
- Je nach Größe und Komplexität einer Ziel-Schnittstelle kann es etwas Arbeit sein, einen Adapter zu implementieren.
- Bei der Implementierung einer Fassade ist es erforderlich, dass man die Fassade mit ihrem Basissystem zusammensetzt und Delegierung verwendet, um die Arbeit der Fassade durchzuführen.
- Es gibt zwei Formen des Adapter-Musters: Objekt- und Klassen-Adapter. Für Klassen-Adapter ist Mehrfachvererbung erforderlich.
- Für ein Basissystem können Sie mehr als eine Fassade implementieren.
- Ein Adapter umhüllt ein Objekt, um seine Schnittstelle zu ändern, ein Dekorierer umhüllt ein Objekt, um neue Verhalten und Verantwortlichkeiten hinzuzufügen, eine Fassade »umhüllt« einen Satz von Objekten, um die Schnittstelle zu vereinfachen.

OO-Basics

- ...traktion
- ...selung
- ...morphismus
- ...rbung

OO-Prinzipien

Kapseln Sie das, was variiert.

Ziehen Sie die Komposition der Vererbung vor.

Programmieren Sie auf eine Schnittstelle, nicht auf eine Implementierung.

Streben Sie für Objekte, die interagieren, nach Entwürfen mit lockerer Bindung.

Klassen sollten für Erweiterung offen, aber für Veränderung geschlossen sein.

Stützen Sie sich auf Abstraktionen. Stützen Sie sich nicht auf konkrete Klassen.

Sprechen Sie nur mit Ihren Freunden.

> Wir haben eine neue Technik, um in unseren Designs den Grad der Kopplung gering zu halten (denken Sie daran, sprechen Sie nur mit Ihren Freunden) ...

> ... und ZWEI neue Muster. Beide ändern eine Schnittstelle: Adapter wandelt sie um, Fassade vereinheitlicht und vereinfacht sie.

OO-Muster

Factory Method – Define an...
Singleton – Ensure a class...
Command – ...in Auftrag... so, andere ...aufträgen zu ...Warteschlan...

Adapter – konvertiert die Schnittstelle einer Klasse in die Schnittstelle, die der Client erwartet. Adapter ermöglichen die Zusammenarbeit von Klassen, die ohne nicht zusammenarbeiten könnten, weil sie inkompatible Schnittstellen haben.

Facade – bietet eine vereinheitlichte Schnittstelle für einen Satz von Schnittstellen eines Basissystems. Facade definiert eine hochstufigere Schnittstelle, die die Verwendung des Basissystems vereinfacht.

Das Adapter-Muster

Entwurfsmuster-Kreuzworträtsel

Ja, das ist schon wieder ein Kreuzworträtsel. Alle Lösungswörter stammen aus diesem Kapitel.

Waagerecht

1. Eine ____ vereinfacht eine Schnittstelle.
5. Wahr oder falsch: Adapter können nur ein Objekt einpacken.
7. Eine Fassade ____ weiterhin Zugriff auf das Basissystem.
10. Prinzip, das nicht so einfach ist, wie es klingt.
13. Der Film, den wir gesehen haben (drei Wörter).
16. Ein ____ fügt neue Verhalten hinzu.
17. Der Adapter-Client nutzt die ____Schnittstelle.
18. Adapter mit zwei Rollen (zwei Wörter).
19. Vorteil vom Fassade-Muster.

Senkrecht

2. So bezeichnete Decorator Adapter.
3. Können Enten besser als Truthähne.
4. Ein Adapter ____ eine Schnittstelle.
6. Ein Beispiel für eine Verletzung des Prinzips der Verschwiegenheit.
8. Man spricht davon, dass Adapter und Decorator ein Objekt ____.
9. Brauchen Sie vielleicht, wenn Sie in ein anderes Land reisen.
11. Ohne ist keine Filmvorführung vollständig.
12. Nachteil des Prinzips der Verschwiegenheit: zu viele ____.
14. Gibt sich als eine Ente aus.
15. Davon träumt zurzeit fast jeder.

Sie sind hier ▸ 279

Lösungen zu den Übungen

Spitzen Sie Ihren Bleistift — Lösung

Nehmen wir an, wir brauchen nun auch einen Adapter, der eine Ente in einen Truthahn konvertiert. Nennen wir ihn EnteAdapter. Schreiben Sie diese Klasse.

```java
public class EnteAdapter implements Truthahn {
  Ente ente;
  Random zufall;

  public EnteAdapter(Ente ente) {
    this.ente = ente;
    zufall = new Random();
  }

  public void kollern() {
    ente.quaken();
  }

  public void fliegen() {
    if (zufall.nextInt(5) == 0) {
      ente.fliegen();
    }
  }
}
```

- Jetzt passen wir Truthähne an Enten an und implementieren deswegen das Interface Truthahn.
- Wir speichern eine Referenz auf die Ente, die wir anpassen.
- Außerdem erzeugen wir ein Random-Objekt. Werfen Sie einen Blick auf die Methode fliegen(), um zu sehen, wie es verwendet wird.
- Ein Kollern wird einfach zu einem Quaken.
- Da Enten viel länger fliegen als Truthähne, haben wir entschieden, dass die Ente im Schnitt nur jedes fünfte Mal fliegt.

Spitzen Sie Ihren Bleistift — Lösung

Verletzt eine dieser Klassen das Prinzip der Verschwiegenheit? Warum oder warum nicht?

```java
public Haus {
  WetterStation station;

  // andere Methoden und Konstruktoren

  public float getTemperatur() {
    return station.getThermometer().getTemperatur();
  }
}
```

Verletzt das Prinzip der Verschwiegenheit! Sie rufen die Methode eines Objekts auf, das von einem anderen Aufruf zurückgeliefert wird.

```java
public Haus {
  WetterStation station;

  // andere Methoden und Konstruktoren

  public float getTemperatur() {
    Thermometer thermometer = station.getThermometer();
    return getTempHelfer(thermometer);
  }

  public float getTempHelfer(Thermometer thermometer) {
    return thermometer.getTemperatur();
  }
}
```

Verletzt das Prinzip der Verschwiegenheit nicht! Es scheint eine Möglichkeit zu sein, uns um das Prinzip herumzuhacken. Hat sich wirklich etwas geändert? Wir haben den Aufruf doch nur in eine andere Methode verschoben.

Das Adapter-Muster

LÖSUNG ZUR ÜBUNG

Sie haben gesehen, wie man einen Adapter implementiert, der eine Enumeration an einen Iterator anpasst. Schreiben Sie jetzt einen Adapter, der einen Iterator an eine Enumeration anpasst.

```java
public class IteratorEnumeration implements Enumeration<Object> {
    Iterator<?> iterator;

    public IteratorEnumeration(Iterator<?> iterator) {
        this.iterator = iterator;
    }

    public boolean hasMoreElements() {
        return iterator.hasNext();
    }

    public Object nextElement() {
        return iterator.next();
    }
}
```

Beachten Sie, dass wir den Typparameter generisch lassen, damit das mit jeder Art von Objekt funktioniert. → (zeigt auf `Iterator<?> iterator;`)

WER MACHT WAS? LÖSUNG

Ordnen Sie den einzelnen Mustern den jeweiligen Zweck zu:

Muster	Zweck
Decorator	Wandelt eine Schnittstelle in eine andere um.
Adapter	Ändert keine Schnittstelle, fügt aber neue Verantwortlichkeiten hinzu.
Facade	Vereinfacht eine Schnittstelle.

(Zuordnung per Pfeil: Decorator → "Ändert keine Schnittstelle…"; Adapter → "Wandelt eine Schnittstelle in eine andere um."; Facade → "Vereinfacht eine Schnittstelle.")

Lösung des Kreuzworträtsels

Entwurfsmuster-Kreuzworträtsel, Lösung

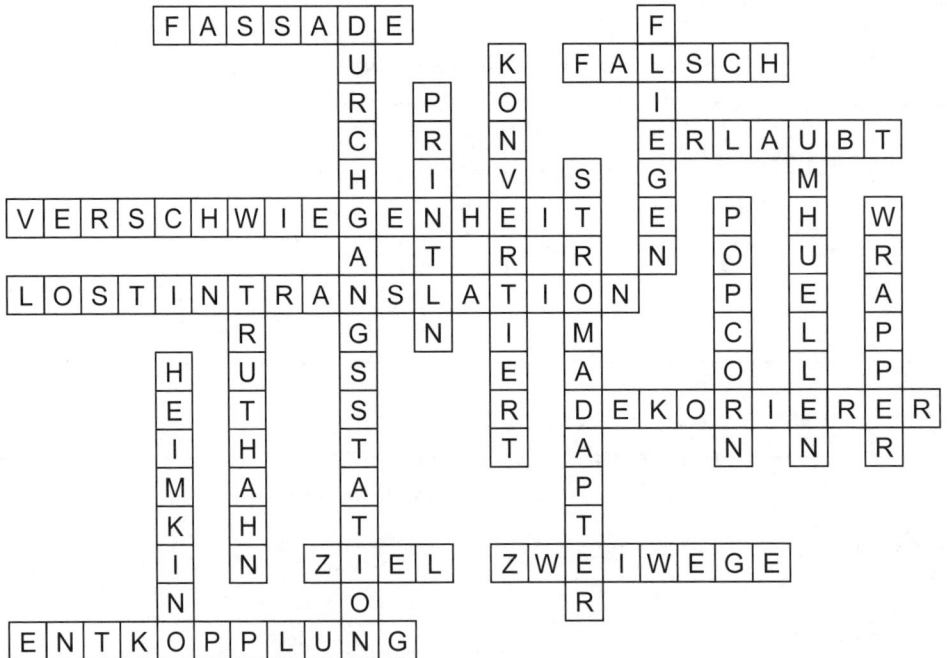

8 Das Template Method-Muster
Algorithmen einkapseln

Wir sind auf dem totalen Kapselungstrip. Wir haben die Objekt-Erstellung eingekapselt, Methodenaufrufe, komplexe Schnittstellen, Enten, Pizzas ... was könnte als Nächstes kommen? Wir werden dazu übergehen, Teile von Algorithmen zu kapseln, damit Unterklassen sich jederzeit in eine Berechnung einkapseln können, wenn sie das möchten. Außerdem werden wir einiges über ein Entwurfsprinzip lernen, das von Hollywood inspiriert ist.

Kaffee- und Teerezepte ähneln einander

Zeit für noch etwas Koffein

Manche Menschen können ohne ihren Kaffee nicht leben, andere nicht ohne ihren Tee. Und was haben beide gemeinsam? Koffein natürlich!

Aber das ist nicht alles: Tee und Kaffee werden auch auf sehr ähnliche Weise zubereitet. Sehen wir uns das mal an:

Sternback-Kaffee-Schulungshandbuch

Bei der Zubereitung von Sternback-Getränken sind die folgenden Rezepte genau zu beachten.

Sternback-Kaffeerezept

(1) Etwas Wasser kochen
(2) Kaffee mit kochendem Wasser aufbrühen
(3) Kaffee in Tasse schütten
(4) Zucker und Milch hinzufügen

Sternback-Teerezept

(1) Etwas Wasser kochen
(2) Tee in kochendem Wasser ziehen lassen
(3) Tee in Tasse schütten
(4) Zitrone hinzufügen

Alle Rezepte sind Sternback-Betriebsgeheimnisse und sollten absolut vertraulich behandelt werden.

Das Kaffeerezept sieht dem Teerezept sehr ähnlich, oder?

Ein paar Kaffee- und Tee-Klassen (in Java) zusammenrühren

Spielen wir mal »Code-Mixer« und schreiben etwas Code, um Kaffee und Tee zu machen.

Hier ist der Kaffee:

Dies ist unsere Kaffee-Klasse, mit der wir Kaffee machen.

Hier ist unser Kaffeerezept – direkt aus dem Schulungshandbuch.

Jeder der Schritte ist als separate Methode implementiert.

```java
public class Kaffee {

  void zubereitungsRezept() {
    kocheWasser();
    kaffeeAufbrühen();
    inTasseSchütten();
    zuckerUndMilchHinzufügen();
  }

  public void kocheWasser() {
    System.out.println("Koche Wasser");
  }

  public void kaffeeAufbrühen() {
    System.out.println("Lasse Kaffee durch Filter laufen");
  }

  public void inTasseSchütten() {
    System.out.println("Gieße Getränk in die Tasse");
  }

  public void zuckerUndMilchHinzufügen() {
    System.out.println("Füge Zucker und Milch hinzu");
  }
}
```

Jede dieser Methoden implementiert einen der Schritte des Algorithmus. Es gibt jeweils eigene Methoden, die sich darum kümmern, dass das Wasser gekocht, der Kaffee aufgebrüht, der Kaffee in die Tasse geschüttet und dem Kaffee Zucker und Milch hinzugefügt wird.

Tee-Implementierung

Und jetzt der Tee ...

```
public class Tee {

  void zubereitungsRezept() {
    kocheWasser();
    teebeutelZiehenLassen();
    inTasseSchütten();
    zitroneHinzufügen();
  }

  public void kocheWasser() {
    System.out.println("Koche Wasser");
  }

  public void teebeutelZiehenLassen() {
    System.out.println("Lasse Tee ziehen");
  }

  public void inTasseSchütten() {
    System.out.println("Schütte in Tasse");
  }
  public void zitroneHinzufügen() {
    System.out.println("Füge Zitrone hinzu");
  }

}
```

Das sieht dem, was wir in Kaffee implementiert haben, sehr ähnlich. Die Schritte zwei und vier sind anders. Aber im Grunde ist es das gleiche Rezept.

Diese zwei Methoden sind Tee-spezifisch.

Beachten Sie, dass diese beiden Methoden vollkommen identisch mit den Kaffee-Methoden sind! Wir haben hier also definitiv eine Code-Verdopplung vorliegen.

> Wenn es eine Code-Verdopplung gibt, ist das ein gutes Zeichen dafür, dass der Entwurf nicht astrein ist. Sieht es hier nicht so aus, als sollten wir die Gemeinsamkeiten in eine Basisklasse abstrahieren, weil Kaffee und Tee sich so ähnlich sind?

 Design-Puzzle

Sie haben gesehen, dass die Klassen Kaffee und Tee eine ordentliche Menge doppelten Codes enthalten. Werfen Sie noch mal einen Blick auf diese Klassen und zeichnen Sie ein Klassendiagramm, das zeigt, wie Sie diese Klassen umarbeiten würden, um die Redundanz zu eliminieren:

Erster *Abstraktionsversuch*

Dürfte ich vielleicht Ihren Kaffee, Tee abstrahieren?

Es sieht so aus, als hätten wir es bei unseren Kaffee- und Tee-Klassen mit einer recht gradlinigen Design-Übung zu tun. Ihr erster Versuch sah vielleicht ungefähr so aus:

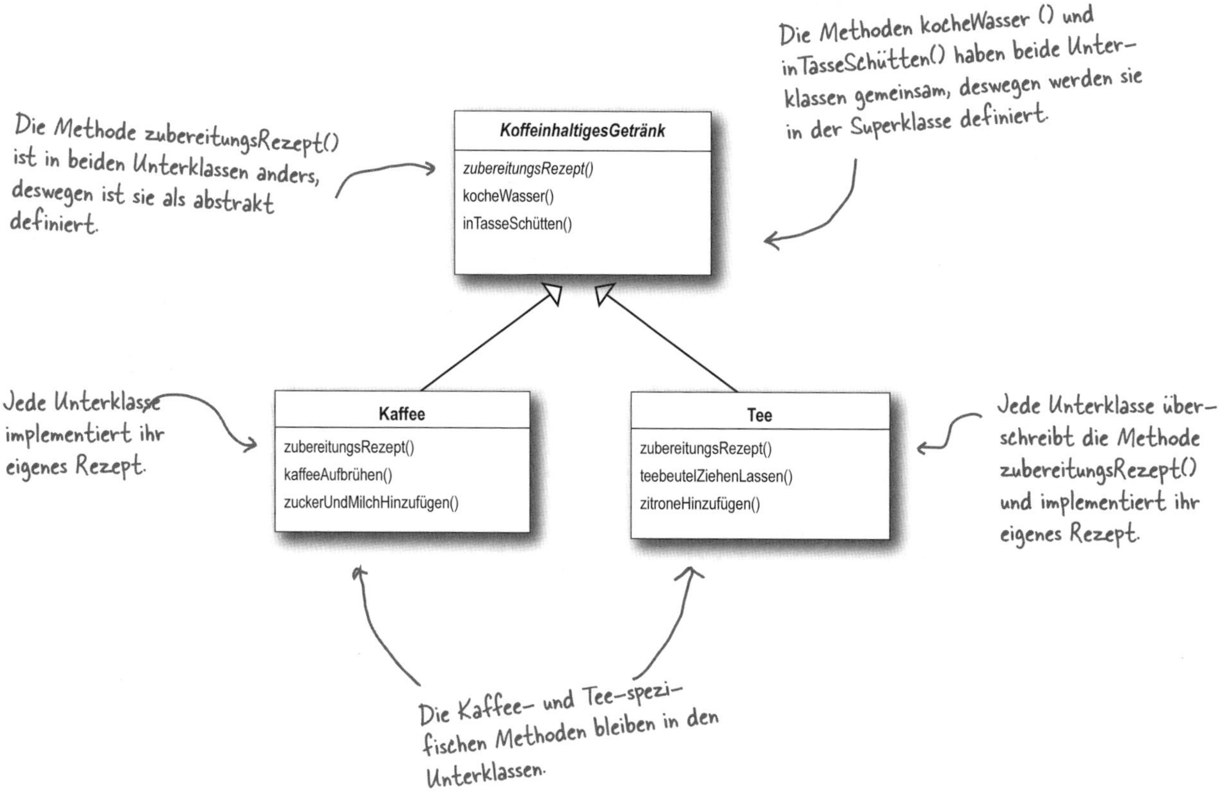

Die Methode zubereitungsRezept() ist in beiden Unterklassen anders, deswegen ist sie als abstrakt definiert.

Die Methoden kocheWasser() und inTasseSchütten() haben beide Unterklassen gemeinsam, deswegen werden sie in der Superklasse definiert.

KoffeinhaltigesGetränk
zubereitungsRezept()
kocheWasser()
inTasseSchütten()

Jede Unterklasse implementiert ihr eigenes Rezept.

Kaffee
zubereitungsRezept()
kaffeeAufbrühen()
zuckerUndMilchHinzufügen()

Tee
zubereitungsRezept()
teebeutelZiehenLassen()
zitroneHinzufügen()

Jede Unterklasse überschreibt die Methode zubereitungsRezept() und implementiert ihr eigenes Rezept.

Die Kaffee- und Tee-spezifischen Methoden bleiben in den Unterklassen.

Haben wir bei dem Neuentwurf gute Arbeit geleistet? Hmm. Vielleicht werfen wir besser noch mal einen neuen Blick darauf. Übersehen wir nicht weitere Gemeinsamkeiten? Ähneln sich Kaffee und Tee nicht auch noch auf andere Weise?

Den Entwurf weiterentwickeln

Was also haben Kaffee und Tee noch gemeinsam?
Beginnen wir mal mit den Rezepten:

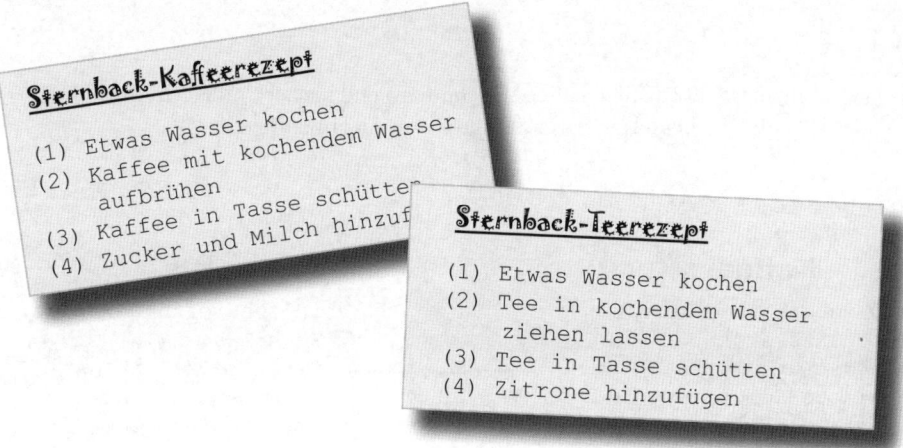

Beachten Sie, dass die beiden Rezepte dem gleichen
Algorithmus folgen:

❶ Etwas Wasser kochen

❷ Das Wasser benutzen, um Tee oder Kaffee aufzusetzen

❸ Das resultierende Getränk in eine Tasse schütten

❹ Dem Getränk geeignete Zutaten hinzufügen

Können wir dann nicht auch einen Weg finden, wie wir zubereitungsRezept() ebenfalls abstrahieren können? Ja. Lassen Sie uns mal sehen ...

Den Algorithmus abstrahieren

zubereitungsRezept() abstrahieren

Gehen wir die Schritte durch, die erforderlich sind, um zubereitungsRezept() aus den einzelnen Unterklassen (d.h. Kaffee und Tee) zu abstrahieren.

❶ Das erste Problem ist, dass Kaffee kaffeeAufschütten() und zuckerUndMilchHinzufügen() verwendet, Tee aber teebeutelZiehenLassen() und zitroneHinzufügen().

Kaffee
```
void zubereitungsRezept() {
  kocheWasser();
  kaffeeAufbrühen();
  inTasseSchütten();
  zuckerUndMilchHinzufügen();
}
```

Tee
```
void zubereitungsRezept() {
  kocheWasser();
  teebeutelZiehenLassen();
  inTasseSchütten();
  zitroneHinzufügen();
}
```

Denken wir das mal durch: Aufbrühen und Ziehenlassen sind nicht so unterschiedlich. Das sind ziemlich analoge Vorgänge. Vielleicht machen wir also einfach einen neuen Methodennamen, aufgießen() beispielsweise, und verwenden dann den gleichen Namen, egal ob wir Kaffee aufschütten oder Tee ziehen lassen.

Es macht auch keinen großen Unterschied, ob wir Zucker und Milch oder Zitrone hinzufügen: Dem Getränk werden jeweils bloß Zutaten hinzugefügt. Machen wir also auch einen neuen Methodennamen, zutatenHinzufügen, um damit zu arbeiten. Unsere Methode zubereitungsRezept() wird dann so aussehen:

```
void zubereitungsRezept() {
  kocheWasser();
  aufgießen();
  inTasseSchütten();
  zutatenHinzufügen();
}
```

❷ Jetzt haben wir eine neue zubereitungsRezept()-Methode, die wir in den Code einpassen müssen. Dazu werden wir mit der Superklasse KoffeinhaltigesGetränk beginnen.

Das Template Method-Muster

KoffeinhaltigesGetränk ist abstrakt – genau wie die Klasse im Entwurf.

Jetzt wird die gleiche zubereitungsRezept()-Methode verwendet, um Kaffee und Tee zu kochen. zubereitungsRezept() ist als final deklariert, weil wir nicht wollen, dass eine unserer Unterklassen diese Methode überschreiben und so das Rezept ändern kann! Wir haben die Schritte 2 und 4 so verallgemeinert, dass wir das Getränk aufgießen() und die zutatenHinzufügen().

```java
public abstract class KoffeinhaltigesGetränk {

  final void zubereitungsRezept() {
    kocheWasser();
    aufgießen();
    inTasseSchütten();
    zutatenHinzufügen();
  }

  abstract void aufgießen();

  abstract void zutatenHinzufügen();

  void kocheWasser() {
    System.out.println("Koche Wasser");
  }

  void inTasseSchütten() {
    System.out.println("Gieße Getränk in die Tasse");
  }
}
```

Weil Kaffee und Tee diese Methoden auf andere Weise handhaben, müssen sie als abstrakt deklariert werden. Darum sollen sich die Unterklassen kümmern!

Denken Sie daran, dass wir diese Methoden in die Klasse KoffeinhaltigesGetränk verschoben haben (oben in unserem Klassendiagramm).

❸ Anschließend müssen wir uns um die Klassen Kaffee und Tee kümmern. Jetzt stützen sie sich auf KoffeinhaltigesGetränk, um das Rezept zu steuern, müssen sich selbst also nur noch um das Aufgießen und das Hinzufügen der Zutaten kümmern:

```java
public class Tee extends KoffeinhaltigesGetränk {
  public void aufgießen() {
    System.out.println("Lasse Tee ziehen");
  }
  public void zutatenHinzufügen() {
    System.out.println("Füge Zitrone hinzu");
  }
}
```

Wie in unserem Entwurf erweitern Kaffee und Tee jetzt KoffeinhaltigesGetränk.

Tee muss aufgießen() und zutatenHinzufügen() definieren – die beiden abstrakten Methoden aus KoffeinhaltigesGetränk.

Gleiches gilt für Kaffee, nur dass Kaffee sich mit Kaffee, Zucker und Milch anstelle von Teebeuteln und Zitrone herumschlägt.

```java
public class Kaffee extends KoffeinhaltigesGetränk {
  public void aufgießen() {
    System.out.println("Lasse Kaffee durch Filter laufen");
  }
  public void zutatenHinzufügen() {
    System.out.println("Füge Zucker und Milch hinzu");
  }
}
```

Klassendiagramm für koffeinhaltige Getränke

Spitzen Sie Ihren Bleistift

Zeichnen Sie das neue Klassendiagramm, nachdem wir die Implementierung von zubereitungsRezept() in die Klasse KoffeinhaltigesGetränk verschoben haben:

Was also haben wir gemacht?

Wir haben erkannt, dass die zwei Rezepte im Wesentlichen identisch sind, auch wenn einige der Schritte unterschiedliche Implementierungen erfordern. Also haben wir das Rezept verallgemeinert und in die Basisklasse gesteckt.

Tee

1. Etwas Wasser kochen
2. Tee in kochendem Wasser ziehen lassen
3. Tee in Tasse schütten
4. Zitrone hinzufügen

Kaffee

1. Etwas Wasser kochen
2. Kaffee mit kochendem Wasser aufbrühen
3. Kaffee in Tasse schütten
4. Zucker und Milch hinzufügen

verallgemeinern

Koffeinhaltiges Getränk

1. Etwas Wasser kochen
2. Aufgießen
3. Getränk in Tasse schütten
4. Zutaten hinzufügen

verallgemeinern

stützt sich für einige Schritte auf die Unterklasse

stützt sich für einige Schritte auf die Unterklasse

Tee-Unterklasse

2. Tee in kochendem Wasser ziehen lassen
4. Zitrone hinzufügen

Kaffee-Unterklasse

2. Kaffee mit kochendem Wasser aufbrühen
4. Zucker und Milch hinzufügen

KoffeinhaltigesGetränk kennt und steuert die Schritte des Rezepts und führt die Schritte 1 und 3 selbst durch. Für die Durchführung der Schritte 2 und 4 stützt es sich aber auf Tee oder Kaffee.

Sie sind hier ▸

Das Template Method-Muster

Dürfen wir vorstellen: das Template Method-Muster!

Damit haben wir im Grunde das Template Method-Muster implementiert. Was ist das? Sehen wir uns die Struktur der Klasse KoffeinhaltigesGetränk an. Sie enthält die eigentliche »Template-Methode«:

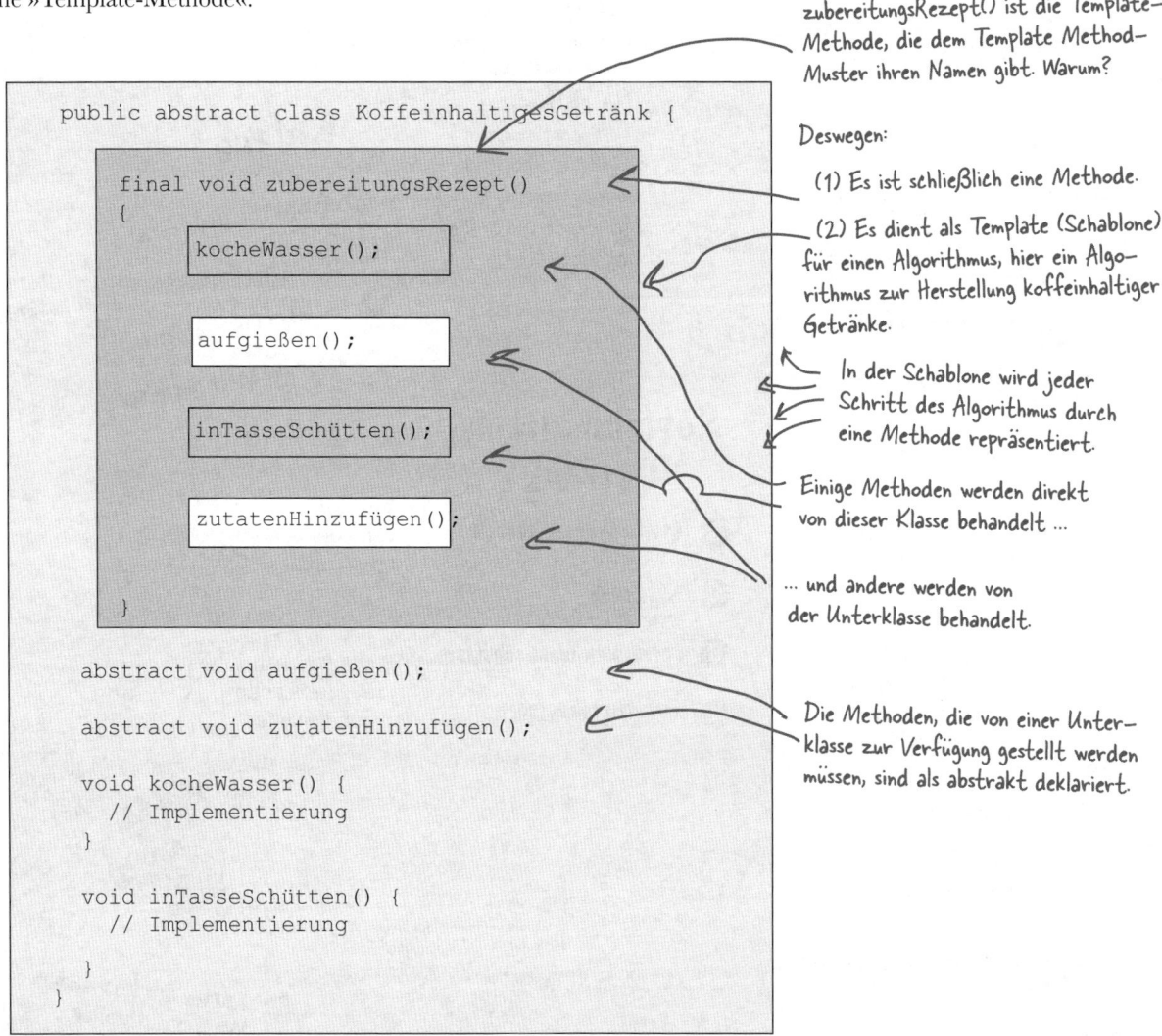

zubereitungsRezept() ist die Template-Methode, die dem Template Method-Muster ihren Namen gibt. Warum?

Deswegen:

(1) Es ist schließlich eine Methode.

(2) Es dient als Template (Schablone) für einen Algorithmus, hier ein Algorithmus zur Herstellung koffeinhaltiger Getränke.

In der Schablone wird jeder Schritt des Algorithmus durch eine Methode repräsentiert.

Einige Methoden werden direkt von dieser Klasse behandelt ...

... und andere werden von der Unterklasse behandelt.

Die Methoden, die von einer Unterklasse zur Verfügung gestellt werden müssen, sind als abstrakt deklariert.

Die Template-Methode definiert die Schritte eines Algorithmus und ermöglicht den Unterklassen, Implementierungen für ein oder mehr Schritte zur Verfügung zu stellen.

Kochen wir doch mal etwas Tee ...

Wir gehen die Schritte des Teekochens durch und verfolgen, wie die Template-Methode funktioniert. Sie werden sehen, dass die Template-Methode den Algorithmus steuert. An bestimmten Punkten des Algorithmus lässt sie die Unterklassen die Implementierung für die Schritte anbieten ...

Hinter den Kulissen

❶ Zuerst brauchen wir mal ein Tee-Objekt:

```
Tee meinTee = new Tee();
```

```
kocheWasser();
aufgießen();
inTasseSchütten();
zutatenHinzufügen();
```

❷ Dann rufen wir die Template-Methode auf:

```
meinTee.zubereitungsRezept();
```

die den Algorithmus zur Herstellung von koffeinhaltigen Getränken abarbeitet ...

Die Methode zubereitungsRezept() steuert den Algorithmus. Diese kann niemand ändern. Sie stützt sich darauf, dass Unterklassen einen Teil der oder die gesamte Implementierung liefern.

❸ Erst kochen wir Wasser:

```
kocheWasser();
```

Das passiert in KoffeinhaltigesGetränk.

KoffeinhaltigesGetränk
zubereitungsRezept()
kocheWasser()
inTasseSchütten()

❹ Dann müssen wir den Tee im Wasser ziehen lassen. Wie das geht, weiß nur die Unterklasse:

```
aufgießen();
```

❺ Jetzt schütten wir den Tee in die Tasse. Das passierte bei allen Getränken auf gleiche Weise und erfolgt deshalb in KoffeinhaltigesGetränk:

```
inTasseSchütten();
```

Tee
aufgießen()
zutatenHinzufügen()

❻ Schließlich fügen wir die Zutaten hinzu. Da diese getränkespezifisch sind, muss das von der Unterklasse implementiert werden:

```
zutatenHinzufügen();
```

Was bringt uns Template Method?

Was hat uns das Template Method-Muster gebracht?

Eine lahme Tee & Kaffee-Implementierung	Das neue, coole Koffeinhaltige-Getränk mit Template Method-Power
Kaffee und Tee machen die Musik. Sie steuern den Algorithmus.	Die Klasse KoffeinhaltigesGetränk macht die Musik. Sie hat den Algorithmus und schützt ihn.
Code kommt in Kaffee und Tee doppelt vor.	Die Klasse KoffeinhaltigesGetränk maximiert die Wiederverwendung unter den Unterklassen.
Für Code-Änderungen am Algorithmus müssen die Unterklassen geöffnet und mehrere Änderungen gemacht werden.	Der Algorithmus existiert an nur einer Stelle, und Code-Änderungen müssen nur dort durchgeführt werden.
Klassen sind in einer Struktur organisiert, die viel Arbeit erforderlich macht, wenn ein neues koffeinhaltiges Getränk hinzugefügt werden soll.	Die Template Method-Version bietet ein Framework, in das andere koffeinhaltige Getränke eingestöpselt werden können. Neue koffeinhaltige Getränke müssen nur ein paar der Methoden implementieren.
Wissen über den Algorithmus und seine Implementierung ist über viele Klassen verstreut.	Die Klasse KoffeinhaltigesGetränk zentralisiert das Wissen über den Algorithmus und stützt sich darauf, dass die Unterklassen vollständige Implementierungen anbieten.

Die Definition des Template Method-Musters

In unserem Tee-und-Kaffee-Beispiel haben Sie gesehen, wie das Template Method-Muster funktioniert. Sehen wir uns jetzt die offizielle Definition an und fixieren wir alle Details:

> **Das Template Method-Muster** definiert in einer Methode das Gerüst eines Algorithmus und überlässt einige Schritte den Unterklassen. Template Method erlaubt Unterklassen, bestimmte Schritte des Algorithmus neu zu definieren, ohne die Struktur des Algorithmus zu ändern.

Bei diesem Muster geht es nur darum, ein Template für einen Algorithmus zu erstellen. Was ist ein Template? Wie Sie gesehen haben, ist es einfach nur eine Methode – genauer gesagt, eine Methode, die einen Algorithmus als eine Folge von Schritten definiert. Ein oder mehrere dieser Schritte müssen als abstrakt definiert und von einer Unterklasse implementiert werden. Das sichert, dass die Struktur des Algorithmus unverändert bleibt, während Unterklassen einen Teil der Implementierung liefern.

Sehen wir uns das Klassendiagramm an:

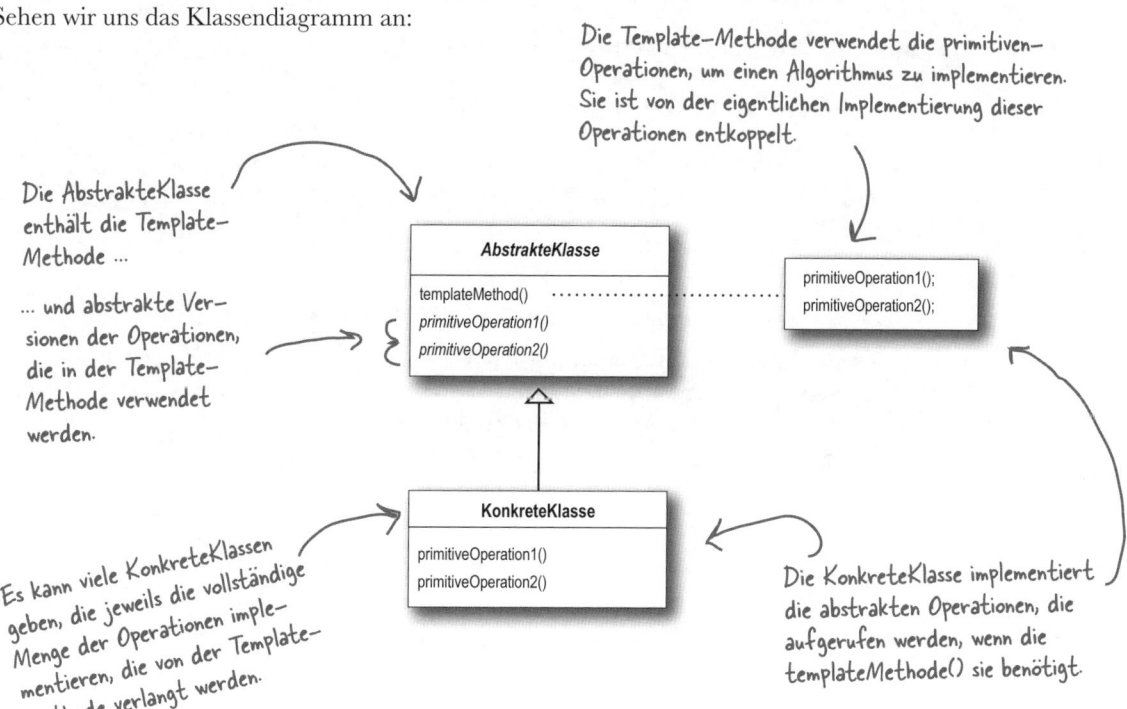

Template Method-Muster-Lupe

Code unter der Lupe

Sehen wir uns genauer an, wie AbstrakteKlasse und die darin enthaltene Template-Methode sowie die primitiven Operationen definiert sind.

Hier haben wir unsere abstrakte Klasse. Sie ist als abstrakt deklariert. Von ihr sollen Unterklassen abgeleitet werden, die Implementierungen der Operationen bieten.

Hier ist die Template-Methode. Sie ist als final deklariert, um zu verhindern, dass Unterklassen die Abfolge der Schritte im Algorithmus ändern.

```
abstract class AbstrakteKlasse {

   final void templateMethode() {
     primitiveOperation1();
     primitiveOperation2();
     konkreteOperation();
   }

   abstract void primitiveOperation1();

   abstract void primitiveOperation2();

   void konkreteOperation() {
     // hier gibt es eine Implementierung
   }
}
```

Die Template-Methode definiert eine Folge von Schritten, die jeweils durch eine Methode repräsentiert werden.

In diesem Beispiel müssen zwei der primitiven Operationen von konkreten Unterklassen implementiert werden.

Wir haben in der abstrakten Klasse auch eine konkrete Operation definiert. Solche Methoden werden wir uns in Kürze genauer ansehen ...

Das Template Method-Muster

 **Code unter dem Mikroskop**

Jetzt werden wir einen noch genaueren Blick auf die Typen der Methoden werfen, die in die abstrakte Klasse gepackt werden können:

Wir haben die templateMethode() geändert und einen neuen Methodenaufruf in sie eingeschlossen.

```
abstract class AbstrakteKlasse {

  final void templateMethode() {
    primitiveOperation1();
    primitiveOperation2();
    konkreteOperation();
    hook();
  }

  abstract void primitiveOperation1();

  abstract void primitiveOperation2();

  final void konkreteOperation() {
    // hier gibt es eine Implementierung
  }

  void hook() {}

}
```

Wir haben immer noch unsere primitiven Methoden. Sie sind abstrakt und werden von den konkreten Unterklassen implementiert.

In der abstrakten Klasse ist eine konkrete Operation definiert. Diese ist als final deklariert, damit die Unterklassen sie nicht überschreiben können. Sie kann direkt in der Template-Methode verwendet oder von den Unterklassen genutzt werden.

Eine konkrete Methode. Allerdings eine, die nichts macht!

Wir können auch konkrete Methoden haben, die nichts tun. Diese bezeichnen wir als »Hooks« (Haken). Unterklassen können sie überschreiben, müssen das aber nicht. Wie nützlich diese Methoden sind, werden wir auf der nächsten Seite sehen.

Sie sind hier ▸ **299**

Einen Hook implementieren

Haken wir uns bei einer Template-Methode ein ...

Ein Hook ist eine Methode, die in der abstrakten Klasse deklariert ist, aber nur eine leere Implementierung oder eine Default-Implementierung enthält. Das verschafft Unterklassen die Möglichkeit, sich an verschiedenen Punkten in den Algorithmus »einzuhängen«, wenn sie das möchten. Unterklassen können Hooks aber auch einfach ignorieren.

Es gibt mehrere Verwendungsmöglichkeiten für Hooks. Werfen wir jetzt einen Blick auf eine davon. Mit ein paar anderen Einsatzgebieten werden wir uns später befassen:

> Mit einem Hook habe ich die Wahl, eine Methode zu überschreiben oder nicht. Das bleibt ganz mir überlassen. Tu ich es nicht, liefert die abstrakte Klasse die Default-Implementierung.

```java
public abstract class KoffeinhaltigesGetränkMitHook {

    void zubereitungsRezept() {
        kocheWasser();
        aufgießen();
        inTasseSchütten();
        if (kundeWillZutaten()) {
            zutatenHinzufügen();
        }
    }

    abstract void aufgießen();

    abstract void zutatenHinzufügen();

    void kocheWasser() {
        System.out.println("Koche Wasser");
    }

    void inTasseSchütten() {
        System.out.println("Gieße Getränk in die Tasse");
    }

    boolean kundeWillZutaten() {
        return true;
    }
}
```

Wir haben eine kleine Bedingungsanweisung eingebaut, deren Erfolg auf einer konkreten Methode, kundeWillZutaten(), basiert. zutatenHinzufügen() wird nur dann aufgerufen, wenn der Kunde eine Zutat WILL.

Hier haben wir eine Methode mit einer (im Grunde) leeren Default-Implementierung definiert. Diese Methode liefert einfach nur true zurück und macht sonst nichts.

Das ist ein **Hook**, weil die Unterklasse diese Methode überschreiben kann, aber nicht überschreiben muss.

300 Kapitel 8

Den Hook verwenden

Wenn wir den Hook verwenden wollen, müssen wir ihn in unserer Unterklasse überschreiben. Hier steuert der Hook, ob KoffeinhaltigesGetränk einen bestimmten Teil des Algorithmus auswertet oder nicht – d.h., ob dem Getränk eine Zutat hinzugefügt wird oder nicht.

Und wie erfahren wir, ob der Kunde die Zutat will? Fragen wir doch einfach!

```java
public class KaffeeMitHook extends KoffeinhaltigesGetränkMitHook {

  public void aufgießen() {
    System.out.println("Lasse Kaffee durch Filter laufen");
  }

  public void zutatenHinzufügen() {
    System.out.println("Füge Zucker und Milch hinzu");
  }

  public boolean kundeWillZutaten() {
    String antwort = benutzereingabeAbfragen();

    if (antwort.toLowerCase().startsWith("j")) {
      return true;
    } else {
      return false;
    }
  }

  private String benutzereingabeAbfragen() {
    String antwort = null;

    System.out.print("Möchten Sie Milch und Zucker in Ihren Kaffee (j/n)? ");

    BufferedReader in = new BufferedReader(new InputStreamReader(System.in));
    try {
      antwort = in.readLine();
    } catch (IOException ioe) {
      System.err.println("IO-Fehler beim Lesen Ihrer Eingabe");
    }
    if (antwort == null) {
      return "nein";
    }
    return antwort;
  }
}
```

Hier überschreiben Sie den Hook und liefern Ihre eigene Funktionalität.

Holt die Benutzereingabe für die Zutatenentscheidung ab und liefert je nach Eingabe true oder false zurück.

Dieser Code fragt den Benutzer, ob er Milch und Zucker möchte, und liest die Benutzereingabe von der Kommandozeile ein.

Testlauf

Führen wir den Testlauf aus

So, das Wasser kocht ... Hier ist der Testcode, mit dem wir einen heißen Tee und einen heißen Kaffee kochen

```java
public class GetränkeTestlauf {
  public static void main(String[] args) {

    TeeMitHook teeHook = new TeeMitHook();
    KaffeeMitHook kaffeeHook = new KaffeeMitHook();

    System.out.println("\nMache Tee ...");
    teeHook.zubereitungsRezept();

    System.out.println("\nMache Kaffee ...");
    kaffeeHook.zubereitungsRezept();
  }
}
```

← Einen Tee machen.
← Einen Kaffee.
← Und für beide zubereitungs-Rezept() aufrufen!

Und jetzt lassen wir ihn laufen ...

```
Datei Bearbeiten Fenster Hilfe Teatime
% java GetränkeTestlauf

Mache Tee ...
Koche Wasser
Lasse den Teebeutel ziehen
Gieße Getränk in die Tasse
Hätten Sie gern Zitrone in Ihren Tee (j/n)? j
Füge Zitrone hinzu

Mache Kaffee ...
Koche Wasser
Lasse Kaffee durch Filter laufen
Gieße Getränk in die Tasse
Möchten Sie Milch und Zucker in Ihren Kaffee (j/n)? n
%
```

Eine dampfende Tasse Tee – und natürlich möchten wir diese Zitrone!

Und eine schöne Tasse heißen Kaffee, aber auf die figurschädigenden Zutaten verzichten wir lieber.

Das *Template Method*-Muster

Ich hätte ja gedacht, dass Funktionalitäten wie das Befragen von Kunden von allen Unterklassen verwendet werden könnten?

Wissen Sie was? Wir stimmen Ihnen zu. Aber Sie müssen trotzdem zugeben, dass das ein ziemlich cooles Beispiel für die Verwendung eines Hooks zur Steuerung des Ablaufs des Algorithmus in der abstrakten Klasse war, bis Ihnen das aufgefallen ist. Stimmt's?

Wir sind uns sicher, dass Ihnen bestimmt viele andere, realistischere Szenarien dafür einfallen, wo Sie in Ihrem eigenen Code das Template Method-Muster und Hooks einsetzen können.

Es gibt keine Dummen Fragen

F: Wie weiß ich, wann ich abstrakte Methoden und wann ich Hooks verwenden muss, wenn ich eine Template-Methode erstelle?

A: Verwenden Sie abstrakte Methoden, wenn Ihre Unterklassen eine Implementierung der Methoden oder Schritte im Algorithmus zur Verfügung stellen MÜSSEN. Verwenden Sie Hooks, wenn ein Teil des Algorithmus optional ist. Bei Hooks haben die Unterklassen die Wahl, einen bestimmten Hook zu implementieren oder nicht.

F: Wozu sollen Hooks eigentlich wirklich verwendet werden?

A: Es gibt ein paar Verwendungsmöglichkeiten für Hooks. Wie wir gerade gesagt haben, kann ein Hook Unterklassen die Möglichkeit bieten, einen optionalen Teil eines Algorithmus zu implementieren oder zu übergehen, wenn dieser Teil für die Implementierung der Unterklasse nicht wichtig ist. Ein Hook kann Unterklassen aber auch ermöglichen, auf einen bestimmten Schritt in der Template-Methode zu reagieren, der gleich passieren wird oder gerade passiert ist. Beispielsweise erlaubt eine Hook-Methode wie listeNeuGeordnet() den Unterklassen, irgendeine Aktivität durchzuführen (vielleicht eine neue Bildschirmdarstellung anzuzeigen), nachdem eine interne Liste neu sortiert wurde. Wie Sie gesehen haben, kann ein Hook einer Unterklasse auch die Fähigkeit verleihen, eine Entscheidung für die abstrakte Klasse zu fällen.

F: Muss eine Unterklasse immer alle abstrakten Methoden in der abstrakten Klasse implementieren?

A: Ja. Jede konkrete Unterklasse muss immer den gesamten Satz der abstrakten Methoden definieren und eine vollständige Implementierung der nicht definierten Schritte im Algorithmus der Template-Methode liefern.

F: Ich habe den Eindruck, ich sollte die Anzahl der abstrakten Methoden klein halten, weil es sonst ziemlich viel Arbeit wäre, sie in der Unterklasse zu implementieren.

A: Es ist gut, das im Hinterkopf zu behalten, wenn Sie Template-Methoden schreiben. Manchmal können Sie das tun, ohne die Schritte in Ihrem Algorithmus zu kleinteilig werden zu lassen. Aber da gibt es natürlich einen Nachteil: Je geringer die Granularität, desto geringer die Flexibilität.

Denken Sie auch daran, dass einige Schritte wahrscheinlich optional sind. Diese können Sie dann als Hooks statt als abstrakte Klassen implementieren, um so die Last auf den Unterklassen Ihrer abstrakten Klasse zu reduzieren.

Das Hollywood-Prinzip

Wir haben ein weiteres Entwurfsprinzip für Sie. Man nennt es das Hollywood-Prinzip:

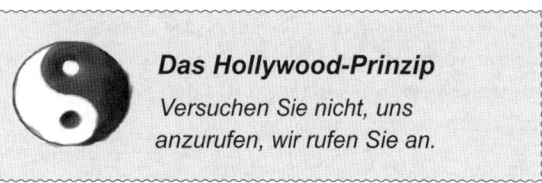

Das Hollywood-Prinzip
Versuchen Sie nicht, uns anzurufen, wir rufen Sie an.

Ich habe es dir doch schon mal gesagt und sage es dir jetzt noch mal: Ruf mich nicht an. Ich ruf dich an!

Leicht zu merken, nicht? Aber was hat das mit OO-Design zu tun?

Das Hollywood-Prinzip gibt uns eine Möglichkeit, »faule Abhängigkeiten« zu verhindern. Faule Abhängigkeiten treten auf, wenn Sie Highlevel-Komponenten haben, die von Lowlevel-Komponenten abhängig sind, die von Highlevel-Komponenten abhängig sind, die von Geschwisterkomponenten abhängig sind und so weiter. Unter solchen Bedingungen blickt schnell niemand mehr so richtig durch, wie ein System entworfen ist.

Mit dem Hollywood-Prinzip ermöglichen wir Lowlevel-Komponenten, sich in ein System einzuhängen, während die Highlevel-Komponenten bestimmen, wann und wie sie erforderlich sind. Anders gesagt, die Highlevel-Komponenten behandeln die Lowlevel-Komponenten nach dem »Rufen Sie uns nicht an, wir rufen Sie an«-Prinzip.

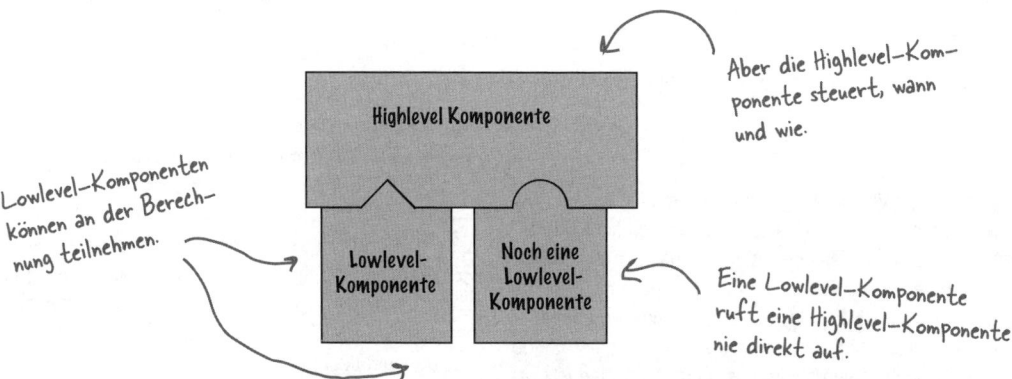

Das Hollywood-Prinzip und das Template Method-Muster

Das Verbindung zwischen dem Hollywood-Prinzip und dem Template Method-Muster ist wahrscheinlich ziemlich offensichtlich: Wenn wir einen Entwurf mit dem Template Method-Muster gestalten, sagen wir der Unterklasse: »Ruft uns nicht an, wir rufen euch an.« Wie? Werfen wir einen weiteren Blick auf unseren Entwurf für KoffeinhaltigesGetränk:

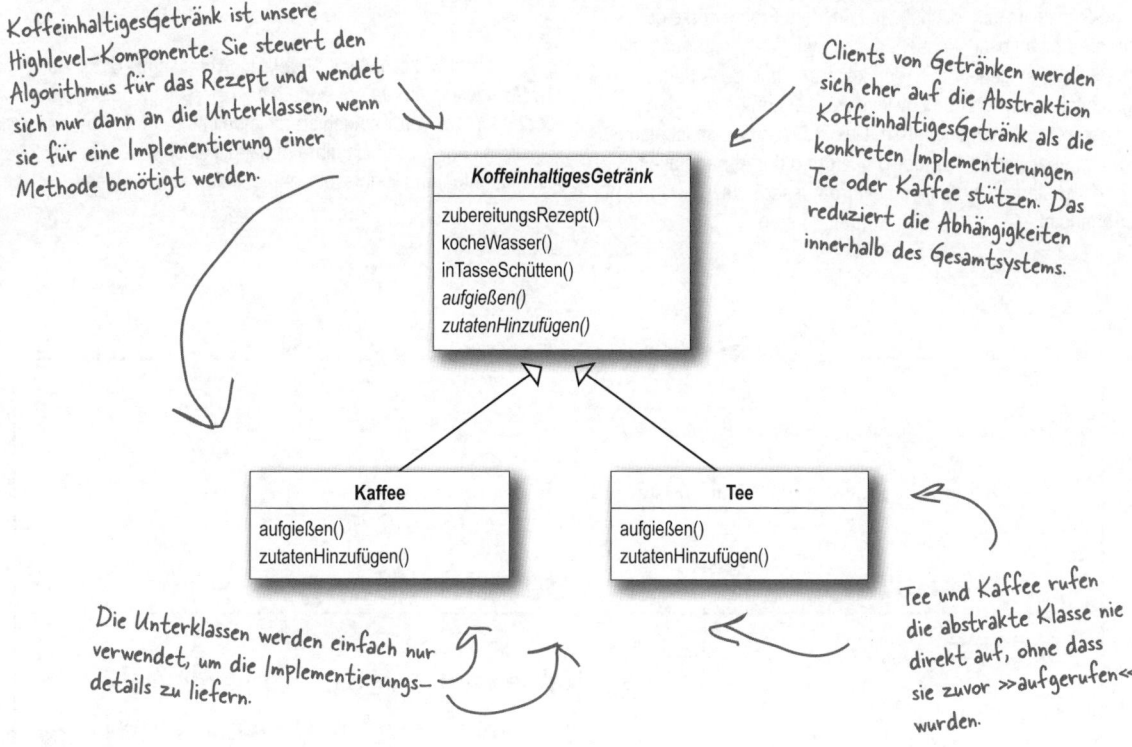

Welche anderen Muster nutzen das Hollywood-Prinzip?

Antworten: Factory Method, Observer – und welche sonst noch?

Wer *macht* **was?**

Es gibt keine
Dummen Fragen

F: Wie verhält sich das Hollywood-Prinzip zum Prinzip der Umkehrung der Abhängigkeiten, das wir ein paar Kapitel weiter vorn kennengelernt haben?

A: Das Prinzip der Umkehrung der Abhängigkeiten leitet uns an, die Verwendung von konkreten Klassen zu vermeiden und stattdessen so viel wie möglich mit Abstraktionen zu arbeiten. Das Hollywood-Prinzip ist eine Technik, mit der sich Frameworks oder Komponenten so aufbauen lassen, dass Lowlevel-Komponenten in eine Berechnung eingehängt werden können, ohne dass dadurch Abhängigkeiten zwischen den Lowlevel-Komponenten und den hochstufigeren Schichten entstehen. Das Ziel von beiden ist also die Entkopplung, aber das Prinzip der Umkehrung der Abhängigkeiten macht eine viel stärkere und allgemeinere Aussage dazu, wie in Entwürfen Abhängigkeiten vermieden werden können.

Das Hollywood-Prinzip gibt uns eine Technik zur Gestaltung von Entwürfen, die es Lowlevel-Strukturen ermöglichen mitzuarbeiten und dabei gleichzeitig verhindern, dass andere Klassen von ihnen zu sehr abhängig werden.

F: Ist es Lowlevel-Komponenten verboten, eine Methode in einer Highlevel-Komponente aufzurufen?

A: Nicht wirklich. Allein Vererbung sorgt schon dafür, dass eine Lowlevel-Komponente am Ende häufig eine Methode aufruft, die weiter oben in der Vererbungshierarchie definiert wurde. Aber wir wollen es vermeiden, explizit zirkuläre Abhängigkeiten zwischen Lowlevel-Komponenten und Highlevel-Komponenten zu erzeugen.

Ordnen Sie jedem Muster die passende Beschreibung zu:

Muster	Beschreibung
Template Method	Kapselt austauschbare Verhalten und verwendet Delegierung, um zu entscheiden, welches Verhalten verwendet wird.
Strategy	Unterklassen entscheiden, wie die Schritte in einem Algorithmus implementiert werden.
Factory Method	Unterklassen entscheiden, welche konkreten Klassen erzeugt werden.

Template-Methoden im wirklichen Leben

Das Template Method-Muster ist ein sehr verbreitetes Muster, und in freier Wildbahn werden Sie auf viele Exemplare dieser Spezies stoßen. Sie müssen allerdings ein gutes Auge dafür haben, weil es so viele Implementierungen von Template-Methoden gibt, die dem schulmäßigen Design des Musters nicht allzu ähnlich sehen.

Dieses Muster taucht so oft auf, weil es ein tolles Entwurfswerkzeug zur Erstellung von Frameworks ist, bei denen das Framework steuert, wie etwas gemacht wird, Ihnen (als demjenigen, der das Framework verwendet) aber überlassen bleibt, eigene Details dazu einzubringen, was tatsächlich bei den einzelnen Schritten des Algorithmus des Frameworks passiert.

Machen wir eine kleine Safari durch ein paar Verwendungen in freier Wildbahn (na gut, in der Java-API) ...

Zum Üben studieren wir die klassischen Muster. Aber wenn wir draußen im wirklichen Leben sind, müssen wir lernen, die Muster außerhalb des Kontexts zu erkennen. Wir müssen auch lernen, Variationen der Muster zu erkennen, weil ein rechteckiges Loch in Wirklichkeit nicht immer wirklich rechteckig ist.

Mit dem Template Method-Muster sortieren

Was müssen wir oft mit Arrays machen? Wir müssen sie sortieren!

Weil sie das erkannt haben, haben die Entwickler von Javas Array-Klasse uns eine praktische Template-Methode zum Sortieren zur Verfügung gestellt. Werfen wir einen Blick darauf, wie diese Methode funktioniert:

Wir haben diesen Code etwas gestutzt, damit man ihn leichter erklären kann. Wenn Sie ihn komplett sehen möchten, verschaffen Sie sich von Sun die Java-Quellen und sehen sich diese an ...

Wir haben hier eigentlich zwei Sortiermethoden, die zusammenwirken, um die Sortierfunktionalität bereitzustellen.

Die erste Methode, sort(), ist einfach nur eine Hilfsmethode, die eine Kopie des Arrays anlegt und als das Ziel-Array an die Methode mergeSort() weiterreicht. Sie gibt auch die Länge des Arrays weiter und sagt, dass die Sortierung beim ersten Element beginnen soll.

```java
public static void sort(Object[] a) {
    Object aux[] = (Object[])a.clone();
    mergeSort(aux, a, 0, a.length, 0);
}
```

Die Methode mergeSort() enthält den Sortieralgorithmus und stützt sich auf eine Implementierung der Methode compareTo(), um den Algorithmus zu vervollständigen.

Denken Sie sich diese Methode als die Template-Methode.

```java
private static void mergeSort(Object src[], Object dest[],
        int low, int high, int off)
{
    // eine Menge anderer Code
    for (int i=low; i<high; i++){
        for (int j=i; j>low &&
            ((Comparable)dest[j-1]).compareTo((Comparable)dest[j])>0; j--)
        {
            swap(dest, j, j-1);
        }
    }
    // eine Menge anderer Code
}
```

Das ist eine konkrete Methode, die bereits in der Klasse Arrays definiert wurde.

compareTo() ist die Methode, die wir implementieren müssen, um die Template-Methode »auszufüllen«.

Das Template Method-Muster

Wir haben ein paar Enten, die sortiert werden müssen

Nehmen wir an, Sie haben ein Array mit Enten, das Sie sortieren möchten. Wie würden Sie das tun? Die Sortier-Template-Methode in Arrays liefert uns den Algorithmus, aber Sie müssen ihr sagen, wie Enten verglichen werden sollen. Das machen Sie, indem Sie die Methode compareTo() implementieren ... Verstanden?

Wir haben ein Array mit Enten, das wir sortieren müssen.

> Nein, verstehe ich nicht. Müssen wir nicht eine Unterklasse von irgendetwas bilden? Ich dachte, das wäre es, worum es bei Template Method geht. Ein Array macht keine Unterklasse von gar nichts. Deswegen versteh ich nicht, wie wir sort() verwenden würden.

Guter Punkt. Die Erklärung ist folgende: Die Entwickler von sort() wollten, dass die Methode für alle Arrays verwendbar ist. Deswegen mussten sie sort() zu einer statischen Methode machen, die überall verwendet werden kann. Aber das ist in Ordnung. Es funktioniert fast genau so, als befände sich die Methode in einer Superklasse. Und da spielt noch was rein: Weil sort() in unserer Superklasse nicht wirklich definiert ist, muss die sort()-Methode wissen, wie Sie die Methode compareTo() implementiert haben. Andernfalls fehlt Ihnen das Puzzle-Stück, das erforderlich ist, um den Sortieralgorithmus zu vervollständigen.

Um dem Rechnung zu tragen, haben die Entwickler das Interface Comparable eingesetzt. Sie müssen nur dieses Interface implementieren, das eine Methode enthält (Überraschung): compareTo().

Was ist compareTo()?

Die Methode compareTo() vergleicht zwei Objekte und gibt einen Wert zurück, der angibt, ob das eine kleiner als oder größer als das andere ist oder ob beide gleich groß sind. sort() verwendet diese Methode als Basis für die Vergleiche der Objekte in dem Array.

Bin ich größer als du?

Keine Ahnung. Das sagt uns compareTo().

Sie sind hier ▸ **309**

Comparable implementieren

Enten mit Enten vergleichen

Gut. Sie wissen also, dass Sie diese compareTo()-Methode implementieren müssen, wenn Sie Enten vergleichen wollen. Damit geben Sie der Klasse Array das, was sie benötigt, um den Algorithmus zu vervollständigen und Ihre Enten zu sortieren.

Hier ist die Ente-Implementierung:

> Denken Sie daran, dass wir das Interface Comparable implementieren müssen, da wir keine Unterklasse bilden.

```java
public class Ente implements Comparable {
  String name;
  int gewicht;

  public Ente(String name, int gewicht) {
    this.name = name;
    this.gewicht = gewicht;
  }

  public String toString() {
    return name + " wiegt " + gewicht;
  }

  public int compareTo(Object object) {

    Ente andereEnte = (Ente)object;

    if (this.gewicht < andereEnte.gewicht) {
      return -1;
    } else if (this.gewicht == andereEnte.gewicht) {
      return 0;
    } else { // this.gewicht > andereEnte.gewicht
      return 1;
    }
  }
}
```

> Unsere Enten haben einen Namen und ein Gewicht.

> Wir machen es nicht zu kompliziert: Alle Enten geben einfach ihren Namen und ihr Gewicht aus!

> Hier ist also das, was sort() benötigt ...

> compareTo() erwartet eine andere Ente, die mit DIESER Ente verglichen wird.

> Hier geben wir an, wie Enten verglichen werden. Wenn DIESE Ente weniger als andereEnte wiegt, liefern wir −1 zurück. Wiegen beide gleich viel, liefern wir 0 zurück. Und wenn DIESE Ente schwerer ist, liefern wir 1 zurück.

Sortieren wir also ein paar Enten
Hier ist der Testcode zum Sortieren von Enten ...

```
public class EntenSortierenTestlauf {
  public static void main(String[] args) {
    Ente[] enten = {
                    new Ente("Daffy", 8),
                    new Ente("Tick", 2),
                    new Ente("Howard", 7),
                    new Ente("Trick", 2),
                    new Ente("Donald", 10),
                    new Ente("Track", 2)
    };
    System.out.println("Vor dem Sortieren:");
    anzeigen(enten);

    Arrays.sort(enten);

    System.out.println("\nNach dem Sortieren:");
    anzeigen(enten);
  }

  public static void anzeigen(Ente[] enten) {
    for (int i = 0; i < enten.length; i++) {
      System.out.println(enten[i]);
    }
  }
}
```

Wir brauchen ein Array mit Enten. Die hier sehen gut aus.

Sie sehen, dass wir die statische sort()-Methode von Arrays aufrufen und ihr unsere Enten übergeben.

Geben wir sie aus, um uns jeweils Name und Gewicht anzeigen zu lassen.

Sortierzeit!

Geben wir sie (noch mal) aus, um zu sehen, was die Sortierung bewirkt hat.

Das Sortieren möge beginnen!

```
%java EntenSortierenTestlauf
Vor dem Sortieren:
Daffy wiegt 8
Tick wiegt 2          Die nicht sortierten Enten
Howard wiegt 7
Trick wiegt 2
Donald wiegt 10
Track wiegt 2

Nach dem Sortieren:
Tick wiegt 2
Trick wiegt 2
Track wiegt 2         Die sortierten Enten
Howard wiegt 7
Daffy wiegt 8
Donald wiegt 10
%
```

Hinter den Kulissen: Enten sortieren

Der Aufbau einer Enten-Sortiermaschine

Hinter den Kulissen

Gehen wir mal durch, wie die Template-Methode sort() von Arrays funktioniert. Wir sehen uns an, wie die Template-Methode den Algorithmus steuert und wie sie an bestimmten Punkten des Algorithmus unsere Enten bittet, die Implementierung eines Schritts beizusteuern ...

❶ Zuerst brauchen wir ein Array mit Enten:

```
Duck[] ducks = {new Duck("Daffy", 8), ... };
```

```
for (int i=low; i<high; i++){
        ... compareTo() ...
        ... swap() ...
}
```

Die sort()-Methode steuert den Algorithmus. Keine Klasse kann ihn ändern. sort() verlässt sich darauf, dass eine Comparable-Klasse eine Implementierung von compareTo() anbietet.

❷ Dann rufen wir die sort()-Template-Methode in der Klasse Arrays auf und übergeben ihr unsere Enten:

```
Arrays.sort(ducks);
```

Die Methode sort() (und ihre Hilfsmethode mergeSort()) steuern den Sortiervorgang.

❸ Um ein Array zu sortieren, müssen Sie nacheinander immer zwei Elemente vergleichen, bis die gesamte Liste in sortierter Reihenfolge vorliegt.

Wenn zwei Enten verglichen werden sollen, stützt sich die Sortiermethode auf die compareTo()-Methode von Ente, um herauszufinden, wie das gemacht werden soll. Die compareTo()-Methode wird auf der ersten Ente aufgerufen, und ihr wird die Ente übergeben, mit der sie verglichen werden soll:

```
ducks[0].compareTo(ducks[1]);
```

Erste Ente

Die Ente, mit der sie verglichen werden soll.

Duck
compareTo()
toString()

Keine Vererbung wie bei einer gewöhnlichen Template-Methode.

Arrays
sort()
swap()

❹ Werden die Enten nicht in sortierter Reihenfolge aufgeführt, werden sie mit der konkreten swap()-Methode von Arrays umgedreht.

```
swap()
```

❺ Die Sortiermethode fährt dann fort, Enten zu vergleichen und zu vertauschen, bis sich das Array in der richtigen Reihenfolge befindet.

Das Template Method-Muster

Es gibt keine Dummen Fragen

F: Ist das wirklich das Template Method-Muster? Mir scheint diese Identifikation etwas bemüht.

A: Das Muster verlangt, dass ein Algorithmus implementiert wird und die Unterklassen die Implementierung der Schritte bieten – das macht die Sortiermethode von Arrays ganz eindeutig nicht! Aber wie wir wissen, sehen die Muster, auf die man in der Realität stößt, nicht immer aus wie die Schulbuchversionen der Muster. Sie müssen modifiziert werden, damit sie in den Kontext passen und den Beschränkungen der Implementierung genügen. Die Entwickler der sort()-Methode von Arrays müssten ein paar Beschränkungen berücksichtigen. Erstens ist es nicht möglich, Unterklassen von Java-Arrays zu bilden, und zweitens wollten sie, dass die Sortiermethode auf alle Arrays angewandt werden kann (und jedes Array ist eine andere Klasse). Also haben sie eine statische Methode definiert und den Vergleichsteil des Algorithmus in die Elemente ausgelagert, die sortiert werden. Auch wenn das keine schulmäßige Implementierung des Template Method-Musters ist, entspricht sie deswegen trotzdem noch dem Geist des Template Method-Musters. Indem Sie die Anforderung entfernt haben, dass man eine Unterklasse von Arrays bilden muss, um diesen Algorithmus zu nutzen, haben sie das Sortieren in gewisser Hinsicht flexibler und nützlicher gemacht.

F: Diese Implementierung des Sortierens scheint mir eher dem Strategy-Muster als dem Template Method-Muster zu entsprechen. Warum denken Sie, dass sie als Implementierung des Template Method-Musters betrachtet werden sollte?

A: Wahrscheinlich denken Sie das, weil das Strategy-Muster Objekt-Komposition verwendet. Auf gewisse Weise haben Sie recht – wir *benutzen* das Arrays-Objekt, um unser Array zu sortieren. Das entspricht also dem Strategy-Muster. Aber denken Sie daran, dass beim Strategy-Muster die Klasse, mit der Sie zusammensetzen, den *vollständigen* Algorithmus implementiert. Der Algorithmus, den Arrays für das Sortieren implementiert, ist nicht vollständig. Er benötigt eine Klasse, die die fehlende compareTo()-Methode liefert. Deswegen entspricht die Implementierung in dieser Hinsicht eher dem Template Method-Muster.

F: Gibt es andere Beispiele für Template-Methoden in der Java-API?

A: Ja. Sie finden sie an ein paar Stellen. java.io hat beispielsweise in InputStream eine read()-Methode, die Unterklassen implementieren müssen und die von der Template-Methode read(byte b[], int off, int len) verwendet wird.

Wir wissen, dass wir die Komposition der Vererbung vorziehen sollten, nicht? Na, die Implementierung der sort()-Template-Methode entschloss sich, keine Vererbung zu verwenden und sort() stattdessen als eine statische Methode zu implementieren, die zur Laufzeit mit einem Comparable zusammengesetzt wird. In welcher Weise ist das besser? In welcher Weise ist es schlechter? Wie würden Sie dieses Problem angehen? Machen Java-Arrays das besonders kompliziert?

Stellen Sie sich ein anderes Muster vor, das eine Spezialisierung des Template Method-Musters ist. In dieser Spezialisierung werden primitive Operationen benutzt, um Objekte zu erzeugen und zurückzuliefern. Was für ein Muster ist das?

Sie sind hier ▸ 313

Der paint-Hook

Swinging mit Frames

Die nächste Station auf unserer Template Method-Safari ... halten Sie Ausschau nach bewegten JFrames!

Wenn Sie JFrame noch nicht begegnet sind – es ist der einfachste Swing-Container und erbt eine paint()-Methode. Standardmäßig macht paint() nichts, weil es ein *Hook* ist! Indem Sie paint() überschreiben, können Sie sich selbst in JFrames Algorithmus für die Anzeige seines Bildschirmbereichs einschalten und Ihre eigenen grafischen Ausgaben in den JFrame einbauen. Hier ist ein erschütternd einfaches Beispiel dafür, wie man einen JFrame verwendet, um die Hook-Methode paint() zu überschreiben:

Wir erweitern JFrame, das eine update()-Methode zur Aktualisierung des Bildschirms enthält. Wir können uns in diesen Algorithmus einhaken, indem wir die Hook-Methode paint() überschreiben.

```java
public class MeinFrame extends JFrame {

    public MeinFrame(String titel) {
        super(titel);
        this.setDefaultCloseOperation(JFrame.EXIT_ON_CLOSE);

        this.setSize(300,300);
        this.setVisible(true);
    }

    public void paint(Graphics grafik) {
        super.paint(grafik);
        String msg = "Ich bin der König!!";
        grafik.drawString(msg, 100, 100);
    }

    public static void main(String[] args) {
        MeinFrame myFrame = new MeinFrame("Head First Design Patterns");
    }
}
```

Blicken Sie nicht hinter die Kulissen! Hier finden nur ein paar Initialisierungen statt ...

JFrames Aktualisierungsalgorithmus ruft paint() auf. Standardmäßig macht paint() nichts ... es ist ein Hook. Wir überschreiben paint() und sagen JFrame, dass es in das Fenster eine Nachricht schreiben soll.

Hier ist die Nachricht, die vom Frame gezeichnet wird, weil wir uns in die Methode paint() eingehakt haben.

Applets

Unsere letzte Station auf der Safari: Applet.

Wahrscheinlich wissen Sie, dass ein Applet ein kleines Programm ist, das in einer Webseite läuft. Jedes Applet muss eine Unterklasse von Applet sein, und diese Klasse bietet verschiedene Hooks. Sehen wir uns ein paar davon an:

```java
public class MeinApplet extends Applet {
  String nachricht;

  public void init() {
    nachricht = "Hallo Welt! Ich lebe!";
    repaint();
  }

  public void start() {
    nachricht = "Jetzt fahre ich hoch ...";
    repaint();
  }

  public void stop() {
    nachricht = "Oh, jetzt werde ich beendet ...";
    repaint();
  }

  public void destroy() {
    // Applet verschwindet ...
    repaint();
  }

  public void paint(Graphics g) {
    g.drawString(nachricht, 5, 15);
  }
}
```

Der Hook init() ermöglicht es dem Applet, all das zu tun, was es tun möchte, um das Applet das erste Mal zu initialisieren.

repaint() ist eine konkrete Methode in der Klasse Applet, die höherstufigen Komponenten mitteilt, dass das Applet neu gezeichnet werden muss.

Der Hook start() ermöglicht es dem Applet, etwas zu tun, unmittelbar bevor das Applet auf der Webseite angezeigt wird.

Wenn der Benutzer zu einer anderen Seite geht, wird der Hook stop() benutzt, und dann kann das Applet all das tun, was es tun möchte, um seine Handlungen zu stoppen.

Und der Hook destroy() wird verwendet, wenn das Applet zerstört werden soll, beispielsweise wenn das Browserfenster geschlossen wird. Wir könnten versuchen, hier etwas anzuzeigen, aber was würde das bringen?

Na sieh mal da! Unsere alte Freundin, die paint()-Methode! Applet verwendet diese Methode ebenfalls als einen Hook.

Konkrete Applets machen extensiven Gebrauch von Hooks, um ihre eigenen Verhalten anzubieten. Weil diese Methoden als Hooks implementiert sind, muss das Applet sie nicht implementieren.

Kamingespräche

Heute Abend: **Template Method und Strategy vergleichen Methoden.**

Template Method

Hallo Strategy, was machst du in meinem Kapitel? Ich dachte, ich müsste mich mit einem Langweiler wie Factory Method begnügen.

War nur ein Scherz! Aber mal ganz ehrlich, was machst du hier? Wir haben seit acht Kapiteln nichts mehr von dir gehört.

Du willst den Leser daran erinnern, worum es bei dir geht, weil es schon so lange her ist.

Hey, das hört sich fast genau so an wie das, was ich tue. Aber ich habe eine etwas andere Absicht als du. Mein Job ist es, ein Gerüst eines Algorithmus zu definieren, meinen Unterklassen dabei aber einen Teil der Arbeit tun zu lassen. So kann ich unterschiedliche Implementierungen der einzelnen Schritte eines Algorithmus haben, behalte aber trotzdem die Kontrolle über die Struktur des Algorithmus. Bei dir sieht es ja so aus, als hättest du die Kontrolle über deine Algorithmen aufgegeben.

Strategy

Nein. Mit mir. Du solltest allerdings etwas vorsichtiger sein – du bist doch schließlich mit Factory Method verwandt, oder?

Ich habe mitbekommen, dass du dein Kapitel fast abgeschlossen hast, und dachte, ich schau mal vorbei, wie es so läuft. Wir haben ja einiges gemeinsam. Da dachte ich, ich könnte dir vielleicht etwas helfen ...

Ich weiß nicht. Seit Kapitel 1 werde ich ständig auf der Straße angesprochen: »Sind Sie nicht das Muster ...« Ich denke, die Leute wissen schon, wer ich bin. Aber dir zuliebe sag ich es noch mal: Ich definiere eine Familie von Algorithmen und mache sie austauschbar. Weil jeder Algorithmus gekapselt ist, kann der Client leicht verschiedene Algorithmen verwenden.

Ich denke, ich würde das *etwas* anders ausdrücken ... und überhaupt, ich klebe ja nicht daran, dass für die Algorithmus-Implementierungen Vererbung verwendet wird. Ich biete Clients eine Auswahl von Algorithmus-Implementierungen mittels Objekt-Komposition.

Template Method

Das weiß ich wohl. Aber ich habe mehr Kontrolle über meinen Algorithmus und verhindere Code-Verdopplungen. Wenn fast alle Teile meines Algorithmus immer gleich bleiben, sich beispielsweise nur eine einzige Zeile ändert, sind meine Klassen viel effizienter als deine. Der ganze Code, der mehrfach vorkommt, wird in die Superklasse gesteckt, damit alle Unterklassen ihn teilen können.

Ja, ja. Freut mit *echt* für dich, aber vergiss nicht, dass ich das Muster bin, das am häufigsten verwendet wird. Und warum? Weil ich eine grundlegende Methode für die Wiederverwendung von Code biete, die es Unterklassen ermöglicht, Verhalten anzugeben. Ich bin überzeugt, dass du siehst, dass das perfekt ist, wenn man Frameworks aufbauen will.

Warum? Meine Superklasse ist abstrakt.

Wie ich schon gesagt habe, Strategy: Freut mich *echt* für dich. Danke, dass du vorbeigeschaut hast. Aber ich muss jetzt den Rest dieses Kapitels fertig machen.

Verstanden. Ruf mich nicht an, ich ruf dich an ...

Strategy

Vielleicht bist du etwas effizienter als ich (aber nur ein kleines bisschen) und benötigst weniger Objekte. *Und* vielleicht bist du auch etwas weniger kompliziert, vergleicht man dich mit meinem Delegationsmodell. Aber ich bin flexibler, weil ich Objekt-Komposition verwende. Bei mir können die Clients den Algorithmus zur Laufzeit ändern, indem sie einfach ein anderes Strategy-Objekt verwenden. Gib's schon zu. Sie haben *mich* ja schließlich nicht umsonst für Kapitel 1 ausgewählt!

Ja, vielleicht ... aber was ist mit Abhängigkeiten? Abhängigkeiten bist du doch viel stärker unterworfen als ich.

Aber du bist davon abhängig, dass in deiner Superklasse Methoden implementiert sind, die Teil deines Algorithmus sind. Ich bin von niemandem abhängig. Ich kann den ganzen Algorithmus selbst definieren!

Okay, okay. Warum gleich so gereizt? Ich lass dich schon arbeiten. Sag mir einfach Bescheid, wenn du meine besonderen Techniken brauchst. Ich helfe gern.

Kreuzworträtsel

Entwurfsmuster-Kreuzworträtsel
Es ist wieder mal so weit!

Waagerecht

1 ____ Schritte des Algorithmus werden mit Hook-Methoden implementiert.
4 In diesem Kapitel haben wir Ihnen mehr ____ verabreicht.
5 »Versuchen Sie nicht, uns anzurufen, wir rufen Sie an« ist als das ____-Prinzip bekannt.
7 Eingebildetes Entwurfsmuster.
8 Kaffee und ____.
12 Factory Method ist eine ____ von Template Method.
13 Eine Klasse, die Webseiten mag.
15 Das Template Method-Muster nutzt ____, um die Implementierung anderen Klassen zu überlassen.

Senkrecht

2 Eine Template-Methode definiert die Schritte in einem ____.
3 Strategy verwendet ____ statt Vererbung.
5 Eine Methode in der abstrakten Superklasse, die nichts tut oder nur ein Default-Verhalten anbietet, wird als ____-Methode bezeichnet.
6 Tick, Trick und Track wiegen jeweils ____ Kilo.
7 Die Arrays-Klasse implementiert ihre Template-Methode als eine ____ Methode.
9 Die Klasse mit der Template-Methode ist üblicherweise als ____ definiert.
10 Unser Lieblingscafé in Objekthausen.
11 Bei Arrays verwendete Sortierung.
14 Die JFrame-Methode, die wir überschrieben haben.

Das *Template Method*-Muster

Werkzeuge für Ihren Design-Werkzeugkasten

Wir haben Ihrem Werkzeugkasten das **Template Method-Muster** hinzugefügt. Mit Template Method können Sie Code wie ein Profi wiederverwenden und dabei die Kontrolle über Ihren Algorithmus behalten.

Punkt für Punkt

- Eine »Template-Methode« definiert die Schritte eines Algorithmus und überlässt die Implementierung dieser Schritte den Unterklassen.

- Das Template Method-Muster liefert uns eine wichtige Technik für die Code-Wiederverwendung.

- Die abstrakte Klasse der Template-Methode kann konkrete Methoden, abstrakte Methoden und Hooks definieren.

- Abstrakte Methoden werden von den Unterklassen implementiert.

- Hooks sind Methoden, die in der abstrakten Klasse nichts tun oder nur ein Default-Verhalten anbieten, aber in den Unterklassen überschrieben werden können.

- Um zu verhindern, dass Unterklassen den Algorithmus in der Template-Methode ändern, wird die Template-Methode als final deklariert.

- Das Hollywood-Prinzip leitet uns an, Entscheidungsprozesse in Highlevel-Module zu packen. Diese entscheiden, wie und wann die Lowlevel-Module aufgerufen werden.

- Sie werden in Code aus dem wirklichen Leben auf viele Verwendungen des Template Method-Musters stoßen, dürfen aber (wie bei jedem Muster) nicht erwarten, dass diese so entworfen sind, wie die Theorie sie beschreibt.

- Die Muster Strategy und Template Method kapseln beide Algorithmen, das eine über Vererbung und das andere über Komposition.

- Factory Method ist eine Spezialisierung von Template Method.

OO-Basics
- Abstraktion
- Kapselung
- Polymorphismus
- Vererbung

OO-Prinzipien
- Kapseln Sie das, was variiert.
- Ziehen Sie die Komposition der Vererbung vor.
- Programmieren Sie auf eine Schnittstelle, nicht auf eine Implementierung.
- Streben Sie für Objekte, die interagieren, nach Entwürfen mit lockerer Bindung.
- Klassen sollten für Erweiterung offen, aber für Veränderung geschlossen sein.
- Stützen Sie sich auf Abstraktionen. Stützen Sie sich nicht auf konkrete Klassen.
- Sprechen Sie nur mit Ihren Freunden.
- Versuchen Sie nicht, uns anzurufen, wir rufen Sie an.

Unser neues Prinzip erinnert Sie daran, dass Ihre Superklassen die Musik machen. Lassen Sie sie Ihre Unterklassen aufrufen, wenn sie benötigt werden, so wie man es in Hollywood macht.

Und unser neues Muster lässt Klassen, die einen Algorithmus implementieren, einen Teil der Schritte in Unterklassen auszulagern.

OO-Muster

Template Method – definiert in einer Methode das Gerüst eines Algorithmus und überlässt einige Schritte den Unterklassen. Template Method erlaubt Unterklassen, bestimmte Schritte des Algorithmus neu zu definieren, ohne die Struktur des Algorithmus zu ändern.

Facade – bietet eine vereinheitli...

Adapter – konvertiert die Schnitt...

Factory Method – Define an...

Sie sind hier ▸ **319**

Lösungen *zu den Übungen*

Spitzen Sie Ihren Bleistift — Lösung

Zeichnen Sie das neue Klassendiagramm, nachdem wir die Implementierung von zubereitungsRezept() in die Klasse KoffeinhaltigesGetränk verschoben haben:

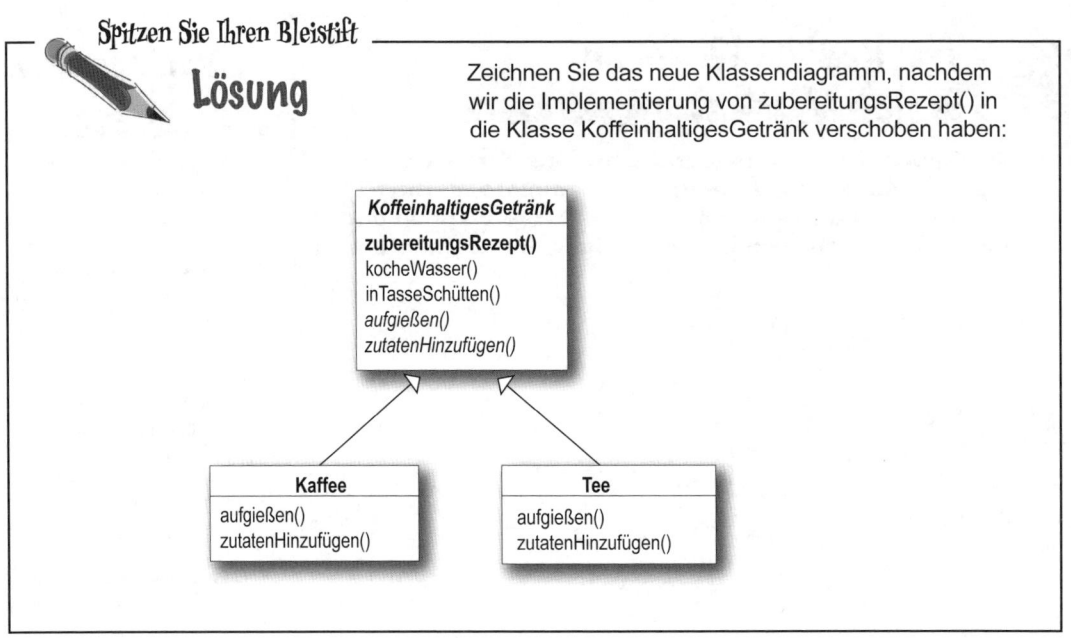

Wer macht was? — Lösung

Ordnen Sie jedem Muster die passende Beschreibung zu:

Muster	Beschreibung
Template Method	Kapselt austauschbare Verhalten und verwendet Delegierung, um zu entscheiden, welches Verhalten verwendet wird.
Strategy	Unterklassen entscheiden, wie die Schritte in einem Algorithmus implementiert werden.
Factory Method	Unterklassen entscheiden, welche konkreten Klassen erzeugt werden.

(Zuordnungen: Template Method ↔ mittlere Beschreibung; Strategy ↔ erste Beschreibung; Factory Method ↔ dritte Beschreibung)

Entwurfsmuster-Kreuzworträtsel, Lösung

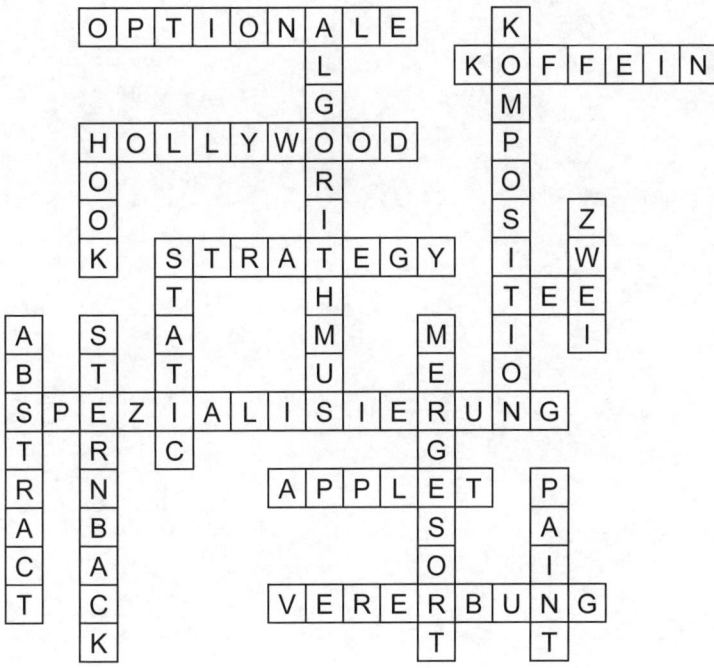

9 Die Iterator- und Composite-Muster
Erfolgreiche Kollektionen

Es gibt viele Möglichkeiten, Objekte in eine Sammlung zu packen.

Stecken Sie sie in ein Array-, Stack-, -List- oder Hashmap-Objekt. Sie haben die freie Auswahl. Und jede hat ihre Vor- und Nachteile. Aber irgendwann wird Ihr Client über diese Objekte iterieren wollen. Werden Sie ihm Ihre Implementierung zeigen, wenn er das tut? Wir hoffen ganz entschieden, dass Sie das nicht tun werden! Es wäre einfach nicht professionell. Sie müssen Ihre Karriere nicht riskieren. Sie werden sehen, wie Sie es Clients ermöglichen, über Ihre Objekt zu iterieren, ohne dass er je sieht, wie Sie Ihre Objekte speichern. Sie werden auch lernen, wie Sie Super Collections von Objekten pflegen, die mit einem einzigen Satz einige beeindruckende Datenstrukturen überspringen können. Und wenn Ihnen das immer noch nicht ausreicht, werden Sie außerdem ein oder zwei Dinge über Objektverantwortlichkeit lernen.

Große Neuigkeiten

Nachricht des Tages: Restaurant Objekthausen und Pfannkuchenhaus Objekthausen fusionieren

Das sind wunderbare Neuigkeiten! Jetzt können wir diese herrlichen Pfannkuchen-Frühstücke vom Pfannkuchenhaus und die leckeren Mittagessen vom Restaurant an einem Ort genießen. Aber es scheint da ein kleines Problem zu geben ...

Jupp: Sie möchten meine Pfannkuchenhaus-Speisekarte als Frühstücksspeisekarte verwenden und die des Restaurants als Mittagsspeisekarte. Wir haben uns auf eine Implementierung für die Elemente der Speisekarte geeinigt ...

Wim: ... können uns aber nicht darüber einigen, wie wir unsere Speisekarten implementieren wollen. Der Scherzkeks da hat eine ArrayList für die Elemente seiner Speisekarte verwendet. Aber ich habe ein Array verwendet. Keiner von uns möchte seine Implementierung ändern ... wir haben beide einfach zu viel Code geschrieben, der davon abhängig ist.

Sehen wir uns die Speisen an

Zumindest sind sich Jupp und Wim über die Implementierung der Speisen, die die Elemente der Speisekarten sind, einig. Sehen wir uns die Elemente auf den beiden Speisekarten an und werfen wir auch einen Blick auf die Implementierung.

Die Speisekarte des Restaurants enthält viele Elemente fürs Mittagessen, die des Pfannkuchenhauses besteht aus Dingen fürs Frühstück. Jedes Speisekarten-Element hat einen Namen, eine Beschreibung und einen Preis.

Restaurant Objekthausen

Vegetarisches Sandwich 2,99
(Falscher) Schinken mit ...
Vollkornbrot
Schinken-Sandwich 2,99
Schinken mit Salat & To...
Tagessuppe 3,29
Eine Schüssel Tagessup...
Beilage
Hot Dog 3,05
Ein Hot Dog mit Sauerk...
und Käse
Gedünstetes Gemüse auf ...
Verschiedene gedünst...

Pfannkuchenhaus Objekthausen

Pfannkuchen-Frühstück Spezial 2,99
Pfannkuchen mit Rührei und Toast
Pfannkuchen-Frühstück Normal 2,99
Pfannkuchen mit Spiegelei und Wurst
Blaubeerpfannkuchen 3,49
Pfannkuchen mit frischen Blaubeeren und Blaubeersirup
Waffeln 3,59
Waffeln mit Blaubeeren oder Erdbeeren

```java
public class Speise {
  String name;
  String beschreibung;
  boolean vegetarisch;
  double preis;

  public Speise(String name,
                String beschreibung,
                boolean vegetarisch,
                double preis)
  {
    this.name = name;
    this.beschreibung = beschreibung;
    this.vegetarisch = vegetarisch;
    this.preis = preis;
  }

  public String getName() {
    return name;
  }

  public String getBeschreibung() {
    return beschreibung;
  }

  public double getPreis() {
    return preis;
  }

  public boolean isVegetarisch() {
    return vegetarisch;
  }
  public String toString() {
    return (name + ", " + preis + " EUR \n    " + beschreibung);
  }
}
```

Eine Speise besteht aus einem Namen, einer Beschreibung, einem Schalter, der anzeigt, ob die Speise vegetarisch ist, und einem Preis. Sie übergeben all diese Werte an den Konstruktor, um die Speise zu initialisieren.

Diese Getter-Methoden ermöglichen Ihnen den Zugriff auf die Felder der Speisen.

Jupps und Wims Speisekarten-Implementierungen

Sehen wir uns jetzt an, worüber Jupp und Wim sich streiten. Sie haben viel Zeit und Code in die Art investiert, auf die sie ihre Speisen in einer Speisekarte speichern, und haben viel Code, der davon abhängig ist.

> Ich habe eine ArrayList verwendet. Damit kann ich mein Menü ganz einfach erweitern.

Hier ist Jupps Implementierung der Speisekarte des Pfannkuchenhauses.

```
public class PfannkuchenhausSpeisekarte {
  ArrayList speisen;

  public PfannkuchenhausSpeisekarte() {
    speisen = new ArrayList();

    speiseHinzufügen("Pfannkuchen-Frühstück Spezial",
      "Pfannkuchen mit Rührei und Toast",
      true,
      2.99);

    speiseHinzufügen("Pfannkuchen-Frühstück Normal",
      "Pfannkuchen mit Spiegelei und Wurst",
      false,
      2.99);

    speiseHinzufügen("Blaubeer-Pfannkuchen",
      "Pfannkuchen mit frischen Blaubeeren",
      true,
      3.49);

    speiseHinzufügen("Waffeln",
      "Waffeln mit Blaubeeren oder Erdbeeren",
      true,
      3.59);
  }

  public void speiseHinzufügen(String name, String beschreibung,
                   boolean vegetarisch, double preis)
  {
    Speise speise = new Speise(name, beschreibung, vegetarisch, preis);
    speisen.add(speise);
  }

  public ArrayList getSpeisen() {
    return speisen;
  }
  // hier andere Speisekarten-Methoden
}
```

Jupp verwendet eine ArrayList, um seine Speisen zu speichern.

Jede Speise wird hier im Konstruktor der ArrayList hinzugefügt.

Jede Speise hat einen Namen, eine Beschreibung, einen Schalter, der angibt, ob die Speise vegetarisch ist, und einen Preis.

Um eine Speise hinzuzufügen, erstellt Jupp ein neues Speise-Objekt und übergibt dabei die einzelnen Argumente. Dann fügt er es der ArrayList hinzu.

Die Methode getSpeisen() liefert eine Liste mit Speisen zurück.

Jupp hat noch jede Menge anderen Speisekarten-Code, der von der ArrayList-Implementierung abhängig ist. Er hat keine Lust, den ganzen Code neu schreiben zu müssen!

Die Iterator- und Composite-Muster

Ah! Eine ArrayList ... Ich habe ein ECHTES Array verwendet, damit ich die Maximalgröße meiner Speisekarte kontrollieren kann und ohne einen Cast an meine Speisen herankomme.

Und hier ist Wims Implementierung der Speisekarte des Restaurants.

Wim verwendet einen anderen Ansatz. Er verwendet ein Array, damit er die Maximalgröße der Speisekarte steuern kann und die Speisen abrufen kann, ohne seine Objekte casten zu müssen.

```java
public class RestaurantSpeisekarte {
  static final int MAX_SPEISEN = 6;
  int anzahlVonSpeisen = 0;
  Speise[] speisen;

  public RestaurantSpeisekarte() {
    speisen = new Speise[MAX_SPEISEN];

    speiseHinzufügen("Vegetarisches Sandwich",
      "(Falscher) Schinken mit Salat & Tomate auf Vollkornbrot", true, 2.99);
    speiseHinzufügen("Schinken-Sandwich",
      "Schinken mit Salat & Tomate auf Vollkornbrot", false, 2.99);
    speiseHinzufügen("Tagessuppe",
      "Tagessuppe, mit Kartoffelsalat als Beilage", false, 3.29);
    speiseHinzufügen("Hotdog",
      "Ein Hot Dog mit Sauerkraut, Gewürzen, Zwiebeln und Käse",
      false, 3.05);
    speiseHinzufügen("Gedünstetes Gemüse auf braunem Reis",
      "Verschiedene gedünstete Gemüse auf braunem Reis", true, 3.99);
    speiseHinzufügen("Pasta",
      "Spaghetti mit Marinara-Soße und einer Scheibe Ciabatta-Brot",
      true, 3.89);
  }

  public void speiseHinzufügen(String name, String beschreibung,
                      boolean vegetarisch, double preis)
  {
    Speise speise = new Speise(name, beschreibung, vegetarisch, preis);
    if (anzahlVonSpeisen >= MAX_SPEISEN) {
      System.err.println("Leider ist die Speisekarte schon voll!  Kann Speise nicht hinzufügen");
    } else {
      speisen[anzahlVonSpeisen] = speise;
      anzahlVonSpeisen = anzahlVonSpeisen + 1;
    }
  }

  public Speise[] getSpeisen() {
    return speisen;
  }
  // hier stehen andere Speisekarten-Methoden
}
```

Wie Jupp erstellt Wim seine Speisekarte im Konstruktor mithilfe der Hilfsmethode speiseHinzufügen().

speiseHinzufügen() nimmt alle Parameter, die notwendig sind, um eine Speise zu erzeugen, und instantiiert damit eine Speise. Die Methode prüft auch die Größe, um sicherzugehen, dass wir die maximale Größe für die Speisekarte noch nicht erreicht haben.

Wim möchte insbesondere die Größe seiner Speisekarte beschränken (wahrscheinlich, damit er sich nicht zu viele Rezepte merken muss).

getSpeisen() liefert ein Array mit Speisen zurück.

Wie Jupp hat auch Wim diversen weiteren Code, der davon abhängig ist, dass seine Speisekarte als ein Array implementiert ist. Er ist so sehr mit Kochen beschäftigt, dass er keine Zeit hat, das alles neu zu schreiben.

Java-basierte **Kellnerin**

Was ist das Problem, wenn man zwei verschiedene Speisekarten-Formen hat?

Wenn wir sehen möchten, warum es ein Problem ist, wenn man zwei verschiedene Speisekarten-Formen hat, sollten wir mal einen Client implementieren, der beide Speisekarten verwendet. Stellen Sie sich vor, Sie wären von dem neuen Unternehmen angestellt worden, das aus dem Zusammenschluss von Restaurant und Pfannkuchenhaus hervorgegangen ist, um eine Java-basierte Kellnerin zu schreiben (schließlich sind wir ja nun mal in Objekthausen). Die Spezifikation für die Java-basierte Kellnerin gibt an, dass sie auf Bestellung für den Kunden eine Speisekarte ausgeben kann und ihm sogar sagen kann, ob ein Gericht vegetarisch ist oder nicht – und das, ohne den Koch fragen zu müssen! Das ist doch mal eine Innovation!

Sehen wir uns jetzt die Spezifikation an und gehen wir die Schritte durch, die erforderlich sein könnten, um die Kellnerin zu implementieren …

Die Kellnerin kriegt Java-Power.

Die Spezifikation für die Java-aktive Kellnerin

```
Java-basierte Kellnerin: Kodename "Hedwig"

speisekarteAusgeben()
    - gibt alle Speisen auf der Speisekarte aus

frühstücksSpeisekarteAusgeben()
    - gibt nur die Frühstücksspeisen aus

mittagsSpeisekarteAusgeben()
    - gibt nur die Mittagsspeisen aus

vegetarischesMenüAusgeben()
    - gibt alle vegetarischen Speisen aus

isVegetarisch(name)
    - liefert zu einem Namen einer Speise true
      zurück, wenn die Speise vegetarisch ist,
      andernfalls false
```

Die Spezifikation für die Kellnerin.

Beginnen wir damit, dass wir die Schritte durchgehen, mit denen wir die Methode speisekarteAusgeben() implementieren würden:

① Wir müssen die Methoden getSpeisen() auf PfannkuchenhausSpeisekarte und auf RestaurantSpeisekarte aufrufen, um die jeweiligen Speisen abzurufen, wenn wir alle Speisen auf der Speisekarte ausgeben wollen. Beachten Sie, dass beide Methoden Objekte unterschiedlichen Typs zurückliefern:

```
PfannkuchenhausSpeisekarte pfannkuchenhausSpeisekarte =
   new PfannkuchenhausSpeisekarte();
ArrayList frühstücksSpeisen = pfannkuchenhausSpeisekarte.
   getSpeisen();

RestaurantSpeisekarten restaurantSpeisekarte =
   new RestaurantSpeisekarte();
Speisen[] mittagsSpeisen = RestaurantSpeisekarte.
   getSpeisen();
```

Die Methode sieht gleich aus, aber die Aufrufe liefern verschiedene Typen zurück.

Die Implementierung scheint durch: Die Frühstücksspeisen sind in einer ArrayList, die Mittagsspeisen in einem Array.

② Um die Speisen von der PfannkuchenhausSpeisekarte auszugeben, durchlaufen wir die Elemente in der ArrayList frühstücksSpeisen. Und um die Speisen des Restaurants auszugeben, durchlaufen wir das Array.

```
for (int i = 0; i < frühstücksSpeisen.size(); i++) {
   Speise speise= (Speise)frühstücksSpeisen.get(i);
   System.out.print(speise.getName() + " ");
   System.out.println(speise.getPreis() + " ");
   System.out.println(speise.getBeschreibung());
}
for (int i = 0; i < restaurantSpeisen.length; i++) {
   Speise speise = abendSpeisen[i];
   System.out.print(speise.getName() + " ");
   System.out.println(speise.getPreis() + " ");
   System.out.println(speise.getBeschreibung());
}
```

Jetzt müssen wir zwei unterschiedliche Schleifen implementieren, um die beiden Implementierungen zu durchlaufen ...

... eine Schleife für die ArrayList ...

... und eine andere für das Array.

③ Die Implementierung der anderen Methoden der Kellnerin werden eine Variation dieses Themas sein. Wir werden immer beide Speisekarten und zwei Schleifen brauchen, um all ihre Elemente zu durchlaufen. Wenn ein weiteres Restaurant mit einer anderen Implementierung erworben würde, müssten wir *drei* Schleifen durchlaufen.

Was ist das Ziel?

> **Spitzen Sie Ihren Bleistift**
>
> Welche der folgenden Antworten treffen auf unsere Implementierung der Methode speisekarteAusgeben() zu?
>
> ❏ A. Wir schreiben den Code gegen die konkreten Implementierungen PfannkuchenhausSpeisekarte und RestaurantSpeisekarte, nicht gegen eine Schnittstelle.
>
> ❏ B. Die Kellnerin implementiert die Java-Kellnerin-API nicht und befolgt deshalb den Standard nicht.
>
> ❏ C. Wenn wir uns entschließen würden, von der MittagessenSpeisekarte zu einem anderen Typ von Speisekarte zu wechseln, die ihre Speiseliste mit einer Hashtable implementiert, müssten wir in der Kellnerin eine Menge Code ändern.
>
> ❏ D. Die Kellnerin muss wissen, wie die einzelnen Speisekarten ihre internen Collections von Speisen verwalten. Das verletzt die Kapselung.
>
> ❏ E. Wir haben doppelten Code: Die Methode speisekarteAusgeben() benötigt zwei verschiedene Schleifen, um die unterschiedlichen Typen von Speisekarten zu durchlaufen. Und wenn wir einen dritten Typ von Speisekarte hinzufügen würden, hätten wir noch eine weitere Schleife.
>
> ❏ F. Die Implementierung basiert nicht auf SXML (Speisekarten-XML) und ist nicht so vollständig kompatibel, wie sie sein sollte.

Was jetzt?

Wim und Jupp bringen uns eine in schwierige Situation. Sie möchten ihre Implementierungen nicht ändern, weil das heißen würde, dass sie eine Menge Code neu schreiben müssten, den ihre jeweiligen Speisekarten-Klassen enthalten. Aber wenn keiner von beiden nachgibt, haben wir die Aufgabe, eine Kellnerin zu implementieren, die schwer zu warten und zu erweitern ist.

Es wäre wirklich nett, wenn wir eine Möglichkeit fänden, die es ihnen ermöglicht, die gleiche Schnittstelle für ihre Speisekarten zu implementieren (sieht man vom Typ des Rückgabewerts der Methode getSpeisen() ab, sind sie sich bereits sehr ähnlich). Auf diese Weise könnten wir die konkreten Referenzen im Kellnerin-Code minimieren und vielleicht die diversen Schleifen loswerden, die erforderlich sind, um die beiden Speisekarten zu durchlaufen.

Klingt gut, oder? Aber wie erreichen wir das?

Die Iterator- und Composite-Muster

> Moment! Machen Sie das nicht viel komplizierter, als es sein müsste? Wenn wir eine foreach-Schleife nutzen, ist der Schleifenablauf bei beiden Speisekarten gleich.

Ja, mit foreach könnten wir die Komplexität der verschiedenen Arten von Iterationen verbergen. Aber das löst das eigentliche Problem nicht: Wir haben hier zwei unterschiedliche Implementierungen von Speisekarten, und die Kellnerin muss wissen, wie beide Arten implementiert sind. Eigentlich gehört das nicht zu den Aufgaben der Kellnerin. Sie soll sich darauf konzentrieren, eine Kellnerin zu sein, und sollte sich *überhaupt* keine Gedanken über die Menüs machen müssen.

Auch wenn wir für das Durchlaufen der Speisekarten foreach-Schleifen nutzen, muss die Kellnerin immer noch beide Arten von Speisekarten kennen.

```
PfannkuchenhausSpeisekarte pfannkuchenhausSpeisekarte =
    new PfannkuchenhausSpeisekarte();
ArrayList frühstücksSpeisen = pfannkuchenhausSpeisekarte.
    getSpeisen();
RestaurantSpeisekarten restaurantSpeisekarte =
    new RestaurantSpeisekarte();
Speisen[] mittagsSpeisen = RestaurantSpeisekarte.
    getSpeisen();

for (Speise speise : frühstücksSpeisen) {
    System.out.print(speise.getName() + " ");
    System.out.println("\t\t" + speise.getPreis());
    System.out.println("\t" + speise.getBeschreibung());
}
for (Speise speise : mittagsSpeisen) {
    System.out.print(speise.getName() + " ");
    System.out.println("\t\t" + speise.getPreis());
    System.out.println("\t" + speise.getBeschreibung());
}
```

Unser Ziel ist es, die Kellnerin vollständig von den konkreten Implementierungen der Speisekarten zu entkoppeln. Warten Sie also einen Augenblick, und Sie werden erfahren, dass es eine bessere Möglichkeit dafür gibt.

Sie sind hier ▶ **331**

Die Iteration kapseln

Können wir die Iteration kapseln?

Wenn wir in diesem Buch bisher irgendetwas gelernt haben, dann, dass wir das kapseln sollen, was sich ändert. Was sich hier ändert, ist ganz offensichtlich: die Iteration. Und der Grund dafür sind die unterschiedlichen Collections mit Objekten, die von den Speisekarten zurückgeliefert werden. Aber können wir das kapseln? Nehmen wir die Idee mal in die Mangel ...

❶ Um über die Elemente der Frühstücksspeisekarte zu iterieren, verwenden wir die Methoden size() und get() von ArrayList:

```
for (int i = 0; i < frühstücksSpeisen.size(); i++) {
  Speise speise= frühstücksSpeisen.get(i);
}
```

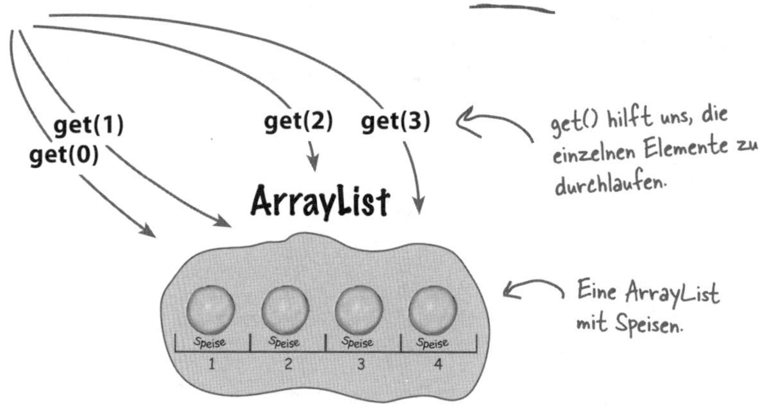

get(1) get(2) get(3) ← get() hilft uns, die einzelnen Elemente zu
get(0)   durchlaufen.

ArrayList

← Eine ArrayList mit Speisen.

❷ Um über die Mittagsspeisen zu iterieren, verwenden wir das length-Feld von Array und Array-Indizes auf dem Array mit den Speisen:

```
for (int i = 0; i < mittagsSpeisen.length; i++) {
  Speisen speise = mittagsSpeisen[i];
}
```

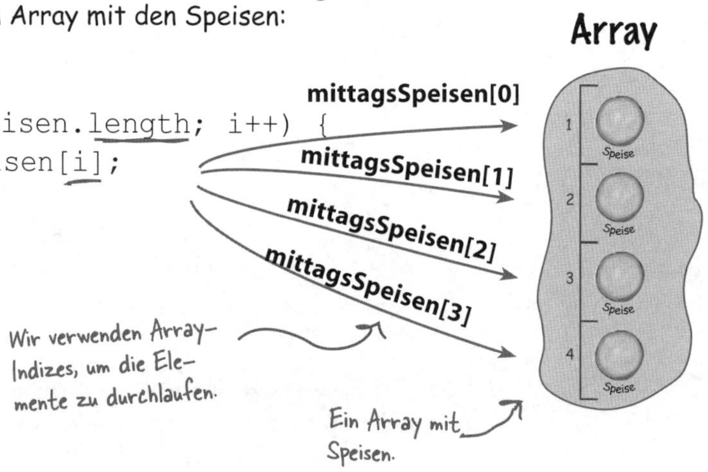

mittagsSpeisen[0]
mittagsSpeisen[1]
mittagsSpeisen[2]
mittagsSpeisen[3]

Array

Wir verwenden Array-Indizes, um die Elemente zu durchlaufen.

Ein Array mit Speisen.

332   Kapitel 9

Die Iterator- und Composite-Muster

❸ Und was wäre, wenn wir jetzt ein Objekt erzeugen – nennen wir es einfach mal einen Iterator –, das die Art und Weise kapselt, auf der wir über eine Collection von Objekten iterieren? Testen wir das mal auf der ArrayList:

Wir bitten frühstücksSpeisekarte um einen Iterator für seine Speisen.

```
Iterator iterator = frühstücksSpeisekarte.erstelleIterator();

while (iterator.hasNext()) {
    Speise speise = iterator.next();
}
```

← *Und solange es weitere Elemente gibt...*

... erhalten wir das nächste Element.

Der Client ruft einfach nur hasNext() und next() auf. Im Hintergrund ruft der Iterator get() auf der ArrayList auf.

❹ Testen wir das auch auf dem Array:

```
Iterator iterator = mittagsSpeisekarte.erstelleIterator();

while (iterator.hasNext()) {
    Speise speise = iterator.next();
}
```

Wow. Der Code stimmt genau mit dem für frühstücksSpeisekarte überein.

Und hier genauso: Der Client ruft einfach nur hasNext() und next() auf. Im Hintergrund verwendet der Iterator einen Index in das Array.

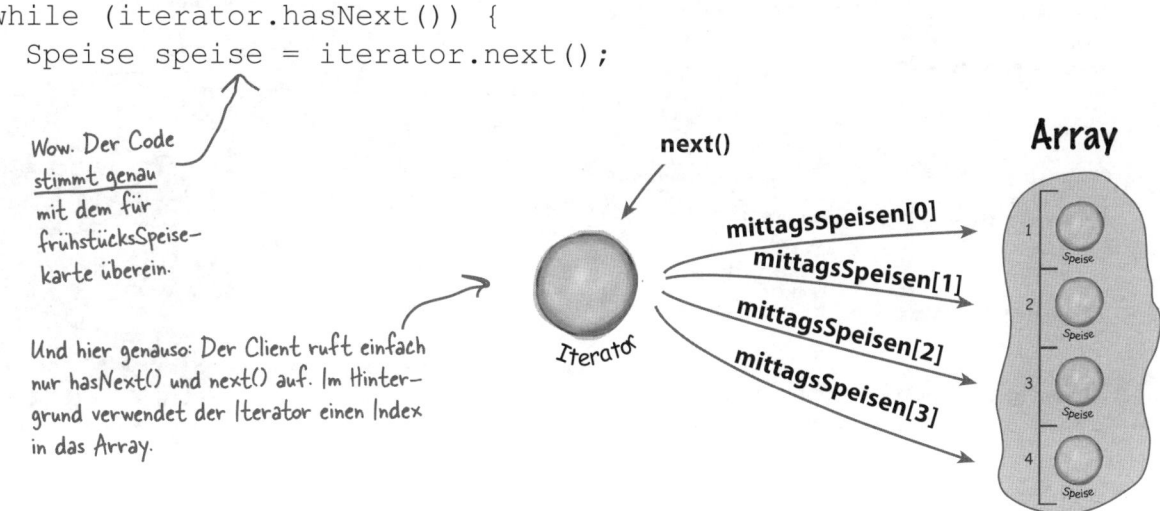

Sie sind hier ▸ 333

Darf ich vorstellen: das Iterator-Muster

Das sieht ja fast so aus, als würde unser Plan, die Iteration zu kapseln, tatsächlich funktionieren. Und wie Sie sich sicher bereits gedacht haben, ist das ein Entwurfsmuster, das nun auch das Iterator-Muster genannt wird.

Das Erste, das Sie über das Iterator-Muster wissen müssen, ist, dass es sich auf eine Schnittstelle stützt, die Iterator heißt. Hier ist eine mögliche Form für ein Iterator-Interface:

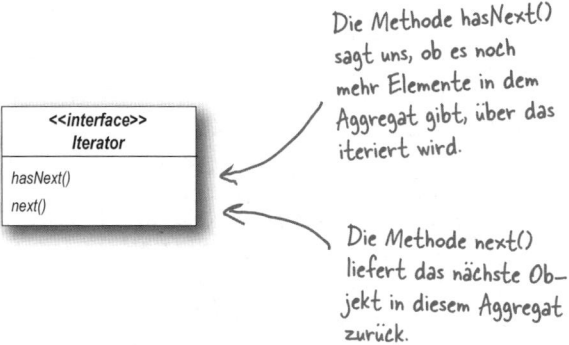

Die Methode hasNext() sagt uns, ob es noch mehr Elemente in dem Aggregat gibt, über das iteriert wird.

Die Methode next() liefert das nächste Objekt in diesem Aggregat zurück.

Wenn wir einmal diese Schnittstelle haben, können wir Iteratoren für beliebige Collections von Objekten implementieren: Arrays, Lists, Hashtables ... wählen Sie einfach Ihre Lieblings-Collection für Objekte aus. Nehmen wir an, wir möchten einen Iterator für das Array implementieren, der in RestaurantSpeisekarte verwendet wird. Er würde so aussehen:

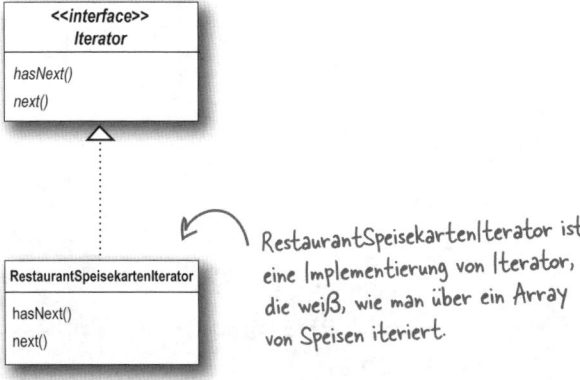

RestaurantSpeisekartenIterator ist eine Implementierung von Iterator, die weiß, wie man über ein Array von Speisen iteriert.

> Wenn wir von COLLECTION sprechen, meinen wir einfach nur eine Sammlung von Objekten. Javas Collection-API hat die Begriffsverwendung hier so sehr vereinnahmt, dass man das gute deutsche Wort »Sammlung« einfach kaum noch verwenden kann, und »Kollektionen« sind ja wieder etwas anderes. Collections können in noch so unterschiedlichen Datenstrukturen wie Lists, Arrays oder Hashmaps gespeichert sein – es bleiben Collections. Um uns aus dem Begriffsschlamassel herauszuhelfen, bezeichnen wir sie manchmal auch als AGGREGATE.

Na, dann machen wir mal weiter, implementieren den Iterator und stöpseln ihn in RestaurantSpeisekarte ein, um zu sehen, wie das läuft ...

Der RestaurantSpeisekarte einen Iterator hinzufügen

Um der RestaurantSpeisekarte einen Iterator hinzufügen zu können, müssen wir erst einmal ein Iterator-Interface definieren:

Hier sind unsere beiden Methoden:

Die Methode hasNext() liefert einen Booleschen Wert zurück, der anzeigt, ob es noch mehr zu durchlaufende Elemente gibt oder nicht ...

```
public interface Iterator {
    boolean hasNext();
    Speise next();
}
```

... und die Methode next() liefert das nächste Element zurück.

Und jetzt müssen wir einen konkreten Iterator implementieren, der für die Restaurant-Speisekarte funktioniert:

Wir implementieren das Interface Iterator.

position hält die aktuelle Position der Iteration über das Array fest.

```
public class RestaurantSpeisekartenIterator implements Iterator {
  Speise[] elemente;
  int position = 0;

  public RestaurantSpeisekartenIterator(Speise[] elemente) {
    this.elemente = elemente;
  }

  public Speise next() {
    Speise speise = elemente[position];
    position = position + 1;
    return speise;
  }

  public boolean hasNext() {
    if (position >= elemente.length || elemente[position] == null) {
      return false;
    } else {
      return true;
    }
  }
}
```

Der Konstruktor nimmt das Array mit Speisen entgegen, über das wir iterieren möchten.

Die Methode next() liefert das nächste Element im Array zurück und inkrementiert die Position.

Die Methode hasNext() prüft, ob wir alle Elemente in dem Array gesehen haben, und liefert true zurück, wenn es noch mehr zu durchlaufende Elemente gibt.

Weil der Chef des Restaurants noch einen Schritt weitergegangen ist und die maximale Größe des Arrays festgelegt hat, müssen wir nicht nur prüfen, ob wir das Ende des Arrays erreicht haben, sondern auch, ob das nächste Element null ist. Das würde anzeigen, dass es keine weiteren Elemente gibt.

Sie sind hier ▶ 335

Den Iterator verwenden

Die Restaurant-Speisekarte mit dem Iterator überarbeiten

Gut, jetzt haben wir den Iterator. Zeit, ihn in die RestaurantSpeisekarte einzubauen. Dazu müssen wir nur eine Methode einbauen, um den RestaurantSpeisekartenIterator zu erzeugen und an den Client zurückzuliefern:

```
public class RestaurantSpeisekarte implements Speisekarte {
  static final int MAX_SPEISEN = 6;
  int anzahlVonSpeisen = 0;
  Speise[] speisen;

  // hier steht der Konstruktor

  // hier steht Speisen hinzufügen

  public Speise[] getSpeisen() {
    return speisen;
  }

  public Iterator erstelleIterator() {
    return new RestaurantSpeisekartenIterator(speisen);
  }

  // weitere Speisekarten-Methoden
}
```

Die Methode getSpeisen() brauchen wir nicht mehr. Und eigentlich wollen wir sie auch nicht mehr, weil sie unsere interne Implementierung entblößt!

Hier ist die Methode erstelleIterator(). Sie erzeugt den RestaurantSpeisekartenIterator auf dem Array speisen und liefert ihn an den Client zurück.

Wir liefern ein Objekt des Iteratortyps zurück. Der Client muss nicht wissen, wie die Speisen in der RestaurantSpeisekarte verwaltet werden. Und er muss auch nicht wissen, wie der RestaurantSpeisekartenIterator implementiert ist. Er muss den Iterator nur verwenden, um die Elemente der Speisekarte zu durchlaufen.

Übung

Fahren Sie fort und implementieren Sie den PfannkuchenhausIterator selbst. Nehmen Sie die Änderungen vor, die erforderlich sind, um ihn in die PfannkuchenhausSpeisekarte zu integrieren.

Den Kellnerin-Code aufmöbeln

Jetzt müssen wir den Iterator-Code in die Kellnerin integrieren. Dabei sollte es uns gelingen, einige der Redundanzen loszuwerden. Die Integration ist ziemlich problemlos: Erst erstellen wir eine speisekarteAusgeben()-Methode, die einen Iterator als Argument erwartet, dann verwenden wir für jede Speisekarte die Methode getIterator(), um den Iterator abzurufen, und übergeben ihn der neuen Methode.

Neu und mit Iterator verbessert.

```java
public class Kellnerin {
    PfannkuchenhausSpeisekarte pfannkuchenhausSpeisekarte;
    RestaurantSpeisekarte restaurantSpeisekarte;

    public Kellnerin(PfannkuchenhausSpeisekarte pfannkuchenhausSpeisekarte,
            RestaurantSpeisekarte restaurantSpeisekarte) {
        this.pfannkuchenhausSpeisekarte = pfannkuchenhausSpeisekarte;
        this.restaurantSpeisekarte = restaurantSpeisekarte;
    }

    public void speisekarteAusgeben() {
        Iterator pfannkuchenIterator = pfannkuchenhausSpeisekarte.erstelleIterator();
        Iterator restaurantIterator = restaurantSpeisekarte.erstelleIterator();
        System.out.println("SPEISEKARTE\n----\nFRÜHSTÜCK");
        speisekarteAusgeben(pfannkuchenIterator);
        System.out.println("\nABENDESSEN");
        speisekarteAusgeben(restaurantIterator);
    }

    private void speisekarteAusgeben(Iterator iterator) {
        while (iterator.hasNext()) {
            Speise speise = iterator.next();
            System.out.print(speise.getName() + ", ");
            System.out.print(speise.getPreis() + " -- ");
            System.out.println(speise.getBeschreibung());
        }
    }

    // weitere Methoden
}
```

Im Konstruktor erwartet die Kellnerin die beiden Speisekarten.

Die Methode speisekarteAusgeben() erstellt jetzt zwei Iteratoren, einen für jede Speisekarte.

Und dann ruft sie für jeden Iterator die überladene speisekarteAusgeben()-Methode auf.

Prüfen, ob es noch mehr Elemente gibt.

Das nächste Element abrufen.

Die überladene Methode speisekarteAusgeben() setzt den Iterator ein, um die Speisekartenkomponeneten zu durchlaufen und auszugeben.

Beachten Sie, dass wir jetzt nur noch eine Schleife benötigen.

Das Element wird verwendet, um Name, Preis und Beschreibung abzurufen und auszugeben.

Iterator-Test

Unseren Code testen

Jetzt ist es Zeit, alles einem Test zu unterziehen. Schreiben wir etwas Code für den Testlauf und schauen wir uns an, wie die Kellnerin funktioniert ...

```
public class SpeisekartenTestlauf {
  public static void main(String args[]) {
    PfannkuchenhausSpeisekarte pfannkuchenhausSpeisekarte =
                new PfannkuchenhausSpeisekarte();
    RestaurantSpeisekarte restaurantSpeisekarte = new RestaurantSpeisekarte();

    Kellnerin kellnerin = new Kellnerin(pfannkuchenhausSpeisekarte,
                restaurantSpeisekarte);

    kellnerin.speisekarteAusgeben();
  }
}
```

Erst erzeugen wir die Speisekarten.

Dann erzeugen wir eine Kellnerin und übergeben ihr die Speisekarten.

Dann geben wir diese aus.

Hier ist der Testlauf

```
Datei Bearbeiten Fenster Hilfe GrüneEier&Schinken
% java SpeisekartenTestlauf
SPEISEKARTE
----
FRÜHSTÜCK
Pfannkuchen-Frühstück Spezial, 2.99 -- Pfannkuchen mit Rührei und Toast
Pfannkuchen-Frühstück Normal, 2.99 -- Pfannkuchen mit Spiegelei und Wurst
Blaubeerpfannkuchen, 3.49 -- Pfannkuchen mit frischen Blaubeeren
Waffeln, 3.59 -- Waffeln mit Blaubeeren oder Erdbeeren

MITTAGESSEN
Vegetarisches Sandwich, 2.99 -- (Falscher) Schinken mit Salat & Tomate
          auf Vollkornbrot
Schinken-Sandwich, 2.99 -- Schinken mit Salat & Tomate auf Vollkornbrot
Tagessuppe, 3.29 -- Tagessuppe mit Kartoffelsalat als Beilage
Hot Dog, 3.05 -- Ein Hot Dog mit Sauerkraut, Gewürzen, Zwiebeln und Käse
Gedünstetes Gemüse auf braunem Reis, 3.99 -- Verschiedene gedünstete Gemüse
          auf braunem Reis
Pasta, 3.89 -- Spaghetti mit Marinara-Soße und einer Scheibe Ciabatta-Brot
%
```

Erst iterieren wir über die Pfannkuchen-Speisekarte.

Und dann über die Mittagessen-Speisekarte – und das alles mit dem gleichen Iterationscode.

Was wir gemacht haben

Zunächst einmal haben wir unsere Objekthausener Köche sehr glücklich gemacht. Sie haben ihren Streit beigelegt und jeweils die eigenen Implementierungen beibehalten. Dadurch, dass wir ihnen einen PfannkuchenhausSpeisekartenIterator und einen RestaurantSpeisekartenIterator gegeben haben, mussten sie nur die Methode erstelleIterator() ergänzen, und schon waren sie fertig.

Aber dabei haben wir auch uns selbst geholfen. Die Kellnerin ist jetzt viel einfacher zu warten oder später zu erweitern. Sehen wir uns einmal genau an, was wir gemacht haben, und denken wir dann über die Konsequenzen nach:

Wahnsinn! Überhaupt keine Änderungen am Code. Nur die Methode erstelleIterator() musste hinzugefügt werden.

Vegetarischer Burger

Implementierung mit schwer zu wartender Kellnerin

Die Speisekarten sind nicht gut gekapselt. Wir können sehen, dass das Restaurant eine ArrayList verwendet und das Pfannkuchenhaus ein Array.

Wir brauchen zwei Schleifen, um die Speisen zu durchlaufen.

Die Kellnerin ist an die konkreten Klassen gebunden (Speisen[] und ArrayList).

Die Kellnerin ist an zwei unterschiedliche Speisekarten-Klassen gekoppelt, auch wenn deren Schnittstellen fast identisch sind.

Neue, leistungsfähige, Iterator-befeuerte Kellnerin

Die Speisekarten-Implementierung ist jetzt gekapselt. Die Kellnerin hat keine Ahnung, wie die Speisekarten ihre Collections mit Speisen vorhalten.

Wir benötigen nur eine einzige Schleife, die über Polymorphie mit jeder beliebigen Collection von Elementen arbeitet, wenn diese Iterator implementiert.

Die Kellnerin verwendet jetzt eine Schnittstelle (Iterator).

Die Speisekarten-Schnittstellen sind jetzt vollkommen identisch und ... ooh! Ein gemeinsames Interface haben wir allerdings immer noch nicht. Das heißt natürlich, dass die Kellnerin immer noch an zwei konkrete Speisekarten-Klassen gekoppelt ist. Das sollten wir besser reparieren.

Sie sind hier ▶

Iterator-Überblick

Was wir bisher haben ...

Bevor wir noch etwas aufräumen, sollten wir uns unser aktuelles Design mal aus der Distanz ansehen.

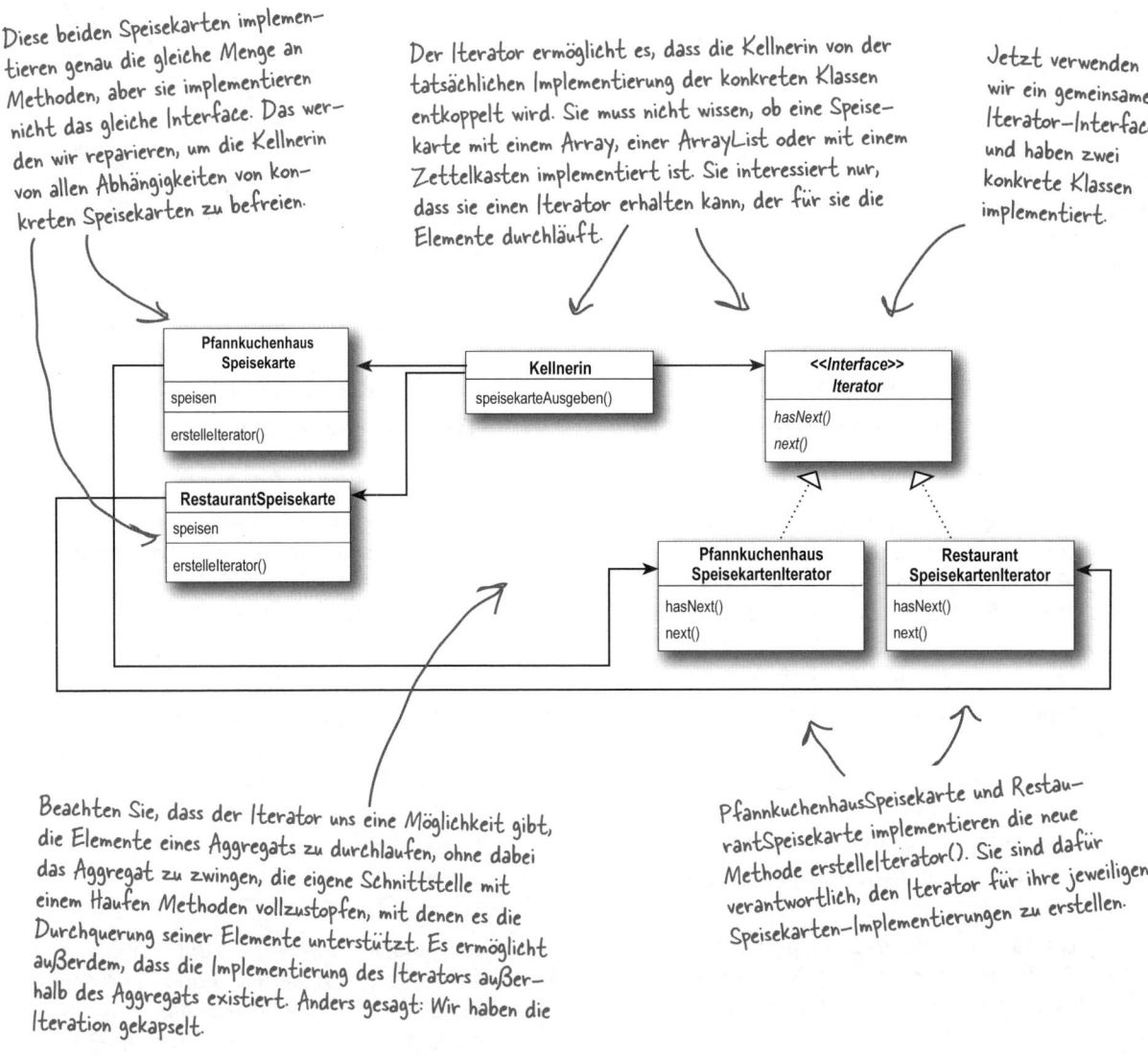

Ein paar Verbesserungen vornehmen...

So. Wir wissen jetzt, dass die Schnittstellen von PfannkuchenhausSpeisekarte und RestaurantSpeisekarte vollkommen identisch sind, obwohl wir noch keine gemeinsame Schnittstelle für sie definiert haben. Das werden wir also jetzt tun, um die Kellnerin etwas zu säubern.

Vielleicht wundern Sie sich, dass wir nicht Javas Iterator-Interface verwendet haben – das haben wir vermieden, um Ihnen zu zeigen, wie man einen Iterator aus dem Nichts stampft. Da dieses Ziel jetzt erreicht ist, werden wir nun dazu übergehen, Javas Iterator-Interface zu verwenden, weil es uns ziemlich große Macht gibt, wenn wir dieses statt unseres selbst gebastelten Iterator-Interface verwenden. Was für eine Macht? Das werden Sie bald erleben.

Sehen wir uns erst das Interface java.util.Iterator an:

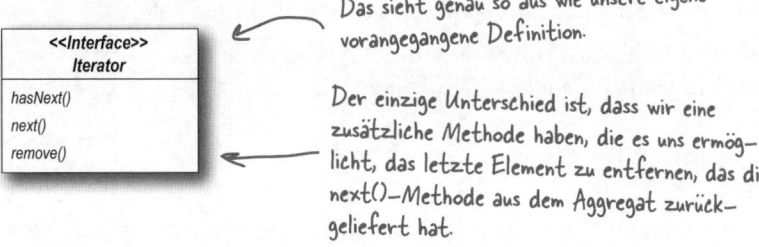

Das sieht genau so aus wie unsere eigene vorangegangene Definition.

Der einzige Unterschied ist, dass wir eine zusätzliche Methode haben, die es uns ermöglicht, das letzte Element zu entfernen, das die next()-Methode aus dem Aggregat zurückgeliefert hat.

Das wird ein Kinderspiel: Wir müssen einfach nur die Schnittstelle ändern, die Pfannkuchenhaus-Speisekarte und RestaurantSpeisekarte erweitern, oder? Fast ... eigentlich ist es sogar noch einfacher. java.util liefert nicht nur ein eigenes Iterator-Interface, ArrayList besitzt auch noch eine iterator()-Methode, die einen Iterator zurückliefert. Anders gesagt: Für ArrayList hätten wir nie einen eigenen Iterator implementieren müssen. Unsere Implementierung für RestaurantSpeisekarte benötigen wir allerdings immer noch, weil diese Klasse sich auf ein Array stützt und das Array keine iterator()-Methode unterstützt (und auch keine andere Möglichkeit bietet, einen Array-Iterator zu erzeugen).

Es gibt keine Dummen Fragen

F: Und was ist, wenn ich die Fähigkeit, etwas aus der zugrunde liegenden Collection von Objekten zu entfernen, nicht unterstützen möchte?

A: Die Methode remove() wird als optional betrachtet. Sie müssen die Funktionalität zum Entfernen nicht zur Verfügung stellen. Aber natürlich müssen Sie die Methode definieren, weil sie ein Bestandteil des Interface Iterator ist. Wenn Sie remove() in Ihrem Iterator nicht erlauben wollen, sollten Sie wahrscheinlich die Laufzeit-Exception java.lang.UnsupportedOperationException auslösen.

Die Dokumentation der Iterator-API gibt an, dass diese Exception von remove() geworfen werden kann und dass jeder Client, der sich wie ein braver Bürger verhält, das Auftreten dieser Exception prüft, wenn er die Methode remove() aufruft.

F: Wie verhält sich remove() bei mehreren Threads, die eventuell verschiedene Iteratoren auf der gleichen Collection von Objekten verwenden?

A: Die Spezifikation hält nicht fest, wie sich remove() verhält, wenn sich die Collection ändert, während Sie über sie iterieren. Deswegen sollten Sie beim Entwurf von Code mit mehreren Threads vorsichtig sein, wenn Sie auf eine Collection nebenläufig zugreifen.

Iteratoren verwenden

Mit java.util.Iterator sauber machen

Beginnen wir mit der PfannkuchenhausSpeisekarte. Es ist nicht kompliziert, diese zu java.util.Iterator zu versetzen. Wir löschen einfach die Klasse PfannkuchenhausSpeisekartenIterator, fügen über PfannkuchenhausSpeisekarte den Import von java.util.Iterator hinzu und ändern eine Zeile von PfannkuchenhausSpeisekarte:

```
public Iterator<Speise> erstelleIterator() {
  return speisen.iterator();
}
```

Anstatt unseren eigenen Iterator zu erstellen, rufen wir einfach die iterator()-Methode der ArrayList speisen auf.

Und damit sind wir fertig mit unserer PfannkuchenhausSpeisekarte.

Jetzt müssen wir die Änderungen vornehmen, die es ermöglichen, dass RestaurantSpeisekarte mit java.util.Iterator arbeitet.

```
import java.util.Iterator;
```

Erst importieren wir java.util.Iterator, das Interface, das wir implementieren werden.

```
public class RestaurantSpeisekartenIterator implements Iterator<Speise> {
  Speise[] liste;
  int position = 0;

  public RestaurantSpeisekartenIterator(Speise[] liste) {
    this.liste = liste;
  }

  public Speise next() {
    // next()-Implementierung
  }

  public boolean hasNext() {
    // hasNext()-Implementierung
  }

  public void remove() {
    if (position <= 0) {
      throw new IllegalStateException
        ("Es kann kein Element entfernt werden, bevor Sie nicht mindestens einmal
          next() aufgerufen haben");
    }
    if (liste[position-1] != null) {
      for (int i = position-1; i < (liste.length-1); i++) {
        liste[i] = liste[i+1];
      }
      liste[liste.length-1] = null;
    }
  }
}
```

Keine Änderungen an unserer aktuellen Implementierung ...

... aber wir müssen remove() implementieren. Weil der Restaurantkoch ein Array fester Größe verwendet hat, verschieben wir hier einfach alle Elemente um eine Position nach oben, wenn remove() aufgerufen wird.

Wir haben es fast geschafft ...

Wir müssen den Speisekarten nur noch eine einheitliche Schnittstelle geben und die Kellnerin etwas überarbeiten. Das Interface Speisekarte ist ziemlich einfach: Vielleicht möchten wir ihm später noch ein paar mehr Methoden wie elementHinzufügen() beigeben, aber jetzt lassen wir erst einmal die Köche ihre Speisekarten kontrollieren, indem wir diese Methode aus der öffentlichen Schnittstelle heraushalten:

```java
public interface Speisekarte {
  public Iterator erstelleIterator();
}
```

← *Das ist ein einfaches Interface, das den Clients nur ermöglicht, einen Iterator für die Speisen auf der Speisekarte zu erhalten.*

Jetzt müssen wir den Definitionen von PfannkuchenhausSpeisekarte und RestaurantSpeisekarte nur noch `implements Speisekarte` hinzufügen und die Kellnerin aktualisieren:

```java
import java.util.Iterator;
```
← *Jetzt verwendet auch die Kellnerin java.util.Iterator.*

```java
public class Kellnerin {
  Speisekarte pfannkuchenhausSpeisekarte;
  Speisekarte restaurantSpeisekarte;

  public Kellnerin(Speisekarte pfannkuchenhausSpeisekarte,
                   Speisekarte restaurantSpeisekarte) {
    this.pfannkuchenhausSpeisekarte = pfannkuchenhausSpeisekarte;
    this.restaurantSpeisekarte = restaurantSpeisekarte;
  }

  public void speisekarteAusgeben() {
    Iterator<Speise> pfannkuchenIterator = pfannkuchenhausSpeisekarte.erstelleIterator();
    Iterator<Speise> restaurantIterator = restaurantSpeisekarte.erstelleIterator();
    System.out.println("SPEISEKARTE\n----\nFRÜHSTÜCK");
    speisekarteAusgeben(pfannkuchenIterator);
    System.out.println("\nMITTAGESSEN");
    speisekarteAusgeben(restaurantIterator);
  }

  private void speisekarteAusgeben(Iterator iterator) {
    while (iterator.hasNext()) {
      Speise speise = iterator.next();
      System.out.print(speise.getName() + ", ");
      System.out.print(speise.getPreis() + " -- ");
      System.out.println(speise.getBeschreibung());
    }
  }
  // hier folgen noch weitere Methoden
}
```

Wir müssen die konkreten Speisekarten-Klassen durch das Interface Speisekarte ersetzen.

Hier ändert sich nichts.

Was uns die Verwendung des Iterator-Musters bringt

Was bringt uns das?

Die Klassen PfannkuchenhausSpeisekarte und RestaurantSpeisekarte implementieren das Interface Speisekarte. Die Kellnerin kann auf beide Speisekarten-Objekte verweisen, anstatt die konkreten Klassen zu verwenden. Wir reduzieren also die Abhängigkeiten zwischen der Kellnerin und den konkreten Klassen, indem wir »auf eine Schnittstelle statt auf eine Implementierung programmieren«.

Das löst das Problem, dass die Kellnerin von den konkreten Speisekarten abhängig war.

Das neue Interface Speisekarte hat eine Methode, erstelleIterator(), die von PfannkuchenhausSpeisekarte und RestaurantSpeisekarte implementiert wird. Jede Speisekarten-Klasse übernimmt die Verantwortung, einen Iterator zu erzeugen, der für seine interne Implementierung der Speisen geeignet ist.

Das löst das Problem, dass die Kellnerin von den Implementierungen der Speisen abhängig war.

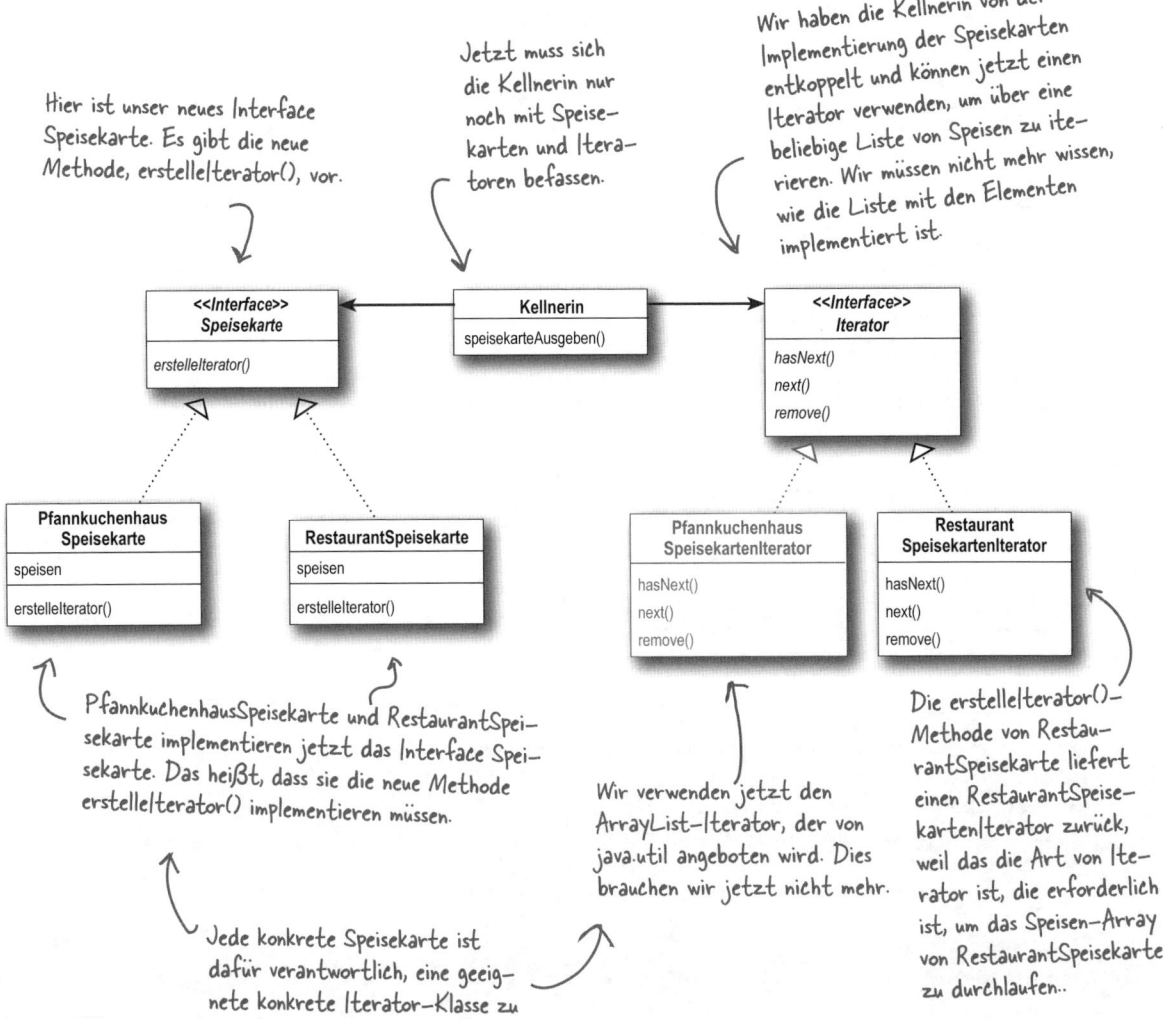

Hier ist unser neues Interface Speisekarte. Es gibt die neue Methode, erstelleIterator(), vor.

Jetzt muss sich die Kellnerin nur noch mit Speisekarten und Iteratoren befassen.

Wir haben die Kellnerin von der Implementierung der Speisekarten entkoppelt und können jetzt einen Iterator verwenden, um über eine beliebige Liste von Speisen zu iterieren. Wir müssen nicht mehr wissen, wie die Liste mit den Elementen implementiert ist.

PfannkuchenhausSpeisekarte und RestaurantSpeisekarte implementieren jetzt das Interface Speisekarte. Das heißt, dass sie die neue Methode erstelleIterator() implementieren müssen.

Wir verwenden jetzt den ArrayList-Iterator, der von java.util angeboten wird. Dies brauchen wir jetzt nicht mehr.

Die erstelleIterator()-Methode von RestaurantSpeisekarte liefert einen RestaurantSpeisekartenIterator zurück, weil das die Art von Iterator ist, die erforderlich ist, um das Speisen-Array von RestaurantSpeisekarte zu durchlaufen.

Jede konkrete Speisekarte ist dafür verantwortlich, eine geeignete konkrete Iterator-Klasse zu erstellen.

Die Definition des Iterator-Musters

Sie haben bereits gesehen, wie man das Iterator-Muster mit einem eigenen Iterator implementiert. Sie haben auch gesehen, wie Java Iteratoren in einigen seiner Collection-orientierten Klassen (der ArrayList) unterstützt. Jetzt ist es an der Zeit, dass wir uns die offizielle Definition des Musters ansehen:

> **Das Iterator-Muster** bietet eine Möglichkeit, auf die Elemente in einem Aggregat-Objekt sequenziell zuzugreifen, ohne die zugrunde liegende Implementierung zu offenbaren.

Das ist ausgesprochen vernünftig: Das Muster gibt Ihnen ein Mittel, die Elemente in einem Aggregat zu durchlaufen, ohne dass Sie wissen müssen, wie die Dinge im Hintergrund organisiert sind. Sie haben das bei den zwei Implementierungen der Speisekarten gesehen. Aber die Auswirkungen, die es hat, wenn Sie in Ihrem Design Iteratoren verwenden, sind genauso wichtig: Wenn Sie einen einheitlichen Weg haben, auf alle Elemente in Ihren Aggregat-Objekten zuzugreifen, können Sie polymorphen Code schreiben, der mit einem *beliebigen* dieser Aggregate funktioniert. Ein Beispiel dafür ist die Methode speisekarteAusgeben(), die es nicht interessiert, ob die Speisen in einem Array oder in einer ArrayList (oder irgendetwas anderem, das einen Iterator erzeugen kann) gespeichert sind. Sie interessiert nur, dass sie einen Iterator erhält.

Die andere wichtige Auswirkung auf Ihr Design ist, dass das Iterator-Muster die Verantwortung dafür übernimmt, die Elemente zu durchqueren, und diese Verantwortung an das Iterator-Objekt delegiert und nicht an das Aggregat-Objekt. Das hält nicht nur die Schnittstelle und die Implementierung des Aggregats einfacher, es hält auch die Verantwortung für die Iteration aus dem Aggregat heraus und sorgt dafür, dass das Aggregat sich auf das konzentrieren kann, auf das es sich konzentrieren sollte (eine Sammlung von Objekten zu verwalten), anstatt auf die Iteration.

Sehen wir uns das Klassendiagramm an, um die einzelnen Teile in Beziehung zu setzen ...

> Das Iterator-Muster ermöglicht die Durchquerung der Elemente in einem Aggregat, ohne die zugrunde liegende Implementierung zu offenbaren.
>
> Es gibt die Aufgabe der Durchquerung außerdem dem Iterator-Objekt statt dem Aggregat. Das vereinfacht die Schnittstelle und die Implementierung des Aggregats und schiebt die Verantwortung für die Iteration dahin, wo sie hingehört.

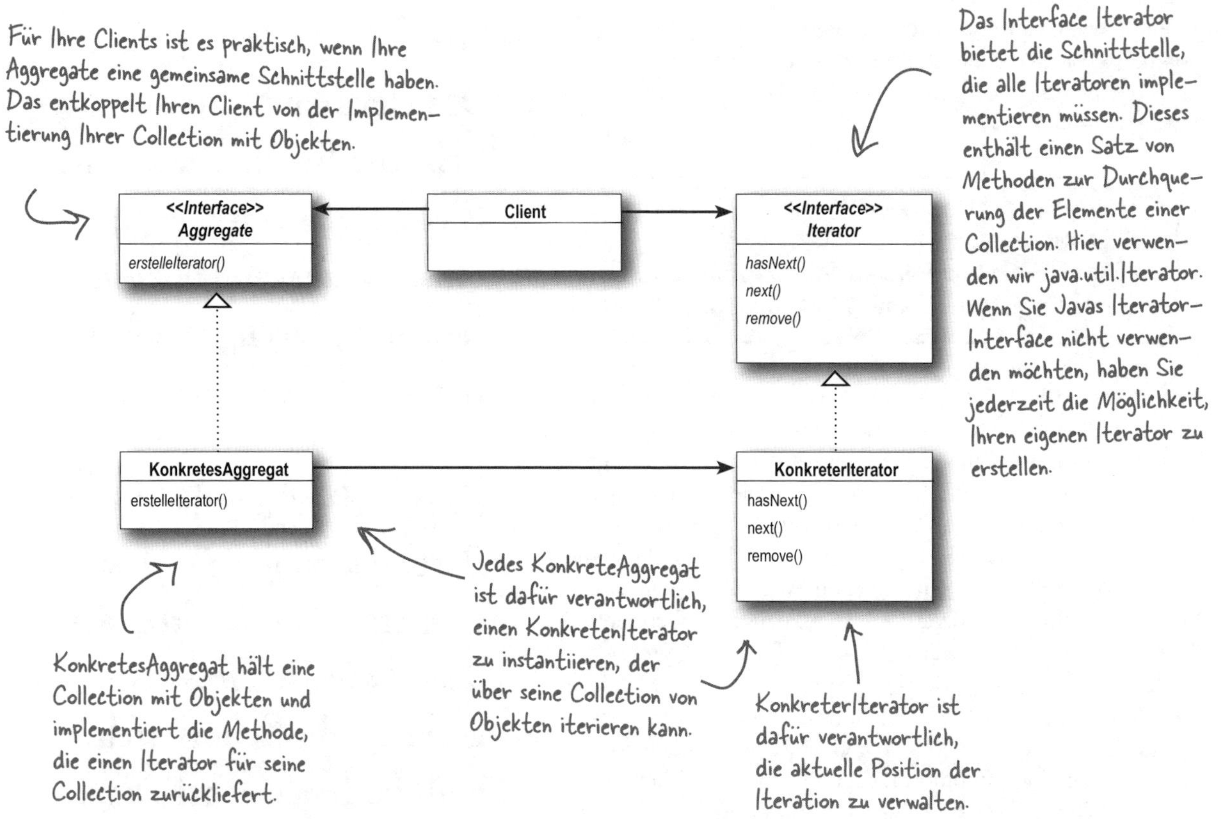

Iterator-Muster-Diagramm

Für Ihre Clients ist es praktisch, wenn Ihre Aggregate eine gemeinsame Schnittstelle haben. Das entkoppelt Ihren Client von der Implementierung Ihrer Collection mit Objekten.

Das Interface Iterator bietet die Schnittstelle, die alle Iteratoren implementieren müssen. Dieses enthält einen Satz von Methoden zur Durchquerung der Elemente einer Collection. Hier verwenden wir java.util.Iterator. Wenn Sie Javas Iterator-Interface nicht verwenden möchten, haben Sie jederzeit die Möglichkeit, Ihren eigenen Iterator zu erstellen.

```
<<Interface>>          Client          <<Interface>>
  Aggregate        ──────────────►       Iterator
─────────────                          ─────────────
erstelleIterator()                      hasNext()
                                        next()
                                        remove()

      △                                      △
      │                                      │
      │                                      │
KonkretesAggregat  ──────────────►    KonkreterIterator
─────────────                          ─────────────
erstelleIterator()                      hasNext()
                                        next()
                                        remove()
```

KonkretesAggregat hält eine Collection mit Objekten und implementiert die Methode, die einen Iterator für seine Collection zurückliefert.

Jedes KonkreteAggregat ist dafür verantwortlich, einen KonkretenIterator zu instantiieren, der über seine Collection von Objekten iterieren kann.

KonkreterIterator ist dafür verantwortlich, die aktuelle Position der Iteration zu verwalten.

KOPF-NUSS

Das Klassendiagramm für das Iterator-Muster weist große Ähnlichkeiten mit dem Klassendiagramm für ein anderes Muster auf, das wir uns bereits angesehen haben. Welches könnte das sein? Hinweis: Eine Unterklasse entscheidet, welches Objekt erzeugt wird.

Es gibt keine Dummen Fragen

F: Ich bin auf andere Bücher gestoßen, in denen das Klassendiagramm für Iterator mit den Methoden first(), next(), isDone() und currentItem() dargestellt wird. Warum haben wir hier andere Methoden?

A: Es sind die »klassischen« Methodennamen, die dort verwendet wurden. Diese Namen haben sich mit der Zeit geändert, und jetzt haben wir next(), hasNext() und sogar remove() in java.util.Iterator. Werfen wir einen Blick auf die klassischen Methoden. In java.util wurden die Methoden next() und currentItem() zu einer Methode verschmolzen. Die Methode isDone() ist offensichtlich zu hasNext() geworden. Aber wir haben keine Methode, die first() entspricht. Das liegt daran, dass wir in Java dazu neigen, uns einen neuen Iterator zu verschaffen, wenn wir die Durchquerung neu starten wollen. Trotzdem können Sie sehen, dass es zwischen diesen Schnittstellen kaum Unterschiede gibt. Tatsächlich ist es so, dass Sie Ihren Iteratoren eine große Bandbreite von Verhalten verleihen können. Die remove()-Methode ist ein Beispiel für eine Erweiterung in java.util.Iterator.

F: Ich habe von »internen« und »externen« Iteratoren gehört. Was ist das? Welche Art haben wir hier in dem Beispiel implementiert?

A: Wir haben einen externen Iterator implementiert. Das bedeutet, dass der Client die Iteration dadurch steuert, dass er next() aufruft, um das nächste Element zu erhalten. Ein interner Iterator wird vom Iterator selbst gesteuert. Weil es der Iterator ist, der die Elemente durchläuft, müssen Sie ihm dann sagen, was er mit den Elementen machen soll, während er sie durchläuft. Das bedeutet, dass Sie eine Möglichkeit haben müssen, einem Iterator eine Operation zu übergeben. Interne Iteratoren sind weniger flexibel als externe Iteratoren, weil der Client keine Kontrolle über die Iteration hat. Man kann allerdings argumentieren, dass sie einfacher zu verwenden sind, weil man ihnen nur eine Operation gibt und ihnen sagt, dass sie iterieren sollen, und sie Ihnen dann die ganze Arbeit abnehmen.

F: Könnte ich einen Iterator implementieren, der genauso rückwärts wie vorwärts gehen kann?

A: Natürlich. In einem solchen Fall sollten Sie zwei Methoden hinzufügen: eine, mit der Sie zum vorangegangenen Element gehen, und eine, die Ihnen sagt, wann Sie das erste Element der Collection erreicht haben. Javas Collection-Framework bietet einen anderen Typ Iterator-Interface names ListIterator. Dieser Iterator fügt dem Standard-Iterator-Interface previous() und ein paar andere Methoden hinzu. Er wird von allen Collections unterstützt, die das Interface List implementieren.

F: Wer definiert die Reihenfolge, in der eine Collection wie eine Hashtable durchlaufen wird, die naturgemäß eigentlich nicht geordnet ist?

A: Iteratoren implizieren keine Sortierung. Die zugrunde liegenden Collections können ungeordnet sein, wie es bei einer Hashtable oder einem Bag der Fall ist. Sie können sogar Duplikate enthalten. Deswegen basiert die Reihenfolge sowohl auf den Eigenschaften der zugrunde liegenden Collection als auch auf der Implementierung. Im Allgemeinen sollten Sie nie von einer bestimmten Reihenfolge ausgehen, es sei denn, die Dokumentation der Collection sagt Ihnen etwas anderes.

F: Sie sagten, dass wir mit einem Iterator »polymorphen Code« schreiben können? Können Sie das etwas ausführlicher erklären?

A: Wenn wir eine Methode schreiben, die Iteratoren als Parameter entgegennimmt, verwenden wir eine polymorphe Iteration. Das heißt, dass wir Code schreiben, der über beliebige Typen von Collections iterieren kann, so lange diese Iterator unterstützen. Wir kümmern uns nicht darum, wie die Collection implementiert ist, und trotzdem können wir Code schreiben, um über sie zu iterieren.

F: Sollte ich nicht immer das Interface java.util.Iterator verwenden, wenn ich mit Java arbeite? Dann könnte ich meine eigenen Iterator-Implementierungen mit Klassen verwenden, die bereits mit dem Java-Iterator arbeiten.

A: Wahrscheinlich. Wenn Sie ein gemeinsames Iterator-Interface haben, wird es für Sie bestimmt leichter, Ihre eigenen Aggregate mit Java-Aggregaten wie ArrrayList oder Vector zu mischen. Aber denken Sie daran, dass Sie nicht immer das Interface Iterator erweitern können, wenn Sie dem Iterator-Interface für Ihre Aggregate Funktionalitäten hinzufügen wollen.

F: Ich habe in Java ein Enumeration-Interface gesehen. Implementiert dies das Iterator-Muster?

A: Über dieses Interface haben wir im Adapter-Kapitel gesprochen. Erinnern Sie sich? java.util.Enumeration ist eine ältere Implementierung von Iterator, die inzwischen von java.util.Iterator ersetzt worden ist. Enumeration hat zwei Methoden, hasMoreElements(), die hasNext() entspricht, und nextElement(), die next() entspricht. Wahrscheinlich sollten Sie aber eher einen Iterator als eine Enumeration verwenden, da dieser von mehr Java-Klassen unterstützt wird. Wenn Sie den einen Typ in den anderen konvertieren müssen, werfen Sie noch einmal einen Blick in das Adapter-Kapitel. Dort haben wir Adapter für Enumeration und Iterator implementiert.

Eine einzige Verantwortlichkeit

Eine einzige Verantwortlichkeit

Was wäre, wenn wir es unseren Aggregaten erlauben würden, ihre internen Collections und die entsprechenden Methoden UND die Iterationsmethoden zu implementieren? Klar, wir wissen bereits, dass das die Anzahl der Methoden im Aggregat vergrößern würde. Na und? Warum ist das so schlecht?

Um das zu verstehen, müssen Sie erst einsehen, dass wir einer Klasse zwei Gründe geben, sich zu verändern, wenn sie sich nicht nur um ihre eigenen Angelegenheiten (irgendein Aggregat zu verwalten), sondern auch noch um andere Dinge (wie eine Iteration) kümmern muss. Zwei? Ja, zwei. Sie kann sich ändern, wenn sich die Collection ändert, und sie kann sich ändern, wenn sich die Art ändert, auf die wir iterieren. Es steht also wieder einmal unser alter Kumpel VER-ÄNDERUNG im Zentrum eines weiteren Entwurfsprinzips:

>
> *Entwurfsprinzipien*
> *Eine Klasse sollte nur einen Grund haben, sich zu ändern.*

Wir wissen, dass wir Veränderungen in einer Klasse vermeiden wollen wie die Pest – Änderungen am Code bieten Problemen einfach zu viele Möglichkeiten, sich einzuschleichen. Gibt es zwei Möglichkeiten für Änderungen, erhöht das die Wahrscheinlichkeit, dass sich die Klasse in Zukunft ändern wird. Und wenn sie es tut, hat das Auswirkungen auf zwei Aspekte unseres Entwurfs.

Die Lösung? Das Prinzip leitet uns an, jede Verantwortlichkeit einer Klasse zuzuweisen, aber jeder Klasse jeweils nur eine Verantwortlichkeit zu geben.

Das ist richtig. So einfach ist das. Aber ist es nicht eines der schwierigsten Dinge, im Entwurf Zuständigkeiten zu trennen? Unser Gehirn ist einfach zu gut darin, eine Gruppe von Verhalten zu sehen und diese zusammenzugruppieren, selbst wenn es sich bei ihnen eigentlich um zwei oder mehr Verantwortlichkeiten handelt. Es gibt nur eine einzige Möglichkeit, dabei erfolgreich zu sein: Untersuchen Sie Ihre Entwürfe aufmerksam und achten Sie auf Zeichen dafür, dass sich Ihre Klasse auf mehr als eine Weise ändern könnte, während Ihr System wächst.

Jede Verantwortlichkeit in einer Klasse ist ein Bereich möglicher Veränderungen. Mehr als eine Zuständigkeit bedeutet mehr als einen Bereich von Veränderung. Dieses Prinzip leitet uns an, jede Klasse auf eine einzige Verantwortlichkeit zu beschränken.

>
> **Kohäsion** ist ein Begriff, der Ihnen als Maß dafür begegnen wird, wie nah eine Klasse oder ein Modul dem Ideal kommt, nur einen einzigen Zweck oder eine einzige Zuständigkeit zu unterstützen.
>
> Wir sprechen davon, dass ein Modul oder eine Klasse eine *hohe Kohäsion* hat, wenn sie um eine Gruppe verwandter Funktionen entworfen wurde. Und wir sagen, dass eine Modul oder eine Klasse eine *geringe Kohäsion* hat, wenn sie um eine Gruppe von Funktionen entworfen wurde, die nicht miteinander verwandt sind.
>
> Kohäsion ist ein allgemeineres Konzept als das Prinzip der singulären Verantwortlichkeit. Aber die beiden sind eng miteinander verwandt. Klassen, die dem Prinzip folgen, neigen dazu, eine hohe Kohäsion zu haben. Und diese Klassen sind leichter zu warten als Klassen mit vielen Verantwortlichkeiten und einer geringen Kohäsion.

Die Iterator- und Composite-Muster

KOPF-NUSS

Untersuchen Sie diese Klassen und stellen Sie fest, welche von ihnen mehrere Verantwortlichkeiten haben.

Spiel
login()
anmelden()
gehen()
schießen()
pauseMachen()

Person
setName()
setAdresse()
setTelefon()
speichern()
laden()

Telefon
wählen()
auflegen()
reden()
sendeDaten()
blitz()

KaugummiAutomat
getAnzahl()
getZustand()
getOrt()

Kartenspiel
hasNächste()
nächste()
entfernen()
karteHinzufügen()
karteEntfernen()
mischen()

Einkaufswagen
hinzufügen()
entfernen()
kaufen()
speichern()

Iterator
hasNext()
next()
remove()

**SCHUTZHELMPFLICHT!
ACHTEN SIE AUF HERABFALLENDE
ÜBERZEUGUNGEN!**

KOPF-NUSS 2

Stellen Sie fest, ob diese Klassen eine geringe Kohäsion haben.

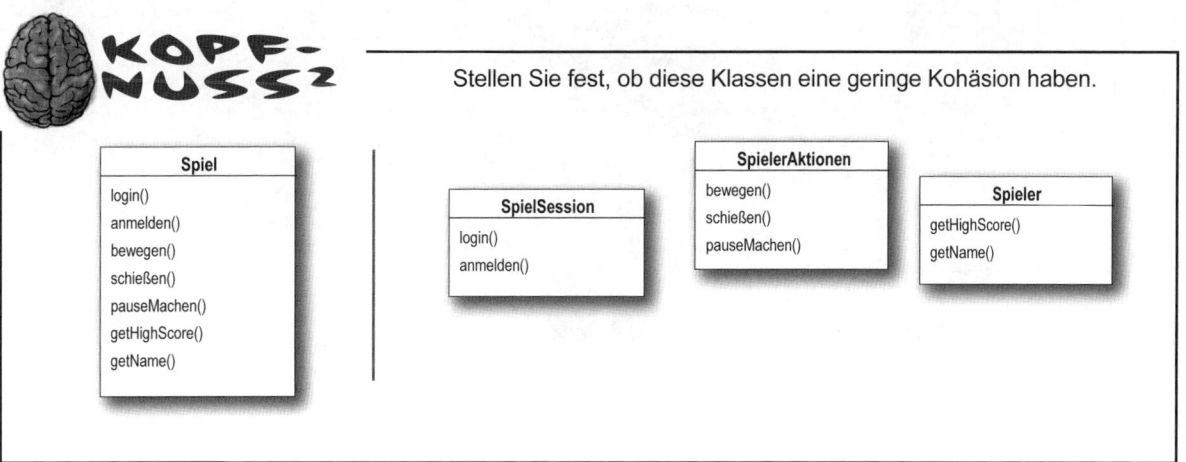

Spiel
login()
anmelden()
bewegen()
schießen()
pauseMachen()
getHighScore()
getName()

SpielSession
login()
anmelden()

SpielerAktionen
bewegen()
schießen()
pauseMachen()

Spieler
getHighScore()
getName()

Eine neue Speisekarte

Gut, dass Sie das Iterator-Muster gelernt haben. Ich habe nämlich gerade erfahren, dass Objekthausen Mergers and Aquisitions einen neuen Deal abgeschlossen hat ... wir gehen mit dem Café Objekthausen zusammen und übernehmen deren Speisekarte für den Abend.

Wow. Und da dachten wir, die Angelegenheit wäre schon kompliziert genug. Was machen wir jetzt?

Na komm. Du musst einfach positiv denken. Ich bin mir sicher, dass wir einen Weg finden werden, das auch noch in das Iterator-Muster einzuarbeiten.

Die Iterator- und Composite-Muster

Werfen wir einen Blick auf die Speisekarte des Cafés

Hier ist die Speisekarte des Cafés. Das sieht eigentlich nicht so aus, als wäre es so viel Arbeit, die Speisekarte des Cafés in unser Framework einzuarbeiten ... probieren wir es mal aus.

CafeSpeisekarte implementiert unser neues Interface Speisekarte nicht. Aber das lässt sich leicht beheben.

Das Café speichert seine Speisen in einer Hashtable. Unterstützt diese Iterator? Das werden wir in Kürze sehen ...

```java
public class CafeSpeisekarte {
  HashMap<String, Speise> speisen = new HashMap<String, Speise>();

  public CafeSpeisekarte() {
    speiseHinzufügen("Vegetarischer Burger mit Pommes",
      "Vegetarischer Burger aus Vollkornbrötchen, Salat, Tomaten mit Pommes",
      true, 3.99);
    speiseHinzufügen("Tagessuppe",
      "Ein Teller Suppe des Tages mit Beilagensalat",
      false, 3.69);
    speiseHinzufügen("Burrito",
      "Großer Burrito mit Bohnen, Mais und Soße",
      true, 4.29); }
  public void speiseHinzufügen(String name, String beschreibung,
                    boolean vegetarisch, double preis)
  {
    Speise speise = new Speise(name, beschreibung, vegetarisch, preis);
    speisen.put(speise.getName(), speise);
  }
  public Map<String, Speise> getSpeisen() {
    return speisen;
  }
}
```

Wie bei den anderen Karten werden die Speisen im Konstruktor initialisiert.

Hier wird eine neue Speise erzeugt und der speisen-Hashtable hinzugefügt.

Der Schlüssel ist der Name des Elements. *Der Wert ist das speise-Objekt.*

Das werden wir nicht mehr brauchen.

Spitzen Sie Ihren Bleistift

Schreiben Sie, bevor Sie einen Blick auf die nächste Seite werfen, schnell die drei Dinge auf, die wir mit diesem Code machen müssen, bevor wir ihn in unser Framework einfügen können:

1. _____

2. _____

3. _____

Sie sind hier ▶ **351**

Die neue Speisekarte testen

Den Code der Café-Speisekarte umarbeiten

Es ist leicht, die Café-Speisekarte in unser Framework zu integrieren. Warum? Weil Hashtable eine der Java-Collections ist, die Iterator unterstützt. Aber es ist nicht ganz das Gleiche wie bei ArrayList ...

```
public class CafeSpeisekarte implements Speisekarte {
  HashMap<String, Speise> speisen = new HashMap<String, Speise>();

  public CafeSpeisekarte() {
    // hier steht der Konstruktor-Code
  }

  public void speiseHinzufügen(String name, String beschreibung,
                    boolean vegetarisch, double preis)
  {
    Speise speise = new Speise(name, beschreibung, vegetarisch, preis);
    speisen.put(speise.getName(), speise);
  }

  public Map<String, Speise> getSpeisen() {
    return speisen;
  }

  public Iterator<Speise> erstelleIterator() {
    return speisen.values().iterator();
  }
}
```

> CafeSpeisekarte implementiert das Interface Speisekarte, damit die Kellnerin diese Klasse genau wie die beiden anderen Speisekarten verwenden kann.

> Wir verwenden eine HashMap, weil das eine übliche Datenstruktur zur Speicherung von Werten ist.

> Wie zuvor können wir uns der Methode getSpeisen() entledigen, damit wir der Kellnerin die Implementierung der Speisen nicht mehr offenbaren.

> Und das ist der Ort, an dem wir die Methode erstelleIterator() implementieren. Beachten Sie, dass wir keinen Iterator für die gesamte HashMap erhalten, sondern nur für die Werte.

(Die Zeilen `public Map<String, Speise> getSpeisen() { return speisen; }` sind durchgestrichen.)

 Code unter der Lupe

Hashtable ist etwas komplexer als ArrayList, weil sie Schlüssel und Werte unterstützt. Aber wir können uns trotzdem einen Iterator für die Werte beschaffen (die ja die Speisen sind).

```
public Iterator<Speise> erstelleIterator() {
   return speisen.values().iterator();
}
```

> Erst erhalten wir die Werte der Hashtable, die einfach eine Collection all der Objekte in der Hashtable sind.

> Glücklicherweise unterstützt diese Collection die Methode iterator(), die ein Objekt des Typs java.util.Iterator zurückliefert.

Die Iterator- und Composite-Muster

Der Kellnerin die Café-Speisekarte hinzufügen

Das war einfach. Wie wäre es, wenn wir die Kellnerin nun so modifizieren würden, dass sie unsere neue Speisekarte unterstützt? Jetzt, da die Kellnerin Iteratoren erwartet, sollte auch das kein Problem sein.

```
public class Kellnerin {
  Speisekarte pfannkuchenhausSpeisekarte;
  Speisekarte restaurantSpeisekarte;
  Speisekarte cafeSpeisekarte;

  public Kellnerin(Speisekarte pfannkuchenhausSpeisekarte, Speisekarte
              restaurantSpeisekarte, Speisekarte cafeSpeisekarte) {
    this.pfannkuchenhausSpeisekarte = pfannkuchenhausSpeisekarte;
    this.restaurantSpeisekarte = restaurantSpeisekarte;
    this.cafeSpeisekarte = cafeSpeisekarte;
  }

  public void speisekarteAusgeben() {
    Iterator pfannkuchenIterator = pfannkuchenhausSpeisekarte.erstelleIterator();
    Iterator restaurantIterator = restaurantSpeisekarte.erstelleIterator();
    Iterator cafeIterator = cafeSpeisekarte.erstelleIterator();

    System.out.println("SPEISEKARTE\n----\nFRÜHSTÜCK");
    speisekarteAusgeben(pfannkuchenIterator);
    System.out.println("\nMITTAGESSEN");
    speisekarteAusgeben(restaurantIterator);
    System.out.println("\ABENDESSEN");
    speisekarteAusgeben(cafeIterator);
  }

  private void speisekarteAusgeben(Iterator iterator) {
    while (iterator.hasNext()) {
      Speise speise = iterator.next();
      System.out.print(speise.getName() + ", ");
      System.out.print(speise.getPreis() + " -- ");
      System.out.println(speise.getBeschreibung());
    }
  }
}
```

Die Café-Speisekarte wird der Kellnerin gemeinsam mit den anderen Speisekarten im Konstruktor übergeben und von uns in einer Instanzvariablen gespeichert.

Wir verwenden die Speisekarte des Cafés für den Abend. Um sie auszugeben, müssen wir nur ihren Iterator erzeugen und an speisekarteAusgeben() übergeben. Das ist alles.

Hier ändert sich nichts.

Sie sind hier ▸ **353**

Was wir gemacht haben

Frühstück, Mittagessen und Abendessen

Lassen Sie uns jetzt unseren Testlauf aktualisieren, um sicherzustellen, dass das alles funktioniert.

```
public class SpeisekartenTestlauf {
  public static void main(String args[]) {
    PfannkuchenhausSpeisekarte pfannkuchenhausSpeisekarte =
        new PfannkuchenhausSpeisekarte();
    RestaurantSpeisekarte restaurantSpeisekarte = new RestaurantSpeisekarte();
    CafeSpeisekarte cafeSpeisekarte = new CafeSpeisekarte();    ← Eine CafeSpeisekarte erzeugen ...

    Kellnerin kellnerin = new Kellnerin(pfannkuchenhausSpeisekarte, restaurantSpeisekarte,
        cafeSpeisekarte);    ← ... und an die Kellnerin übergeben.

    kellnerin.speisekarteAusgeben();
    kellnerin.vegetarischeSpeisekarteAusgeben();   ← Bei der Ausgabe sollten wir jetzt alle drei Speisekarten sehen.
  }
}
```

Hier ist der Testlauf. Sehen Sie sich unsere neue Abendspeisekarte vom Café an!

```
Datei Bearbeiten Fenster Hilfe Lisa&FrankMögenPfannkuchen
% java SpeisekartenTestlauf
SPEISEKARTE
----
FRÜHSTÜCK
Pfannkuchen-Frühstück Spezial, 2.99 -- Pfannkuchen mit Rührei und Toast
Pfannkuchen-Frühstück Normal, 2.99 -- Pfannkuchen mit Spiegelei und Wurst
Blaubeerpfannkuchen, 3.49 -- Pfannkuchen mit frischen Blaubeeren
Waffeln, 3.59 -- Waffeln mit Blaubeeren oder Erdbeeren

MITTAGESSEN
Vegetarisches Sandwich, 2.99 -- (Falscher) Schinken mit Salat & Tomate auf Vollkornbrot
Schinken-Sandwich, 2.99 -- Schinken mit Salat & Tomate auf Vollkornbrot
Tagessuppe, 3.29 -- Tagessuppe, mit Kartoffelsalat als Beilage
Hot Dog, 3.05 -- Ein Hot Dog mit Sauerkraut, Gewürzen, Zwiebeln und Käse
Gedünstetes Gemüse auf braunem Reis, 3.99 -- Verschiedene gedünstete Gemüse
    auf braunem Reis
Pasta, 3.89 -- Spaghetti mit Marinara-Soße und einer Scheibe Ciabatta-Brot

ABENDESSEN
Vegetarischer Burger mit Pommes, 3.99 -- Vegetarischer Burger aus Vollkornbrötchen,
    Salat, Tomaten mit Pommes
Burrito, 4.29 -- Großer Burrito mit Bohnen, Mais und Soße
Tagessuppe, 3.69 -- Ein Teller Suppe des Tages mit Beilagensalat
%
```

Erst iterieren wir über die Pfannkuchen-Speisekarte.

Und dann über die Restaurant-Speisekarte.

Und schließlich über die Café-Speisekarte. Und all das mit dem gleichen Iterationscode.

Die Iterator- und Composite-Muster

Was wir gemacht haben?

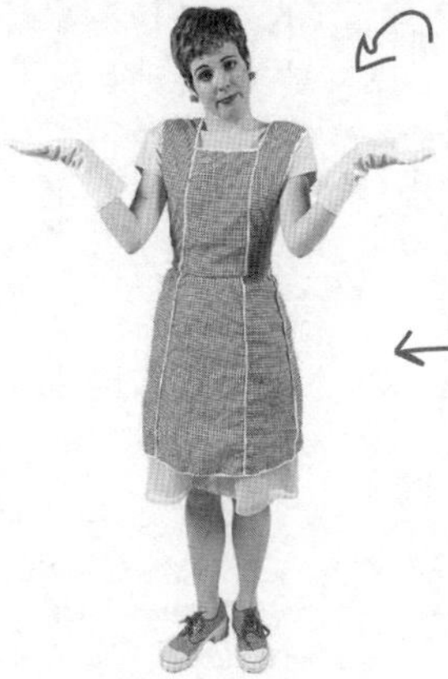

ArrayList

Wir wollten der Kellnerin eine einfache Möglichkeit geben, über die Speisen auf der Speisekarte zu iterieren ...

Unsere Speisekarten hatten zwei verschiedene Implementierungen und zwei verschiedene Schnittstellen für das Iterieren.

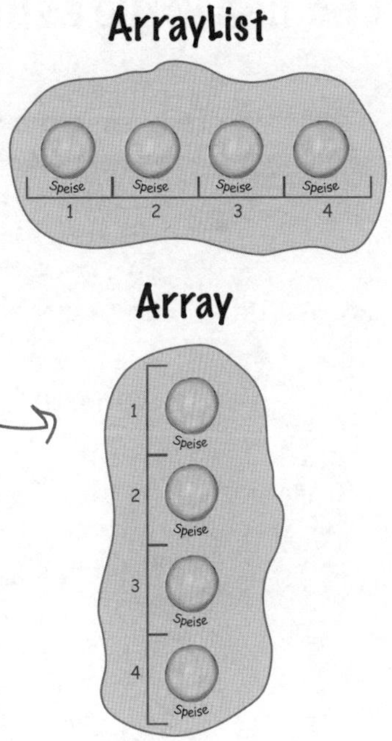

Array

... und wir wollten nicht, dass sie wissen muss, wie die Elemente der Speisekarte implementiert sind.

Wir haben die Kellnerin entkoppelt ...

Deswegen haben wir der Kellnerin einen Iterator für jede Art von Gruppen von Objekten gegeben, über die sie iterieren muss ...

... einen für ArrayList ...

next()

Iterator

ArrayList

ArrayList hat einen eingebauten Iterator...

... und einen für Array.

next()

Iterator

Array hat keinen eingebauten Iterator. Deswegen müssen wir unseren eigenen bauen.

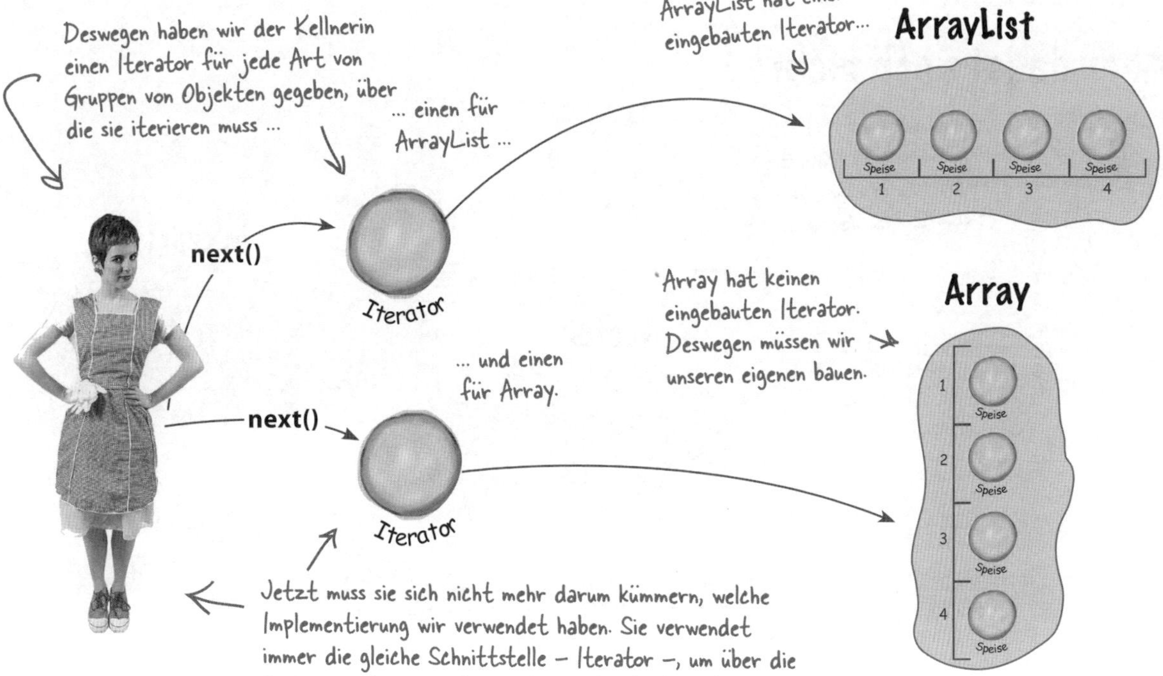

Array

Jetzt muss sie sich nicht mehr darum kümmern, welche Implementierung wir verwendet haben. Sie verwendet immer die gleiche Schnittstelle – Iterator –, um über die Speisen zu iterieren. Sie wurde von der Implementierung entkoppelt.

Sie sind hier ▸ **355**

... und haben die Kellnerin besser erweiterbar gemacht

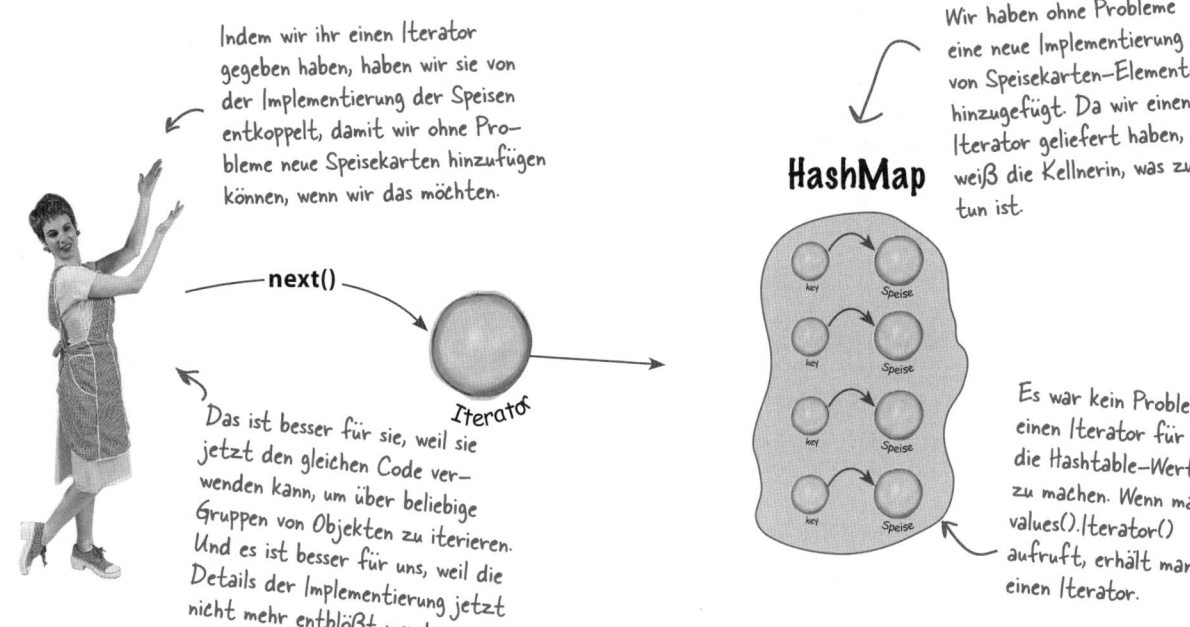

Indem wir ihr einen Iterator gegeben haben, haben wir sie von der Implementierung der Speisen entkoppelt, damit wir ohne Probleme neue Speisekarten hinzufügen können, wenn wir das möchten.

Wir haben ohne Probleme eine neue Implementierung von Speisekarten-Elementen hinzugefügt. Da wir einen Iterator geliefert haben, weiß die Kellnerin, was zu tun ist.

Das ist besser für sie, weil sie jetzt den gleichen Code verwenden kann, um über beliebige Gruppen von Objekten zu iterieren. Und es ist besser für uns, weil die Details der Implementierung jetzt nicht mehr entblößt werden.

Es war kein Problem, einen Iterator für die Hashtable-Werte zu machen. Wenn man values().Iterator() aufruft, erhält man einen Iterator.

Aber da ist noch mehr!

Java gibt uns eine Menge »Collection«-Klassen, die es ermöglichen, eine Gruppe von Objekten zu speichern und wieder abzurufen. Beispiele sind Vector und LinkedList.

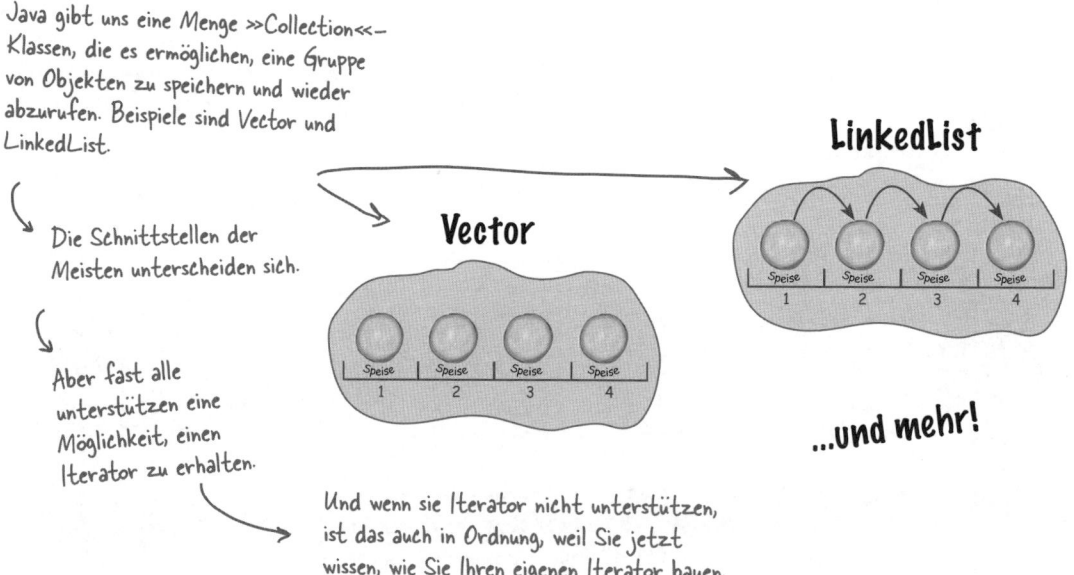

Die Schnittstellen der Meisten unterscheiden sich.

Aber fast alle unterstützen eine Möglichkeit, einen Iterator zu erhalten.

Und wenn sie Iterator nicht unterstützen, ist das auch in Ordnung, weil Sie jetzt wissen, wie Sie Ihren eigenen Iterator bauen.

...und mehr!

Iteratoren und Collections

Wir haben eine Reihe von Klassen verwendet, die Teil von Javas Collections-Framework sind. Dieses »Framework« ist einfach nur ein Satz von Klassen und Schnittstellen einschließlich der Klasse ArrayList, die wir verwendet haben, sowie vieler anderer Klassen wie Vector, LinkedList, Stack und PriorityQueue. Jede dieser Klassen implementiert das Interface java.util.Collection, das einen Haufen nützlicher Methoden zur Manipulation von Gruppen von Objekten besitzt.

Werfen wir einen schnellen Blick auf diese Schnittstelle:

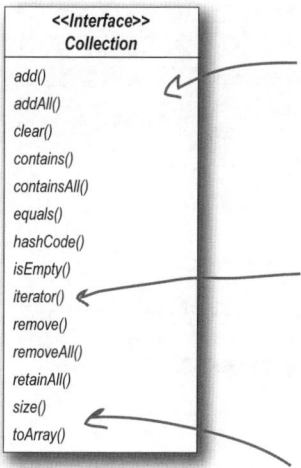

Wie Sie sehen können, gibt es hier jede Menge gutes Zeug. Sie können Ihrer Collection Elemente hinzufügen oder aus ihr entfernen, ohne wissen zu müssen, wie sie implementiert ist.

Hier ist unsere alte Freundin, die Methode iterator(). Mit dieser Methode können Sie sich einen Iterator von jeder Klasse verschaffen, die das Interface Collection implementiert.

Andere praktische Methoden sind size(), mit der Sie die Anzahl der Elemente erfahren können, und toArray(), die Ihre Collection in ein Array umwandelt.

> **Aufgepasst**
>
> **Hashtable ist eine der wenigen Klassen, die Iterator nur *indirekt* unterstützen.**
>
> Wie Sie, als wir CafeSpeisekarte implementierten, gesehen haben, konnten Sie sich von dieser Klasse erst einen Iterator beschaffen, nachdem Sie aus ihr die Collection namens values abgerufen hatten. Denken Sie einmal genauer darüber nach, und Sie werden erkennen, dass das Sinn macht. Eine Hashtable enthält zwei Sätze von Objekten: Schlüssel und Werte. Wenn wir über die Werte iterieren möchten, müssen wir sie erst aus der Hashtable abrufen und uns dann einen Iterator verschaffen.

> Das Nette an Collections und Iteratoren ist, dass jedes Collection-Objekt weiß, wie es für sich einen Iterator erzeugt. Ruft man auf einer ArrayList iterator() auf, wird ein konkreter Iterator erstellt, der für eine ArrayList gedacht ist. Aber Sie müssen sich nie um die konkrete Klasse kümmern, die verwendet wird. Sie verwenden einfach das Interface Iterator.

Code-Magneten

Die Köche haben entschieden, dass sie die Speisen auf ihrer Speisekarte gern alternierend anbieten lassen möchten. Anders ausgedrückt: Sie möchten einige Elemente Montag, Mittwoch, Freitag und Sonntag anbieten und die anderen Dienstag, Donnerstag und Samstag. Es hat bereits jemand den Code für einen neuen »Alternierenden« RestaurantSpeisekarten-Iterator geschrieben, der die Speisen auf der Speisekarte abwechseln lässt. Aber dann hat ihn jemand zerschnipselt und als Scherz an den Restaurantkühlschrank geklebt. Können Sie den Code wieder zusammensetzen? Einige der geschweiften Klammern sind zu Boden gefallen, und weil sie so klein sind, hat niemand sich die Mühe gemacht, sie aufzuheben. Fügen Sie so viele davon hinzu, wie Sie benötigen.

```
Speise speise = elemente[position];
position = position + 2;
return speise;
```

```
import java.util.Iterator;
import java.util.Calendar;
```

```
public Object next() {
```

`{`

```
public AlternierenderRestaurantSpeisekartenIterator(Speise[] elemente)
```

```
this.elemente = elemente;
position = Calendar.DAY_OF_WEEK % 2;
```

```
implements Iterator<Speise>
```

```
public void remove() {
```

```
Speise[] elemente;
int position;
```

`}`

```
public class AlternierenderRestaurantSpeisekartenIterator {
```

```
public boolean hasNext() {
```

```
throw new UnsupportedOperationException(
    "Der alternierende Iterator für die Restaurant-Speisekarte bietet
    keine Unterstützung für remove()");
```

```
if (position >= elemente.length || elemente[position] == null) {
    return false;
} else {
    return true;
}
```

`}`

Die Iterator- und Composite-Muster

Ist die Kellnerin bereit für den Ansturm der Gäste?

Die Kellnerin hat einen langen Weg zurückgelegt, aber Sie müssen zugeben, dass diese drei Aufrufe von speisekarteAusgeben() nicht besonders ansehnlich sind. Machen wir uns nichts vor: Jedes Mal, wenn wir eine neue Speisekarte hinzufügen, müssen wir unsere Implementierung der Kellnerin öffnen und mehr Code hinzufügen. Würden Sie das als eine »Verletzung des Offen/Geschlossen-Prinzips« bezeichnen?

Die drei Aufrufe von erstelleIterator().

```
public void speisekarteAusgeben() {
  Iterator<Speise> pfannkuchenIterator = pfannkuchenhausSpeisekarte.erstelleIterator();
  Iterator<Speise> restaurantIterator = restaurantSpeisekarte.erstelleIterator();
  Iterator<Speise> cafeIterator = cafeSpeisekarte.erstelleIterator();

  System.out.println("SPEISEKARTE\n----\nFRÜHSTÜCK");
  speisekarteAusgeben(pfannkuchenIterator);

  System.out.println("\nMITTAGESSEN");
  speisekarteAusgeben(restaurantIterator);

  System.out.println("\nABENDESSEN");
  speisekarteAusgeben(cafeIterator);
}
```

Drei Aufrufe von speisekarteAusgeben().

Jedes Mal, wenn wir eine Speisekarte hinzufügen oder entfernen, müssen wir diesen Code öffnen, um ihn zu ändern.

Das ist kein Fehler der Kellnerin. Wir haben gute Arbeit dabei geleistet, die Speisekarten-Implementierungen zu entkoppeln und die Iteration in einen Iterator herauszuziehen. Aber wir verwalten die Speisekarten immer noch über getrennte, voneinander unabhängige Objekte – wir brauchen ein Mittel, um sie gemeinsam zu verwalten.

> Die Kellnerin muss immer noch drei Aufrufe von speisekarteAusgeben() machen – einen für jede Speisekarte. Fällt Ihnen eine Möglichkeit ein, die Speisekarten so zu kombinieren, dass nur ein Aufruf gemacht werden muss? Oder vielleicht auch eine, bei der der Kellnerin nur ein Iterator übergeben wird, mit dem sie alle Speisekarten durchlaufen kann?

Ein neues Design

> So schlimm ist das nicht. Wir müssen die Speisekarten nur in eine ArrayList packen und uns von dieser dann den Iterator liefern lassen, mit dem wir alle Speisekarten durchlaufen können. Der Code in der Kellnerin wird dadurch vereinfacht und kommt mit einer beliebigen Anzahl von Speisekarten klar.

Das klingt, als wäre dem Koch da etwas eingefallen. Probieren wir es einmal aus ...

```java
public class Kellnerin {
  ArrayList<Speisekarte> speisekarten;       // Jetzt nehmen wir einfach eine
                                             // ArrayList mit Speisekarten.
  public Kellnerin(ArrayList<Speisekarte> speisekarten) {
    this.speisekarten = speisekarten;
  }

  public void printMenu() {                  // Und dann iterieren wir über
    Iterator<Speisekarte> speisekartenIterator = speisekarten.iterator();
    while(speisekartenIterator.hasNext()) {  // die Speisekarten, indem wir den
      Speisekarte speisekarte = speisekartenIterator.next();
      speisekarteAusgeben(speisekarte.erstelleIterator());  // Iterator jeder Speisekarte an
    }                                                       // die überladene Methode speise-
  }                                                         // karteAusgeben() übergeben.

  void speisekarteAusgeben(Iterator<Speisekarte> iterator) {   // Hier gibt es
    while (iterator.hasNext()) {                               // keine Code-
      Speise speise = iterator.next();                         // Änderungen.
      System.out.print(speise.getName() + ", ");
      System.out.print(speise.getPreis() + " -- ");
      System.out.println(speise.getBeschreibung());
    }
  }
}
```

Das sieht ziemlich gut aus. Sieht man einmal davon ab, dass wir die Namen der Speisekarten verloren haben. Die könnten wir aber einfach jeder Speisekarte hinzufügen.

Die Iterator- und Composite-Muster

Und gerade als wir dachten, alles wäre in trockenen Tüchern ...

Jetzt möchten sie eine Dessertkarte hinzufügen.

Gut. Und was jetzt? Jetzt müssen wir nicht nur mehrere Speisekarten, sondern auch noch Speisekarten in Speisekarten unterstützen.

Es wäre schön, wenn wir die Dessertkarte einfach zu einem Element der Collection RestaurantSpeisekarte machen könnten, aber so wie das jetzt implementiert ist, funktioniert es nicht.

> Ich habe gerade mitbekommen, dass das Restaurant eine Dessertkarte erstellen will, die eine Einlage in seine normale Speisekarte sein soll.

Was wir wollen (etwas in dieser Art):

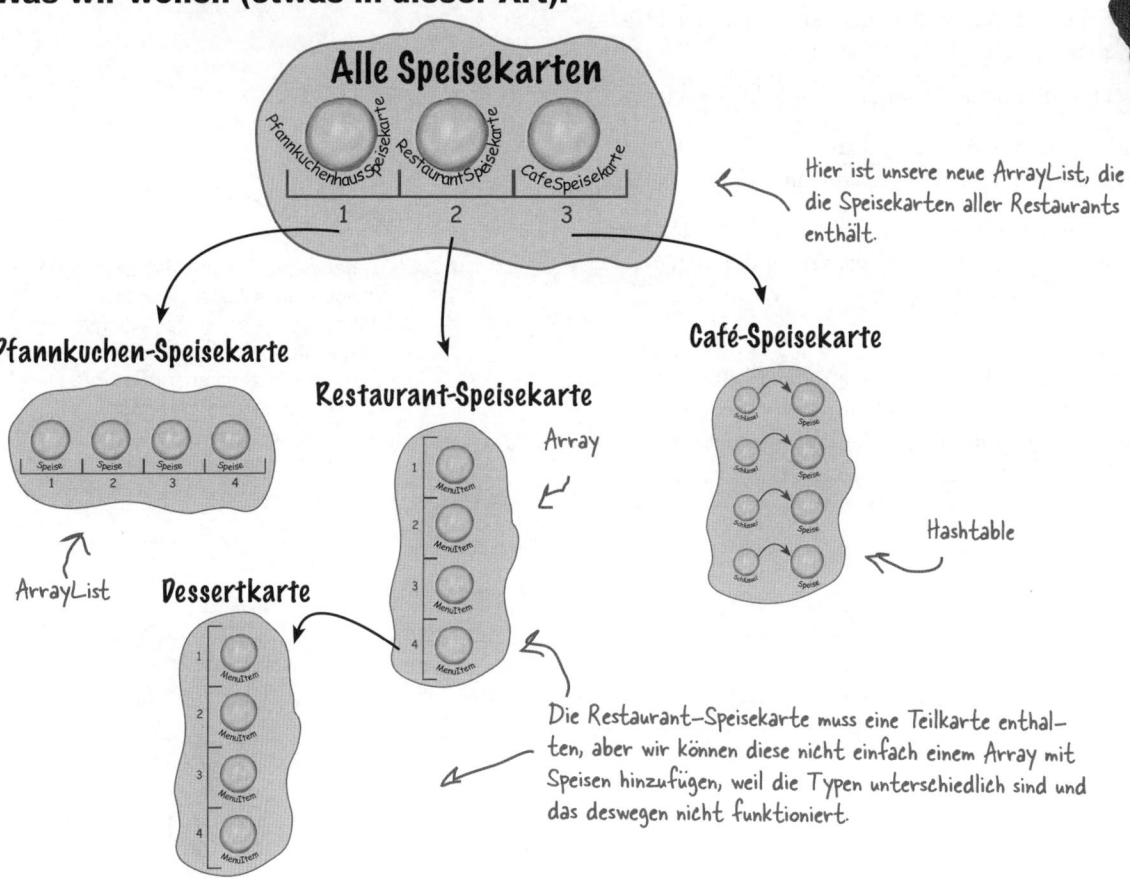

Wir können einem Array mit Speisen keine Dessertkarte zuweisen.

Zeit für Veränderung!

Sie sind hier ▶ **361**

Zeit für Veränderungen

Was brauchen wir?

Jetzt ist der Zeitpunkt erreicht, an dem die Entscheidung getroffen werden muss, die Implementierung der Köche in etwas umzuarbeiten, das so allgemein ist, dass es mit allen Speisekarten (und jetzt auch Teilkarten) arbeiten kann. Es stimmt – wir werden den Köchen jetzt sagen müssen, dass wir nicht mehr darum herumkommen, ihre Speisekarten neu zu implementieren.

Es ist einfach so, dass wir an dieser Stelle einen zu großen Grad an Komplexität erreicht haben. Wenn wir das Design jetzt nicht überarbeiten, werden wir nie zu einem Design kommen, das mit künftigen Fusionen oder Teilkarten klarkommen kann.

Was muss uns unser neues Design also tatsächlich bieten?

- Wir benötigen eine Art Baumstruktur, die Speisekarten, Teil-Speisekarten und Speisen aufnehmen kann.

- Wir müssen sicherstellen, dass wir eine Möglichkeit haben, die Speisen in allen Speisekarten zu durchqueren, die mindestens so bequem wie das ist, was uns jetzt die Iteratoren bieten.

- Eventuell müssen die Elemente auf eine flexiblere Weise durchquert werden. Beispielsweise wollen wir eventuell nur über die Dessertkarte des Restaurants iterieren oder über die vollständige Speisekarte des Restaurants einschließlich der Dessertkarte.

Irgendwann kommt die Zeit, da man seinen Code umarbeiten muss, damit er weiter wachsen kann. Würden wir das nicht tun, hätten wir starren, unflexiblen Code und keine Hoffnung, dass aus diesem jemals wieder neues Leben sprießen könnte.

Die Iterator- und Composite-Muster

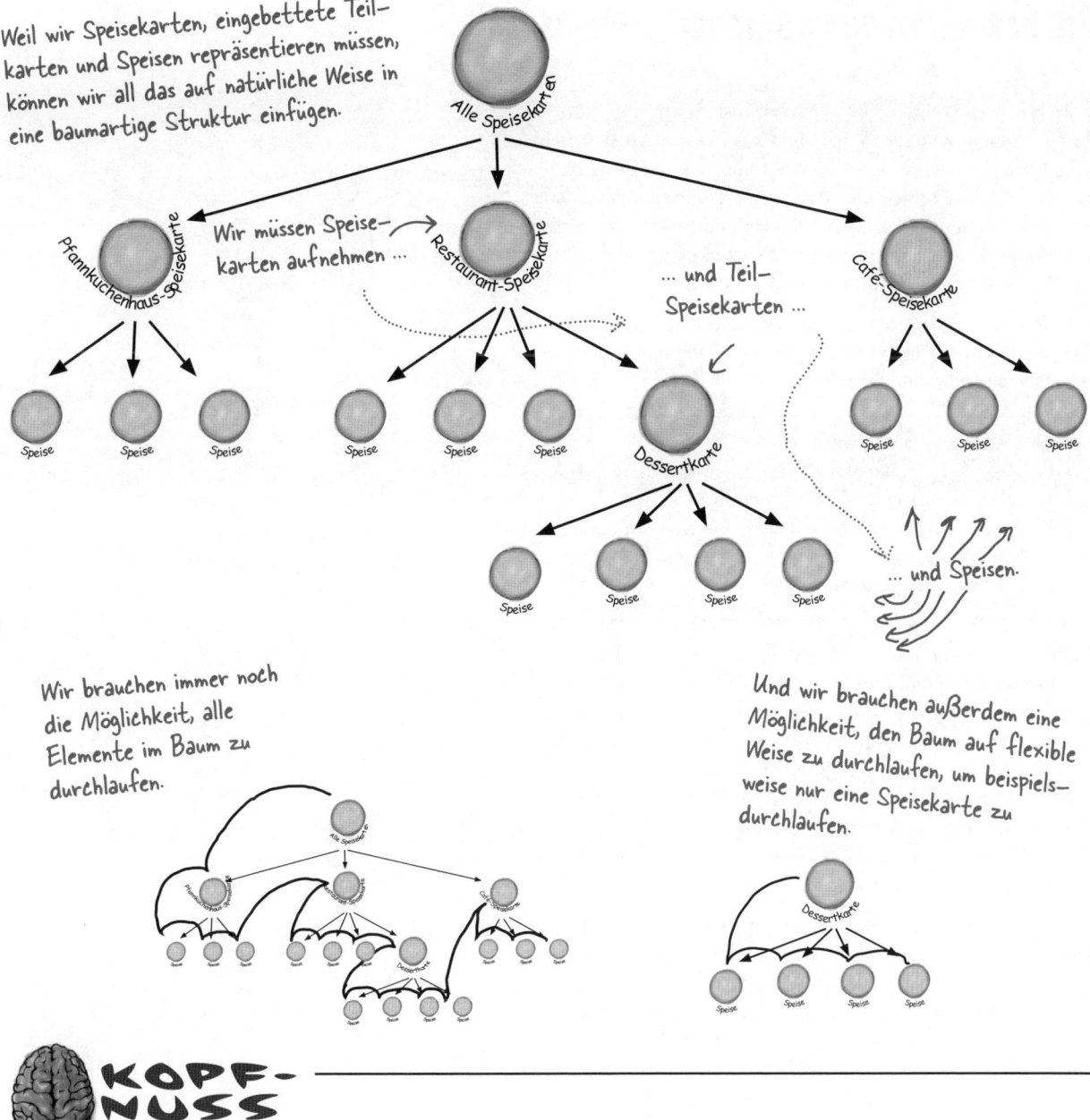

Weil wir Speisekarten, eingebettete Teilkarten und Speisen repräsentieren müssen, können wir all das auf natürliche Weise in eine baumartige Struktur einfügen.

Wir müssen Speisekarten aufnehmen ...

... und Teil-Speisekarten ...

... und Speisen.

Wir brauchen immer noch die Möglichkeit, alle Elemente im Baum zu durchlaufen.

Und wir brauchen außerdem eine Möglichkeit, den Baum auf flexible Weise zu durchlaufen, um beispielsweise nur eine Speisekarte zu durchlaufen.

KOPF-NUSS

Wie würden Sie mit diesem neuen Schnörkel an unseren Designanforderungen umgehen? Denken Sie darüber nach, bevor Sie umblättern.

Sie sind hier ▶ **363**

Die Definition des Composite-Musters

Ja, richtig – wir werden ein weiteres Muster einführen, um dieses Problem zu lösen. Wir haben das Iterator-Muster nicht aufgegeben – es wird weiterhin ein Teil unserer Lösung bleiben –, aber das Problem der Arbeit mit den Speisekarten hat eine neue Dimension erhalten, die das Iterator-Muster nicht lösen kann. Wir werden also einen Schritt zurückgehen und das Problem mit dem Composite-Muster lösen.

Für dieses Muster werden wir ausnahmsweise einmal nicht die Trommeln schlagen und stattdessen gleich damit beginnen, die offizielle Definition auf den Tisch zu legen:

> **Das Composite-Muster** ermöglicht es Ihnen, Objekte zu einer Baumstruktur zusammenzusetzen, um Teil/Ganzes-Hierarchien auszudrücken. Das Composite-Muster erlaubt den Clients, individuelle Objekte und Zusammensetzungen von Objekten auf gleiche Weise zu behandeln.

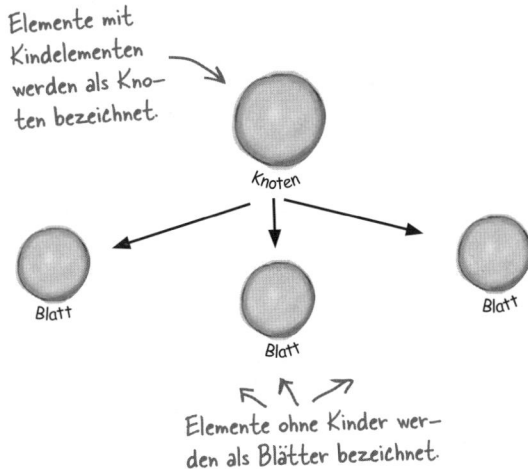

Hier ist eine Baumstruktur.

Elemente mit Kindelementen werden als Knoten bezeichnet.

Elemente ohne Kinder werden als Blätter bezeichnet.

Stellen wir uns das mit den Begriffen unserer Speisekarten vor: Dieses Muster gibt uns eine Möglichkeit, eine baumartige Struktur zu erzeugen, die eingebettete Gruppen von Speisekarte *und* Speisen in der gleichen Struktur verarbeiten kann. Indem wir Speisekarten und Speisen in die gleiche Struktur packen, erzeugen wir eine Teil/Ganzes-Hierarchie – d.h. einen Baum mit Objekten, der aus Teilen (Speisekarten und Speisen) besteht, aber als ein Ganzes behandelt werden kann wie eine große *Über*-Speisekarte.

Wenn wir unsere Über-Speisekarte haben, können wir dieses Muster verwenden, um »einzelne Objekte und Zusammensetzungen auf gleiche Weise zu behandeln«. Was heißt das? Es heißt Folgendes: Wenn wir eine Baumstruktur haben, die neben den einzelnen Speisen auch noch Speisekarten, Teil-Speisekarten und vielleicht sogar Teil-Teil-Speisekarten enthält, ist jede Speisekarte eine »Zusammensetzung«, weil sie sowohl Speisekarten als auch Speisen enthalten kann. Die einzelnen Objekte sind einfach die Elemente einer Speisekarte – sie enthalten keine anderen Objekte. Wie Sie sehen werden, verschafft uns ein Design auf Basis des Composite-Musters die Möglichkeit, recht einfachen Code zu schreiben, der die gleiche Operation (wie das Ausgeben) auf die ganze Speisekarten-Struktur anwenden kann.

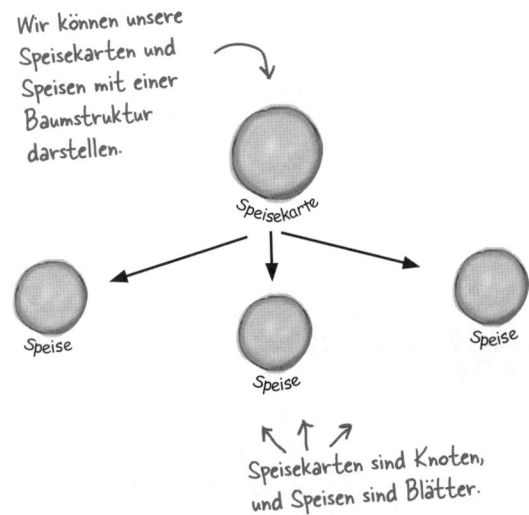

Wir können unsere Speisekarten und Speisen mit einer Baumstruktur darstellen.

Speisekarten sind Knoten, und Speisen sind Blätter.

Die Iterator- und Composite-Muster

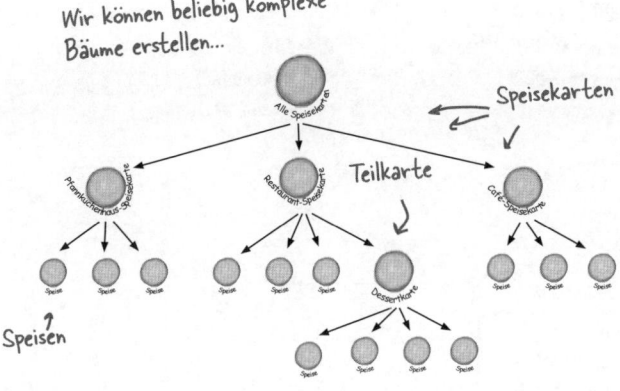

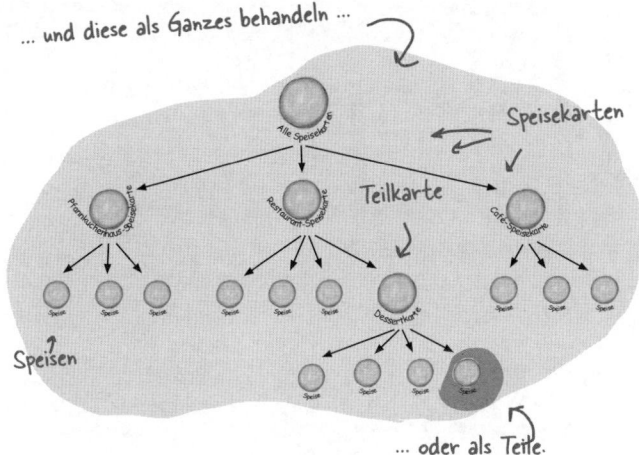

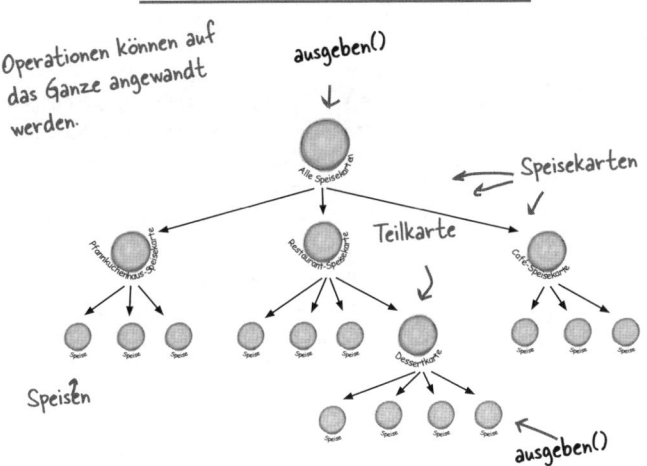

Das Composite-Muster ermöglicht es uns, Strukturen von Objekten in der Form von Bäumen aufzubauen, die Zusammensetzungen von Objekten und einzelne Objekte enthalten.

Wenn wir eine Composite-Struktur verwenden, können wir die gleiche Operation auf die zusammengesetzten und die einzelnen Objekte anwenden. Mit anderen Worten: Wir können den Unterschied zwischen Zusammensetzungen von Objekten und einzelnen Objekten <u>ignorieren</u>.

Das *Klassendiagramm* des Composite-Musters

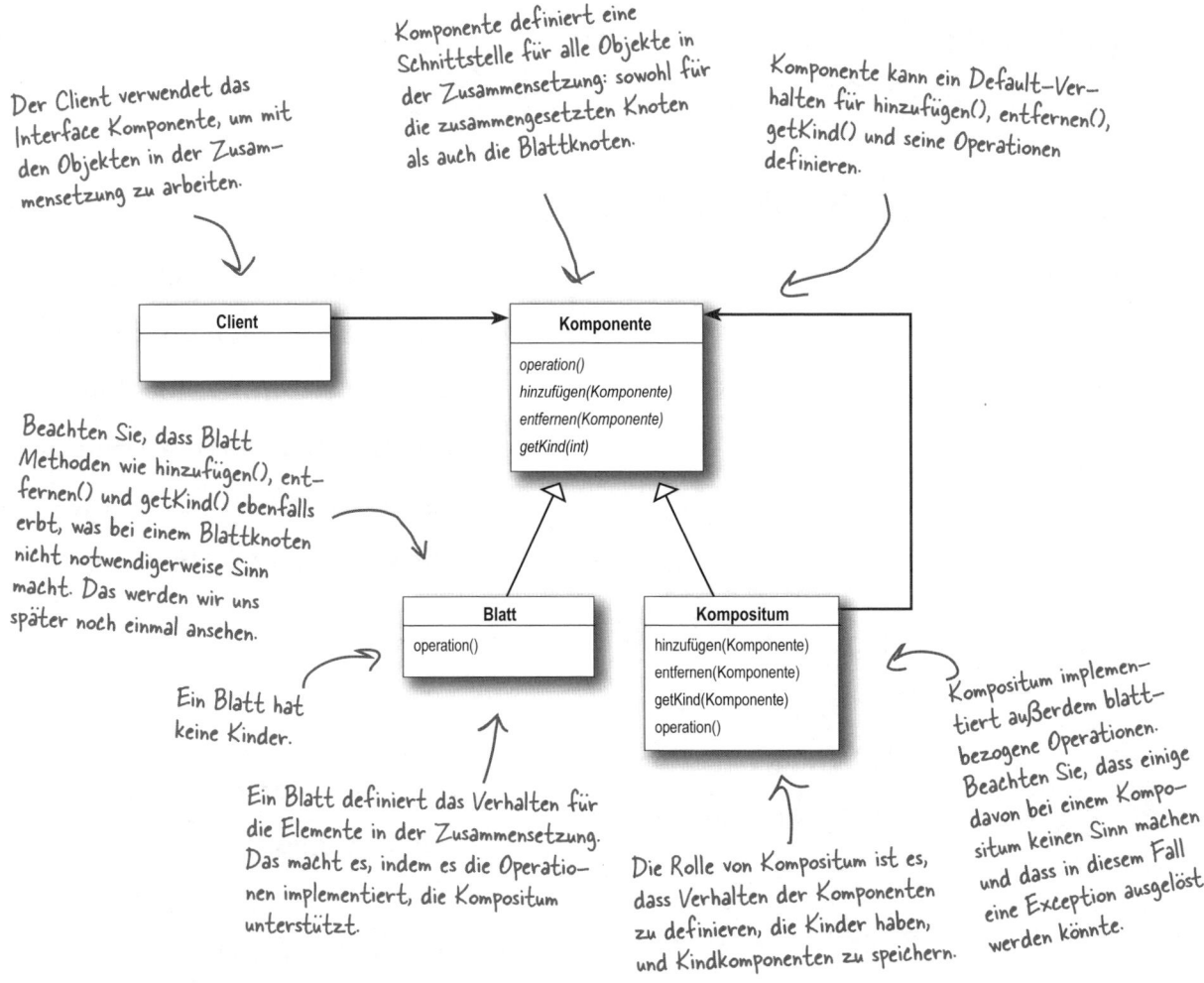

Es gibt keine Dummen Fragen

F: Komponenten? Komposita? Bäume? Ich bin völlig verwirrt!

A: Ein Kompositum enthält Komponenten. Es gibt zwei Arten von Komponenten: Komposita und Blatt-Elemente. Sie meinen, dass das rekursiv klingt? Es ist rekursiv. Ein Kompositum enthält einen Satz von Kindern, diese Kinder können andere Komposita oder Blatt-Elemente sein. Wenn Sie Daten auf diese Weise organisieren, erhalten Sie eine Baumstruktur (eigentlich einen auf dem Kopf stehenden Baum), dessen Wurzel ein Kompositum ist und der Zweige aus Komposita hat, an deren Enden Blattknoten wachsen.

F: In welchem Zusammenhang steht das mit Iteratoren?

A: Denken Sie daran, dass wir einen neuen Ansatz versuchen. Wir werden die Speisekarten mit einer neuen Lösung neu implementieren: dem Composite-Muster. Erwarten Sie also keine magische Transformation eines Iterators in ein Kompositum. Aber die beiden arbeiten sehr schön zusammen. Sie werden bald sehen, dass wir Iteratoren auf unterschiedliche Weise in der Composite-Implementierung verwenden können.

Die Iterator- und Composite-Muster

Mit dem Composite-Muster Speisekarten entwerfen

Wie also wenden wir das Composite-Muster auf unsere Speisekarten an? Erst einmal müssen wir ein Komponente-Interface erstellen. Dieses fungiert als die gemeinsame Schnittstelle für Speisekarten und Speisen und ermöglicht es, sie auf gleiche Weise zu behandeln. Anders gesagt: Wir können die *gleiche* Methode auf Speisekarten und Speisen aufrufen.

Natürlich macht es bei manchen Methoden möglicherweise keinen *Sinn*, sie auf einer Speisekarte oder einer Speise aufzurufen. Aber damit können wir klarkommen. Wie, werden wir in Kürze zeigen. Werfen wir zunächst einmal einen Blick auf eine Skizze, die zeigt, wie die Speisekarten in die Struktur des Composite-Musters eingefügt werden:

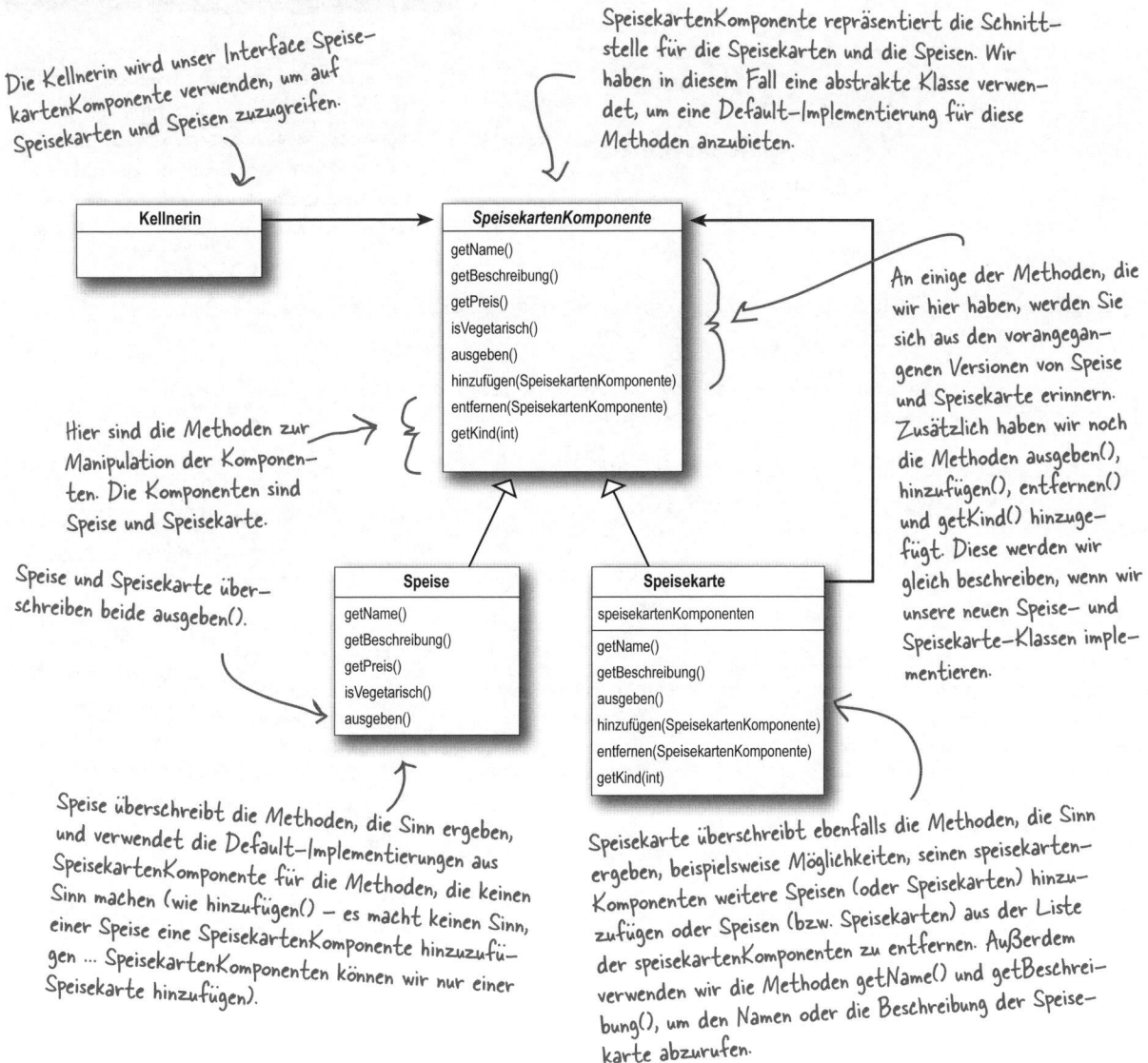

Sie sind hier ▶ **367**

Die SpeisekartenKomponente implementieren

Wir werden mit der abstrakten Klasse SpeisekartenKomponente beginnen. Denken Sie daran, dass es die Rolle der SpeisekartenKomponente ist, als Schnittstelle für die Blattknoten und die Kompositumknoten zu dienen. Vielleicht fragen Sie jetzt: »Spielt die SpeisekartenKomponente da jetzt nicht zwei Rollen?« Das könnte gut sein, und deswegen werden wir uns diesen Punkt erst später wieder ansehen. Für den Augenblick werden wir eine Default-Implementierung der Methoden anbieten, damit die Speisen (die Blätter) und die Speisekarten (die Knoten) sich auf ein Grundverhalten stützen können, wenn sie einige der Methoden nicht implementieren wollen:

> Alle Komponenten müssen die Schnittstelle SpeisekartenKomponenten implementieren. Aber weil die Blätter und die Knoten unterschiedliche Rollen haben, können wir nicht für alle Methoden eine sinnvolle Default-Implementierung definieren. Manchmal ist es noch das Beste, einfach eine Runtime-Exception auszulösen.

Weil einige der Methoden nur Sinn für Speisen und andere nur Sinn für Speisekarten machen, ist die Default-Implementierung, eine UnsupportedOperationException auszulösen. So müssen Speisen oder Speisekarten nichts tun, wenn sie eine Operation nicht unterstützen. Sie können einfach die Default-Implementierung erben.

SpeisekartenKomponente bietet eine Default-Implementierung für alle Methoden.

```java
public abstract class SpeisekartenKomponente {

    public void hinzufügen(SpeisekartenKomponente speisekartenKomponente) {
        throw new UnsupportedOperationException();
    }
    public void entfernen(SpeisekartenKomponente speisekartenKomponente) {
        throw new UnsupportedOperationException();
    }
    public SpeisekartenKomponente getKind(int i) {
        throw new UnsupportedOperationException();
    }

    public String getName() {
        throw new UnsupportedOperationException();
    }
    public String getBeschreibung() {
        throw new UnsupportedOperationException();
    }
    public double getPreis() {
        throw new UnsupportedOperationException();
    }
    public boolean isVegetarisch() {
        throw new UnsupportedOperationException();
    }

    public void ausgeben() {
        throw new UnsupportedOperationException();
    }
}
```

Wir haben die »Komposita«-Methoden gruppiert – das heißt die Methoden, die SpeisekartenKomponenten hinzufügen, entfernen und abrufen.

Hier sind die Methoden für »Operationen«. Diese werden von Speisen verwendet. Es stellt sich heraus, dass wir einige von ihnen auch für Speisen verwenden können, wie Sie ein paar Seiten weiter unten sehen werden, wenn wir den Code für Speisekarte vorstellen.

ausgeben() ist eine Methode für eine »Operation«, die Speisekarten und Speisen implementieren werden. Trotzdem werden wir hier eine Default-Implementierung anbieten.

Die Speisen implementieren

Versuchen wir uns jetzt an der Klasse Speise. Denken Sie daran, dass das die Blatt-Klasse im Composite-Diagramm ist und deswegen das Verhalten der Elemente des Kompositums implementiert.

> Ich bin froh, dass wir uns in diese Richtung bewegen. Ich glaube, dass mir das die Flexibilität gibt, die ich benötige, um die Crêpe-Speisekarte zu implementieren, die ich mir immer gewünscht habe.

```java
public class Speise extends SpeisekartenKomponente {
  String name;
  String beschreibung;
  boolean vegetarisch;
  double preis;

  public Speise(String name,
                String beschreibung,
                boolean vegetarisch,
                double preis)
  {
    this.name = name;
    this.beschreibung = beschreibung;
    this.vegetarisch = vegetarisch;
    this.preis = preis;
  }

  public String getName() {
    return name;
  }

  public String getBeschreibung() {
    return beschreibung;
  }

  public double getPreis() {
    return preis;
  }

  public boolean isVegetarisch() {
    return vegetarisch;
  }

  public void ausgeben() {
    System.out.print("  " + getName());
    if (isVegetarisch()) {
      System.out.print("(v)");
    }
    System.out.println(", " + getPreis());
    System.out.println("     -- " + getBeschreibung());
  }
}
```

Erst müssen wir die abstrakte Klasse SpeisekartenKomponente erweitern.

Der Konstruktor nimmt einfach den Namen, die Beschreibung usw. und speichert Referenzen auf all diese Dinge. Das ist im Grunde genau wie in unserer alten Speise-Implementierung.

Hier sind unsere Getter-Methoden – ebenfalls genau wie in unserer alten Implementierung.

Das ist der entscheidende Unterschied zur vorangegangenen Implementierung. Hier überschreiben wir die ausgeben()-Methode aus der Klasse SpeisekartenKomponente. Bei Speisen gibt diese Methode den vollständigen Speisekarten-Eintrag aus: Name, Beschreibung, Preis und ob es eine vegetarische Speise ist oder nicht.

Kompositum-Struktur

Die Komposita-Speisekarte implementieren

Jetzt, da wir die Speise haben, brauchen wir nur noch die Kompositum-Klasse, die wir Speisekarte nennen werden. Denken Sie daran, dass eine Kompositum-Klasse Speisen und andere Speisekarten enthalten kann. In SpeisekartenKomponente gibt es einige Methoden, die diese Klasse nicht implementiert: getPreis() und isVegetarisch() – diese Methoden machen bei Speisekarten wenig Sinn.

Wie Speise ist Speisekarte ebenfalls eine SpeisekartenKomponente.

Speisekarte kann eine beliebige Anzahl von Kindern des Typs SpeisekartenKomponente haben. Wir werden eine interne ArrayList verwenden, um diese zu speichern.

```java
public class Speisekarte extends SpeisekartenKomponente {
  ArrayList<SpeisekartenKomponente> speisekartenKomponenten =
                  new ArrayList<SpeisekartenKomponente>();
  String name;
  String beschreibung;

  public Speisekarte(String name, String beschreibung) {
    this.name = name;
    this.beschreibung = beschreibung;
  }

  public void hinzufügen(SpeisekartenKomponente
                    speisekartenKomponente) {
    speisekartenKomponenten.add(speisekartenKomponente);
  }

  public void entfernen(SpeisekartenKomponente
                    speisekartenKomponente) {
    speisekartenKomponenten.remove(speisekartenKomponente);
  }

  public SpeisekartenKomponente getKind(int i) {
    return speisekartenKomponenten.get(i);
  }

  public String getName() {
    return name;
  }

  public String getBeschreibung() {
    return beschreibung;
  }

  public void ausgeben() {
    System.out.print("\n" + getName());
    System.out.println(", " + getBeschreibung());
    System.out.println("--------------------");
  }
}
```

Das ist anders als in unserer alten Implementierung, wir werden jeder Speisekarte einen Namen und eine Beschreibung geben. Zuvor haben wir uns einfach darauf gestützt, dass wir für jede Speisekarte eine andere Klasse haben.

Hier sehen Sie, wie Sie einer Speisekarte eine Speise oder eine andere Speisekarte hinzufügen. Weil sowohl Speisen als auch Speisekarten Speisekarten-Komponenten sind, brauchen wir für beide nur eine Methode.

Sie können eine Speisekarten-Komponente auch entfernen oder abfragen.

Hier sind die Getter- und Setter-Methoden für Name und Beschreibung.

Beachten Sie, dass wir getPreis() und isVegetarisch() nicht überschreiben, weil diese Methoden bei einer Speisekarte keinen Sinn ergeben (auch wenn man argumentieren könnte, dass isVegetarisch() eventuell doch sinnvoll wäre). Wenn jemand versucht, diese Methoden auf einer Speisekarte aufzurufen, erhält er eine UnsupportedOperationException.

Wenn die Speisekarte ausgegeben werden soll, geben wir den Namen und die Beschreibung der Speisekarte aus.

Die Iterator- und Composite-Muster

> Moment bitte. Die Implementierung von ausgeben() versteh ich nicht. Ich dachte, wir sollten die gleichen Operationen auf ein Kompositum und auf ein Blatt anwenden. Wenn ich ausgeben() mit dieser Implementierung auf ein Kompositum anwende, erhalte ich nur den Namen und die Beschreibung der Speisekarte. Ich erhalte keine Ausgabe des KOMPOSITUMS.

Gut aufgepasst. Weil Speisekarte ein Kompositum ist und gleichermaßen Speisen wie andere Speisekarten enthält, sollte die ausgeben()-Methode alles ausgeben, was das Objekt enthält. Würde es das nicht tun, müssten wir über das ganze Kompositum iterieren und alle Elemente selbst ausgeben. Auf gewisse Art würde das die ganze Composite-Struktur aushebeln.

Wie Sie sehen werden, ist es nicht schwer, ausgeben() richtig zu implementieren, weil wir uns darauf stützen können, dass die einzelnen Komponenten dazu in der Lage sind, sich selbst auszugeben. Das alles ist wunderbar rekursiv und fetzig. Sehen Sie es sich an:

Die Methode ausgeben() reparieren

```java
public class Speisekarte extends SpeisekartenKomponente {
  ArrayList<SpeisekartenKomponente> speisekartenKomponenten =
                  new ArrayList<SpeisekartenKomponente>();
  String name;
  String beschreibung;

  // hier steht der Code für den Konstruktor ...

  // ... und hier der für die anderen Methoden

  public void ausgeben() {
    System.out.print("\n" + getName());
    System.out.println(", " + getBeschreibung());
    System.out.println("--------------------");

    Iterator<SpeisekartenKomponente> iterator =
                    speisekartenKomponenten.iterator();
    while (iterator.hasNext()) {
      SpeisekartenKomponente speisekartenKomponente =
                      iterator.next();
      speisekartenKomponente.ausgeben();
    }
  }
}
```

Wir müssen die Methode ausgeben() nur so ändern, dass sie nicht nur Informationen zu dieser Speisekarte ausgibt, sondern zu allen Komponenten dieser Speisekarten: anderen Speisekarten und Speisen.

Hey! Wir dürfen einen Iterator verwenden. Wir verwenden ihn, um über alle Komponenten der Speisekarte zu iterieren ... das können andere Speisekarten oder Speisen sein. Da Speisekarten und Speisen jeweils ausgeben() implementieren, rufen wir einfach ausgeben() auf und lassen sie den Rest tun.

HINWEIS: Wenn wir im Verlauf dieser Iteration auf eine andere Speisekarte stoßen, leitet seine ausgeben()-Methode eine weitere Iteration ein und so weiter.

Sie sind hier ▸ 371

Testlauf der Komposita-Speisekarte

Machen Sie sich für eine Testfahrt bereit

Langsam wird es Zeit, dass wir uns um den Test-Code kümmern, aber bevor wir das tun, müssen wir noch den Code für die Kellnerin aktualisieren – sie ist schließlich der wichtigste Client für den Code:

```
public class Kellnerin {
  SpeisekartenKomponente alleSpeisekarten;

  public Kellnerin(SpeisekartenKomponente
                   alleSpeisekarten) {
    this.alleSpeisekarten = alleSpeisekarten;
  }

  public void speisekarteAusgeben() {
    alleSpeisekarten.ausgeben();
  }
}
```

Ja! Der Code für die Kellnerin ist wirklich so einfach. Jetzt übergeben wir ihr einfach die Toplevel-Speisekarten-Komponente, die eine, die all die anderen Speisekarten enthält. Diese haben wir alleSpeisekarten genannt.

Um die vollständige Speisekarten-Hierarchie – alle Speisekarten und alle Speisen – auszugeben, muss sie einfach nur ausgeben() auf dem obersten Element der Speisekarten-Hierarchie aufrufen.

Wir werden eine sehr glückliche Kellnerin haben.

Noch eine letzte Sache, bevor wir unseren Testlauf schreiben: Überlegen wir, wie das Speisekarten-Kompositum zur Laufzeit aussieht:

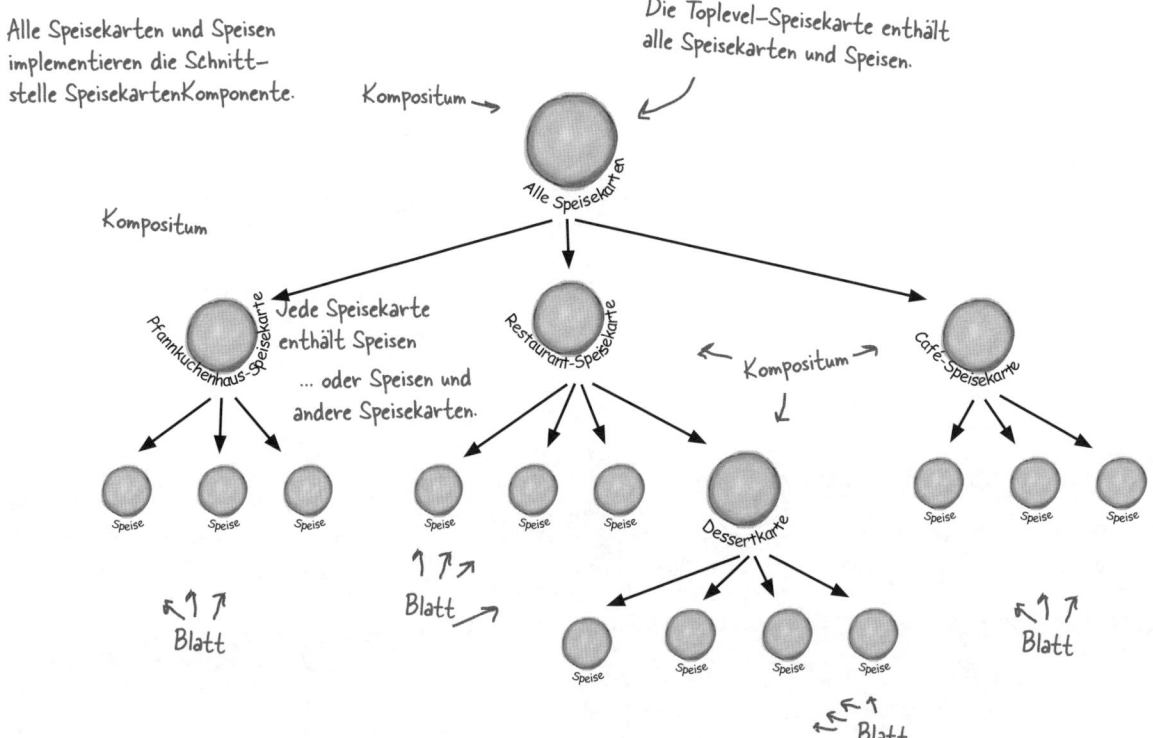

Und jetzt der Testlauf!

Jetzt fehlt uns nur noch der Testlauf. Anders als bei unserer vorangegangenen Version werden wir das Erstellen der Speisekarten vollständig im Testlauf abwickeln. Wir könnten jeden der Köche bitten, uns seine neue Speisekarte zu geben. Aber wir fangen erst einmal klein an. Hier ist der Code:

```
public class SpeisekartenTestlauf {
  public static void main(String args[]) {
    SpeisekartenKomponente pfannkuchenhausSpeisekarte =
      new Speisekarte("PFANNKUCHENHAUS-SPEISEKARTE", "Frühstück");
    SpeisekartenKomponente restaurantSpeisekarte =
      new Speisekarte("RESTAURANT-SPEISEKARTE", "Mittagessen");
    SpeisekartenKomponente cafeSpeisekarte =
      new Speisekarte("CAFE-SPEISEKARTE", "Abendessen");
    SpeisekartenKomponente dessertSpeisekarte =
      new Speisekarte("DESSERTKARTE", "Desserts natürlich!");
    SpeisekartenKomponente kaffeeSpeisekarte = new Speisekarte("KAFFEE-SPEISEKARTE",
"Alles, was man zum Nachmittagskaffee essen kann");

    SpeisekartenKomponente alleSpeisekarten = new Speisekarte("ALLE SPEISEKARTEN",
"Alle Speisekarten");

    alleSpeisekarten.hinzufügen(pfannkuchenhausSpeisekarte);
    alleSpeisekarten.hinzufügen(restaurantSpeisekarte);
    alleSpeisekarten.hinzufügen(cafeSpeisekarte);

    // Speisen und Speisekarten hinzufügen

    cafeSpeisekarte.hinzufügen(new Speise(
      "Burrito",
      "Ein großer Burrito mit Bohnen, Salsa und Mais",
      true,
      4.29));

    cafeSpeisekarte.hinzufügen(kaffeeSpeisekarte);

    kaffeeSpeisekarte.hinzufügen(new Speise(
      "Zupfkuchen",
      "Schokoladen-Vanille-Kuchen",
      true,
      1.59));

    // noch mehr Speisen und Speisekarten hinzufügen

    Kellnerin kellnerin = new Kellnerin(alleSpeisekarten);

    kellnerin.speisekarteAusgeben();
  }
}
```

Erstellen wir zunächst alle Speisekarten-Objekte.

Wir brauchen jetzt außerdem eine Toplevel-Speisekarte, die wir alleSpeisekarten nennen.

Wir verwenden die hinzufügen()-Methoden des Kompositums, um der Toplevel-Speisekarte alleSpeisekarten alle Speisekarten hinzuzufügen.

Jetzt müssen wir alle Speisekarten-Elemente hinzufügen. Die restlichen finden Sie im vollständigen Quellcode.

Und wir fügen außerdem zu einer Speisekarte eine andere Speisekarte hinzu. cafeSpeisekarte kümmert sich nur darum, dass alles, was es enthält, eine SpeisekartenKomponente ist. Es ist egal, ob es sich um eine Speise oder eine Speisekarte handelt.

Dann fügen wir der kaffeeSpeisekarte noch einen Zupfkuchen hinzu ...

Nachdem wir unsere vollständige Speisekarten-Hierarchie konstruiert haben, übergeben wir das alles der Kellnerin. Wie wir gesehen haben, ist es für sie ein Kinderspiel, das alles auszugeben.

Verantwortlichkeiten von Komposita

Machen Sie sich für die Testfahrt bereit

HINWEIS: Diese Ausgabe basiert auf dem vollständigen Quellcode.

```
Datei  Bearbeiten  Fenster  Hilfe  GrüneEier&Spam
% java SpeisekartenTestlauf
ALLE SPEISEKARTEN, Alle Speisekarten
--------------------

PFANNKUCHENHAUS-SPEISEKARTE, Frühstück
--------------------
  Spezial Pfannkuchen-Frühstück(v), 2.99
     -- Pfannkuchen mit Rührei und Toast
  Normales Pfannkuchen-Frühstück, 2.99
     -- Pfannkuchen mit Spiegelei und Würstchen
  Blaubeerpfannkuchen(v), 3.49
     -- Pfannkuchen mit frischen Blaubeeren und Blaubeersirup
  Waffeln(v), 3.59
     -- Waffeln mit Blaubeeren oder Erdbeeren

RESTAURANT-SPEISEKARTE, Mittagessen
--------------------
  Vegetarisches Sandwich(v), 2.99
     -- (Falscher) Schinken mit Salat & Tomate auf Vollkornbrot
  Schinken-Sandwich, 2.99
     -- Schinken mit Salat & Tomate auf Vollkornbrot
  Tagessuppe, 3.29
     -- Ein Teller Suppe des Tages mit Beilagensalat
  Hot Dog, 3.05
     -- Ein Hot Dog mit Sauerkraut, Gewürzen, Zwiebeln und Käse
  Gedünstetes Gemüse auf braunem Reis(v), 3.99
     -- Gedünstetes Gemüse auf braunem Reis
  Pasta(v), 3.89
     -- Spaghetti mit Marinara-Soße und einer Scheibe Ciabatta-Brot

DESSERTKARTE, Desserts natürlich!
--------------------
  Apfelkuchen(v), 1.59
     -- Heißer Apfelkuchen mit Sahne und Vanilleeis
  Käsekuchen(v), 1.99
     -- Cremiger Käsekuchen mit Kirschen
  Sorbet(v), 1.89
     -- Himbeer- und Zitronen-Sorbet

CAFE-SPEISEKARTE, Abendessen
--------------------
  Vegetarischer Burger mit Pommes(v), 3.99
     -- Vegetarischer Burger auf Vollkornbrötchen mit Salat, Tomaten und Pommes
  Tagessuppe, 3.69
     -- Ein Teller Suppe des Tages mit Beilagensalat
  Burrito(v), 4.29
     -- Ein großer Burrito mit Bohnen, Salsa und Mais

KAFFEE-SPEISEKARTE - alles, was man zum Nachmittagskaffee essen kann
--------------------
  Zupfkuchen(v), 1.59
     -- Schokoladen-Vanille-Kuchen
  Bagel, 0.69
     -- Verschiedene Sorten: Sesam, Mohn, Rosinen, Kürbis
  Kekse(v), 0.89
     -- Drei wunderbar krümelige Kekse
%
```

Hier sind alle unsere Speisekarten ... all das haben wir ausgeben lassen, indem wir einmal ausgeben() auf der Toplevel-Speisekarte aufgerufen haben.

Die neue Dessertkarte wird ausgegeben, wenn wir alle Komponenten der Restaurant-Speisekarte ausgeben.

Die Iterator- und Composite-Muster

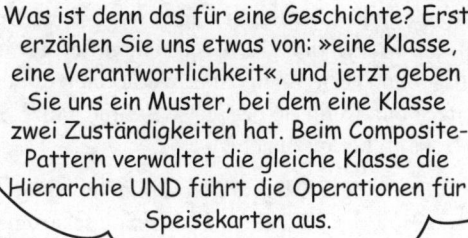

Was ist denn das für eine Geschichte? Erst erzählen Sie uns etwas von: »eine Klasse, eine Verantwortlichkeit«, und jetzt geben Sie uns ein Muster, bei dem eine Klasse zwei Zuständigkeiten hat. Beim Composite-Pattern verwaltet die gleiche Klasse die Hierarchie UND führt die Operationen für Speisekarten aus.

Die Beobachtung ist nicht so falsch. Wir könnten sagen, dass das Composite-Muster das Prinzip der singulären Verantwortlichkeit nimmt und der *Transparenz* opfert. Was ist Transparenz? Hm. Dadurch dass wir erlauben, dass die Komponenten-Schnittstelle Operationen zur Verwaltung der Kinder *und* Operationen auf den Blättern enthält, erhalten wir die Möglichkeit, Komposita und Blattknoten auf gleiche Weise zu behandeln. Ob ein Element ein Kompositum oder ein Blattknoten ist, ist für den Client also transparent.

Da wir in der Komponenten-Klasse beide Operationen unterstützen, verlieren wir in einem gewissen Grad die *Sicherheit*, weil ein Client versuchen könnte, eine ungeeignete oder bedeutungslose Operation auf einem Element auszuführen (beispielsweise versuchen könnte, einer Speise eine Speisekarte hinzuzufügen). Das ist eine Entwurfsentscheidung. Wir hätten das Design in eine andere Richtung entwickeln und die Verantwortlichkeiten in verschiedene Schnittstellen aufspalten können. Das würde unseren Entwurf in der Hinsicht sicherer machen, dass ungeeignete Aufrufe auf Elementen zur Kompilier- oder Laufzeit abgefangen werden könnten. Aber wir würden die Transparenz verlieren. Unser Code müsste dann Bedingungen prüfen und mit dem `instanceof`-Operator arbeiten.

Um zu Ihrer Frage zurückzukehren: Das ist ein klassischer Fall eines Kompromisses. Wir lassen uns von Entwurfsprinzipien leiten, müssen dabei aber immer berücksichtigen, welche Auswirkungen diese auf unser Design haben. Manchmal machen wir mit Absicht Dinge, die ein Prinzip zu verletzen scheinen. In manchen Fällen ist das allerdings eine Frage der Perspektive. Es könnte beispielsweise wie ein Fehler aussehen, Blattknoten mit Operationen zur Verwaltung von Kindern (wie hinzufügen(), entfernen() und getKind()) auszustatten, aber aus anderer Perspektive betrachtet, können Sie in einem Blatt auch einen Knoten mit null Kindern sehen.

Sie sind hier ▸ **375**

Rückblick auf den Iterator

Ein Rückblick auf Iterator

Wir haben Ihnen vor ein paar Seiten versprochen, dass wir Ihnen zeigen werden, wie man einen Iterator mit einem Kompositum verwendet. Sie wissen, dass wir bereits einen Iterator in unserer internen Implementierung der Methode ausgeben() verwenden. Aber wir können es der Kellnerin gestatten, über das ganze Kompositum zu iterieren, wenn sie beispielsweise die ganze Speisekarte durchgehen möchte, um die vegetarischen Speisen herauszuziehen.

Um den Kompositum-Iterator zu implementieren, fügen wir jeder Komponente eine erstelleIterator()-Methode hinzu. Wir beginnen mit der abstrakten Klasse SpeisekartenKomponente:

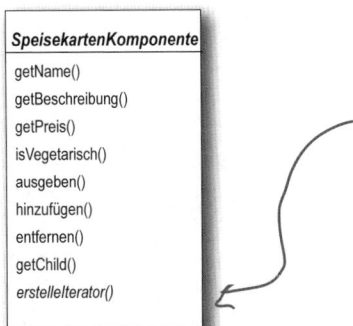

Wir haben der SpeisekartenKomponente eine erstelleIterator()-Methode hinzugefügt. Das bedeutet, dass alle Speisekarten und Speisen diese Methode implementieren müssen. Es bedeutet auch, dass ein Aufruf von erstelleIterator() auf einem Kompositum bewirken sollte, dass er auf alle Kinder des Kompositums angewandt wird.

Jetzt müssen wir diese Methode in den Klassen Speisekarte und Speise implementieren:

```
public class Speisekarte extends SpeisekartenKomponente {
  Iterator<SpeisekartenKomponente> iterator = null;
  // der restliche Code ändert sich nicht

  public Iterator<SpeisekartenKomponente> erstelleIterator() {
    if (iterator == null) {
      iterator = KompositumIterator(speisekartenKomponenten.iterator());
    }
    return iterator
  }
}
```

Hier werden wir einen neuen Iterator verwenden, den wir KompositumIterator nennen. Er weiß, wie man über ein beliebiges Kompositum iteriert. Wir übergeben ihm den Iterator des aktuellen Kompositums.

```
public class Speise extends SpeisekartenKomponente {

  // der restliche Code ändert sich nicht

  public Iterator<SpeisekartenKomponente> erstelleIterator() {
    return new NullIterator();
  }

}
```

Jetzt zu den Speisen ...

Wow! Was ist denn dieser NullIterator?

Das werden Sie in ein paar Seiten erfahren.

Der KompositumIterator

Der KompositumIterator ist ein ERNSTHAFTER Iterator. Es ist seine Aufgabe, über die SpeisekartenKomponenten in der Komponente zu iterieren und dabei sicherzustellen, dass alle Kind-Speisekarten (und Kind-Kind-Speisekarten und so weiter) eingeschlossen werden.

Hier ist der Code. Passen Sie auf – es ist nicht viel Code, aber er kann einem schon etwas den Kopf verdrehen. Während Sie ihn durchgehen, müssen Sie sich einfach immer wieder sagen: »Rekursion ist mein Freund, Rekursion ist mein Freund.«

AUFGEPASST! REKURSIONSZONE

```java
import java.util.*;

public class KompositumIterator implements Iterator<SpeisekartenKomponente> {
  Stack<Iterator<SpeisekartenKomponente>> stack =
                        new Stack<Iterator<SpeisekartenKomponente>>();

  public KompositumIterator(Iterator<SpeisekartenKomponente> iterator) {
    stack.push(iterator);
  }

  public SpeisekartenKomponente next() {
    if (hasNext()) {
      Iterator<SpeisekartenKomponente> iterator = stack.peek();
      SpeisekartenKomponente komponente = iterator.next();

      stack.push(komponente.erstelleIterator());

      return komponente;
    } else {
      return null;
    }
  }

  public boolean hasNext() {
    if (stack.empty()) {
      return false;
    } else {
      Iterator<SpeisekartenKomponente> iterator = stack.peek();
      if (!iterator.hasNext()) {
        stack.pop();
        return hasNext();
      } else {
        return true;
      }
    }
  }
}
```

Wie bei allen Iteratoren implementieren wir das Interface java.util.Iterator.

Der Iterator des Toplevel-Kompositums, über das wir iterieren, wird übergeben. Wir stecken ihn in eine Stack-Datenstruktur.

Wenn der Client das nächste Element möchte, müssen wir erst sicherstellen, dass noch ein Element vorhanden ist. Dazu rufen wir hasNext() auf.

Wenn es ein nächstes Element gibt, holen wir uns den aktuellen Iterator vom Stack und rufen sein nächstes Element ab.

Dann schieben wir den Iterator dieser Komponente auf den Stack. Wenn die Komponente eine Speisekarte ist, werden ihre Elemente durchlaufen. Wenn die Komponente eine Speise ist, erhalten wir einen NullIterator, und es erfolgt keine Iteration. Dann liefern wir die Komponente zurück.

Um zu sehen, ob es ein weiteres Element gibt, prüfen wir, ob der Stack leer ist. Ist er leer, gibt es keine Elemente mehr.

Andernfalls holen wir den Iterator vom Stack herunter und prüfen, ob er ein nächstes Element enthält. Enthält er kein nächstes Element mehr, entfernen wir ihn vom Stack und rufen rekursiv hasNext() auf.

Andernfalls gibt es ein nächstes Element, und wir liefern true zurück.

Da wir das Löschen von Elementen nicht unterstützen, bieten wir keine Implementierung und stützen uns auf das Standardverhalten in java.util.iterator.

Intern und extern

Das ist richtig ernsthafter Code ... ich versuche mir gerade vorzustellen, warum der Code, mit dem man über ein Kompositum iteriert, so viel schwerer ist als der Iterationscode, den wir für die ausgeben()-Methode der Klasse SpeisekartenKomponente geschrieben haben.

Als wir die ausgeben()-Methode der Klasse SpeisekartenKomponente geschrieben haben, haben wir einen Iterator verwendet, um alle Elemente in der Komponente zu durchlaufen und dann rekursiv wieder die Methode ausgeben() aufzurufen, wenn es sich bei dieser Komponente um eine Speisekarte (keine Speise) handelte. Anders ausgedrückt: Die SpeisekartenKomponente hat sich um die Iteration selbst gekümmert – sie wickelt sie *intern* ab.

Mit diesem Code implementieren wir einen *externen* Iterator und müssen deswegen viel mehr Dinge nachhalten. Zunächst einmal muss ein externer Iterator seine Position in der Iteration festhalten, damit ein außen stehender Client die Iteration steuern kann, indem er hasNext() und next() aufruft. Aber in diesem Fall muss unser Code diese Position sogar über eine komposite, rekursive Struktur festhalten. Deswegen verwenden wir diesen Stack, um unsere Position festzuhalten, während wir uns in der Hierarchie des Kompositums auf- und abbewegen.

Die Iterator- und Composite-Muster

Zeichnen Sie ein Diagramm der Speisekarten und Speisen. Tun Sie dann so, als wären Sie der KompositumIterator und es wäre Ihre Aufgabe, die Aufrufe von hasNext() und next() zu verarbeiten. Zeichnen Sie den Weg nach, auf dem der KompositumIterator die Struktur durchquert, während folgender Code ausgeführt wird:

```
public void testeKompositumIterator(SpeisekartenKomponente komponente) {
  KompositumIterator iterator = new KompositumIterator(komponente.iterator);

  while(iterator.hasNext()) {
    SpeisekartenKomponente komponente = iterator.next();
  }
}
```

Sie sind hier ▸ **379**

Der Null-Iterator

Und was hat es jetzt mit diesem NullIterator auf sich? Denken Sie sich das so: Bei einer Speise gibt es nichts, worüber man iterieren könnte. Was also machen wir mit ihrer Implementierung der Methode erstelleIterator()? Na, wir haben zwei Möglichkeiten:

HINWEIS: Ein weiteres Beispiel für das Null-Objekt-»Entwurfsmuster«.

Möglichkeit 1:
Wir liefern null zurück.

Wir könnten aus erstelleIterator() null zurückliefern. Aber dann würden wir im Client Code für eine Bedingungsprüfung benötigen, um festzustellen, ob null zurückgeliefert wurde oder nicht.

Möglichkeit 2:
Wir liefern einen Iterator zurück, der immer false zurückliefert, wenn hasNext() aufgerufen wird.

Das scheint ein besserer Plan zu sein. Wir können immer noch einen Iterator zurückliefern, und der Client muss sich nicht darum kümmern, ob null zurückgeliefert wird oder nicht. Im Grunde erstellen wir damit einen Iterator, der ein »No-Op« ist.

Die zweite Möglichkeit scheint eindeutig besser zu sein. Geben wir der entsprechenden Klasse den Namen NullIterator und implementieren wir sie.

Das ist der faulste Iterator, der Ihnen je begegnet ist. Bei jedem Schritt zuckt er einfach nur mit den Schultern.

```java
import java.util.Iterator;

public class NullIterator implements Iterator<SpeisekartenKomponente> {
    public Object next() {
        return null;
    }
    public boolean hasNext() {
        return false;
    }
    public void remove() {
        throw new UnsupportedOperationException();
    }
}
```

Wenn next() aufgerufen wird, liefern wir null zurück.

Das ist das Wichtigste. Wenn hasNext() aufgerufen wird, liefern wir immer false zurück.

Natürlich denkt der NullIterator nicht einmal im Traum daran, remove() zu unterstützen. Wir könnten uns diese Implementierung auch sparen und es stattdessen der java.util.Iterator-Standardimplementierung überlassen, sich darum zu kümmern.

Was gibt es für vegetarische Speisen?

Endlich haben wir eine Möglichkeit, über alle Elemente der Speisekarte zu iterieren. Nutzen wir diese, um der Kellnerin eine Methode zu geben, die uns genau sagen kann, welche Elemente vegetarisch sind.

```java
public class Kellnerin {
  SpeisekartenKomponente alleSpeisekarten;

  public Kellnerin(SpeisekartenKomponente alleSpeisekarten) {
    this.alleSpeisekarten = alleSpeisekarten;
  }

  public void speisekarteAusgeben() {
    alleSpeisekarten.ausgeben();
  }

  public void vegetarischeSpeisekarteAusgeben() {
    Iterator iterator = alleSpeisekarten.erstelleIterator();

    System.out.println("\nVEGETARISCHE SPEISEKARTE\n----");
    while (iterator.hasNext()) {
      SpeisekartenKomponente speisekartenKomponente =
          iterator.next();
      try {
        if (speisekartenKomponente.isVegetarisch()) {
          speisekartenKomponente.ausgeben();
        }
      } catch (UnsupportedOperationException e) {}
    }
  }
}
```

Die Methode vegetarischeSpeisekarteAusgeben() nimmt das Kompositum alleSpeisekarten und holt sich seinen Iterator. Das ist dann unser KompositumIterator.

Es werden alle Elemente des Kompositums durchlaufen.

Auf allen Elementen wird die Methode isVegetarisch() aufgerufen, und wenn diese true zurückliefert, wird seine ausgeben()-Methode aufgerufen.

ausgeben() wird nur auf Speisen, nie auf Komposita aufgerufen. Ist Ihnen klar, warum?

Wir haben isVegetarisch() bei der Speisekarte so implementiert, dass immer eine Exception ausgelöst wird. Wenn das passiert, fangen wir die Exception ab, fahren dann aber mit unserer Iteration fort.

Die Magie von Iteratoren und Komposita

Die Magie von Iteratoren und Komposita zusammen

Puh! Es war eine ordentliche Entwicklungsquälerei, unseren Code an diesen Punkt zu bringen. Jetzt haben wir eine allgemeine Speisekarten-Struktur, die unserem expandierenden Restaurant-Imperium eine ganze Weile reichen sollte. Jetzt ist es Zeit, sich zurückzulehnen und ein paar vegetarische Speisen zu bestellen:

```
Datei  Bearbeiten  Fenster  Hilfe  HabenSieIhrenIteratorHeuteSchonGedrückt?
% java SpeisekartenTestlauf
VEGETARISCHE SPEISEKARTE
----
  Spezial Pfannkuchen-Frühstück(v), 2.99
     -- Pfannkuchen mit Rührei und Toast
  Blaubeerpfannkuchen(v), 3.49
     -- Pfannkuchen mit frischen Blaubeeren und Blaubeersirup
  Waffeln(v), 3.59
     -- Waffeln mit Blaubeeren oder Erdbeeren
  Vegetarisches Sandwich(v), 2.99
     -- (Falscher) Schinken mit Salat & Tomate auf Vollkornbrot
  Gedünstetes Gemüse auf braunem Reis(v), 3.99
     -- Gedünstetes Gemüse auf braunem Reis
  Pasta(v), 3.89
     -- Spaghetti mit Marinara-Soße und einer Scheibe Ciabatta-Brot
  Apfelkuchen(v), 1.59
     -- Heißer Apfelkuchen mit Sahne und Vanilleeis
  Käsekuchen(v), 1.99
     -- Cremiger Käsekuchen mit Kirschen
  Sorbet(v), 1.89
     -- Himbeer- und Zitronen-Sorbet
  Apfelkuchen(v), 1.59
     -- Heißer Apfelkuchen mit Sahne und Vanilleeis
  Käsekuchen(v), 1.99
     -- Cremiger Käsekuchen mit Kirschen
  Sorbet(v), 1.89
     -- Himbeer- und Zitronen-Sorbet
  Vegetarischer Burger mit Pommes(v), 3.99
     -- Vegetarischer Burger auf Vollkornbrötchen mit Salat, Tomaten und Pommes
  Burrito(v), 4.29
     -- Ein großer Burrito mit Bohnen, Salsa und Mais
  Zupfkuchen(v), 1.59
     -- Schokoladen-Vanille-Kuchen
  Kekse(v), 0.89
     -- Drei wunderbar krümelige Kekse
  Zupfkuchen(v), 1.59
     -- Schokoladen-Vanille-Kuchen
  Kekse(v), 0.89
     -- Drei wunderbar krümelige Kekse
%
```

Die vegetarische Speisekarte besteht aus den vegetarischen Speisen aller Speisekarten.

Die Iterator- und Composite-Muster

Mir ist aufgefallen, dass Sie in Ihrer Methode vegetarischeSpeisekarteAusgeben() try/catch verwenden, um die Logik von Speisekarten zu handhaben, die die Methode isVegetarisch() nicht unterstützen. Mir hat man immer gesagt, dass das kein guter Programmierstil sei.

Sehen wir uns mal an, wovon Sie reden:

```
try {
  if (speisekartenKomponente.isVegetarisch()) {
    speisekartenKomponente.ausgeben();
  }
} catch (UnsupportedOperationException e) {}
```

Wir rufen isVegetarisch() auf allen SpeisekartenKomponenten auf, aber Speisekarten lösen eine Exception aus, weil sie diese Operation nicht unterstützen.

Wenn die SpeisekartenKomponente die Operation nicht unterstützt, werfen wir die Exception einfach weg und ignorieren sie.

Im Allgemeinen würden wir Ihnen da zustimmen. try/catch ist für die Fehlerbehandlung gedacht, nicht für die Programmlogik. Aber welche anderen Möglichkeiten haben wir? Wir hätten mit instanceOf() den Laufzeittyp der SpeisekartenKomponente prüfen können, um sicherzustellen, dass die SpeisekartenKomponente eine Speise ist, bevor wir isVegetarisch() aufrufen. Aber dabei würden wir *Transparenz* verlieren, weil wir Speisen und Speisekarten nicht mehr auf gleiche Weise behandeln würden.

Wir könnten isVegetarisch() in den Speisekarten auch so ändern, dass die Methode false zurückliefert. Das böte eine einfache Lösung und würde die Transparenz bewahren.

In unserer Lösung liegt die Priorität auf Klarheit: Wir möchten unbedingt vermitteln, dass das eine Operation ist, die von Speisekarte nicht unterstützt wird (und das ist etwas anderes als zu sagen, dass isVegetarisch() false ist). Sie berücksichtigt auch, dass irgendwann jemand kommen könnte und eine vernünftige isVegetarisch()-Methode für Speisekarte implementiert. Diese würde dann problemlos mit unserem bestehenden Code zusammenarbeiten.

Das ist unsere Geschichte, und bei der werden wir bleiben.

Sie sind hier ▶

Interview mit dem Composite-Muster

Muster unter der Lupe
Interview der Woche:
Das Composite-Muster und Implementierungsprobleme

Von Kopf bis Fuß: Heute Abend haben wir das Composite-Muster zu Gast. Vielleicht erzählen Sie uns etwas über sich selbst, Composite?

Composite: Klar ... ich bin das Muster, das man verwendet, wenn man eine Sammlung von Objekten mit Teil-Ganzes-Verhältnissen hat und man diese Objekte auf gleiche Weise behandeln möchte.

Von Kopf bis Fuß: Aha – haken wir da vielleicht etwas nach ... was meinen Sie mit Teil-Ganzes-Verhältnissen?

Composite: Denken Sie beispielsweise an eine grafische Benutzer-Schnittstelle. Bei diesen haben Sie oft eine Toplevel-Komponente wie einen Frame oder ein Panel, die andere Komponenten wie Menüs, Text, Teilfenster, Scrollbars und Buttons enthält. Ihr GUI besteht also aus verschiedenen Teilen. Aber wenn Sie es anzeigen lassen, betrachten Sie es normalerweise als ein Ganzes. Sie sagen der Toplevel-Komponente, dass sie sich anzeigen soll, und verlassen sich dabei darauf, dass sie all ihre Teile anzeigt. Die Komponenten, die andere Komponenten enthalten, bezeichnen wir als Kompositum-Objekte, und die Komponenten, die keine anderen Komponenten enthalten, als Blatt-Objekte.

Von Kopf bis Fuß: Ist es das, was Sie meinen, wenn Sie davon sprechen, Objekte auf gleiche Weise zu behandeln? Gemeinsame Methoden zu haben, die auf Komposita und Blättern aufgerufen werden können?

Composite: Richtig. Ich kann einem Kompositum sagen, dass es sich anzeigen soll, oder einem Blatt sagen, dass es sich anzeigen soll, und beide tun genau das Richtige. Das Kompositum zeigt sich an, indem es all seinen Komponenten sagt, dass sie sich anzeigen sollen.

Von Kopf bis Fuß: Das impliziert aber, dass alle Objekte die gleiche Schnittstelle haben. Was ist, wenn Ihr Kompositum Objekte enthält, die unterschiedliche Dinge tun?

Composite: Damit das Kompositum für die Clients transparent arbeitet, müssen alle Objekte im Kompositum die gleiche Schnittstelle implementieren. Sonst muss sich der Client damit herumschlagen, welche Schnittstelle die einzelnen Objekte implementieren. Und das würde dem eigentlichen Zweck natürlich zuwiderlaufen. Das bedeutet natürlich, dass man gelegentlich Objekte hat, für die manche Methodenaufrufe keinen Sinn machen.

Von Kopf bis Fuß: Und wie gehen Sie dann damit um?

Composite: Hm. Es gibt verschiedene Möglichkeiten, damit umzugehen. Manchmal kann man einfach nichts tun oder null bzw. false zurückliefern – was auch immer für die jeweilige Anwendung gerade Sinn macht. Manchmal will man die Initiative ergreifen und löst eine Exception aus. Natürlich muss der Client dann dazu bereit sein, etwas zu arbeiten, um sicherzustellen, dass der Methodenaufruf nichts Unerwartetes tut.

Von Kopf bis Fuß: Aber wenn der Client nicht weiß, mit welcher Art Objekt er es zu tun hat, wie weiß er dann, welche Aufrufe er machen kann, ohne vorher eine Typprüfung durchzuführen?

Composite: Mit ein bisschen Kreativität kann man seine Methoden so strukturieren, dass die Default-Implementierungen etwas tun, was Sinn ergibt. Beispielsweise macht es Sinn, wenn der Client auf einem Kompositum getKind() aufruft. Und es ist auch bei einem Blatt sinnvoll, wenn man sich ein Blatt als ein Objekt ohne Kinder vorstellt.

Von Kopf bis Fuß: Ah ... clever. Aber ich habe gehört, dass sich manche Clients über diese Dinge so viele Gedanken machen, dass sie separate Schnittstellen für die verschiedenen Objekte verlangen, damit sie unsinnige Aufrufe erst gar nicht durchführen können. Hat man dann immer noch das Composite-Muster?

Composite: Ja. Das ist eine viel sicherere Version des Composite-Musters, aber sie erfordert, dass der Client den Typ aller Objekte prüft, bevor er einen Aufruf auf einem Objekt durchführt, damit er das Objekt auf den richtigen Typ casten kann.

Von Kopf bis Fuß: Erzählen Sie uns noch mehr darüber, wie diese Kompositum- und Blatt-Objekte strukturiert sind.

Composite: In der Regel ist das eine Baumstruktur, eine Art von Hierarchie. Die Wurzel ist das Toplevel-Kompositum, und alle seine Kinder sind entweder Komposita oder Blattknoten.

Von Kopf bis Fuß: Zeigen Kinder manchmal auch auf ihre Eltern zurück?

Composite: Ja, eine Komponente kann einen Zeiger auf ein Elternelement haben, um die Durchquerung der Struktur zu erleichtern. Und wenn Sie eine Referenz auf ein Kind haben und das Kind löschen müssen, dann müssen Sie eine Referenz auf das Elternelement haben, damit Sie das Kindelement löschen können. Das ist natürlich einfacher, wenn das Kind eine Referenz auf das Elternelement enthält.

Von Kopf bis Fuß: Bei Ihrer Implementierung sind ja tatsächlich ein Reihe von Dingen zu beachten. Gibt es noch mehr, was man im Auge haben muss, wenn man das Composite-Muster implementiert?

Composite: Das gibt es tatsächlich ... eins ist die Anordnung der Kinder. Was ist beispielsweise, wenn man ein Kompositum hat, dessen Kinder in einer bestimmten Reihenfolge gehalten werden müssen? Dann brauchen Sie ein ausgefeiltes Schema zur Verwaltung des Hinzufügens und Entfernens von Kindern. Außerdem müssen Sie aufpassen, wie Sie die Hierarchie durchqueren.

Von Kopf bis Fuß: Ein guter Punkt. Daran hatte ich gar nicht gedacht.

Composite: Und haben Sie ans Caching gedacht?

Von Kopf bis Fuß: Caching?

Composite: Ja, Caching. Manchmal ist die zusammengesetzte Struktur so komplex oder ihre Durchquerung so teuer, dass es hilfreich ist, einen Cache für die Knoten des Kompositums einzurichten. Wenn Sie permanent ein Kompositum durchqueren, dessen Kinder immer wieder irgendwelche Berechnungen durchführen, könnten Sie beispielsweise einen Cache implementieren, der die Ergebnisse vorübergehend zwischenspeichert, um damit Durchquerungen zu sparen.

Von Kopf bis Fuß: Am Composite-Muster ist also tatsächlich viel mehr dran, als ich jemals gedacht hätte. Noch eine Frage, bevor wir für heute Schluss machen: Was halten Sie für Ihre größte Stärke?

Composite: Ich denke, dass ich das Leben meiner Clients definitiv erleichtere. Meine Clients müssen sich nicht darum kümmern, ob sie es mit einem Kompositum oder mit einem Blatt zu tun haben. Sie müssen also nicht überall Anweisungen einstreuen, mit denen sie sicherstellen, dass sie die richtigen Methoden auf dem richtigen Objekt aufrufen. Häufig reicht ein einziger Methodenaufruf aus, um eine Operation auf einer vollständigen Struktur durchzuführen.

Von Kopf bis Fuß: Das klingt wie ein gewaltiger Vorteil. Kein Zweifel, Sie sind ein Muster, das man bei der Hand haben sollte, wenn man Objekte sammeln und verwalten muss. Und damit ist unsere Zeit auch schon wieder abgelaufen ... Wir bedanken uns bei unseren Zuschauern und hoffen, dass Sie wieder dabei sind, wenn es heißt: Muster unter der Lupe.

Entwurfsmuster-Kreuzworträtsel

Es ist wieder so weit, Ihrem Gehirn ein Kreuzworträtsel zuzumuten.

Waagerecht

6. Das Iterator-Muster entkoppelt den Client von den Aggregat-____.
7. Wir haben PfannkuchenhausSpeisekartenIterator gelöscht, weil diese Klasse bereits einen Iterator bot.
9. Iteratoren werden üblicherweise unter Verwendung dieses Musters erstellt.
10. Ein separates Objekt, das eine Collection durchqueren kann.
12. Diese Klasse unterstützt Iterator indirekt.
13. Ein Kompositum enthält ____.
16. GUI-Pakete verwenden dieses Muster oft für ihre Komponenten.
17. Das dritte Unternehmen, das erworben wurde.
18. Hat mit dem Restaurant fusioniert.
19. Eine Komponente kann ein Kompositum oder ein ____ sein.

Senkrecht

1. Wir haben sie mit Java motorisiert.
2. Hashtable und ArrayList implementieren beide dieses Interface.
3. Hat keine Kinder.
4. Wir kapseln die ____.
5. Es gibt ein Prinzip, das besagt, dass eine Klasse eine ____ haben soll.
8. Für eine Klasse sollte es nur einen Grund für ____ geben.
11. Wurde vom KompositumIterator viel verwendet.
14. Collection und Iterator stammen aus diesem Paket.
15. Diese Speisekarte hat uns veranlasst, unsere ganze Implementierung zu ändern.

Die Iterator- und Composite-Muster

Ordnen Sie jedem Muster die passende Beschreibung zu:

Muster	Beschreibung
Strategy	Clients behandeln Sammlungen von Objekten und einzelne Objekte auf gleiche Weise.
Adapter	Bietet eine Möglichkeit, eine Sammlung von Objekten zu durchqueren, ohne die Implementierung der Sammlung zu offenbaren.
Iterator	Vereinfacht die Schnittstelle einer Gruppe von Klassen.
Facade	Ändert die Schnittstelle von ein oder mehr Klassen.
Composite	Ermöglicht es, eine Gruppe von Objekten zu benachrichtigen, wenn sich irgendein Zustand ändert.
Observer	Kapselt austauschbare Verhalten und nutzt Delegation, um zu entscheiden, welches Verhalten genutzt wird.

Ihr Design-Werkzeugkasten

Werkzeuge für Ihren Design-Werkzeugkasten

Zwei neue Muster für Ihren Werkzeugkasten – zwei großartige Möglichkeiten, mit Collections von Objekten zu arbeiten.

Punkt für Punkt

- Ein Iterator ermöglicht Zugriff auf die Elemente eines Aggregats, ohne seine interne Struktur zu offenbaren.
- Ein Iterator übernimmt die Aufgabe, über ein Aggregat zu iterieren, und kapselt es in einem anderen Objekt.
- Wenn wir einen Iterator verwenden, erlösen wir das Aggregat von der Verantwortung, Operationen für die Durchquerung seiner Daten zur Verfügung zu stellen.
- Ein Iterator bietet eine allgemeine Schnittstelle für die Durchquerung der Elemente eines Aggregats und ermöglicht es Ihnen, beim Schreiben von Code, der die Elemente eines Aggregats verwendet, Polymorphismus zu verwenden.
- Wir sollten danach streben, dass jeder Klasse nur eine Verantwortlichkeit zugewiesen wird.
- Das Composite-Muster bietet eine Struktur, die einzelne Objekte und Komposita aufnehmen kann.
- Das Composite-Muster erlaubt Clients, Komposita und einzelne Objekte auf gleiche Weise zu behandeln.
- Jedes Objekt in einer zusammengesetzten Struktur ist eine Komponente.
- Komponenten können andere Komponenten oder Blattknoten sein.
- Bei der Implementierung von Composite gibt es viele Designkompromisse. Sie müssen einen Ausgleich zwischen Transparenz und Sicherheit und Ihren Anforderungen finden.

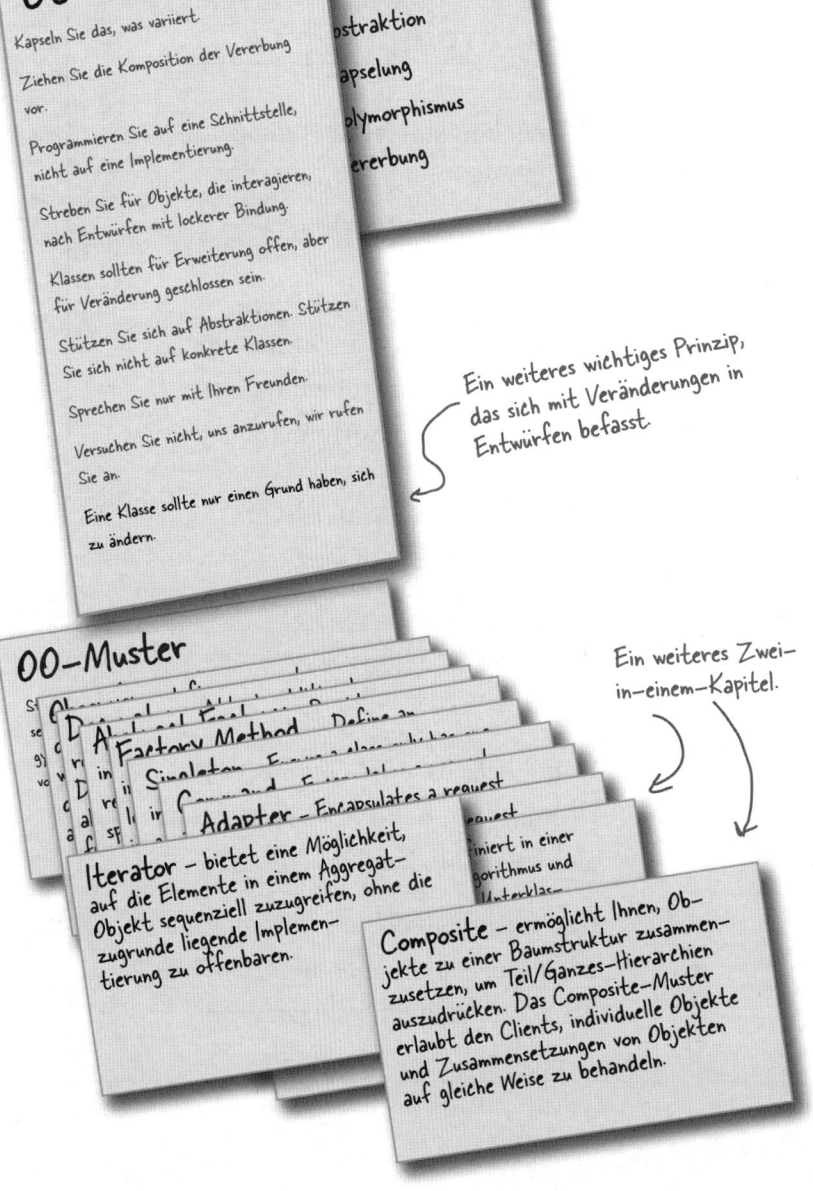

Spitzen Sie Ihren Bleistift
Lösung

Welche der folgenden Antworten treffen auf unsere Implementierung der Methode speisekarteAusgeben() zu?

☑ A. Wir schreiben den Code gegen die konkreten Implementierungen PfannkuchenhausSpeisekarte und RestaurantSpeisekarte, nicht gegen eine Schnittstelle.

☐ B. Die Kellnerin implementiert die Java-Kellnerin-API nicht und befolgt deshalb den Standard nicht.

☑ C. Wenn wir uns entschließen würden, von der MittagessenSpeisekarte zu einem anderen Typ von Speisekarte zu wechseln, die ihre Speiseliste mit einer Hashtable implementiert, müssten wir in der Kellnerin eine Menge Code ändern.

☑ D. Die Kellnerin muss wissen, wie die einzelnen Speisekarten ihre internen Collections von Speisen verwalten. Das verletzt die Kapselung.

☑ E. Wir haben doppelten Code: Die Methode speisekarteAusgeben() benötigt zwei verschiedene Schleifen, um die unterschiedlichen Typen von Speisekarten zu durchlaufen. Und wenn wir einen dritten Typ von Speisekarte hinzufügen würden, hätten wir noch eine weitere Schleife.

☐ F. Die Implementierung basiert nicht auf SXML (Speisekarten-XML) und ist nicht so vollständig kompatibel, wie sie sein sollte.

Spitzen Sie Ihren Bleistift
Lösung

Schreiben Sie, bevor Sie einen Blick auf die nächste Seite werfen, schnell die drei Dinge auf, die wir mit diesem Code machen müssen, bevor wir ihn in unser Framework einfügen können:

1. die Schnittstelle Speisekarte implementieren

2. getSpeisen() loswerden

3. erstelleIterator() hinzufügen und einen Iterator zurückliefern, der die Hashtable-Werte durchlaufen kann

Lösungen zu den Übungen

Der entwirrte »alternierende« RestaurantSpeisekarten-Iterator

```java
import java.util.Iterator;
import java.util.Calendar;

public class AlternierenderRestaurantSpeisekartenIterator implements Iterator<Speise>
{
    Speise[] elemente;
    int position;

    public AlternierenderRestaurantSpeisekartenIterator(Speise[] elemente) {
        this.elemente = elemente;
        position = Calendar.DAY_OF_WEEK % 2;
    }

    public boolean hasNext() {
        if (position >= elemente.length || elemente[position] == null) {
            return false;
        } else {
            return true;
        }
    }

    public Speise next() {
        Speise speise = elemente[position];
        position = position + 2;
        return speise;
    }

    public void remove() {
        throw new UnsupportedOperationException(
          "Der alternierende Iterator für die Restaurant-Speisekarte bietet
          keine Unterstützung für remove()");
    }
}
```

Beachten Sie, dass diese Iterator-Implementierung keine Unterstützung für remove() bietet.

Die Iterator- und Composite-Muster

LÖSUNG

Ordnen Sie jedem Muster die passende Beschreibung zu:

Muster	Beschreibung
Strategy	Clients behandeln Sammlungen von Objekten und einzelne Objekte auf gleiche Weise.
Adapter	Bietet eine Möglichkeit, eine Sammlung von Objekten zu durchqueren, ohne die Implementierung der Sammlung zu offenbaren.
Iterator	Vereinfacht die Schnittstelle einer Gruppe von Klassen.
Facade	Ändert die Schnittstelle von ein oder mehr Klassen.
Composite	Ermöglicht es, eine Gruppe von Objekten zu benachrichtigen, wenn sich irgendein Zustand ändert.
Observer	Kapselt austauschbare Verhalten und nutzt Delegation, um zu entscheiden, welches Verhalten genutzt wird.

Sie sind hier ▶ **391**

Lösung des Kreuzworträtsels

Entwurfsmuster-Kreuzworträtsel, Lösung

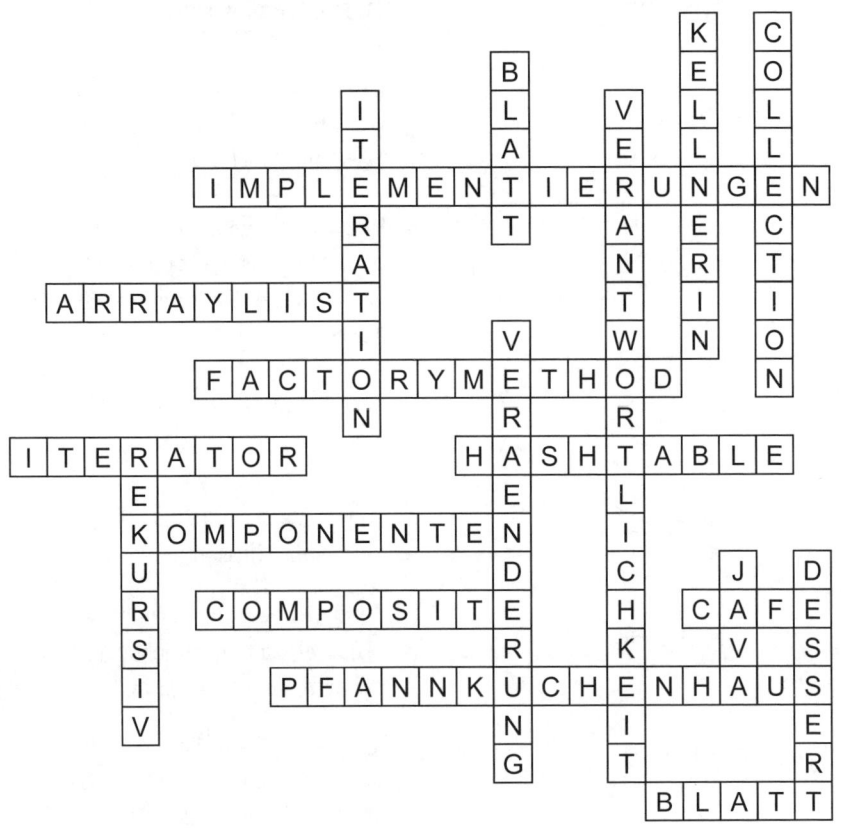

10 Das State-Muster
Die Zustände in Objekthausen

> Ich dachte, es würde alles so einfach in Objekthausen – aber jetzt ... Kaum dreh ich mich um, kommt schon eine neue Änderungsanfrage herein. Ich bin völlig fertig! Ach, vielleicht hätte ich tatsächlich zu Bettys Mittwochabend-Mustergruppe gehen sollen. Ich krieg hier noch Zustände!

Eine kaum bekannte Tatsache ist: Das Strategy- und das State-Muster sind Zwillinge, die bei der Geburt getrennt wurden. Wie Sie schon wissen, hat das Strategy-Muster später ein supererfolgreiches Geschäft mit austauschbaren Algorithmen aufgebaut. Das State-Pattern hingegen hat einen anderen – vielleicht edelmütigeren – Weg eingeschlagen: Es hilft Objekten, ihr Verhalten mittels Veränderung ihres internen Zustands zu kontrollieren. Oft hört man es zu seiner Objekt-Klientel sagen: »Sprecht mir nach: Ich bin gut genug, ich bin klug genug, verdammt noch mal ...«

Wir stellen vor: *Kaukugel & Co. KG*

Java bringt die Kugel ins Rollen

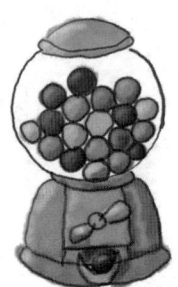

Java in Toastern – das war in den Neunzigern. Heute baut man Java in *richtige* Geräte ein, z.B. in Kaugummiautomaten. Ja, wirklich – Kaugummiautomaten sind Hightech-Geräte geworden. Die großen Hersteller haben herausgefunden, dass sie ihre Verkäufe steigern, den Bestand über das Netz überwachen und die Zufriedenheit der Kunden genauer messen können, wenn sie die Geräte mit CPUs ausrüsten.

Aber diese Hersteller sind Experten für Kaugummiautomaten und keine Software-Entwickler. Deshalb haben sie Sie um Hilfe gebeten:

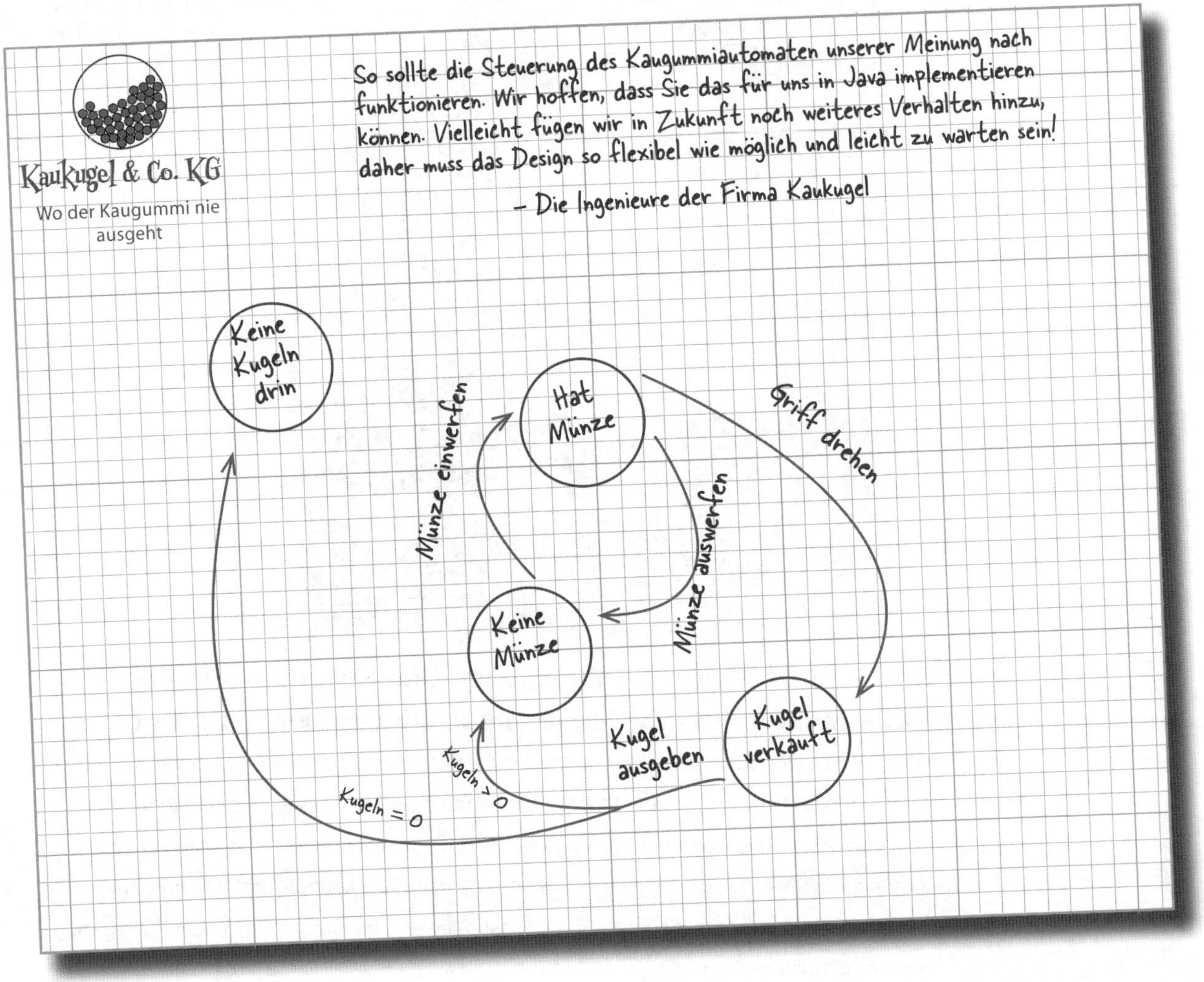

> Das ist zumindest das, was sie erzählen; wir glauben allerdings, dass ihnen einfach ihre Technik – die so ungefähr von 1800 stammt – langweilig geworden ist und dass sie nach einer Möglichkeit gesucht haben, ihren Job spannender zu machen.

Kaukugel & Co. KG
Wo der Kaugummi nie ausgeht

So sollte die Steuerung des Kaugummiautomaten unserer Meinung nach funktionieren. Wir hoffen, dass Sie das für uns in Java implementieren können. Vielleicht fügen wir in Zukunft noch weiteres Verhalten hinzu, daher muss das Design so flexibel wie möglich und leicht zu warten sein!

— Die Ingenieure der Firma Kaukugel

Zustandsdiagramm:
- Keine Kugeln drin
- Hat Münze
- Keine Münze
- Kugel verkauft

Übergänge: Münze einwerfen, Münze auswerfen, Griff drehen, Kugel ausgeben, Kugeln = 0, Kugeln > 0

Das State-Muster

Gespräch am Arbeitsplatz

Lasst uns mal einen Blick auf dieses Diagramm werfen, damit wir sehen, was die Jungs von Kaukugel & Co. wollen ...

Anne: Dieses Diagramm sieht aus wie ein Zustandsdiagramm.

Joachim: Stimmt, jeder von diesen Kreisen ist ein Zustand ...

Anne: ... und jeder Pfeil ein Zustandsübergang.

Frank: Langsam, ihr beiden, es ist schon zu lange her, dass ich Zustandsdiagramme gelernt habe. Könnt ihr mir auf die Sprünge helfen, worum es dabei geht?

Anne: Klar. Sieh dir die Kreise an, das sind Zustände. »Keine Münze« ist der Ausgangszustand des Automaten, weil er darauf wartet, dass du eine Münze reinwirfst. Die Zustände sind einfach verschiedene Konfigurationen des Automaten, die sich in bestimmter Art und Weise verhalten. Und nur durch eine Aktion wird er in einen anderen Zustand versetzt.

Joachim: Genau. Und damit du zu einem anderen Zustand gelangst, musst du irgendwas tun, z.B. eine Münze reinwerfen. Siehst du den Pfeil zwischen »Keine Münze« und »Hat Münze«?

Frank: Ja ...

Joachim: Das heißt: Wenn der Automat im Zustand »Keine Münze« ist und du wirfst eine Münze ein, wechselt er in den Zustand »Hat Münze«. Das ist der Zustandsübergang.

Frank: Ah, kapiert! Und wenn ich im Zustand »Hat Münze« bin, kann ich am Griff drehen und zu »Kugel verkauft« wechseln oder die Münze wieder auswerfen lassen und in den Zustand »Keine Münze« zurückkehren.

Anne: Jetzt hast du's verstanden!

Frank: Dann sieht das hier ja gar nicht so schlecht aus. Offenbar haben wir hier vier Zustände und auch vier Aktionen: »Münze einwerfen«, »Münze auswerfen«, »Griff drehen« und »Kugel ausgeben«. Aber ... wenn wir eine Kugel ausgeben, prüfen wir im Zustand »Kugel verkauft«, ob überhaupt noch Kugeln da sind, und gehen dann in den Zustand »Keine Kugeln drin« oder »Keine Münze« über, je nachdem. Also haben wir ja eigentlich fünf Zustandsübergänge.

Anne: Dieser Test auf null oder mehr Kugeln bedeutet auch, dass wir uns die Zahl der Kugeln merken müssen. Jedes Mal, wenn der Automat eine Kugel ausspuckt, könnte es die letzte sein – und in dem Fall brauchen wir den Übergang nach »Keine Kugeln drin«.

Joachim: Vergesst auch nicht, dass jemand etwas Sinnloses tun könnte, also z.B. versucht, eine Münze auszuwerfen, wenn der Automat im Zustand »keine Münze« ist, oder zwei Münzen einzuwerfen.

Frank: Oh, das habe ich nicht bedacht; das müssen wir berücksichtigen.

Joachim: Für jede mögliche Aktion müssen wir unseren Zustand überprüfen und dann entsprechend handeln. Das kriegen wir hin! Arbeiten wir doch mal den Code dafür aus ...

Kurzer Überblick über Zustandsautomaten

Einführungskurs »Zustandsautomaten«

Wie kommen wir von dem Zustandsdiagramm zum eigentlichen Code? Hier eine schnelle Einführung in die Implementierung von Zustandsautomaten:

1 Als Erstes suchen Sie die Zustände zusammen:

Zustände: Keine Münze, Hat Münze, Keine Kugeln drin, Kugel verkauft — Hier sind die Zustände – vier insgesamt.

2 Als Nächstes erzeugen Sie eine Instanzvariable, die den aktuellen Zustand enthält, und definieren Werte für jeden der Zustände:

Statt »Keine Kugeln drin« schreiben wir hier kurz »AUSVERKAUFT« und statt »Kugel verkauft« kurz »VERKAUFT«.

```
final static int AUSVERKAUFT = 0;
final static int KEINE_MÜNZE = 1;
final static int HAT_MÜNZE = 2;
final static int VERKAUFT = 3;

int zustand = AUSVERKAUFT;
```

Jeder Zustand wird durch einen ganzzahligen Integer-Wert repräsentiert …

… und hier ist eine Instanzvariable für den aktuellen Zustand. Wir setzen sie fürs Erste auf den Zustand »Keine Kugeln drin«, weil der Automat nach dem Auspacken und Einschalten leer ist.

3 Jetzt stellen wir die Aktionen zusammen, die in dem System vorkommen können:

Münze einwerfen   Griff drehen
    Münze auswerfen
        Kugel ausgeben

Diese Aktionen sind die Schnittstelle des Kaugummiautomaten – das, was Sie mit ihm machen können.

Wie der Vergleich mit dem Diagramm zeigt, ruft jede dieser Aktionen bei ihrem Aufruf einen Zustandsübergang hervor.

Die Ausgabe ist eher eine interne Aktion, die der Automat auf sich selbst aufruft.

④ Jetzt erzeugen wir eine Klasse, die als Zustandsautomat fungiert. Für jede Aktion erstellen wir eine Methode, die mithilfe von Bedingungsanweisungen entscheidet, welches Verhalten im jeweiligen Zustand das richtige ist. Für die Aktion »Münze einwerfen« könnten wir beispielsweise folgende Methode schreiben:

```java
public void münzeEinwerfen() {

  if (zustand == HAT_MÜNZE) {

    System.out.println("Sie können keine weitere Münze einwerfen");

  } else if (zustand == KEINE_MÜNZE) {

    zustand = HAT_MÜNZE;
    System.out.println("Sie haben eine Münze eingeworfen");

  } else if (zustand == AUSVERKAUFT) {

    System.out.println("Sie können keine Münze einwerfen, Automat ist ausverkauft");

  } else if (zustand == VERKAUFT) {

    System.out.println("Bitte warten Sie, Sie erhalten eine Kugel");

  }
}
```

Jeder mögliche Zustand wird mit einer Bedingungsanweisung überprüft ...

Es kann aber auch ein Übergang in andere Zustände erfolgen, wie im Diagramm dargestellt.

... und es wird gemäß dem jeweiligen Zustand für das richtige Verhalten gesorgt.

> Wir reden hier über eine gebräuchliche Technik: Man modelliert einen Zustand innerhalb eines Objekts, indem man eine Instanzvariable erzeugt, die die Zustandswerte enthält. In die Methoden schreibt man Bedingungsanweisungen, um den verschiedenen Zuständen entsprechend handeln zu können.

Nach diesem Kurzüberblick wollen wir jetzt den Kaugummiautomaten implementieren!

Implementierung des Kaugummiautomaten

Den Code schreiben

Jetzt ist es Zeit, den Kaugummiautomaten zu implementieren. Wir wissen, dass wir eine Instanzvariable haben, die den aktuellen Zustand enthält. Darüber müssen wir alle Aktionen und möglichen Zustandsübergänge sowie das gesamte Verhalten steuern. Bei den Aktionen müssen wir implementieren: Münzeinwurf, Münzauswurf, Drehen des Griffs und Ausgabe einer Kugel. Außerdem muss auch die Möglichkeit, dass der Automat leer ist, mit implementiert werden.

```java
public class KaugummiAutomat {
  final static int AUSVERKAUFT = 0;
  final static int KEINE_MÜNZE = 1;
  final static int HAT_MÜNZE = 2;
  final static int VERKAUFT = 3;

  int zustand = AUSVERKAUFT;
  int anzahl = 0;

  public KaugummiAutomat(int anzahl) {
    this.anzahl = anzahl;
    if (anzahl > 0) {
      zustand = KEINE_MÜNZE;
    }
  }

  public void münzeEinwerfen() {
    if (zustand == HAT_MÜNZE) {
      System.out.println("Sie können keine weitere Münze einwerfen");
    } else if (zustand == KEINE_MÜNZE) {
      zustand = HAT_MÜNZE;
      System.out.println("Sie haben eine Münze eingeworfen");
    } else if (zustand == AUSVERKAUFT) {
      System.out.println("Sie können keine Münze einwerfen, Automat ist ausverkauft");
    } else if (zustand == VERKAUFT) {
      System.out.println("Bitte warten Sie, Sie erhalten eine Kugel");
    }
  }
}
```

Hier sind die vier Zustände; sie entsprechen den Zuständen im Zustandsdiagramm von Kaukugel.

Dies ist die Instanzvariable, in der festgehalten wird, in welchem Zustand wir uns befinden. Wir beginnen im Zustand AUSVERKAUFT.

Mit einer zweiten Instanzvariablen verfolgen wir, wie viele Kugeln im Automaten sind.

Wir übergeben dem Konstruktor einen Anfangsbestand an Kugeln. Ist der Bestand nicht null, wird der Zustand des Automaten auf KEINE_MÜNZE gesetzt, d.h., der Automat wartet darauf, dass jemand eine Münze einwirft. Andernfalls bleibt er im Zustand AUSVERKAUFT.

Jetzt beginnen wir mit der Implementierung der Aktionen in Form von Methoden ...

Wenn beim Einwurf einer Münze ...

... schon eine Münze eingeworfen war, teilen wir das dem Kunden mit.

Wenn nicht, nehmen wir die Münze an und wechseln in den Zustand HAT_MÜNZE.

Wenn der Kunde gerade eine Kugel gekauft hat, muss er warten, bis der Vorgang abgeschlossen ist, bevor er eine weitere Münze einwerfen kann.

Sind die Kugeln ausverkauft, wird die Münze nicht angenommen.

Das State-Muster

```java
public void münzeAuswerfen() {                  // Wenn der Kunde die Münze zurückhaben will ...
  if (zustand == HAT_MÜNZE) {
    System.out.println("Münze wird zurückgegeben");        // Ist eine Münze da, geben wir sie
    zustand = KEINE_MÜNZE;                                 // zurück und gehen wieder in den
  } else if (zustand == KEINE_MÜNZE) {                     // Zustand KEINE_MÜNZE.
    System.out.println("Sie haben keine Münze eingeworfen");
                                                           // Ist dagegen keine vorhanden,
  } else if (zustand == VERKAUFT) {                        // können wir sie natürlich auch
    System.out.println("Zu spät, leider haben Sie den Griff schon gedreht");
                                                           // nicht zurückgeben.
  } else if (zustand == AUSVERKAUFT) {
    System.out.println("Auswurf nicht möglich, Sie haben keine Münze eingeworfen");
  }
}
    // Ist der Automat ausverkauft, nimmt er gar kein     // Hat der Kunde gerade den
    // Geld an – dann können wir auch nichts auswerfen!   // Griff gedreht, können wir kein
                                                          // Geld erstatten – er bekommt
    // Der Kunde versucht, den Griff zu drehen ...        // ja bereits seinen Kaugummi!

public void griffDrehen() {
  if (zustand == VERKAUFT) {          // Jemand versucht, den Automaten zu betrügen.
    System.out.println("Auch wenn Sie zweimal drehen,
                        bekommen Sie keine zweite Kugel!");
                                                          // Wir wollen erst
  } else if (zustand == KEINE_MÜNZE) {                    // eine Münze
    System.out.println("Sie haben gedreht, aber es ist keine Münze da");
                                                          // haben.
  } else if (zustand == AUSVERKAUFT) {                    // Wir können
    System.out.println("Sie haben gedreht, aber es sind keine Kugeln da");
                                                          // keine Kugeln
  } else if (zustand == HAT_MÜNZE) {                      // ausgeben – sind
    System.out.println("Sie haben den Griff gedreht ..."); // ja keine da!
    zustand = VERKAUFT;
    kugelAusgeben();
  }                                   // Aaah! Kunde bekommt eine Kugel!
}                                     // Zustand in VERKAUFT ändern und
                                      // Methode kugelAusgeben() aufrufen.
       // Wird aufgerufen, damit eine
       // Kaugummikugel ausgegeben wird.
                                                          // Wir sind im Zustand
public void kugelAusgeben() {                             // VERKAUFT – gib
  if (zustand == VERKAUFT) {                              // ihm die Kugel!
    System.out.println("Eine Kugel rollt aus dem Ausgabeschacht");
    anzahl = anzahl - 1;
    if (anzahl == 0) {                                    // Hier behandeln wir den Fall
      System.out.println("Hoppla, keine Kugeln da!");     // »keine Kugeln da«: War dies
      zustand = AUSVERKAUFT;                              // die letzte Kugel, setzen wir
    } else {                                              // den Zustand auf AUSVER-
      zustand = KEINE_MÜNZE;                              // KAUFT; andernfalls gehen
    }                                                     // wir zurück in den KEINE_
  } else if (zustand == KEINE_MÜNZE) {                    // MÜNZE-Zustand.
    System.out.println("Sie müssen zuerst bezahlen");
  } else if (zustand == AUSVERKAUFT) {        // Keiner dieser Fälle sollte jemals
    System.out.println("Es wird keine Kugel ausgegeben"); // eintreten, aber falls doch, gibt
  } else if (zustand == HAT_MÜNZE) {          // es eine Fehlermeldung statt
    System.out.println("Es wird keine Kugel ausgegeben"); // einer Kaugummikugel.
  }
}

// hier weitere Methoden wie z.B. toString()
}
```

Der Kaugummiautomat wird getestet

Interner Testlauf

Das sieht nach einem hübschen, soliden Design aus – methodisch durchdacht, oder? Aber bevor wir es Kaukugel & Co. geben, damit die es in ihre echten Kaugummiautomaten laden, wollen wir es lieber noch firmenintern testen. Hier unsere Testausrüstung:

```java
public class KaugummiAutomatTestlauf {
  public static void main(String[] args) {
    KaugummiAutomat kaugummiAutomat = new KaugummiAutomat(5);

    System.out.println(kaugummiAutomat);

    kaugummiAutomat.münzeEinwerfen();
    kaugummiAutomat.griffDrehen();

    System.out.println(kaugummiAutomat);

    kaugummiAutomat.münzeEinwerfen();
    kaugummiAutomat.münzeAuswerfen();
    kaugummiAutomat.griffDrehen();

    System.out.println(kaugummiAutomat);

    kaugummiAutomat.münzeEinwerfen();
    kaugummiAutomat.griffDrehen();
    kaugummiAutomat.münzeEinwerfen();
    kaugummiAutomat.griffDrehen();
    kaugummiAutomat.münzeAuswerfen();

    System.out.println(kaugummiAutomat);

    kaugummiAutomat.münzeEinwerfen();
    kaugummiAutomat.münzeEinwerfen();
    kaugummiAutomat.griffDrehen();
    kaugummiAutomat.münzeEinwerfen();
    kaugummiAutomat.griffDrehen();
    kaugummiAutomat.münzeEinwerfen();
    kaugummiAutomat.griffDrehen();

    System.out.println(kaugummiAutomat);
  }
}
```

Mit insgesamt fünf Kaugummikugeln füllen.

Zustand des Automaten ausdrucken.

Münze einwerfen ...
Griff drehen; wir sollten einen Kaugummi bekommen.
Wiederum Zustand des Automaten ausdrucken.

Münze einwerfen ...
Münze zurückverlangen.
Griff drehen; wir sollten keinen Kaugummi bekommen.
Wiederum Zustand des Automaten ausdrucken.

Münze einwerfen ...
Griff drehen; wir sollten einen Kaugummi bekommen.
Münze einwerfen ...
Griff drehen; wir sollten einen Kaugummi bekommen.
Münze zurückverlangen, die wir nicht eingeworfen haben.
Wiederum Zustand des Automaten ausdrucken.

ZWEI Münzen einwerfen.
Griff drehen; wir sollten einen Kaugummi bekommen.
Jetzt der Härtetest ... ☺

Ein letztes Mal Zustand des Automaten ausdrucken.

```
% java KaugummiAutomatTestlauf

Kaukugel & Co. KG
Java-gestützter Kaugummi-Standautomat Modell Nr. 2005
Bestand: 5 Kaugummikugeln
Automat bereit für Münzeinwurf

Sie haben eine Münze eingeworfen
Sie haben den Griff gedreht ...
Eine Kugel rollt aus dem Ausgabeschacht

Kaukugel & Co. KG
Java-gestützter Kaugummi-Standautomat Modell Nr. 2005
Bestand: 4 Kaugummikugeln
Automat bereit für Münzeinwurf

Sie haben eine Münze eingeworfen
Münze wird zurückgegeben
Sie haben gedreht, aber es ist keine Münze da

Kaukugel & Co. KG
Java-gestützter Kaugummi-Standautomat Modell Nr. 2005
Bestand: 4 Kaugummikugeln
Automat bereit für Münzeinwurf

Sie haben eine Münze eingeworfen
Sie haben den Griff gedreht ...
Eine Kugel rollt aus dem Ausgabeschacht
Sie haben eine Münze eingeworfen
Sie haben den Griff gedreht ...
Eine Kugel rollt aus dem Ausgabeschacht
Sie haben keine Münze eingeworfen

Kaukugel & Co. KG
Java-gestützter Kaugummi-Standautomat Modell Nr. 2005
Bestand: 2 Kaugummikugeln
Automat bereit für Münzeinwurf

Sie haben eine Münze eingeworfen
Sie können keine weitere Münze einwerfen
Sie haben den Griff gedreht ...
Eine Kugel rollt aus dem Ausgabeschacht
Sie haben eine Münze eingeworfen
Sie haben den Griff gedreht ...
Eine Kugel rollt aus dem Ausgabeschacht
Hoppla, keine Kugeln da!
Sie können keine Münze einwerfen, Automat
    ist ausverkauft
Sie haben gedreht, aber es sind keine Kugeln da

Kaukugel & Co. KG
Java-gestützter Kaugummi-Standautomat Modell Nr. 2005
Bestand: 0 Kaugummikugeln
Automat ausverkauft
```

Das Kaugummikugelverkaufsspiel

Das musste ja kommen ... eine Änderungsanfrage!

Kaukugel & Co. KG hat Ihren Code in den neuesten Automaten geladen, und die Qualitätssicherungsexperten testen ihn auf Herz und Nieren. Aus ihrer Sicht sieht so weit alles prima aus.

Tatsächlich ist alles so glatt gegangen, dass sie jetzt gern einen Schritt weitergehen möchten ...

Design-Puzzle

Zeichnen Sie ein Zustandsdiagramm für den Kaugummiautomaten, das die 1-von-10-Anforderung erfüllt. Bei dieser Anforderung führt in 10% der Fälle der Zustand VERKAUFT dazu, dass zwei Kugeln ausgegeben werden statt nur einer. Bevor Sie weiterlesen, vergleichen Sie Ihre Antwort mit unserer (am Kapitelende) und vergewissern sich, dass wir übereinstimmen.

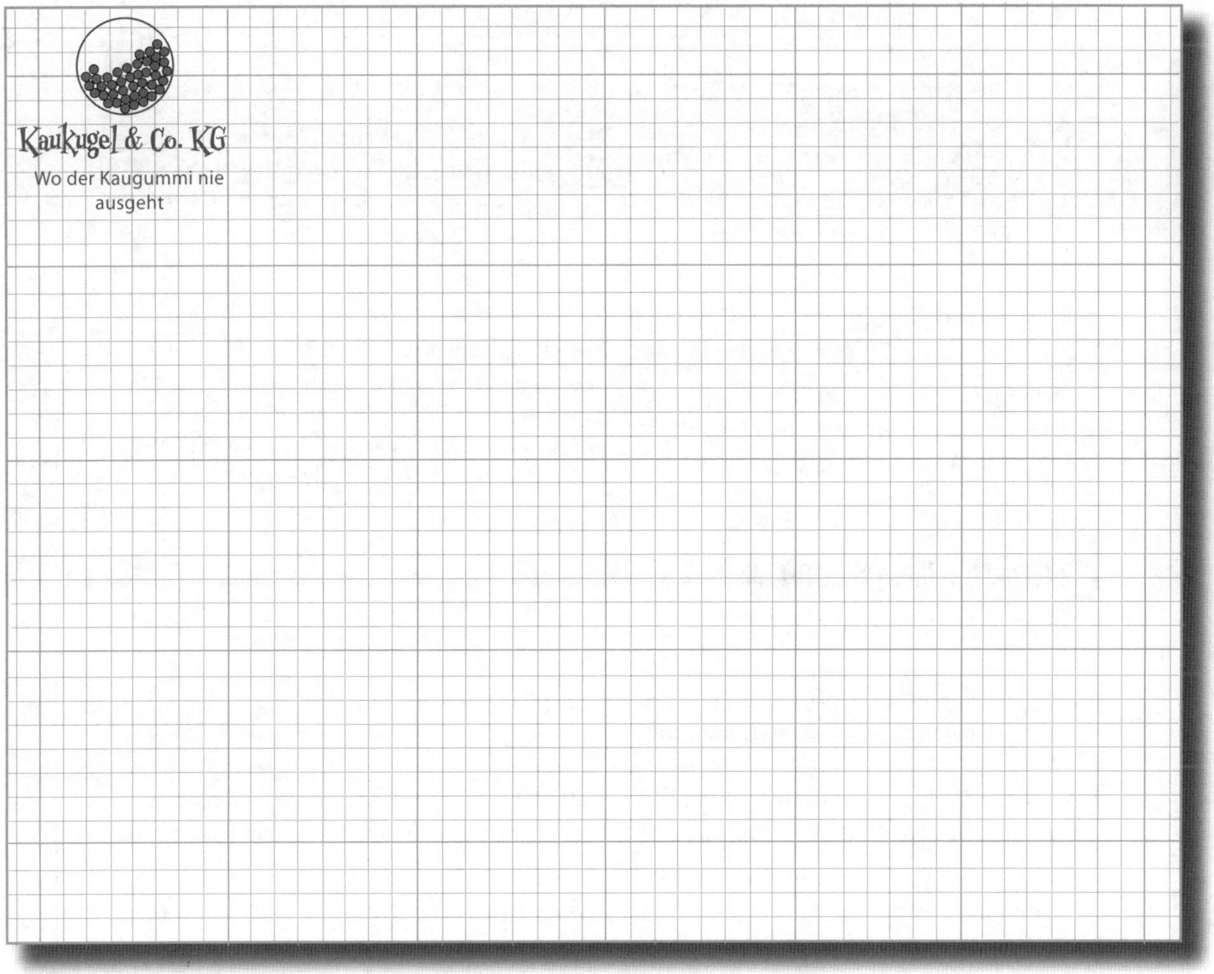

Kaukugel & Co. KG
Wo der Kaugummi nie ausgeht

↑
Zeichnen Sie Ihr Zustandsdiagramm auf Notizpapier von Kaukugel.

Es wird unübersichtlich

ZUSTÄNDE wie bei Hempels unterm Sofa ...

Dass Sie Ihren Kaugummiautomaten methodisch durchdacht programmiert haben, heißt noch lange nicht, dass man ihn einfach erweitern kann. In der Tat, wenn Sie einmal zurückblättern, sich Ihren Code ansehen und überlegen, was Sie tun müssen, um ihn zu modifizieren – na ja ...

```java
final static int AUSVERKAUFT = 0;
final static int KEINE_MÜNZE = 1;
final static int HAT_MÜNZE = 2;
final static int VERKAUFT = 3;

public void münzeEinwerfen() {
   // Code für Münzeinwurf
}

public void münzeAuswerfen() {
   // Code für Münzauswurf
}

public void griffDrehen() {
   // Code für Drehen des Griffs
}

public void kugelAusgeben() {
   // Code für Kugelausgabe
}
```

Als Erstes müssten Sie hier einen neuen Zustand GEWINN hinzufügen. Das geht ja noch ...

... aber dann bräuchten Sie in jeder einzelnen Methode eine neue Bedingungsanweisung für den Zustand GEWINN; dafür müssten Sie eine Menge Code modifizieren.

Besonders unübersichtlich wird es bei griffDrehen(), denn da müssen Sie Code hinzufügen, um erst einmal zu prüfen, ob der GEWINN-Fall eingetreten ist, und dann entweder in den Zustand GEWINN oder in den Zustand VERKAUFT überzugehen.

Spitzen Sie Ihren Bleistift

Welche Aussage beschreibt den Zustand Ihrer Implementierung?
(Kreuzen Sie alle zutreffenden an.)

❏ A. Dieser Code gehorcht ganz sicher nicht dem Offen/Geschlossen-Prinzip.

❏ B. Ein FORTRAN-Programmierer wäre stolz auf diesen Code.

❏ C. Dieses Design ist nicht gerade besonders objektorientiert.

❏ D. Die Zustandsübergänge sind nicht explizit; sie sind irgendwo in einem Haufen von Bedingungsanweisungen begraben.

❏ E. Wir haben hier nicht gekapselt, was variiert.

❏ F. Wenn Code hinzugefügt wird, verursacht das mit großer Wahrscheinlichkeit Programmfehler.

Das State-Muster

Okay, das ist nicht gut. Ich finde, unsere erste Version war prima, aber sie wird es auf Dauer nicht mitmachen, wenn Kaukugel & Co. auch weiterhin ständig neues Verhalten haben will. Die Bug-Quote wird uns schlecht aussehen lassen. Ganz abgesehen davon, dass uns dieser Geschäftsführer in den Wahnsinn treiben wird.

Joachim: Da hast du Recht! Dieser Code muss umgebaut werden, damit wir ihn leichter warten und ändern können.

Anne: Wir sollten wirklich versuchen, das Verhalten für jeden Zustand zu lokalisieren. Sonst riskieren wir jedes Mal, wenn wir an einem der Zustände was ändern, dass wir den restlichen Code durcheinander bringen.

Joachim: Stimmt. Mit anderen Worten, wir folgen dem alten Prinzip: »Kapseln, was variiert.«

Anne: Genau.

Joachim: Wenn wir das Verhalten jedes Zustands in einer eigenen Klasse unterbringen, implementiert einfach jeder Zustand seine eigenen Aktionen.

Anne: Richtig. Und vielleicht kann der Kaugummiautomat einfach an das Zustandsobjekt delegieren, das den aktuellen Zustand repräsentiert.

Joachim: Ah, sehr gut: Komposition vorziehen. Noch ein Entwurfsprinzip.

Anne: Kluges Kerlchen! Na ja, ich bin nicht 100%ig sicher, wie das funktionieren wird, aber ich glaube, so können wir das erst mal angehen.

Joachim: Ich frage mich, ob es dadurch einfacher wird, neue Zustände hinzuzufügen.

Anne: Ich glaube schon ... Wir werden immer noch Code ändern müssen, aber die Veränderungen sind nicht so weit reichend. Wenn ein neuer Zustand dazukommt, fügen wir einfach eine neue Klasse hinzu und müssen vielleicht ein paar Zustandsübergänge hier und dort ändern.

Joachim: Hört sich gut an. Dann wollen wir uns diesen neuen Entwurf mal vornehmen!

Ein neuer Zustandsentwurf

Der neue Entwurf

Es sieht so aus, als hätten wir einen neuen Plan: Statt unseren vorhandenen Code beizubehalten, arbeiten wir ihn so um, dass er Zustandsobjekte in eigenen Klassen kapselt und bei einer Aktion an den aktuellen Zustand delegiert.

Hier folgen wir unseren Entwurfsprinzipien und sollten daher einen Entwurf erhalten, der später leichter zu warten ist. Und so wird's gemacht:

❶ Als Erstes definieren wir ein Zustands-Interface, das für jede Aktion im Kaugummiautomaten eine Methode enthält.

❷ Dann implementieren wir eine Zustandsklasse für jeden Zustand des Automaten. Diese Klassen sind für das Verhalten des Automaten verantwortlich, wenn er im entsprechenden Zustand ist.

❸ Schließlich werfen wir all den Code mit den Bedingungsanweisungen über Bord und delegieren die Arbeit stattdessen an die jeweilige Zustandsklasse.

Wir befolgen damit nicht nur Entwurfsprinzipien, sondern implementieren tatsächlich auch das State-Muster, wie Sie gleich sehen werden. Zu dem offiziellen Kram über das State-Muster kommen wir erst, nachdem wir unseren Code umgeschrieben haben ...

Jetzt stecken wir das gesamte Verhalten eines Zustands in eine Klasse. Auf diese Weise lokalisieren wir das Verhalten; so lässt sich alles viel leichter ändern und ist besser verständlich.

Das State-Muster

Definition des Zustands-Interface und der Zustandsklassen

Erst mal lassen Sie uns ein Interface Zustand erstellen, das von all unseren Zuständen implementiert wird:

Dies ist das Interface für alle Zustände. Die Methoden entsprechen direkt den Aktionen, die im Kaugummiautomaten ablaufen können (es sind die gleichen Methoden wie im bisherigen Code).

Dann nehmen wir die einzelnen Zustände aus unserem Entwurf und kapseln sie in einer Klasse, die das Interface Zustand implementiert.

Um herauszufinden, welche Zustände wir brauchen, sehen wir uns unseren bisherigen Code an …

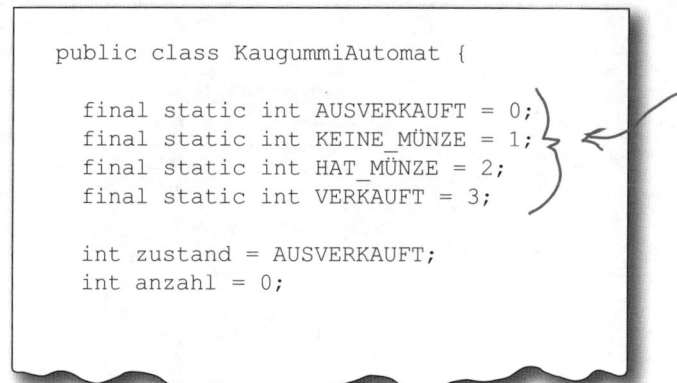

... und bilden jeden Zustand direkt auf eine Klasse ab.

```
public class KaugummiAutomat {

    final static int AUSVERKAUFT = 0;
    final static int KEINE_MÜNZE = 1;
    final static int HAT_MÜNZE = 2;
    final static int VERKAUFT = 3;

    int zustand = AUSVERKAUFT;
    int anzahl = 0;
```

Vergessen Sie nicht, dass wir auch einen neuen Zustand »Gewinn« brauchen, der das Zustands-Interface implementiert. Wir kommen darauf zurück, sobald wir die erste Version des Kaugummi-automaten neu implementiert haben.

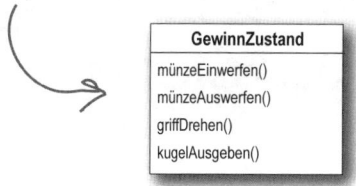

Sie sind hier ▸ 407

Was sind das für Zustände?!

Spitzen Sie Ihren Bleistift

Um unsere Zustände zu implementieren, müssen wir zuerst das Verhalten der Klassen bei Aufruf der einzelnen Aktionen beschreiben. Tragen Sie in dem Diagramm neben allen Aktionen in jeder Klasse das zugehörige Verhalten ein. Ein paar haben wir schon für Sie hingeschrieben.

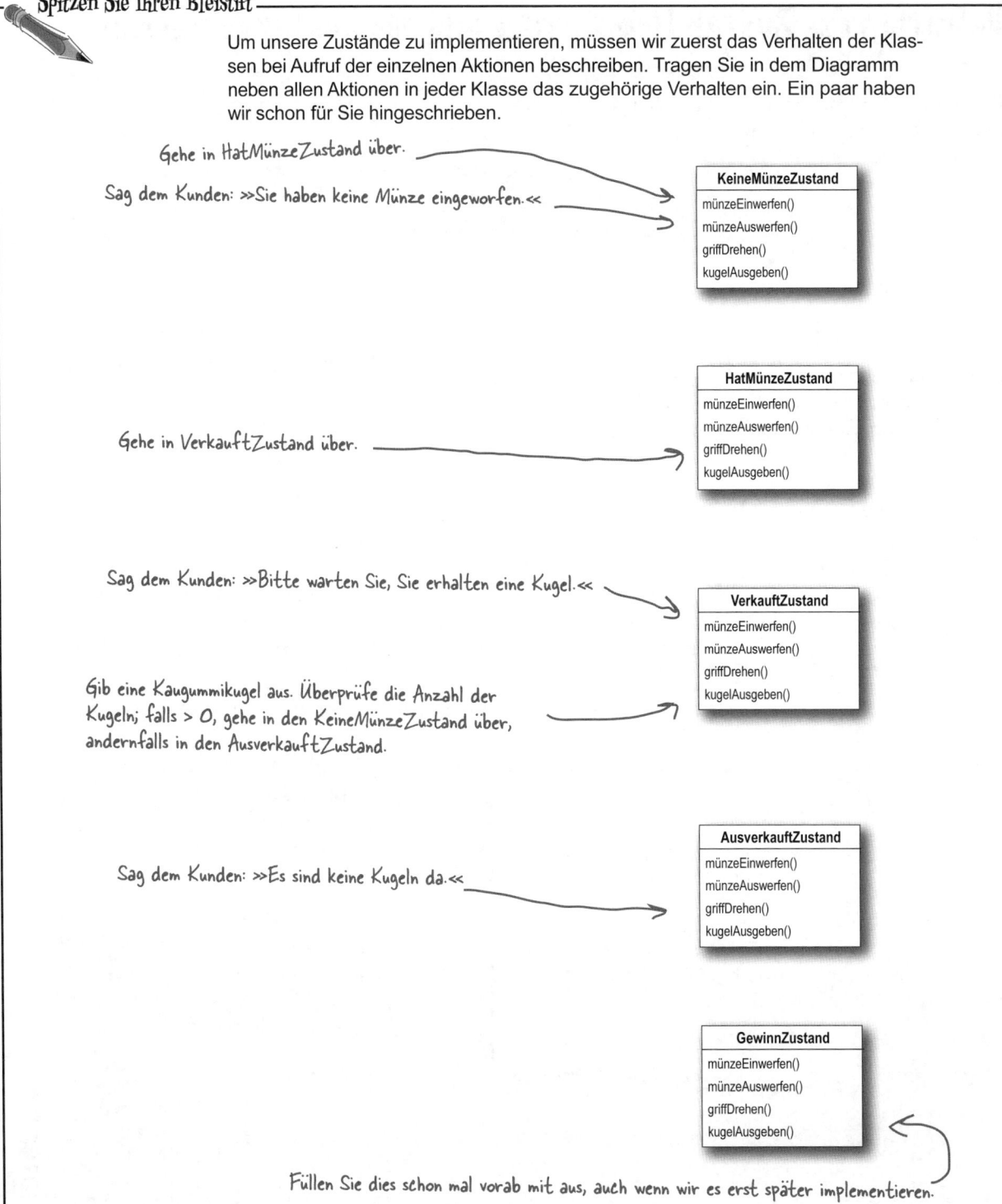

Gehe in HatMünzeZustand über.

Sag dem Kunden: »Sie haben keine Münze eingeworfen.«

KeineMünzeZustand
- münzeEinwerfen()
- münzeAuswerfen()
- griffDrehen()
- kugelAusgeben()

HatMünzeZustand
- münzeEinwerfen()
- münzeAuswerfen()
- griffDrehen()
- kugelAusgeben()

Gehe in VerkauftZustand über.

Sag dem Kunden: »Bitte warten Sie, Sie erhalten eine Kugel.«

VerkauftZustand
- münzeEinwerfen()
- münzeAuswerfen()
- griffDrehen()
- kugelAusgeben()

Gib eine Kaugummikugel aus. Überprüfe die Anzahl der Kugeln; falls > 0, gehe in den KeineMünzeZustand über, andernfalls in den AusverkauftZustand.

Sag dem Kunden: »Es sind keine Kugeln da.«

AusverkauftZustand
- münzeEinwerfen()
- münzeAuswerfen()
- griffDrehen()
- kugelAusgeben()

GewinnZustand
- münzeEinwerfen()
- münzeAuswerfen()
- griffDrehen()
- kugelAusgeben()

Füllen Sie dies schon mal vorab mit aus, auch wenn wir es erst später implementieren.

Implementierung unserer Zustandsklassen

Jetzt ist es an der Zeit, einen Zustand zu implementieren: Wir wissen, welches Verhalten wir brauchen; das müssen wir jetzt bloß noch als Code hinschreiben. Wir werden uns eng an den alten Zustandscode halten, aber dieses Mal wird alles auf verschiedene Klassen verteilt.

Fangen wir mit dem KeineMünzeZustand an:

Als Erstes müssen wir das Interface Zustand implementieren.

Über den Konstruktor erhalten wir eine Referenz auf den Kaugummiautomaten. Diese verstauen wir einfach in einer Instanzvariablen.

```
public class KeineMünzeZustand implements Zustand {
  KaugummiAutomat kaugummiAutomat;

  public KeineMünzeZustand(KaugummiAutomat kaugummiAutomat) {
    this.kaugummiAutomat = kaugummiAutomat;
  }

  public void münzeEinwerfen() {
    System.out.println("Sie haben eine Münze eingeworfen");
    kaugummiAutomat.setZustand(kaugummiAutomat.getHatMünzeZustand());
  }

  public void münzeAuswerfen() {
    System.out.println("Sie haben keine Münze eingeworfen");
  }

  public void griffDrehen() {
    System.out.println("Sie haben gedreht, aber es ist keine Münze da");
  }

  public void kugelAusgeben() {
    System.out.println("Sie müssen zuerst bezahlen");
  }
}
```

Wenn jemand eine Münze einwirft, teilen wir ihm mit, dass die Münze angenommen wurde, und ändern dann den Zustand des Automaten in HatMünzeZustand.

Sie werden gleich sehen, wie das funktioniert ...

Sie können kein Geld zurückbekommen, wenn Sie uns gar keins gegeben haben!

Und ohne Bezahlung kriegen Sie auch keine Kaugummikugel von uns.

Wir können keine Kaugummikugeln ausgeben, ohne bezahlt zu werden.

> Wir implementieren hier das zu unserem jeweils aktuellen Zustand passende Verhalten. In einigen Fällen gehört zu diesem Verhalten auch, dass der Kaugummiautomat in einen anderen Zustand versetzt wird.

Umbau des Kaugummiautomaten

Bevor wir die Zustandsklassen ändern, müssen wir noch den Kaugummiautomaten selbst umstricken – so können Sie sehen, wie alles zusammenpasst. Wir beginnen mit den zustandsbezogenen Instanzvariablen und ändern den Code so, dass anstelle der Integer-Werte Zustandsobjekte verwendet werden:

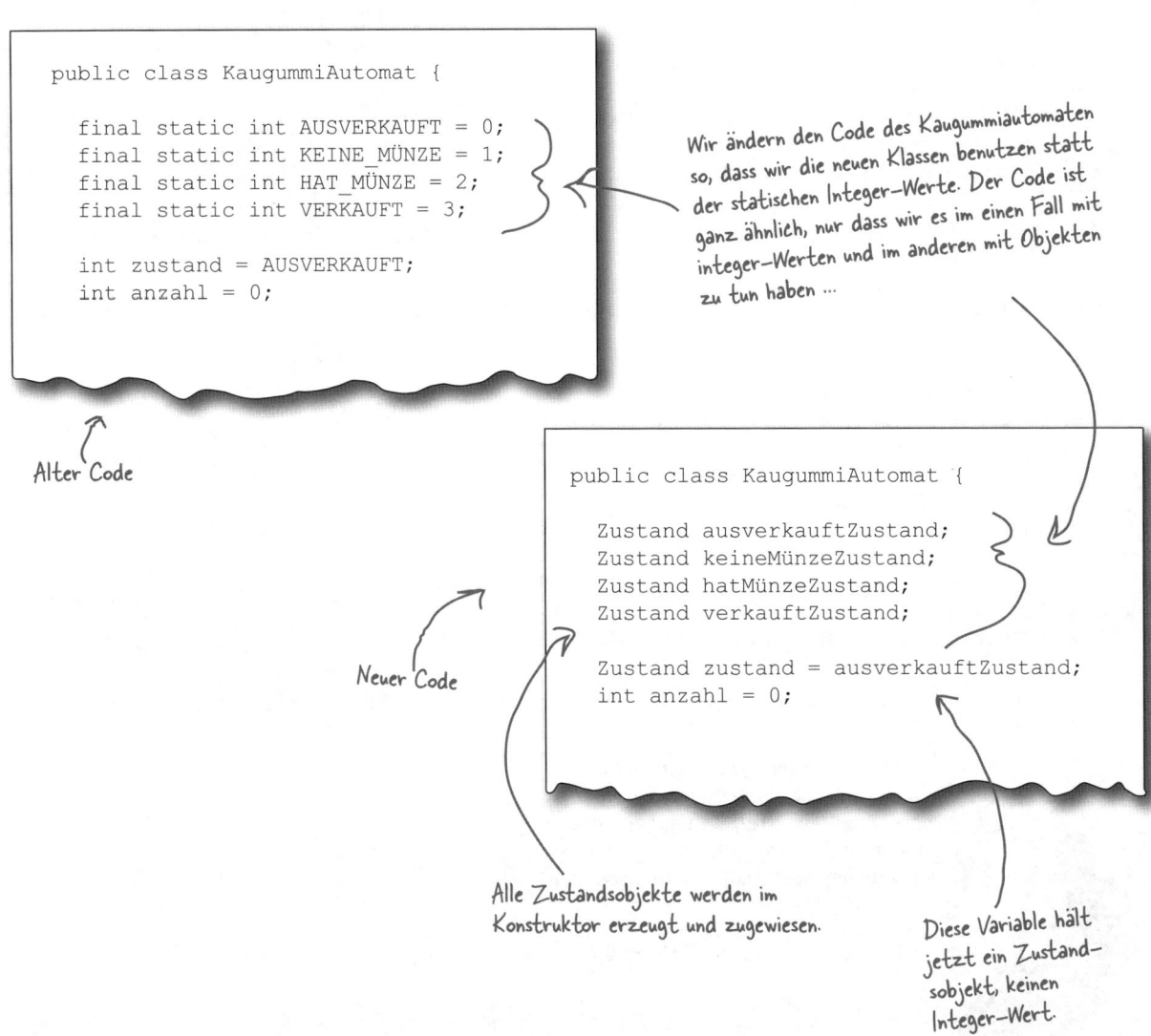

```
public class KaugummiAutomat {

    final static int AUSVERKAUFT = 0;
    final static int KEINE_MÜNZE = 1;
    final static int HAT_MÜNZE = 2;
    final static int VERKAUFT = 3;

    int zustand = AUSVERKAUFT;
    int anzahl = 0;
```

Alter Code

Wir ändern den Code des Kaugummiautomaten so, dass wir die neuen Klassen benutzen statt der statischen Integer-Werte. Der Code ist ganz ähnlich, nur dass wir es im einen Fall mit Integer-Werten und im anderen mit Objekten zu tun haben ...

```
public class KaugummiAutomat {

    Zustand ausverkauftZustand;
    Zustand keineMünzeZustand;
    Zustand hatMünzeZustand;
    Zustand verkauftZustand;

    Zustand zustand = ausverkauftZustand;
    int anzahl = 0;
```

Neuer Code

Alle Zustandsobjekte werden im Konstruktor erzeugt und zugewiesen.

Diese Variable hält jetzt ein Zustandsobjekt, keinen Integer-Wert.

Sehen wir uns nun die vollständige Klasse KaugummiAutomat an ...

```java
public class KaugummiAutomat {

  Zustand ausverkauftZustand;
  Zustand keineMünzeZustand;
  Zustand hatMünzeZustand;
  Zustand verkauftZustand;

  Zustand zustand = ausverkauftZustand;
  int anzahl = 0;

  public KaugummiAutomat(int anzahlKugeln)
    ausverkauftZustand = new AusverkauftZustand(this);
    keineMünzeZustand = new KeineMünzeZustand(this);
    hatMünzeZustand = new HatMünzeZustand(this);
    verkauftZustand = new VerkauftZustand(this);
    this.anzahl = anzahlKugeln;
    if (anzahlKugeln > 0) {
      zustand = keineMünzeZustand;
    } else {
      zustand = ausverkauftZustand;
    }
  }

  public void münzeEinwerfen() {
    zustand.münzeEinwerfen();
  }

  public void münzeAuswerfen() {
    zustand.münzeAuswerfen();
  }

  public void griffDrehen() {
    zustand.griffDrehen();
    zustand.kugelAusgeben();
  }

  void setZustand(Zustand zustand) {
    this.zustand = zustand;
  }

  void kugelFreigeben() {
    System.out.println("Eine Kugel rollt aus dem Ausgabeschacht");
    if (anzahl != 0) {
      anzahl = anzahl - 1;
    }
  }

  // hier folgen weitere Methoden, u.a. Getter für jeden Zustand ...

}
```

Hier sind wieder all unsere Zustände ...

... und die Zustandsinstanzvariable.

Die Instanzvariable anzahl hält die Anzahl der Kaugummikugeln — zu Beginn ist der Automat leer.

Unserem Konstruktor wird die Startanzahl der Kugeln übergeben; er speichert sie in einer Instanzvariablen.

Außerdem erzeugt er die Zustandsinstanzen, eine pro Zustand.

Wenn mehr als 0 Kugeln da sind, wechseln wir in den KeineMünzeZustand, andernfalls beginnen wir im AusverkauftZustand.

Nun die Aktionen. Die sind jetzt SEHR EINFACH zu implementieren: Wir delegieren einfach an den aktuellen Zustand.

Beachten Sie: Wir brauchen im Kaugummiautomaten keine Methode kugelAusgeben(), weil es sich dabei um eine rein interne Aktion handelt — der Kunde kann den Automaten nicht direkt zur Ausgabe einer Kugel auffordern. Wir rufen aber aus der griffDrehen()-Methode heraus kugelAusgeben() auf dem Zustandsobjekt auf.

Diese Methode ermöglicht es anderen Objekten (z.B. unseren Zustandsobjekten), den Automaten in einen anderen Zustand zu versetzen.

Der Automat unterstützt eine kugelFreigeben()-Hilfsmethode, die die Kugel freigibt und die Instanzvariable anzahl dekrementiert.

Dazu gehören Methoden wie z.B. getKeineMünzeZustand(), mit denen man auf die einzelnen Zustandsobjekte zugreifen kann, und getAnzahl() zum Abfragen der Kaugummikugelanzahl.

Weitere Zustände *für den Kaugummiautomaten*

Die Implementierung weiterer Zustände

Nun bekommen Sie sicher langsam ein Gefühl dafür, wie der Kaugummiautomat und die Zustände zusammenpassen. Lassen Sie uns also auch die Klassen HatMünzeZustand und VerkauftZustand implementieren ...

```
public class HatMünzeZustand implements Zustand {
  KaugummiAutomat kaugummiAutomat;

  public HatMünzeZustand(KaugummiAutomat kaugummiAutomat) {
    this.kaugummiAutomat = kaugummiAutomat;
  }

  public void münzeEinwerfen() {
    System.out.println("Sie können keine weitere Münze einwerfen");
  }

  public void münzeAuswerfen() {
    System.out.println("Münze wird zurückgegeben");
    kaugummiAutomat.setZustand(kaugummiAutomat.getKeineMünzeZustand());
  }

  public void griffDrehen() {
    System.out.println("Sie haben den Griff gedreht ...");
    kaugummiAutomat.setZustand(kaugummiAutomat.getVerkauftZustand());
  }

  public void kugelAusgeben() {
    System.out.println("Es wird keine Kugel ausgegeben");
  }
}
```

Wenn der Zustand instantiiert wird, übergeben wir ihm eine Referenz auf den Kaugummiautomaten. Diese brauchen wir, um den Automaten in einen anderen Zustand zu versetzen.

Eine für diesen Zustand unpassende Aktion.

Dem Kunden die Münze zurückgeben und in den KeineMünzeZustand zurückkehren.

Wenn der Griff gedreht wird, versetzen wir den Automaten in den VerkauftZustand, indem wir seine setZustand()-Methode aufrufen und ihr das VerkauftZustand-Objekt übergeben. Das VerkauftZustand-Objekt erhalten wir über die Getter-Methode getVerkauftZustand() (es gibt für jeden Zustand eine solche Getter-Methode).

Noch eine für diesen Zustand unpassende Aktion.

Jetzt noch schnell die Klasse VerkauftZustand:

```
public class VerkauftZustand implements Zustand {
  // hier stehen Konstruktor und Instanzvariablen

  public void münzeEinwerfen() {
    System.out.println("Bitte warten Sie, Sie erhalten eine Kugel");
  }

  public void münzeAuswerfen() {
    System.out.println("Zu spät, leider haben Sie den Griff schon gedreht");
  }

  public void griffDrehen() {
    System.out.println("Auch wenn Sie zweimal drehen, bekommen Sie keine zweite Kugel!");
  }

  public void kugelAusgeben() {
    kaugummiAutomat.kugelFreigeben();
    if (kaugummiAutomat.getAnzahl() > 0) {
      kaugummiAutomat.setZustand(kaugummiAutomat.getKeineMünzeZustand());
    } else {
      System.out.println("Hoppla, keine Kugeln da!");
      kaugummiAutomat.setZustand(kaugummiAutomat.getVerkauftZustand());
    }
  }
}
```

Hier stehen alle Aktionen, die für diesen Zustand nicht passen.

Hier beginnt die eigentliche Arbeit ...

Wir sind im VerkauftZustand, das heißt, der Kunde hat bezahlt. Also müssen wir als Erstes den Automaten anweisen, eine Kaugummikugel freizugeben.

Dann fragen wir den Automaten nach der Anzahl der Kaugummikugeln und wechseln entweder in den KeineMünzeZustand oder in den AusverkauftZustand.

KOPF-NUSS

Sehen Sie sich die Implementierung des Kaugummiautomaten noch mal an: Wird der Griff erfolglos gedreht (nehmen wir an, der Kunde hätte keine Münze eingeworfen), rufen wir trotzdem kugelAusgeben() auf, auch wenn das nicht nötig ist. Wie könnten wir das in Ordnung bringen?

Sie sind dran mit dem *Implementieren*

Spitzen Sie Ihren Bleistift

Eine Klasse haben wir noch nicht implementiert: AusverkauftZustand. Wie wäre es, wenn Sie das selbst tun? Denken Sie dabei gründlich darüber nach, wie sich der Kaugummiautomat in jeder Situation verhalten sollte. Und bevor Sie dann weiterlesen, überprüfen Sie am besten direkt Ihre Antwort ...

```
public class AusverkauftZustand implements _____ {
  KaugummiAutomat kaugummiAutomat;

  public AusverkauftZustand(KaugummiAutomat kaugummiAutomat) {



  }

  public void münzeEinwerfen() {



  }

  public void münzeAuswerfen() {



  }

  public void griffDrehen {



  }

  public void kugelAusgeben() {



  }
}
```

Sehen wir uns mal an, was wir bis jetzt gemacht haben ...

Zunächst einmal liegt Ihnen jetzt eine Implementierung des Kaugummiautomaten vor, die sich *strukturell* ziemlich von der ersten Fassung unterscheidet und ihr dennoch *funktionell genau entspricht*. Bei der Strukturänderung haben Sie:

- das Verhalten jedes Zustands in seiner eigenen Klasse lokalisiert,
- all die fehlerträchtigen `if`-Anweisungen entfernt, die schwierig zu warten gewesen wären,
- jeden Zustand gegen Modifikationen geschlossen und dennoch den Kaugummiautomaten für Erweiterungen durch das Hinzufügen von neuen Zustandsklassen offen gehalten (und gleich werden wir genau das tun),
- eine Codebasis und Klassenstruktur erstellt, die sich viel enger an das Kaukugel-Diagramm anlehnt und besser lesbar und verständlich ist.

Nun zum funktionalen Aspekt dessen, was wir da gemacht haben:

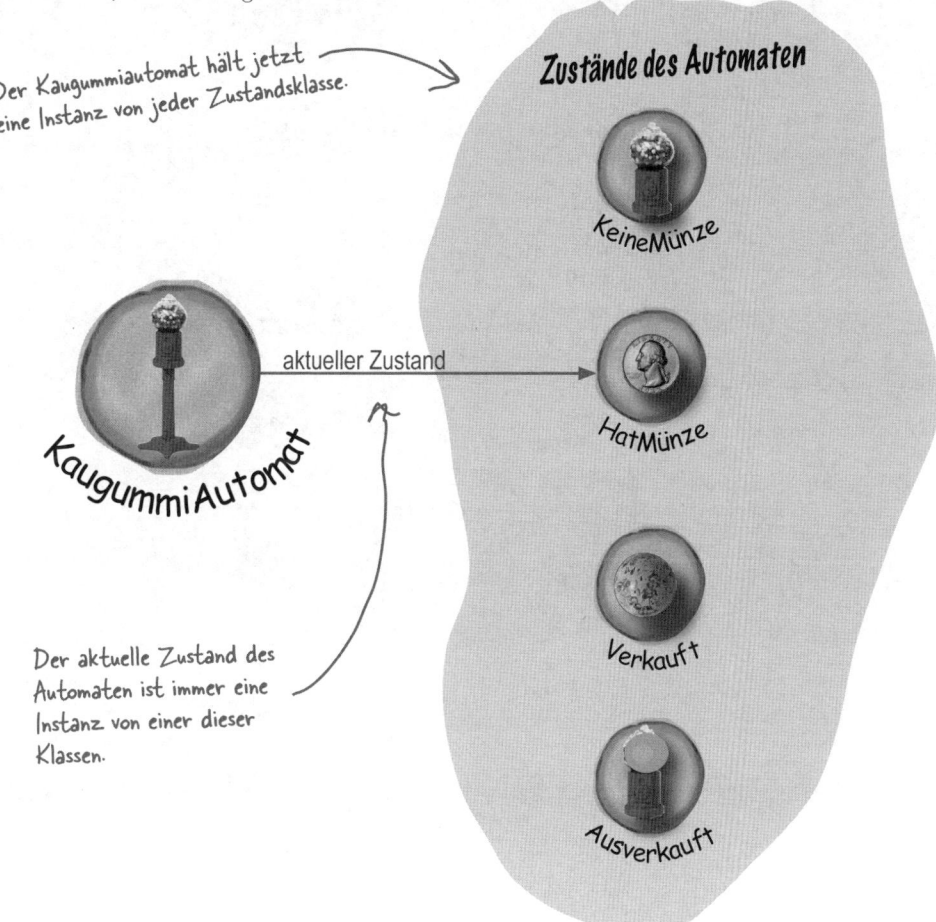

Zustandsübergänge

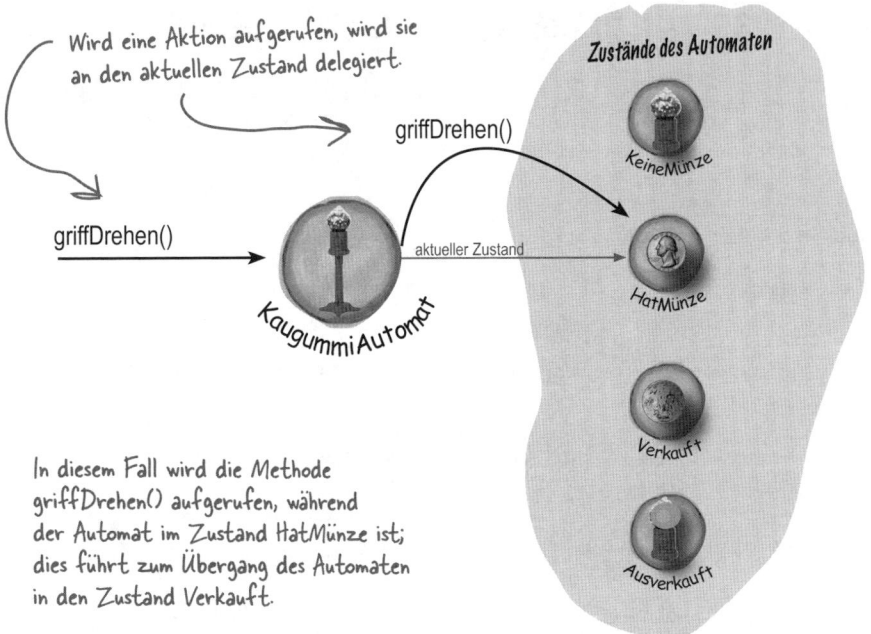

Wird eine Aktion aufgerufen, wird sie an den aktuellen Zustand delegiert.

In diesem Fall wird die Methode griffDrehen() aufgerufen, während der Automat im Zustand HatMünze ist; dies führt zum Übergang des Automaten in den Zustand Verkauft.

ÜBERGANG IN DEN ZUSTAND VERKAUFT

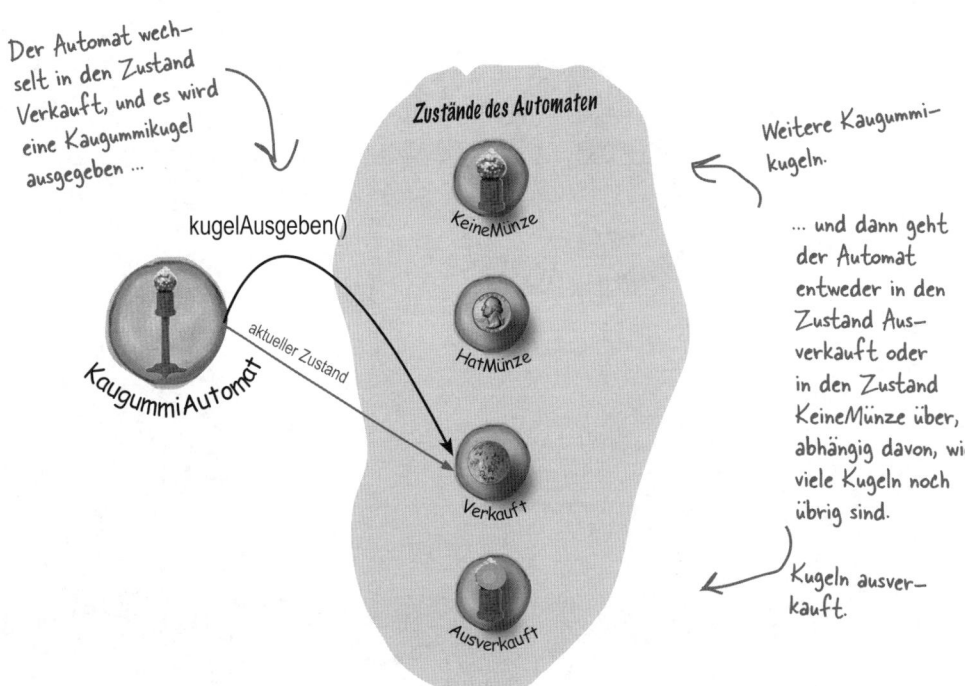

Der Automat wechselt in den Zustand Verkauft, und es wird eine Kaugummikugel ausgegeben ...

Weitere Kaugummikugeln.

... und dann geht der Automat entweder in den Zustand Ausverkauft oder in den Zustand KeineMünze über, abhängig davon, wie viele Kugeln noch übrig sind.

Kugeln ausverkauft.

Das State-Muster

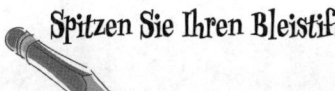
Spitzen Sie Ihren Bleistift

Hinter den Kulissen: Auf eigene Faust

Verfolgen Sie die Schritte des Kaugummiautomaten ausgehend vom KeineMünzeZustand. Beschriften Sie das Diagramm auch mit den Aktionen und den Meldungen des Automaten. Für diese Übung können Sie voraussetzen, dass der Automat mit vielen Kaugummikugeln gefüllt ist.

①

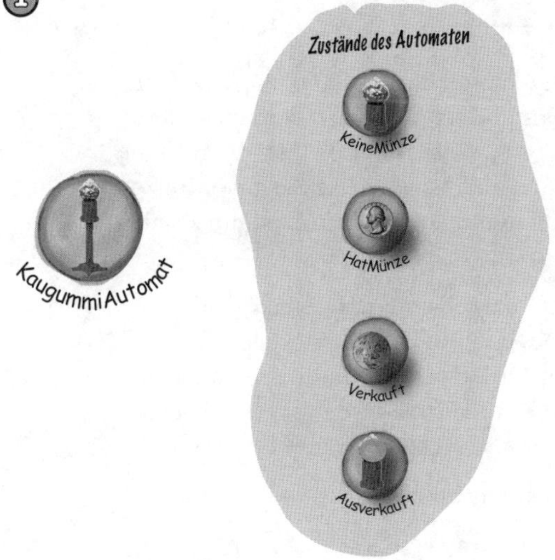

②

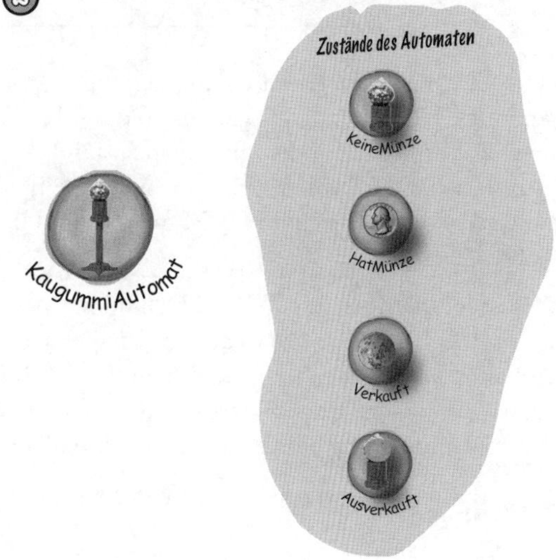

③

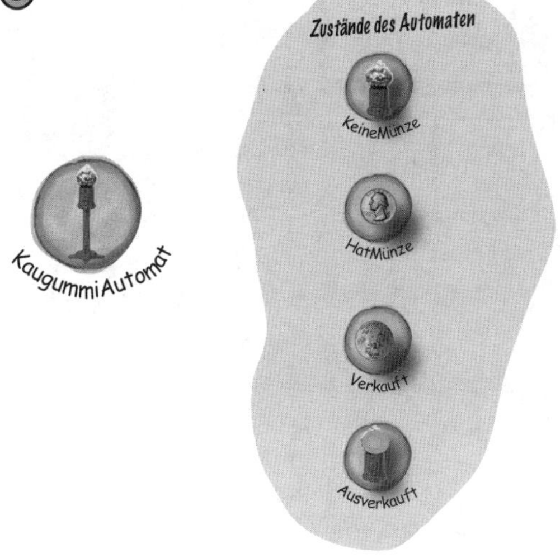

④

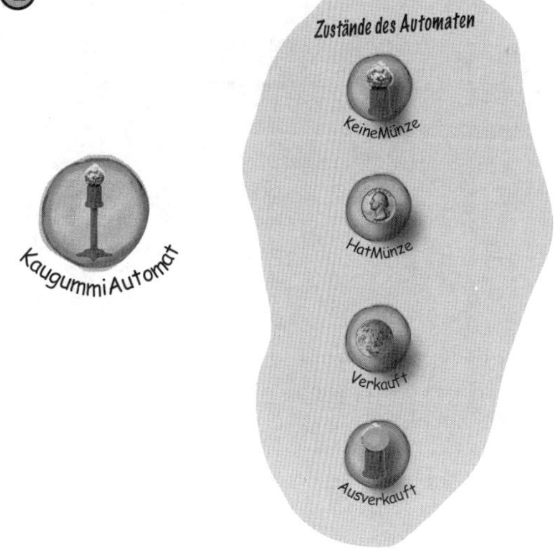

Sie sind hier ▸ **417**

Die Definition des State-Musters

Ja, wirklich, wir haben gerade das State-Entwurfsmuster implementiert! Sehen wir uns mal an, worum es da geht:

> **Das State-Muster** ermöglicht einem Objekt, sein Verhalten zu ändern, wenn sein interner Zustand sich ändert. Es scheint dann so, als hätte das Objekt seine Klasse gewechselt.

Der erste Teil dieser Beschreibung sagt uns etwas, stimmt's? Das Muster kapselt den Zustand (engl. *state*) in separaten Klassen und delegiert es an das Objekt, das den aktuellen Zustand repräsentiert; deshalb ändert sich das Verhalten mit dem internen Zustand. Der Kaugummiautomat ist ein gutes Beispiel. Ist er im KeineMünzeZustand und Sie werfen eine Münze ein, verhält sich der Automat anders, als wenn Sie eine Münze einwerfen, wenn er sich im HatMünzeZustand befindet – im ersten Fall nimmt er die Münze an, im zweiten nicht.

Was ist mit dem zweiten Teil der Definition? Was heißt das, ein Objekt »hat scheinbar seine Klasse gewechselt«? Betrachten Sie es aus der Perspektive eines Clients: Wenn ein von Ihnen benutztes Objekt sein Verhalten komplett ändern kann, sieht das für Sie so aus, als würde das Objekt auf der Basis einer anderen Klasse instanziert. Doch Sie wissen ja, in Wirklichkeit arbeiten wir mit Komposition und lassen es wie eine Klassenveränderung aussehen, indem wir einfach unterschiedliche Zustandsobjekte referenzieren.

Okay, dann sollten wir uns jetzt mal das Klassendiagramm des State-Musters ansehen:

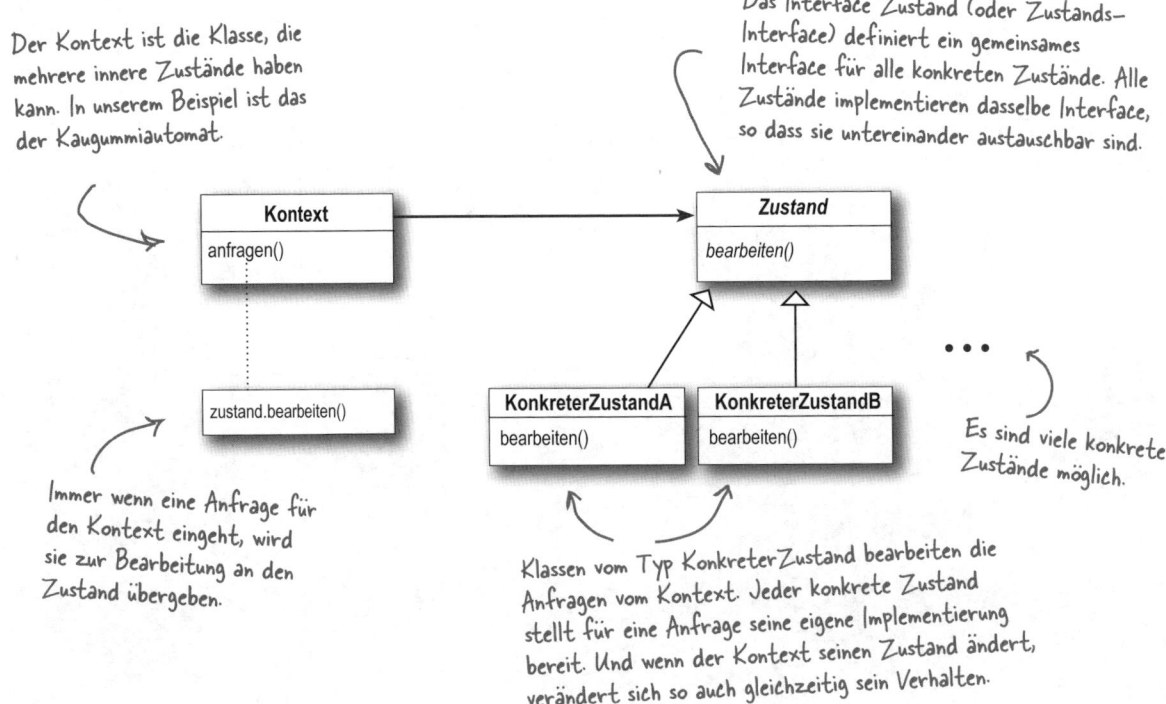

Das State-Muster

> Moment mal, wenn mich meine Erinnerung an das Strategy-Muster nicht täuscht ... das hatte doch GENAU das gleiche Klassendiagramm!

Sie haben gut aufgepasst! Ja, die Klassendiagramme sind im Wesentlichen gleich, aber die beiden Patterns verfolgen eine unterschiedliche *Absicht*.

Beim State-Muster haben wir einen Satz von Verhaltensweisen, die in Zustandsobjekten gekapselt sind; der Kontext delegiert zu jedem beliebigen Zeitpunkt an einen dieser Zustände. Im Lauf der Zeit variiert der aktuelle Zustand über den Satz von Zustandsobjekten und spiegelt so den jeweiligen inneren Zustand des Kontexts wider. Damit ändert sich auch das Verhalten des Kontexts mit der Zeit. Der Client weiß in der Regel sehr wenig oder gar nichts über die Zustandsobjekte.

Beim Strategy-Muster gibt der Client normalerweise vor, mit welchem Strategy-Objekt der Kontext zusammengefügt wird. Das Muster bietet zwar genug Flexibilität, um das Strategy-Objekt zur Laufzeit zu ändern, aber häufig gibt es ein Strategy-Objekt, das für ein Kontext-Objekt am besten passt. Beispielsweise waren in Kapitel 1 einige von unseren Enten so konfiguriert, dass sie mit einem typischen Flugverhalten flogen (z.B. Stockenten), während andere mit einem Flugverhalten ausgestattet waren, das sie am Boden hielt (z.B. Gummienten).

Allgemein können Sie das Strategy-Muster als eine flexible Alternative zur Bildung von Unterklassen betrachten. Wenn Sie das Verhalten einer Klasse mithilfe von Vererbung ändern, haben Sie dieses Verhalten an der Backe, auch wenn Sie es einmal ändern müssen. Aber mit dem Strategy-Pattern können Sie das Verhalten ändern, indem Sie es mit einem anderen Objekt zusammenfügen.

Das State-Pattern können Sie als Alternative zu einem Haufen von Bedingungsanweisungen in Ihrem Kontext betrachten. Wenn Sie die Verhaltensweisen in Zustandsobjekten kapseln, können Sie das Zustandsobjekt im Kontext leicht austauschen, um das Kontextverhalten zu ändern.

Fragen und Antworten zum State-Muster

Es gibt keine
Dummen Fragen

F: Im Kaugummiautomaten entscheiden die Zustände, welcher der nächste Zustand sein soll. Ist das immer so, dass die konkreten Zustände entscheiden, in welchen Zustand der Kontext als Nächstes übergeht?

A: Nein, nicht immer. Alternativ kann man auch den Kontext über den Fluss der Zustandsübergänge entscheiden lassen. Als Faustregel gilt: Sind die Zustandsübergänge genau festgelegt, kann man sie gut im Kontext unterbringen. Sind sie dynamischer, werden sie üblicherweise in den Zustandsklassen untergebracht (beispielsweise hängt beim Kaugummiautomaten die Entscheidung, ob er in den Zustand KeineMünze oder Ausverkauft übergeht, von der Anzahl der Kugeln zur Laufzeit ab).
Folgenden Nachteil haben wir, wenn wir Zustandsübergänge in den Zustandsklassen unterbringen: Wir erzeugen Abhängigkeiten zwischen den Zustandsklassen. Bei unserer Implementierung des Kaugummiautomaten haben wir versucht, die Abhängigkeiten möglichst gering zu halten, indem wir anstelle eines »Hardcodings« in den konkreten Zustandsklassen lieber Getter-Methoden auf dem Kontext verwenden.
Beachten Sie, dass Sie mit dieser Entscheidung festlegen, welche Klassen bei einer Weiterentwicklung des Systems gegen Modifikation geschlossen sind – der Kontext oder die Zustandsklassen.

F: Haben Clients es jemals direkt mit den Zuständen zu tun?

A: Nein. Der Kontext benutzt die Zustände, um seinen inneren Zustand und sein Verhalten zu repräsentieren; alle Anfragen an die Zustände kommen daher vom Kontext. Clients ändern den Zustand des Kontexts niemals direkt. Es ist Sache des Kontexts, seinen Zustand zu kontrollieren; ein Client soll normalerweise nicht einfach den Zustand eines Kontexts ändern können, ohne dass dieser davon weiß.

F: Wenn ich in meiner Anwendung viele Kontext-Instanzen habe, können die sich dann die Zustandsobjekte teilen?

A: Ja, auf jeden Fall, und das ist tatsächlich gängige Praxis. Die einzige Bedingung dafür ist, dass Ihre Zustandsobjekte nicht einen eigenen internen Zustand haben, sonst brauchen Sie für jeden Kontext eine eigene Instanz.
Wenn die Zustände gemeinsam genutzt werden sollen, weisen Sie im typischen Fall jeden Zustand einer statischen Instanzvariablen zu. Wenn der Zustand Methoden oder Instanzvariablen aus Ihrem Kontext benutzen muss, müssen Sie ihm auch in jeder tuWasMitDemKontext()-Methode eine Referenz auf diesen Kontext übergeben.

F: Es sieht so aus, als nähme die Anzahl der Klassen in unseren Entwürfen in jedem Fall zu, wenn wir das State-Muster verwenden. Sehen Sie doch mal, im Kaugummiautomaten hatten wir jetzt deutlich mehr Klassen als im ursprünglichen Entwurf!

A: Sie haben Recht, wenn man das Zustandsverhalten in getrennten Zustandsklassen kapselt, hat man nachher im Entwurf mehr Klassen. Oft ist das der Preis, den Sie für die Flexibilität bezahlen. Falls Ihr Code nicht gerade eine von diesen »Einweg«-Implementierungen ist, die Sie danach direkt wegwerfen (ja, wirklich!), fassen Sie ruhig einen Entwurf mit diesen zusätzlichen Klassen ins Auge – später werden Sie dankbar sein. Was zählt, ist häufig nur, wie viele Klassen Ihre Clients nachher zu Gesicht bekommen; es gibt Möglichkeiten, die zusätzlichen Klassen vor Ihren Clients zu verbergen (z.B. indem Sie sie als sichtbar innerhalb des Pakets deklarieren).
Und bedenken Sie die Alternative: Wenn Sie eine Anwendung mit vielen verschiedenen Zuständen haben und sich gegen separate Zustandsobjekte entscheiden, haben Sie nachher sehr lange, monolithische Bedingungsanweisungen. Dadurch wird Ihr Code schwer zu warten und zu verstehen. Wenn Sie Objekte benutzen, stellen Sie die Zustände klar heraus. So haben Sie weniger Mühe, den Code verständlich und wartbar zu halten.

F: Im Klassendiagramm des State-Musters ist Zustand eine abstrakte Klasse. Aber haben Sie nicht für die Zustandsimplementierung beim Kaugummiautomaten ein Interface benutzt?

A: Ja. Weil es keine gemeinsame Funktionalität gab, die wir in einer abstrakten Klasse hätten unterbringen können, passte ein Interface hier besser. In Ihrer eigenen Implementierung möchten Sie vielleicht eine abstrakte Klasse verwenden; das hätte den Vorteil, dass Sie dort später Methoden hinzufügen können, ohne in die Implementierung der konkreten Zustände einzugreifen.

Unser 1-von-10-Kaugummispiel ist noch nicht fertig

Erinnern Sie sich, unsere Arbeit ist noch nicht erledigt. Wir müssen ein Spiel implementieren – aber das sollte nun, nachdem wir das State-Muster implementiert haben, ein Leichtes sein.

```
public class KaugummiAutomat {

    Zustand ausverkauftZustand;
    Zustand keineMünzeZustand;
    Zustand hatMünzeZustand;
    Zustand verkauftZustand;
    Zustand gewinnZustand;

    Zustand zustand = ausverkauftZustand;
    int anzahl = 0;

    // Methoden
}
```

Hier müssen Sie lediglich den neuen GewinnZustand hinzufügen und ihn im Konstruktor initialisieren.

Vergessen Sie nicht, auch für den GewinnZustand eine Getter-Methode hinzuzufügen.

Jetzt wollen wir die Klasse GewinnZustand selbst implementieren, die auffallend der VerkauftZustand-Klasse ähnelt:

```
public class GewinnZustand implements Zustand {

    // iInstanzvariablen und Konstruktor
    // münzeEinwerfen-Fehlermeldung
    // münzeAuswerfen-Fehlermeldung
    // griffDrehen-Fehlermeldung

    public void kugelAusgeben() {
        kaugummiAutomat.kugelFreigeben();
        if (kaugummiAutomat.getAnzahl() == 0) {
            kaugummiAutomat.setZustand(kaugummiAutomat.getAusverkauftZustand());
        } else {
            kaugummiAutomat.kugelFreigeben();
            System.out.println("HAUPTGEWINN! Sie bekommen zwei Kugeln für Ihr Geld");
            if (kaugummiAutomat.getAnzahl() > 0) {
                kaugummiAutomat.setZustand(kaugummiAutomat.getKeineMünzeZustand());
            } else {
                System.out.println("Hoppla, keine Kugeln da!");
                kaugummiAutomat.setZustand(kaugummiAutomat.getAusverkauftZustand());
            }
        }
    }
}
```

Genau wie beim VerkauftZustand.

Hier geben wir zwei Kaugummikugeln aus und wechseln dann entweder in den KeineMünze-Zustand oder in den AusverkauftZustand.

Wenn wir noch eine zweite Kugel haben, geben wir sie heraus.

Implementierung des 1-von-10-Spiels

Wir machen das Spiel fertig

Nur eine einzige Änderung müssen wir noch machen: das Glücksspiel implementieren und einen Übergang in den GewinnZustand hinzufügen. Beides bauen wir in den HatMünzeZustand ein, da hier das Drehen des Griffs durch den Kunden passiert:

```java
public class HatMünzeZustand implements Zustand {
  Random randomGewinn = new Random(System.currentTimeMillis());
  KaugummiAutomat kaugummiAutomat;

  public HatMünzeZustand(KaugummiAutomat kaugummiAutomat) {
    this.kaugummiAutomat = kaugummiAutomat;
  }

  public void münzeEinwerfen() {
    System.out.println("Sie können keine weitere Münze einwerfen");
  }

  public void münzeAuswerfen() {
    System.out.println("Münze wird zurückgegeben");
    kaugummiAutomat.setZustand(kaugummiAutomat.getKeineMünzeZustand());
  }

  public void griffDrehen() {
    System.out.println("Sie haben den Griff gedreht ...");
    int gewinn = randomGewinn.nextInt(10);
    if ((gewinn == 0) && (kaugummiAutomat.getAnzahl() > 1)) {
      kaugummiAutomat.setZustand(kaugummiAutomat.getGewinnZustand());
    } else {
      kaugummiAutomat.setZustand(kaugummiAutomat.getVerkauftZustand());
    }
  }
  public void kugelAusgeben() {
    System.out.println("Es wird keine Kugel ausgegeben");
  }
}
```

Zuerst bauen wir einen Zufallszahlengenerator ein, um die 10%-Gewinnchance zu erzeugen ...

... dann stellen wir fest, ob der jeweilige Kunde gewonnen hat.

Wenn er gewonnen hat und noch genug Kaugummikugeln da sind, dass er zwei bekommen kann, wechseln wir in den GewinnZustand. Sonst gehen wir in den VerkauftZustand über (so wie bisher auch).

Wow, die Implementierung war ja ganz leicht! Wir haben einfach einen neuen Zustand zum Kaugummiautomaten hinzugefügt und ihn implementiert. Alles, was wir dann noch tun mussten, war die Implementierung unseres Glücksspiels und der Übergang in den richtigen Zustand. Sieht so aus, als ob sich unsere neue Code-Strategie bezahlt macht ...

Demo für den Hauptgeschäftsführer von Kaukugel & Co. KG

Der Hauptgeschäftsführer von Kaukugel ist vorbeigekommen, um sich den neuen Kaugummi-Code vorführen zu lassen. Hoffen wir, dass unsere Zustände alle in Ordnung sind! Wir halten die Vorführung kurz und bündig (Geschäftsführer haben, wie jeder weiß, eine kurze Aufmerksamkeitsspanne), aber hoffentlich lange genug, um wenigstens ein Mal zu gewinnen.

Dieser Code hat sich eigentlich gar nicht verändert, wir haben ihn nur ein bisschen gekürzt.

Auch dieses Mal starten wir wieder mit fünf Kugeln im Automaten.

```java
public class KaugummiAutomatTestlauf {
  public static void main(String[] args) {
    KaugummiAutomat kaugummiAutomat = new KaugummiAutomat(5);

    System.out.println(kaugummiAutomat);

    kaugummiAutomat.münzeEinwerfen();
    kaugummiAutomat.griffDrehen();

    System.out.println(kaugummiAutomat);

    kaugummiAutomat.münzeEinwerfen();
    kaugummiAutomat.griffDrehen();
    kaugummiAutomat.münzeEinwerfen();
    kaugummiAutomat.griffDrehen();

    System.out.println(kaugummiAutomat);
  }
}
```

Wir wollen einen Gewinn-Zustand, also werfen wir eine Münze nach der anderen ein und drehen am Griff. Ab und zu drucken wir auch den Zustand des Kaugummiautomaten aus.

Vor dem Konferenzraum wartet das gesamte Entwicklerteam gespannt darauf, ob das auf dem State-Muster basierende neue Design auch funktioniert!!

Testen des Kaugummiautomaten

Ja! Das rockt!

```
Datei Bearbeiten Fenster Hilfe GummikugelOderGummizelle?
% java KaugummiAutomatTestlauf
Kaukugel & Co. KG
Java-gestützter Kaugummi-Standautomat Modell Nr. 2005
Bestand: 5 Kaugummikugeln
Automat bereit für Münzeinwurf

Sie haben eine Münze eingeworfen
Sie haben den Griff gedreht ...
Eine Kugel rollt aus dem Ausgabeschacht
Eine Kugel rollt aus dem Ausgabeschacht
HAUPTGEWINN! Sie bekommen zwei Kugeln für Ihr Geld

Kaukugel & Co. KG
Java-gestützter Kaugummi-Standautomat Modell Nr. 2005
Bestand: 3 Kaugummikugeln
Automat bereit für Münzeinwurf

Sie haben eine Münze eingeworfen
Sie haben den Griff gedreht ...
Eine Kugel rollt aus dem Ausgabeschacht
Sie haben eine Münze eingeworfen
Sie haben den Griff gedreht ...
Eine Kugel rollt aus dem Ausgabeschacht
Eine Kugel rollt aus dem Ausgabeschacht
HAUPTGEWINN! Sie bekommen zwei Kugeln für Ihr Geld
Hoppla, keine Kugeln da!

Kaukugel & Co. KG
Java-gestützter Kaugummi-Standautomat Modell Nr. 2005
Bestand: 0 Kaugummikugeln
Automat ausverkauft
%
```

Mensch, haben wir eine Glückssträhne, oder was ist los? Bei unserer Vorführung für den Geschäftsführer haben wir nicht nur ein Mal, sondern gleich zwei Mal gewonnen!

Es gibt keine Dummen Fragen

F: Warum brauchen wir den GewinnZustand? Könnten wir nicht einfach den VerkauftZustand zwei Kugeln ausgeben lassen?

A: Sehr gute Frage! VerkauftZustand und GewinnZustand sind fast identisch, abgesehen davon, dass GewinnZustand zwei Kugeln ausgibt statt einer. Natürlich könnten Sie den Code zur Ausgabe von zwei Kugeln mit in den VerkauftZustand stecken. Die Kehrseite wäre, dass Sie dann ZWEI Zustände in einer Zustandsklasse darstellen: den Zustand, in dem Sie gewonnen haben, und den, in dem Sie nicht gewonnen haben. Sie opfern daher die Eindeutigkeit Ihrer Zustandsklasse für weniger duplizierten Code. Und noch etwas anderes sollten Sie bedenken, nämlich das Prinzip, das Sie im letzten Kapitel gelernt haben: Eine Klasse, eine Zuständigkeit. Wenn Sie die GewinnZustand-Zuständigkeit mit in den VerkauftZustand stecken, ist dieser für ZWEI Dinge verantwortlich. Was passiert, wenn die Kampagne ausläuft? Oder wenn sich die Bedingungen des Spiels ändern? Es ist also eine reine Design-Entscheidung zwischen zwei Möglichkeiten, die beide Vor- und Nachteile haben.

Das State-Muster

> Bravo! Tolle Arbeit, Leute. Unsere Umsätze gehen schon raketenmäßig ab mit dem neuen Spiel! Übrigens, wie Sie wissen, bauen wir auch Getränkeautomaten – da ist mir jetzt eine Idee gekommen: Wenn wir da an der Seite so einen Spielautomatenaufsatz anbringen und auch ein Gewinnspiel draus machen würden? An den Kaugummiautomaten spielen sogar schon Vierjährige – warum sollten wir da Halt machen?

Stimmt alles?

Na, bei dem Geschäftsführer von Kaukugel stimmt's vielleicht im Kopf nicht so ganz ... aber davon sprechen wir jetzt nicht. Lassen Sie uns noch einmal über ein paar Aspekte des Kaugummiautomaten nachdenken, die wir noch verbessern könnten, bevor wir die Gold-Version ausliefern:

- Im Verkauft- und im Gewinn-Zustand haben wir noch eine Menge duplizierten Code, das sollten wir in Ordnung bringen. Also, was tun? Wir könnten Zustand in eine abstrakte Klasse umwandeln und ein Standardverhalten für die Methoden einbauen, denn Fehlermeldungen im Stil von »Sie haben bereits eine Münze eingeworfen« wird der Kunde sicher gar nicht zu sehen kriegen. Das gesamte »Fehlerreaktionsverhalten« könnte daher generisch sein und von der abstrakten Zustandsklasse ererbt werden.

Verdammt, Mann, ich bin ein Kaugummiautomat und kein Computer!

- Die Methode kugelAusgeben() wird immer aufgerufen – sogar wenn der Griff ohne vorherigen Münzeinwurf gedreht wird. Der Automat arbeitet zwar korrekt und gibt nur dann eine Kugel aus, wenn er im richtigen Zustand ist, aber wir könnten das auch leicht in Ordnung bringen, indem wir griffDrehen() einen Booleschen Wert zurückgeben lassen oder Exceptions einführen. Was ist Ihrer Meinung nach die bessere Lösung?

- Die gesamte Logik für die Zustandsübergänge steckt in den Zustandsklassen. Zu welchem Problem könnte dies führen? Wollen wir diese Logik vielleicht in den Kaugummiautomaten hinüberschieben? Welche Vor- und Nachteile hätte das?

- Werden Sie viele KaugummiAutomat-Objekte instantiieren? Falls ja, möchten Sie vielleicht die Zustandsinstanzen in statische Instanzvariablen umwandeln, damit sie gemeinsam benutzt werden können. Welche Änderungen müssten Sie hierfür am Kaugummiautomaten und an den Zuständen vornehmen?

Sie sind hier ▸ **425**

Kamingespräche: State- und Strategy-Muster

Kamingespräche

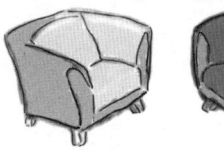 

Heute Abend: **Ein Wiedersehen zwischen Strategy- und State-Muster**

Strategy

Hallo, Bruder! Hast du schon gehört? Ich bin in Kapitel 1 vorgekommen!

Und eben war ich noch mal da, um den Jungs vom Template Method-Muster behilflich zu sein; sie brauchten mich, um ihr Kapitel abzuschließen. Na, was für Pläne hast du alter Musterknabe denn so?

Ich weiß nicht, du hörst dich immer so an, als ob du dir alles von mir abguckst und es bloß mit anderen Worten beschreibst. Denk mal nach: Ich ermögliche es Objekten, durch Komposition und Delegieren unterschiedliches Verhalten oder unterschiedliche Algorithmen zu zeigen. Du machst mir das einfach nur nach.

Ehrlich? Wie denn? Versteh ich nicht.

Ja, das war *klasse* Arbeit ... und du erkennst ja sicherlich, dass das viel leistungsfähiger ist, als wenn man sein Verhalten vererbt, oder?

Entschuldige bitte, aber das musst du mir erklären.

State

Ja, das hat sich herumgesprochen.

Das Gleiche wie immer – ich helfe Klassen dabei, in unterschiedlichen Zuständen unterschiedliches Verhalten zu zeigen.

Ich gebe zu, was wir tun, ist auf jeden Fall etwas Ähnliches, aber ich verfolge dabei eine ganz andere Absicht als du. Und außerdem lehre ich meine Clients eine ganz andere Art und Weise, wie man Komposition und Delegieren verwendet.

Wenn du etwas mehr Zeit damit verbringen würdest, über etwas anderes als *dich selbst* nachzudenken, würdest du es vielleicht verstehen. Wie auch immer, überleg doch mal, wie du arbeitest: Du hast eine Klasse, die du instantiierst, und gibst ihr normalerweise ein Strategy-Objekt, das irgendein Verhalten implementiert. Wie z.B. in Kapitel 1, in dem du unterschiedliche Quakverhaltensweisen verteilt hast. Echte Enten erhielten ein echtes Quaken, Gummienten ein Quietsch-Quaken.

Ja, natürlich. Nun überleg mal, wie ich vorgehe: Das ist ganz anders.

Das State-Muster

Strategy

Na komm, Verhalten zur Laufzeit ändern kann ich auch; das ist es doch, worum es bei der Komposition geht!

Na ja, ich gebe zu, ich ermuntere meine Objekte nicht unbedingt, sich einen wohldefinierten Satz von Zustandsübergängen zuzulegen. Tatsächlich regle ich normalerweise lieber selbst, welche Strategie meine Objekte benutzen.

Jaja, bau nur weiter deine Luftschlösser, Bruder. Du tust so, als wärst du ein großes Entwurfsmuster wie ich, aber Tatsache ist doch, ich komme in Kapitel 1 vor, aber dich haben sie hier hinten in Kapitel 10 gesteckt. Ich meine, wie viele Leute lesen denn überhaupt bis hier?

Typisch mein Bruder, ein unverbesserlicher Träumer.

State

Okay, ich sage meinen Kontext-Objekten vielleicht bei ihrer Erzeugung, in welchem Zustand sie zu Beginn sein sollen, aber dann verändern sie im Lauf der Zeit selbst ihren Zustand.

Sicher kannst du das, aber *ich* arbeite dabei mit voneinander getrennten Zuständen. Meine Kontext-Objekte verändern ihren Zustand über wohldefinierte Zustandsübergänge. Mit anderen Worten: Zustandsveränderung ist Teil meines Plans – sie gehört zu meiner Arbeitsweise!

Siehst du, darüber waren wir uns ja schon einig: Von der Struktur her ähneln wir uns, aber hinter dem, was wir tun, steckt eine ganz andere Absicht. Finde dich damit ab, die Welt hat für uns beide Verwendung.

Machst du Witze? Das Buch heißt »Von Kopf bis Fuß« und unsere Leser sind spitze! Natürlich kommen sie bis Kapitel 10!

Sie sind hier ▶

Auffüllübung

Das hätten wir beinahe vergessen!

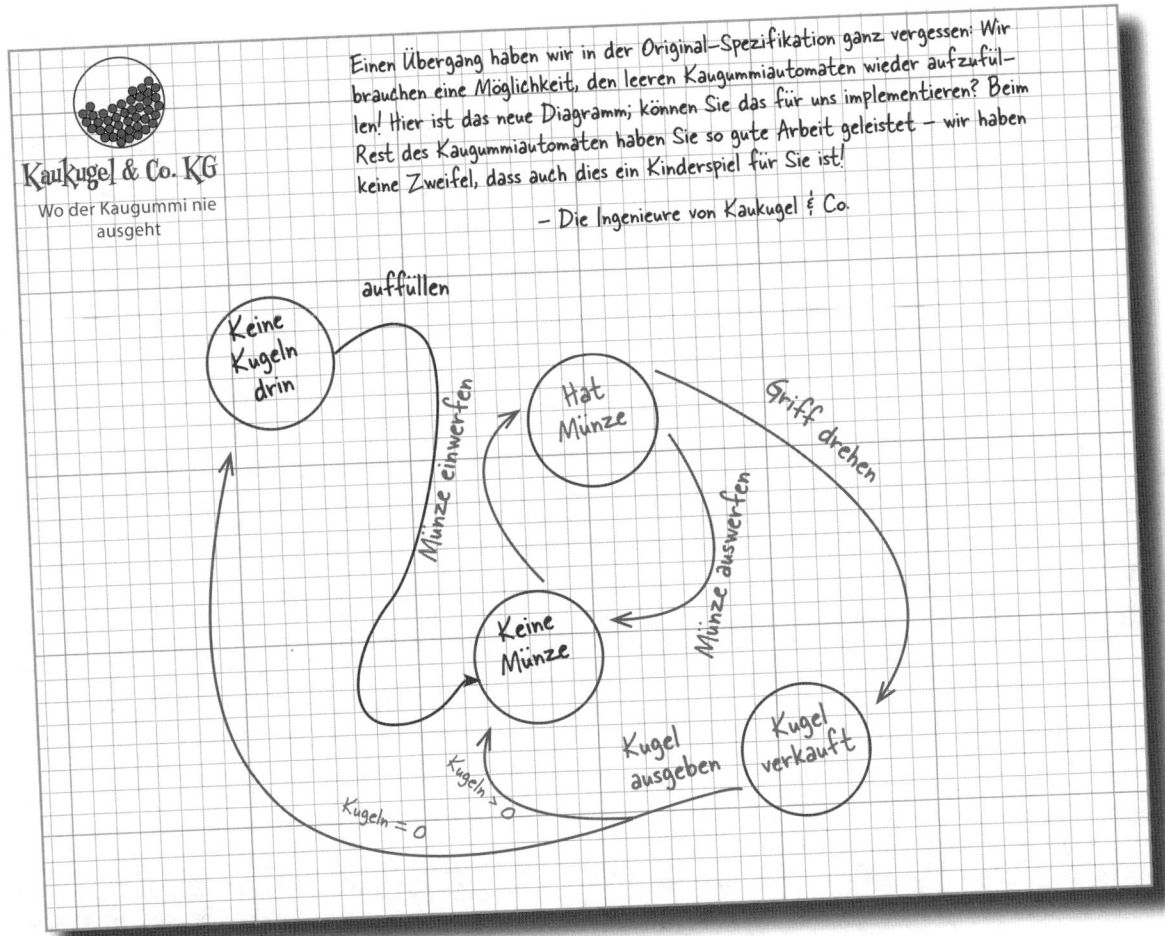

Spitzen Sie Ihren Bleistift

Wir brauchen Ihre Hilfe: Bitte schreiben Sie die auffüllen()-Methode für den Kaugummiautomaten. Sie hat *ein* Argument – die Anzahl der Kugeln, die Sie in das Gerät einfüllen. Und sie sollte den Zähler des Kaugummiautomaten aktualisieren sowie seinen Status auf die Grundeinstellung zurücksetzen.

Sie haben fantastische Arbeit geleistet! Ich habe da noch ein paar Ideen, die die Kaugummi-Branche revolutionieren werden, und ich brauche Sie für die Implementierung. Pssssst! Im nächsten Kapitel verrate ich Ihnen mehr.

Ordnen Sie jedem Muster die passende Beschreibung zu:

Muster	Beschreibung
State	Kapselt austauschbares Verhalten und entscheidet mittels Delegierung, welches Verhalten verwendet wird.
Strategy	Unterklassen entscheiden, wie die Schritte in einem Algorithmus implementiert werden.
Template Method	Kapselt zustandsbasiertes Verhalten und delegiert Verhalten an den aktuellen Zustand.

Werkzeuge für Ihren Design-Werkzeugkasten

Schon wieder ein Kapitel zu Ende! Mit so vielen Mustern dürfte jetzt jedes Bewerbungsgespräch ein Kinderspiel für Sie sein.

OO-Basics
- Abstraktion
- Kapselung
- Polymorphismus
- Vererbung

OO-Prinzipien
- Kapseln Sie das, was variiert.
- Ziehen Sie die Komposition der Vererbung vor.
- Programmieren Sie auf eine Schnittstelle, nicht auf eine Implementierung.
- Streben Sie für Objekte, die interagieren, nach Entwürfen mit lockerer Bindung.
- Klassen sollten für Erweiterung offen, aber für Veränderung geschlossen sein.
- Stützen Sie sich auf Abstraktionen. Stützen Sie sich nicht auf konkrete Klassen.
- Sprechen Sie nur mit Ihren Freunden.
- Versuchen Sie nicht, uns anzurufen, wir rufen Sie an.
- Eine Klasse sollte nur einen Grund haben, sich zu ändern.

Keine neuen Prinzipien in diesem Kapitel; so können sich die bisher gelernten noch besser setzen.

Hier ist unser neues Pattern. Wenn Sie es in einer Klasse mit verschiedenen Zuständen zu tun haben, bietet Ihnen das State-Muster eine Technik zur Kapselung dieses Zustands.

OO-Muster

State – ermöglicht einem Objekt, sein Verhalten zu ändern, wenn sein interner Zustand sich ändert. Scheinbar wechselt das Objekt dabei seine Klasse.

Punkt für Punkt

- Das State-Muster ermöglicht einem Objekt viele verschiedene Verhaltensweisen, abhängig von seinem internen Zustand.
- Anders als ein prozeduraler Zustandsautomat repräsentiert das State-Muster Zustände als voll ausgeprägte Klassen.
- Der Kontext erhält sein Verhalten, indem er an das aktuelle Zustandsobjekt delegiert, mit dem er zusammengesetzt ist.
- Durch Kapselung jedes Zustands in einer Klasse lokalisieren wir alle Veränderungen, die später nötig werden.
- Das State- und das Strategy-Muster haben das gleiche Klassendiagramm, aber unterschiedliche Absichten.
- Das Strategy-Muster konfiguriert typischerweise Kontextklassen mit einem Verhalten oder Algorithmus.
- Das State-Muster ermöglicht einem Kontext, sein Verhalten zu ändern, wenn sich sein Zustand ändert.
- Zustandsübergänge können durch die Zustands- oder durch die Kontext-Klassen gesteuert werden.
- Bei der Verwendung des State-Musters nimmt typischerweise die Zahl der Klassen in Ihrem Entwurf zu.
- Zustandsklassen können von Kontext-Instanzen gemeinsam benutzt werden.

Lösungen *zu den Übungen*

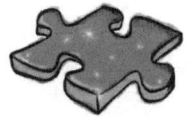

Design-Puzzle, Lösung

Zeichnen Sie ein Zustandsdiagramm für den Kaugummiautomaten, das die 1-von-10-Anforderung erfüllt. Bei dieser Anforderung führt in 10% der Fälle der Zustand VERKAUFT dazu, dass zwei Kugeln ausgegeben werden statt nur einer. Hier ist unsere Lösung.

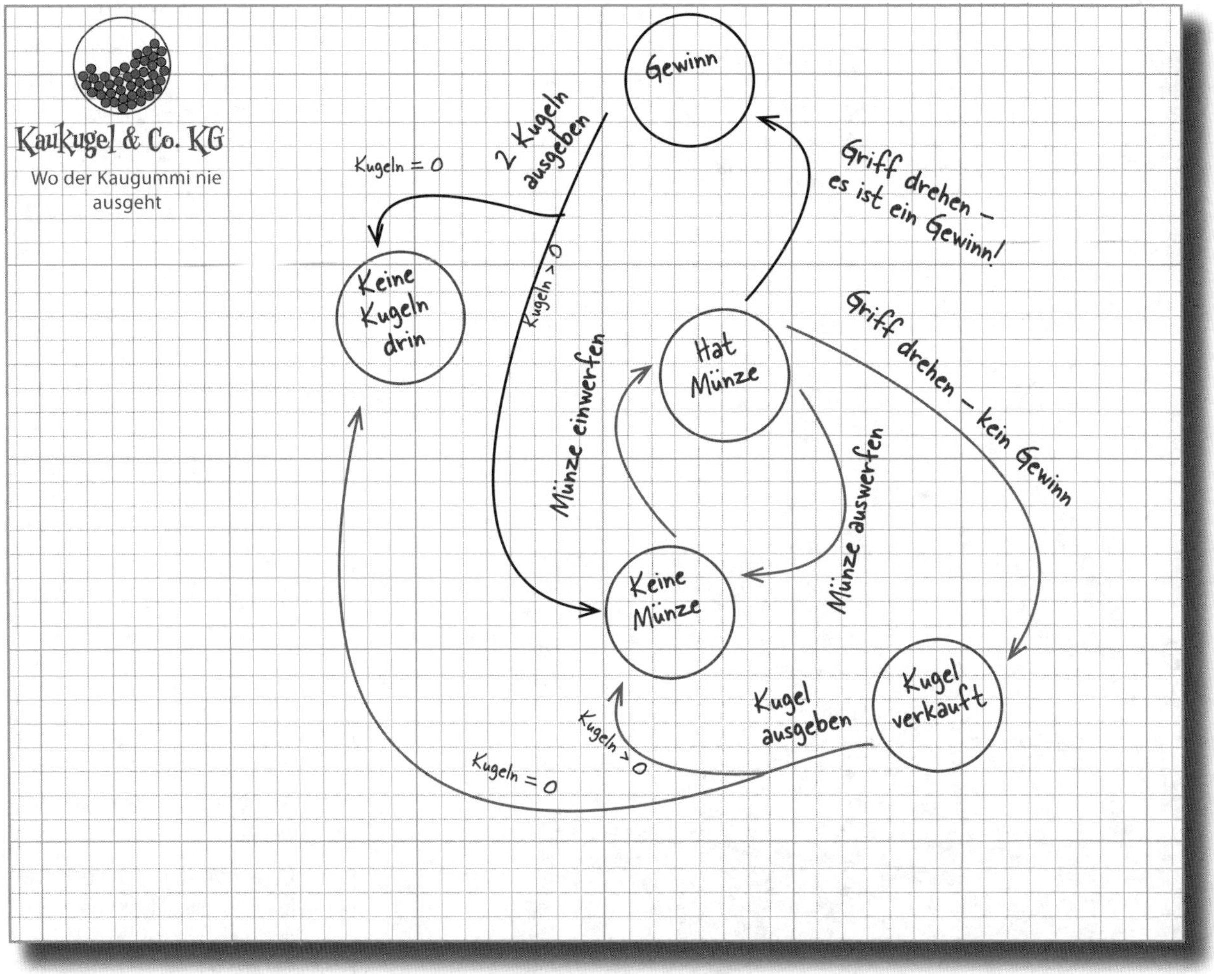

Das State-Muster

Spitzen Sie Ihren Bleistift — Lösung

Welche Aussage beschreibt den Zustand Ihrer Implementierung? (Kreuzen Sie alle zutreffenden an.)

 A. Dieser Code gehorcht ganz sicher nicht dem Offen/Geschlossen-Prinzip.

 B. Ein FORTRAN-Programmierer wäre stolz auf diesen Code.

 C. Dieses Design ist nicht gerade besonders objektorientiert.

 D. Die Zustandsübergänge sind nicht explizit; sie sind irgendwo in einem Haufen von Bedingungsanweisungen begraben.

 E. Wir haben hier nicht gekapselt, was variiert.

 F. Wenn Code hinzugefügt wird, verursacht das mit großer Wahrscheinlichkeit Programmfehler.

Spitzen Sie Ihren Bleistift — Lösung

Eine Klasse haben wir noch nicht implementiert: AusverkauftZustand. Wie wäre es, wenn Sie das selbst tun? Denken Sie dabei gründlich darüber nach, wie sich der Kaugummiautomat in jeder Situation verhalten sollte. Und bevor Sie dann weiterlesen, überprüfen Sie bitte Ihre Antwort ...

Im AusverkauftZustand können wir eigentlich überhaupt nichts tun, bevor nicht jemand den Automaten auffüllt.

```
public class AusverkauftZustand implements Zustand {
  KaugummiAutomat kaugummiAutomat;

  public AusverkauftZustand(KaugummiAutomat kaugummiAutomat) {
    this.kaugummiAutomat = kaugummiAutomat;
  }

  public void münzeEinwerfen() {
    System.out.println("Sie können keine Münze einwerfen, Automat ist ausverkauft");
  }

  public void münze auswerfen() {
    System.out.println("Auswurf nicht möglich, Sie haben keine Münze eingeworfen");
  }

  public void griffDrehen {
    System.out.println("Sie haben gedreht, aber es sind keine Kugeln da");
  }

  public void kugelAusgeben() {
    System.out.println("Es wird keine Kugel ausgegeben");
  }
}
```

Sie sind hier ▶ 433

Lösungen zu den Übungen

Spitzen Sie Ihren Bleistift
Lösung

Um unsere Zustände zu implementieren, müssen wir zuerst das Verhalten der Klassen bei Aufruf der einzelnen Aktionen beschreiben. Tragen Sie in dem Diagramm neben allen Aktionen in jeder Klasse das zugehörige Verhalten ein. Ein paar haben wir schon für Sie hineingeschrieben.

KeineMünzeZustand
- münzeEinwerfen() → Gehe in HatMünzeZustand über.
- münzeAuswerfen() → Sag dem Kunden: »Sie haben keine Münze eingeworfen«
- griffDrehen() → Sag dem Kunden: »Sie haben gedreht, aber es ist keine Münze da«
- kugelAusgeben() → Sag dem Kunden: »Sie müssen zuerst bezahlen«

HatMünzeZustand
- münzeEinwerfen() → Sag dem Kunden: »Sie können keine weitere Münze einwerfen«
- münzeAuswerfen() → Gib Münze zurück und gehe in KeineMünzeZustand über.
- griffDrehen() → Gehe in VerkauftZustand über.
- kugelAusgeben() → Sag dem Kunden: »Es wird keine Kugel ausgegeben«

VerkauftZustand
- münzeEinwerfen() → Sag dem Kunden: »Bitte warten Sie, Sie erhalten eine Kugel«
- münzeAuswerfen() → Sag dem Kunden: »Zu spät, leider haben Sie den Griff schon gedreht«
- griffDrehen() → Sag dem Kunden: »Auch wenn Sie zweimal drehen, bekommen Sie keine zweite Kugel!«
- kugelAusgeben() → Gib eine Kaugummikugel aus. Überprüfe die Anzahl der Kugeln; falls > 0, gehe in den KeineMünzeZustand über, andernfalls in den AusverkauftZustand.

AusverkauftZustand
- münzeEinwerfen() → Sag dem Kunden: »Automat ist ausverkauft«
- münzeAuswerfen() → Sag dem Kunden: »Sie haben keine Münze eingeworfen«
- griffDrehen() → Sag dem Kunden: »Es sind keine Kugeln da«
- kugelAusgeben() → Sag dem Kunden: »Es wird keine Kugel ausgegeben«

GewinnZustand
- münzeEinwerfen() → Sag dem Kunden: »Bitte warten Sie, Sie erhalten eine Kugel«
- münzeAuswerfen() → Sag dem Kunden: »Zu spät, leider haben Sie den Griff schon gedreht«
- griffDrehen() → Sag dem Kunden: »Auch wenn Sie zweimal drehen, bekommen Sie keine zweite Kugel!«
- kugelAusgeben() → Gib zwei Kaugummikugeln aus. Überprüfe die Anzahl der Kugeln; falls > 0, gehe in den KeineMünzeZustand über, andernfalls in den AusverkauftZustand.

Das State-Muster

Hinter den Kulissen: Auf eigene Faust

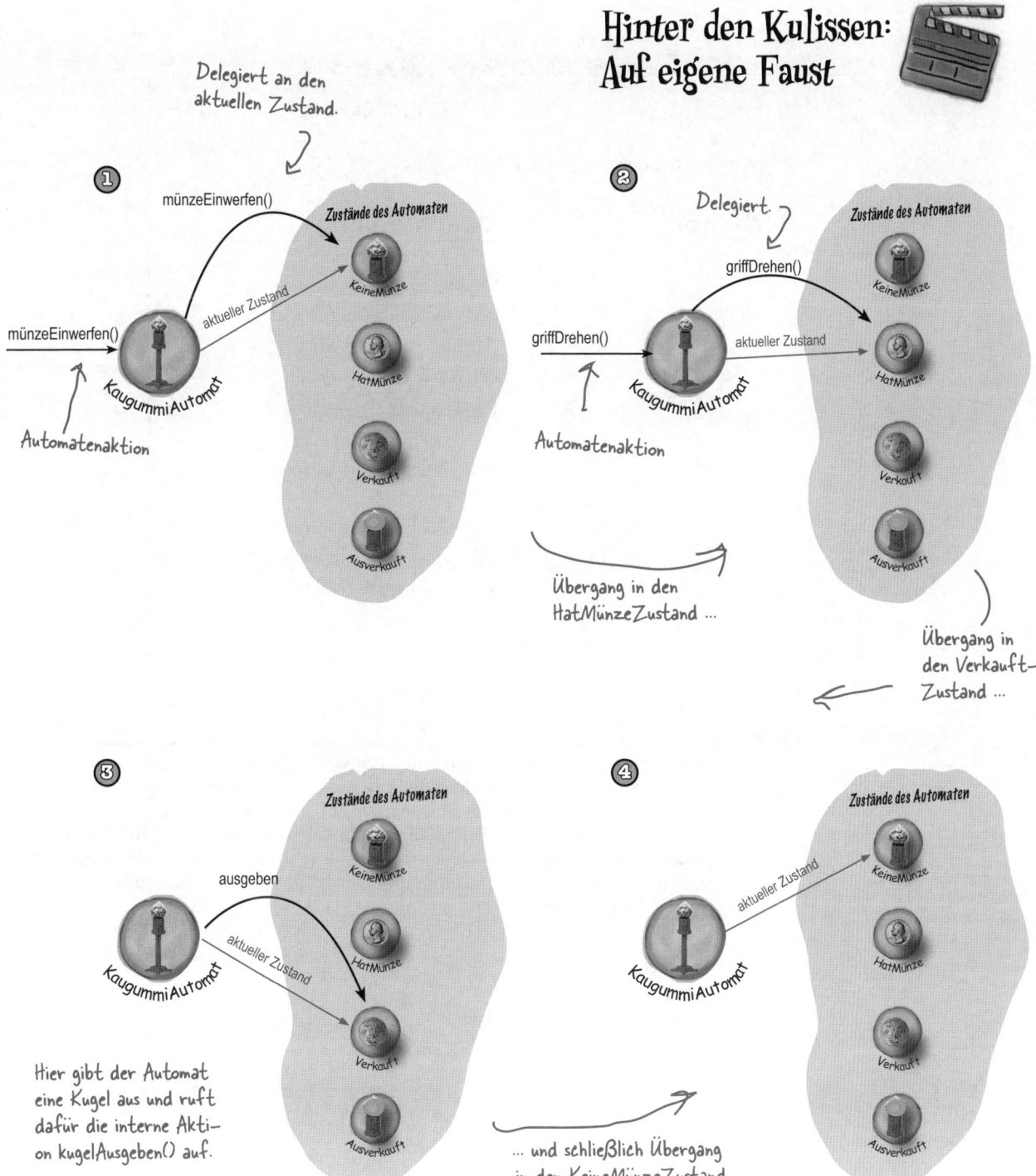

Lösungen zu den Übungen

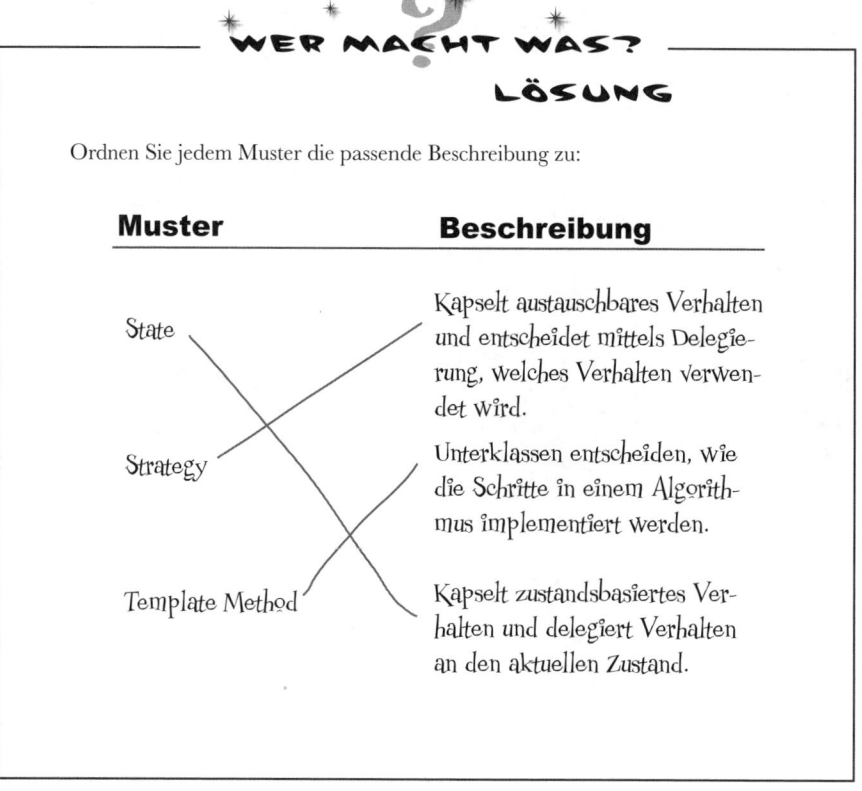

 **Spitzen Sie Ihren Bleistift**

Lösung

Zum Füllen des Kaugummiautomaten fügen wir dem Interface Zustand eine auffüllen()-Methode hinzu, die jeder Zustand implementieren muss. In allen Zuständen außer AusverkauftZustand macht die Methode nichts. Im AusverkauftZustand wechselt auffüllen() in den KeineMünzeZustand. Außerdem fügen wir KaugummiAutomat eine auffüllen()-Methode hinzu, die der Anzahl an Kaugummis eine Menge hinzufügt und dann die auffüllen()-Methode des aktuellen Zustands aufruft.

```
public void auffüllen() {
    kaugummiAutomat.setZustand(kaugummiAutomat.getKeineMünzeZustand());
}
```
← *Diese Methode fügen wir AusverkauftZustand hinzu.*

```
void auffüllen(int anzahl) {
    this.anzahl += anzahl;
    System.out.println("Der Kaugummiautomat wurde aufgefüllt; die neue Anzahl ist: " + this.anzahl);
    zustand.auffüllen();
}
```
← *Und diese KaugummiAutomat.*

11 Das Proxy-Muster
Den Zugriff auf Objekte kontrollieren

> Der neue Star-Wars-Film ist zwar erst ab 12 Jahren freigegeben, aber mit dir als Proxy komme ich da rein!

Haben Sie schon mal »good cop – bad cop« gespielt? Sie sind der gute Polizist und helfen den Menschen nett und freundlich. Aber Sie möchten einfach nicht *jedem* zu Diensten sein, und deshalb haben Sie den bösen Polizisten, der den *Zugang zu Ihnen kontrolliert*. Genau das tun Proxys: Sie kontrollieren und steuern den Zugang zu etwas anderem. Wie Sie sehen werden, können Proxys sich auf ganz unterschiedliche Art und Weise vor ihre zugehörigen Objekte stellen. Proxys haben schon komplette Methodenaufrufe über das Internet für ihre Objekte durchgeführt; manchmal sind sie aber auch nur geduldige Stellvertreter für ziemlich faule Objekte.

hier fängt ein neues Kapitel an

Unser Ziel

Erinnern Sie sich an den Geschäftsführer von Kaukugel & Co. KG?

> Hallo, Team, ich würde meine Kaugummiautomaten gern besser überwachen können. Wissen Sie vielleicht eine Möglichkeit, wie ich an einen Bericht über den Bestand und den Zustand der Automaten komme?

Hört sich recht einfach an. Sie erinnern sich sicher – wir haben ja schon Methoden im Kaugummiautomaten-Code, mit denen wir an die Anzahl der Kugeln (getAnzahl()) und an den Zustand des Automaten (getZustand()) gelangen.

Wir müssen einfach nur einen Bericht erzeugen, der ausgedruckt und an den Geschäftsführer geschickt wird. Hmmm, wir sollten wohl auch ein Feld für den Standort des Automaten hinzufügen, damit der Geschäftsführer die Automaten auseinander halten kann.

Legen wir einfach los und schreiben wir den Code. Wir beeindrucken den Geschäftsführer mit einer sehr schnellen Lieferung!

Der Überwachungscode

Fangen wir damit an, die Klasse für den Kaugummiautomaten so zu ergänzen, dass auch der Standort berücksichtigt wird:

```java
public class KaugummiAutomat {
  // weitere Instanzvariablen
  String standort;

  public KaugummiAutomat(String standort, int anzahl) {
    // weiterer Konstruktor-Code
    this.standort = standort;
  }

  public String getStandort() {
    return standort;
  }

  // weitere Methoden
}
```

Ein Standort ist einfach ein String.

Der Standort wird dem Konstruktor übergeben und in einer Instanzvariablen gespeichert.

Außerdem fügen wir eine Getter-Methode hinzu, die uns bei Bedarf den Standort angibt.

Jetzt erzeugen wir eine zusätzliche Klasse namens KaugummiÜberwachung. Sie ruft den Standort des Automaten, den Bestand an Kugeln und den aktuellen Zustand des Automaten ab und gibt sie in Form eines hübschen kleinen Berichts aus:

```java
public class KaugummiÜberwachung {
  KaugummiAutomat automat;

  public KaugummiÜberwachung(KaugummiAutomat automat) {
    this.automat = automat;
  }

  public void berichten() {
    System.out.println("Kaugummiautomat: " + automat.getStandort());
    System.out.println("Aktueller Bestand: " + automat.getAnzahl() + " Kugeln");
    System.out.println("Aktueller Zustand: " + automat.getZustand());
  }
}
```

Die Überwachung bekommt den Automaten im Konstruktor übergeben und weist ihn der Instanzvariablen für den Automaten zu.

Unsere Berichtsmethode druckt einfach einen Bericht mit Standort, Bestand und Zustand des Automaten aus.

Lokale Automatenüberwachung

Wir testen die Überwachung

Na, das haben wir ja ruck, zuck implementiert. Der Geschäftsführer wird ganz aus dem Häuschen sein, was für tolle Entwickler wir sind.

Jetzt müssen wir bloß noch eine KaugummiÜberwachung instantiieren und ihr einen Automaten zum Überwachen geben:

```
public class KaugummiAutomatTestlauf {
  public static void main(String[] args) {
    int anzahl = 0;

    if (args.length < 2) {
      System.out.println("<Name> <Bestand> des Automaten");
      System.exit(1);
    }

    anzahl = Integer.parseInt(args[1]);
    KaugummiAutomat kaugummiAutomat = new kaugummiAutomat(args[0], anzahl);

    KaugummiÜberwachung überwachung = new KaugummiÜberwachung(kaugummiAutomat);

    // restlicher Test-Code

    überwachung.berichten();
  }
}
```

Geben Sie auf der Kommandozeile einen Standort und den Anfangsbestand an Kaugummikugeln ein.

Vergessen Sie nicht, dem Konstruktor einen Standort und eine Anzahl zu übergeben.

Instantiieren Sie dann eine Überwachung und übergeben Sie ihr einen Automaten, für den sie den Bericht erstellen kann.

Wenn wir einen Bericht über den Automaten brauchen, rufen wir die Methode berichten() auf.

```
Datei Bearbeiten Fenster Hilfe FliegenderFisch
% java KaugummiAutomatTestlauf Hamburg 112

Kaugummiautomat: Hamburg
Aktueller Bestand: 112 Kugeln
Aktueller Zustand: bereit für Münzeinwurf
```

Und hier ist die Ausgabe!

Der Überwachungsausdruck sieht ja sehr schön aus ... aber ich schätze, ich habe mich wohl nicht klar ausgedrückt. Ich brauche eine FERNüberwachung der Kaugummiautomaten! Wir haben sogar schon die Netzwerke dafür eingerichtet. Na was ist, Jungs, ihr seid doch die Internetgeneration, oder?

Das Proxy-Muster

> Tja, das lehrt uns wohl, erst mal nach den Anforderungen zu fragen, statt direkt loszuprogrammieren. Ich hoffe, wir müssen nicht von vorn anfangen ...

> Macht euch keine Sorgen, Jungs. Ich habe gerade meine Entwurfsmusterkenntnisse aufgefrischt. Alles, was wir brauchen, ist ein Remote-Proxy, und schon kann's losgehen.

Frank   *Tim*   *Joachim*

Frank: Ein Remote-Was?

Joachim: Ein *Remote-Proxy*, also ein Fern-Proxyserver. Überlegt mal: Den Code für die Überwachung haben wir doch schon geschrieben, oder? Wir übergeben der KaugummiÜberwachung eine Referenz auf den Automaten, und er liefert uns einen Bericht. Das Problem ist, unsere Überwachung läuft in der gleichen JVM wie der Automat, aber der Geschäftsführer will die Automaten von seinem Schreibtisch aus – also *aus der Ferne* – überwachen. Wenn wir also einfach die Klasse KaugummiÜberwachung so belassen, aber ihr einen Proxy zu *einem entfernten Objekt* übergeben würden?

Frank: Ich glaube, das verstehe ich nicht.

Tim: Ich auch nicht.

Joachim: Also noch mal von Anfang an ... ein Proxy ist ein Stellvertreter für ein reales Objekt. In diesem Fall handelt der Proxy genau wie sein Kaugummiautomat-Objekt, aber hinter den Kulissen kommuniziert er über das Netz mit dem echten Kaugummiautomaten, der weit entfernt steht.

Tim: Du meinst, wir lassen unseren Code so, wie er ist, und geben der Überwachung eine Referenz auf die Proxy-Version des Kaugummiautomaten ...?

Frank: Und dieser Proxy tut so, als wäre er das echte Objekt, aber in Wirklichkeit kommuniziert er über das Netz mit dem echten Objekt?

Joachim: Ja, das trifft's ziemlich genau.

Frank: Hört sich aber an, als wäre es leichter gesagt als getan.

Joachim: Vielleicht, aber ich denke, so schlimm wird es nicht. Wir müssen dafür sorgen, dass der Kaugummiautomat als Service arbeiten kann und Anfragen über das Netz entgegennimmt. Außerdem muss unsere Überwachung irgendwie an eine Referenz auf ein Proxy-Objekt kommen, aber dafür gibt es prima Tools, die schon in Java eingebaut sind und uns helfen können. Lasst uns erst noch ein bisschen mehr über Remote-Proxys reden ...

Die Rolle des »Remote-Proxy«

Ein Remote-Proxy fungiert als ein *lokaler Stellvertreter oder Bevollmächtigter eines entfernten Objekts*. Ein »entferntes Objekt« ist ein Objekt, das im Heap einer anderen virtuellen Java-Maschine liegt (oder, allgemeiner ausgedrückt, ein Objekt, das in einem anderen Adressraum existiert).

Und ein »lokaler Stellvertreter«, was ist das? Ein Objekt, auf dem Sie lokale Methoden aufrufen können, die dann an das entfernte Objekt weitergeleitet werden.

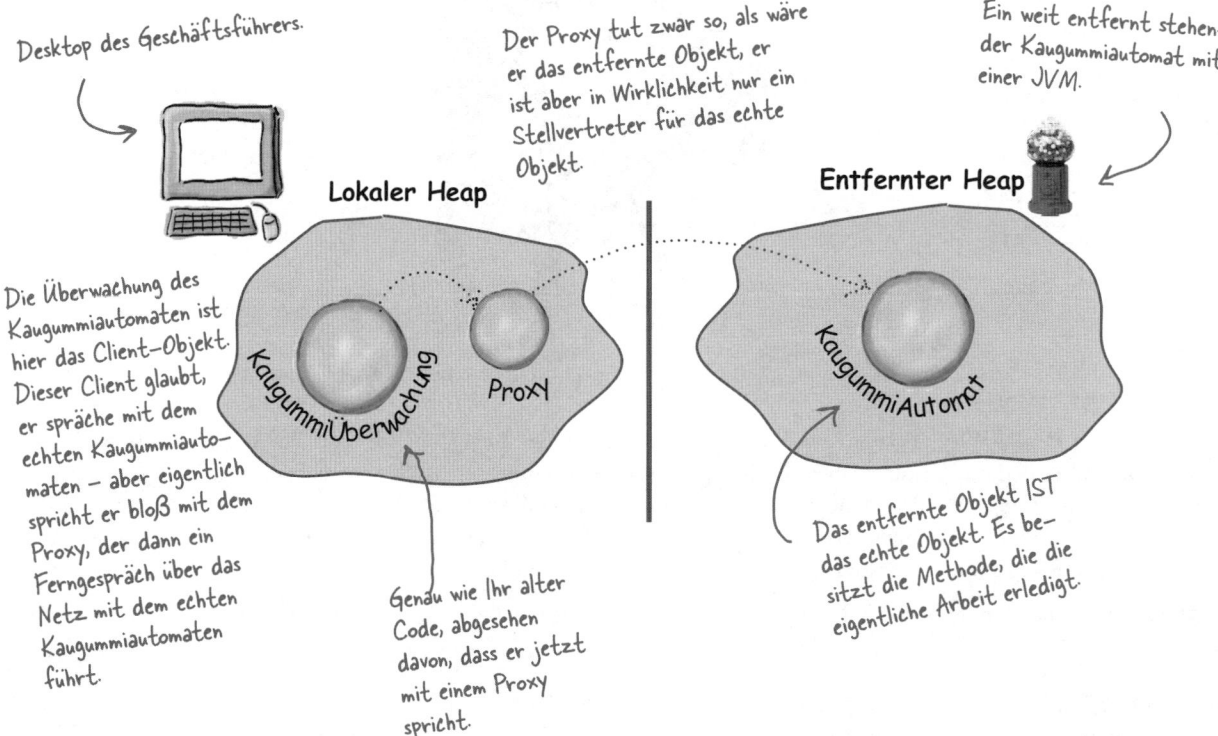

Ihr Client-Objekt arbeitet so, als mache es Fernaufrufe von Methoden. In Wirklichkeit ruft es jedoch Methoden auf einem "Proxy"-Objekt auf, das im lokalen Heap liegt und sich dann um all die Lowlevel-Details der Netzwerkkommunikation kümmert.

Das Proxy-Muster

Das ist eine ganz schön raffinierte Idee. Wir schreiben Code, der einen Methodenaufruf annimmt, ihn irgendwie über das Netz weitergibt und die gleiche Methode auf einem entfernten Objekt aufruft. Ich nehme an, wenn der Aufruf abgeschlossen ist, wird das Ergebnis über das Netz an unseren Client zurückgesendet. Aber dieser Code ist doch bestimmt sehr schwierig zu schreiben.

Jetzt bloß nicht aufgeben! Diesen Code müssen wir nämlich gar nicht selbst schreiben. Der ist schon weitgehend in der RMI-Funktionalität von Java eingebaut, die solche Fernaufrufe ermöglicht. Wir müssen nur einfach unseren Code so anpassen, dass er diese RMI, die »Remote Method Invocation«, nutzen kann.

Bevor Sie weiterlesen, überlegen Sie, wie Sie ein System entwerfen würden, mit dem der Fernaufruf von Methoden möglich wäre. Wie könnten Sie den Entwicklern die Arbeit erleichtern, so dass sie möglichst wenig Code schreiben müssen? Und wie könnte man den Fernaufruf so nahtlos integrieren, dass man ihn gar nicht bemerkt?

Sollten Fernaufrufe von außen vollständig unsichtbar, d.h. transparent stattfinden? Ist das wirklich eine gute Idee? Was könnte bei diesem Ansatz ein Problem sein?

Sie sind hier ▸ **443**

RMI-Umweg

Ein Remote-Proxy für unsere Kaugummiüberwachung

Auf dem Papier sieht das ja gut aus, aber wie kommen wir an einen Proxy, der weiß, wie man eine Methode auf einem Objekt in einer anderen JVM aufruft?

Hmmm. Eigentlich kann man ja keine Referenz auf etwas in einem fremden Heap bekommen, stimmt's? Mit anderen Worten, man kann nicht einfach schreiben:

```
Ente e = <Objekt in einem anderen Heap>
```

Worauf auch immer sich die Variable e bezieht – es muss im gleichen Heap liegen wie der Code, der die Anweisung ausführt. Wie gehen wir also vor? Ganz einfach, hier kommt die Remote Method Invocation von Java ins Spiel. Mit RMI können wir Objekte in einer entfernten JVM finden und ihre Methoden aufrufen.

Vielleicht kennen Sie ja RMI schon aus Ihrem Lieblings Java-Buch; falls nicht, machen wir jetzt einen kleinen Umweg und machen uns fit in RMI, bevor wir die Proxy-Unterstützung in den Code des Kaugummiautomaten einbauen.

Also, folgendermaßen gehen wir vor:

❶ Als Erstes nehmen wir den RMI-Umweg und machen uns schlau. Selbst wenn Sie mit RMI vertraut sind, möchten Sie ja vielleicht trotzdem mitkommen – einfach der Aussicht wegen.

❷ Dann nehmen wir unseren Kaugummiautomaten und machen daraus einen Remote-Service, der einen Satz von Methoden bereitstellt, die sich aus der Ferne aufrufen lassen.

❸ Anschließend erzeugen wir einen Proxy, der sich über RMI mit einem entfernten Kaugummiautomaten unterhalten kann, und setzen unser Überwachungssystem so wieder zusammen, dass der Geschäftsführer so viele entfernte Automaten überwachen kann, wie er möchte.

RMI-Umweg

Wenn RMI neu für Sie ist, nehmen Sie den Umweg, der über die nächsten paar Seiten führt; wenn nicht, möchten Sie den Umweg vielleicht nur überfliegen und Ihre Kenntnisse auffrischen.

Einführungskurs »Remote-Methoden«

Angenommen, wir wollen ein System entwerfen, mit dem wir ein lokales Objekt aufrufen können, das dann alle Anfragen an ein entferntes Objekt weiterleitet: Wie würde dieser Entwurf aussehen? Auf jeden Fall bräuchten wir ein paar Helfer-Objekte, die sich für uns um die Kommunikation kümmern. Die Helfer ermöglichen es dem Client, so zu arbeiten, als riefe er eine Methode auf einem lokalen Objekt auf (was er tatsächlich auch tut). Der Client ruft eine Methode auf dem Client-Helfer auf, als wäre der Client-Helfer der aktuelle Service. Der Client-Helfer besorgt dann die Weiterleitung dieser Anfrage für uns.

Anders ausgedrückt: Das Client-Objekt glaubt, es rufe eine Methode auf dem Remote-Service auf. Denn der Client-Helfer täuscht vor, er wäre selbst das Service-Objekt. Der tut doch glatt so, als besäße er selbst die Methode, die der Client aufrufen will.

Aber der Client-Helfer ist in Wirklichkeit nicht der Remote-Service. Er benimmt sich zwar so (weil er die gleiche Methode besitzt, die auch der Service anbietet), aber er verfügt gar nicht über die eigentliche Methodenlogik, die der Client erwartet. Stattdessen nimmt er Kontakt zum Server auf, überträgt Informationen über den Methodenaufruf (z.B. den Namen der Methode, die Argumente usw.) und wartet dann auf eine Rückgabe vom Server.

Auf der Serverseite empfängt der Service-Helfer die Anfrage vom Client-Helfer (über eine Socket-Verbindung), entpackt die Informationen über den Aufruf und ruft dann die echte Methode auf dem echten Service-Objekt auf. Für das Service-Objekt ist das also ein lokaler Aufruf, denn er kommt vom Service-Helfer, nicht von einem entfernten Client.

Der Service-Helfer erhält den Rückgabewert vom Service, verpackt ihn und schickt ihn zurück an den Client-Helfer (über einen Socket-Outputstream). Der Client-Helfer packt die Information aus und gibt den Wert an das Client-Objekt weiter.

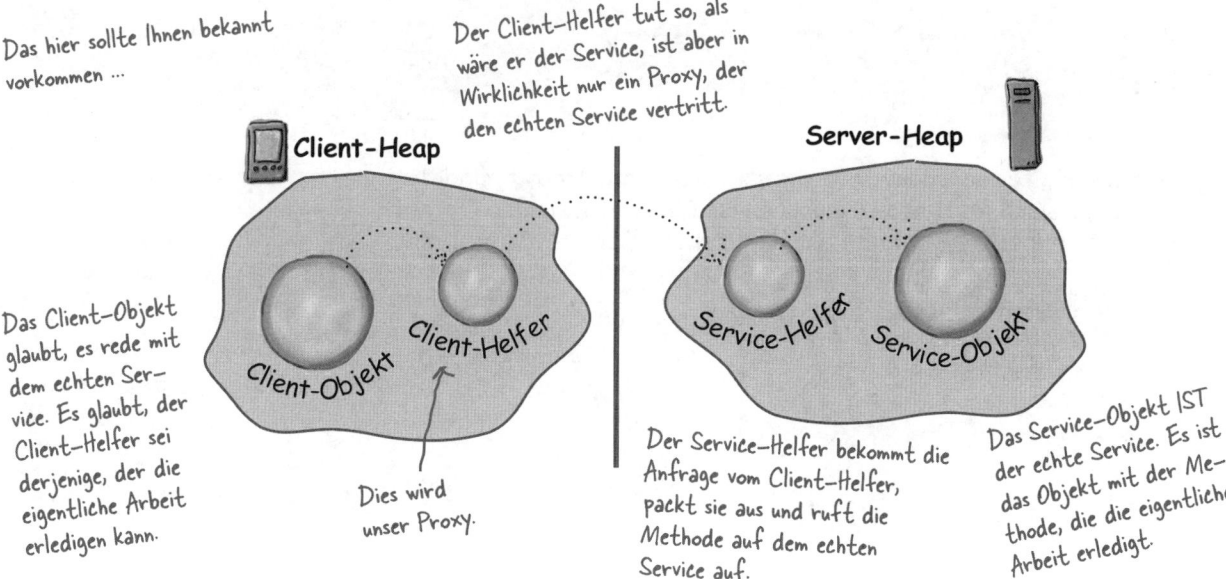

Was beim Aufruf der Methode passiert

① Client-Objekt ruft machWasTolles() auf dem Client-Helfer-Objekt auf.

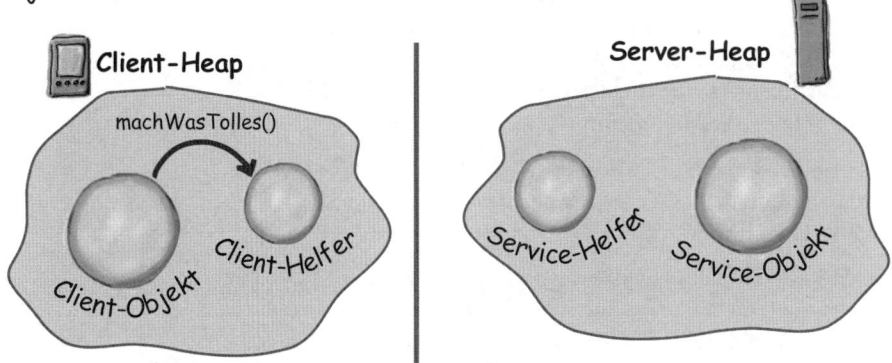

② Client-Helfer verpackt die Information über den Aufruf (Argumente, Methodenname usw.) und schickt sie über das Netz an den Service-Helfer.

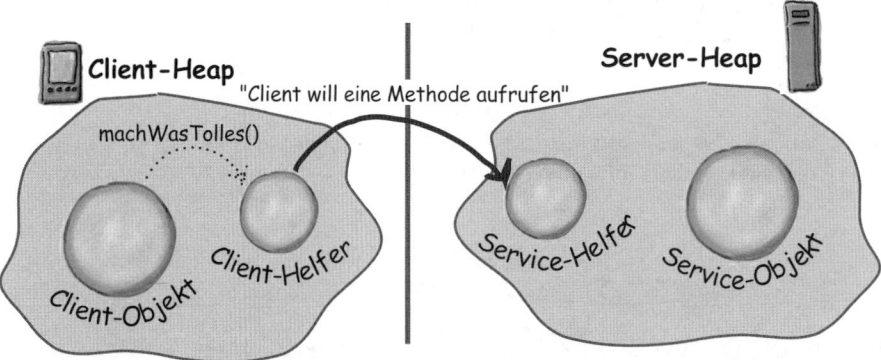

③ Service-Helfer verpackt Information vom Client-Helfer, findet heraus, welche Methode aufzurufen ist (und auf welchem Objekt), und ruft die echte Methode auf dem echten Service-Objekt auf.

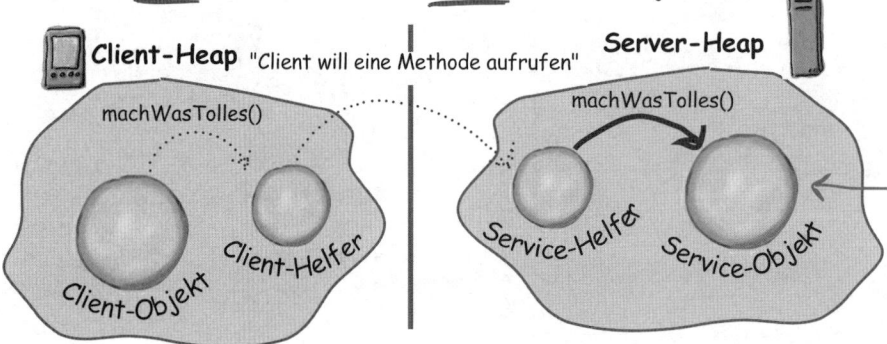

Erinnern Sie sich, dies ist das echte Objekt mit der eigentlichen Methoden-logik, das die tatsächliche Arbeit erledigt.

Das Proxy-Muster

④ Diese Methode wird auf dem Service-Objekt aufgerufen, das dem Service-Helfer ein Ergebnis zurückgibt.

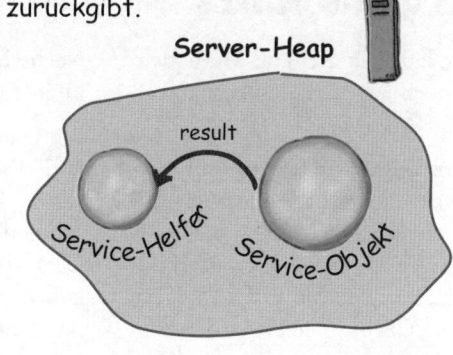

⑤ Service-Helfer verpackt die durch den Aufruf zurückgegebenen Informationen und sendet sie über das Netz an den Client-Helfer zurück.

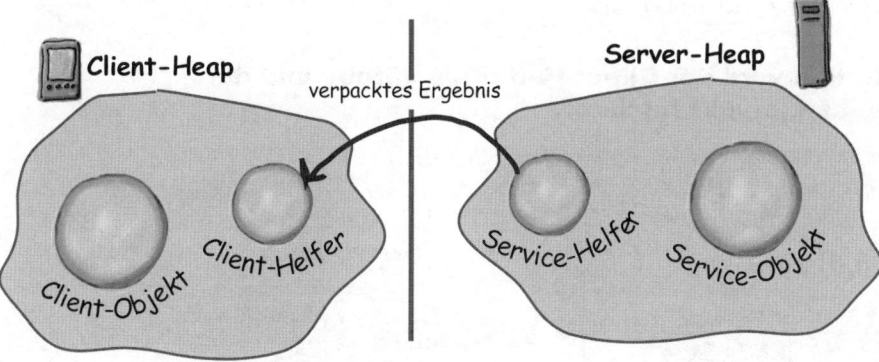

⑥ Client-Helfer packt die zurückgegebenen Werte aus und liefert sie an das Client-Objekt aus. Für das Client-Objekt war all dies transparent.

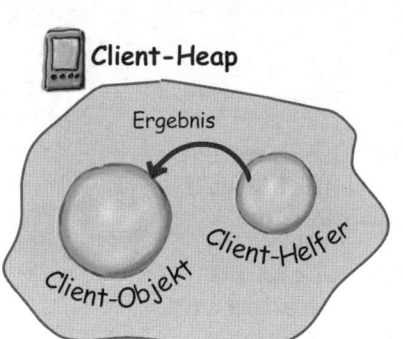
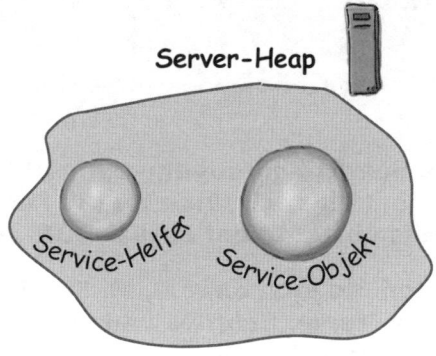

Sie sind hier ▸ **447**

Java RMI – das große Ganze

Im Wesentlichen wissen Sie jetzt, wie Remote-Methoden funktionieren; es fehlt nur noch, wie man den Fernaufruf von Methoden mithilfe von RMI aktiviert.

RMI erledigt für Sie die Erzeugung von Client- und Service-Helfer-Objekten – bis hin zur Erzeugung eines Client-Helfer-Objekts, das die gleichen Methoden enthält wie der Remote-Service. Das Schöne an RMI ist, dass Sie nichts von dem Netzwerk- oder I/O-Code selbst schreiben müssen. Mit Ihrem Client rufen Sie entfernte Methoden (d.h. die Methoden des echten Service) auf, als wären es normale Aufrufe auf Objekten in der lokalen JVM des Clients.

RMI stellt auch die gesamte Laufzeit-Infrastruktur zur Verfügung, damit alles funktioniert, einschließlich eines Nachschlag-Service, über den der Client die entfernten Objekte finden und auf sie zugreifen kann.

Ein Unterschied besteht jedoch zwischen RMI-Aufrufen und lokalen (normalen) Methodenaufrufen, wie wir wissen: Für den Client sieht es zwar so aus, als wäre der Methodenaufruf lokal, doch in Wirklichkeit sendet der Client-Helfer den Methodenaufruf über das Netz. Wir haben es hier also mit Netzwerk- und I/O-Methoden zu tun. Und was wissen wir über diese Methoden?

Sie sind riskant und können scheitern! Und deshalb werfen sie mit Exceptions nur so um sich. Daher muss der Client dieses Risiko einkalulieren; wie er das macht, werden wir bald sehen.

RMI-Nomenklatur: In RMI wird der Client-Helfer als »Stub« und der Service-Helfer als »Skeleton« bezeichnet.

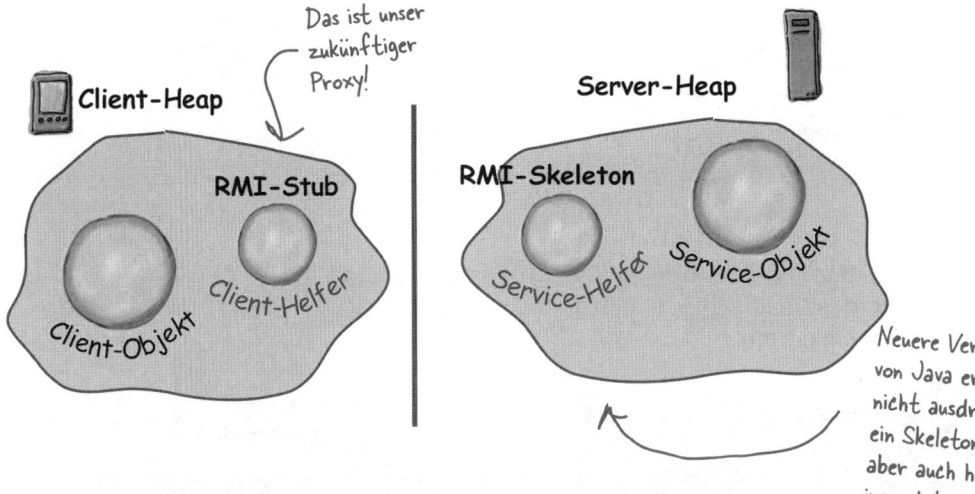

Jetzt wollen wir die Schritte durchgehen, die nötig sind, um zum einen aus einem Objekt einen Service für die Fernaufrufannahme zu machen und zweitens einem Client Fernaufrufe zu ermöglichen.

Am besten überprüfen Sie jetzt einmal, ob Sie richtig angeschnallt sind! Es kommen eine Menge Schritte und ein paar Unebenheiten und Kurven auf uns zu – aber nichts, worüber Sie besorgt sein müssten.

Das Proxy-Muster

Die Erstellung des Remote-Service

Dies ist ein **Überblick** über die fünf Schritte zum Aufbau eines Remote-Service – mit anderen Worten über die Schritte, mit denen man ein gewöhnliches Objekt so aufmotzen kann, dass es durch einen Remote-Client aufgerufen werden kann. Später tun wir dies mit unserem Kaugummiautomaten, aber jetzt wollen wir erst einmal die Schritte nennen und dann jeden Schritt im Einzelnen erklären.

Schritt 1:
Remote-Interface erstellen

Das Remote-Interface definiert die Methoden, die ein Client aus der Ferne aufrufen kann. Es wird vom Client als Klassentyp für den Service benutzt werden. Die Methoden werden sowohl vom Stub als auch vom echten Service implementiert!

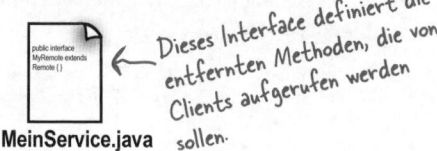

Dieses Interface definiert die entfernten Methoden, die von Clients aufgerufen werden sollen.

MeinService.java

Schritt 2:
Remote-Implementierung erstellen

Diese Klasse leistet die eigentliche Arbeit. In ihr sind die entfernten Methoden, die im Remote-Interface definiert sind, wirklich implementiert. Dies ist das Objekt, auf dem der Client eigentlich Methoden aufrufen möchte (z.B. auf unserem Kaugummiautomaten!).

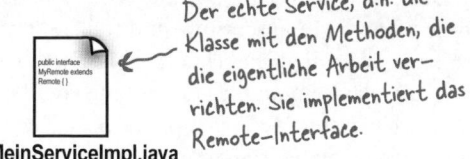

Der echte Service, d.h. die Klasse mit den Methoden, die die eigentliche Arbeit verrichten. Sie implementiert das Remote-Interface.

MeinServiceImpl.java

Schritt 3:
RMI-Registrierung (rmiregistry) starten

Die *RMI-Registrierung* ähnelt einem Telefonbuch. Hier erhält der Client Zugriff auf den Proxy (das Client-Stub- oder Client-Helfer-Objekt).

Schritt 4:
Remote-Service starten

Jetzt müssen Sie nur noch das Service-Objekt zum Einsatz bringen. Ihre Service-Implementierungsklasse instantiiert eine Service-Instanz und meldet sie bei der RMI-Registrierung an. Durch diese Registrierung wird der Service für Clients verfügbar.

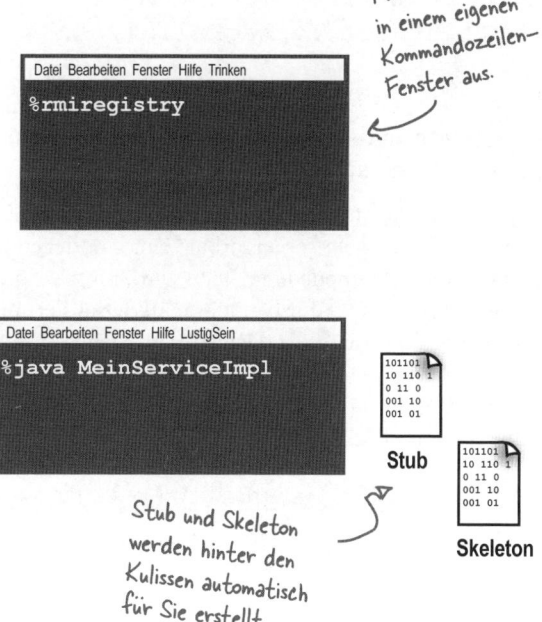

Führen Sie dies in einem eigenen Kommandozeilen-Fenster aus.

Stub und Skeleton werden hinter den Kulissen automatisch für Sie erstellt.

Stub

Skeleton

Sie sind hier ▸ **449**

Erzeugung eines Remote-Interfaces

Schritt 1: Remote-Interface erstellen

① java.rmi.Remote erweitern

Remote ist ein »Marker«-Interface, das zwar keine Methoden enthält, jedoch im Rahmen von RMI eine besondere Rolle spielt; daher muss diese Regel befolgt werden. Beachten Sie auch, dass wir hier »extends« schreiben: Ein Interface darf ein anderes Interface *erweitern*.

```
public interface MeinRemote extends Remote {
```

Daran erkennen wir, dass das Interface für die Unterstützung von Fernaufrufen verwendet werden soll.

② Für alle Methoden das Auslösen einer Remote-Exception deklarieren

Das Remote-Interface wird vom Client als Typ für den Service eingesetzt. Mit anderen Worten: Der Client ruft Methoden auf etwas auf, das das Remote-Interface implementiert. Dieses »Etwas« ist unser Stub, und weil zu dessen Geschäft Netzwerk und I/O gehören, kann alles Mögliche schief gehen. Diese Risiken muss der Client berücksichtigen, indem er die Remote-Exceptions entweder behandelt oder weitergibt. Wenn die Methoden in einem Interface Exceptions deklarieren, muss jeder Code, der Methoden auf einer Referenz dieses Typs (d.h. des Interface-Typs) aufruft, diese Exceptions behandeln oder deklarieren.

```
import java.rmi.*;
```
← *Das Interface Remote gehört zu java.rmi.*

```
public interface MeinRemote extends Remote {
    public String sagHallo() throws RemoteException;
}
```

Jeder Fernaufruf von Methoden ist als »riskant« einzustufen. Das Deklarieren der RemoteException in jeder Methode zwingt den Client, aufzupassen und einzukalkulieren, dass etwas nicht klappen könnte.

Wenn Sie Ihre Erinnerung an Serializable auffrischen möchten, lesen Sie in einem guten Java-Buch nach.

③ Argumente und Rückgabewerte müssen primitive Datentypen oder serialisierbar sein

Die Argumente und Rückgabewerte einer Remote-Methode müssen entweder primitive Typen oder serialisierbar sein. Überlegen Sie: Jedes Argument, das einer Remote-Methode übergeben wird, muss verpackt und über das Netzwerk versendet werden. Dafür benötigt man Serialisierung. Das Gleiche gilt für Rückgabewerte. Mit primitiven Datentypen, Strings und den meisten anderen API-Datentypen (einschließlich Arrays und Collections) werden Sie keine Probleme haben. Aber wenn Sie Ihre eigenen Typen durch die Gegend schicken, sollten Sie dafür sorgen, dass Ihre Klassen Serializable implementieren.

```
public String sagHallo() throws RemoteException;
```

Dieser Rückgabewert wird vom Server über die Leitung an den Client zurückgeschickt und muss deshalb serialisierbar sein. Alle Argumente und Rückgabewerte werden auf diese Weise verpackt und versendet.

Schritt 2: Remote-Implementierung erstellen

① Das Remote-Interface implementieren

Ihr Service muss das Remote-Interface implementieren, d.h. das Interface, dessen Methoden Ihr Client aufrufen wird.

```
public class MeinRemoteImpl extends UnicastRemoteObject implements MeinRemote {
  public String sagHallo() {
    return "Server sagt Hallo";
  }
  // weiterer Code für diese Klasse
}
```

Der Compiler wird überprüfen, ob Sie alle Methoden implementiert haben, die das implementierte Interface enthält. In diesem Fall ist es nur eine.

② UnicastRemoteObject erweitern

Um als Remote-Service-Objekt arbeiten zu können, braucht Ihr Objekt Eigenschaften, die mit seinem »Dasein als entferntes Objekt« zusammenhängen. Am einfachsten ist es, UnicastRemoteObject (aus dem java.rmi.server-Paket) zu erweitern und diese Klasse (Ihre Superklasse) die Arbeit machen zu lassen.

UnicastRemoteObject implementiert Serializable, wir benötigen also ein serialVersionUID-Feld.

```
public class MeinRemoteImpl extends UnicastRemoteObject implements MeinRemote {
    private static final long serialVersionUID = 1L;
```

③ Einen parameterlosen Konstruktor schreiben, der eine RemoteException deklariert

Mit der neuen Superklasse, UnicastRemoteObject, gibt es ein kleines Problem: Ihr Konstruktor wirft eine RemoteException. Es gibt nur eine einzige Möglichkeit, mit diesem Problem fertig zu werden – schreiben Sie einen Konstruktor für Ihre Remote-Implementierung, in diesem können Sie dann die RemoteException deklarieren. Sie erinnern sich sicher, dass beim Instantiieren einer Klasse immer auch der Konstruktor der Superklasse aufgerufen wird. Und wenn der Konstruktor Ihrer Superklasse eine Exception wirft, bleibt Ihnen nicht anderes übrig, als auch Ihren eigenen Konstruktor eine Exception werfen zu lassen.

```
public MeinRemoteImpl() throws RemoteException { }
```

Der Konstruktor darf leer sein. Sie brauchen lediglich eine Möglichkeit, die Exception zu deklarieren, die der Konstruktor Ihrer Superklasse wirft.

④ Den Service bei der RMI-Registrierung anmelden

Jetzt müssen Sie Ihren Remote-Service noch für Remote-Clients verfügbar machen. Dafür instantiieren Sie ihn und tragen ihn in die RMI-Registrierung ein (diese muss vorher gestartet werden, andernfalls schlägt die Registrierung fehl). Wenn Sie Ihr Implementierungsobjekt registrieren, trägt das RMI-System in Wirklichkeit den *Stub* in die Registrierung ein, denn genau genommen ist es dieser, den der Client benötigt. Registrieren Sie Ihren Service mit der statischen Methode rebind() aus der Klasse java.rmi.Naming.

```
try {
  MeinRemote service = new MeinRemoteImpl();
  Naming.rebind("RemoteHallo", service);
} catch(Exception ex) {...}
```

Geben Sie Ihrem Service einen Namen (über den Clients ihn in der Registry nachschlagen können) und melden Sie ihn bei der RMI-Registrierung an. Wenn Sie das Service-Objekt mit rebind() anmelden, registriert RMI nicht den Service selbst, sondern den zugehörigen Stub.

Stubs und Skeletons

Schritt 3: rmiregistry ausführen

① Ein Kommandozeilen-Fenster öffnen und rmiregistry starten

Sorgen Sie dafür, dass Sie in einem Verzeichnis sind, aus dem auf Ihre Klassen zugegriffen werden kann. Am einfachsten ist es, wenn Sie rmiregistry direkt aus Ihrem Klassenverzeichnis starten.

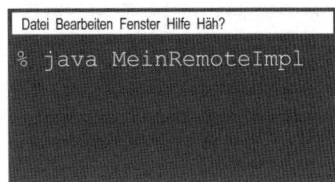

Schritt 4: Service starten

① Noch ein Kommandozeilen-Fenster öffnen und den Service starten

Dies kann aus einer main()-Methode in Ihrer Remote-Implementierungsklasse heraus erfolgen oder über eine spezielle Starterklasse. In diesem einfachen Beispiel stecken wir den Start-Code in der Implementierungsklasse in eine main()-Methode, die das Objekt instantiiert und es bei der RMI-Registrierung anmeldet.

> **Vor Java 5 mussten wir mit rmic statische Stubs und Skeletons erstellen. Das müssen und *sollten* wir auch nicht mehr tun, da *statische* Stubs und Skeletons veraltet sind.**
>
> *Stattdessen werden Stubs und Skeletons dynamisch generiert. Das geschieht automatisch, wenn wir UnicastRemoteObject erweitern (wie in unserer MeinRemoteImpl-Klasse).*

Es gibt keine Dummen Fragen

F: Warum zeigen Sie in den Schaubildern zum RMI-Code Stubs and Skeletons? Ich dachte, die wären wir schon lange losgeworden.

A: Das stimmt. Es wird kein Skeleton mehr verwendet, stattdessen sendet die RMI-Laufzeit die Client-Aufrufe mithilfe von Reflection unmittelbar an den Remote-Service. Und Stubs werden automatisch über Dynamic Proxy generiert (worüber Sie später in diesem Kapitel noch mehr erfahren werden). Der Stub des Remote-Objekts ist eine java.lang.reflect.Proxy-Instanz (mit einem InvocationHandler), der automatisch generiert wird und sich um alles kümmert, was getan werden muss, um die lokalen Methodenaufrufe durch den Client zum Remote-Objekt zu leiten. Dennoch ziehen wir es vor, Stub und Skeleton zu zeigen, weil sie helfen, zu verstehen, dass es im Hintergrund etwas gibt, das die Kommunikation zwischen dem Client-Stub und dem Remote-Service abwickelt.

Der vollständige Code für die Serverseite

RMI-Umweg

Das Remote-Interface:

```
import java.rmi.*;

public interface MeinRemote extends Remote {
  public String sagHallo() throws RemoteException;
}
```

← RemoteException und Interface Remote gehören zum java.rmi-Paket.

← Ihr Interface MUSS java.rmi.Remote erweitern.

← Jede einzelne Ihrer Remote-Methoden muss eine RemoteException deklarieren.

Der Remote-Service (die Implementierung):

```
import java.rmi.*;
import java.rmi.server.*;

public class MeinRemoteImpl extends UnicastRemoteObject implements MeinRemote {
  private static final long serialVersionUID = 1L;

  public String sagHallo() {
    return "Server sagt Hallo";
  }

  public MeinRemoteImpl() throws RemoteException { }

  public static void main (String[] args) {

    try {
      MeinRemote service = new MeinRemoteImpl();
      Naming.rebind("RemoteHallo", service);
    } catch(Exception ex) {
      ex.printStackTrace();
    }
  }
}
```

← UnicastRemoteObject gehört zum Paket java.rmi.server.

← Die Erweiterung von UnicastRemoteObject ist der einfachste Weg, um ein Remote-Objekt zu erzeugen.

← Sie MÜSSEN Ihr Remote-Interface implementieren!!

← Natürlich müssen Sie alle Interface-Methoden implementieren. Aber beachten Sie, dass die RemoteException hier NICHT deklariert werden muss.

← Ihr Superklassen-Konstruktor (für UnicastRemoteObject) deklariert eine Exception. SIE müssen daher hier einen Konstruktor schreiben, denn das bedeutet, dass Ihr Konstruktor riskanten Code (d.h. seinen Super-Konstruktor) aufruft.

← Erzeugen Sie das Remote-Objekt und »binden« Sie es dann mit der statischen Methode Naming.rebind() an die RMI-Registrierung. Der Name, mit dem Sie es anmelden, ist auch der Name, unter dem ein Client es in der RMI-Registrierung nachschlägt.

Wie kommt man an das *Stub-Objekt*?

Wie gelangt der Client an das Stub-Objekt?

Der Client muss an das Stub-Objekt (unseren Proxy) kommen, denn genau darauf wird der Client Methoden aufrufen. Und hier kommt die RMI-Registrierung ins Spiel. Der Client schlägt nach – wie in einem Telefonbuch – und sagt schließlich: »Ich hätte gern den Stub, der zu diesem Namen hier gehört.«

Sehen wir uns an, welchen Code wir brauchen, um ein Stub-Objekt nachzuschlagen und eine Referenz darauf zu erhalten.

Und so funktioniert es.

 **Code unter der Lupe**

Als Typ für den Service verwendet der Client immer das Remote-Interface. Den Namen Ihrer Remote-Service-Klasse muss der Client gar nicht wissen.

lookup() ist eine statische Methode der Klasse Naming.

Dies muss der Name sein, unter dem der Service angemeldet wurde.

```
MeinRemote service =
    (MeinRemote) Naming.lookup("rmi://127.0.0.1/RemoteHallo");
```

Es ist eine Umwandlung in den Interface-Typ nötig, weil die lookup()-Methode den Datentyp Object zurückgibt.

Der Hostname oder die IP-Adresse, die angibt, wo der Service läuft.

Das Proxy-Muster

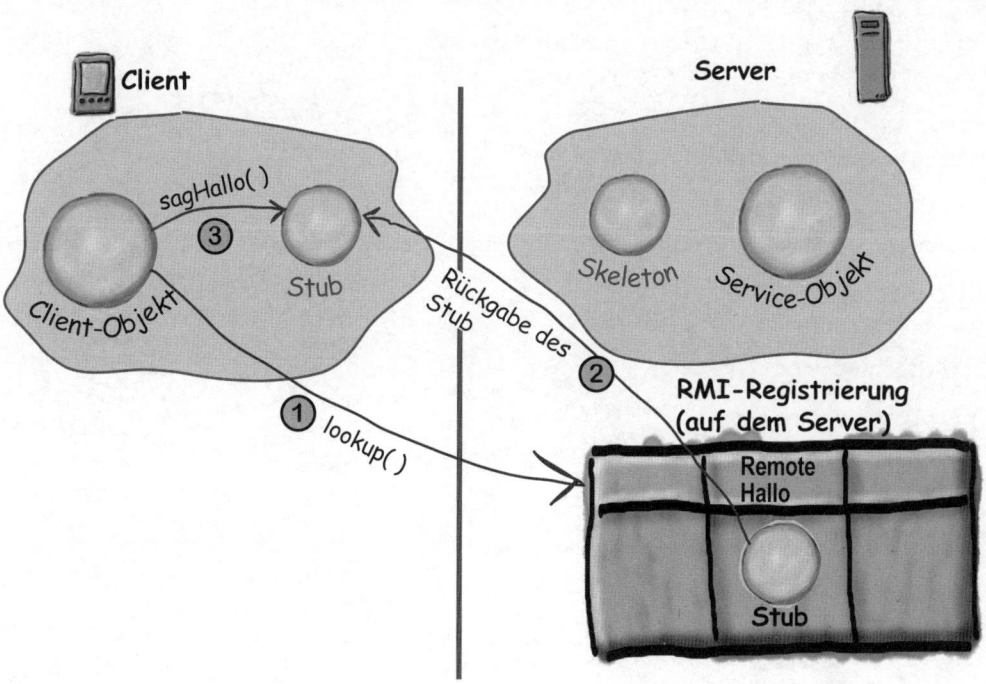

Wie es funktioniert ...

① **Client schlägt in der RMI-Registrierung nach:**

`Naming.lookup("rmi://127.0.0.1/RemoteHallo");`

② **RMI-Registrierung gibt das Stub-Objekt zurück**
(als Rückgabewert der lookup-Methode), und RMI deserialisiert automatisch den Stub.

③ **Client ruft eine Methode auf dem Stub auf,
als wäre der Stub WIRKLICH der Service.**

Sie sind hier ▸ **455**

Der vollständige Client-Code

```
import java.rmi.*;

public class MeinRemoteClient {
  public static void main (String[] args) {
    new MeinRemoteClient().loslegen();
  }

  public void loslegen() {

    try {
      MeinRemote service = (MeinRemote) Naming.lookup("rmi://127.0.0.1/RemoteHallo");

      String s = service.sagHallo();

      System.out.println(s);
    } catch(Exception ex) {
      ex.printStackTrace();
    }
  }
}
```

Die Klasse Naming (für das Nachschlagen in der RMI-Registrierung) gehört zum Paket java.rmi.

Wird von der Registrierung mit dem Typ Object geliefert – also nicht die Typumwandlung vergessen!

Sie brauchen die IP-Adresse oder den Hostnamen ...

... und den Namen, unter dem der Service »gebunden«, d.h. angemeldet, wurde.

Sieht genau aus wie ein stinknormaler Methodenaufruf! (Abgesehen davon, dass die Remote-Exception berücksichtigt werden muss.)

Fehler, die Programmierern bei RMI unterlaufen:

1. Zu vergessen, rmiregistry vor dem Start des Remote-Service zu starten (wenn der Service mit Naming.rebind() registriert wird, muss rmiregistry bereits laufen!).

2. Zu vergessen, Argumente und Rückgabewerte serialisierbar zu machen (das fällt erst zur Laufzeit auf; das ist etwas, das der Compiler nicht bemerkt).

Zurück zu unserem Remote-Proxy für den Kaugummiautomaten

Okay, jetzt sind wir mit den RMI-Grundlagen vertraut und für die Implementierung des Remote-Proxy für den Kaugummiautomaten gerüstet. Sehen wir uns an, wie sich der Kaugummiautomat in dieses Schema einpasst:

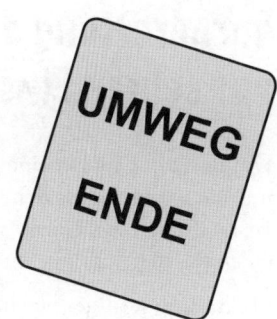

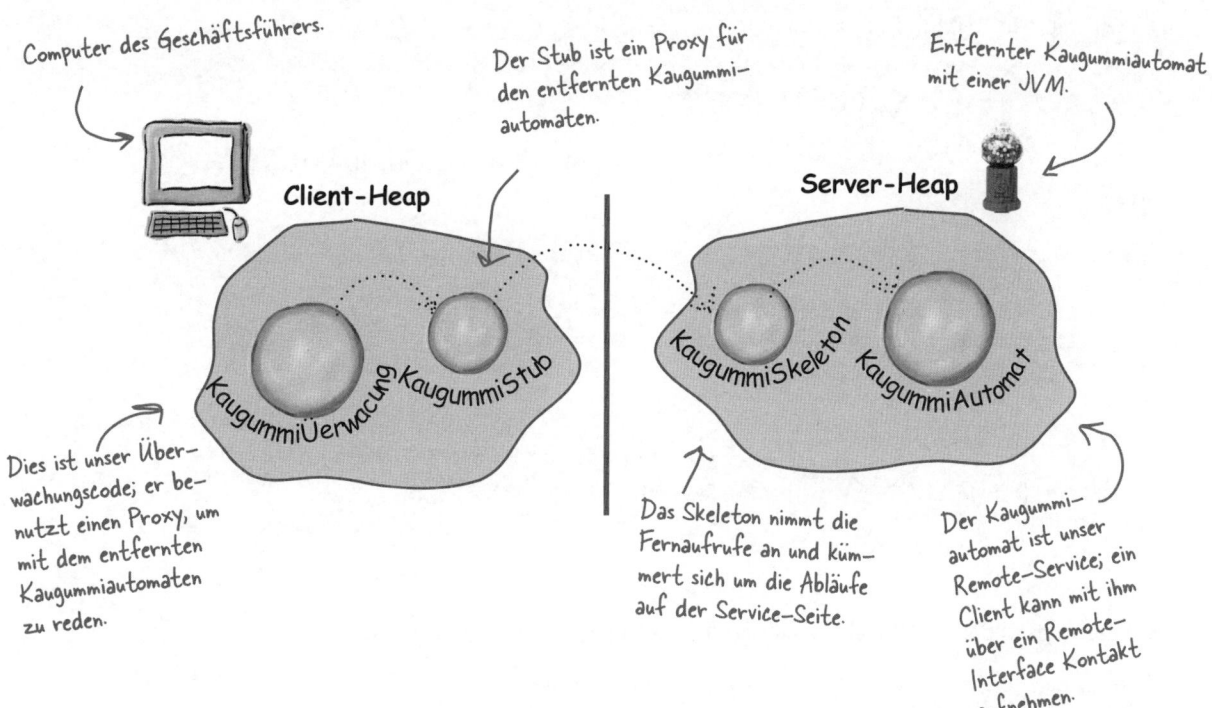

Remote-Interface für den *Kaugummiautomaten*

Vorbereitung des Kaugummiautomaten auf seinen Einsatz als Remote-Service

Um unseren Code in eine geeignete Fassung für Remote-Proxys zu bringen, müssen wir als Erstes dem Kaugummiautomaten die Fähigkeit verleihen, Fernanfragen von Clients zu bedienen. Mit anderen Worten: Wir machen einen Service aus ihm. Zu diesem Zweck müssen wir:

1) Ein Remote-Interface für den Kaugummiautomaten erzeugen. Dieses stellt einen Satz von Methoden bereit, die von fern aufgerufen werden können.

2) Dafür sorgen, dass alle Rückgabetypen im Interface serialisierbar sind.

3) Das Interface in einer konkreten Klasse implementieren.

Fangen wir mit dem Remote-Interface an.

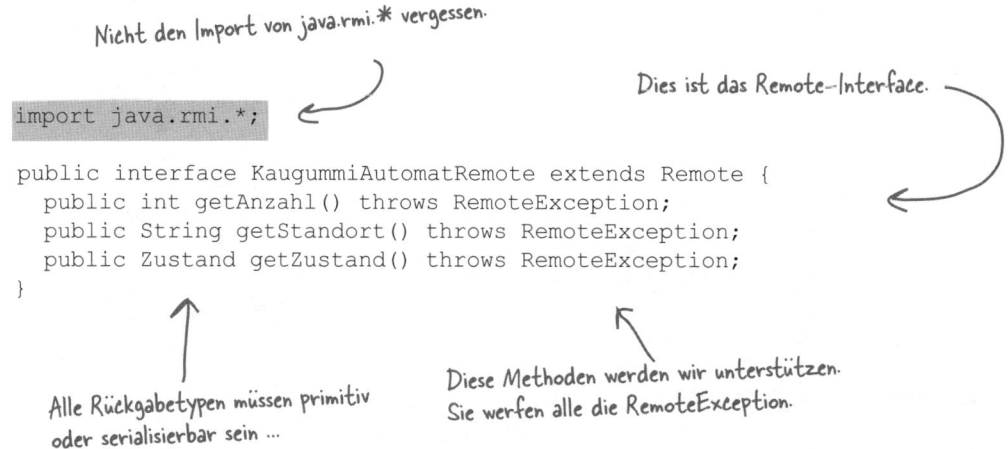

Nicht den Import von java.rmi.* vergessen.

```
import java.rmi.*;

public interface KaugummiAutomatRemote extends Remote {
    public int getAnzahl() throws RemoteException;
    public String getStandort() throws RemoteException;
    public Zustand getZustand() throws RemoteException;
}
```

Dies ist das Remote-Interface.

Alle Rückgabetypen müssen primitiv oder serialisierbar sein ...

Diese Methoden werden wir unterstützen. Sie werfen alle die RemoteException.

Ein Rückgabetyp ist dabei, der nicht serialisierbar ist. Bringen wir das in Ordnung ...

```
import java.io.*;

public interface Zustand extends Serializable {
    public void münzeEinwerfen();
    public void münzeAuswerfen();
    public void griffDrehen();
    public void kugelAusgeben();
}
```

Serializable gehört zum Paket java.io.

Dann erweitern wir einfach das Interface Serializable (das keine Methoden enthält). Und schon lassen sich alle Unterklassen von Zustand übers Netz übertragen!

Das *Proxy*-Muster

Aber wir sind mit der Serialisierbarkeit nicht ganz fertig, *ein* Problem gibt es noch. Sie erinnern sich vielleicht, dass jedes Zustandsobjekt eine Referenz auf den Kaugummiautomaten hält. So kann es die Methoden des Kaugummiautomaten aufrufen und seinen Zustand ändern. Nun wollen wir natürlich nicht, dass der gesamte Kaugummiautomat serialisiert und mit dem Zustandsobjekt übertragen wird. Das ist aber leicht zu beheben:

```
public class KeineMünzeZustand implements Zustand {
    private static final long serialVersionUID = 2L;
    transient KaugummiAutomat kaugummiAutomat;

    // alle anderen Methoden
}
```

In jeder Implementierung von Zustand ergänzen wir die serialVersionUID und setzen das Schlüsselwort transient vor die KaugummiAutomat-Instanzvariable. transient sagt der JVM, dass dieses Feld nicht serialisiert werden soll. Das ist allerdings nicht ganz ungefährlich, sollten Sie versuchen, nach der Serialisierung und Übertragung dieses Felds darauf zuzugreifen.

Den Kaugummiautomaten haben wir ja schon implementiert; jetzt müssen wir aber noch dafür sorgen, dass er auch als Service arbeiten und über das Netz eingehende Anfragen beantworten kann. Unser Kaugummiautomat muss das Interface KaugummiAutomatRemote implementieren, und zwar mit allem Drum und Dran.

Wie Sie schon auf unserem RMI-Umweg gesehen haben, ist das ganz einfach. Wir müssen bloß noch ein paar Dinge hinzufügen ...

Wir müssen zunächst die rmi-Pakete importieren.

```
import java.rmi.*;
import java.rmi.server.*;
```

KaugummiAutomat wird zu einer Unterklasse von UnicastRemoteObject und kann dadurch als Remote-Service arbeiten.

Zusätzlich muss KaugummiAutomat das Remote-Interface implementieren ...

```
public class KaugummiAutomat
        extends UnicastRemoteObject implements KaugummiAutomatRemote
{
    private static final long serialVersionUID = 2L;
    // Instanzvariablen

    public KaugummiAutomat(String standort, int anzahlKugeln) throws RemoteException {
        // Code
    }

    public int getAnzahl() {
        return anzahl;
    }

    public Zustand getZustand() {
        return zustand;
    }

    public String getStandort() {
        return standort;
    }

    // weitere Methoden
}
```

... und der Konstruktor muss eine RemoteException auslösen, weil die Superklasse das auch tut.

Das war's! Hier ändert sich gar nichts!

Sie sind hier ▶ **459**

Den Kaugummi-Service *registrieren*

Anmeldung bei der RMI-Registrierung ...

Damit wäre der Kaugummiautomaten-Service fertig. Jetzt müssen wir ihn nur noch in Position bringen, so dass er Anfragen annehmen kann. Als Erstes müssen wir für seine Anmeldung bei der RMI-Registrierung sorgen, damit die Clients ihn auch finden.

Wir ergänzen noch etwas Code im Testlauf, der das für uns erledigt:

```
public class KaugummiAutomatTestlauf {

  public static void main(String[] args) {
    KaugummiAutomatRemote kaugummiAutomat = null;
    int anzahl;
    if (args.length < 2) {
      System.out.println("<Name> <Bestand> des Automaten");
      System.exit(1);
    }

    try {
      anzahl = Integer.parseInt(args[1]);

      kaugummiAutomat =
          new kaugummiAutomat(args[0], anzahl);
      Naming.rebind("//" + args[0] + "/KaugummiAutomat", kaugummiAutomat);
    } catch (Exception e) {
      e.printStackTrace();
    }
  }
}
```

Erst einmal müssen wir einen try/catch-Block um die Instantiierung des Kaugummiautomaten legen, weil unser Konstruktor jetzt Exceptions auslösen kann.

Außerdem müssen wir Naming.rebind() aufrufen, wodurch der Kaugummiautomaten-Stub unter dem Namen kaugummiautomat zugänglich gemacht wird.

Wir verwenden die »offiziellen« Adressen der Firma Kaukugel; Sie sollten an dieser Stelle den Namen Ihres eigenen Rechners einsetzen.

Jetzt lassen wir das mal laufen ...
Zuerst dies ausführen.

Dadurch wird die RMI-Registrierung in Betrieb genommen.

```
% rmic KaugummiAutomat
```

```
% rmiregistry
```

```
% java KaugummiAutomatTestlauf hamburg.kaukugel.de 100
```

Dann erst dies hier ausführen.

Nimmt den Kaugummiautomaten in Betrieb und meldet ihn bei der RMI-Registrierung an.

Und jetzt zum Kaugummiüberwachung-Client ...

Erinnern Sie sich an die KaugummiÜberwachung? Wir wollten sie wiederverwenden und damit über ein Netzwerk arbeiten, ohne sie umzuschreiben. Das werden wir mehr oder weniger auch tun, aber ein paar Änderungen sind doch nötig.

Das RMI-Paket müssen wir importieren, weil wir unten die RemoteException benutzen ...

Wir stützen uns jetzt auf das Remote-Interface statt auf die konkrete Klasse KaugummiAutomat.

```java
import java.rmi.*;

public class KaugummiÜberwachung {
   KaugummiAutomatRemote automat;

   public KaugummiÜberwachung(KaugummiAutomatRemote automat) {
      this.automat = automat;
   }

   public void berichten() {
      try {
         System.out.println("Kaugummiautomat: " + automat.getStandort());
         System.out.println("Aktueller Bestand: " + automat.getAnzahl() + " Kugeln");
         System.out.println("Aktueller Zustand: " + automat.getZustand());
      } catch (RemoteException e) {
         e.printStackTrace();
      }
   }
}
```

Wir müssen außerdem alle RemoteExceptions abfangen, die ausgelöst werden könnten, wenn wir Methoden aufrufen, die letztendlich dann über das Netzwerk ausgeführt werden.

> Joachim hatte recht, das funktioniert echt gut!

Die Überwachung testen

Den Testlauf für die Überwachung schreiben

Jetzt haben wir alle Puzzle-Teilchen beisammen. Wir müssen nur noch den Code dafür schreiben, dass der Geschäftsführer einen ganzen Schwung von Kaugummiautomaten überwachen kann:

Dies ist der Überwachungstestlauf, den der Geschäftsführer ausführen wird.

Dies sind all die Standorte, die wir überwachen.

Wir erzeugen ein Array von Standorten (einer pro Automat).

```java
import java.rmi.*;

public class KaugummiÜberwachungTestlauf {

  public static void main(String[] args) {
    String[] standort = {"rmi://frankfurt.kaukugel.de/Kaugummiautomat",
                         "rmi://stuttgart.kaukugel.de/Kaugummiautomat",
                         "rmi://hamburg.kaukugel.de/Kaugummiautomat"};

    KaugummiÜberwachung[] überwachung = new KaugummiÜberwachung[standort.length];

    for (int i=0;i < standort.length; i++) {
      try {
        KaugummiAutomatRemote automat =
                (KaugummiAutomatRemote) Naming.lookup(standort[i]);
        überwachung[i] = new KaugummiÜberwachung(automat);
        System.out.println(überwachung[i]);
      } catch (Exception e) {
        e.printStackTrace();
      }
    }

    for(int i=0; i < überwachung.length; i++) {
      überwachung[i].berichten();
    }
  }
}
```

Außerdem erzeugen wir ein Array von Überwachungen.

Jetzt brauchen wir einen Proxy für jeden entfernten Automaten.

Dann iterieren wir über alle Automaten und drucken für jeden einen Bericht aus.

Das Proxy-Muster

Code unter der Lupe

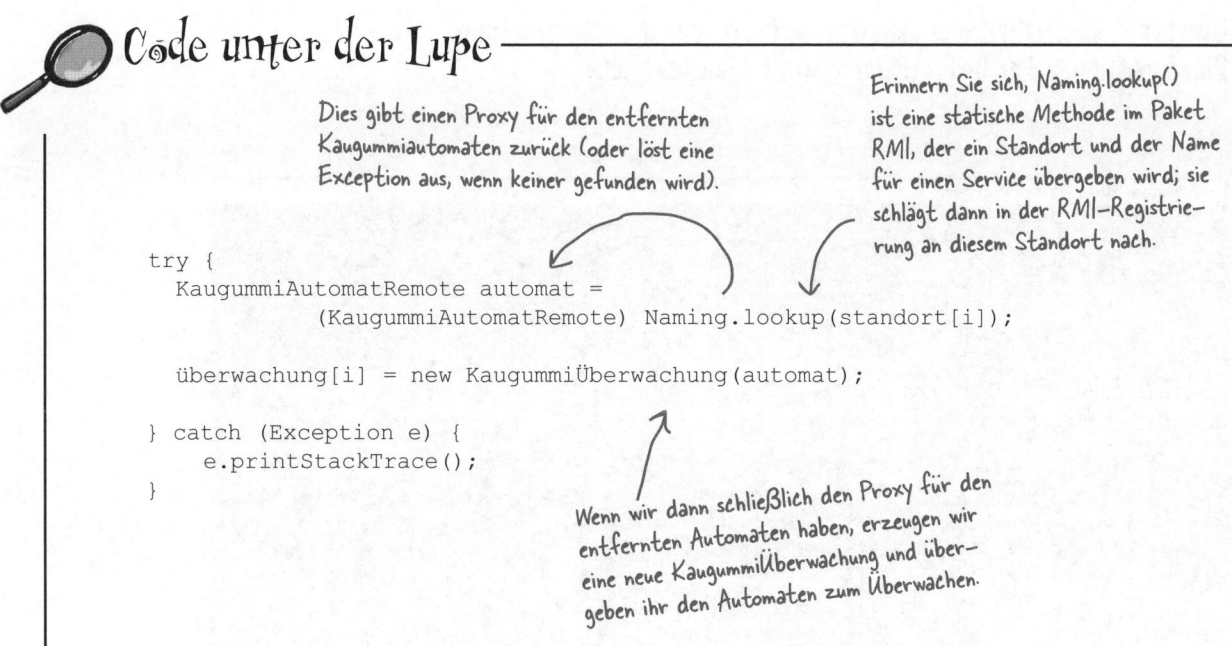

Wieder mal eine Vorführung für den Geschäftsführer von Kaukugel ...

Okay, es ist so weit; setzen wir die ganze Arbeit zusammen und führen sie noch mal vor. Sorgen wir als Erstes dafür, dass ein paar Kaugummiautomaten mit unserem neuen Code laufen:

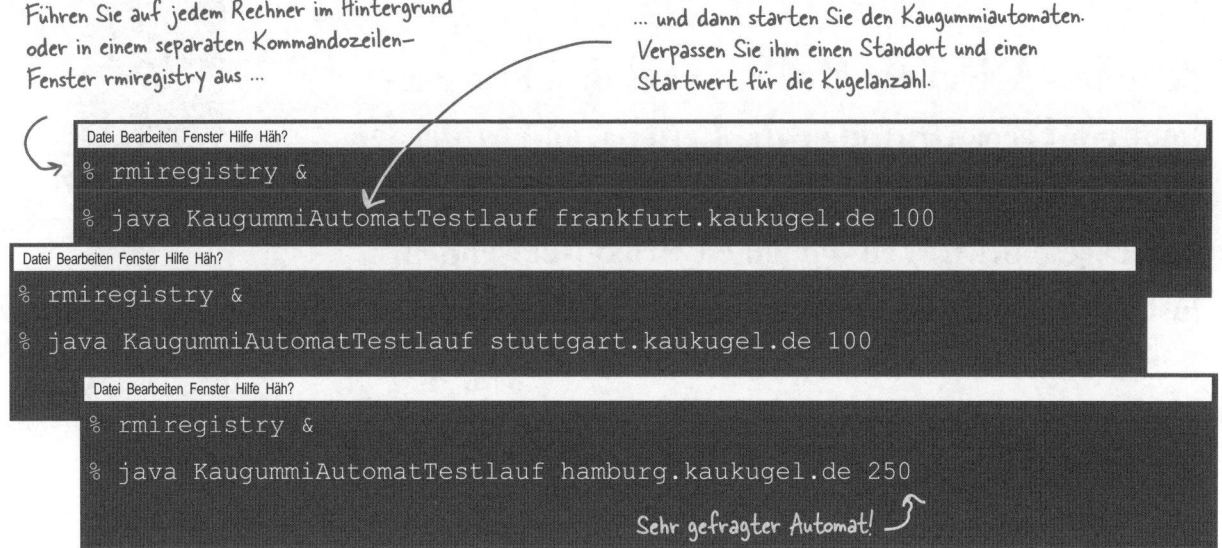

Vorführung der Überwachung

Und jetzt übergeben wir dem Geschäftsführer die Überwachung. Dieses Mal wird er hoffentlich ganz begeistert sein:

```
Datei Bearbeiten Fenster Hilfe KaugummiUndMehr
% java KaugummiÜberwachungTestlauf
Kaugummiautomat: frankfurt.kaukugel.de
Aktueller Bestand: 99 Kugeln
Aktueller Zustand: bereit für Münzeinwurf

Kaugummiautomat: stuttgart.kaukugel.de
Aktueller Bestand: 44 Kugeln
Aktueller Zustand: bereit zum Drehen des Griffs

Kaugummiautomat: hamburg.kaukugel.de
Aktueller Bestand: 187 Kugeln
Aktueller Zustand: bereit für Münzeinwurf
%
```

Die Überwachung iteriert über jeden entfernten Automaten und ruft seine Methoden getStandort(), getAnzahl() und getZustand() auf.

Das ist ja fantastisch – es wird mein Geschäft revolutionieren und die Konkurrenz vom Markt fegen!

Bei jedem Aufruf von Methoden auf dem Proxy erfolgt ein Fernaufruf über die Leitung, und es werden ein String, ein Integer-Wert und ein Zustandsobjekt zurückgeschickt. Weil wir einen Proxy verwenden, hat die KaugummiÜberwachung keine Ahnung, dass das Fernaufrufe sind. Es ist ihr auch völlig egal (einmal abgesehen davon, dass Remote-Exceptions auftreten könnten).

Das *Proxy*-Muster

Hinter den Kulissen

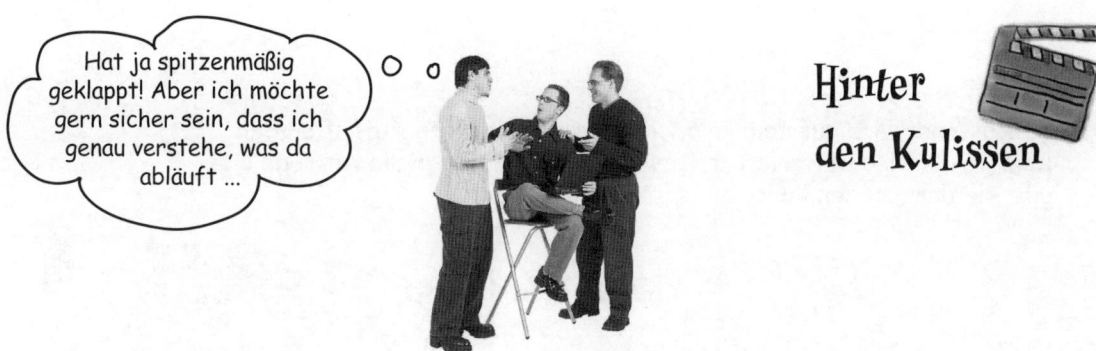

① Der Geschäftsführer startet die Überwachung, die sich als Erstes die Proxys für die entfernten Kaugummiautomaten schnappt und dann auf jedem davon getZustand() aufruft (und außerdem getAnzahl() sowie getStandort()).

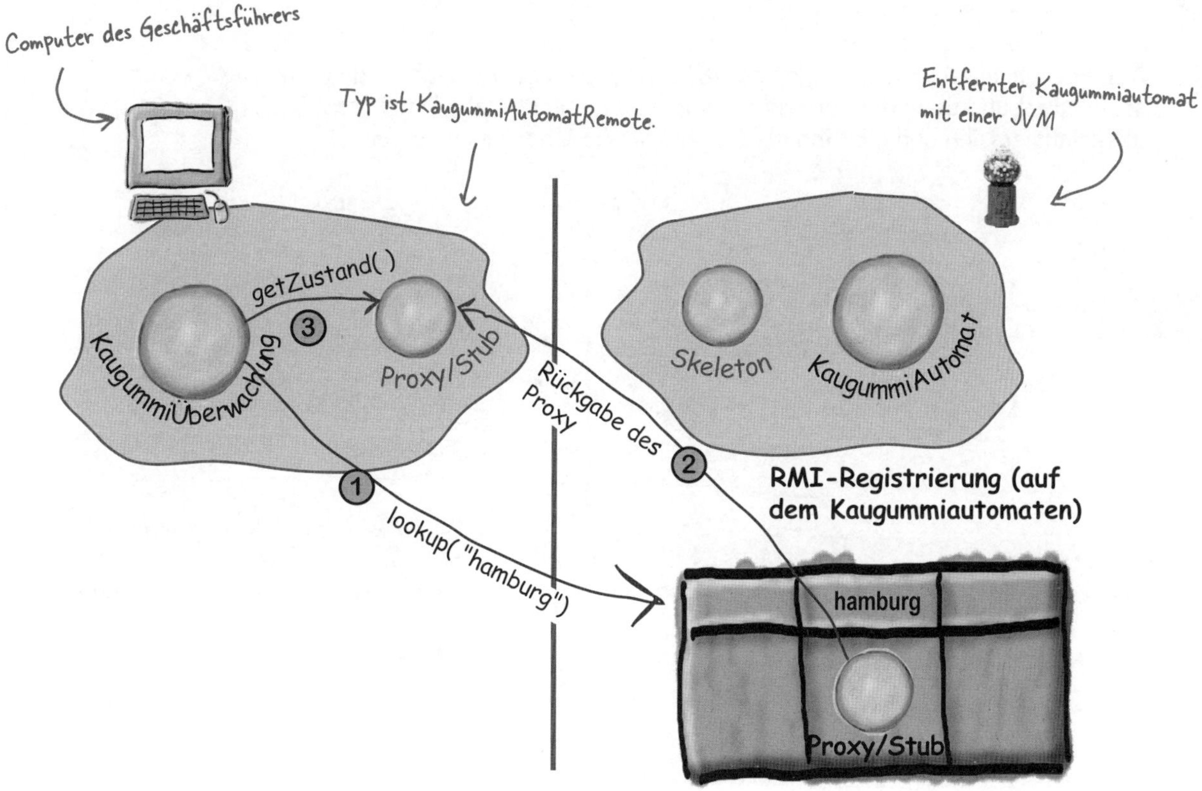

Proxy hinter den Kulissen

❷ getZustand() wird auf dem Proxy aufgerufen, der den Aufruf an den Remote-Service weiterleitet. Das Skeleton empfängt die Anfrage und gibt sie dann an den Kaugummiautomaten weiter.

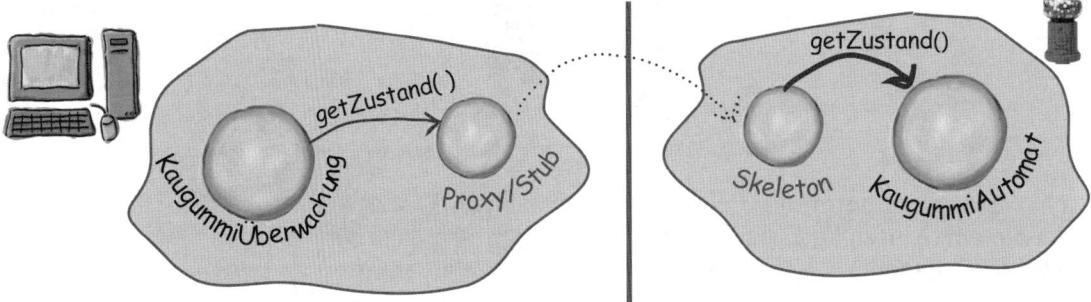

❸ Der Kaugummiautomat übergibt seinen Zustand an das Skeleton, das ihn serialisiert und über die Leitung an den Proxy übermittelt. Der Proxy deserialisiert ihn und gibt ihn als Objekt an die Überwachung zurück.

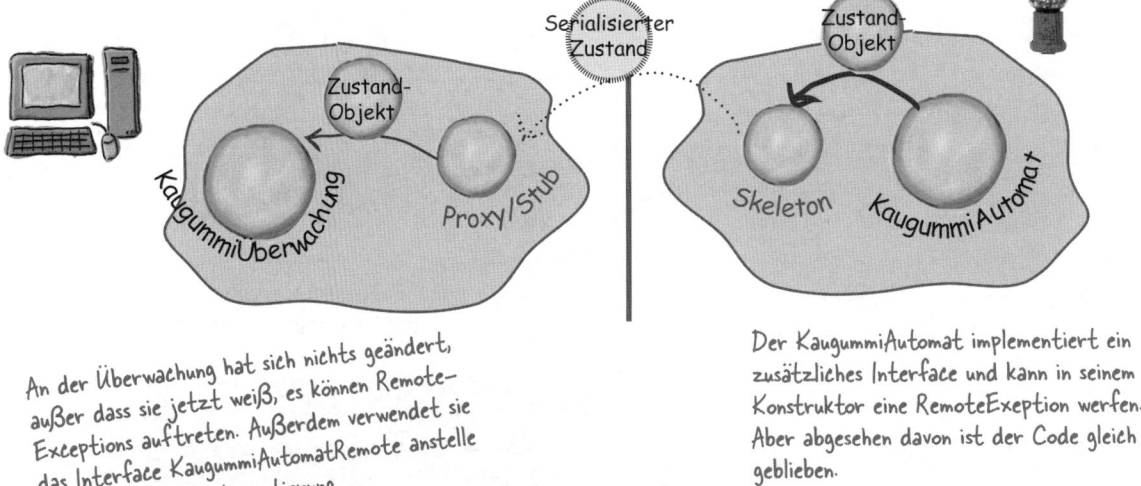

An der Überwachung hat sich nichts geändert, außer dass sie jetzt weiß, es können Remote-Exceptions auftreten. Außerdem verwendet sie das Interface KaugummiAutomatRemote anstelle einer konkreten Implementierung.

Der KaugummiAutomat implementiert ein zusätzliches Interface und kann in seinem Konstruktor eine RemoteExeption werfen. Aber abgesehen davon ist der Code gleich geblieben.

Außerdem müssen wir ein kleines bisschen Code registrieren und mithilfe der RMI-Registrierung Stubs ausfindig machen. Aber irgendeinen Adressnachschlag-Service bräuchten wir ja auf jeden Fall, wenn wir etwas programmieren, das über das Internet hinweg funktionieren soll.

Die Definition des Proxy-Musters

Nun haben wir bereits einen großen Teil dieses Kapitels hinter uns gebracht. Die Erklärung des Remote-Proxy war ja ganz schön kompliziert, aber Sie werden sehen, die Definition und das Klassendiagramm für das Proxy-Muster sind eigentlich gar nicht so kompliziert. Der Remote-Proxy ist übrigens nur *eine* Implementierung des allgemeinen Proxy-Musters; tatsächlich gibt es eine ganze Reihe von Varianten dieses Musters, die wir später noch besprechen werden. Jetzt kommen wir aber erst einmal zu den allgemeinen Eigenschaften des Musters.

Hier die Definition des Proxy-Musters:

> **Das Proxy-Muster** kontrolliert den Zugriff auf ein Objekt mithilfe eines vorgelagerten Stellvertreterobjekts.

Wie das Proxy-Muster einen Stellvertreter für ein anderes Objekt bereitstellt, haben wir ja bereits gesehen. Statt Stellvertreter könnten wir auch die Begriffe »Ersatz«, »Repräsentant« oder »Platzhalter« verwenden. Wörtlich übersetzt, bedeutet Proxy »Handlungsbevollmächtigter« – ebenfalls eine gute Umschreibung für die Rolle eines Proxy.

Aber was ist damit gemeint, dass ein Proxy den Zugriff kontrolliert? Das hört sich zwar merkwürdig an, ist aber ganz einfach: Betrachten Sie den Kaugummiautomaten einfach unter dem Aspekt, dass der Proxy den Zugriff auf das entfernte Objekt kontrolliert. Die Zugriffskontrolle ist erforderlich, weil unser Client (die Überwachung) nicht weiß, wie er mit einem entfernten Objekt reden kann. Der Remote-Proxy kontrolliert daher gewissermaßen den Zugriff, denn er kümmert sich für uns um die Netzwerkdetails. Wie schon erwähnt, gibt es viele Varianten des Proxy-Musters, und bei diesen geht es im Normalfall um die Art und Weise der Zugriffskontrolle durch den Proxy. Mehr dazu später; hier vorläufig nur ein paar Beispiele für Proxy-Zugriffskontrollen:

- Wie wir schon wissen, kontrolliert ein Remote-Proxy den Zugriff auf ein entferntes Objekt.
- Ein virtueller Proxy kontrolliert den Zugriff auf eine Ressource, deren Erzeugung aufwendig ist.
- Ein Schutz-Proxy kontrolliert den Zugriff auf eine Ressource mit genau festgelegten Zugriffsrechten.

Damit dürfte Ihnen im Wesentlichen klar sein, worum es bei diesem Muster geht; werfen wir jetzt einmal einen Blick auf das Klassendiagramm ...

> **Erzeugen Sie mit dem Proxy-Pattern ein Stellvertreterobjekt, das den Zugriff auf ein anderes Objekt kontrolliert. Dies kann ein Objekt sein, das sich woanders befindet, aufwendig zu erzeugen ist oder geschützt werden muss.**

Definition des *Proxy-Musters*

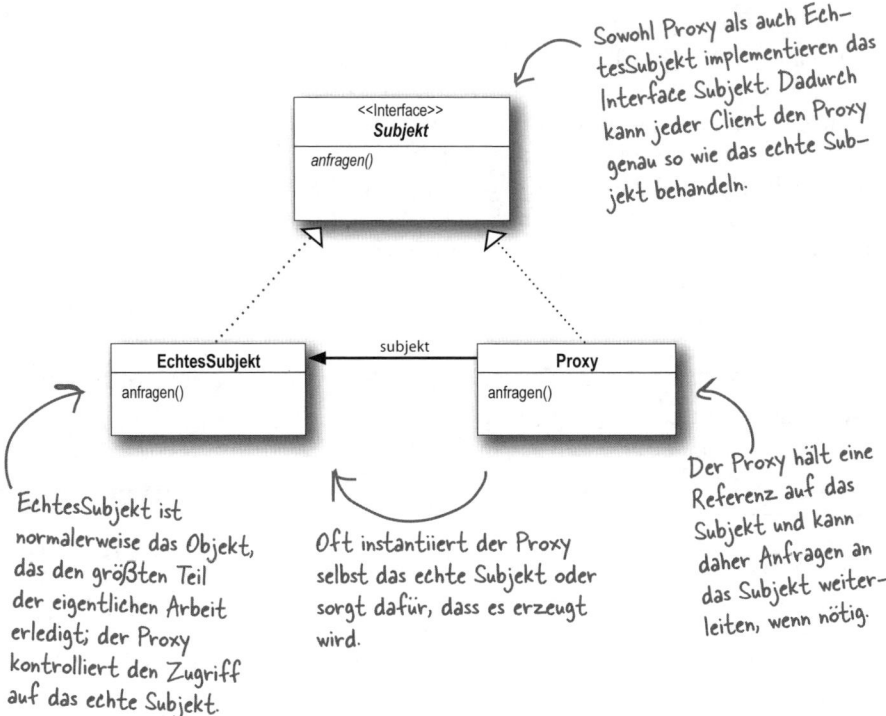

Lassen Sie uns das Diagramm gemeinsam durchgehen …

Als Erstes haben wir ein Subjekt, das als Interface für das echte Subjekt und den Proxy dient. Da der Proxy das gleiche Interface implementiert, kann man ihn überall dort, wo das echte Subjekt vorkommt, als dessen Stellvertreter einsetzen.

Das echte Subjekt ist das Objekt, das die eigentliche Arbeit erledigt. Dies ist das Objekt, das der Proxy vertritt und auf das er den Zugriff kontrolliert.

Der Proxy hält eine Referenz auf das echte Subjekt. In manchen Fällen kann der Proxy auch für die Erzeugung und die Vernichtung des echten Subjekts zuständig sein. Da der Proxy und das echte Subjekt dasselbe Interface (d.h. Subjekt) implementieren, kann man den Proxy überall dort einsetzen, wo das Subjekt verwendet werden kann. Der Proxy kontrolliert auch den Zugriff auf das echte Subjekt; diese Kontrolle kann erforderlich sein, wenn das Subjekt auf einem entfernten Rechner existiert, wenn es in irgendeiner Weise aufwendig zu erzeugen ist oder wenn der Zugriff darauf geschützt werden muss.

Die Grundzüge des Musters verstehen Sie jetzt; sehen wir uns nun an, welche Möglichkeiten es neben dem Remote-Proxy noch gibt, dieses Pattern zu nutzen …

Der virtuelle Proxy

Okay, Sie kennen nun schon die Definition des Proxy-Musters und haben sich einen Spezialfall angesehen: den *Remote-Proxy*. Jetzt werden wir einen Blick auf einen anderen Proxy-Typ werfen: den *virtuellen Proxy*. Wie Sie sehen werden, kann das Proxy-Muster in ganz unterschiedlichen Formen auftreten, aber alle entsprechen zumindest grob dem allgemeinen Proxy-Entwurf. Warum es so viele Formen gibt? Weil das Proxy-Pattern für eine Menge verschiedener Anwendungsfälle benutzt werden kann. Sehen wir uns den virtuellen Proxy einmal an und vergleichen ihn mit dem Remote-Proxy:

Remote-Proxy

Beim Remote-Proxy fungiert der Proxy als lokaler Vertreter für ein Objekt, das in einer anderen JVM existiert. Ein Methodenaufruf auf dem Proxy bewirkt, dass der Aufruf über das Netz übertragen wird, d.h. ein Fernaufruf stattfindet. Das Ergebnis wird an den Proxy zurückgegeben und von diesem an den Client weitergeleitet.

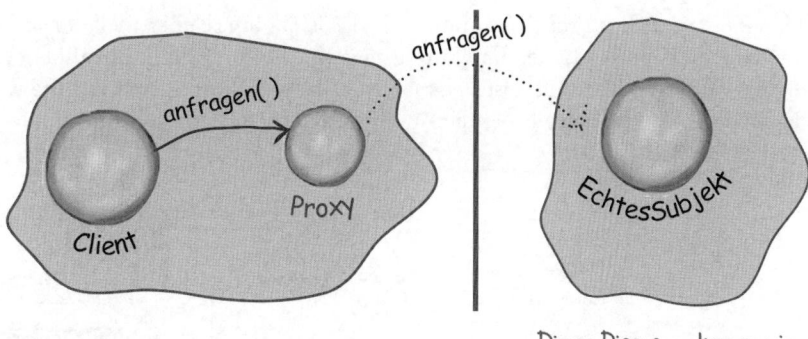

Dieses Diagramm kennen wir mittlerweile schon ziemlich gut ...

Virtueller Proxy

Der virtuelle Proxy fungiert als Vertreter für ein Objekt, dessen Erzeugung möglicherweise aufwendig ist. Häufig schiebt der virtuelle Proxy die Erzeugung des Objekts so lange hinaus, bis es tatsächlich benötigt wird; vor und während der Erzeugung fungiert der virtuelle Proxy außerdem als Ersatz für das Objekt. Danach delegiert der Proxy Anfragen direkt an das EchteSubjekt.

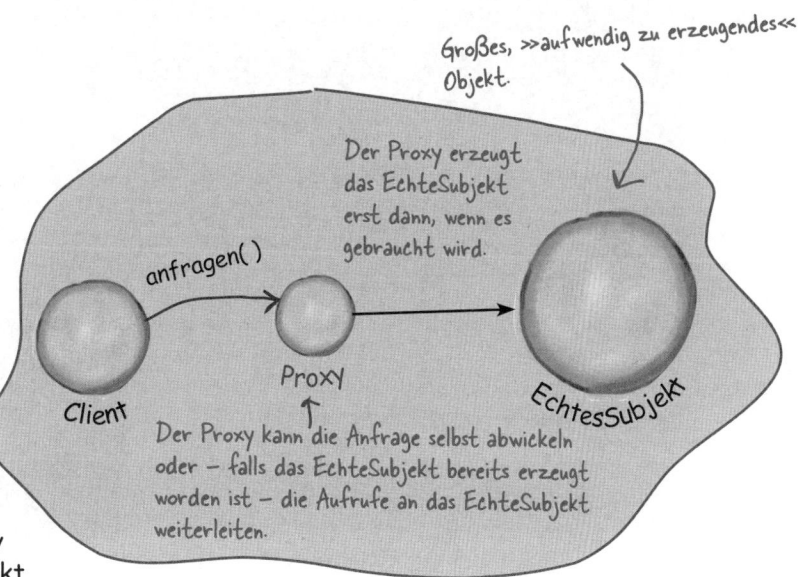

Zugriffskontrolle durch Image-Proxy

Eine Anzeige für CD-Cover

Nehmen wir an, Sie möchten eine Anwendung schreiben, die Ihnen das Cover Ihrer Lieblings-CDs anzeigt. Sie könnten ein Menü mit den CD-Titeln erstellen und dann die Bilder von einem Onlinedienst wie z.B. Amazon.de abrufen. Wenn Sie mit Swing arbeiten, könnten Sie ein Icon erzeugen und es beauftragen, das Bild aus dem Netz zu laden. Das einzige Problem dabei ist, dass das – abhängig von der Netzlast und der Bandbreite Ihrer Verbindung – ein Weilchen dauern könnte. Während Sie auf das Bild warten, sollte Ihre Anwendung deshalb irgendetwas anderes anzeigen. Außerdem sollte auch nicht die gesamte Anwendung blockiert sein, während sie auf das Bild wartet. Sobald das Bild geladen ist, sollte die angezeigte Meldung verschwinden und das Bild angezeigt werden.

Mit einem virtuellen Proxy bekommen Sie das leicht hin. Der virtuelle Proxy als Stellvertreter für das Icon kann das Laden im Hintergrund abwickeln. Solange das Bild noch nicht vollständig über das Netz abgerufen ist, zeigt er an: »CD-Cover wird geladen, bitte warten ...« Wenn das Bild geladen ist, delegiert er die Anzeige an das Icon.

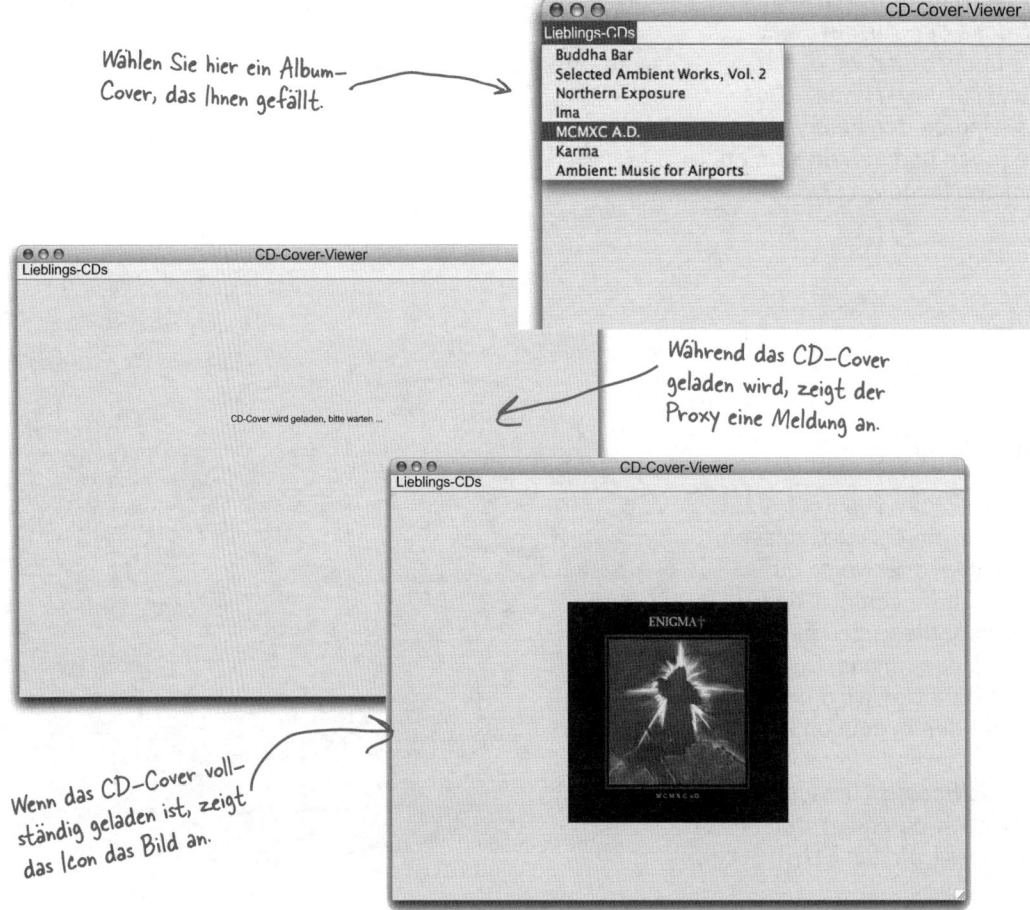

Entwurf des virtuellen Proxy für das CD-Cover

Bevor wir den Code für den CD-Cover-Viewer schreiben, werfen wir einen Blick auf das Klassendiagramm. Wie Sie sehen, sieht es genau wie unser Klassendiagramm für den Remote-Proxy aus. Hier wird der Proxy jedoch nicht als Stellvertreter für ein Objekt benutzt, das an einem anderen Ort im Netzwerk existiert, sondern der Proxy ist einem Objekt vorgelagert, das aufwendig zu erzeugen ist (weil wir die Daten für das Icon erst über das Netzwerk abrufen müssen).

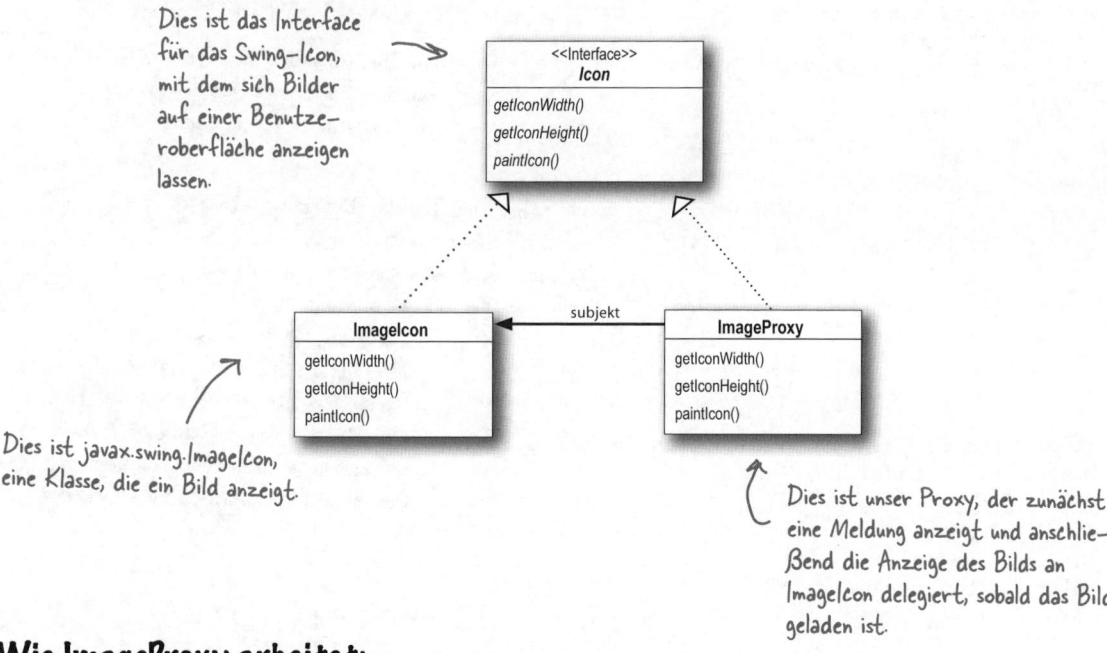

Wie ImageProxy arbeitet:

1. **ImageProxy erzeugt als Erstes ein ImageIcon und beginnt, das Bild von einer Netzwerk-URL zu laden.**

2. **Während die Bytes für das Image abgerufen werden, zeigt ImageProxy Folgendes an: »CD-Cover wird geladen, bitte warten ...«**

3. **Wenn das Bild vollständig geladen ist, delegiert ImageProxy alle Methodenaufrufe an das ImageIcon, einschließlich paintIcon(), getWidth() und getHeight().**

4. **Wenn der Benutzer ein neues Bild haben möchte, erzeugen wir einen neuen Proxy und starten den Prozess von Neuem.**

Das Image-Proxy

Programmierung des Image-Proxy

```java
class ImageProxy implements Icon {
  volatile ImageIcon imageIcon;
  final URL imageURL;
  Thread abrufThread;
  boolean abrufend = false;

  public ImageProxy(URL url) { imageURL = url; }
  public int getIconWidth() {
    if (imageIcon != null) {
      return imageIcon.getIconWidth();
    } else {
      return 800;
    }
  }

  public int getIconHeight() {
    if (imageIcon != null) {
      return imageIcon.getIconHeight();
    } else {
      return 600;
    }
  }
  synchronized void setImageIcon(ImageIcon imageIcon) {
    this.imageIcon = imageIcon;
  }
  public void paintIcon(final Component c, Graphics g, int x, int y) {
    if (imageIcon != null) {
      imageIcon.paintIcon(c, g, x, y);
    } else {
      g.drawString("CD-Cover wird geladen, bitte warten ...", x+300, y+190);
      if (!abrufend) {
        abrufend = true;
        abrufThread = new Thread(new Runnable() {
          public void run() {
            try {
              setImageIcon(new ImageIcon(imageURL, "CD-Cover"));
              c.repaint();
            } catch (Exception e) {
              e.printStackTrace();
            }
          }
        });
        abrufThread.start();
      }
    }
  }
}
```

Der Image-Proxy implementiert das Interface Icon.

<<Interface>>
Icon
getIconWidth()
getIconHeight()
paintIcon()

Dieses ImageIcon ist das ECHTE Icon, das wir letztendlich angezeigt bekommen möchten, sobald es geladen ist.

Wir übergeben dem Konstruktor die URL für das Bild. Dieses Bild soll angezeigt werden, wenn es fertig geladen ist.

Wir geben eine Standardbreite und -höhe zurück, solange imageIcon noch nicht geladen ist; danach kümmert sich imageIcon selbst um die Rückgabe.

imageIcon wird von zwei separaten Threads genutzt. Wir machen die Variable deswegen nicht nur volatil (um Leseoperationen zu schützen), sondern nutzen auch einen synchronisierten Setter (um Schreiboperationen zu schützen).

Hier wird es richtig interessant. Dieser Code zeichnet das Icon auf den Bildschirm (durch Delegierung an imageIcon). Aber wenn noch kein komplett fertiges ImageIcon da ist, erzeugen wir eins. Auf der folgenden Seite sehen wir uns das genauer an ...

Code unter der Lupe

Diese Methode wird zu dem Zeitpunkt aufgerufen, an dem das Icon auf den Bildschirm gemalt werden soll.

```java
public void paintIcon(final Component c, Graphics g, int x, int y) {
  if (imageIcon != null) {
    imageIcon.paintIcon(c, g, x, y);
  } else {

    g.drawString("CD-Cover wird geladen, bitte warten ...", x+300, y+190);
    if (!abrufend) {

      abrufend = true;
      abrufThread = new Thread(new Runnable() {
        public void run() {
          try {
            imageIcon = new ImageIcon(imageURL, "CD-Cover");
            c.repaint();
          } catch (Exception e) {
            e.printStackTrace();
          }
        }
      });

      abrufThread.start();
    }
  }
}
```

Wenn schon ein Icon da ist, sagen wir ihm, dass es sich dahinmalen soll.

Andernfalls zeigen wir die "Wird geladen"-Meldung an.

Hier laden wir das ECHTE ImageIcon. Beachten Sie, dass das Laden von Bildern mit ImageIcon synchron erfolgt: Wir erhalten die Rückgabe des ImageIcon-Konstruktors erst dann, wenn das Bild geladen ist. Doch so haben wir keine Chance, den Bildschirm zu aktualisieren und unsere Meldung anzuzeigen. Deshalb machen wir das asynchron. Mehr dazu in »Code unter dem Mikroskop« auf der nächsten Seite ...

Image-Proxy *unter der Lupe*

Code unter dem Mikroskop

Wenn wir nicht schon dabei sind, das Bild abzurufen ...

... ist es höchste Zeit, mit dem Abruf anzufangen (und falls Sie sich das schon gefragt haben, nur *ein* Thread ruft paint() auf, es ist also alles thread-sicher).

Wir wollen nicht die gesamte Benutzeroberfläche blockieren, deshalb benutzen wir für den Abruf des Bilds einen neuen Thread.

```java
if (!abrufend) {
   abrufend = true;

   abrufThread = new Thread(new Runnable() {
     public void run() {
       try {
          imageIcon = new ImageIcon(imageURL, "CD-Cover");
          c.repaint();
       } catch (Exception e) {
          e.printStackTrace();
       }
     }
   });
   abrufThread.start();
}
```

Wenn das Bild da ist, teilen wir Swing mit, dass die Anzeige neu erstellt werden muss.

In unserem Thread instantiieren wir das Icon-Objekt. Die Rückgabe seines Konstruktors erhalten wir erst, wenn das Bild geladen ist.

Wenn also das nächste Mal die Anzeige aktualisiert wird, nachdem das ImageIcon instantiiert wurde, zeichnet die Methode paintIcon() das Bild anstelle der »Wird geladen«-Meldung.

Design-Puzzle

Es sieht so aus, als hätte die Klasse ImageProxy zwei Zustände, die über Bedingungsanweisungen kontrolliert werden. Können Sie ein anderes Pattern nennen, das diesen Code besser organisieren würde? Wie würde Ihr neues Design für ImageProxy aussehen?

```
class ImageProxy implements Icon {
  // Instanzvariablen und Konstruktor

  public int getIconWidth() {
    if (imageIcon != null) {
      return imageIcon.getIconWidth();
    } else {
      return 800;
    }
  }

  public int getIconHeight() {
    if (imageIcon != null) {
      return imageIcon.getIconHeight();
    } else {
      return 600;
    }
  }

  public void paintIcon(final Component c, Graphics g, int x, int y) {
    if (imageIcon != null) {
      imageIcon.paintIcon(c, g, x, y);
    } else {
      g.drawString("CD-Cover wird geladen, bitte warten ...", x+300, y+190);
      // weiterer Code
    }
  }
}
```

← Zwei Zustände (getIconWidth)

← Zwei Zustände (getIconHeight)

← Zwei Zustände (paintIcon)

Das Image-Proxy testen

Test des CD-Cover-Viewers

Okay, dann wollen wir mal diesen tollen neuen virtuellen Proxy ausprobieren. Hinter den Kulissen haben wir einen neuen Image-ProxyTestlauf vorbereitet, der das Fenster aufbaut, einen Frame erzeugt, die Menüs einrichtet und unseren Proxy erstellt. Wir wollen diesen Code hier nicht bis ins kleinste Detail durchgehen, aber am Kapitelende ist der gesamte Quellcode für den virtuellen Proxy abgedruckt, Sie können also jederzeit dort nachschlagen – oder sich erst damit beschäftigen, wenn Sie am Kapitelende angelangt sind.

Hier ein Auszug aus dem Testlauf-Code:

```
public class ImageProxyTestlauf {
  ImageComponent imageComponent;
  public static void main (String[] args) throws Exception {
    ImageProxyTestlauf testlauf = new ImageProxyTestlauf();
  }

  public ImageProxyTestlauf() throws Exception{

    // Frame und Menüs erstellen

    Icon icon = new ImageProxy(initialURL);
    imageComponent = new ImageComponent(icon);
    frame.getContentPane().add(imageComponent);
  }
}
```

Hier erzeugen wir einen ImageProxy und geben eine Start-URL dafür vor. Wenn Sie etwas aus dem CD-Menü auswählen, erhalten Sie jedes Mal einen neuen Image-Proxy.

Als Nächstes wickeln wir eine Component-Klasse um unseren Proxy, damit er zum Frame hinzugefügt werden kann. Die Component-Klasse kümmert sich um die Breite und Höhe des Proxy und ähnliche Details.

Schließlich fügen wir den Proxy zum Frame hinzu, damit er angezeigt werden kann.

Jetzt starten wir den Testlauf:

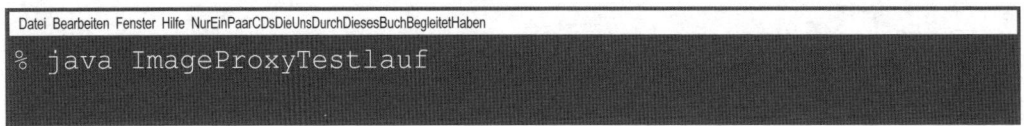

Beim Ausführen von ImageProxyTestlauf sollten Sie ein solches Fenster erhalten.

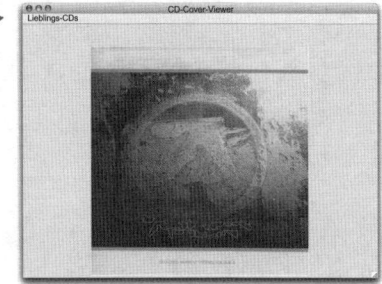

Zum Ausprobieren

1. Laden Sie mithilfe des Menüs verschiedene CD-Cover und beobachten Sie den Proxy beim Anzeigen der »Laden«-Meldung, bis das Bild da ist.

2. Ändern Sie die Fenstergröße, während die »Laden«-Meldung angezeigt wird. Sie werden feststellen, dass das Swing-Fenster nicht blockiert ist, während sich der Proxy um das Laden kümmert.

3. Fügen Sie Ihre eigenen Lieblings-CDs zum ImageProxyTestlauf hinzu.

Was haben wir gemacht?

Hinter den Kulissen

❶ Wir haben einen ImageProxy für die Anzeige erstellt. Die paintIcon()-Methode wird aufgerufen, und der ImageProxy schickt einen Thread los, der das Bild abruft und das ImageIcon erzeugt.

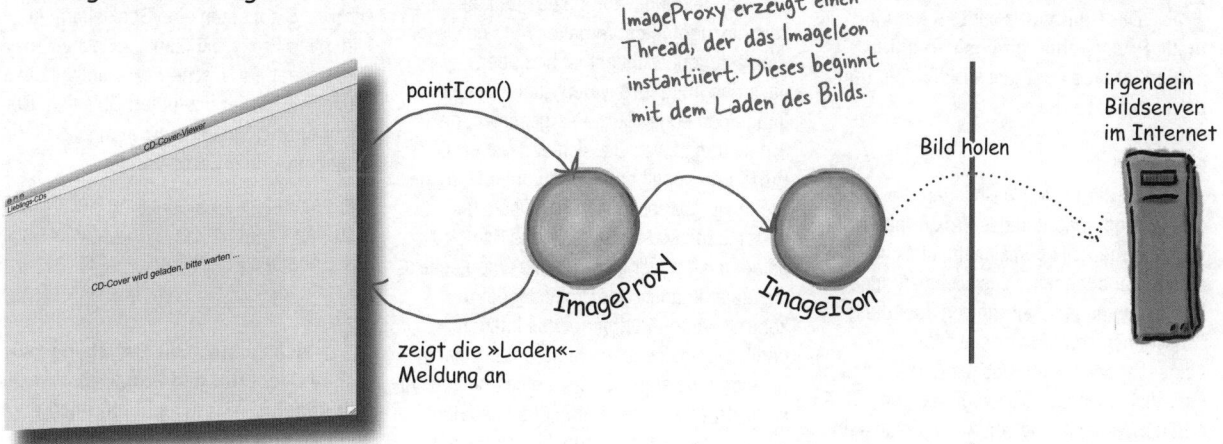

❷ Irgendwann wird das Bild zurückgegeben, und das ImageIcon wird fertig instantiiert.

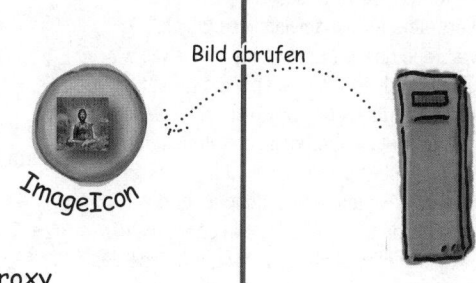

❸ Wenn das ImageIcon erzeugt worden ist, delegiert der Proxy den nächsten Aufruf von paintIcon() an das ImageIcon.

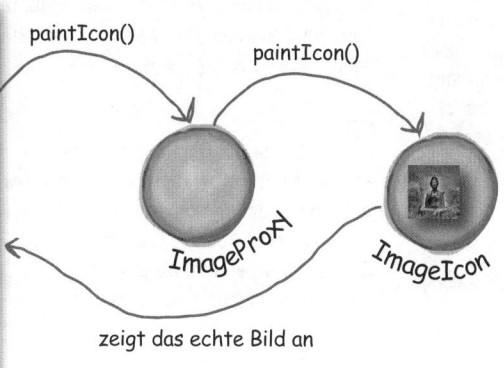

Fragen und Antworten: Image-Proxy

Es gibt keine Dummen Fragen

F: Der Remote-Proxy und der virtuelle Proxy sehen für mich so unterschiedlich aus – ist das wirklich ein und dasselbe Pattern?

A: In der echten Welt finden Sie eine Menge Varianten des Proxy-Pattern; jedoch haben alle gemeinsam, dass sie einen Methodenaufruf des Clients für das Subjekt abfangen. Der Umweg über diese Zwischenstation (d.h. eine zusätzlich eingeschobene »Umwegsebene«) eröffnet eine Vielfalt von Einsatzmöglichkeiten, z.B. die Weiterleitung von Anfragen an ein entferntes Subjekt, das Einsetzen eines Vertreters für ein aufwendiges Objekt während dessen Erzeugung oder – wie wir gleich noch sehen werden – die Errichtung einer Schutzebene, die entscheidet, welche Clients welche Methoden aufrufen dürfen. Das ist aber noch lange nicht alles, es gibt viele weitere Anwendungen für das allgemeine Proxy-Muster. Ein paar andere Möglichkeiten stellen wir Ihnen am Ende des Kapitels noch vor.

F: ImageProxy sieht für mich genau wie ein Decorator-Muster aus. Ich meine, im Grunde verhüllen wir doch ein Objekt mit einem anderen und delegieren dann die Aufrufe an das ImageIcon. Habe ich da irgendwas nicht richtig mitbekommen?

A: Manchmal sehen Proxy und Decorator sehr ähnlich aus, aber ihr Zweck ist jeweils ein anderer: Ein Decorator fügt zusätzliches Verhalten zu einer Klasse hinzu, während ein Proxy den Zugriff auf sie kontrolliert. Jetzt fragen Sie vielleicht: »Ist die Meldung während des Ladens denn kein hinzugefügtes Verhalten?« In gewisser Weise schon; wichtiger ist hier aber, dass das ImageProxy den Zugriff auf ein ImageIcon kontrolliert. Wie geschieht das? Am besten stellen Sie sich das so vor: Der Proxy entkoppelt den Client vom ImageIcon. Wenn sie gekoppelt wären, müsste der Client jedes Mal warten, bis das Bild geladen ist, bevor er die ganze Oberfläche anzeigen könnte. Der Proxy dagegen kontrolliert den Zugriff auf das ImageIcon und kann uns so einen anderen Bildschirm anzeigen, solange das ImageIcon noch nicht komplett erzeugt ist. Wenn das ImageIcon einmal erzeugt ist, gibt uns der Proxy den Zugriff darauf.

F: Wie bringe ich die Clients dazu, den Proxy statt des echten Subjekts zu benutzen?

A: Gute Frage. Eine häufige Technik ist zum Beispiel der Einsatz einer Fabrik, die das Subjekt instantiiert und zurückgibt. Da dies in einer Fabrik-Methode erfolgt, können wir das Subjekt vor seiner Rückgabe mit einem Proxy einpacken. Der Client weiß gar nicht, dass er einen Proxy statt des echten Subjekts benutzt, und es ist ihm auch egal.

F: Bei dem Beispiel für das Image-Proxy ist mir aufgefallen, dass Sie jedes Mal ein neues ImageIcon erzeugen, um an das Bild zu kommen, auch wenn es vorher schon einmal abgerufen wurde. Könnten Sie nicht etwas Ähnliches wie das ImageProxy mit einem Cache für früher abgerufene Bilder implementieren?

A: Sie meinen eine Spezialform eines virtuellen Proxy, die man als Cache-Proxy bezeichnet. Ein Cache-Proxy enthält einen Puffer mit vorher erzeugten Objekten. Bei einer Anfrage gibt er – wenn möglich – ein Objekt aus dem Cache zurück.

Wir sehen uns diese und eine Reihe von anderen Varianten des Proxy-Musters noch am Ende des Kapitels an.

F: Ich verstehe die Beziehung zwischen Decorator und Proxy, aber was ist mit Adapter? Der scheint mir doch auch sehr ähnlich zu sein.

A: Sowohl Proxy als auch Adapter stehen vor ihren Objekten und leiten Anfragen an sie weiter. Adapter ersetzt, wie Sie erinnern werden, die Schnittstelle des von ihm angepassten Objekts. Proxy dagegen implementiert die gleiche Schnittstelle.

Eine weitere Ähnlichkeit besteht beim Spezialfall des Schutz-Proxy. Dieser gewährt oder verbietet einem Client den Zugriff auf bestimmte Methoden eines Objekts – abhängig von der Rolle des Clients. So stellt ein Schutz-Proxy einem Client unter Umständen nur eine partielle Schnittstelle zur Verfügung, ganz ähnlich wie manche Adapter. Den Schutz-Proxy werden wir uns einige Seiten weiter hinten noch ansehen.

Kamingespräche

Heute Abend: **Proxy und Decorator werden persönlich.**

Proxy

Hallo, Decorator. Ich nehme an, du bist hier, weil man uns manchmal durcheinander bringt?

Ich dir alles nachmachen? Ich bitte dich! Ich kontrolliere den Zugriff auf Objekte; du kannst sie nur dekorieren. Mein Job ist so viel wichtiger als deiner; ich finde das überhaupt nicht witzig.

Gut, kann sein, dass du nicht völlig oberflächlich bist ... aber ich verstehe immer noch nicht, warum du glaubst, ich mache dir alles nach. Bei mir geht es darum, dass ich ein Stellvertreter für meine Subjekte bin, nicht ums Dekorieren.

Du kapierst es einfach nicht, Decorator. Ich repräsentiere meine Objekte und füge nicht nur Verhalten hinzu. Clients benutzen mich als Ersatz für ihr echtes Subjekt, weil ich es vor unerwünschtem Zugriff schützen kann. Oder ich sorge dafür, dass die grafische Benutzeroberfläche nicht blockiert ist, während der Client wartet, bis ein großes Objekt geladen ist. Oder ich verberge die Tatsache, dass sich Subjekte auf einem entfernten Rechner befinden. Ich würde sagen, da steckt ein völlig anderer Zweck dahinter als bei dir!

Decorator

Also, ich glaube, die Leute bringen uns deshalb durcheinander, weil du herumläufst und so tust, als wärst du ein völlig anderes Pattern. Dabei bist du doch in Wahrheit bloß ein verkleideter Decorator. Wirklich, ich finde, du solltest mir nicht alles nachmachen.

»Nur« dekorieren? Du glaubst, Decorator sei irgendein unwichtiges oberflächliches Pattern? Hör mal, Junge, ich füge *Verhalten* hinzu. Das ist doch das Wichtigste an Objekten überhaupt – was sie tun!

Du kannst das ja »Stellvertreter« nennen, aber wenn es wie eine Ente aussieht und auch so läuft ... Ich meine, sieh dir doch bloß deinen virtuellen Proxy an: Das ist doch nur eine andere Art, Verhalten hinzuzufügen, damit sich was tut, während irgend so ein großes aufwendiges Objekt geladen wird. Und dein Remote-Proxy ist einfach nur eine Möglichkeit, mit entfernten Objekten zu reden, so dass sich deine Clients nicht selbst darum zu kümmern brauchen. Wie ich schon sagte – es geht nur um Verhalten.

Nenn es, wie du willst. Ich implementiere das gleiche Interface wie die Objekte, die ich einpacke, und genau das tust du doch auch.

Kammingespräche: *Proxy vs. Decorator*

Proxy

Okay, lass uns darüber noch mal nachdenken. Du packst also ein Objekt ein. Und manchmal sagt man auch so dahin, ein Proxy packe sein Subjekt ein, aber eigentlich ist das nicht korrekt ausgedrückt.

Denk mal an einen Remote-Proxy: Welches Objekt soll ich denn da einpacken? Das Objekt, das ich vertrete und auf das ich den Zugriff kontrolliere, lebt doch auf einem anderen Rechner! Ich möchte mal sehen, wie du das hinkriegen willst!

Decorator

Ach ja? Und warum nicht?

Aber sicher, nimm einen virtuellen Proxy – denk an das Beispiel vom CD-Viewer. Wenn mich der Client das erste Mal als Proxy benutzt, existiert das Subjekt noch nicht mal! Also, was soll ich da wohl einpacken?

Gut, aber wir wissen ja alle, dass Remote-Proxys irgendwie was Merkwürdiges sind. Hast du nicht vielleicht ein anderes Beispiel? Ich bezweifle es …

Ich wusste wirklich nicht, dass Decorator so blöd sind! *Natürlich* erzeuge ich manchmal Objekte; was glaubst du denn, wie ein virtueller Proxy an sein Subjekt kommt? Okay, gerade hast du einen wesentlichen Unterschied zwischen uns aufgezeigt: Wir wissen beide, dass ein Decorator bloß ein paar Verzierungen hinzufügt, aber niemals irgendetwas instantiiert.

Na, als Nächstes behauptest du wohl noch, dass du tatsächlich selbst Objekte erzeugst.

He! Nach diesem Gespräch bin ich davon überzeugt, dass du nichts weiter als ein blöder Proxy bist!

Ach, instantiier dich doch selber!

Ich ein blöder Proxy? Na, ich möchte mal sehen, wie *du* rekursiv ein Objekt mit zehn Decorator-Objekten einpacken und dabei noch gerade gehen willst!

Das wirst du auch kaum jemals sehen, dass ein Proxy ein Subjekt mehrfach einpackt! Wenn du etwas zehnmal umwickelst – na, dann kannst du wirklich einpacken! Dann solltest du lieber deinen Entwurf noch mal überprüfen.

Typisch Proxy – tust so, als wärst du was Echtes, aber in Wahrheit bist du bloß ein Ersatz für die Objekte, die die eigentliche Arbeit machen. Weißt du, du tust mir echt leid!

Das Proxy-Muster

Die Erstellung eines Schutz-Proxy mit dem Proxy aus der Java-API

Java bringt im Paket Java.lang.reflect seine eigene Proxy-Unterstützung mit. Mit diesem Paket können Sie *während des laufenden Betriebs* eine Proxy-Klasse erzeugen, die ein oder mehrere Interfaces implementiert und Methodenaufrufe an eine von Ihnen festgelegte Klasse weiterleitet. Da die eigentliche Proxy-Klasse erst zur Laufzeit erzeugt wird, bezeichnen wir diese Java-Technik als *dynamischen Proxy*.

Bei unserer nächsten Proxy-Implementierung – einem Schutz-Proxy – werden wir diesen dynamischen Java-Proxy einsetzen. Aber vorher sehen wir uns noch schnell ein Klassendiagramm zum Aufbau von dynamischen Proxys an. Wie meistens in der echten Welt gibt es auch hier leichte Abweichungen von der klassischen Definition des Musters.

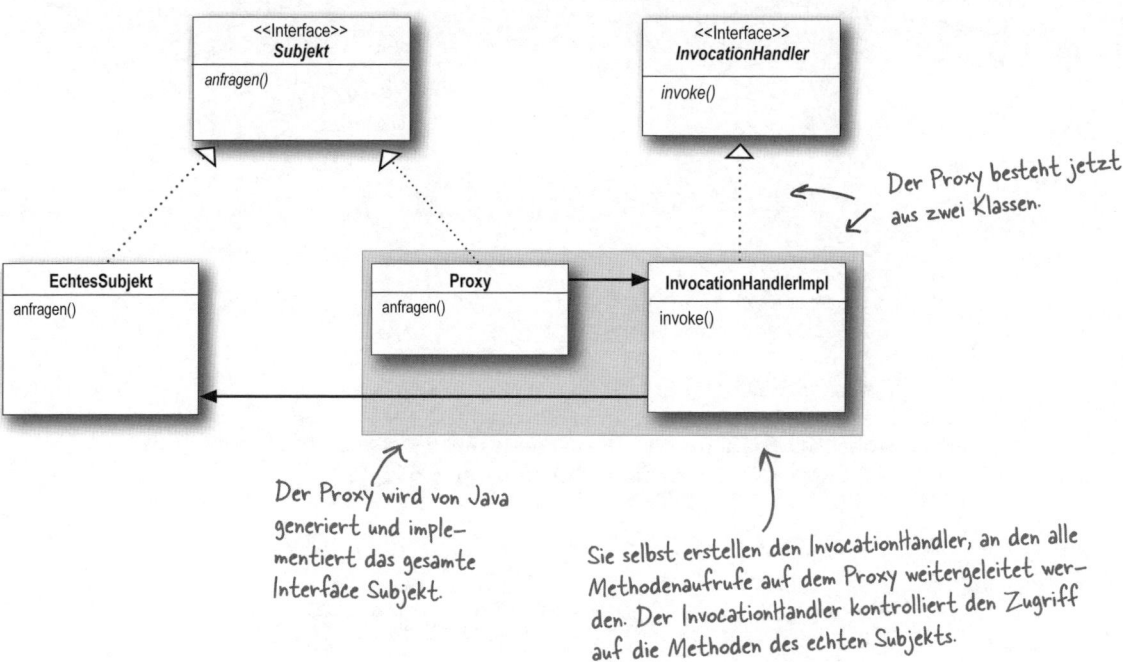

Java erzeugt die Proxy-Klasse *für Sie*; deshalb müssen Sie der Proxy-Klasse irgendwie mitteilen können, was sie tun soll. Sie können den Code nicht einfach in die Proxy-Klasse einfügen, so wie wir das vorher gemacht haben, denn Sie implementieren diese gar nicht selbst. Wo können Sie diesen Code also unterbringen, wenn Sie ihn nicht in die Proxy-Klasse stecken können? Die Antwort lautet: in einem InvocationHandler. Der hat die Aufgabe, alle Methodenaufrufe auf dem Proxy zu beantworten. Stellen Sie sich den InvocationHandler als das Objekt vor, das vom Proxy um die Erledigung der eigentlichen Arbeit gebeten wird, nachdem die entsprechenden Methoden auf dem Proxy aufgerufen wurden.

Lassen Sie uns an einem Beispiel durcharbeiten, wie man den dynamischen Proxy benutzt ...

Sie sind hier ▸ **481**

Schutz-Proxy

Partnervermittlung in Objekthausen

Jede Stadt braucht eine Partnervermittlung, stimmt's? Sie haben sich dieser Aufgabe gestellt und einen Date-Service für Objekthausen implementiert. Um möglichst innovativ zu sein, haben Sie außerdem eine Hot-or-Not-Funktion eingebaut, mit der sich die Teilnehmer gegenseitig bewerten können. Ihre Kunden lassen sich dann – so hoffen Sie jedenfalls – besser bei der Stange halten und werden sich immer wieder neue mögliche Partner ansehen. Und es macht dadurch auch viel mehr Spaß.

Der Dreh- und Angelpunkt in Ihrem Service ist eine Personen-Bean, mit deren Hilfe Sie Informationen über eine Person eingeben oder abrufen können:

Dies ist das Interface; zur Implementierung kommen wir gleich ...

Hier erhalten wir Informationen über den Namen der Person, ihr Geschlecht, ihre Interessen und ihre Hot-or-Not-Bewertung (von 1 bis 10).

```java
public interface PersonBean {

    String getName();
    String getGeschlecht();
    String getInteressen();
    int getHotOrNotBewertung();

    void setName(String name);
    void setGeschlecht(String geschlecht);
    void setInteressen(String interessen);
    void setHotOrNotBewertung(int bewertung);
}
```

Über die jeweiligen Methodenaufrufe können wir die entsprechenden Informationen setzen.

Die Methode setHotOrNot-Bewertung() erhält einen Integer-Wert als Argument und aktualisiert damit die durchschnittliche Bewertung.

Sehen wir uns jetzt die Implementierung an ...

Das Proxy-Muster

Die PersonBean-Implementierung

PersonBeanImpl implementiert das PersonBean-Interface.

```java
public class PersonBeanImpl implements PersonBean {
  String name;
  String geschlecht;
  String interessen;          ← Die Instanzvariablen.
  int bewertung;
  int bewertungsAnzahl = 0;

  public String getName() {
    return name;
  }
                                   Alle Getter-Methoden; jede davon gibt
  public String getGeschlecht() {  die zugehörige Instanzvariable zurück ...
    return geschlecht;
  }

  public String getInteressen() {
    return interessen;
  }
                                          ... abgesehen von getHotOrNot-
  public int getHotOrNotBewertung() {     Bewertung(), die den Bewer-
    if (bewertungsAnzahl == 0) return 0;  tungsdurchschnitt ausrechnet,
    return (bewertung/bewertungsAnzahl);  indem sie die bewertung durch
  }                                       die bewertungsAnzahl teilt.

  public void setName(String name) {
    this.name = name;
  }
                                              Dies sind alle Setter-Methoden,
  public void setGeschlecht(String geschlecht) {  mit denen die entsprechenden
    this.geschlecht = geschlecht;                 Instanzvariablen gesetzt werden.
  }

  public void setInteressen(String interessen) {
    this.interessen = interessen;
  }

  public void setHotOrNotBewertung(int bewertung) {
    this.bewertung += bewertung;       Die Methode setHotOrNot-
    bewertungsAnzahl++;                Bewertung() schließlich
  }                                    inkrementiert die Anzahl der
}                                      erfolgten Bewertungen und
                                       addiert die Bewertung zur
                                       laufenden Gesamtbewertung.
```

Sie sind hier ▶ **483**

PersonBean ist *schutzbedürftig* ...

> Ich habe nicht besonders viele Dates bekommen. Dann habe ich allerdings bemerkt, dass irgendjemand meine Interessen verändert hatte. Außerdem habe ich festgestellt, dass eine Menge Leute ihre eigenen Hot-or-Not-Punktzahlen in die Höhe treiben, indem sie sich selbst hohe Bewertungen geben. Es sollte eigentlich nicht möglich sein, dass man die Interessen von jemand anderem ändert oder sich selbst bewertet!

Falk

Wir vermuten zwar, dass andere Faktoren dafür verantwortlich sind, dass Falk keine Dates hat, aber trotzdem – er hat Recht: Man sollte sich nicht selbst bewerten oder die Daten eines anderen Kunden ändern können. So wie unsere PersonBean definiert ist, kann ja jeder Kunde jede der Methoden aufrufen.

Dies ist ein perfektes Beispiel dafür, wie man einen Schutz-Proxy einsetzen könnte. Was ist das überhaupt, ein Schutz-Proxy? Das ist ein Proxy, der den Zugriff auf ein Objekt auf der Basis von Zugriffsrechten steuert. Nehmen wir an, wir hätten ein Angestellten-Objekt. Ein Schutz-Proxy könnte dann dem Angestellten erlauben, bestimmte Methoden auf diesem Objekt aufzurufen. Ein Abteilungsleiter könnte vielleicht zusätzliche Methoden aufrufen (z.B. setGehalt()), und ein Mitarbeiter der Personalabteilung dürfte alle Methoden auf dem Objekt aufrufen.

In unserer Partnervermittlung möchten wir sicherstellen, dass ein Kunde seine eigenen Informationen eingeben und ändern kann; andere Personen sollen das nicht dürfen. Bei den Hot-or-Not-Bewertungen dagegen wollen wir genau das Gegenteil: Andere Kunden sollen eine Bewertung abgeben dürfen, der Kunde selbst jedoch nicht. Außerdem haben wir in der PersonBean noch eine Reihe von Getter-Methoden; bei keiner davon sind die zurückgegebenen Informationen private, daher sollte jeder Kunde diese Methoden aufrufen können.

Das Proxy-Muster

Kurzdrama: Objektschutz

Die Internetblase ist geplatzt und nur noch eine blasse Erinnerung. In jenen fernen Tagen brauchten Sie nur über die Straße zu gehen, um einen besseren, höher bezahlten Job zu finden. Es waren sogar Agenten für Software-Entwickler in Mode ...

> Ich würde ihr gern ein Angebot machen; kann ich sie bitte sprechen?

↑ Jane DotCom

Agent →

> Sie steckt gerade ... äh ... in einer Besprechung; an wie viel haben Sie denn gedacht?

Wie ein Schutz-Proxy kontrolliert der Agent den Zugang zu seinem Objekt, indem er nur ganz bestimmte Anrufe durchstellt ...

> Wir könnten ihr das jetzige Gehalt plus 15% bieten.

> Keine Chance – Sie verschwenden hier nur unsere Zeit! Melden Sie sich doch später noch mal mit einem besseren Angebot.

Sie sind hier ▶

Das große Ganze: Erzeugung eines dynamischen Proxy für die PersonBean

Ein paar Probleme müssen noch gelöst werden: Kunden sollten weder ihre eigene Hot-or-Not-Bewertung ändern noch die persönlichen Informationen von anderen Kunden. Dafür erstellen wir zwei Proxys: einen für den Zugriff auf das eigene PersonBean-Objekt und einen für den Zugriff auf das PersonBean-Objekt eines anderen Kunden. So können die Proxys kontrollieren, welche Anfragen unter den jeweiligen Umständen erlaubt sind.

Wir erzeugen diese Proxys mithilfe des dynamischen Proxy aus der Java-API, den sie ein paar Seiten zuvor schon gesehen haben. Java erzeugt zwei Proxys für uns; wir selbst müssen nur die Handler-Klassen schreiben, die wissen, was zu tun ist, wenn eine Methode auf einem Proxy aufgerufen wird.

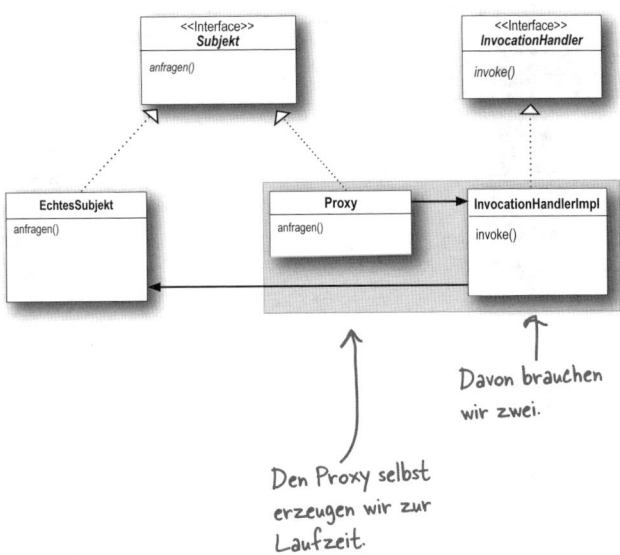

Erinnern Sie sich an dieses Diagramm? Das hatten wir vor ein paar Seiten schon mal ...

Davon brauchen wir zwei.

Den Proxy selbst erzeugen wir zur Laufzeit.

Schritt 1:
Erstellen Sie zwei InvocationHandler.

InvocationHandler implementieren das Verhalten des Proxy. Wie Sie sehen werden, wird Java dafür sorgen, dass die eigentliche Proxy-Klasse und das entsprechende Objekt erzeugt werden. Wir müssen lediglich einen Handler bereitstellen, der weiß, was zu tun ist, wenn eine Methode darauf aufgerufen wird.

Schritt 2:
Schreiben Sie den Code, der die dynamischen Proxys erzeugt.

Ein kleines bisschen Code müssen wir selbst schreiben, damit die Proxy-Klasse erzeugt und instantiiert wird. Diesen Code sehen wir uns gleich noch an.

Schritt 3:
Umschließen Sie alle PersonBean-Objekte mit dem entsprechenden Proxy.

Wenn wir ein PersonBean-Objekt benutzen, ist das entweder das Objekt des Kunden selbst (den wir in diesem Fall den »Eigentümer« nennen), oder es ist ein anderer Benutzer unserer Vermittlung, den unser Kunde sich gerade ansieht (dann nennen wir ihn »Nicht-Eigentümer«).

Wir erzeugen nun jeweils den geeigneten Proxy für die PersonBean.

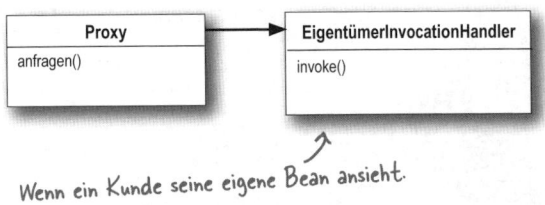

Wenn ein Kunde seine eigene Bean ansieht.

Wenn ein Kunde die Bean von jemand anderem ansieht.

Schritt 1: Erstellen der InvocationHandler

Wir wissen, wir müssen zwei InvocationHandler schreiben – einen für den Eigentümer und einen für den Nicht-Eigentümer. Wie ein InvocationHandler funktioniert, können Sie sich ungefähr so vorstellen: Wird eine Methode auf dem Proxy aufgerufen, leitet der Proxy den Aufruf an den InvocationHandler weiter – allerdings *nicht*, indem er die entsprechende Methode des InvocationHandler aufruft. Aber was ruft er denn dann auf? Werfen wir mal einen Blick auf das Interface InvocationHandler:

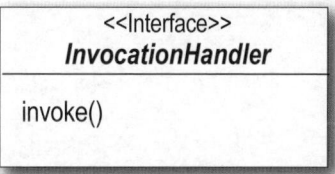

Es gibt nur eine einzige Methode, nämlich invoke(). Egal, welche Methode auf dem Proxy aufgerufen wird – auf dem Handler wird immer die invoke()-Methode aufgerufen. Sehen wir uns an, wie das funktioniert:

① Nehmen wir an, auf dem Proxy wird die Methode setHotOrNotBewertung() aufgerufen.

```
proxy.setHotOrNotBewertung(9);
```

② Der Proxy dreht sich um und ruft seinerseits invoke() auf dem InvocationHandler auf.

```
invoke(Object proxy, Method method, Object[] args)
```

Die Klasse Method – Bestandteil der Reflection-API – teilt uns mithilfe ihrer Methode getName() mit, welche Methode auf dem Proxy aufgerufen wurde.

So rufen wir die Methode auf dem echten Subjekt auf:

③ Der Handler entscheidet, was er mit der Anfrage tun soll, und leitet sie gegebenenfalls an das echte Subjekt weiter. Wie der Handler diese Entscheidung trifft, werden wir als Nächstes herausfinden.

```
return method.invoke(person, args)
```

Hier rufen wir die ursprüngliche Methode auf, die auf dem Proxy aufgerufen wurde. Dieses Objekt wurde uns beim Aufruf der invoke()-Methode des Handlers übergeben.

Erst jetzt erfolgt der Aufruf der Methode auf dem echten Subjekt ...

... mit den ursprünglichen Argumenten.

Sie sind hier ▸ **487**

Erstellen Sie Ihren eigenen *InvocationHandler*

Erstellen der InvocationHandler (Fortsetzung)

Nehmen wir an, unser Proxy ruft invoke() auf: Woher wissen Sie, was Sie mit dem Aufruf machen sollen? Üblicherweise stellen Sie erst einmal fest, welche Methode auf dem Proxy aufgerufen wurde, und treffen dann Entscheidungen auf der Grundlage des Methodennamens und möglicherweise der Argumente. Implementieren wir den EigentümerInvocationHandler und sehen wir uns an, wie er funktioniert:

InvocationHandler gehört zum Paket java.lang.reflect, dieses müssen wir deshalb importieren.

Alle InvocationHandler implementieren das Interface InvocationHandler.

Wir haben das echte Subjekt im Konstruktor übergeben und halten eine Referenz darauf.

Hier ist die invoke()-Methode, die jedes Mal aufgerufen wird, wenn eine Methode auf dem Proxy aufgerufen wird.

Wenn die Methode ein Getter ist, rufen wir sie auf dem echten Subjekt auf.

Wenn nicht und wenn es zudem die Methode setHotOrNotBewertung() ist, verbieten wir den Zugriff, indem wir eine IllegalAccessException werfen.

Das passiert, wenn das echte Subjekt eine Exception auslöst.

Alle anderen Setter-Methoden sind in Ordnung, weil wir der Eigentümer sind, also rufen wir sie auf dem echten Subjekt auf.

Falls irgendeine andere Methode aufgerufen wird, geben wir einfach null zurück, statt es darauf ankommen zu lassen.

```java
import java.lang.reflect.*;

public class EigentümerInvocationHandler implements InvocationHandler {
  PersonBean person;

  public EigentümerInvocationHandler(PersonBean person) {
    this.person = person;
  }

  public Object invoke(Object proxy, Method method, Object[] args)
      throws IllegalAccessException {
    try {
      if (method.getName().startsWith("get")) {
        return method.invoke(person, args);
      } else if (method.getName().equals("setHotOrNotBewertung")) {
        throw new IllegalAccessException();
      } else if (method.getName().startsWith("set")) {
        return method.invoke(person, args);
      }
    } catch (InvocationTargetException e) {
      e.printStackTrace();
    }
    return null;
  }
}
```

Übung

Der NichtEigentümerInvocationHandler funktioniert genau wie der Eigentümer-InvocationHandler, abgesehen davon, dass er Aufrufe von setHotOrNotBewertung() *zulässt* und Aufrufe aller anderen Setter-Methoden *nicht zulässt*. Nun schreiben Sie diesen Handler selbst:

Den Proxy erzeugen

Schritt 2: Erzeugen der Proxy-Klasse und Instantiieren des Proxy-Objekts

Was jetzt noch zu tun bleibt, ist die dynamische Erzeugung der Proxy-Klasse und die Instantiierung des Proxy-Objekts. Wir beginnen mit einer Methode, der eine PersonBean übergeben wird und die weiß, wie man dafür einen Eigentümer-Proxy erzeugt. Wir erzeugen also einen Proxy von der Sorte, die ihre Methodenaufrufe an den EigentümerInvocationHandler weiterleitet. Hier der Code:

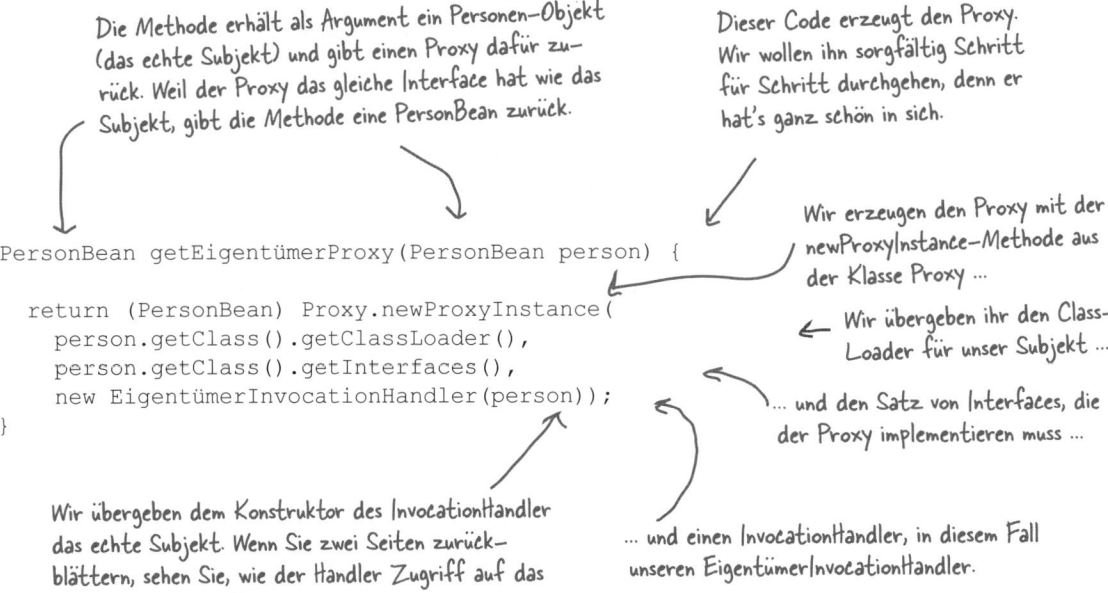

Die Methode erhält als Argument ein Personen-Objekt (das echte Subjekt) und gibt einen Proxy dafür zurück. Weil der Proxy das gleiche Interface hat wie das Subjekt, gibt die Methode eine PersonBean zurück.

Dieser Code erzeugt den Proxy. Wir wollen ihn sorgfältig Schritt für Schritt durchgehen, denn er hat's ganz schön in sich.

```
PersonBean getEigentümerProxy(PersonBean person) {
  return (PersonBean) Proxy.newProxyInstance(
    person.getClass().getClassLoader(),
    person.getClass().getInterfaces(),
    new EigentümerInvocationHandler(person));
}
```

Wir erzeugen den Proxy mit der newProxyInstance-Methode aus der Klasse Proxy ...

Wir übergeben ihr den Class-Loader für unser Subjekt ...

... und den Satz von Interfaces, die der Proxy implementieren muss ...

... und einen InvocationHandler, in diesem Fall unseren EigentümerInvocationHandler.

Wir übergeben dem Konstruktor des InvocationHandler das echte Subjekt. Wenn Sie zwei Seiten zurückblättern, sehen Sie, wie der Handler Zugriff auf das echte Subjekt erhält.

Spitzen Sie Ihren Bleistift

Die Erzeugung eines dynamischen Proxy ist zwar ein bisschen kompliziert, aber eigentlich gar nicht so schwer. Warum schreiben Sie getNichtEigentümerProxy(), die einen Proxy für den NichtEigentümerInvocationHandler zurückgibt, nicht einfach selbst?

Und jetzt treiben Sie es noch ein bisschen weiter: Können Sie eine Methode getProxy() schreiben, die einen Handler und eine Person als Argumente erhält und einen Proxy zurückgibt, der diesen Handler benutzt?

Test der Partnervermittlung

Spendieren wir der Partnervermittlung einen Testlauf und sehen wir uns an, wie der Zugriff auf die Setter-Methoden über den verwendeten Proxy gesteuert wird.

```java
public class PartnerVermittlungsTestlauf {
  // Instanzvariablen

  public static void main(String[] args) {
    PartnerVermittlungsTestlauf test = new PartnerVermittlungsTestlauf();
    test.laufen();
  }

  public PartnerVermittlungsTestlauf() {
    initialisiereDatenbank();
  }
  public void laufen() {
    PersonBean Frank = getPersonAusDatenbank("Frank Javabean");
    PersonBean eigentümerProxy = getEigentümerProxy(Frank);
    System.out.println("Name ist " + eigentümerProxy.getName());
    eigentümerProxy.setInteressen("Bowling, Schach");
    System.out.println("Interessen durch Eigentümer-Proxy gesetzt.");
    try {
      eigentümerProxy.setHotOrNotBewertung(10);
    } catch (Exception e) {
      System.out.println("Bewertung kann nicht durch Eigentümer-Proxy gesetzt werden.");
    }
    System.out.println("Bewertung ist " + eigentümerProxy.getHotOrNotBewertung());

    PersonBean nichtEigentümerProxy = getNichtEigentümerProxy(Frank);
    System.out.println("Name ist " + nichtEigentümerProxy.getName());
    try {
      nichtEigentümerProxy.setInteressen("Bowling, Schach");
    } catch (Exception e) {
      System.out.println("Interessen können nicht durch
                          Nicht-Eigentümer-Proxy gesetzt werden.");
    }
    nichtEigentümerProxy.setHotOrNotBewertung(3);
    System.out.println("Bewertung durch Nicht-Eigentümer-Proxy gesetzt.");
    System.out.println("Bewertung ist " + nichtEigentümerProxy.getHotOrNotBewertung());
  }
  // weitere Methoden, z.B. getEigentümerProxy und getNichtEigentümerProxy
}
```

Testlauf für den *Schutz-Proxy*

Ausführen des Codes ...

```
Datei  Bearbeiten  Fenster  Hilfe  DynamischPraktischGut
% java PartnerVermittlungsTestlauf
Name ist Frank Javabean
Interessen durch Eigentümer-Proxy gesetzt.
Bewertung kann nicht durch Eigentümer-Proxy gesetzt werden.
Bewertung ist 7


Name ist Frank Javabean
Interessen können nicht durch Nicht-Eigentümer-Proxy gesetzt werden.
Bewertung durch Nicht-Eigentümer-Proxy gesetzt.
Bewertung ist 5
%
```

Unser Eigentümer-Proxy erlaubt den Aufruf von Gettern und Settern, außer für die Hot-or-Not-Bewertung.

Unser Nicht-Eigentümer-Proxy erlaubt nur den Aufruf von Gettern, aber außerdem das Setzen der Hot-or-Not-Bewertung.

Die neue Bewertung ist das Mittel aus der ursprünglichen 7 und dem Wert 3, der vom Nicht-Eigentümer-Proxy gesetzt wurde.

Es gibt keine Dummen Fragen

F: Was genau ist eigentlich der »dynamische« Aspekt von dynamischen Proxys? Dass ich den Proxy zur Laufzeit instantiiere und ihm einen Handler zuweise?

A: Nein, der Proxy ist dynamisch, weil seine Klasse zur Laufzeit erzeugt wird. Überlegen Sie: Bevor Ihr Code ausgeführt wird, gibt es keine Proxy-Klasse; sie wird erst auf Anfrage aus dem Satz von Interfaces erzeugt, den Sie ihr übergeben.

F: Mein InvocationHandler ist anscheinend ein sehr merkwürdiger Proxy – er implementiert keine einzige Methode der Klasse, die er als Proxy repräsentiert.

A: Das liegt daran, dass der InvocationHandler gar kein Proxy ist – er ist eine Klasse, an die der Proxy Methodenaufrufe weitergibt. Der Proxy selbst wird dynamisch zur Laufzeit erzeugt durch die statische Methode Proxy.newProxyInstance().

F: Kann ich irgendwie herausfinden, ob eine Klasse eine Proxy-Klasse ist?

A: Ja. Die Klasse Proxy im Paket java.lang.reflect enthält eine statische Methode namens isProxyClass(). Ein Aufruf dieser Methode mit einer Klasse als Argument gibt true zurück, wenn die Klasse eine dynamische Proxy-Klasse ist. Andernfalls verhält sich die Proxy-Klasse wie eine beliebige andere Klasse, die einen bestimmten Satz von Interfaces implementiert.

F: Gibt es irgendwelche Einschränkungen hinsichtlich der Interface-Typen, die ich der Methode newProxyInstance() übergeben kann?

A: Ja, es gibt ein paar. Zunächst einmal ist hervorzuheben, dass wir newProxyInstance() immer ein Array von Interfaces übergeben – es sind nur Interfaces zulässig, keine Klassen. Eine der wichtigsten Einschränkungen ist, dass alle Interfaces, die nicht `public` sind, aus dem gleichen Paket stammen müssen. Außerdem dürfen in den Interfaces keine Methoden mit gleichem Namen vorkommen (genauer gesagt dann nicht, wenn die Methode in beiden Interfaces die gleiche Signatur hat). Daneben gibt es noch ein paar andere Feinheiten; irgendwann sollten Sie sich deshalb auch mal das Kleingedruckte über dynamische Proxys in den Javadocs durchlesen.

Das Proxy-Muster

WER MACHT WAS?

Ordnen Sie jedem Muster die passende Beschreibung zu:

Muster	Beschreibung
Decorator	Umschließt ein anderes Objekt und stellt eine andere Schnittstelle dafür zur Verfügung.
Facade	Umschließt ein anderes Objekt und ermöglicht ihm dadurch neues Verhalten.
Proxy	Umschließt ein anderes Objekt und kontrolliert so den Zugriff darauf.
Adapter	Umschließt eine Gruppe von Klassen und vereinfacht dadurch ihre Schnittstelle.

Sie sind hier ▶ **493**

Der Proxy-Zoo

Willkommen im Zoo von Objekthausen!

Remote-, virtuelle und Schutz-Proxys kennen Sie jetzt schon, aber draußen in freier Wildbahn werden Ihnen noch eine Menge Mutationen dieses Musters begegnen. In der Proxy-Ecke des Zoos haben wir eine hübsche Sammlung von wilden Proxy-Patterns, die wir als Studienobjekte für Sie eingefangen haben.

Unsere Sammlung ist unvollständig – ganz sicher werden Sie in der echten Welt noch weitere Abwandlungen dieses Patterns zu sehen bekommen. Wir bitten daher um Ihre Mithilfe bei der Katalogisierung von weiteren Proxys. Sehen wir uns mal die vorhandene Sammlung an:

Der **Firewall-Proxy** kontrolliert den Zugang zu einer Gruppe von Netzwerkressourcen und schützt so das Subjekt vor »bösen« Clients.

Lebensraum: häufig am Einsatzort von Firewall-Systemen in Unternehmen zu beobachten.

Helfen Sie uns, den Lebensraum herauszufinden.
_____
_____
_____
_____

Der **Smart-Reference-Proxy** ermöglicht zusätzliche Aktionen rund um die Referenzierung eines Subjekts. Er kann beispielsweise die Anzahl der Referenzen auf ein Objekt zählen.

Der **Cache-Proxy** ermöglicht die vorübergehende Speicherung der Ergebnisse von aufwendigen Operationen in einem Puffer. Er kann auch mehreren Clients die gemeinsame Nutzung der Ergebnisse erlauben, um die Rechen- und Netzwerklatenzzeit zu verringern.

Lebensraum: häufig in Webserver-Proxys sowie bei Content-Management- und Mediensystemen zu beobachten.

Das Proxy-Muster

Der **Synchronisierungs-Proxy** ermöglicht einen sicheren Zugriff auf ein Subjekt aus mehreren Threads heraus.

In JavaSpaces anzutreffen, wo er den synchronisierten Zugriff auf einen Basissatz von Objekten in einer verteilten Umgebung kontrolliert.

Helfen Sie uns, den Lebensraum herauszufinden.

_____
_____
_____
_____

Der **Complexity-Hiding-Proxy** verbirgt die Komplexität eines komplexen Satzes von Klassen und kontrolliert den Zugriff darauf. Manchmal nennt man ihn – aus offensichtlichen Gründen – auch Facade-Proxy. Vom Facade-Muster unterscheidet sich der Complexity-Hiding-Proxy darin, dass der Proxy den Zugriff kontrolliert, während das Facade-Pattern lediglich eine alternative Schnittstelle zu Verfügung stellt.

Der **Copy-on-Write-Proxy** kontrolliert das Kopieren eines Objekts, indem er den Kopiervorgang so lange aufschiebt, bis das Objekt von einem Client benötigt wird. Dies ist eine Variante des virtuellen Proxy.

Lebensraum: häufig vergesellschaftet mit CopyOnWriteArrayList aus Java 5.

Feldnotizen. Bitte tragen Sie hier Ihre Beobachtungen von weiteren Proxys in freier Wildbahn ein:

_____

_____

_____

_____

Sie sind hier ▸

Kreuzworträtsel

Entwurfsmuster-Kreuzworträtsel

Das war aber wirklich ein LANGES Kapitel. Wie wäre es zum Abschluss mit ein bisschen Entspannung beim Kreuzworträtsel?

Waagerecht

3. Einen solchen schlugen wir ein, um RMI zu erlernen.
4. Javas dynamischer Proxy leitet alle Aufrufe an ihn weiter.
10. Ähnelt Proxy, hat aber einen anderen Zweck.
12. Remote-_____ wurden genutzt, um die Kaugummiautomatenüberwachung zu implementieren.
13. Unser erster Fehler: Die Berichte des Kaugummiautomaten waren nicht _____.
14. Bei RMI das Objekt, das die Netzwerkanfrage auf der Serverseite entgegennimmt.
15. Ein Ort, an dem man etwas über die verschiedenen Arten von Proxys erfahren kann.
16. Dieses Werkzeug dient als Katalogdienst für RMI.

Senkrecht

1. Darum erhielt Falk keine Dates.
2. Muss von der Remote-Implementierung deklariert werden.
5. Das ist der Proxy, den der CD-Viewer nutzt.
6. Das Interface, über den die Partnervermittlung den Datenzugriff steuert.
7. Ein Proxy, der Methodenaufrufe von nicht autorisierten Aufrufern verhindert.
8. Häufig für Web-Services verwendeter Proxy.
9. Eine _____ Proxy-Klasse wird zur Laufzeit erstellt.
11. Gimmick der Partnervermittlung Objekthausen (drei Wörter).
14. In RMI nennt man den Proxy so.

Das Proxy-Muster

Werkzeuge für Ihren Design-Werkzeugkasten

Ihr Werkzeugkasten ist fast voll – Sie sind nun auf fast jedes Designproblem vorbereitet, das Ihnen über den Weg läuft.

OO-Basics

Abstraktion
Kapselung
Polymorphismus
Vererbung

OO-Prinzipien

Kapseln Sie das, was variiert.

Ziehen Sie die Komposition der Vererbung vor.

Programmieren Sie auf eine Schnittstelle, nicht auf eine Implementierung.

Streben Sie für Objekte, die interagieren, nach Entwürfen mit lockerer Bindung.

Klassen sollten für Erweiterung offen, aber für Veränderung geschlossen sein.

Stützen Sie sich auf Abstraktionen. Stützen Sie sich nicht auf konkrete Klassen.

Sprechen Sie nur mit Ihren Freunden.

Versuchen Sie nicht, uns anzurufen, wir rufen Sie an.

Eine Klasse sollte nur einen Grund haben, sich zu ändern.

> Keine neuen Prinzipien in diesem Kapitel. Schließen Sie doch einmal das Buch und versuchen Sie, sich an alle zu erinnern.

OO-Muster

Adapter – Encapsulates a request
Factory Method – Define …
Facade – Encapsulates a request
State – ermöglicht einem Objekt, sein …
Proxy – kontrolliert den Zugriff auf ein Objekt mithilfe eines vorgelagerten Stellvertreter-Objekts.

> Unser neues Muster. Ein Proxy fungiert als Stellvertreter oder Platzhalter für ein anderes Objekt.

Punkt für Punkt

- Das Proxy-Muster kontrolliert den Zugriff des Clients auf ein anderes Objekt durch einen vorgelagerten Stellvertreter. Es gibt verschiedene Möglichkeiten, wie dieser Zugriff gesteuert werden kann.

- Ein Remote-Proxy steuert die Wechselwirkung zwischen einem Client und einem entfernten Objekt.

- Ein virtueller Proxy kontrolliert den Zugriff auf ein Objekt, dessen Instantiierung aufwendig ist.

- Ein Schutz-Proxy kontrolliert den Zugriff auf die Methoden eines Objekts abhängig davon, von wem der Aufruf kommt.

- Es gibt noch viele weitere Varianten des Proxy-Musters: Cache-Proxys, Synchronisierungs-Proxys, Firewall-Proxys, Copy-on-Write-Proxys usw.

- Proxy ähnelt von der Struktur her Decorator; sie unterscheiden sich aber in ihrem Zweck.

- Das Decorator-Muster liefert zusätzliches Verhalten für ein Objekt; ein Proxy kontrolliert dagegen den Zugriff.

- Die in Java enthaltene Proxy-Unterstützung kann eine dynamische Proxy-Klasse bei Bedarf erstellen und alle Aufrufe darauf an einen Handler Ihrer Wahl weiterleiten.

- Wie alle Wrapper erhöhen auch Proxys die Anzahl der Klassen und Objekte in Ihrem Entwurf.

Sie sind hier

Lösungen zu den Übungen

Übung Lösung

Der NichtEigentümerInvocationHandler funktioniert genau wie der Eigentümer-InvocationHandler, abgesehen davon, dass er Aufrufe von setHotOrNotBewertung() *zulässt* und Aufrufe aller anderen Setter-Methoden *nicht zulässt*. Nun schreiben Sie diesen Handler selbst:

```java
import java.lang.reflect.*;

public class NichtEigentümerInvocationHandler implements InvocationHandler {
  PersonBean person;

  public NichtEigentümerInvocationHandler(PersonBean person) {
    this.person = person;
  }

  public Object invoke(Object proxy, Method method, Object[] args)
         throws IllegalAccessException {
    try {
    if (method.getName().startsWith("get")) {
      return method.invoke(person, args);
    } else if (method.getName().equals("setHotOrNotBewertung")) {
      return method.invoke(person, args);
    } else if (method.getName().startsWith("set")) {
      throw new IllegalAccessException();
    }
    } catch (InvocationTargetException e) {
      e.printStackTrace();
    }
    return null;
  }
}
```

Design-Puzzle, Lösung

Es sieht so aus, als hätte die Klasse ImageProxy zwei Zustände, die über Bedingungsanweisungen kontrolliert werden. Können Sie ein anderes Pattern nennen, das diesen Code besser organisieren würde? Wie würde Ihr neues Design für ImageProxy aussehen?

Verwenden Sie das State-Pattern und implementieren Sie zwei Zustände, BildGeladen und BildNichtGeladen. Dann verfrachten Sie den Code aus den if-Anweisungen in den jeweiligen Zustand. Starten Sie im BildNichtGeladen-Zustand und gehen Sie dann in den BildGeladen-Zustand über, sobald das ImageIcon fertig abgerufen ist.

Spitzen Sie Ihren Bleistift
Lösung

Es ist zwar ein bisschen kompliziert, einen dynamischen Proxy zu erzeugen, aber eigentlich steckt nicht viel dahinter. Warum schreiben Sie getNichtEigentümerProxy(), die einen Proxy für den NichtEigentümerInvocationHandler zurückgibt, nicht einfach selbst?

```
PersonBean getNichtEigentümerProxy(PersonBean person) {

  return (PersonBean) Proxy.newProxyInstance(
      person.getClass().getClassLoader(),
      person.getClass().getInterfaces(),
      new NichtEigentümerInvocationHandler(person));
}
```

Entwurfsmuster-Kreuzworträtsel, Lösung

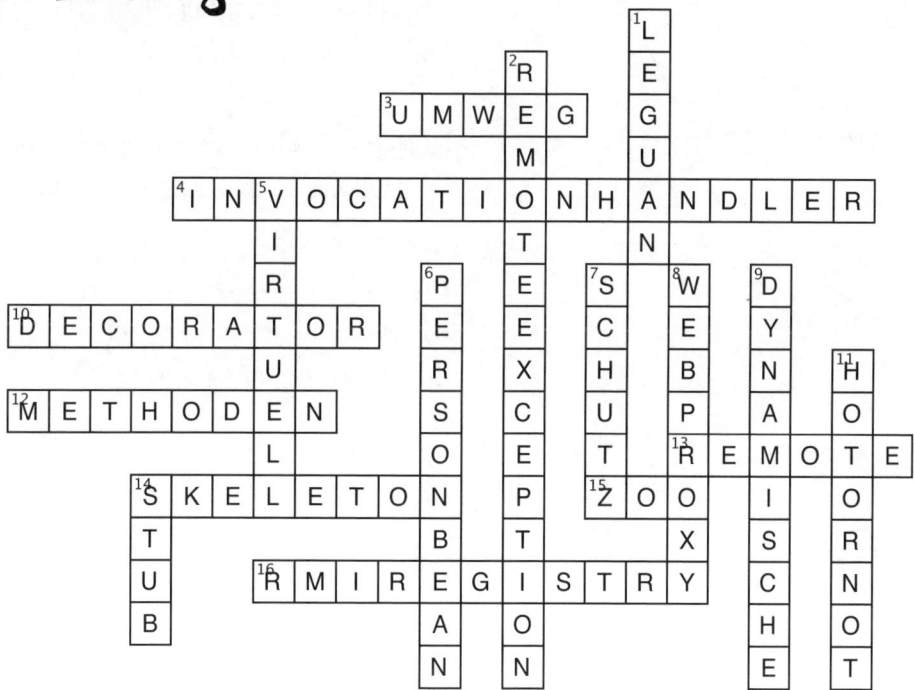

Lösungen zu den Übungen

Ordnen Sie jedem Muster die passende Beschreibung zu:

Muster	Beschreibung
Decorator	Umschließt ein anderes Objekt und stellt eine andere Schnittstelle dafür zur Verfügung.
Facade	Umschließt ein anderes Objekt und ermöglicht ihm dadurch neues Verhalten.
Proxy	Umschließt ein anderes Objekt und kontrolliert so den Zugriff darauf.
Adapter	Umschließt eine Gruppe von Klassen und vereinfacht dadurch ihre Schnittstelle.

Zuordnungen (handschriftlich eingetragen):
- Decorator → Umschließt ein anderes Objekt und ermöglicht ihm dadurch neues Verhalten.
- Facade → Umschließt eine Gruppe von Klassen und vereinfacht dadurch ihre Schnittstelle.
- Proxy → Umschließt ein anderes Objekt und kontrolliert so den Zugriff darauf.
- Adapter → Umschließt ein anderes Objekt und stellt eine andere Schnittstelle dafür zur Verfügung.

Der Code für den CD-Cover-Viewer

Code-Fertiggericht

```java
package headfirst.designpatterns.proxy.virtualproxy;

import java.net.*;
import java.awt.*;
import java.awt.event.*;
import javax.swing.*;
import java.util.*;
public class ImageProxyTestDrive {
    ImageComponent imageComponent;
    JFrame frame = new JFrame("CD-Cover-Viewer");
    JMenuBar menuBar;
    JMenu menu;
    Hashtable<String, String> cds = new Hashtable<String, String>();

    public static void main (String[] args) throws Exception {
        ImageProxyTestDrive testDrive = new ImageProxyTestDrive();
    }


        URL initialURL = new URL((String)cds.get("Selected Ambient Works, Vol. 2"));
        menuBar = new JMenuBar();
        menu = new JMenu("Favorite CDs");
        menuBar.add(menu);
        frame.setJMenuBar(menuBar);

        for(Enumeration e = cds.keys(); e.hasMoreElements();) {
            String name = (String)e.nextElement();
            JMenuItem menuItem = new JMenuItem(name);
            menu.add(menuItem);
            menuItem.addActionListener(event -> {
                imageComponent.setIcon(new ImageProxy(getCDUrl(event.
                                    getActionCommand())));
                frame.repaint();
            });
        }
```

Code-Fertiggericht: *CD-Cover-Viewer*

Der Code für den CD-Cover-Viewer, Fortsetzung ...

```
        // Frame und Menüs einrichten

        Icon icon = new ImageProxy(initialURL);
        imageComponent = new ImageComponent(icon);
        frame.getContentPane().add(imageComponent);
        frame.setDefaultCloseOperation(JFrame.EXIT_ON_CLOSE);
        frame.setSize(800,600);
        frame.setVisible(true);

    }
    URL gctCDUrl(String name) {
        try {
            return new URL((String)cds.get(name));
        } catch (MalformedURLException e) {
            e.printStackTrace();
            return null;
        }
    }
}
```

Der Code für den CD-Cover-Viewer, Fortsetzung ...

```java
package headfirst.designpatterns.proxy.virtualproxy;

import java.net.*;
import java.awt.*;
import javax.swing.*;

class ImageProxy implements Icon {
    volatile ImageIcon imageIcon;
    final URL imageURL;
    Thread retrievalThread;
    boolean retrieving = false;

    public ImageProxy(URL url) { imageURL = url; }

    public int getIconWidth() {
        if (imageIcon != null) {
            return imageIcon.getIconWidth();
        } else {
            return 800;
        }
    }

    public int getIconHeight() {
        if (imageIcon != null) {
            return imageIcon.getIconHeight();
        } else {
            return 600;
        }
    }

    synchronized void setImageIcon(ImageIcon imageIcon) {
        this.imageIcon = imageIcon;
    }

    public void paintIcon(final Component c, Graphics  g, int x,  int y) {
        if (imageIcon != null) {
            imageIcon.paintIcon(c, g, x, y);
        } else {
            g.drawString("CD-Cover wird geladen, bitte warten ...", x+300, y+190);
            if (!retrieving) {
                retrieving = true;
```

Der Code für den CD-Cover-Viewer, Fortsetzung ...

```java
                retrievalThread = new Thread(new Runnable() {
                    public void run() {
                        try {
                            setImageIcon(new ImageIcon(imageURL, "CD-Cover"));
                            c.repaint();
                        } catch (Exception e) {
                            e.printStackTrace();
                        }
                    }
                });
                retrievalThread.start();
            }
        }
    }
}

package headfirst.designpatterns.proxy.virtualproxy;

import java.awt.*;
import javax.swing.*;

class ImageComponent extends JComponent {
    private Icon icon;

    public ImageComponent(Icon icon) {
        this.icon = icon;
    }

    public void setIcon(Icon icon) {
        this.icon = icon;
    }

    public void paintComponent(Graphics g) {
        super.paintComponent(g);
        int w = icon.getIconWidth();
        int h = icon.getIconHeight();
        int x = (800 - w)/2;
        int y = (600 - h)/2;
        icon.paintIcon(this, g, x, y);
    }
}
```

12 Zusammengesetzte Muster

Muster von Mustern

Wer hätte je gedacht, dass Entwurfsmuster zusammenarbeiten könnten? Sie sind ja schon Zeuge der erbitterten Auseinandersetzungen am Kamin geworden (und dabei haben Sie noch nicht mal die Seiten mit den Kämpfen auf Leben und Tod gesehen, die wir auf Druck des Verlags wieder herausnehmen mussten*). Mal ehrlich, hätten Sie geglaubt, dass Muster gut miteinander auskommen können? Also, ob Sie es glauben oder nicht: Einige der leistungsfähigsten OO-Designs setzen mehrere Muster gemeinsam ein. Machen Sie sich also bereit für Ihren nächsten Muster-Qualifikationslevel, denn jetzt stehen zusammengesetzte Muster auf dem Plan.

* Schicken Sie uns eine E-Mail, wenn Sie gern eine Kopie hätten.

Muster arbeiten zusammen

Mustergültige Zusammenarbeit

Eine besonders gute Idee bei der Arbeit mit Mustern ist es, sie aus ihrem Schneckenhaus zu locken, damit sie mit anderen Mustern interagieren können. Je länger Sie Muster einsetzen, desto öfter wird Ihnen auffallen, dass in Ihren Entwürfen zwei oder mehr Muster gemeinsam auftauchen. Wenn eine Gruppe von Mustern in einem Design zusammenarbeitet, das auf viele Probleme anwendbar ist, haben wir dafür eine besondere Bezeichnung: *zusammengesetztes Muster*. Genau – wir sprechen jetzt über Muster von Mustern!

Sie werden merken, dass in der realen Welt eine Menge zusammengesetzter Muster verwendet werden. Weil Muster jetzt fest in Ihrem Gehirn verankert sind, werden Sie sie als zusammenarbeitende Muster erkennen. So werden sie auch viel leichter verständlich.

Wir beginnen dieses Kapitel mit einem Besuch bei unseren Freunden, den Enten aus dem SimEnte-Simulator. Es ist nicht nur gerecht, dass sie hier dabei sind, wenn wir Muster miteinander kombinieren. Schließlich haben sie uns durch das ganze Buch begleitet und waren so nett, bei einer ganzen Reihe von Mustern mitzuspielen. Die Enten werden Ihnen helfen zu verstehen, wie Muster in einer Softwarelösung zusammenarbeiten können. Wenn wir ein paar Muster kombinieren, heißt das allerdings noch lange nicht, dass sich unsere Lösung als zusammengesetztes Muster qualifiziert. Dafür muss es sich schon um eine Lösung von allgemeinem Nutzen handeln, die sich auf viele Probleme anwenden lässt. In der zweiten Hälfte des Kapitels besuchen wir daher ein *echtes* zusammengesetztes Muster, nämlich Mr. Model-View-Controller persönlich! Falls Sie bisher nichts von ihm gehört haben – er wird Ihnen sicherlich noch begegnen. Und Sie werden feststellen, dass dieses zusammengesetzte Muster eines der leistungsfähigsten Muster in Ihrem Design-Werkzeugkasten ist.

> Muster werden häufig innerhalb eines Entwurfs gemeinsam eingesetzt und kombiniert.
>
> In einem zusammengesetzten Muster werden zwei oder mehr Muster zu einer Lösung kombiniert, die ein immer wiederkehrendes oder allgemeines Problem behebt.

Zusammengesetzte Muster

Ein Wiedersehen mit den Enten

Wie bereits angekündigt, arbeiten wir wieder mit den Enten. Dieses Mal zeigen sie Ihnen, wie Muster innerhalb der gleichen Softwarelösung nebeneinander existieren und sogar kooperieren können.

Wir bauen unseren Entensimulator noch einmal ganz neu auf und verleihen ihm interessante Fähigkeiten, indem wir einen ganzen Schwung von Mustern verwenden. Lassen Sie uns gleich anfangen ...

① Als Erstes erzeugen wir ein Interface Quakfähig.

Wie gesagt, wir fangen von Grund auf neu an. Dieses Mal werden die Enten ein Interface Quakfähig implementieren. So werden wir wissen, welche Dinge in dem Simulator quaken() können – z.B. StockEnten, MoorEnten, LockPfeifen. Und vielleicht mogelt sich sogar die GummiEnte wieder mit herein.

```
public interface Quakfähig {
  public void quaken();
}
```

> Wer dieses Interface implementiert – also quakfähig ist –, muss nur eins gut können: quaken!

② Jetzt ein paar Enten, die Quakfähig implementieren.

Was nützt uns ein Interface ohne Klassen, die es implementieren? Erzeugen wir schnell ein paar konkrete Enten (aber bitte nicht die von der künstlichen Gartenteich-Sorte ...)!

```
public class StockEnte implements Quakfähig {
  public void quaken() {
    System.out.println("Quak");
  }
}
```

> Unsere Feld-Wald-und-Wiesen-Stockente.

```
public class MoorEnte implements Quakfähig {
  public void quaken() {
    System.out.println("Quak");
  }
}
```

> Für einen interessanten Simulator brauchen wir mindestens eine weitere Entenart.

Sie sind hier ▶ **507**

Weitere Enten

Aber es würde weniger Spaß machen, wenn wir nicht auch ein paar ganz andere Sorten von Enten hätten.

Erinnern Sie sich an das letzte Mal? Da gab es Lockpfeifen (diese Dinger, die von Jägern verwendet werden; sie sind definitiv quakfähig) und Gummienten.

```java
public class LockPfeife implements Quakfähig {
  public void quaken() {
    System.out.println("Kwaak");
  }
}
```

← Eine LockPfeife, die quakt, was sich aber doch nicht so ganz wie das echte Quaken anhört.

```java
public class GummiEnte implements Quakfähig {
  public void quaken() {
    System.out.println("Quietsch");
  }
}
```

← Eine Gummiente, die beim Quaken quietscht.

③ Okay, jetzt haben wir unsere Enten. Alles, was wir noch brauchen, ist ein Simulator.

Basteln wir uns einen Simulator, der ein paar Enten erzeugt und dafür sorgt, dass diese fleißig quaken ...

Hier ist unsere main()-Methode, die das Ganze in Gang setzt.

```java
public class EntenSimulator {
  public static void main(String[] args) {
    EntenSimulator simulator = new EntenSimulator();
    simulator.simulieren();
  }

  void simulieren() {
    Quakfähig stockEnte = new StockEnte();
    Quakfähig moorEnte = new MoorEnte();
    Quakfähig lockPfeife = new LockPfeife();
    Quakfähig gummiEnte = new GummiEnte();

    System.out.println("\nEntensimulator");

    simulieren(stockEnte);
    simulieren(moorEnte);
    simulieren(lockPfeife);
    simulieren(gummiEnte);
  }

  void simulieren(Quakfähig ente) {
    ente.quaken();
  }
}
```

Wir erzeugen einen Simulator und rufen dann seine Methode simulieren() auf.

Wir brauchen ein paar Enten, deshalb erzeugen wir hier von jeder quakfähigen Sorte eine ...

... und simulieren sie dann alle.

Hier überladen wir die Methode simulieren() so, dass sie genau eine Ente simuliert.

Hier greifen wir in die Trickkiste der Polymorphie: Egal, was für eine Art von Quakfähig-Objekt übergeben wird – die Methode simulieren() bringt es zum Quaken.

Zusammengesetzte *Muster*

Noch nicht besonders aufregend, aber es sind ja auch noch keine Patterns im Spiel!

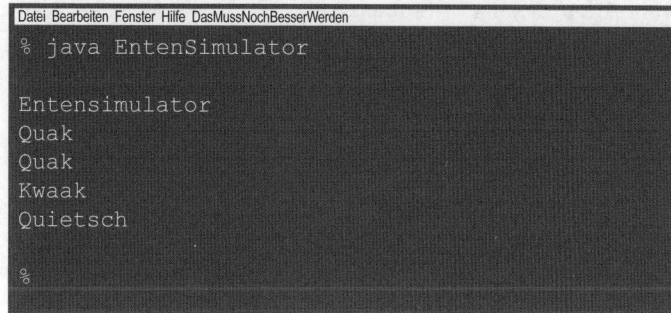

Alle implementieren das gleiche Interface Quakfähig, aber ihre Implementierungen gestatten jedem das Quaken auf seine eigene Weise.

Sieht so aus, als ob alles funktioniert. So weit, so gut.

④ **Wo Enten sind, können Gänse nicht weit sein.**
Wo ein Wasservogel ist, sind wahrscheinlich auch zwei. Hier ist eine Gans-Klasse, die sich in der Nähe des Simulators herumgetrieben hat.

```java
public class Gans {
  public void schnattern() {
    System.out.println("Schnatter");
  }
}
```

Eine Gans ist kein Quaker, sondern ein Schnatterer.

Nehmen wir an, wir möchten eine Gans überall da einsetzen können, wo wir auch eine Ente verwenden können. Immerhin: Gänse machen Geräusche, Gänse fliegen, Gänse schwimmen. Warum sollte es nicht möglich sein, Gänse in den Simulator aufzunehmen?

Welches Muster würde es den Gänsen ermöglichen, sich einfach unter die Enten zu mischen?

Sie sind hier ▸ **509**

Adapter für die Gans

⑤ Wir brauchen einen Adapter für die Gans.
Unser Simulator will Quakfähig-Interfaces sehen. Da Gänse keine Quaker sind (sondern Schnatterer), können wir eine Gans mithilfe eines Adapters als Ente anpassen.

```java
public class GansAdapter implements Quakfähig {
  Gans gans;

  public GansAdapter(Gans gans) {
    this.gans = gans;
  }

  public void quaken() {
    gans.schnattern();
  }
}
```

Erinnern Sie sich, ein Adapter implementiert das Ziel-Interface, in diesem Fall Quakfähig.

Dem Konstruktor wird die Gans übergeben, die wir adaptieren wollen.

Ein Aufruf der Methode quaken() wird an die Methode schnattern() der Gans weitergegeben.

⑥ Jetzt sollen auch Gänse im Simulator mitspielen können.
Wir müssen nur noch eine Gans erzeugen und sie in einen Adapter einpacken, der Quakfähig implementiert – und schon kann's losgehen.

```java
public class EntenSimulator {
  public static void main(String[] args) {
    EntenSimulator simulator = new EntenSimulator();
    simulator.simulieren();
  }
  void simulieren() {
    Quakfähig stockEnte = new StockEnte();
    Quakfähig moorEnte = new MoorEnte();
    Quakfähig lockPfeife = new LockPfeife();
    Quakfähig gummiEnte = new GummiEnte();
    Quakfähig gansEnte = new GansAdapter(new Gans());

    System.out.println("\nEntensimulator: mit Adapter für Gans");

    simulieren(stockEnte);
    simulieren(moorEnte);
    simulieren(lockPfeife);
    simulieren(gummiEnte);
    simulieren(gansEnte);
  }

  void simulieren(Quakfähig ente) {
    ente.quaken();
  }
}
```

Wir machen eine Gans, die sich wie eine Ente verhält, indem wir die Gans mit einem GansAdapter einpacken.

Ist unsere Gans einmal eingepackt, können wir sie genau wie andere quakfähige Enten behandeln.

Lassen wir das mal kurz durchlaufen ...

Dieses Mal ist bei der Simulation unter den Objekten, die der Methode simulieren() übergeben werden, auch eine mit einem Gänse-Adapter eingepackte Gans. Und was kommt dabei heraus? Wir wollen Gänsegeschnatter hören!

```
Datei Bearbeiten Fenster Hilfe GoldeneEier
% java EntenSimulator

Entensimulator: mit Adapter für Gans
Quak
Quak
Kwaak
Quietsch
Schnatter

%
```

Da ist die Gans! Nun kann sie mit den anderen Enten quaken.

 Quakologie

Quakologen sind fasziniert von allen Aspekten quakfähigen Verhaltens. Etwas, das die Quakologen schon immer untersuchen wollten, ist die Gesamtzahl der einzelnen Quaks, die eine Entenschar von sich gibt.

Wie können wir die Möglichkeit hinzufügen, die Quaks der Enten zu zählen, ohne dass wir die Ente-Klassen ändern müssen?

Fällt Ihnen ein Muster ein, das uns weiterhelfen würde?

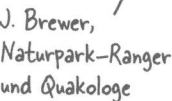

J. Brewer, Naturpark-Ranger und Quakologe

Decorator für die Enten

8 **Wir wollen die Quakologen glücklich machen und ihnen ein paar Quakzahlen liefern.**

Wie machen wir das? Umschließen wir die Enten mit einem Decorator-Objekt und geben ihnen so ein neues Verhalten (das Zählverhalten). Den eigentlichen Enten-Code müssen wir dafür überhaupt nicht ändern.

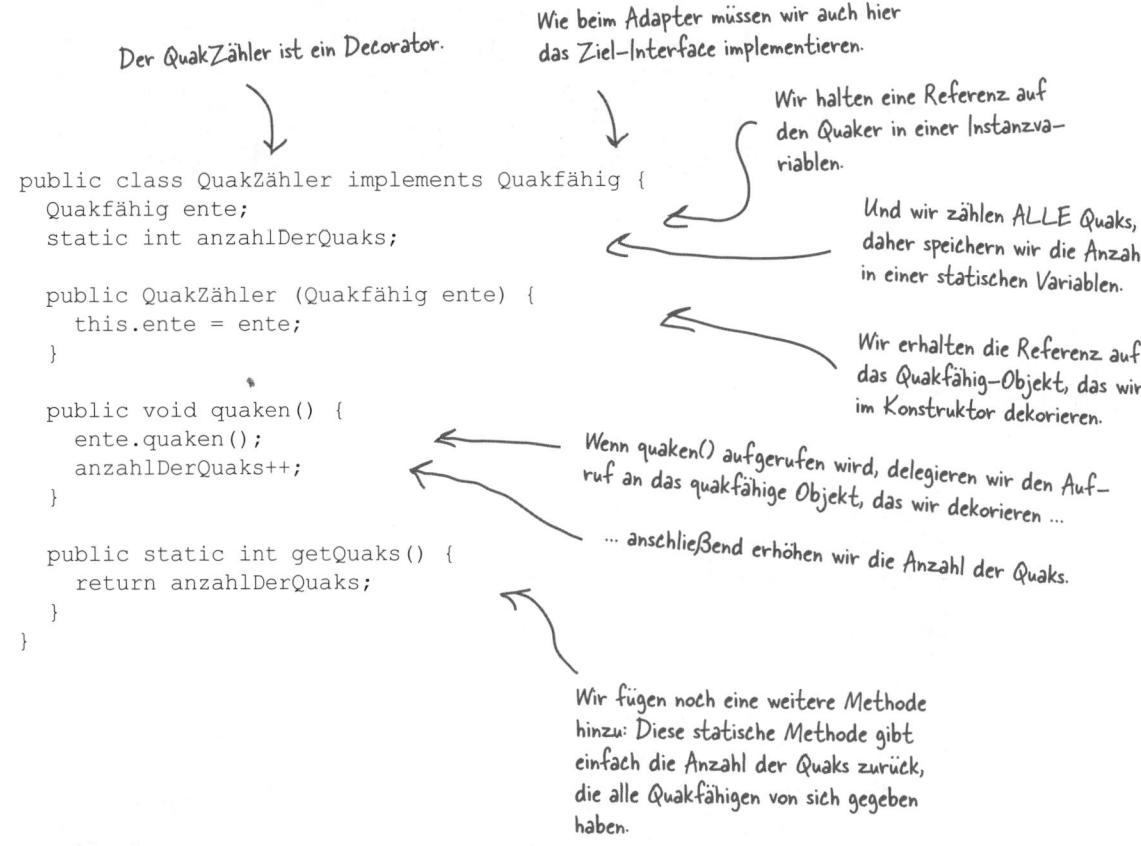

Der QuakZähler ist ein Decorator.

Wie beim Adapter müssen wir auch hier das Ziel-Interface implementieren.

Wir halten eine Referenz auf den Quaker in einer Instanzvariablen.

Und wir zählen ALLE Quaks, daher speichern wir die Anzahl in einer statischen Variablen.

Wir erhalten die Referenz auf das Quakfähig-Objekt, das wir im Konstruktor dekorieren.

Wenn quaken() aufgerufen wird, delegieren wir den Aufruf an das quakfähige Objekt, das wir dekorieren ...

... anschließend erhöhen wir die Anzahl der Quaks.

Wir fügen noch eine weitere Methode hinzu: Diese statische Methode gibt einfach die Anzahl der Quaks zurück, die alle Quakfähigen von sich gegeben haben.

```java
public class QuakZähler implements Quakfähig {
   Quakfähig ente;
   static int anzahlDerQuaks;

   public QuakZähler (Quakfähig ente) {
      this.ente = ente;
   }

   public void quaken() {
      ente.quaken();
      anzahlDerQuaks++;
   }

   public static int getQuaks() {
      return anzahlDerQuaks;
   }
}
```

Zusammengesetzte *Muster*

⑨ Wir brauchen ein Update für den Simulator, um dekorierte Enten zu erzeugen.

Jetzt müssen wir jedes quakfähige Objekt, das wir instantiieren, mit einem QuakZähler-Decorator einpacken. Andernfalls würden Enten herumlaufen, die quaken, ohne gezählt zu werden.

```java
public class EntenSimulator {
  public static void main(String[] args) {
    EntenSimulator simulator = new EntenSimulator();
    simulator.simulieren();
  }
  void simulieren() {
    Quakfähig stockEnte = new QuakZähler(new StockEnte());
    Quakfähig moorEnte = new QuakZähler(new MoorEnte());
    Quakfähig lockPfeife = new QuakZähler(new LockPfeife());
    Quakfähig gummiEnte = new QuakZähler(new GummiEnte());
    Quakfähig gansEnte = new GansAdapter(new Gans());

    System.out.println("\nEntensimulator: mit Decorator");

    simulieren(stockEnte);
    simulieren(moorEnte);
    simulieren(lockPfeife);
    simulieren(gummiEnte);
    simulieren(gansEnte);

    System.out.println("Die Enten haben " +
            QuakZähler.getQuaks() + "-mal gequakt.");
  }

  void simulieren(Quakfähig ente) {
    ente.quaken();
  }
}
```

Jedes Mal, wenn wir ein Quakfähig-Objekt erzeugen, packen wir es in einen neuen Decorator ein.

Gänsegeschnatter dekorieren wir nicht, denn der Naturpark-Ranger hat uns gesagt, dass er das nicht mitzählen will.

Hier geben wir den Quakologen einen Bericht über das Quakverhalten.

An dieser Stelle ändert sich nichts; die dekorierten Objekte sind wie gehabt quakfähig.

```
Datei Bearbeiten Fenster Hilfe DekoEier
% java EntenSimulator
Entensimulator: mit Decorator
Quak
Quak
Kwaak
Quietsch
Schnatter
Die Enten haben 4-mal gequakt.
%
```

Hier ist die Ausgabe!

Erinnern Sie sich? Gänse werden nicht mitgezählt.

Entenfabrik

> Diese Quakzählerei ist toll. Wir lernen ständig Neues über die kleinen Quaker dazu. Aber leider werden einfach zu viele Quaks nicht mitgezählt. Können Sie da nicht was machen?

Um dekoriertes Verhalten zu bekommen, müssen Sie die Objekte auch dekorieren.

Er hat Recht, genau das ist das Problem beim Einpacken von Objekten: Man muss sicherstellen, dass sie eingepackt werden, sonst zeigen sie nicht das dekorierte Verhalten.

Warum nehmen wir nicht die Entenerzeugung und erledigen sie zentral an einer Stelle? Mit anderen Worten: Kapseln wir doch die ganze Entenerzeugung und -dekorierung.

Und nach welchem Muster hört sich das an?

⑩ Wir brauchen eine Fabrik zur Erzeugung von Enten!

Okay, wir brauchen eine Qualitätskontrolle, um sicherzustellen, dass unsere Enten eingepackt werden. Wir bauen eine komplette Fabrik nur für die Entenproduktion. Die Fabrik soll eine Produktfamilie liefern, die unterschiedliche Entensorten umfasst. Deshalb verwenden wir das Abstract Factory-Muster.

Definieren wir als Erstes die AbstrakteEntenFabrik:

Wir definieren eine abstrakte Fabrik; Unterklassen sollen die Methoden implementieren und damit verschiedene Entenfamilien erzeugen.

```
public abstract class AbstrakteEntenFabrik {

  public abstract Quakfähig erzeugeStockEnte();
  public abstract Quakfähig erzeugeMoorEnte();
  public abstract Quakfähig erzeugeLockPfeife();
  public abstract Quakfähig erzeugeGummiEnte();
}
```

Jede Methode erzeugt eine Entensorte.

Zusammengesetzte Muster

Fangen wir mit einer Fabrik an, die Enten ohne Decorator erzeugt, um hinter die Arbeitsweise der Fabrik zu kommen:

```
public class EntenFabrik extends AbstrakteEntenFabrik {

    public Quakfähig erzeugeStockEnte() {
     return new StockEnte();
    }

    public Quakfähig erzeugeMoorEnte() {
     return new MoorEnte();
    }

    public Quakfähig erzeugeLockPfeife() {
     return new LockPfeife();
    }

    public Quakfähig erzeugeGummiEnte() {
     return new GummiEnte();
    }
}
```

EntenFabrik erweitert die abstrakte Fabrik.

Jede Methode erzeugt ein Produkt: eine bestimmte Quakfähig-Sorte. Was für ein Produkt das genau ist, weiß der Simulator nicht – er weiß bloß, dass er etwas Quakfähiges bekommt.

Jetzt erzeugen wir die Fabrik, die wir eigentlich wollen: die ZählendeEntenFabrik.

ZählendeEntenFabrik erweitert ebenfalls die abstrakte Fabrik.

```
public class ZählendeEntenFabrik extends AbstrakteEntenFabrik {

    public Quakfähig erzeugeStockEnte() {
       return new QuakZähler(new StockEnte());
    }

    public Quakfähig erzeugeMoorEnte() {
       return new QuakZähler(new MoorEnte());
    }

    public Quakfähig erzeugeLockPfeife() {
       return new QuakZähler(new LockPfeife());
    }

    public Quakfähig erzeugeGummiEnte() {
       return new QuakZähler(new GummiEnte());
    }
}
```

Jede Methode packt das quakfähige Objekt mit dem Quak-Zähler-Decorator ein. Der Simulator wird den Unterschied gar nicht bemerken; er erhält einfach ein quakfähiges Objekt. Aber unsere Ranger können sich jetzt darauf verlassen, dass alle Quaks gezählt werden.

Entenfamilien

 Bauen wir nun den Simulator so um, dass er unsere Fabrik verwendet.

Wissen Sie noch, wie das Abstract Factory-Muster funktioniert? Wir erzeugen eine polymorphe Methode, der eine Fabrik übergeben wird, mit der sie dann Objekte erzeugt. Indem wir unterschiedliche Fabriken übergeben, kann die Methode mit unterschiedlichen Produktfamilien arbeiten.

Wir ändern die Methode simulate() so ab, dass sie als Argument eine Fabrik erhält und die Enten damit erzeugt.

```java
public class EntenSimulator {
  public static void main(String[] args) {
    EntenSimulator simulator = new EntenSimulator();
    AbstrakteEntenFabrik entenFabrik = new ZählendeEntenFabrik();

    simulator.simulieren(entenFabrik);
  }

  void simulieren(AbstrakteEntenFabrik entenFabrik) {
    Quakfähig stockEnte = entenFabrik.erzeugeStockEnte();
    Quakfähig moorEnte = entenFabrik.erzeugeMoorEnte();
    Quakfähig lockPfeife = entenFabrik.erzeugeLockPfeife();
    Quakfähig gummiEnte = entenFabrik.erzeugeGummiEnte();
    Quakfähig gansEnte = new GansAdapter(new Gans());

    System.out.println("\nEntensimulator: mit abstrakter Fabrik");

    simulieren(stockEnte);
    simulieren(moorEnte);
    simulieren(lockPfeife);
    simulieren(gummiEnte);
    simulieren(gansEnte);

    System.out.println("Die Enten haben " +
                       QuakZähler.getQuaks() +
                       "-mal gequakt.");
  }

  void simulieren(Quakfähig ente) {
    ente.quaken();
  }
}
```

Als Erstes erzeugen wir die Fabrik, die wir dann an die Methode simulieren() übergeben.

Die Methode simulieren() erhält eine AbstrakteEntenFabrik und erzeugt Enten fabrikmäßig, anstatt sie direkt zu instantiieren.

Hier ändert sich nichts. Immer noch derselbe alte Code.

Zusammengesetzte *Muster*

Dies ist die Ausgabe, die wir bei der Verwendung der Fabrik erhalten ...

Genauso wie letztes Mal, aber dieses Mal können wir ganz sicher sein, dass alle Enten dekoriert sind, weil wir die ZählendeEnten-Fabrik verwenden.

```
Datei Bearbeiten Ansicht Hilfe EierFabrik
% java EntenSimulator
EntenSimulator: mit abstrakter Fabrik
Quak
Quak
Kwaak
Quietsch
Schnatter
Die Enten haben 4-mal gequakt.
%
```

Spitzen Sie Ihren Bleistift

Gänse instantiieren wir noch immer direkt auf der Basis von konkreten Klassen. Können Sie eine abstrakte Fabrik für Gänse schreiben? Wie sollte diese Fabrik »Gansenten« erzeugen?

Sie sind hier ▸ **517**

Entenschar

> Es wird allmählich ein bisschen schwierig, sich um all diese verschiedenen Enten einzeln zu kümmern. Wissen Sie vielleicht eine Möglichkeit, wie wir uns um die Enten als Ganzes kümmern könnten und vielleicht sogar zusätzlich um ein paar »Entenfamilien«, die wir extra im Auge behalten möchten?

Ah – er möchte sich um eine ganze Entenschar kümmern!

Hier eine weitere gute Frage von Ranger Brewer: Warum kümmern wir uns um jede Ente einzeln?

```
Quakfähig stockEnte = entenFabrik.erzeugeStockEnte();
Quakfähig moorEnte = entenFabrik.erzeugeMoorEnte();
Quakfähig lockPfeife = entenFabrik.erzeugeLockPfeife();
Quakfähig gummiEnte = entenFabrik.erzeugeGummiEnte();
Quakfähig gansEnte = new GansAdapter(new Gans());

simulieren(stockEnte);
simulieren(moorEnte);
simulieren(lockPfeife);
simulieren(gummiEnte);
simulieren(gansEnte);
```

Das erleichtert die Betreuung nicht gerade!

Was wir brauchen, ist eine Möglichkeit, mit Collections von Enten zu arbeiten, am besten sogar mit Teil-Collections von Enten (damit wir die Anfrage von Ranger Brewer hinsichtlich der Betreuung einzelner Familien erfüllen können). Und es wäre schön, wenn wir Operationen über die Gesamtmenge der Enten ausführen könnten.

Welches Muster kann uns dabei helfen?

Zusammengesetzte **Muster**

(12) Lassen Sie uns eine Entenschar erzeugen (na ja, eigentlich eine Schar Quakfähiger).

Erinnern Sie sich an das Composite-Muster, das es uns erlaubt, eine Gruppe von Objekten genau so zu behandeln wie einzelne Objekte? Und was wäre ein besseres Kompositum als eine Schar von Quakfähigen?

Sehen wir uns an, wie es funktioniert:

Erinnern Sie sich – das Kompositum muss das gleiche Interface implementieren wie die Blatt-Elemente. Die Blatt-Elemente sind bei uns Quakfähige.

Innerhalb jeder Schar verwenden wir eine ArrayList für die Quakenden (d.h. die Quaker); sie enthält alle Quakfähigen, die zur Schar gehören.

```java
public class Schar implements Quakfähig {
  ArrayList<Quakfähig> quakende = new ArrayList<Quakfähig>();

  public void hinzufügen(Quakfähig quaker) {
    quakende.add(quaker);
  }

  public void quaken() {
    Iterator<Quakfähig> iterator = quakende.iterator();
    while (iterator.hasNext()) {
      Quakfähig quaker = iterator.next();
      quaker.quaken();
    }
  }
}
```

Die Methode hinzufügen() fügt ein Quakfähig-Objekt zur Schar hinzu.

Jetzt zur Methode quaken(), denn auch die Schar ist ja quakfähig. Die Methode quaken() in der Klasse Schar muss über die gesamte Schar funktionieren. Hier iterieren wir über die ArrayList und rufen quaken() auf jedem Element auf.

🔍 Code unter der Lupe

Haben Sie gemerkt, dass wir Ihnen ein Muster unterschieben wollten, ohne es zu erwähnen?

```java
public void quaken() {
  Iterator<Quakfähig> iterator = quakende.iterator();
  while (iterator.hasNext()) {
    Quakfähig quaker = iterator.next();
    quaker.quaken();
  }
}
```

Da ist es! Das Iterator-Muster bei der Arbeit!

Enten-Kompositum

(13) Jetzt müssen wir noch den Simulator ändern.

Unser Kompositum ist fertig; jetzt fehlt nur noch der Code, der unsere Enten in die Kompositum-Struktur hineintreibt.

```
public class EntenSimulator {
  // hier die main-Methode

  void simulieren(AbstrakteEntenFabrik entenFabrik) {
    Quakfähig moorEnte = entenFabrik.erzeugeMoorEnte();
    Quakfähig lockPfeife = entenFabrik.erzeugeLockPfeife();
    Quakfähig gummiEnte = entenFabrik.erzeugeGummiEnte();
    Quakfähig gansEnte = new GansAdapter(new Gans());
    System.out.println("\nEntensimulator: mit Composite in Scharen");

    Schar entenSchar = new Schar();

    entenSchar.hinzufügen(moorEnte);
    entenSchar.hinzufügen(lockPfeife);
    entenSchar.hinzufügen(gummiEnte);
    entenSchar.hinzufügen(gansEnte);

    Schar stockEntenSchar = new Schar();

    Quakfähig stockEnte1 = entenFabrik.erzeugeStockEnte();
    Quakfähig stockEnte2 = entenFabrik.erzeugeStockEnte();
    Quakfähig stockEnte3 = entenFabrik.erzeugeStockEnte();
    Quakfähig stockEnte4 = entenFabrik.erzeugeStockEnte();

    stockEntenSchar.hinzufügen(stockEnte1);
    stockEntenSchar.hinzufügen(stockEnte2);
    stockEntenSchar.hinzufügen(stockEnte3);
    stockEntenSchar.hinzufügen(stockEnte4);

    entenSchar.hinzufügen(stockEntenSchar);

    System.out.println("\nEntensimulator: Simulation der gesamten Entenschar");
    simulieren(entenSchar);

    System.out.println("\nEntensimulator: Simulation der Stockentenschar");
    simulieren(stockEntenSchar);

    System.out.println("\nDie Enten haben " +
                        QuakZähler.getQuaks() +
                        "-mal gequakt.");
  }

  void simulieren(Quakfähig ente) {
     ente.quaken();
  }
}
```

Erzeugt all die Quakfähigen, genau wie vorher.

Zuerst erzeugen wir eine Schar und nehmen ein paar Quakfähige darin auf.

Anschließend erzeugen wir eine neue Schar von Stockenten.

Hier erzeugen wir eine kleine Stockenten-Familie ...

... und nehmen sie in die Stockentenschar auf.

Dann nehmen wir die Stockentenschar in die Hauptentenschar auf.

Jetzt testen wir die gesamte Schar!

Dann testen wir nur die Stockentenschar.

Und schließlich bekommen die Quakologen die Daten.

Hier muss sich nichts ändern – auch eine Schar ist quakfähig!

Zusammengesetzte Muster

Und ab geht die Post ...

```
Datei Bearbeiten Ansicht Hilfe AlleMeineEntchen
% java EntenSimulator
Entensimulator: mit Composite in Scharen
Entensimulator: Simulation der gesamten Entenschar
Quak
Kwaak           Hier die erste Schar.
Quietsch
Schnatter
Quak
Quak
Quak
Quak

Entensimulator: Simulation der Stockentenschar
Quak         Und jetzt die Stockenten.
Quak
Quak                 Die Daten scheinen
Quak                 in Ordnung zu sein
                     (denken Sie daran,
                     Gänse werden nicht
Die Enten haben 11-mal gequakt.    mitgezählt).
```

Sicherheit versus Transparenz

Im Kapitel über das Composite-Pattern enthielten die Komposita (die Speisekarten) und die Blattknoten (die Speisen) exakt den gleichen Satz von Methoden. So konnten wir Methoden auf Speisen aufrufen, die eigentlich keinen Sinn ergaben (wie z.B. durch den Aufruf von hinzu-fügen() etwas zu einer Speise hinzufügen zu wollen). Dies hatte den Vorteil, dass der Unterschied zwischen Blättern und Komposita *transparent* war: Der Client musste nicht wissen, ob er es mit einem Blatt oder einem Kompositum zu tun hatte, er hat einfach auf beiden die gleichen Methoden aufgerufen.

Im Fall des Entensimulators haben wir uns entschieden, die Methoden, mit denen die Komposita Kindknoten verwalten, aus den Blattknoten herauszuhalten; deshalb besitzen nur Scharen die Methode hinzufügen(). Wir wissen, es ergibt keinen Sinn, zu einer Ente etwas hinzufügen zu wollen – und in unserer Implementierung können Sie es gar nicht. Sie können nur zu einer Schar etwas hinzufügen. Dieses Design ist daher sicherer – Sie können keine Methoden aufrufen, die für die Komponente sinnlos sind –, aber dafür ist es weniger transparent. Der Client muss wissen, ob ein Quakfähig-Objekt eine Schar ist, wenn er Quakfähige hinzufügen will.

Wie immer beim OO-Design müssen Sie auch hier Vor- und Nachteile gegeneinander abwägen; das werden Sie auch in Ihren eigenen Composite-Entwürfen tun müssen.

Enten-Beobachter

> Das Composite-Design funktioniert ganz prima! Vielen Dank! Jetzt brauchen wir aber noch das Gegenteil: Wir müssen auch einzelnen Enten und ihrem Gequake in Echtzeit auf der Spur bleiben können. Haben Sie da nicht vielleicht eine Lösung für uns?

Schon mal was von »Observer« gehört?

Das klingt so, als wollte der Quakologe das Verhalten einzelner Enten beobachten, also die Enten »observieren«, z.B. mit einem kleinen Sender, der der Ente durch Beringen verpasst wurde und dem Beobachter Bescheid gibt, wenn die Ente quakt. Damit wären wir doch direkt bei einem Muster, das speziell dafür da ist, das Verhalten von Objekten zu beobachten: beim Observer-Muster.

(14) **Als Erstes brauchen wir ein Interface für den Gegenstand der Beobachtung.**

Erinnern Sie sich: Im Kapitel über das Observer-Pattern implementierte das beobachtete Objekt das Interface Observable aus dem Paket java.util. Für den Entensimulator wollen wir selbst ein entsprechendes Interface schreiben, das wir QuakBeobachtungsSubjekt nennen. Es braucht Methoden für die Registrierung und die Benachrichtigung von Beobachtern. Wir könnten auch noch eine Methode hinzufügen, um Beobachter wieder abzumelden, aber wir wollen die Implementierung möglichst einfach halten und lassen sie deshalb weg.

QuakBeobachtungsSubjekt ist das Interface, das Quakfähige implementieren sollten, wenn sie beobachtet werden wollen.

```
public interface QuakBeobachtungsSubjekt {
    public void registriereBeobachter(Beobachter beobachter);
    public void benachrichtigeBeobachtende();
}
```

Es hat auch eine Methode für die Benachrichtigung der Beobachter.

Es hat eine Methode für die Registrierung von Beobachtern. Jedes Objekt, das das Beobachter-Interface implementiert, kann auf das Quaken lauschen. Das Interface Beobachter definieren wir gleich noch.

Jetzt müssen wir dafür sorgen, dass alle Quakfähigen dieses Interface implementieren.

```
public interface Quakfähig extends QuakBeobachtungsSubjekt {
    public void quaken();
}
```

Das Interface Quakfähig erweitert unser QuakBeobachtungsSubjekt.

Zusammengesetzte Muster

> Sieh mich nicht dauernd an, du machst mich ganz nervös!

⑮ **Jetzt müssen wir dafür sorgen, dass alle konkreten Klassen, die Quakfähig implementieren, auch damit umgehen können, dass sie ein QuakBeobachtungsSubjekt sind.**

Zu diesem Zweck könnten wir in jeder einzelnen Klasse die Registrierung und die Benachrichtigung implementieren (wie wir es in Kapitel 2 gemacht haben). Aber dieses Mal wollen wir etwas anders vorgehen: Wir kapseln den Code für die Registrierung und die Benachrichtigung in einer anderen Klasse, die wir SenderRing nennen, und fügen sie mit einem QuakBeobachtungsSubjekt zusammen. So schreiben wir den eigentlichen Code nur ein einziges Mal, und das QuakBeobachtungsSubjekt braucht nur gerade so viel Code, dass es an die Helferklasse SenderRing delegieren kann.

Beginnen wir mit der Helferklasse SenderRing.

QuakBeobachtungsSubjekt

SenderRing implementiert die gesamte Funktionalität, die ein quakfähiges Objekt braucht, um beobachtbar zu sein. Wir müssen ihn einfach nur in eine Klasse einstöpseln und diese Klasse dann an den SenderRing delegieren lassen.

SenderRing muss QuakBeobachtungsSubjekt implementieren, weil er dessen Methoden braucht. Denn dies sind genau die Methoden, deren Aufrufe an den SenderRing delegiert werden.

```java
public class SenderRing implements QuakBeobachtungsSubjekt {
  ArrayList<Beobachter> beobachtende = new ArrayList<Beobachter>();
  QuakBeobachtungsSubjekt ente;

  public SenderRing(QuakBeobachtungsSubjekt ente) {
    this.ente = ente;
  }

  public void registriereBeobachter(Beobachter beobachter) {
    beobachtende.add(beobachter);
  }

  public void benachrichtigeBeobachtende() {
    Iterator iterator = beobachtende.iterator();
    while (iterator.hasNext()) {
      Beobachter beobachter = iterator.next();
      beobachter.aktualisieren(ente);
    }
  }
}
```

Das dem Konstruktor übergebene QuakBeobachtungsSubjekt verwendet das hier erzeugte Objekt (»this«), um sein Verhalten als Gegenstand der Beobachtung zu steuern. Sehen Sie sich einmal die weiter unten stehende Benachrichtigungsmethode an: Bei einer Benachrichtigung übergibt SenderRing dieses QuakBeobachtungsSubjekt, sodass der Beobachter genau weiß, welches Objekt da gerade quakt.

Hier ist der Code für die Registrierung eines Beobachters.

Und der Code für die Benachrichtigungen.

Jetzt wollen wir sehen, wie eine Quakfähig-Klasse diese Helferklasse verwendet ...

Auch QuakZähler-Decorator können beobachtet werden

(16) Integration der SenderRing-Helferklasse in die Quakfähig-Klassen.

Das sollte nicht allzu schwierig sein. Wir müssen nur dafür sorgen, dass die quakfähigen Klassen mit einem SenderRing zusammengesetzt sind und dass sie wissen, wie sie an den SenderRing delegieren – und schon sind sie für ein Dasein als QuakBeobachtungsSubjekt bereit. Hier die Implementierung für die StockEnte (bei den anderen Enten geht es analog):

```java
public class StockEnte implements Quakfähig {
   SenderRing senderRing;

   public StockEnte() {
      senderRing = new SenderRing (this);
   }

   public void quaken() {
      System.out.println("Quak");
      benachrichtigeBeobachtende();
   }

   public void registriereBeobachter(Beobachter beobachter) {
      senderRing.registriereBeobachter(beobachter);
   }

   public void benachrichtigeBeobachtende() {
      senderRing.benachrichtigeBeobachtende();
   }
}
```

Jedes quakfähige Objekt hat eine SenderRing-Instanzvariable.

Im Konstruktor erzeugen wir einen SenderRing und übergeben ihm eine Referenz auf das Stockente-Objekt.

Wenn wir quaken, müssen wir die Beobachter das wissen lassen.

Hier sind unsere beiden QuakBeobachtungs-Subjekt-Methoden. Wie Sie sehen, delegieren wir einfach an die Helferklasse.

Spitzen Sie Ihren Bleistift

Bei einer der quakfähigen Klassen – dem QuakZähler-Decorator – haben wir die Implementierung noch nicht angepasst. Auch er muss ein QuakBeobachtungsSubjekt werden. Schreiben Sie diese Implementierung doch einfach selbst:

Zusammengesetzte *Muster*

(17) Wir haben es fast geschafft! Nur an der Beobachterseite müssen wir noch etwas tun.

Wir haben alles implementiert, was wir für die QuakBeobachtungs-Subjekte benötigen; jetzt brauchen wir noch ein paar Beobachter. Erst mal das Beobachter-Interface:

Das Interface Beobachter hat nur eine einzige Methode, nämlich aktualisieren(), der das gerade quakende QuakBeobachtungsSubjekt übergeben wird.

```
public interface Beobachter {
   public void aktualisieren(QuakBeobachtungsSubjekt ente);
}
```

Jetzt brauchen wir einen Beobachter – wo stecken denn unsere Quakologen?!

Wir müssen das Interface Beobachter implementieren, sonst können wir uns nicht bei einem QuakBeobachtungsSubjekt registrieren.

```
public class Quakologe implements Beobachter {

   public void aktualisieren(QuakBeobachtungsSubjekt ente) {
      System.out.println("Quakologe: " + ente + " hat gerade gequakt.");
   }
}
```

Der Quakologe ist einfach; er hat nur eine einzige Methode, nämlich aktualisieren(), die ausgibt, welches quakfähige Objekt gerade gequakt hat.

Auch Schar-Komposita können beobachtet werden

Spitzen Sie Ihren Bleistift

Was ist, wenn ein Quakologe eine ganze Schar beobachten will? Was bedeutet das überhaupt? Sie müssen sich das so vorstellen: Wenn wir ein Kompositum beobachten, beobachten wir alles *in* diesem Kompositum. Wenn Sie sich also bei einer Schar registrieren, sorgt das Schar-Kompositum dafür, dass Sie bei all seinen Kindern (Entschuldigung, bei all seinen kleinen Quakern) registriert werden, unter denen wiederum weitere Entenscharen sein können.

Schreiben Sie den Code für den Schar-Beobachter, bevor wir weitermachen ...

Jetzt sind wir bereit zum Beobachten. Schnell noch ein Update des Simulators:

```java
public class EntenSimulator {
  public static void main(String[] args) {
    EntenSimulator simulator = new EntenSimulator();
    AbstrakteEntenFabrik entenFabrik = new ZählendeEntenFabrik();

    simulator.simulieren(entenFabrik);
  }

  void simulieren(AbstrakteEntenFabrik entenFabrik) {

    // hier Entenfabriken und Enten erzeugen

    // hier Entenscharen erzeugen

    System.out.println("\nEntensimulator: mit Observer");
    Quakologe quakologe = new Quakologe();
    entenSchar.registriereBeobachter(quakologe);

    simulieren(entenSchar);

    System.out.println("\nDie Enten haben " +
                  QuakZähler.getQuaks() +
                  "-mal gequakt.");
  }

  void simulieren(Quakfähig ente) {
    ente.quaken();
  }
}
```

Hier erzeugen wir einen Quakologen und machen ihn zu einem Beobachter der Schar.

Dieses Mal simulieren wir einfach die gesamte Schar.

Nun lassen Sie uns mal ausprobieren, wie es funktioniert!

Entenfinale

Jetzt kommt das große Finale. Fünf, nein sechs Muster haben sich zusammengetan und diesen fantastischen Entensimulator geschaffen. Und hier kommt er!

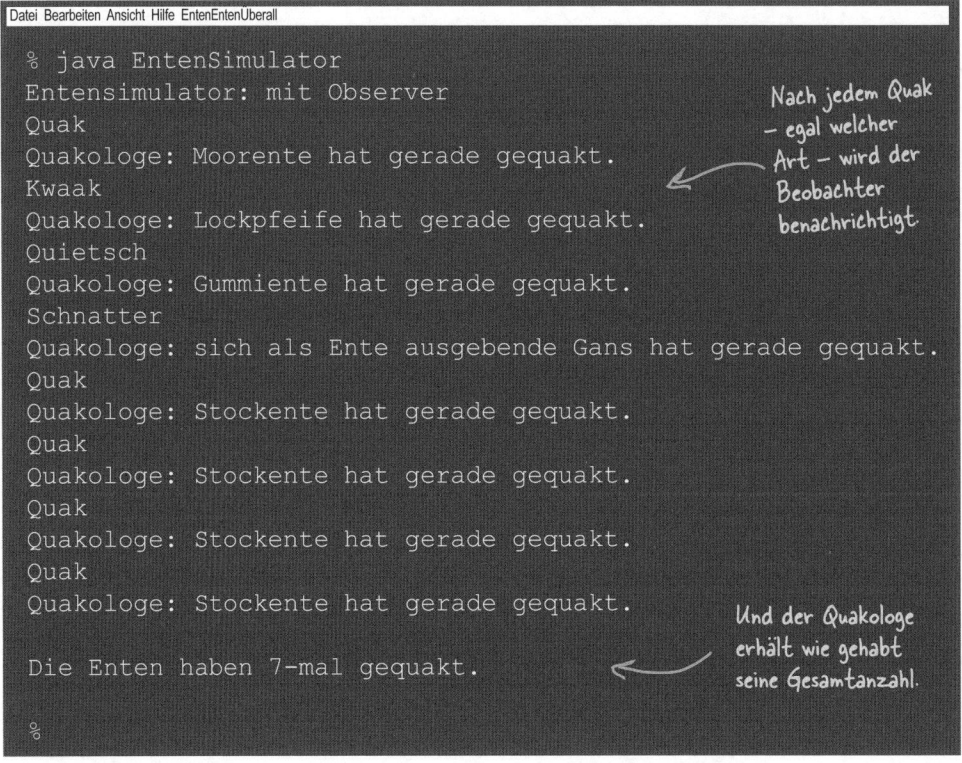

Es gibt keine Dummen Fragen

F: Dies war also ein zusammengesetztes Muster?

A: Nein, das war einfach eine Gruppe von Mustern, die zusammengewirkt haben. Ein zusammengesetztes Muster ist eine Gruppe aus mehreren Mustern, die kombiniert werden, um ein allgemeines Problem zu lösen. Wir werden gleich einen Blick auf das zusammengesetzte Model-View-Controller-Muster werfen; das ist eine Kombination aus mehreren Mustern, die schon für sehr viele Design-Lösungen eingesetzt worden ist.

F: Der eigentliche Reiz von Entwurfsmustern besteht also darin, dass ich bei einem Problem so lange Muster darauf anwenden kann, bis ich eine brauchbare Lösung habe – richtig?

A: Falsch. Wir wollten Ihnen mit dieser Entenübung zeigen, wie Muster zusammenarbeiten *können*. In der Praxis sollten Sie ein Design niemals in dieser Weise in Angriff nehmen. Im Entensimulator haben wir mit der Anwendung dieser Muster teilweise wirklich mit Kanonen auf Spatzen geschossen. Manchmal kann man ein Problem schon gut genug lösen, indem man einfach nur Prinzipien für gutes OO-Design anwendet.

Wir gehen darauf im nächsten Kapitel noch genauer ein, aber so viel sei schon hier gesagt: Wenden Sie Muster nur da an, wo es sinnvoll ist – niemals um ihrer selbst willen. Das Design des Entensimulators ist als etwas Erzwungenes und Künstliches anzusehen. Aber es hat uns Spaß gemacht, oder? Und es war ein gutes Beispiel dafür, wie man verschiedene Muster in eine Softwarelösung einbinden kann.

Was wir gemacht haben ...

Angefangen haben wir mit einem Haufen von Quakfähigen ...

Dann kam eine Gans vorbei und wollte sich auch quakfähig verhalten. Also haben wir das *Adapter-Muster* verwendet und diese Gans damit so angepasst, dass sie auch quakfähig war. Jetzt können Sie quaken() auf einer Gans aufrufen, die in den Adapter eingepackt ist – und sie schnattert!

Dann beschlossen die Quakologen, die Quaks zählen zu wollen. Also haben wir das *Decorator-Muster* verwendet und einen QuakZähler-Decorator hinzugefügt. Der zählt mit, wie oft quaken() aufgerufen wird, und delegiert das Quaken dann an das eingepackte quakfähige Objekt.

Aber die Quakologen machten sich Sorgen, dass sie vergessen würden, den QuakZähler-Decorator hinzuzufügen. Also haben wir das *Abstract Factory-Muster* verwendet, um die Enten zu erzeugen. Wenn die Quakologen jetzt eine Ente haben möchten, beauftragen sie die Fabrik und erhalten von ihr eine dekorierte Ente. (Und nicht zu vergessen - wenn sie einmal eine undekorierte Ente wollen, können sie auch eine andere Entenfabrik nehmen!)

Es war schwierig, all diese Enten und Gänse und Quakfähigen zu verwalten und ihnen auf der Spur zu bleiben. Also haben wir das *Composite-Muster* verwendet und damit Quakfähige zu Scharen zusammengefasst. Mit diesem Muster konnten die Quakologen auch Unterscharen bilden, um Entenfamilien zu verwalten. In unserer Implementierung haben wir außerdem das *Iterator-Muster* benutzt, als wir den Iterator aus java.util auf eine ArrayList angewendet haben.

Die Quakologen wollten außerdem jedes Mal benachrichtigt werden, wenn ein Quakfähiger quakt. Also haben wir das *Observer-Muster* verwendet, sodass sich die Quakologen als Beobachter von Quakfähigen registrieren konnten. Jetzt werden sie jedes Mal benachrichtigt, wenn ein Quakfähiger quakt. Hier haben wir ebenfalls den Iterator verwendet; so können die Quakologen das Observer-Muster sogar für ihre Komposita benutzen.

> Diese Entwurfsmuster-Übung war ein ganz schöner Brocken. Sehen Sie sich noch das Klassendiagramm auf der nächsten Seite an und gönnen Sie sich dann eine Erholungspause, bevor Sie mit dem Model-View-Controller weitermachen.

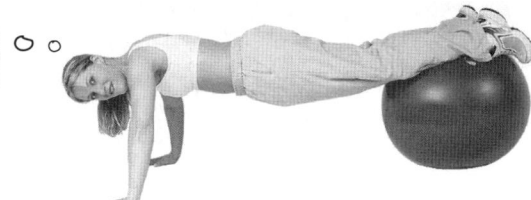

Aus der Entenperspektive

Aus der ~~Vogel~~Entenperspektive: das Klassendiagramm

Da haben wir ja eine Menge Muster in einen einzigen kleinen Entensimulator gepackt! Hier noch mal im Überblick:

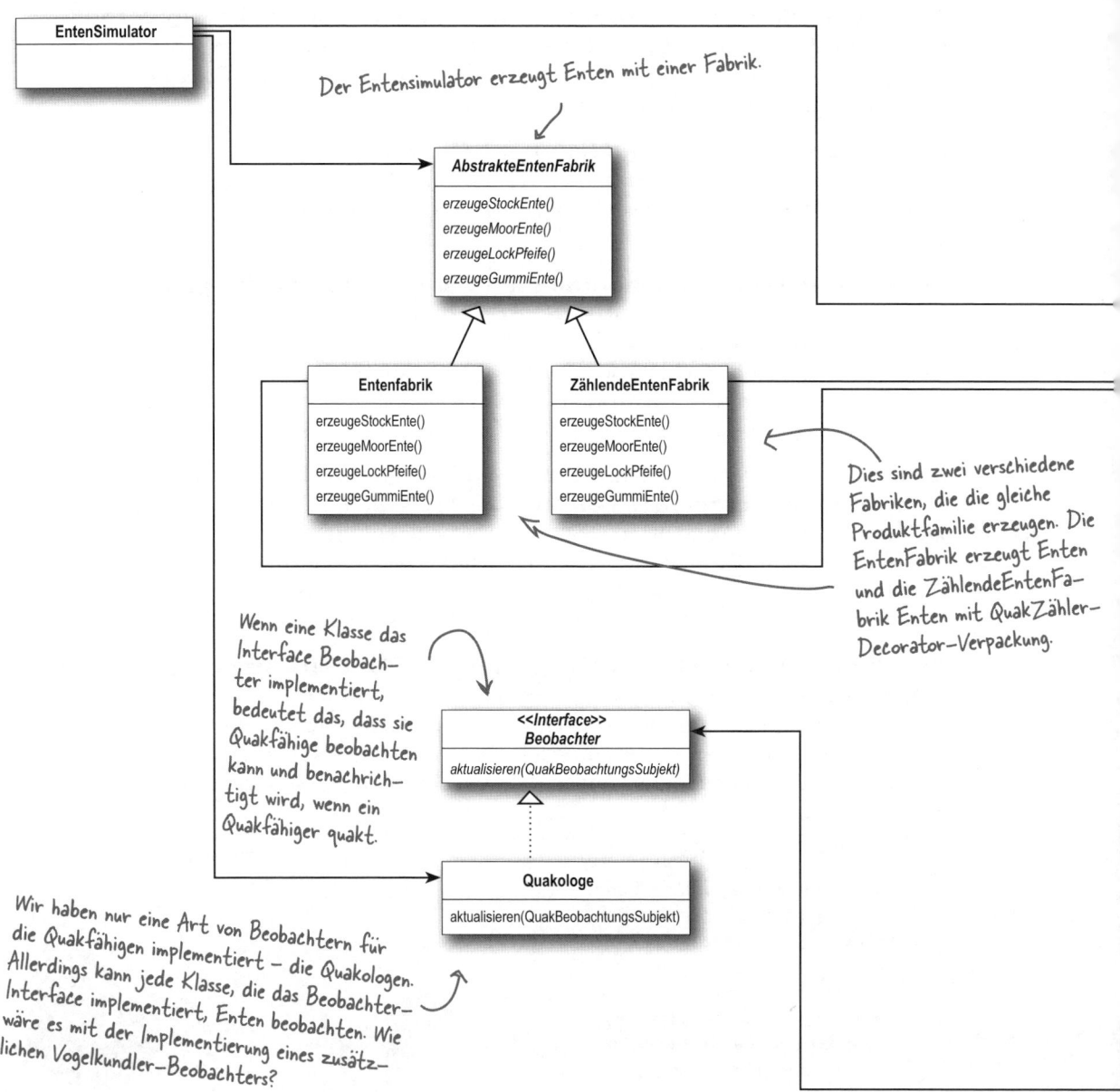

Zusammengesetzte Muster

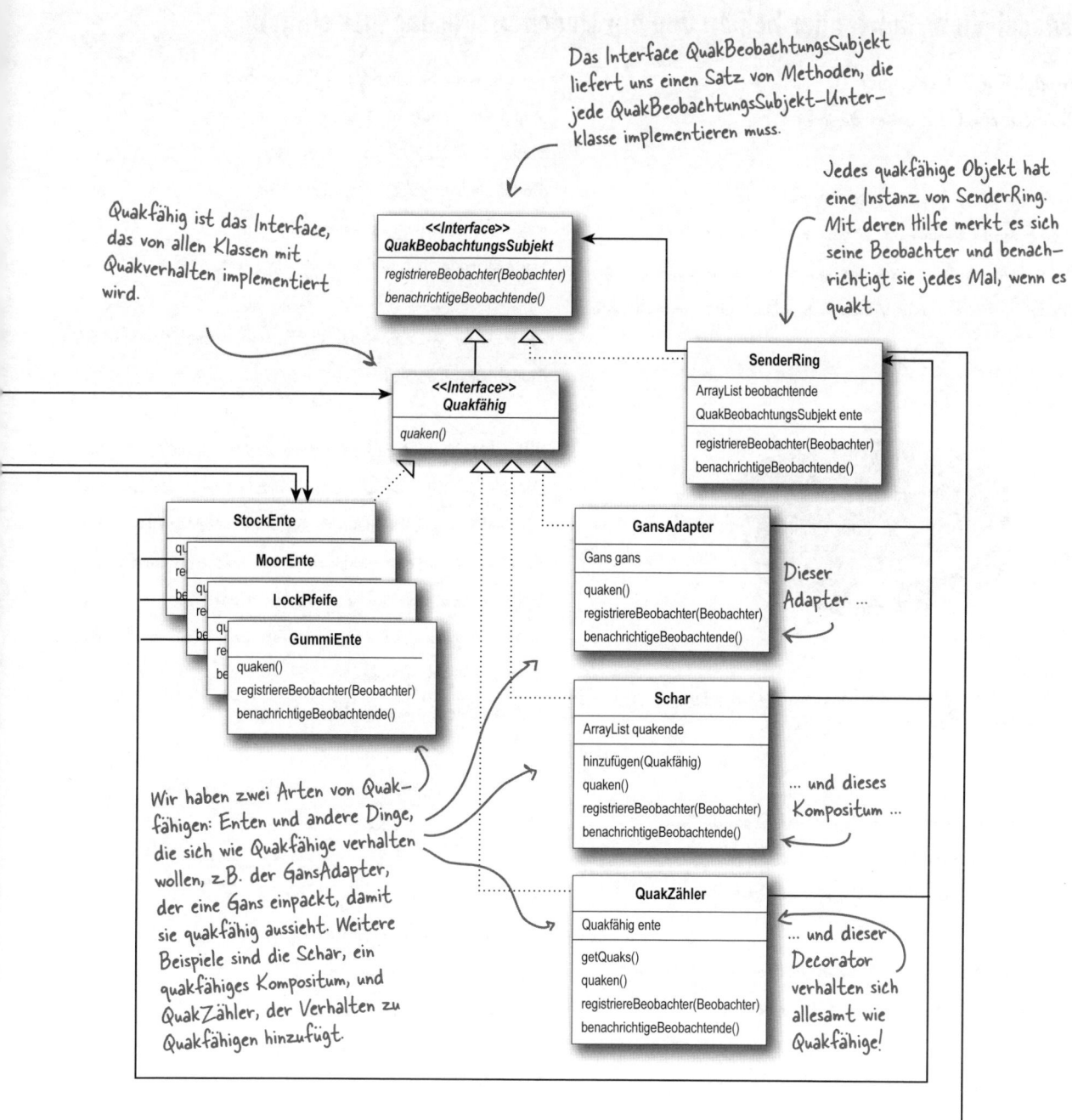

Der Model-View-Controller-Song

Der König der zusammengesetzten Muster
Wenn Elvis ein zusammengesetztes Muster wäre, würde er Model-View-Controller heißen und ein Liedchen wie das hier singen ...

Model, View, Controller
Text und Musik von James Dempsey

MVC's a paradigm for factoring your code
into functional segments, so your brain does not explode.
To achieve reusability, you gotta keep those boundaries clean
Model on the one side, View on the other, the Controller's in between.

View
Cremiger Controller
Model

Der berühmte Oreo, ein Schokoladen-Doppelkeks mit einer süßen Cremefüllung. Hmmm, lecker!

Model View, it's got three layers like Oreos do
Model View Controller
Model View, Model View, Model View Controller

Model objects represent your applications raison d'être
Custom objects that contain data, logic, and et cetera
You create custom classes, in your app's problem domain
you can choose to reuse them with all the views
but the model objects stay the same.

You can model a throttle and a manifold
Model the toddle of a two year old
Model a bottle of fine Chardonnay
Model all the glottal stops people say
Model the coddling of boiling eggs
You can model the waddle in Hexley's legs

Model View, you can model all the models that pose for GQ
Model View Controller

Java auch!

View objects tend to be controls used to display and edit
Cocoa's got a lot of those, well written to its credit.
Take an NSTextView, hand it any old Unicode string
The user can interact with it, it can hold most anything
But the view don't know about the Model
That string could be a phone number or the works of Aristotle
Keep the coupling loose
and so achieve a massive level of reuse

Model View, all rendered very nicely in Aqua blue
Model View Controller

You're probably wondering now
You're probably wondering how
Data flows between Model and View
The Controller has to mediate
Between each layer's changing state
To synchronize the data of the two
It pulls and pushes every changed value

Zusammengesetzte Muster

Model View, mad props to the smalltalk crew!
Model View Controller

Model View, it's pronounced Oh Oh not Ooo Ooo
Model View Controller

There's a little left to this story
A few more miles upon this road
Nobody seems to get much glory
From writing the controller code

Well the model's mission critical
And gorgeous is the view
I might be lazy, but sometimes it's just crazy
How much code I write is just glue
And it wouldn't be so tragic
But the code ain't doing magic
It's just moving values through

And I don't mean to be vicious
But it gets repititious
Doing all the things controllers do

And I wish I had a dime
For every single time
I sent a TextField StringValue.

Model View
How we gonna deep six all that glue
Model View Controller

Controllers know the Model and View very intimately
They often use hardcoding which can be foreboding for reusability
But now you can connect each model key that you select to any view property

And once you start binding
I think you'll be finding less code in your source tree

Yeah I know I was elated by the stuff they've automated
and the things you get for free

And I think it bears repeating
all the code you won't be needing
when you hook it up in ~~JB~~   — Wir nehmen Swing.

Model View, even handles multiple selections too
Model View Controller

Model View, bet I ship my application before you
Model View Controller

HIER GIBTS WAS AUF DIE OHREN

Belassen Sie es nicht beim Lesen! Schließlich heißt das Buch »Von Kopf bis Fuß«! Schnappen Sie sich Ihr Handy und gehen Sie auf die Seite http://www.wickedlysmart.com/headfirstdesignpatterns/media.html.

Und nun zurücklehnen und zuhören!

MVC ist aus Mustern zusammengesetzt

> Netter Song, aber soll ich daraus wirklich lernen, was ein Model-View-Controller ist? Ich habe schon früher versucht, MVC zu lernen, und Kopfschmerzen davon gekriegt.

Nein. Der Zugang zum MVC erschließt sich Ihnen über Entwurfsmuster.

Wir wollten Ihnen nur ein bisschen Appetit machen. Hören Sie sich den Song doch noch einmal an, wenn Sie dieses Kapitel zu Ende gelesen haben – dann haben Sie bestimmt noch mehr Spaß daran!

Sie klingen so, als hätten Sie sich an MVC schon die Zähne ausgebissen. Aber so geht es den meisten von uns. Wahrscheinlich haben Ihnen andere Entwickler erzählt, MVC hätte ihr Leben verändert und könnte uns möglicherweise den Weltfrieden bringen. Nun, es *ist* ein leistungsfähiges zusammengesetztes Muster, so viel steht fest. Und wenn wir auch nicht gerade behaupten können, dass es der Welt Frieden beschert, erspart es Ihnen doch sehr viel Code-Schreiberei, wenn Sie es erst einmal kennen.

Nur – dazu müssen Sie es ja erst mal lernen, oder? Aber dieses Mal wird es viel einfacher, denn *Sie verstehen ja jetzt etwas von Mustern!*

Es stimmt wirklich, Muster sind der Schlüssel zum MVC. MVC ohne Musterkenntnisse zu lernen heißt nämlich, das Pferd von hinten aufzuzäumen – und das schaffen nur wenige Entwickler. Dies ist das Geheimnis: *MVC ist nichts weiter als ein paar zusammengefügte Muster.* Wenn Sie MVC zu lernen versuchen, indem Sie sich die Muster ansehen, beginnt plötzlich alles einen Sinn zu ergeben.

Fangen wir gleich an. Dieses Mal entkommt MVC Ihnen nicht!

Zusammengesetzte *Muster*

Wir stellen vor: Model-View-Controller

Stellen Sie sich vor, Sie benutzen Ihren Lieblings-MP3-Player, z.B. iTunes. Über seine Benutzeroberfläche können Sie neue Songs hinzufügen, Playlists verwalten und Titel umbenennen. Das Programm enthält eine kleine Datenbank, in der es all Ihre Songs und die dazugehörigen Namen und Informationen speichert. Es sorgt auch für das Abspielen der Stücke, und dabei wird die Benutzeroberfläche laufend mit dem jeweiligen Songtitel, der Spieldauer usw. aktualisiert.

Und hinter all dem steckt doch tatsächlich der Model-View-Controller ...

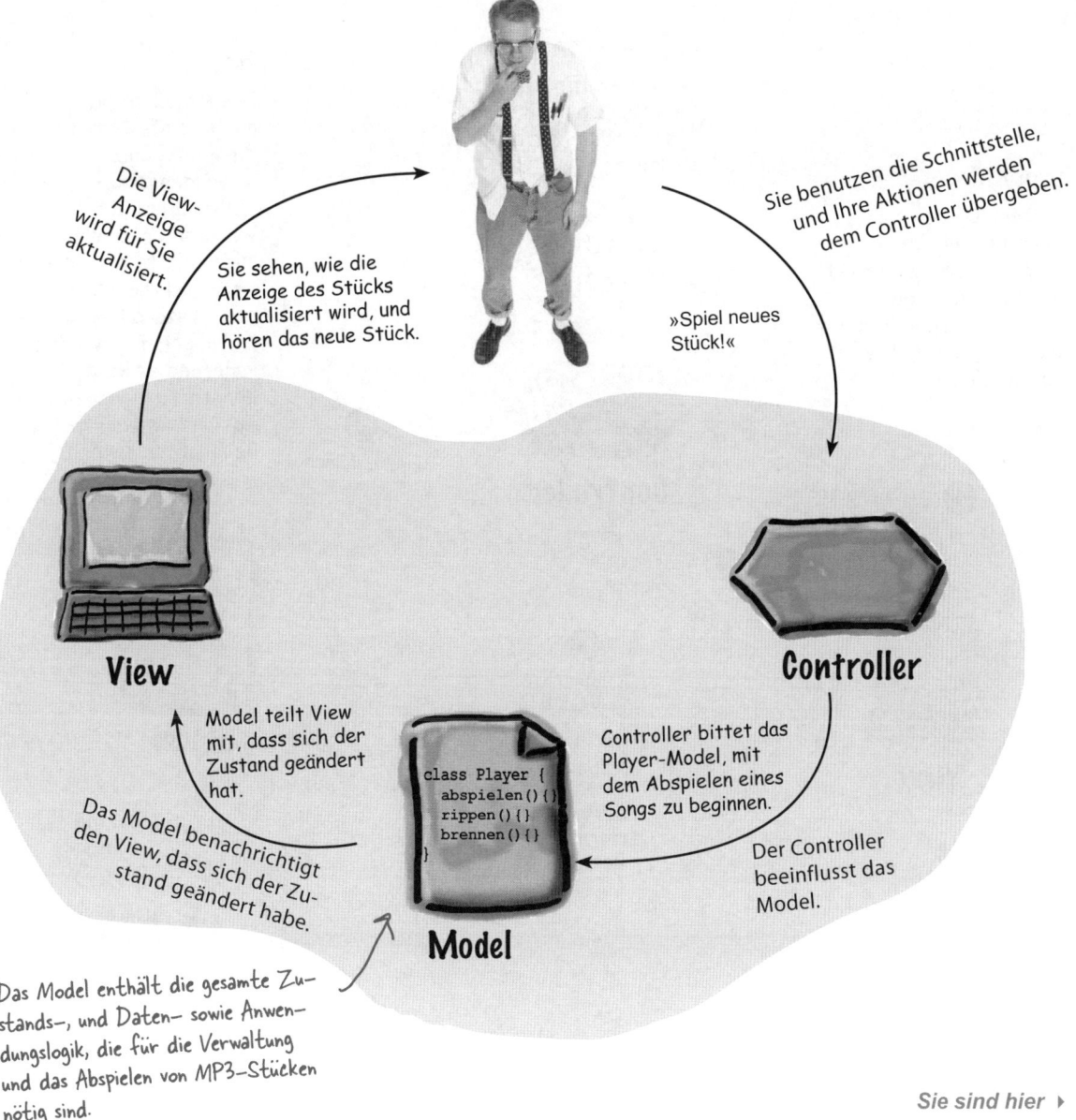

Sie sind hier ▸ **535**

Genauer hingesehen ...

Die Beschreibung des MP3-Players gibt einen groben Überblick über MVC. Aber wie dieses zusammengesetzte Muster funktioniert, wie man selbst eins erstellt und warum das so was Tolles ist – das geht daraus nicht hervor. Nehmen wir deshalb erst einmal die Beziehungen zwischen Model, View und Controller genauer unter die Lupe. Und danach sehen wir es uns auch noch aus der Entwurfsmuster-Perspektive an.

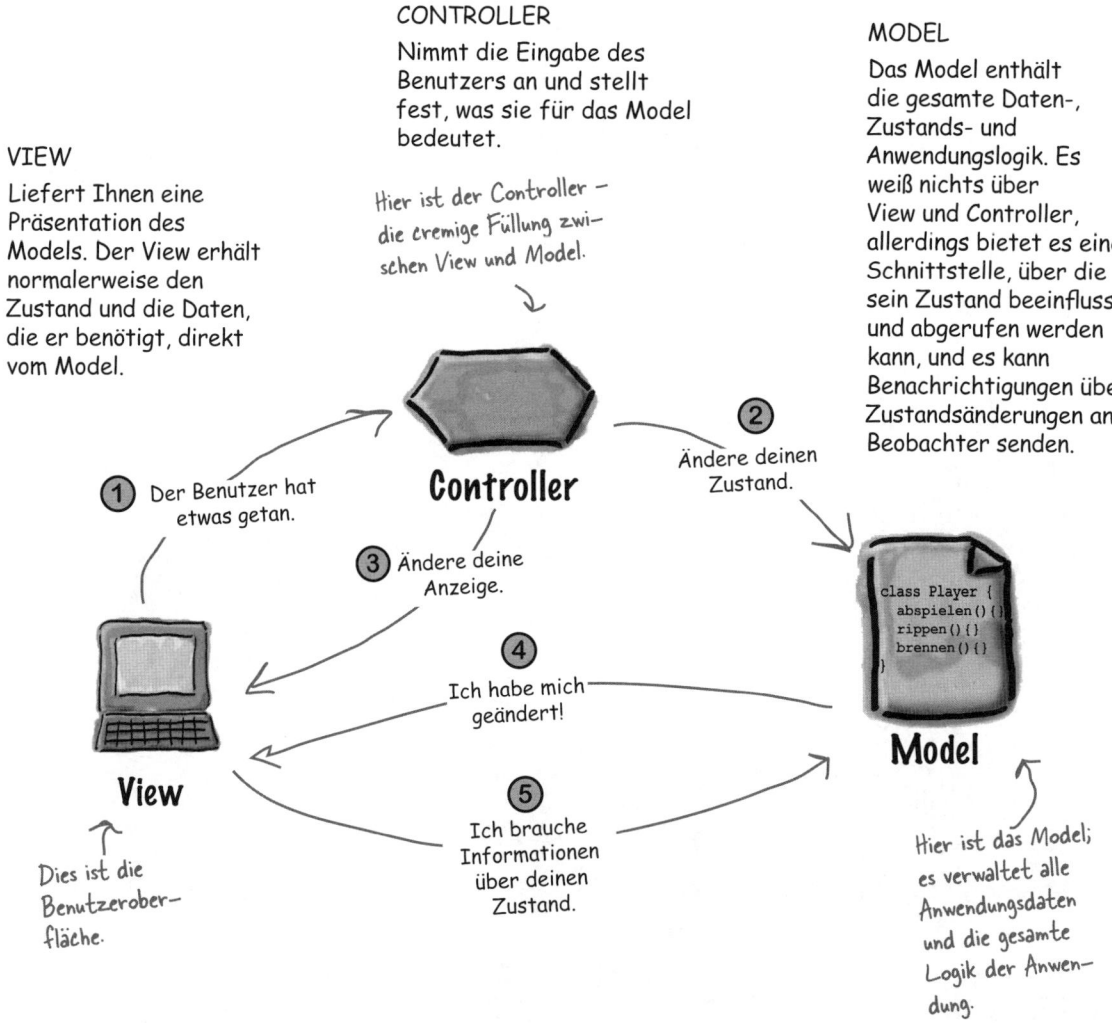

① **Sie sind der Benutzer – Sie interagieren mit dem View.**
Der View ist Ihre Sicht auf das Model. Wenn Sie irgendetwas mit dem View machen (z.B. auf den Play-Button klicken), teilt der View dem Controller mit, was Sie getan haben. Es ist dann Sache des Controllers, entsprechende Steuerungsmaßnahmen zu ergreifen.

② **Der Controller fordert das Model auf, seinen Zustand zu ändern.**
Der Controller nimmt Ihre Aktionen an und interpretiert sie. Wenn Sie auf einen Button klicken, muss der Controller herausfinden, was das bedeutet und wie das Model aufgrund dieser Aktion beeinflusst werden muss.

③ **Der Controller kann auch den View auffordern, seinen Zustand zu ändern.**
Wenn der Controller eine Aktion vom View erhält, muss er den View aufgrund dessen eventuell auffordern, sich zu ändern. So könnte der Controller beispielsweise bestimmte Buttons oder Menüpunkte in der Benutzerschnittstelle aktivieren oder deaktivieren.

④ **Das Model benachrichtigt den View, wenn sich sein Zustand geändert hat.**
Wenn sich im Model etwas ändert – entweder aufgrund einer Aktion von Ihnen (z.B. das Klicken auf einen Button) oder einer internen Veränderung wegen (weil z.B. der nächste Song aus der Playlist angefangen hat) –, meldet das Model dem View, dass sich sein Zustand geändert hat.

⑤ **Der View fragt das Model nach seinem Zustand.**
Der View erhält den Zustand, den er anzeigt, direkt vom Model. Wird er beispielsweise vom Model benachrichtigt, dass ein neuer Song angefangen hat, fragt der View das Model nach dem Namen des Songs und zeigt ihn an. Der View kann das Model auch dann nach dessen Zustand fragen, wenn er vom Controller aufgefordert wurde, die Ansicht zu verändern.

Es gibt keine
Dummen Fragen

F: Kann der Controller zu einem Beobachter des Models werden?

A: Ja, sicher. In manchen Designs registriert sich der Controller beim Model und wird bei einer Veränderung benachrichtigt. Dies kann der Fall sein, wenn irgendetwas im Model einen direkten Einfluss auf die Steuerungselemente in der Benutzerschnittstelle hat. In diesem Fall ist es eigentlich Aufgabe des Controllers, den View zu einer entsprechenden Aktualisierung der Anzeige aufzufordern.

F: Der Controller übernimmt doch lediglich die Eingaben des Benutzers vom View und sendet sie an das Model, oder? Warum ist er überhaupt nötig, wenn dies das Einzige ist, was er tut? Warum kann man den Code dafür nicht einfach im View selbst unterbringen? Ruft der Controller nicht in den meisten Fällen lediglich eine Methode auf dem Model auf?

A: Der Controller tut mehr, als nur »die Eingaben an das Model zu senden«. Er ist dafür zuständig, die Eingabe zu interpretieren und das Model auf Basis dieser Eingabe zu manipulieren. Aber Ihre eigentliche Frage ist wahrscheinlich: »Warum kann ich das nicht einfach im Code für den View machen?«

Das könnten Sie tun, aber aus zwei Gründen ist das nicht sinnvoll: Erstens machen Sie den View-Code komplizierter, weil er jetzt für zwei Dinge zuständig ist – die Manipulation der Benutzerschnittstelle und die Steuerungslogik für das Model. Zweitens koppeln Sie Ihren View damit eng an das Model. Wenn Sie den View dann mit einem anderen Model wiederverwenden wollen, können Sie das vergessen. Der Controller trennt die Steuerungslogik vom View und entkoppelt den View vom Model. Wenn Sie die Kopplung zwischen View und Controller lose halten, bekommen Sie ein flexibleres und leichter zu erweiterndes Design, das sich später besser an Veränderungen anpassen lässt.

Die Muster im MVC

MVC, durch die Musterbrille betrachtet

Wie schon gesagt, am besten lernt man MVC, wenn man es als das sieht, was es eigentlich ist: ein Satz von Mustern, die im gleichen Entwurf zusammenarbeiten.

Fangen wir mit dem Model an. Wie Sie sich vielleicht schon gedacht haben, nutzt das Model das Observer-Muster, um View und Controller auf dem aktuellen Stand gemäß den letzten Zustandsänderungen zu halten. Der View und der Controller andererseits implementieren das Strategy-Muster. Der Controller ist das Verhalten des Views und kann leicht gegen einen anderen Controller ausgetauscht werden, wenn ein anderes Verhalten gewünscht wird. Der View selbst setzt intern noch ein Muster ein, um die Fenster, Buttons und sonstigen Bestandteile der Anzeige zu verwalten: das Composite-Muster.

Betrachten wir das einmal näher:

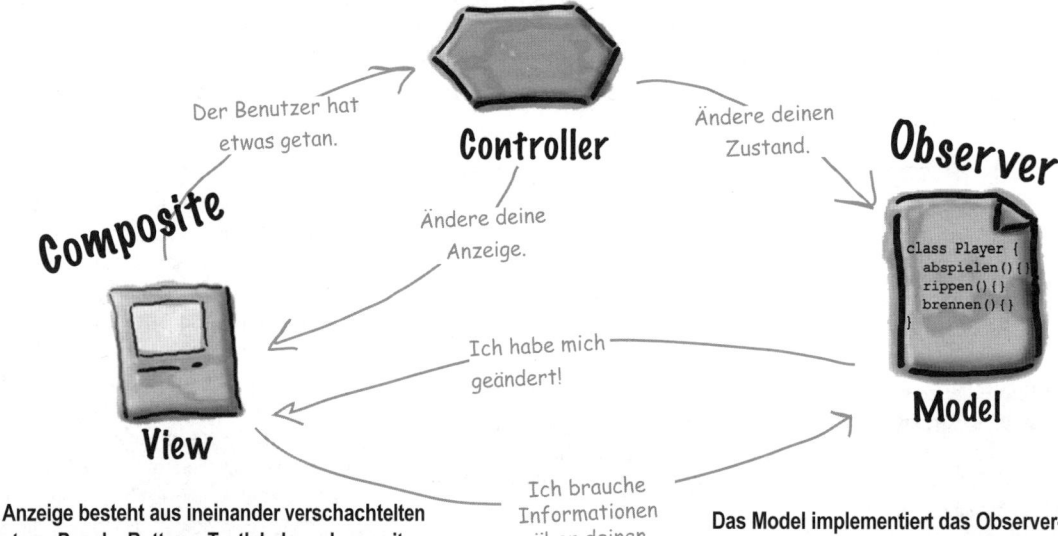

Strategy

Der View und der Controller implementieren das klassische Strategy-Muster: Der View ist ein Objekt, das mit einer Strategie konfiguriert ist; der Controller liefert diese Strategie. Der View ist nur für die visuellen Aspekte der Anwendung zuständig; alle Entscheidungen über das Verhalten der Schnittstelle delegiert er an den Controller. Durch die Verwendung des Strategy-Musters bleibt der View außerdem entkoppelt vom Model, denn es ist ja der Controller, der bei der Bearbeitung von Benutzeranfragen für die Interaktion mit dem Model zuständig ist. Der View weiß nichts darüber, wie das vor sich geht.

Composite

Die Anzeige besteht aus ineinander verschachtelten Fenstern, Panels, Buttons, Textlabels und so weiter. Jede Anzeigekomponente ist ein Kompositum (z.B. ein Fenster) oder ein Blatt (z.B. ein Button). Wenn der Controller eine Aktualisierung des Views haben möchte, muss er es einfach nur der obersten View-Komponente sagen. Das Composite-Muster besorgt dann den Rest.

Observer

Das Model implementiert das Observer-Muster, um interessierte Objekte bei Zustandsänderungen auf dem neuesten Stand zu halten. Das Observer-Muster macht das Model völlig unabhängig von View und Controller. So können wir für das gleiche Model unterschiedliche Views oder sogar mehrere Views auf einmal verwenden.

Zusammengesetzte Muster

Observer

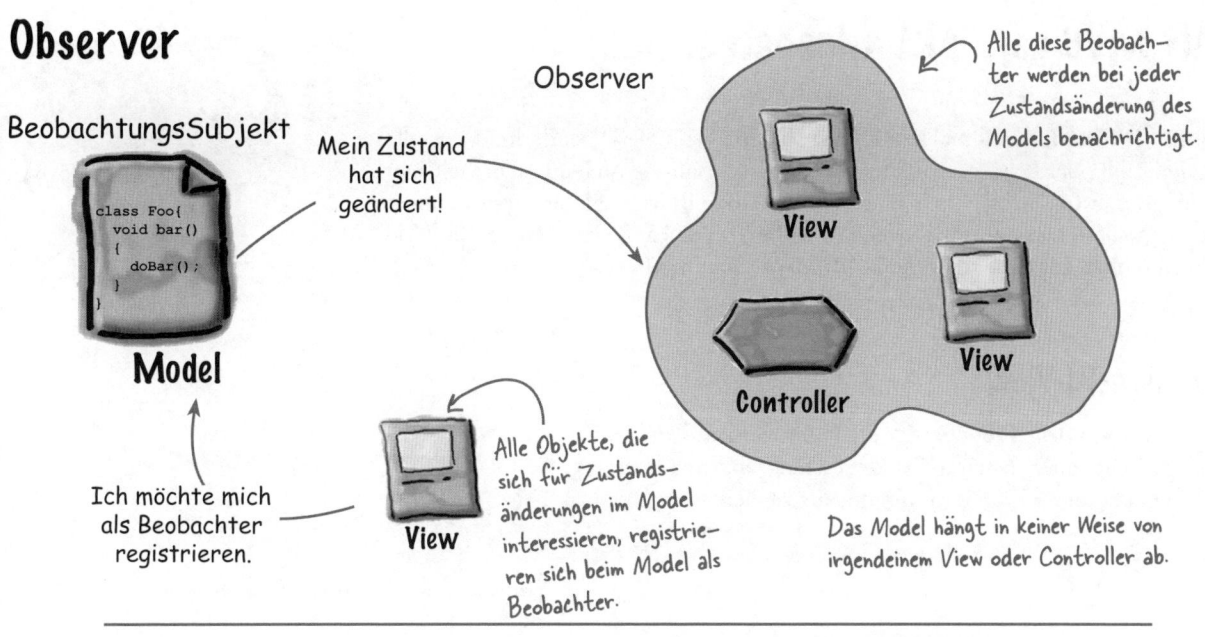

Strategy

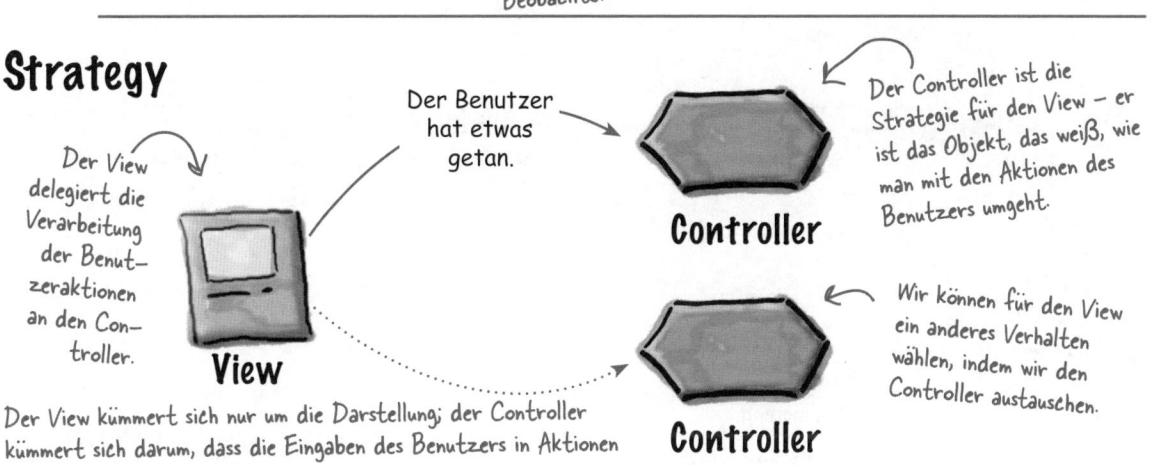

Composite

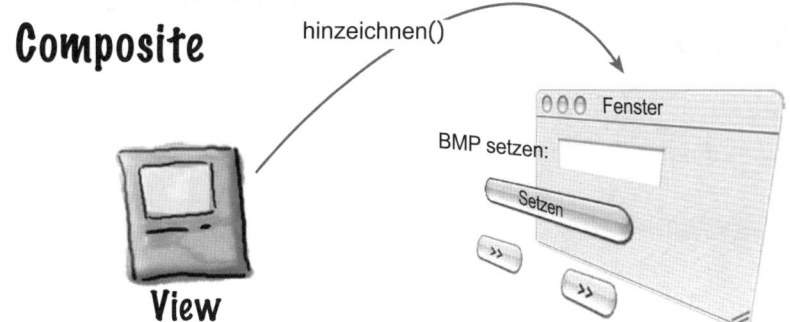

Sie sind hier ▸ **539**

Mit MVC den Takt angeben ...

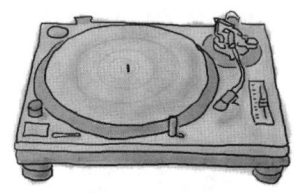

Haben Sie nicht Lust, einmal den DJ zu spielen? Wenn Sie DJ sind, dreht sich alles um den Takt oder Beat. Am Anfang Ihrer Musikzusammenstellung steht vielleicht ein langsamer Groove mit 95 Schlägen pro Minute (BPM, engl. beats per minute); dann gehen Sie hoch auf einen wilden 140-BPM-Trance-Techno-Rhythmus. Und zum Abschluss kommt ein sanfter 80-BPM-Ambientmix.

Der Java-DJ-View

Fangen wir mit dem **View** für das DJ-Programm an. Der View ermöglicht es Ihnen, einen treibenden Schlagzeugrhythmus zu erzeugen und die Schläge pro Minute einzustellen ...

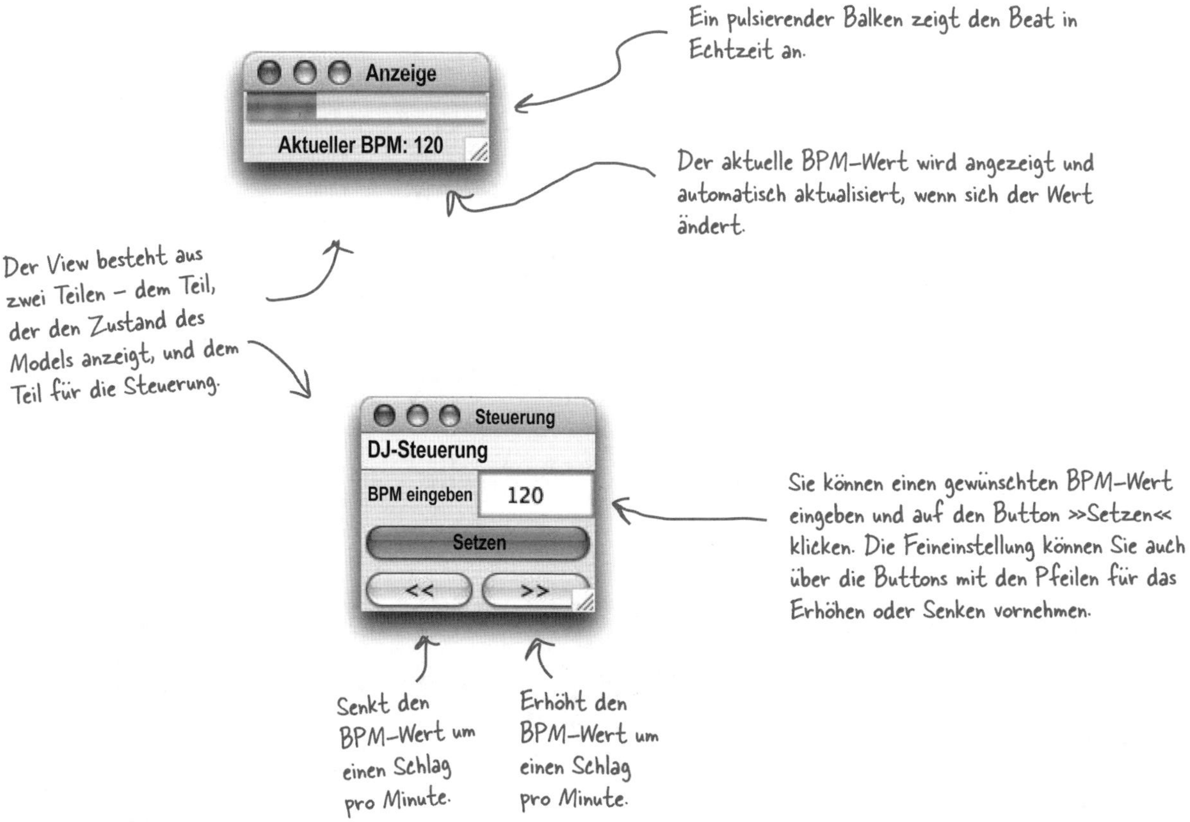

Ein pulsierender Balken zeigt den Beat in Echtzeit an.
Anzeige
Aktueller BPM: 120
Der aktuelle BPM-Wert wird angezeigt und automatisch aktualisiert, wenn sich der Wert ändert.
Der View besteht aus zwei Teilen – dem Teil, der den Zustand des Models anzeigt, und dem Teil für die Steuerung.
Steuerung
DJ-Steuerung
BPM eingeben
120
Setzen
<<
>>
Sie können einen gewünschten BPM-Wert eingeben und auf den Button »Setzen« klicken. Die Feineinstellung können Sie auch über die Buttons mit den Pfeilen für das Erhöhen oder Senken vornehmen.
Senkt den BPM-Wert um einen Schlag pro Minute.
Erhöht den BPM-Wert um einen Schlag pro Minute.

Zusammengesetzte Muster

Hier sind noch ein paar Möglichkeiten, wie man den DJ-View steuern kann:

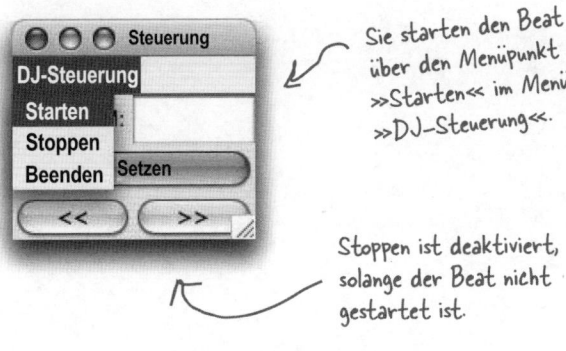

Sie starten den Beat über den Menüpunkt »Starten« im Menü »DJ-Steuerung«.

Mit dem Stoppen-Befehl beenden Sie die Erzeugung des Beats.

Stoppen ist deaktiviert, solange der Beat nicht gestartet ist.

Starten ist deaktiviert, nachdem der Beat gestartet wurde.

Alle Benutzeraktionen werden an den Controller übermittelt.

Der Controller sitzt in der Mitte ...

Der **Controller** sitzt zwischen dem View und dem Model. Wenn Sie z.B. »Starten« aus dem DJ-Steuerungsmenü auswählen, nimmt der Controller Ihre Eingabe an. Und er setzt sie in die entsprechende Aktion auf dem Model um, z.B. zum Start der Beat-Erzeugung.

Der Controller übernimmt die Eingabe des Benutzers und ermittelt, in welche Anfragen an das Model sie umgewandelt werden muss.

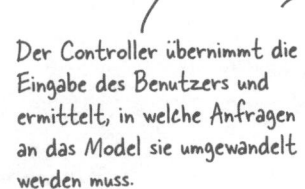

Controller

Vergessen wir nicht das Model ganz untendrunter ...

Das **Model** können Sie zwar nicht sehen, aber hören! Es sitzt ganz unten, steuert den Beat und regelt den Betrieb der Lautsprecher über eine MIDI-Schnittstelle.

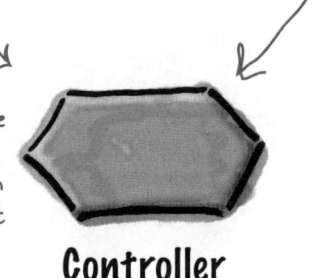

Das BeatModel ist das Herz der Anwendung. Es implementiert die Logik für das Starten und Stoppen des Beats, für das Setzen der BPM-Werte und für die Sounderzeugung.

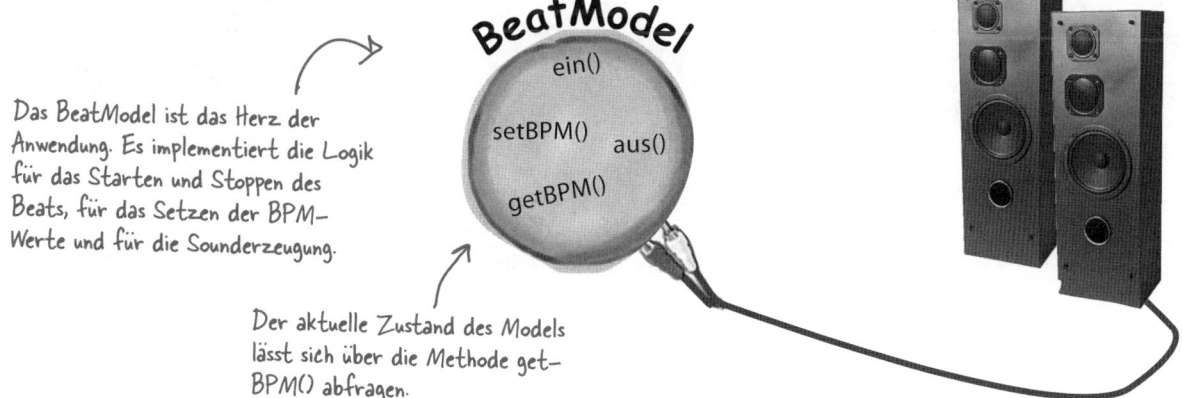

Der aktuelle Zustand des Models lässt sich über die Methode getBPM() abfragen.

Sie sind hier ▸ **541**

Zusammenbau der Einzelteile

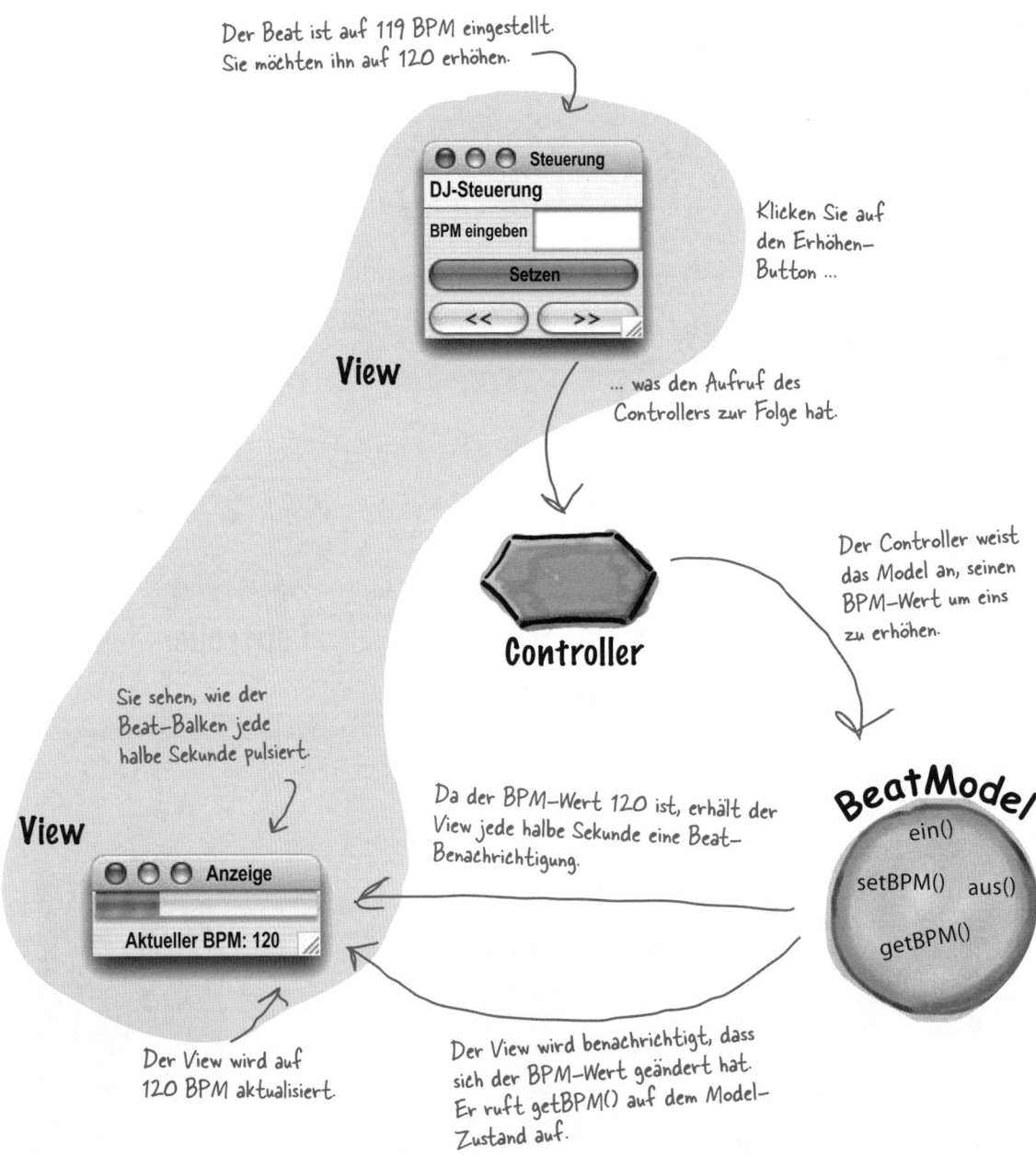

Erstellung der Einzelteile

Okay, wie Sie wissen, ist das Model für die Daten- und Zustandsverwaltung und die gesamte Anwendungslogik zuständig. Was enthält das BeatModel also? Sein Hauptjob ist es, den Beat zu steuern. Es enthält daher einen Zustand, der die aktuellen Schläge pro Minute speichert, und außerdem eine Menge Code, der MIDI-Ereignisse zur Erzeugung des Beats auslöst, den wir hören. Daneben bietet es eine Schnittstelle an, über die der Controller den Beat beeinflussen kann und die dem View und dem Controller den Zugriff auf den Zustand des Models ermöglicht. Und – nicht zu vergessen – das Model verwendet das Observer-Muster, daher brauchen wir auch Methoden für die Registrierung von Objekten als Beobachter und das Verschicken von Benachrichtigungen.

Hier eine Übersicht über das BeatModelInterface, bevor wir uns die Implementierung ansehen:

```java
public interface BeatModelInterface {
    void initialize();

    void ein();

    void aus();

    void setBPM(int bpm);

    int getBPM();

    void registriereBeobachter(BeatBeobachter o);

    void entferneBeobachter(BeatBeobachter o);

    void registriereBeobachter(BPMBeobachter o);

    void entferneBeobachter(BPMBeobachter o);
}
```

Dies wird nach der Instantiierung des BeatModels aufgerufen.

Dies sind die Methoden, mit denen der Controller dem Model Anweisungen auf Basis der Benutzereingaben gibt.

Diese Methoden schalten den Beat-Erzeuger an und aus.

Diese Methode setzt die Schläge pro Minute. Wenn sie aufgerufen wird, verändert sich sofort die Schlagfrequenz.

Die Methode getBPM() gibt den aktuellen BPM-Wert zurück bzw. 0, wenn der Erzeuger aus ist.

Diese Methoden ermöglichen dem View und dem Controller, den Zustand abzufragen und Beobachter zu werden.

Das sollte Ihnen bekannt vorkommen: Diese Methoden ermöglichen es Objekten, sich als Beobachter für Zustandsveränderungen anzumelden.

Wir teilen die Beobachter hier in zwei Arten ein: Beobachter, die bei jedem Schlag benachrichtigt werden wollen, und Beobachter, die nur dann benachrichtigt werden wollen, wenn sich die Anzahl der Schläge pro Minute ändert.

Beat-Model

Sehen wir uns jetzt die konkrete Klasse BeatModel an:

Wir implementieren das BeatModelInterface.

Dies wird für den MIDI-Code benötigt.

```
public class BeatModel implements BeatModelInterface, MetaEventListener {
  Sequencer sequencer;
  ArrayList beatBeobachtende = new ArrayList();
  ArrayList bpmBeobachtende = new ArrayList();
  int bpm = 90;
  // weitere Instanzvariablen

  public void initialize() {
    setUpMidi();
    buildTrackAndStart();
  }

  public void ein() {
    sequencer.start();
    setBPM(90);
  }

  public void aus() {
    setBPM(0);
    sequencer.stop();
  }

  public void setBPM(int bpm) {
    this.bpm = bpm;
    sequencer.setTempoInBPM(getBPM());
    benachrichtigeBPMBeobachtende();
  }

  public int getBPM() {
    return bpm;
  }

  void beatEvent() {
    benachrichtigeBeatBeobachtende();
  }

  // Code zum Anmelden und Benachrichtigen von Beobachtern

  // eine Menge MIDI-Code, um den Beat zu steuern
}
```

Der Sequencer ist das Objekt, das weiß, wie man einen echten Beat erzeugt (den Sie tatsächlich hören können!).

Diese ArrayLists enthalten die beiden Arten von Beobachtern (Beat-Beobachter und BPM-Beobachter).

Die Instanzvariable bpm speichert die Frequenz der Schläge (standardmäßig 90 BPM).

Diese Methode kümmert sich um das Setup des Sequencer und richtet die Beat-Tracks für uns ein.

Die Methode ein() startet den Sequencer und setzt den BPM-Wert auf den Standardwert 90.

Und die Methode aus() bewirkt den Abbruch, indem sie den BPM-Wert auf 0 setzt und den Sequencer stoppt.

Durch die Methode setBPM() beeinflusst der Controller den Beat. Sie tut drei Dinge:

(1) Sie setzt die Instanzvariable bpm.
(2) Sie weist den Sequencer an, seinen BPM-Wert zu ändern.
(3) Sie benachrichtigt alle BPM-Beobachter, dass sich der BPM geändert hat.

Die Methode getBPM() gibt einfach die Instanzvariable bpm zurück, die die aktuellen Schläge pro Minute angibt.

Die Methode beatEvent(), die nicht im BeatModelInterface enthalten ist, wird durch den MIDI-Code bei jedem Start eines neuen Beats aufgerufen. Diese Methode benachrichtigt alle BeatBeobachter, dass gerade ein neuer Beat eingesetzt hat.

Code-Fertiggericht

Dieses Model verwendet die Java-eigene MIDI-Unterstützung zur Beat-Erzeugung. Die vollständige Implementierung aller DJ-Klassen können Sie anhand der Quellcode-Dateien überprüfen, die wir auf unserer Website zur Verfügung stellen. Oder sehen Sie sich den Code am Ende dieses Kapitels an.

View

Jetzt kann der Spaß losgehen – wir schließen einen View an und machen damit das BeatModel sichtbar.

Als Erstes fällt uns am View Folgendes auf: Wir haben ihn so implementiert, dass er in zwei separaten Fenstern angezeigt wird. Das eine enthält die aktuelle BPM-Rate und den Puls, die andere die Schnittstellen-Steuerungselemente. Dadurch wollten wir den Unterschied zwischen dem Teil der Oberfläche, der die Ansicht des Models enthält, und dem Rest der Oberfläche mit den Bedienelementen hervorheben. Sehen wir uns die beiden Teile des Views genauer an:

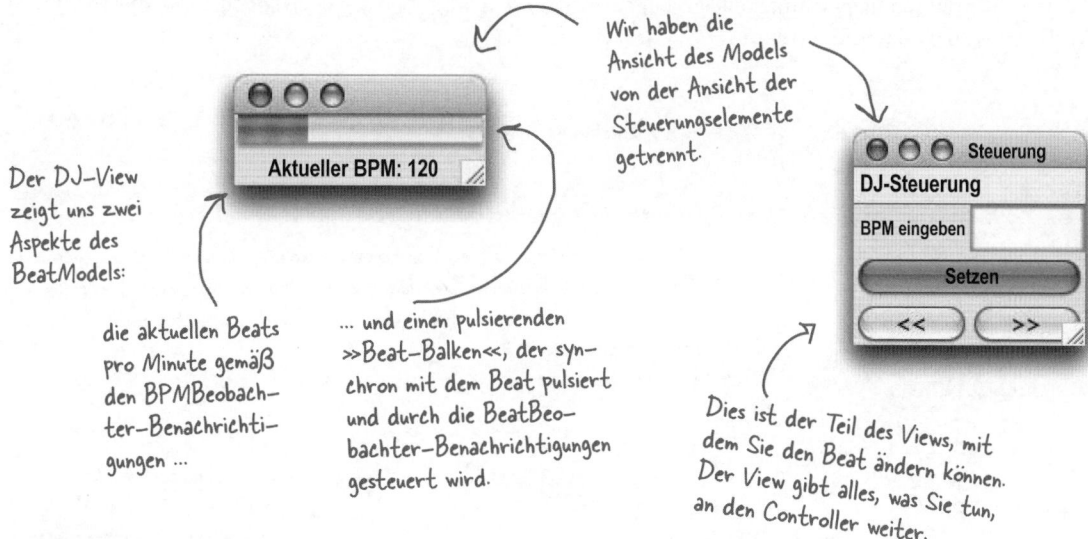

Der DJ-View zeigt uns zwei Aspekte des BeatModels:

die aktuellen Beats pro Minute gemäß den BPMBeobachter-Benachrichtigungen ...

... und einen pulsierenden »Beat-Balken«, der synchron mit dem Beat pulsiert und durch die BeatBeobachter-Benachrichtigungen gesteuert wird.

Wir haben die Ansicht des Models von der Ansicht der Steuerungselemente getrennt.

Dies ist der Teil des Views, mit dem Sie den Beat ändern können. Der View gibt alles, was Sie tun, an den Controller weiter.

Unser BeatModel macht keinerlei Annahmen über den View. Das Model wird nach dem Observer-Muster implementiert, deshalb benachrichtigt es bei einer Änderung seines Zustands einfach alle Views, die als Beobachter registriert sind. Der View benutzt die API des Models, um Zugriff auf den Zustand zu erhalten. *Einen* möglichen View haben wir implementiert; fallen Ihnen andere Arten von Views ein, die mit den Benachrichtigungen und dem Zustand des BeatModels arbeiten könnten?

Eine Lightshow auf der Basis des Beats in Echtzeit.

Ein Textanzeige, die auf Basis der BPM-Rate ein Musikgenre anzeigt (Ambient, Downbeat, Techno usw.).

Implementierung des Views

Die beiden Teile des Views – die Sicht auf das Model und die Steuerungselemente für die Benutzerschnittstelle – werden in zwei Fenstern angezeigt, befinden sich aber gemeinsam in einer Java-Klasse. Auf dieser Seite zeigen wir Ihnen nur den Code, der die Sicht auf das Model erzeugt; er zeigt den aktuellen BPM-Wert und den Beat-Balken an. Auf der nächsten Seite zeigen wir Ihnen dann nur den Code, der die Steuerungselemente für die Benutzerschnittstelle erzeugt, also das BPM-Texteingabefeld und die Buttons.

Aufgepasst — Der Code auf diesen beiden Seiten ist grob vereinfacht!

Wir haben hier aus EINER Klasse ZWEI gemacht und zeigen Ihnen einen Teil des Views auf dieser und den anderen auf der nächsten Seite. In Wirklichkeit steckt all dieser Code in EINER einzigen Klasse: DJView.java. Am Ende des Kapitels finden Sie alles zusammen.

DJView ist Beobachter sowohl für Beats in Echtzeit als auch für BPM-Veränderungen.

```java
public class DJView implements ActionListener, BeatBeobachter, BPMBeobachter {
    BeatModelInterface model;
    ControllerInterface controller;
    JFrame viewFrame;
    JPanel viewPanel;
    BeatBar beatBar;
    JLabel bpmOutputLabel;

    public DJView(ControllerInterface controller, BeatModelInterface model) {
        this.controller = controller;
        this.model = model;
        model.registriereBeobachter((BeatBeobachter)this);
        model.registriereBeobachter((BPMBeobachter)this);
    }

    public void erzeugeView() {
        // alle Swing-Komponenten hier erzeugen
    }

    public void aktualisiereBPM() {
        int bpm = model.getBPM();
        if (bpm == 0) {
            bpmOutputLabel.setText("offline");
        } else {
            bpmOutputLabel.setText("Aktueller BPM: " + model.getBPM());
        }
    }

    public void aktualisiereBeat() {
        beatBar.setValue(100);
    }
}
```

Hier erzeugen wir ein paar Komponenten für die Anzeige.

Der View hält eine Referenz sowohl auf das Model als auch auf den Controller. Der Controller wird nur über das Controller-Interface angesprochen, zu dem wir gleich noch kommen ...

Der Konstruktor erhält eine Referenz auf den Controller und das Model; diese Referenzen speichern wir in den Instanzvariablen.

Wir registrieren uns außerdem beim Model als BeatBeobachter und als BPMBeobachter.

Die Methode aktualisiereBPM() wird aufgerufen, wenn im Model eine Zustandsänderung eintritt. Geschieht dies, aktualisieren wir die Anzeige mit dem aktuellen BPM-Wert. Diesen erhalten wir durch direkte Abfrage vom Model.

Ähnlich wird die Methode aktualisiereBeat() aufgerufen, wenn das Model einen neuen Beat startet. In dem Fall müssen wir den Puls unseres »Beat-Balkens« ändern. Dafür setzen wir ihn auf seinen maximalen Wert (100); um die Animation des Pulses kümmert sich der Balken selbst.

Implementierung des Views (Fortsetzung)

Sehen wir uns jetzt den Code an, der den Teil des Views mit den Steuerungselementen für den Benutzer erzeugt. Über diesen View können Sie das Model steuern. Dazu teilen Sie dem Controller mit, was zu tun ist; dieser wiederum sagt dem Model, was es tun soll. Und vergessen Sie nicht: Dieser Code befindet sich in der gleichen Klassendatei wie der restliche View-Code.

```java
public class DJView implements ActionListener, BeatBeobachter, BPMBeobachter {
    BeatModelInterface model;
    ControllerInterface controller;
    JLabel bpmLabel;
    JTextField bpmTextField;
    JButton setBPMButton;
    JButton increaseBPMButton;
    JButton decreaseBPMButton;
    JMenuBar menuBar;
    JMenu menu;
    JMenuItem startMenuItem;
    JMenuItem stopMenuItem;

    public void erzeugeSteuerungselemente() {
        // alle Swing-Komponenten hier erzeugen
    }

    public void enableStopMenuItem() {
        stopMenuItem.setEnabled(true);
    }

    public void disableStopMenuItem() {
        stopMenuItem.setEnabled(false);
    }

    public void enableStartMenuItem() {
        startMenuItem.setEnabled(true);
    }

    public void disableStartMenuItem() {
        startMenuItem.setEnabled(false);
    }

    public void actionPerformed(ActionEvent event) {
        if (event.getSource() == setBPMButton) {
            int bpm = Integer.parseInt(bpmTextField.getText());
            controller.setBPM(bpm);
        } else if (event.getSource() == increaseBPMButton) {
            controller.increaseBPM();
        } else if (event.getSource() == decreaseBPMButton) {
            controller.decreaseBPM();
        }
    }
}
```

Diese Methode erzeugt alle Steuerungselemente und platziert sie in der Oberfläche. Sie kümmert sich auch um das Menü. Wenn »Starten« oder »Stoppen« ausgewählt wird, werden die entsprechenden Methoden auf dem Controller aufgerufen.

All diese Methoden dienen zur Aktivierung und Deaktivierung der Starten- und Stoppen-Elemente im Menü. Wie wir noch sehen werden, ändert der Controller mithilfe dieser Methoden die Oberfläche.

Diese Methode wird aufgerufen, wenn ein Button angeklickt wird.

Wird auf den Set-Button geklickt, wird diese Information gemeinsam mit dem neuen BPM-Wert an den Controller weitergegeben.

Auch beim Klicken auf den Erhöhen- oder Senken-Button wird diese Information an den Controller weitergegeben.

DJ-Controller

Nun zum Controller

Jetzt müssen wir uns noch um den Controller kümmern. Wie wir wissen, ist der Controller die Strategie, mit der wir dem View ein bisschen Intelligenz verpassen.

Weil wir das Strategy-Muster implementieren, brauchen wir als Erstes eine Schnittstelle, über die alle möglichen Strategien an den DJ-View angeschlossen werden können. Dafür schreiben wir ein Interface namens ControllerInterface:

```java
public interface ControllerInterface {
    void start();
    void stop();
    void increaseBPM();
    void decreaseBPM();
    void setBPM(int bpm);
}
```

Dies sind alle Methoden, die der View auf dem Controller aufrufen kann.

Nachdem Sie das Interface für das Model gesehen haben, sollten Ihnen diese Methoden bekannt vorkommen. Sie können die Beat-Erzeugung stoppen und starten sowie den BPM-Wert ändern. Dieses Interface »kann mehr« als das BeatModel-Interface, da Sie den BPM-Wert mit increaseBPM() erhöhen und mit decreaseBPM() senken können.

Design-Puzzle

Sie haben gesehen, wie View und Controller gemeinsam das Strategy-Muster einsetzen. Können Sie ein Klassendiagramm für die beiden zeichnen, das dieses Muster darstellt?

Implementierung des Controllers

> Der Controller implementiert das ControllerInterface.

```java
public class BeatController implements ControllerInterface {
  BeatModelInterface model;
  DJView view;

  public BeatController(BeatModelInterface model) {
    this.model = model;
    view = new DJView(this, model);
    view.erzeugeView();
    view.erzeugeSteuerungselemente();
    view.disableStopMenuItem();
    view.enableStartMenuItem();
    model.initialize();
  }

  public void start() {
    model.ein();
    view.disableStartMenuItem();
    view.enableStopMenuItem();
  }

  public void stop() {
    model.aus();
    view.disableStopMenuItem();
    view.enableStartMenuItem();
  }

  public void increaseBPM() {
    int bpm = model.getBPM();
    model.setBPM(bpm + 1);
  }

  public void decreaseBPM() {
    int bpm = model.getBPM();
    model.setBPM(bpm - 1);
  }

  public void setBPM(int bpm) {
    model.setBPM(bpm);
  }
}
```

> Der Controller ist die cremige Füllung in der Mitte von unserem MVC-Oreo-Keks, also das Objekt, das Kontakt mit dem View und mit dem Model hat und alles zusammenhält.

> Der Konstruktor des Controllers erhält das Model als Argument und erzeugt selbst den View.

> Wenn Sie »Starten« im Menü der Benutzeroberfläche auswählen, schaltet der Controller das Model ein und verändert die Oberfläche dann so, dass das Starten-Element im Menü deaktiviert und das Stoppen-Element aktiviert wird.

> Wenn Sie »Stoppen« im Menü auswählen, schaltet der Controller entsprechend das Model aus und verändert die Oberfläche so, dass das Stoppen-Element im Menü deaktiviert und das Starten-Element aktiviert wird.

> Wenn auf den Erhöhen-Button geklickt wird, erhält der Controller den aktuellen BPM-Wert vom Model, addiert 1 und setzt dann den neuen BPM-Wert.

> Hier das Gleiche, nur dass wir vom aktuellen BPM-Wert 1 subtrahieren.

> Wird über die Benutzerschnittstelle ein willkürlicher BPM-Wert gesetzt, weist der Controller das Model an, seinen BPM-Wert neu zu setzen.

> ANMERKUNG: Der Controller trifft alle intelligenten Entscheidungen für den View. Der View weiß lediglich, wie man die Menüelemente aktiviert und deaktiviert – in welchen Situationen er dies tun muss, weiß er nicht.

Alles zusammensetzen

Wir haben alles, was wir brauchen: ein Model, einen View und einen Controller. Höchste Zeit, alles zu einem MVC zusammenzusetzen! Wir werden sehen und hören, wie gut sie zusammenarbeiten.

Alles, was wir brauchen, ist etwas Code, um die Dinge zum Laufen zu bringen; viel ist es nicht:

```
public class DJTestlauf {
  public static void main (String[] args) {
    BeatModelInterface model = new BeatModel();
    ControllerInterface controller = new BeatController(model);
  }
}
```

Als Erstes erzeugen wir ein Model ...

... dann erzeugen wir einen Controller und übergeben ihm das Model. Erinnern Sie sich, der Controller erzeugt den View, darum müssen wir uns also nicht kümmern.

Und jetzt ein Testlauf ...

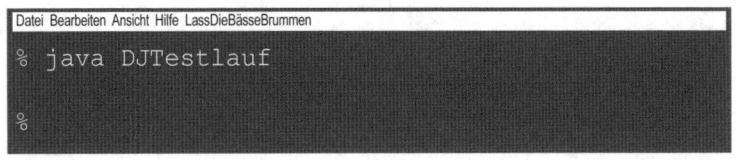

Führen Sie das hier aus ...

Zum Ausprobieren:

... dann sehen Sie das hier.

① Starten Sie die Beat-Erzeugung über das Starten-Element im Menü und sehen Sie sich an, wie der Controller das Element anschließend deaktiviert.

② Ändern Sie den BPM-Wert sowohl über die Texteingabe als auch mithilfe der Erhöhen- und Senken-Buttons. Sehen Sie, wie sich die Veränderungen im Anzeigefenster des Views beobachten lassen, obwohl er keinerlei logische Verbindung zu den Steuerungselementen hat?

③ Beobachten Sie, wie sich der Beat-Balken als Beobachter des Models laufend an den aktuellen Beat anpasst.

④ Spielen Sie Ihr Lieblingsstück und versuchen Sie, den Beat über die Erhöhen- und Senken-Buttons passend einzustellen.

⑤ Stoppen Sie den Beat-Erzeuger. Sie können sehen, wie der Controller das Stoppen-Menüelement deaktiviert und das Starten-Menüelement aktiviert.

Strategy intensiv

Machen wir einfach noch ein bisschen weiter mit dem Strategy-Muster, damit wir ein besseres Gefühl dafür bekommen, wie es im MVC eingesetzt wird. Dann sehen wir auch, wie noch ein uns wohlbekanntes Muster ins Spiel kommt: das Adapter-Muster, das sich oft in der Nähe des MVC-Trios herumdrückt.

Überlegen Sie einmal kurz, was der DJ-View eigentlich macht: Er zeigt einen Beat, also eine Schlagfrequenz, und einen Puls an. Erinnert Sie das nicht an etwas anderes? Einen Herzschlag zum Beispiel? Tja, ganz zufällig haben wir hier tatsächlich eine Herzüberwachungsklasse – hier das Klassendiagramm:

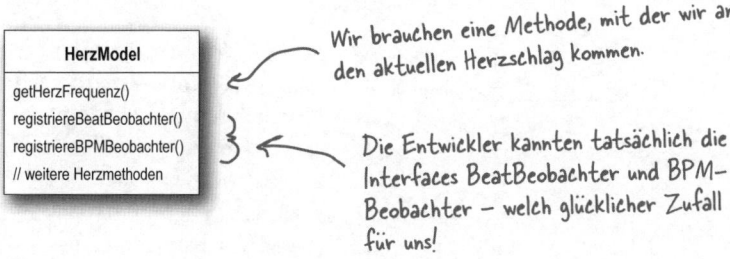

Wir brauchen eine Methode, mit der wir an den aktuellen Herzschlag kommen.

Die Entwickler kannten tatsächlich die Interfaces BeatBeobachter und BPM-Beobachter – welch glücklicher Zufall für uns!

Es wäre schön, wenn wir unseren bisherigen View mit dem HerzModel weiter benutzen könnten. Wir brauchen dann aber einen Controller, der mit diesem Model arbeitet. Außerdem entspricht die Schnittstelle des HerzModels nicht den Erwartungen des Views, weil sie statt getBPM() eine Methode getHerzFrequenz() aufweist. Können Sie einen Satz von Klassen entwerfen, der die Wiederverwendung unseres Views mit dem neuen Model erlaubt?

MVC und das Adapter-Muster

Anpassung des Models

Erst einmal müssen wir das HerzModel an ein BeatModel anpassen. Sonst kann der View nicht mit dem Model zusammenarbeiten, weil der View nur getBPM() kennt und die analoge Methode vom HerzModel getHerzFrequenz() heißt. Und wie machen wir das? Na klar, wir setzen das Adapter-Muster ein! Das ist übrigens eine gängige Vorgehensweise beim Arbeiten mit dem MVC: Man benutzt einen Adapter, um ein Model an die Zusammenarbeit mit vorhandenen Controllern und Views anzupassen.

Hier der Code für die Anpassung eines HerzModels an ein BeatModel:

```java
public class HerzAdapter implements BeatModelInterface {
  HerzModelInterface herz;

  public HerzAdapter(HerzModelInterface herz) {
    this.herz = herz;
  }
  public void initialize() {}

  public void ein() {}

  public void aus() {}

  public int getBPM() {
    return herz.getHerzFrequenz();
  }

  public void setBPM(int bpm) {}

  public void registriereBeobachter(BeatBeobachter o) {
    herz.registriereBeobachter(o);
  }

  public void entferneBeobachter(BeatBeobachter o) {
    herz.entferneBeobachter(o);
  }

  public void registriereBeobachter(BPMBeobachter o) {
    herz.registriereBeobachter(o);
  }

  public void entferneBeobachter(BPMBeobachter o) {
    herz.entferneBeobachter(o);
  }
}
```

Wir müssen das Ziel-Interface implementieren – in diesem Fall ist das BeatModelInterface.

Hier speichern wir eine Referenz auf das HerzModel.

Wir wissen nicht, was diese Methoden mit einem Herzen anstellen würden – aber es hört sich eher Besorgnis erregend an. Deshalb lassen wir sie einfach leer.

Bei einem Aufruf von getBPM() übersetzen wir ihn einfach in einen Aufruf von getHerzFrequenz() auf dem Herz-Model.

Das machen wir mit einem Herzen besser nicht! Lassen wir die Methode also ebenfalls leer.

Hier sind unsere Beobachter-Methoden. Wir delegieren sie einfach an das eingepackte HerzModel.

Zusammengesetzte **Muster**

Jetzt sind wir bereit für einen HerzController

Wir haben also unseren HerzAdapter und sollten einen Controller erzeugen können, über den der View mit dem HerzModel zusammenarbeiten kann. Wiederverwendung par excellence!

Der HerzController implementiert das ControllerInterface, genau wie der BeatController.

```
public class HerzController implements ControllerInterface {
  HerzModelInterface model;
  DJView view;

  public HerzController(HerzModelInterface model) {
    this.model = model;
    view = new DJView(this, new HerzAdapter(model));
    view.erzeugeView();
    view.erzeugeSteuerungselemente();
    view.disableStopMenuItem();
    view.disableStartMenuItem();
  }

  public void start() {}

  public void stop() {}

  public void increaseBPM() {}

  public void decreaseBPM() {}

  public void setBPM(int bpm) {}
}
```

Wie gehabt, erzeugt der Controller den View und hält alles zusammen.

Hier ist die einzige Veränderung: Es wird ein HerzModel übergeben statt eines BeatModels ...

... und wir müssen dieses Model mit einem Adapter einpacken, bevor wir es an den View übergeben.

Schließlich deaktiviert der HerzController noch die Menüelemente, weil sie nicht benötigt werden.

Hier ist nicht viel zu tun; schließlich können wir Herzen ja nicht in der gleichen Weise steuern wie Rhythmuserzeuger.

Das war's! Jetzt brauchen wir noch Testcode ...

```
public class HerzTestlauf {
  public static void main (String[] args) {
    HerzModel herzModel = new HerzModel();
    ControllerInterface model = new HerzController(herzModel);
  }
}
```

Wir müssen einfach nur den Controller erzeugen und ihm ein Herzüberwachungsgerät übergeben.

Sie sind hier ▸ **553**

HerzModel auf dem Prüfstand

Und jetzt ein Testlauf ...

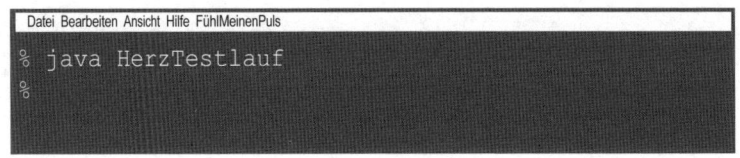

Führen Sie das hier aus ...

... dann sehen Sie das hier.

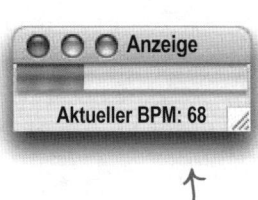

Eine gesunde Herzfrequenz!

Zum Ausprobieren:

1. **Sehen Sie, wie wunderbar die Anzeige mit einem Herzen funktioniert? Der Beat-Balken sieht genau wie ein Puls aus. Weil das HerzModel auch BPM- und Beat-Beobachter unterstützt, können wir – genau wie bei den DJ-Beats – auch den Herzschlag aktualisieren.**

2. **Weil der Herzschlag einer natürlichen Schwankung unterliegt, können Sie beobachten, wie die Anzeige laufend mit der neuen Anzahl der Schläge pro Minute aktualisiert wird.**

3. **Bei jeder BPM-Aktualisierung übersetzt der Adapter die Aufrufe von getBPM() ordnungsgemäß in Aufrufe von getHerzFrequenz().**

4. **Die Menüelemente »Starten« und »Stoppen« sind nicht aktiviert, weil der Controller sie deaktiviert hat.**

5. **Die anderen Buttons sind noch verfügbar, bewirken aber nichts, weil der Controller nichts für sie implementiert. Der View sollte noch so angepasst werden, dass diese Elemente deaktiviert werden können.**

MVC und das Web

Das Internet war kaum geboren, da fingen Entwickler schon mit der Anpassung des MVC an das Browser/Server-Modell an. Die zurzeit am häufigsten eingesetzte Version, auch kurz als »Model 2« bezeichnet, kombiniert Servlet- und JSP-Technik und erreicht damit die gleiche Trennung von Model, View und Controller, wie wir sie von konventionellen Benutzeroberflächen her kennen.

Und so funktioniert Model 2:

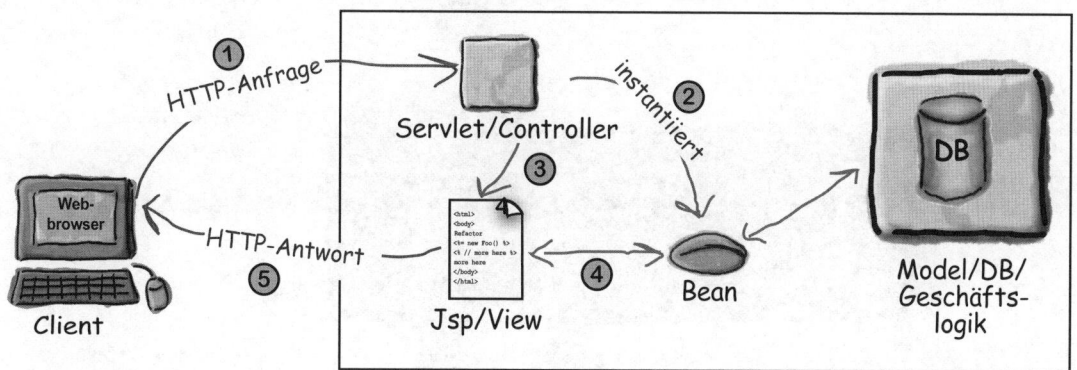

① **Sie stellen eine HTTP-Anfrage, die durch ein Servlet entgegengenommen wird.**

Über Ihren Webbrowser stellen Sie eine HTTP-Anfrage. Im typischen Fall senden Sie dabei auch einige Formulardaten mit, z.B. Benutzernamen und Kennwort. Diese Formulardaten werden von einem Servlet entgegengenommen und analysiert.

② **Das Servlet fungiert als Controller.**

Das Servlet spielt die Rolle des Controllers und verarbeitet Ihre Anfrage. Sehr wahrscheinlich wird es dabei Anfragen an das Model stellen (normalerweise eine Datenbank). Das Ergebnis der Verarbeitung Ihrer Anfrage wird normalerweise in Form einer JavaBean gebündelt.

③ **Der Controller gibt die Steuerung an den View weiter.**

Der View wird durch eine JSP repräsentiert. Die einzige Aufgabe der JSP ist die Erzeugung der Webseite, die die Präsentation des Models ist (④ übermittelt über eine JavaBean), und die Erzeugung aller notwendigen Steuerungselemente für weitere Aktionen.

⑤ **Der View gibt mittels HTTP eine Seite an den Browser zurück.**

Es wird eine Seite an den Browser geschickt, die von diesem als View angezeigt wird. Der Benutzer sendet weitere Anfragen, die genauso verarbeitet werden.

Model 2

Model 2 ist mehr als nur ordentliches Design.

Die Vorteile der Trennung von View, Model und Controller sind Ihnen jetzt so ziemlich klar. Aber Sie sollten auch »den Rest der Geschichte« über Model 2 hören – dass es viele Internetshops davor bewahrt hat, im Chaos zu versinken.

Wie es das geschafft hat? Na ja, Model 2 bietet nicht nur eine Trennung der Komponenten in Bezug auf das Design, sondern außerdem eine Trennung hinsichtlich der *Produktionszuständigkeit*. Seien wir ehrlich, früher konnte doch jeder, der Zugang zu Ihren JSPs hatte, darin herumfummeln und nach Lust und Laune Java-Code hineinschreiben, stimmt's? Und da waren auch eine Menge Leute dabei, die eine jar-Datei nicht von einem Glas (*jar*) Erdnussbutter unterscheiden konnten. Tatsache ist, dass die meisten Webdesigner *sich mit Content und HTML gut auskennen, aber nicht mit Software*.

Glücklicherweise kam Model 2 zu Hilfe. Mit Model 2 können wir die Entwicklerarbeit den Jungs und Mädels überlassen, die Ahnung von Servlets haben. Die Webdesigner lassen wir dagegen nur an einfache Model-2-Style-JSPs ran; darin können sie ausschließlich auf HTML und einfache JavaBeans zugreifen.

Model 2: DJ am Handy

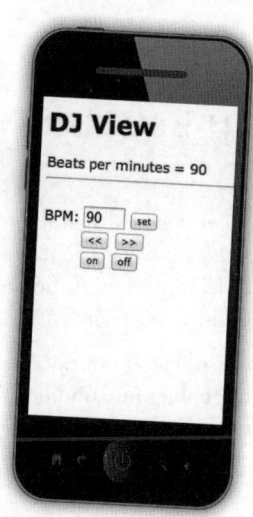

Sie haben doch wohl nicht angenommen, dass wir jetzt aufhören, ohne das tolle BeatModel ins Web zu übertragen? Stellen Sie sich vor, Sie können Ihre gesamte DJ-Session über eine Webpage auf Ihrem Handy steuern! Sie können also hinter Ihrem Mischpult hervorkommen und sich unter die Besucher mischen. Worauf warten Sie? Lassen Sie uns den Code schreiben!

Der Plan

① **Das Model anpassen.**
Na, eigentlich müssen wir am Model gar nichts anpassen – so wie es ist, ist es genau richtig!

② **Einen Servlet-Controller erzeugen.**
Wir brauchen ein einfaches Servlet, das unsere HTTP-Anfragen entgegennehmen und ein paar Operationen auf dem Model ausführen kann. Es muss nichts weiter als stoppen, starten und die Schläge pro Minute ändern können.

③ **Einen HTML-View erzeugen.**
Wir erzeugen einen einfachen View mit einer JSP. Diese erhält eine JavaBean vom Controller, von der sie alles erfährt, was sie für die Anzeige braucht. Die JSP erzeugt dann eine HTML-Schnittstelle.

 Für Geeks

Das Einrichten Ihrer Servlet-Umgebung

Wie Sie Ihre Servlet-Umgebung einrichten, können wir Ihnen hier leider nicht zeigen – das weicht für ein Buch über Entwurfsmuster ein bisschen weit vom Thema ab (zumindest, wenn Sie nicht wollen, dass das Buch mehr wiegt als Sie!).

Werfen Sie also Ihren Webbrowser an, gehen Sie direkt auf die Seite *http://jakarta.apache.orge/tomcat/* und holen Sie sich dort den Tomcat Servlet Container des Apache Jakarta-Projekts. Sie finden dort alles, was Sie für den Einstieg brauchen.

Und natürlich sollten Sie auch *Servlets & JSP von Kopf bis Fuß* von Bryan Basham, Kathy Sierra und Bert Bates lesen.

Model 2: Controller-Servlet

Schritt 1: das Model

Erinnern Sie sich daran, dass beim MVC das Model nichts über die Views oder Controller weiß. Mit anderen Worten: Es ist vollständig entkoppelt. Es weiß nur so viel: Es kann Beobachter geben, die es benachrichtigen muss – das Observer-Muster lässt grüßen! Außerdem bietet das Model eine Schnittstelle, über die Views und Controller seinen Zustand abfragen und setzen können.

Wir müssten jetzt nur noch das Model so anpassen, dass es auch in einer Webumgebung funktioniert. Aber weil es von keiner äußeren Klasse abhängig ist, ist gar nichts zu tun – wir können unser BeatModel »von der Stange weg« verwenden. Daher gehen wir direkt weiter zu Schritt 2.

Schritt 2: das Controller-Servlet

Denken Sie daran, das Servlet fungiert als unser Controller. Es erhält Eingaben vom Webbrowser durch eine HTTP-Anfrage und übersetzt sie in passende Aktionen für das Model.

Anschließend müssen wir – vorausgesetzt, das Web funktioniert – einen View an den Browser zurückgeben. Hierfür geben wir die Steuerung an den View ab, der durch eine JSP repräsentiert wird. Dazu kommen wir in Schritt 3.

Hier eine Kurzfassung des Servlets (die vollständige Implementierung kommt auf der nächsten Seite):

Wir erweitern die Klasse HttpServlet, sodass wir Servlet-typische Dinge tun können, z.B. HTTP-Anfragen annehmen.

Das brauchen wir, weil HttpServlet Serializable implementiert.

Hier ist die init-Methode; sie wird aufgerufen, wenn das Servlet erzeugt wird.

Als Erstes erzeugen wir ein BeatModel-Objekt ...

... und setzen dann eine Referenz darauf in den ServletContext, sodass man leicht darauf zugreifen kann.

Hier die doGet()-Methode, in der die eigentliche Arbeit stattfindet. Ihre Implementierung finden Sie auf der nächsten Seite.

```java
public class DJView extends HttpServlet {
    private static final long serialVersionUID = 2L;

    public void init() throws ServletException {
        BeatModel beatModel = new BeatModel();
        beatModel.initialize();
        getServletContext().setAttribute("beatModel", beatModel);
    }
    // doPost-Methode

    public void doGet(HttpServletRequest request,
                HttpServletResponse response)
        throws IOException, ServletException
    {
        // Implementierung
    }
}
```

Hier die Implementierung der doGet()-Methode von der Vorseite:

```java
public void doGet(HttpServletRequest request,
                  HttpServletResponse response)
    throws IOException, ServletException
{
  BeatModel beatModel =
    (BeatModel)getServletContext().getAttribute("beatModel");

  String bpm = request.getParameter("bpm");
  if (bpm == null) {
    bpm = beatModel.getBPM() + "";
  }

  String set = request.getParameter("set");
  if (set != null) {
    int bpmNumber = 90;
    bpmNumber = Integer.parseInt(bpm);
    beatModel.setBPM(bpmNumber);
  }

  String decrease = request.getParameter("decrease");
  if (decrease != null) {
    beatModel.setBPM(beatModel.getBPM() - 1);
  }
  String increase = request.getParameter("increase");
  if (increase != null) {
    beatModel.setBPM(beatModel.getBPM() + 1);
  }
  String on = request.getParameter("on");
  if (on != null) {
    beatModel.ein();
  }
  String off = request.getParameter("off");
  if (off != null) {
    beatModel.aus();
  }

  request.setAttribute("beatModel", beatModel);

  RequestDispatcher dispatcher =
    request.getRequestDispatcher("/jsp/DJView.jsp");
  dispatcher.forward(request, response);
}
```

Als Erstes holen wir uns das Model aus dem ServletContext. Ohne eine Referenz darauf können wir schließlich keinen Einfluss darauf nehmen.

Als Nächstes holen wir uns all die HTTP-Befehle/-Parameter ...

Wenn wir einen set-Befehl erhalten, schauen wir nach, welcher Wert zu setzen ist, und teilen ihn dem Model mit.

Um den BPM-Wert zu erhöhen oder zu senken, rufen wir den aktuellen Wert vom Model ab und ändern ihn um 1 nach oben oder unten.

Wenn wir einen on- oder off-Befehl erhalten, sagen wir dem Model, dass es ein- bzw. ausschalten soll.

Damit ist unser Job als Controller erledigt. Jetzt müssen wir nur noch den View bitten, zu übernehmen und einen HTML-View zu erzeugen.

Der Model-2-Definition entsprechend übergeben wir der JSP eine Bean mit dem Zustand des Models. In diesem Fall bekommt sie sogar das tatsächliche Model, weil es zufällig selbst eine Bean ist.

Model 2: View

Jetzt brauchen wir einen View ...

Jetzt noch einen View, und fertig ist unser browserbasierter Beat-Erzeuger! In Model 2 ist der View einfach eine JSP, und die kennt nichts anderes als die Bean, die sie vom Controller erhält. Bei uns ist die Bean das Model selbst, und die JSP benutzt davon nur die BPM-Eigenschaft, um an die aktuelle Anzahl der Schläge zu kommen. Mithilfe dieser Information erzeugt sie sowohl die Anzeige als auch die Steuerungselemente in der Benutzeroberfläche.

Dies ist unsere Bean, die wir vom Servlet bekommen haben.

```jsp
<jsp:useBean id="beatModel" scope="request" class="headfirst.combined.djview.BeatModel" />
```

Hier beginnt der HTML-Teil.

```html
<html>
<head>
  <meta charset="utf-8">
  <title>DJ-View</title>
  <style>...</style>
</head>
<body>

<h1>DJ-View</h1>
Schläge pro Minute = <jsp:getProperty name="beatModel" property="BPM" />
<br />
<hr>
<br />

<form method="post" action="/djview/servlet/DJView">
BPM: <input type=text name="bpm"
            value="<jsp:getProperty name="beatModel"
            property="BPM" />">
 

<input type="submit" name="set" value="setzen"><br />
<input type="submit" name="decrease" value="<<">
<input type="submit" name="increase" value=">>"><br />
<input type="submit" name="on" value="ein">
<input type="submit" name="off" value="aus"><br />
</form>

</body>
</html>
```

Hier holen wir die BPM-Eigenschaft aus der Model-Bean.

Jetzt erzeugen wir den View, der die aktuelle Beat-Anzahl pro Minute anzeigt.

Und hier ist der Steuerungsteil des Views. Wir haben ein Texteingabefeld, in den man einen BPM-Wert eintragen kann, und Buttons zum Erhöhen und Senken des Werts bzw. zum Ein- und Ausschalten.

Und hier das Ende des HTML-Teils.

BEACHTEN SIE: Genau wie beim MVC wird auch beim Model 2 das Model nicht durch den View verändert (das ist Aufgabe des Controllers). Der View benutzt lediglich seinen Zustand!

Model 2 im Test ...

Starten wir unseren Browser, rufen wir das DJView-Servlet auf und bringen wir Schwung in die Sache ...

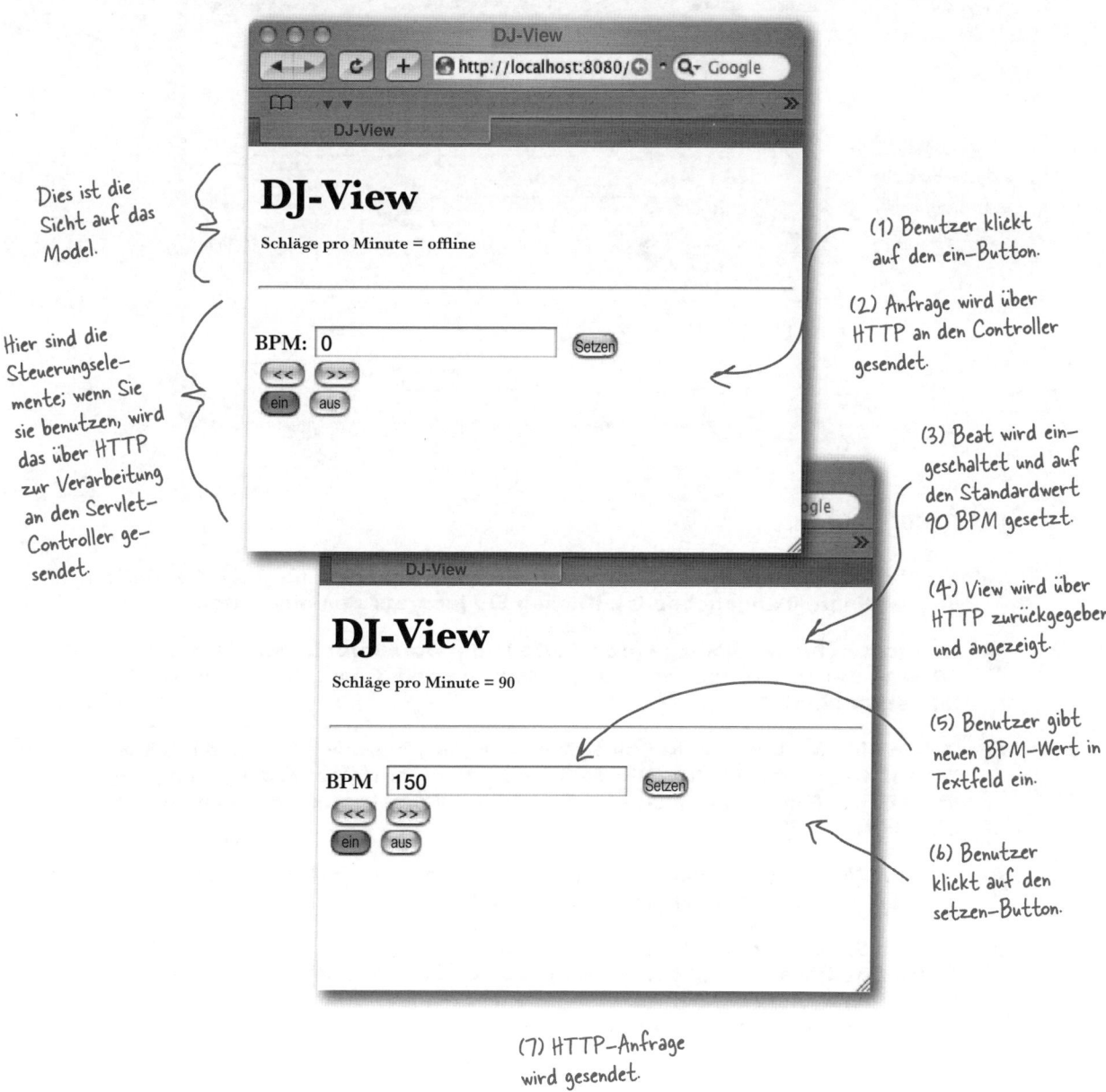

Model 2 zum *Ausprobieren*

(8) Controller ändert das Model auf 150 BPM.

(9) View gibt HTML entsprechend dem aktuellen Model zurück.

DJ-View

Schläge pro Minute = 150

BPM: [   ] (Setzen)
(<<) (>>)
(ein) (aus)

Zum Ausprobieren:

❶ **Als Erstes rufen Sie die Webseite auf; Sie werden sehen, dass für die Schläge pro Minute 0 angegeben ist. Klicken Sie jetzt auf den ein-Button.**

❷ **Nun sollten Sie die Schläge pro Minute in der Standardeinstellung sehen: 90 BPM. Sie sollten außerdem einen Beat auf dem Computer hören, auf dem Ihr Server läuft.**

❸ **Geben Sie eine bestimmte Schlagfrequenz ein, sagen wir 120, und klicken Sie auf den setzen-Button. Die Seite sollte dann mit einer Frequenzangabe von 120 pro Minute aktualisiert werden (und Sie sollten einen schnelleren Beat hören).**

❹ **Spielen Sie ruhig ein bisschen mit den Erhöhen-/Senken-Buttons und beschleunigen oder verlangsamen Sie den Beat.**

❺ **Denken Sie darüber nach, wie jeder Schritt des Systems funktioniert. Die HTML-Oberfläche schickt eine Anfrage an das Servlet (den Controller). Das Servlet analysiert die Benutzereingabe und schickt dann Anfragen an das Model. Anschließend übergibt es die Steuerung an die JSP (den View). Diese erzeugt dann den HTML-View, der zurückgegeben und angezeigt wird.**

Muster und Model 2

Nach der Implementierung der DJ-Steuerung für das Web mittels Model 2 fragen Sie sich vielleicht, wo dabei die Entwurfsmuster geblieben sind. Wir haben einen View, der in HTML von einer JSP erzeugt wird, aber der View ist kein Listener bezüglich des Models mehr. Unser Controller ist ein Servlet, das HTTP-Anfragen erhält – aber verwenden wir eigentlich noch das Strategy-Muster? Und was ist mit dem Composite-Muster? Wir haben einen View, der aus HTML besteht und in einem Webbrowser angezeigt wird – ist das noch das Composite-Muster?

Model 2 ist eine Anpassung von MVC an das Web.

Auch wenn Model 2 nicht exakt wie ein MVC aus dem Lehrbuch aussieht, sind doch alle Teile noch da; sie sind nur angepasst worden, um den Eigenarten des Webbrowser-Modells Rechnung zu tragen. Sehen wir es uns noch einmal an:

Observer

Der View ist kein Beobachter des Models im klassischen Sinne mehr; d.h., er meldet sich nicht beim Model an, um Benachrichtigungen über Zustandsveränderungen zu erhalten.

Er erhält jedoch etwas Gleichwertiges für diese Benachrichtigungen, und zwar indirekt durch den Controller, wenn sich das Model geändert hat. Der Controller übergibt dem View sogar eine Bean, in der er den Zustand des Models findet.

Überlegen Sie mal: Im Browser-Modell benötigt der View nur dann eine Aktualisierung der Zustandsinformation, wenn eine HTTP-Antwort an den Browser zurückgeschickt wird. Zu jedem anderen Zeitpunkt wäre eine Benachrichtigung witzlos. Nur dann, wenn auch eine Seite erzeugt und zurückgegeben wird, ist es sinnvoll, die Ansicht zu erzeugen und den Zustand des Models darin wiederzugeben.

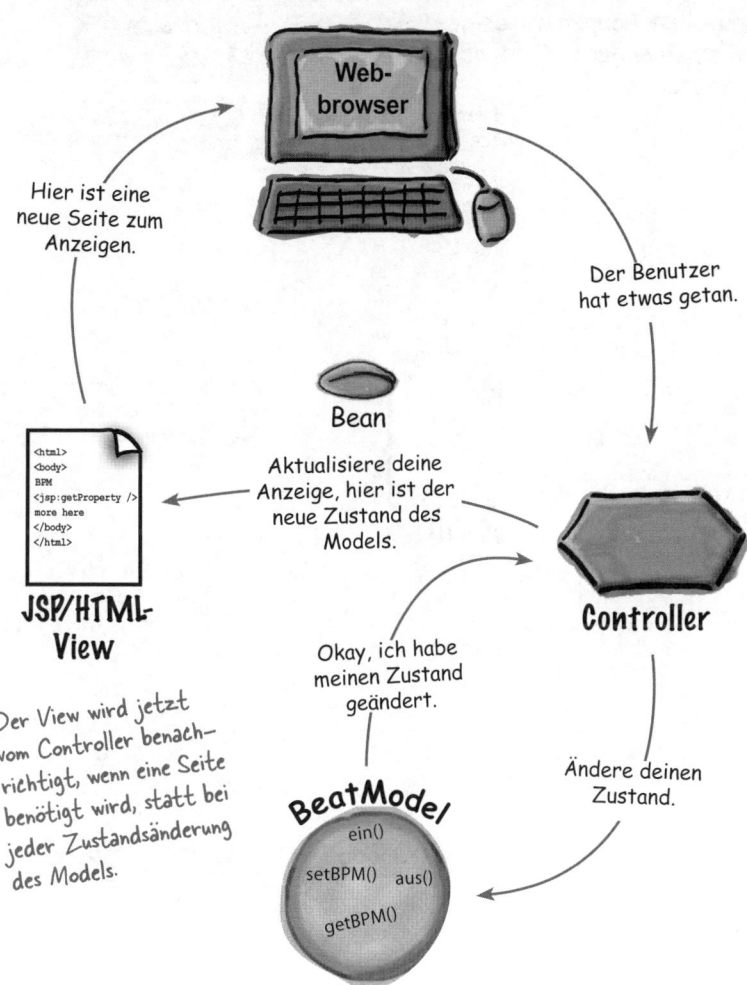

Muster in Model 2

Strategy

Das Strategy-Objekt ist in Model 2 nach wie vor das Controller-Servlet, das hier allerdings nicht in der klassischen Weise direkt mit dem View zusammengesetzt ist. Es ist aber auf jeden Fall ein Objekt, das Verhalten für den View implementiert, und wenn wir ein anderes Verhalten wollen, können wir es gegen einen anderen Controller austauschen.

Composite

Wie unsere Swing-Oberfläche ist auch der View letztlich aus einem Satz verschachtelter grafischer Komponenten aufgebaut, die in diesem Fall allerdings auf der Basis einer HTML-Beschreibung durch einen Webbrowser ausgegeben werden. Dahinter steckt jedoch ein Objekt-System, das sehr wahrscheinlich wie ein Kompositum aufgebaut ist.

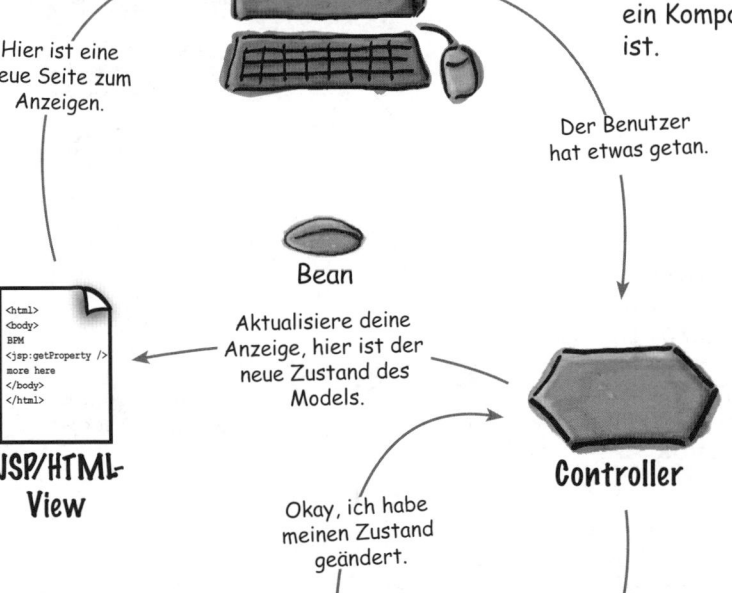

Hier ist eine neue Seite zum Anzeigen.

Der Benutzer hat etwas getan.

Aktualisiere deine Anzeige, hier ist der neue Zustand des Models.

Der Controller sorgt noch immer für das Verhalten des Views, auch wenn er nicht über Objekt-Komposition mit dem View zusammengesetzt ist.

Okay, ich habe meinen Zustand geändert.

Ändere deinen Zustand.

Es gibt keine Dummen Fragen

F: Ihre Behauptung, das Composite-Muster sei am MVC beteiligt, scheint mir nur sehr oberflächlich begründet. Ist das Composite-Muster wirklich im MVC enthalten?

A: Ja, das MVC enthält wirklich das Composite-Muster. Aber eigentlich ist das eine sehr gute Frage. GUI-Pakete wie z.B. Swing sind mittlerweile so komplex, dass wir die innere Struktur und die Verwendung des Composite-Musters beim Aufbau und der Aktualisierung der Anzeige kaum bemerken. Noch schwieriger ist es bei Webbrowsern, die aus Markup eine Benutzeroberfläche machen.

Als das MVC entdeckt wurde, war für die Erzeugung von Benutzeroberflächen viel mehr Handarbeit erforderlich. Da war es offensichtlicher, dass das Muster Bestandteil des MVC ist.

F: Implementiert der Controller jemals Anwendungslogik?

A: Nein, der Controller implementiert Verhalten für den View. Er ist der kluge Kopf, der die Aktionen vom View in Aktionen auf dem Model übersetzt. Das Model nimmt diese Aktionen an und implementiert die Anwendungslogik, die entscheidet, welche Reaktion auf diese Aktionen angebracht ist. Der Controller muss vielleicht ein bisschen arbeiten, um zu entscheiden, welche Methodenaufrufe auf dem Model erforderlich sind, aber das kann man nicht als »Anwendungslogik« betrachten. Die Anwendungslogik ist der Code, der Ihre Daten verwaltet und manipuliert; er kommt nur in Ihrem Model vor.

F: Unter dem Begriff »Model« konnte ich mir immer nur schwer etwas vorstellen. Jetzt verstehe ich, dass es sich um den Kern der Anwendung handelt, aber warum hat man so ein vages, wenig anschauliches Wort gewählt, um diesen Aspekt des MVC zu beschreiben?

A: Bei der Namensfindung für das MVC brauchten sie ein Wort, das mit »M« anfängt, sonst hätten sie es nicht MVC genannt.

Nein, im Ernst, wir sind ganz Ihrer Meinung. Jeder runzelt die Stirn und fragt sich, was ein Model ist. Aber dann kommen schließlich alle zu der Erkenntnis, dass ihnen auch kein besseres Wort einfällt.

F: Sie haben viel vom Zustand des Models gesprochen. Heißt es, dass das State-Muster dahintersteckt?

A: Nein, wir meinen einfach den Zustand im allgemeinen Sinn. Doch verwenden sicher manche Models das State-Muster, um ihre inneren Zustände zu verwalten.

F: Ich habe Beschreibungen des MVC gesehen, in denen der Controller als »Vermittler« zwischen View und Model bezeichnet wird. Implementiert der Controller das Mediator-Muster?

A: Das Mediator- oder Vermittler-Muster haben wir hier nicht besprochen (Sie finden es aber in einer Zusammenfassung der noch fehlenden Muster im Anhang). Wir wollen deshalb hier nicht im Detail darauf eingehen, nur so viel: Der Zweck des Mediator-Musters ist es zu kapseln, wie Objekte miteinander in Wechselwirkung treten. Und es fördert die lose Kopplung, indem es zwei Objekte davon abhält, ausdrücklich eine Referenz aufeinander zu halten. Bis zu einem gewissen Grad kann daher der Controller als Mediator angesehen werden, da der View den Zustand nie direkt auf dem Model selbst setzt, sondern immer über den Controller gehen muss. Aber Sie erinnern sich sicher, dass der View trotzdem eine Referenz auf das Model hält, um seinen Zustand abfragen zu können. Wenn der Controller ein echter Mediator wäre, müsste der View auch über den Controller gehen, um den Zustand des Models abzufragen.

F: Muss der View das Model unbedingt nach seinem Zustand fragen? Könnten wir nicht den Zustand des Models direkt mit der Aktualisierungsbenachrichtigung übermitteln, wie im Push-Modell?

A: Ja, das Model könnte seinen Zustand sicher auch mit der Benachrichtigung übermitteln, und wenn Sie sich noch einmal den JSP/HTML-View ansehen, tun wir hier genau das. Wir senden das komplette Model in einer Bean, über deren Bean-Eigenschaften der View den Zustand abfragen kann, den er benötigt. Etwas Ähnliches könnten wir beim BeatModel machen, indem wir einfach den Zustand senden, an dem der View interessiert ist. Wenn Sie an das Kapitel über das Observer-Muster zurückdenken, erinnern Sie sich aber vielleicht, dass es dabei ein paar Nachteile gibt. Lesen Sie das doch einfach dort noch einmal nach.

F: Wenn ich mehr als einen View habe, brauche ich dann immer mehr als einen Controller?

A: In der Regel brauchen Sie zur Laufzeit einen Controller pro View; allerdings kann die gleiche Controller-Klasse leicht für mehrere Views zuständig sein.

F: Der View soll das Model nicht manipulieren dürfen, aber bei Ihrer Implementierung ist mir aufgefallen, dass der View vollen Zugriff auf die Methoden für die Zustandsänderungen des Models hat. Ist das nicht gefährlich?

A: Sie haben Recht, wir haben dem View vollen Zugriff auf die Methoden des Models gegeben. Damit wollten wir das Ganze möglichst einfach halten, aber unter gewissen Umständen möchten Sie dem View vielleicht nur einen partiellen Zugriff auf die Schnittstelle Ihres Models geben. Es gibt ein Muster, mit dem sich eine Schnittstelle wunderbar so anpassen lässt, dass nur auf einen Teil davon zugegriffen werden kann. Wissen Sie, welches?

Werkzeuge für Ihren Design-Werkzeugkasten

Mit Ihrem Werkzeugkasten können Sie sich jetzt wirklich sehen lassen. Wahnsinn, sehen Sie sich bloß mal all die Prinzipien und Muster an – und jetzt auch noch zusammengesetzte Muster!

OO-Prinzipien

Kapseln Sie das, was variiert.

Ziehen Sie die Komposition der Vererbung vor.

Programmieren Sie auf eine Schnittstelle, nicht auf eine Implementierung.

Streben Sie für Objekte, die interagieren, nach Entwürfen mit lockerer Bindung.

Klassen sollten für Erweiterung offen, aber für Veränderung geschlossen sein.

Stützen Sie sich auf Abstraktionen. Stützen Sie sich nicht auf konkrete Klassen.

Sprechen Sie nur mit Ihren Freunden.

Versuchen Sie nicht, uns anzurufen, wir rufen Sie an.

Eine Klasse sollte nur einen Grund haben, sich zu ändern.

OO-Basics

Abstraktion
Kapselung
Polymorphismus
Vererbung

OO-Muster

Proxy – kontrolliert den Zugriff auf ein Objekt mithilfe eines vorgelagerten Stellvertreter-Objekts.

Zusammengesetzte Muster

Ein zusammengesetztes Muster kombiniert zwei oder mehr Muster zu einer Lösung für ein wiederkehrendes oder allgemeines Problem.

Wir haben eine neue Kategorie! MVC und Model 2 sind zusammengesetzte Muster.

Punkt für Punkt

- Das Model-View-Controller-Muster (MVC) ist ein zusammengesetztes Muster, bestehend aus Observer-, Strategy- und Composite-Muster.

- Das Model nutzt das Observer-Muster; so kann es Beobachter auf dem aktuellen Stand halten und dennoch von ihnen entkoppelt bleiben.

- Der Controller ist das Strategy-Objekt für den View. Der View kann verschiedene Implementierungen des Controllers benutzen, um unterschiedliches Verhalten zu zeigen.

- Der View nutzt das Composite-Muster für die Implementierung der Benutzerschnittstelle. Diese besteht in der Regel aus verschachtelten Komponenten wie Panels, Frames und Buttons.

- Diese Muster arbeiten zusammen, um die drei Akteure im MVC-Model zu entkoppeln. So bleibt das Design klar und flexibel.

- Mit dem Adapter-Muster lässt sich ein neues Model an ein vorhandenes View/Controller-Paar anpassen.

- Model 2 ist eine Anpassung des MVC für Webanwendungen.

- Im Model 2 ist der Controller als Servlet implementiert und der View als JSP & HMTL.

Zusammengesetzte **Muster**

Lösungen zu den Übungen

> **Spitzen Sie Ihren Bleistift**
>
> **Lösung** Auch der QuakZähler ist quakfähig. Wenn wir das Interface Quakfähig das Interface QuakBeobachtungsSubjekt erweitern lassen, müssen wir *alle* Klassen ändern, die Quakfähig implementieren, einschließlich QuakZähler:
>
> *Der QuakZähler ist quakfähig, daher ist auch er jetzt ein Quak-BeobachtungsSubjekt.*
>
> ```
> public class QuakZähler implements Quakfähig {
>   Quakfähig ente;
>   static int anzahlDerQuaks;
>
>   public QuakZähler(Quakfähig ente) {
>     this.ente = ente;
>   }
>
>   public void quaken() {
>     ente.quaken();
>     anzahlDerQuaks++;
>   }
>
>   public static int getQuaks() {
>     return anzahlDerQuaks;
>   }
>
>   public void registriereBeobachter(Beobachter beobachter) {
>     ente.registriereBeobachter(beobachter);
>   }
>
>   public void benachrichtigeBeobachtende() {
>     ente.benachrichtigeBeobachtende();
>   }
> }
> ```
>
> *Hier ist die Ente, die der QuakZähler dekoriert. Diese Ente hat die eigentlichen QuakBeobachtungsSubjekt-Methoden.*
>
> *Dieser Code ist der gleiche wie in der früheren Version von QuakZähler.*
>
> *Hier sind die beiden QuakBeobachtungs-Subjekt-Methoden. Wie Sie sehen, delegieren wir einfach beide Aufrufe an die von uns dekorierte Ente.*

Sie sind hier ▸

Spitzenlösung

Spitzen Sie Ihren Bleistift

Lösung

Was ist, wenn ein Quakologe eine ganze Schar beobachten will? Was bedeutet das überhaupt? Sie müssen sich das so vorstellen: Wenn wir ein Kompositum beobachten, beobachten wir alles *in* diesem Kompositum. Wenn Sie sich also bei einer Schar registrieren, sorgt das Schar-Kompositum dafür, dass Sie bei all seinen Kindern (Entschuldigung, bei all seinen kleinen Quakern) registriert werden, unter denen wiederum weitere Entenscharen sein können.

Eine Schar ist quakfähig und deshalb jetzt auch ein QuakBeobachtungsSubjekt.

Hier die Quakfähigen, die zur Schar gehören.

```
public class Schar implements Quakfähig {
  ArrayList<Quakfähig> quakende = new ArrayList<Quakfähig>();

  public void hinzufügen(Quakfähig quaker) {
    quakende.add(quaker);
  }

  public void quaken() {
    Iterator<Quakfähig> iterator = quakende.iterator();
    while (iterator.hasNext()) {
      Quakfähig quaker = iterator.next();
      quaker.quaken();
    }
  }

  public void registriereBeobachter(Beobachter beobachter) {
    Iterator<Quakfähig> iterator = quakende.iterator();
    while (iterator.hasNext()) {
      Quakfähig quaker = iterator.next();
      quaker.registriereBeobachter(beobachter);
    }
  }

  public void benachrichtigeBeobachtende() { }
}
```

Wenn Sie sich als Beobachter bei der Schar registrieren, werden Sie in Wirklichkeit bei jedem einzelnen Objekt registriert, das zur Schar gehört. Und das ist alles, was quakfähig ist, sei es nun eine Ente oder eine weitere Schar.

Wir iterieren über alle Quakfähigen in der Schar und delegieren den Aufruf an jedes quakfähige Objekt. Handelt es sich dabei um eine weitere Schar, passiert dort dasselbe.

Jedes quakfähige Objekt sorgt selbst für die Benachrichtigung; darum muss die Schar sich nicht kümmern.

Dies passiert, wenn die Schar das Quaken an alle Quakfähigen in der Schar delegiert.

Zusammengesetzte Muster

Spitzen Sie Ihren Bleistift
Lösung

Gänse instantiieren wir noch immer direkt auf der Basis von konkreten Klassen. Können Sie eine abstrakte Fabrik für Gänse schreiben? Wie sollte diese Fabrik »Gansenten« erzeugen?

Sie könnten eine Methode erzeugeGansEnte() in die bereits vorhandenen Entenfabriken einfügen. Aber Sie könnten auch eine eigenständige Fabrik bauen, die Gänsefamilien erzeugt.

Design-Puzzle, Lösung

Sie haben gesehen, wie View und Controller gemeinsam das Strategy-Muster einsetzen. Können Sie ein Klassendiagramm für die beiden zeichnen, das dieses Muster darstellt?

DJView
- controller
- erzeugeView()
- aktualisiereBPM()
- aktualisiereBeat()
- erzeugeSteuerungselemente()
- enableStopMenuItem()
- disableStopMenuItem()
- enableStartMenuItem()
- disableStartMenuItem()
- actionPerformed()

Der View delegiert Verhalten an den Controller. Bei dem delegierten Verhalten geht es darum, wie das Model auf der Basis der Benutzereingaben gesteuert wird.

<<Interface>> ControllerInterface
- *setBPM()*
- *increaseBPM()*
- *decreaseBPM()*

Das Controller-Interface ist das Interface, das alle konkreten Controller implementieren. Dies ist die Strategy-Schnittstelle.

Controller
- setBPM()
- increaseBPM()
- decreaseBPM()

Wir können verschiedene Controller anschließen, die unterschiedliches Verhalten für den View liefern.

Code-Fertiggericht: das DJ-Programm

Hier ist die vollständige Implementierung des DJ-Views. Sie enthält den gesamten MIDI-Code zur Tonerzeugung und alle Swing-Komponenten zur View-Erzeugung. Sie können diesen Code auch von der Website des Verlags herunterladen. Und nun viel Spaß!

```
package headfirst.designpatterns.combined.djview;

public class DJTestlauf {
  public static void main (String[] args) {
    BeatModelInterface model = new BeatModel();
    ControllerInterface controller = new BeatController(model);
  }
}
```

Das Beat-Model

```
package headfirst.designpatterns.combined.djview;

public interface BeatModelInterface {
  void initialize();

  void ein();

  void aus();

  void setBPM(int bpm);

  int getBPM();

  void registriereBeobachter(BeatBeobachter o);

  void entferneBeobachter(BeatBeobachter o);

  void registriereBeobachter(BPMBeobachter o);

  void entferneBeobachter(BPMBeobachter o);
}
```

Zusammengesetzte Muster

```java
package headfirst.designpatterns.combined.djview;

import javax.sound.midi.*;
import java.util.*;
public class BeatModel implements BeatModelInterface, MetaEventListener {
  Sequencer sequencer;
  ArrayList<BeatBeobachter> beatBeobachtende = new ArrayList<BeatBeobachter>();
  ArrayList<BPMBeobachter> bpmBeobachtende = new ArrayList<BPMBeobachter>();
  int bpm = 90;
  // hier weitere Instanzvariablen
  Sequence sequence;
  Track track;

  public void initialize() {
    setUpMidi();
    buildTrackAndStart();
  }

  public void ein() {
    System.out.println("Starte den Sequenzierer");
    sequencer.start();
    setBPM(90);
  }

  public void aus() {
    setBPM(0);
    sequencer.stop();
  }

  public void setBPM(int bpm) {
    this.bpm = bpm;
    sequencer.setTempoInBPM(getBPM());
    benachrichtigeBPMBeobachtende();
  }

  public int getBPM() {
    return bpm;
  }

  void beatEvent() {
    benachrichtigeBeatBeobachtende();
  }

  public void registriereBeobachter(BeatBeobachter o) {
    beatBeobachtende.add(o);
  }

  public void benachrichtigeBeatBeobachtende() {
    for(int i = 0; i < beatBeobachtende.size(); i++) {
      BeatBeobachter beobachter = beatBeobachtende.get(i);
      beobachter.aktualisiereBeat();
    }
  }
```

Sie sind hier ▸ **571**

Code-Fertiggericht: Model

 **Code-Fertiggericht (Fortsetzung)**

```
public void registriereBeobachter(BPMBeobachter o) {
  bpmBeobachtende.add(o);
}

public void benachrichtigeBPMBeobachtende() {
  for(int i = 0; i < bpmBeobachtende.size(); i++) {
    BPMBeobachter beobachter = bpmBeobachtende.get(i);
    beobachter.aktualisiereBPM();
  }
}

public void entferneBeobachter(BeatBeobachter o) {
  int i = beatBeobachtende.indexOf(o);
  if (i >= 0) {
    beatBeobachtende.remove(i);
  }
}


public void entferneBeobachter(BPMBeobachter o) {
  int i = bpmBeobachtende.indexOf(o);
  if (i >= 0) {
    bpmBeobachtende.remove(i);
  }
}

public void meta(MetaMessage message) {
  if (message.getType() == 47) {
    beatEvent();
    sequencer.start();
    setBPM(getBPM());
  }
}

public void setUpMidi() {
  try {
    sequencer = MidiSystem.getSequencer();
    sequencer.open();
    sequencer.addMetaEventListener(this);
    sequence = new Sequence(Sequence.PPQ,4);
```

```
      track = sequence.createTrack();
      sequencer.setTempoInBPM(getBPM());
      sequencer.setLoopCount(Sequencer.LOOP_CONTINUOUSLY);
    } catch(Exception e) {
      e.printStackTrace();
    }
  }

  public void buildTrackAndStart() {
    int[] trackList = {35, 0, 46, 0};

    sequence.deleteTrack(null);
    track = sequence.createTrack();

    makeTracks(trackList);
    track.add(makeEvent(192,9,1,0,4));
    try {
      sequencer.setSequence(sequence);
    } catch(Exception e) {
      e.printStackTrace();
    }
  }

  public void makeTracks(int[] list) {

    for (int i = 0; i < list.length; i++) {
      int key = list[i];

      if (key != 0) {
        track.add(makeEvent(144,9,key, 100, i));
        track.add(makeEvent(128,9,key, 100, i+1));
      }
    }
  }

  public MidiEvent makeEvent(int comd, int chan, int one, int two, int tick)   {
    MidiEvent event = null;
    try {
      ShortMessage a = new ShortMessage();
      a.setMessage(comd, chan, one, two);
      event = new MidiEvent(a, tick);

    } catch(Exception e) {
      e.printStackTrace();
    }
    return event;
  }
}
```

Der View

Code-Fertiggericht (Fortsetzung)

```
package headfirst.designpatterns.combined.djview;

public interface BeatBeobachter {
  void aktualisiereBeat();
}
```

```
package headfirst.designpatterns.combined.djview;

public interface BPMBeobachter {
  void aktualisiereBPM();
}
```

```
package headfirst.designpatterns.combined.djview;

import java.awt.*;
import java.awt.event.*;
import javax.swing.*;
public class DJView implements ActionListener, BeatBeobachter, BPMBeobachter {
  BeatModelInterface model;
  ControllerInterface controller;
  JFrame viewFrame;
  JPanel viewPanel;
  BeatBar beatBar;
  JLabel bpmOutputLabel;
  JFrame controlFrame;
  JPanel controlPanel;
  JLabel bpmLabel;
  JTextField bpmTextField;
  JButton setBPMButton;
  JButton increaseBPMButton;
  JButton decreaseBPMButton;
  JMenuBar menuBar;
  JMenu menu;
  JMenuItem startMenuItem;
  JMenuItem stopMenuItem;

  public DJView(ControllerInterface controller, BeatModelInterface model) {
    this.controller = controller;
    this.model = model;
    model.registriereBeobachter((BeatBeobachter)this);
    model.registriereBeobachter((BPMBeobachter)this);
  }
```

Zusammengesetzte Muster

```java
public void erzeugeView() {
   // alle Swing-Komponenten hier erzeugen
   viewPanel = new JPanel(new GridLayout(1, 2));
   viewFrame = new JFrame("Anzeige");
   viewFrame.setDefaultCloseOperation(JFrame.EXIT_ON_CLOSE);
   viewFrame.setSize(new Dimension(100, 80));
   bpmOutputLabel = new JLabel("offline", SwingConstants.CENTER);
   beatBar = new BeatBar();
   beatBar.setValue(0);
   JPanel bpmPanel = new JPanel(new GridLayout(2, 1));
   bpmPanel.add(beatBar);
   bpmPanel.add(bpmOutputLabel);
   viewPanel.add(bpmPanel);
   viewFrame.getContentPane().add(viewPanel, BorderLayout.CENTER);
   viewFrame.pack();
   viewFrame.setVisible(true);
}


public void erzeugeSteuerungselemente() {
   // alle Swing-Komponenten hier erzeugen
   JFrame.setDefaultLookAndFeelDecorated(true);
   controlFrame = new JFrame("Steuerung");
   controlFrame.setDefaultCloseOperation(JFrame.EXIT_ON_CLOSE);
   controlFrame.setSize(new Dimension(100, 80));

   controlPanel = new JPanel(new GridLayout(1, 2));

   menuBar = new JMenuBar();
   menu = new JMenu("DJ-Steuerung");
   startMenuItem = new JMenuItem("Starten");
   menu.add(startMenuItem);
   startMenuItem.addActionListener(new ActionListener() {
     public void actionPerformed(ActionEvent event) {
       controller.start();
     }
   });
   stopMenuItem = new JMenuItem("Stoppen");
   menu.add(stopMenuItem);
   stopMenuItem.addActionListener(new ActionListener() {
     public void actionPerformed(ActionEvent event) {
       controller.stop();
       //bpmOutputLabel.setText("offline");
     }
   });
   JMenuItem exit = new JMenuItem("Beenden");
   exit.addActionListener(new ActionListener() {
     public void actionPerformed(ActionEvent event) {
       System.exit(0);
     }
   });
```

Code-Fertiggericht: View

Code-Fertiggericht (Fortsetzung)

```java
    menu.add(exit);
    menuBar.add(menu);
    controlFrame.setJMenuBar(menuBar);

    bpmTextField = new JTextField(2);
    bpmLabel = new JLabel("BPM eingeben:", SwingConstants.RIGHT);
    setBPMButton = new JButton("Setzen");
    setBPMButton.setSize(new Dimension(10,40));
    increaseBPMButton = new JButton(">>");
    decreaseBPMButton = new JButton("<<");
    setBPMButton.addActionListener(this);
    increaseBPMButton.addActionListener(this);
    decreaseBPMButton.addActionListener(this);

    JPanel buttonPanel = new JPanel(new GridLayout(1, 2));

    buttonPanel.add(decreaseBPMButton);
    buttonPanel.add(increaseBPMButton);

    JPanel enterPanel = new JPanel(new GridLayout(1, 2));
    enterPanel.add(bpmLabel);
    enterPanel.add(bpmTextField);
    JPanel insideControlPanel = new JPanel(new GridLayout(3, 1));
    insideControlPanel.add(enterPanel);
    insideControlPanel.add(setBPMButton);
    insideControlPanel.add(buttonPanel);
    controlPanel.add(insideControlPanel);

    bpmLabel.setBorder(BorderFactory.createEmptyBorder(5,5,5,5));
    bpmOutputLabel.setBorder(BorderFactory.createEmptyBorder(5,5,5,5));

    controlFrame.getRootPane().setDefaultButton(setBPMButton);
    controlFrame.getContentPane().add(controlPanel, BorderLayout.CENTER);

    controlFrame.pack();
    controlFrame.setVisible(true);
}

public void enableStopMenuItem() {
    stopMenuItem.setEnabled(true);
}

public void disableStopMenuItem() {
    stopMenuItem.setEnabled(false);
```

```java
    }

    public void enableStartMenuItem() {
        startMenuItem.setEnabled(true);
    }

    public void disableStartMenuItem() {
        startMenuItem.setEnabled(false);
    }

    public void actionPerformed(ActionEvent event) {
        if (event.getSource() == setBPMButton) {
            int bpm = Integer.parseInt(bpmTextField.getText());
            controller.setBPM(bpm);
        } else if (event.getSource() == increaseBPMButton) {
            controller.increaseBPM();
        } else if (event.getSource() == decreaseBPMButton) {
            controller.decreaseBPM();
        }
    }
    public void aktualisiereBPM() {
        int bpm = model.getBPM();
        if (bpm == 0) {
            bpmOutputLabel.setText("offline");
        } else {
            bpmOutputLabel.setText("Aktueller BPM: " + model.getBPM());
        }
    }

    public void aktualisiereBeat() {
        beatBar.setValue(100);
    }
}
```

Der Controller

```java
package headfirst.designpatterns.combined.djview;

public interface ControllerInterface {
    void start();
    void stop();
    void increaseBPM();
    void decreaseBPM();
    void setBPM(int bpm);
}
```

Code-Fertiggericht: Controller

 **Code-Fertiggericht (Fortsetzung)**

```
package headfirst.designpatterns.combined.djview;

public class BeatController implements ControllerInterface {
  BeatModelInterface model;
  DJView view;

  public BeatController(BeatModelInterface model) {
    this.model = model;
    view = new DJView(this, model);
    view.erzeugeView();
    view.erzeugeSteuerungselemente();
    view.disableStopMenuItem();
    view.enableStartMenuItem();
    model.initialize();
  }

  public void start() {
    model.ein();
    view.disableStartMenuItem();
    view.enableStopMenuItem();
  }

  public void stop() {
    model.aus();
    view.disableStopMenuItem();
    view.enableStartMenuItem();
  }

  public void increaseBPM() {
    int bpm = model.getBPM();
    model.setBPM(bpm + 1);
  }

  public void decreaseBPM() {
    int bpm = model.getBPM();
    model.setBPM(bpm - 1);
  }

  public void setBPM(int bpm) {
    model.setBPM(bpm);
  }
}
```

Das Herz-Model

```java
package headfirst.designpatterns.combined.djview;

public class HerzTestlauf {
  public static void main (String[] args) {
    HerzModel herzModel = new HerzModel();
    ControllerInterface model = new HerzController(herzModel);
  }
}


package headfirst.designpatterns.combined.djview;
public interface HerzModelInterface {
  int getHerzFrequenz();
  void registriereBeobachter(BeatBeobachter o);
  void entferneBeobachter(BeatBeobachter o);
  void registriereBeobachter(BPMBeobachter o);
  void entferneBeobachter(BPMBeobachter o);
}


package headfirst.designpatterns.combined.djview;
import java.util.*;

public class HerzModel implements HerzModelInterface, Runnable {
  ArrayList<BeatBeobachter> beatBeobachtende = new ArrayList <BeatBeobachter> ();
  ArrayList<BPMBeobachter> bpmBeobachtende = new ArrayList<BPMBeobachter>();
  int time = 1000;
  int bpm = 90;
  Random random = new Random(System.currentTimeMillis());
  Thread thread;

  public HerzModel() {
    thread = new Thread(this);
    thread.start();
  }

  public void run() {
    int lastrate = -1;

    for(;;) {
      int change = random.nextInt(10);
      if (random.nextInt(2) == 0) {
        change = 0 - change;
      }
      int rate = 60000/(time + change);
      if (rate < 120 && rate > 50) {
        time += change;
```

Code-Fertiggericht: Herzschlag-Model

Code-Fertiggericht (Fortsetzung)

```
        benachrichtigeBeatBeobachtende();
      if (rate != lastrate) {
        lastrate = rate;
        benachrichtigeBPMBeobachtende();
      }
    }
    try {
      Thread.sleep(time);
    } catch (Exception e) {}
  }
}
public int getHerzFrequenz() {
  return 60000/time;
}

public void registriereBeobachter(BeatBeobachter o) {
  beatBeobachtende.add(o);
}

public void entferneBeobachter(BeatBeobachter o) {
  int i = beatBeobachtende.indexOf(o);
  if (i >= 0) {
    beatBeobachtende.remove(i);
  }
}

public void benachrichtigeBeatBeobachtende() {
  for(int i = 0; i < beatBeobachtende.size(); i++) {
    BeatBeobachter beobachter = beatBeobachtende.get(i);
    beobachter.aktualisiereBeat();
  }
}

public void registriereBeobachter(BPMBeobachter o) {
  bpmBeobachtende.add(o);
}

public void entferneBeobachter(BPMBeobachter o) {
  int i = bpmBeobachtende.indexOf(o);
  if (i >= 0) {
    bpmBeobachtende.remove(i);
  }
}

public void benachrichtigeBPMBeobachtende() {
  for(int i = 0; i < bpmBeobachtende.size(); i++) {
    BPMBeobachter beobachter = bpmBeobachtende.get(i);
    beobachter.aktualisiereBPM();
  }
 }
}
```

Der Herz-Adapter

```java
package headfirst.designpatterns.combined.djview;
public class HerzAdapter implements BeatModelInterface {
  HerzModelInterface herz;

  public HerzAdapter(HerzModelInterface herz) {
    this.herz = herz;
  }

  public void initialize() {}

  public void ein() {}

  public void aus() {}

  public int getBPM() {
    return herz.getHerzFrequenz();
  }

  public void setBPM(int bpm) {}

  public void registriereBeobachter(BeatBeobachter o) {
    herz.registriereBeobachter(o);
  }

  public void entferneBeobachter(BeatBeobachter o) {
    herz.entferneBeobachter(o);
  }

  public void registriereBeobachter(BPMBeobachter o) {
    herz.registriereBeobachter(o);
  }

  public void entferneBeobachter(BPMBeobachter o) {
    herz.entferneBeobachter(o);
  }
}
```

Code-Fertiggericht: Herzschlag-Controller

Der Controller

Code-Fertiggericht (Fortsetzung)

```
package headfirst.designpatterns.combined.djview;

public class HerzController implements ControllerInterface {
  HerzModelInterface model;
  DJView view;

  public HerzController(HerzModelInterface model) {
    this.model = model;
    view = new DJView(this, new HerzAdapter(model));
    view.erzeugeView();
    view.erzeugeSteuerungselemente();
    view.disableStopMenuItem();
    view.disableStartMenuItem();
  }

  public void start() {}

  public void stop() {}

  public void increaseBPM() {}

  public void decreaseBPM() {}

  public void setBPM(int bpm) {}
}
```

13 Besser leben mit Mustern

Entwurfsmuster in der realen Welt

Aaah, jetzt sind Sie bereit für eine strahlende neue Welt voller Entwurfsmuster! Aber bevor Sie all die tollen Chancen nutzen, die sich Ihnen jetzt bieten, müssen wir noch ein paar Einzelheiten besprechen, die Sie in der realen Welt beachten müssen – ja, ein bisschen komplizierter als hier in Objekthausen wird es schon! Schauen Sie mal auf die nächste Seite: Dort haben wir einen schönen Leitfaden, der Ihnen die Eingewöhnung erleichtern wird.

Was Sie im Leitfaden lernen

Der Objekthausener Leitfaden für ein besseres Leben mit Mustern

Unser praktischer Leitfaden bietet Ihnen viele Tipps & Tricks für das Leben mit Entwurfsmustern in der realen Welt:

- ☞ Lesen Sie, welche falschen Vorstellungen über die Definition eines »Entwurfsmusters« verbreitet sind.
- ☞ Entdecken Sie die schicken Musterkataloge und erfahren Sie, warum Sie unbedingt einen haben müssen.
- ☞ Vermeiden Sie die peinliche Situation, zur falschen Zeit ein Muster zu benutzen.
- ☞ Lernen Sie, wie Sie Muster ordentlich in Gruppen einteilen können.
- ☞ Erfahren Sie, warum das Entdecken von Mustern nicht nur etwas für Gurus ist. Werden Sie selbst ein Musterschreiber, nachdem Sie unsere kurze Anleitung gelesen haben.
- ☞ Seien Sie dabei, wenn das Geheimnis der wahren Identität der mysteriösen Viererbande GoF gelüftet wird.
- ☞ Finden Sie heraus, welche dieser großformatigen Bildbände Sie unbedingt besitzen müssen, damit Sie mit Ihren Nachbarn mithalten können.
- ☞ Lernen Sie, Ihren Geist wie ein Zen-Meister zu trainieren.
- ☞ Gewinnen Sie Freunde und überzeugen Sie andere Entwickler, indem Sie Ihr Mustervokabular verbessern.

Definition eines Entwurfsmusters

Wetten, dass Sie zum jetzigen Zeitpunkt nach dem Durcharbeiten dieses Buchs schon eine ziemlich gute Vorstellung davon haben, was ein Entwurfsmuster ist? Eine Definition für ein Muster haben wir allerdings noch nirgendwo gegeben. Und möglicherweise sind Sie ein bisschen erstaunt über die gängige Definition:

> ***Ein Muster*** ist die Lösung eines Problems in einem bestimmten Kontext.

Nicht gerade viel sagend, oder? Aber seien Sie unbesorgt, wir sehen uns das im Einzelnen an – Kontext, Problem und Lösung:

- Der **Kontext** ist die Situation, in der das Muster angewendet wird. Es sollte eine wiederkehrende Situation sein.
- Das **Problem** umfasst das Ziel, das Sie in diesem Kontext erreichen möchten, aber auch alle Einschränkungen (oder Randbedingungen), die in dem Kontext auftreten können.
- Die **Lösung** ist das, was Sie gern hätten: ein allgemeiner Entwurf, mit dem jeder das Ziel erreichen und diesen Satz von Einschränkungen überwinden kann.

Beispiel: Sie haben eine Collection von Objekten.

Sie müssen die Objekte nacheinander durchgehen können, ohne dass die Implementierung der Collection erkennbar wird.

Kapseln Sie die Iteration in einer separaten Klasse.

Das ist eine von diesen Definitionen, bei denen man eine Weile braucht, bis sie sich setzen. Gehen Sie einfach Schritt für Schritt vor – hier ein kleiner Merkspruch zum Auswendiglernen:

> »Wenn Sie in einem bestimmten Kontext einem Problem gegenüberstehen und das Erreichen des Ziels nur mit gewissen Einschränkungen möglich ist, können Sie ein Muster anwenden, das zu einer Lösung für dieses Ziel und die zugehörigen Einschränkungen führt.«

Na, es scheint ja eine Menge Arbeit zu sein, bloß um klar zu machen, was ein Entwurfsmuster ist. Sie wissen schließlich bereits, dass ein Muster Ihnen eine Lösungsmöglichkeit für ein wiederkehrendes Design-Problem bietet. Was bringt uns also dieser ganze formale Kram? Nun, Sie werden sehen: Mithilfe der formalen Beschreibung von Entwurfsmustern lässt sich ein Katalog von Mustern zusammenstellen, der viele Vorteile hat.

Definition von Entwurfsmustern

Ich habe über die dreiteilige Definition nachgedacht. Und mir kommt das überhaupt nicht wie eine Definition für ein Entwurfsmuster vor.

Vielleicht haben Sie recht, denken wir mal ein wenig darüber nach ... Wir brauchen ein *Problem*, eine *Lösung* und einen *Kontext:*

Problem: Wie komme ich pünktlich zur Arbeit?

Kontext: Ich habe meine Schlüssel im Wagen eingeschlossen.

Lösung: Fenster einschlagen, einsteigen, Motor anlassen und zur Arbeit fahren.

Wir haben hier alle Komponenten aus der Definition: ein Problem, das das Ziel beinhaltet (»zur Arbeit kommen«) und die Einschränkungen durch Zeit, Entfernung und wahrscheinlich noch ein paar andere Faktoren. Wir haben außerdem einen Kontext, in dem unsere Wagenschlüssel nicht zugänglich sind. Und wir haben eine Lösung, mit der wir an die Schlüssel kommen und die die Einschränkungen hinsichtlich Zeit und Entfernung aufhebt. Also haben wir doch ein Entwurfsmuster! Stimmt's?

Wir haben hier gemäß der Definition für Entwurfsmuster ein Problem, einen Kontext und eine Lösung definiert (die funktioniert!). Ist das tatsächlich ein Muster? Wenn nicht – was fehlt? Kann es uns auch bei der Definition eines OO-Musters passieren, dass wir in ähnlicher Weise danebenliegen?

Besser leben mit Mustern

Die Entwurfsmusterdefinition näher betrachtet

Unser Beispiel scheint der Definition eines Musters zu entsprechen, aber ein echtes Muster ist es nicht. Aber warum nicht? Zunächst einmal: Wir wissen, dass ein Muster auf ein wiederkehrendes Problem passen muss. Ein zerstreuter Mensch mag vielleicht seine Autoschlüssel öfter im Wagen einschließen – aber das Einschlagen der Fensterscheibe bietet sich nicht gerade als immer wieder anwendbare Lösung an (zumindest nicht, wenn wir das Ziel gegen eine andere Einschränkung abwägen: die Kosten).

Unsere Lösung kommt auch noch aus ein paar anderen Gründen nicht infrage: Erstens kann man diese Beschreibung nicht einfach nehmen und sie jemand anderem in die Hand drücken, damit er sie auf sein eigenes spezielles Problem anwendet. Zweites haben wir einen wichtigen, aber einfachen Aspekt eines Musters vernachlässigt: Wir haben der Lösung noch nicht mal einen Namen gegeben! Und ohne Namen kann das Muster nicht Bestandteil des gemeinsamen Vokabulars von Entwicklern werden.

Glücklicherweise werden Muster nicht als einfache Kombination aus Problem, Kontext und Lösung beschrieben und dokumentiert; es gibt viel bessere Möglichkeiten, Muster zu beschreiben und sie in *Musterkatalogen* zusammenzustellen.

> Wenn Ihnen das nächste Mal jemand erzählt, ein Muster sei eine Lösung für ein Problem in einem Kontext, nicken Sie einfach und lächeln. Sie wissen ja, was er meint, auch wenn diese Definition keinesfalls ausreichend beschreibt, was ein Entwurfsmuster wirklich ist.

Es gibt keine Dummen Fragen

F: Werde ich auf Musterbeschreibungen in Form von Problem, Kontext und Lösung treffen?

A: Die Musterbeschreibungen, die Sie in Musterkatalogen finden, sind normalerweise ein bisschen aussagekräftiger. Wir sehen uns Musterkataloge gleich noch im Detail an; sie geben uns viel ausführlichere Auskünfte darüber, was Zweck und Motivation eines Musters sind und wo es angewendet werden kann, und sie beschreiben den Lösungsentwurf und die Konsequenzen, die seine Anwendung hat (gute und schlechte).

F: Ist es okay, wenn ich die Struktur eines Musters etwas abändere, damit es zu meinem Entwurf passt? Oder muss ich mich strikt an die Definition halten?

A: Natürlich dürfen Sie es abändern. Genau wie Entwurfsprinzipien sollen auch Muster keine Gesetze oder Regeln sein, sondern *Richtlinien*, die Sie nach Bedarf anpassen können. Wie Sie gesehen haben, passen eine Menge Beispiele aus dem wirklichen Leben nicht zu den klassischen Musterentwürfen.

Beim Anpassen von Mustern schadet es jedoch nie, wenn Sie dokumentieren, worin sich Ihr Muster vom klassischen Design unterscheidet – so können andere Entwickler rasch sehen, welche Muster Sie anwenden und ob es Unterschiede zwischen Ihrem und dem klassischen Muster gibt.

F: Woher bekomme ich einen Musterkatalog?

A: Der erste und wichtigste Musterkatalog überhaupt ist: *Entwurfsmuster: Elemente wiederverwendbarer objektorientierter Software* von Gamma, Helm, Johnson und Vlissides (Addison-Wesley). In diesem Katalog werden 23 grundlegende Pattern beschrieben. In ein paar Seiten erzählen wir Ihnen noch etwas mehr über dieses Buch.

Mittlerweile werden auch Musterkataloge für verschiedene andere Fachgebiete veröffentlicht, z.B. für Unternehmenssoftware, nebenläufige Systeme und Geschäftssysteme.

Für Geeks

Möge die Macht mit Ihnen sein!

Laut Entwurfsmuster-Definition besteht das *Problem* aus einem *Ziel* und *einer Reihe von Einschränkungen*. Dafür haben die Muster-Gurus einen besonderen Begriff: Sie nennen sie auch Kräfte oder Mächte (*engl.* forces). Warum, fragen Sie? Na, die werden dafür schon ihre Gründe haben, aber denken Sie mal an den Film, da heißt es: Die Macht »formt und lenkt das Universum«. Und ähnlich wird auch in der Entwurfsmuster-Definition die Lösung durch so etwas Ähnliches wie Mächte geformt und gelenkt. Nur wenn bei der Lösung beide Seiten der Macht in einem ausgewogenen Verhältnis stehen (die helle Seite, d.h. Ihr Ziel, und die dunkle Seite, d.h. die Einschränkungen), haben wir ein brauchbares Muster. Man könnte auch von einem »Gleichgewicht der Kräfte« sprechen.

Diese »Macht«- oder »Kraft«-Terminologie kann ziemlich verwirrend sein, wenn Sie ihr in Entwurfsmuster-Diskussionen zum ersten Mal begegnen. Erinnern Sie sich dann einfach daran, dass die Macht zwei Seiten hat (Ziel und Einschränkungen) und dass für ein Muster eine ausgewogene Lösung nötig ist. Lassen Sie sich nicht vom Jargon beirren – und möge die Macht mit Ihnen sein!

Besser leben mit Mustern

Joachim: Weih uns ein, Tim. Ich habe meine Kenntnisse über Muster nämlich nur daher, dass ich hier und da ein paar Artikel gelesen habe.

Tim: Sicher. Jeder Musterkatalog nimmt sich eine Anzahl von Mustern und beschreibt jedes einzelne im Detail, inklusive seiner Beziehung zu den anderen Mustern.

Frank: Willst du damit sagen, dass es mehr als einen Musterkatalog gibt?

Tim: Natürlich; es gibt Kataloge für grundlegende Muster, aber auch Kataloge für bereichsspezifische Muster, z.B. EJB-Muster.

Joachim: Und welchen Katalog hast du da gerade?

Tim: Das ist der klassische GoF-Katalog mit 23 grundlegenden Entwurfsmustern.

Joachim: GoF?

Tim: Richtig, das ist das Kürzel für die Gang of Four, die Viererbande. Das sind die Jungs, die den ersten Musterkatalog zusammengestellt haben.

Frank: Was steht denn in dem Katalog?

Tim: Das ist eine Zusammenstellung miteinander verwandter Muster. Für jedes Muster gibt es eine Beschreibung, die einem vorgegebenen Schema entspricht und viele Details über das Muster verrät. So hat beispielsweise jedes Muster einen *Namen*.

Joachim: Na, das ist ja weltbewegend – einen Namen! Stell dir vor!

Einen Musterkatalog benutzen

Tim: Doch, wirklich, Joachim, der Name ist sehr wichtig! Wenn wir einen Namen für ein Muster haben, können wir über das Muster sprechen – du weißt schon, die Sache mit dem gemeinsamen Vokabular.

Joachim: Okay, okay, ich hab ja nur Spaß gemacht. Mach weiter, was noch?

Tim: Also, wie ich schon sagte, jede Musterbeschreibung folgt einem festen Schema. Für jedes Muster ist der Name angegeben, dann folgen ein paar Abschnitte, die das Muster näher beschreiben. So gibt es z.B. einen Abschnitt »Zweck«, der beschreibt, was das für ein Muster ist – so eine Art Definition. Dann kommen die Abschnitte »Motivation« und »Anwendbarkeit«, die beschreiben, wann und wo du die Muster benutzen könntest.

Frank: Was ist denn mit dem Entwurf selbst?

Tim: Es gibt mehrere Abschnitte über das Design der Klassen, dort sind unter anderem alle zugehörigen Klassen genannt und welche Rolle sie spielen. Außerdem gibt es einen Abschnitt über die Implementierung des Musters. Und oft ist auch Beispielcode abgedruckt, an dem du sehen kannst, wie es gemacht wird.

Joachim: Klingt, als hätten sie an alles gedacht.

Tim: Ja, und da ist noch mehr! Es gibt auch Beispiele für den Einsatz dieser Muster in real existierenden Systemen. Und – was ich mit am nützlichsten überhaupt finde – in welcher Beziehung das Muster zu *anderen* Mustern steht.

Joachim: Ach, du meinst, sie erklären auch solche Sachen wie den Unterschied zwischen *State*- und *Strategy*-Muster?

Tim: Genau!

Frank: Also, Tim, wie benutzt du denn eigentlich den Katalog? Wenn du ein Problem hast, durchforstest du dann den Katalog nach einer Lösung?

Tim: Ich versuche mich erst mal mit all den Mustern und ihren Beziehungen vertraut zu machen. Wenn ich dann ein Muster brauche, habe ich schon eine Idee, welches passen könnte. Ich schlage dort nach und sehe mir erst die Abschnitte »Motivation« und »Anwendbarkeit« an, um sicherzugehen, dass es das richtige ist. Und es gibt noch einen weiteren sehr wichtigen Abschnitt: »Konsequenzen«. Den sehe ich mir auch an, damit ich sicher sein kann, dass es in meinem Entwurf keine unerwünschten Nebenwirkungen gibt.

Joachim: Das klingt vernünftig. Und wenn du dann weißt, dass du das richtige Muster hast, wie gehst du an die Einarbeitung in deinen Entwurf und die Implementierung heran?

Tim: Da kommt dann das Klassendiagramm ins Spiel. Erst mal lese ich den Abschnitt »Struktur« und sehe mir das Diagramm noch mal an. Dann den Abschnitt »Teilnehmer«, um zu prüfen, ob ich die Rolle der einzelnen Klassen wirklich richtig verstehe. Erst jetzt arbeite ich es in meinen Entwurf ein und nehme dabei alle nötigen Änderungen vor, damit es passt. Dann sehe ich mir noch mal die Abschnitte »Implementierung« und »Beispielcode« an, um sicherzugehen, dass ich über alle guten Implementierungstechniken oder die häufigsten Fehler Bescheid weiß.

Frank: Jetzt verstehe ich, wie ich Entwurfsmuster mithilfe eines solchen Katalogs viel schneller anwenden kann!

Joachim: Ja, genau! Tim, können wir so eine Musterbeschreibung mal gemeinsam durchgehen?

Besser leben mit Mustern

Alle Muster in einem Katalog beginnen mit einem Namen. Der Name ist ein lebenswichtiger Teil des Patterns – ohne einen guten Namen wird ein Muster nicht Teil des Vokabulars, das Sie mit anderen Entwicklern teilen. (Daher verwenden wir in dieser Ausgabe auch die englischen Originalnamen, auf die kann man sich einigen, während es zu viele (schlechte) deutsche Übertragungen gibt.)

Die Motivation liefert Ihnen ein konkretes Szenario, das das Problem und die Art der Problemlösung beschreibt.

Unter Anwendbarkeit werden Situationen beschrieben, in denen das Muster angewendet werden kann.

Die Teilnehmer sind die Klassen und Objekte in dem Design. Dieser Abschnitt beschreibt ihre Zuständigkeiten und Rollen in dem Entwurfsmuster.

Die Konsequenzen sind die Auswirkungen, die die Anwendung dieses Entwurfsmusters haben kann – gute und schlechte.

Unter Implementierung werden Techniken beschrieben, die Sie zur Implementierung dieses Musters brauchen, und Probleme, auf die Sie achten müssen.

Unter Bekannte Verwendungen werden Beispiele aus der Realität für dieses Muster beschrieben.

Dies ist die Klassifikation oder Kategorie des Musters. Ein paar Seiten weiter unten gehen wir darauf noch ein.

Der Zweck beschreibt in einem kurzen Satz, was das Muster macht. Sie können das auch als die Definition des jeweiligen Musters betrachten (so wie wir es in diesem Buch bereits gemacht haben).

Unter Struktur finden Sie ein Diagramm, das die Beziehungen zwischen den an dem Muster beteiligten Klassen wiedergibt.

In Interaktionen wird beschrieben, wie die Teilnehmer in dem Muster zusammenarbeiten.

Als Beispielcode sind Code-Auszüge abgedruckt, die Ihnen bei Ihrer Implementierung helfen könnten.

Unter Verwandte Muster werden die Beziehungen zwischen diesem Muster und anderen Mustern beschrieben.

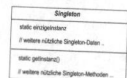

Sie sind hier ▸ **591**

Entdecken Sie Ihre eigenen Muster

Es gibt keine Dummen Fragen

F: Kann man eigentlich auch selbst Entwurfsmuster erfinden? Oder muss man dafür ein »Muster-Guru« sein?

A: Erst einmal: Denken Sie daran, dass Muster nicht erfunden, sondern *entdeckt* werden. Also kann jeder ein Entwurfsmuster entdecken und dann seine Beschreibung veröffentlichen – aber das ist nicht einfach und geht auch nicht auf Kommando. Ein »Musterschreiber« zu sein verlangt eine Menge Engagement.

Sie sollten erst einmal darüber nachdenken, warum Sie das möchten – die meisten Menschen *veröffentlichen keine Entwurfsmuster,* sondern *wenden sie einfach an.* Möglicherweise arbeiten Sie aber auf einem Spezialgebiet, für das Ihrer Ansicht nach neue Muster nützlich wären. Oder Sie sind auf eine Lösung für ein Problem gestoßen, das Sie für ein wiederkehrendes Problem halten. Oder Sie möchten vielleicht auch nur in die Mustergemeinde aufgenommen werden und zu dem wachsenden Werk beitragen.

F: Ich möchte mitmachen – wie fange ich an?

A: Das ist wie auf jedem Gebiet: Je mehr Sie wissen, desto besser. Es ist entscheidend, dass Sie sich intensiv mit den bekannten Mustern beschäftigen und damit, was sie tun und wie sie mit anderen Mustern zusammenhängen. So werden Sie nicht nur damit vertraut, wie Muster gemacht sind – Sie geraten auch nicht in Gefahr, das Rad neu zu erfinden! Von da an sollten Sie Ihre Muster am besten aufschreiben, um sie an andere Entwickler weitergeben zu können; wie sie das am besten machen, besprechen wir gleich noch. Wenn Sie wirklich interessiert sind, lesen Sie den Abschnitt, der auf diesen Frage-und-Antwort-Teil folgt.

F: Woher weiß ich, ob ich wirklich ein neues Muster habe?

A: Das ist eine sehr gute Frage: Sie haben erst dann ein Muster, wenn andere es verwendet und für tauglich befunden haben, genauer gesagt, wenn die »Dreierregel« befolgt wird. Diese Regel besagt: Ein Muster kann erst dann Muster genannt werden, wenn es mindestens drei Mal in einer Softwarelösung in der realen Welt eingesetzt worden ist.

So, du wärst also gern ein Entwurfsmuster-Star?

Dann setz dich hin und hör mir zu.

Nimm 'nen Musterkatalog, oh ja,

Und setz dich hin, studier ihn in Ruh.

Und wenn deine Beschreibung dann steht

Und drei Entwickler finden, das geht,

Dann weißt du: dein Muster besteht.

Zur Melodie von »So you wanna be a Rock'n Roll Star«.

So, Sie möchten also selbst Entwurfsmuster schreiben?

Machen Sie Ihre Hausaufgaben. Sie müssen sich mit den bekannten Mustern gut auskennen, bevor Sie ein neues schreiben können. Die meisten Muster, die neu scheinen, sind in Wirklichkeit bloß Varianten bestehender Muster. Wenn Sie sich mit Mustern befassen, lernen Sie, sie immer besser zu erkennen und Beziehungen zu anderen Mustern herzustellen.

Nehmen Sie sich Zeit, um nachzudenken und zu eigenen Urteilen zu gelangen. Nur auf dem Boden Ihrer Erfahrungen – der Probleme, auf die Sie gestoßen sind, und der Lösungen, die Sie benutzt haben – können Ideen für neue Muster heranwachsen. Nehmen Sie sich deshalb Zeit, über Ihre Erfahrungen nachzudenken, und suchen Sie darin nach neuartigen Entwürfen, die immer wiederkehren. Denken Sie daran, dass die meisten Entwürfe nur Variationen von bekannten Mustern sind, keine neuen Muster. Und wenn Sie tatsächlich etwas finden, was nach einem neuen Muster aussieht, ist seine Anwendbarkeit vielleicht zu begrenzt, als dass es ein echtes Muster sein könnte.

Bringen Sie Ihre Ideen so zu Papier, dass andere Sie verstehen können. Das Ausfindigmachen von neuen Mustern nützt nicht viel, wenn nicht auch andere von Ihrer Entdeckung profitieren können. Sie müssen Ihre Musterkandidaten so dokumentieren, dass auch andere sie lesen, verstehen und für ihre eigenen Programme anwenden können; dann erhalten Sie vielleicht eine Rückmeldung. Glücklicherweise müssen Sie nicht erst Ihre eigene Dokumentationsmethode erfinden. Über die Frage, wie man Muster und ihre Charakteristika am besten beschreibt, ist bereits viel nachgedacht worden, das haben Sie ja z.B. beim Schema der GoF schon gesehen.

Lassen Sie Ihre Muster von anderen ausprobieren und verbessern Sie sie dann immer weiter. Erwarten Sie nicht, dass Sie Ihr Muster sofort perfekt hinkriegen. Betrachten Sie es als unfertiges Werk, das mit der Zeit immer besser wird. Geben Sie den Musterkandidaten anderen Entwicklern zum Begutachten und Ausprobieren; lassen Sie die erhaltenen Rückmeldungen in Ihre Beschreibung einfließen und versuchen Sie es dann von Neuem. Ihre Beschreibung wird nie perfekt werden, aber irgendwann ist sie sicher gut genug, dass andere Entwickler sie verstehen.

Vergessen Sie die Dreierregel nicht. Denken Sie daran: Bevor Ihr Muster sich nicht in drei Lösungen in der realen Welt bewährt hat, hat es sich nicht als Muster qualifiziert. Ein weiterer guter Grund, Ihr Muster anderen zum Ausprobieren anzuvertrauen. Mithilfe der Rückmeldungen können Sie sich dann langsam, aber sicher einem funktionierenden Muster annähern.

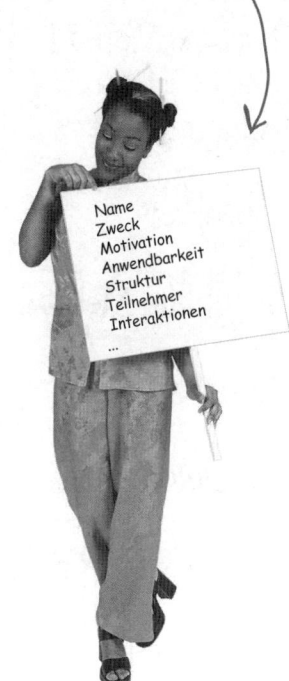

Verwenden Sie für die Definition Ihres Musters eines der bestehenden Entwurfsmuster-Schemata als Vorlage. In diese Vorlagen wurde bereits eine Menge Nachdenken investiert, und andere Musterbenutzer werden das Format wiedererkennen.

Wer macht was?

Ordnen Sie jedem Muster die passende Beschreibung zu:

Muster	Beschreibung
Decorator	Umschließt ein Objekt und stellt eine andere Schnittstelle dafür zur Verfügung.
State	Unterklassen entscheiden, wie die Schritte in einem Algorithmus implementiert werden.
Iterator	Unterklassen entscheiden, welche konkreten Klassen erzeugt werden.
Facade	Sorgt dafür, dass nur genau ein Objekt erzeugt wird.
Strategy	Kapselt austauschbares Verhalten und entscheidet mittels Delegierung, welches Verhalten verwendet wird.
Proxy	Clients behandeln Sammlungen von Objekten und Einzelobjekte auf gleiche Weise.
Factory Method	Kapselt zustandsbasiertes Verhalten und wechselt durch Delegieren zwischen den Verhaltensweisen.
Adapter	Bietet eine Möglichkeit, eine Sammlung von Objekten zu durchqueren, ohne die Implementierung der Sammlung zu offenbaren.
Observer	Vereinfacht die Schnittstelle einer Gruppe von Klassen.
Template Method	Packt ein Objekt ein und fügt dabei neues Verhalten hinzu.
Composite	Ermöglicht es einem Client, Familien von Objekten zu erstellen, ohne konkrete Klassen anzugeben.
Singleton	Ermöglicht die Benachrichtigung von Objekten, wenn sich ein Zustand ändert.
Abstract Factory	Umschließt ein Objekt und kontrolliert so den Zugriff darauf.
Command	Kapselt einen Auftrag als ein Objekt.

Ordnung in Entwurfsmuster bringen

Je mehr Muster entdeckt werden, umso sinnvoller ist es, sie in Gruppen zu klassifizieren. So können wir sie ordnen, uns bei der Suche nach Mustern auf eine Untermenge beschränken und Vergleiche innerhalb einer Gruppe von Mustern anstellen.

In den meisten Katalogen sind die Muster nach einem von mehreren möglichen Klassifikationsschemata eingeteilt. Das bekannteste Schema wurde im ersten Musterkatalog verwendet und teilt die Muster nach ihrem Zweck in drei verschiedene Kategorien ein: Erzeugungsmuster, Verhaltensmuster und Strukturmuster.

Spitzen Sie Ihren Bleistift

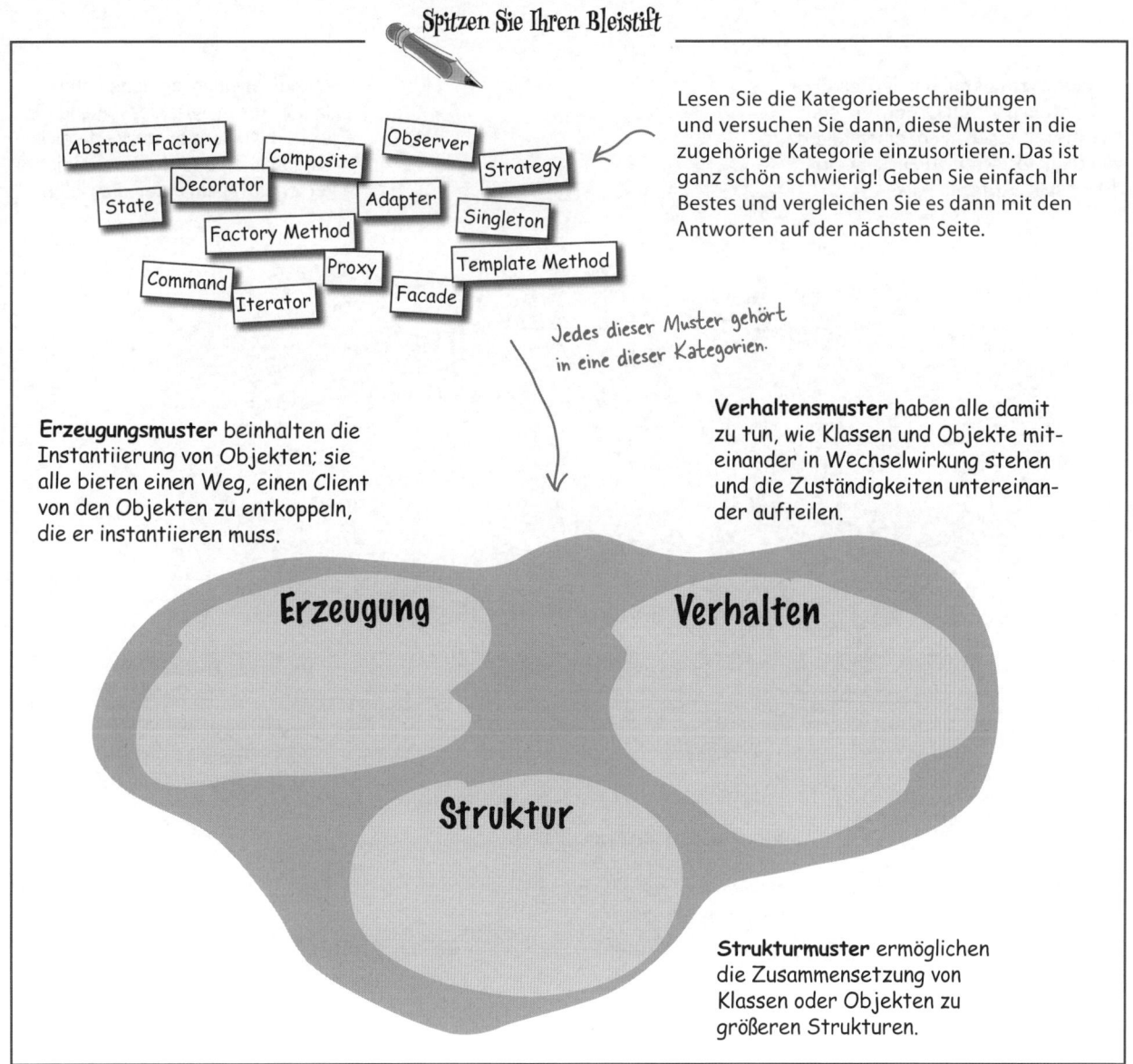

Lesen Sie die Kategoriebeschreibungen und versuchen Sie dann, diese Muster in die zugehörige Kategorie einzusortieren. Das ist ganz schön schwierig! Geben Sie einfach Ihr Bestes und vergleichen Sie es dann mit den Antworten auf der nächsten Seite.

Jedes dieser Muster gehört in eine dieser Kategorien.

Erzeugungsmuster beinhalten die Instantiierung von Objekten; sie alle bieten einen Weg, einen Client von den Objekten zu entkoppeln, die er instantiieren muss.

Verhaltensmuster haben alle damit zu tun, wie Klassen und Objekte miteinander in Wechselwirkung stehen und die Zuständigkeiten untereinander aufteilen.

Strukturmuster ermöglichen die Zusammensetzung von Klassen oder Objekten zu größeren Strukturen.

Musterkategorien

Hier die Gruppierung der Muster in Kategorien. Sie fanden diese Übung wahrscheinlich schwierig, da viele der Muster so aussehen, als könnten sie in mehr als eine Kategorie passen. Machen Sie sich keine Gedanken deswegen; jeder hat Schwierigkeiten, die richtigen Kategorien für die Muster herauszufinden.

Erzeugungsmuster beinhalten die Instantiierung von Objekten; sie alle bieten einen Weg, einen Client von den Objekten zu entkoppeln, die er instantiieren muss.

Verhaltensmuster haben alle damit zu tun, wie Klassen und Objekte miteinander in Wechselwirkung stehen und die Zuständigkeiten untereinander aufteilen.

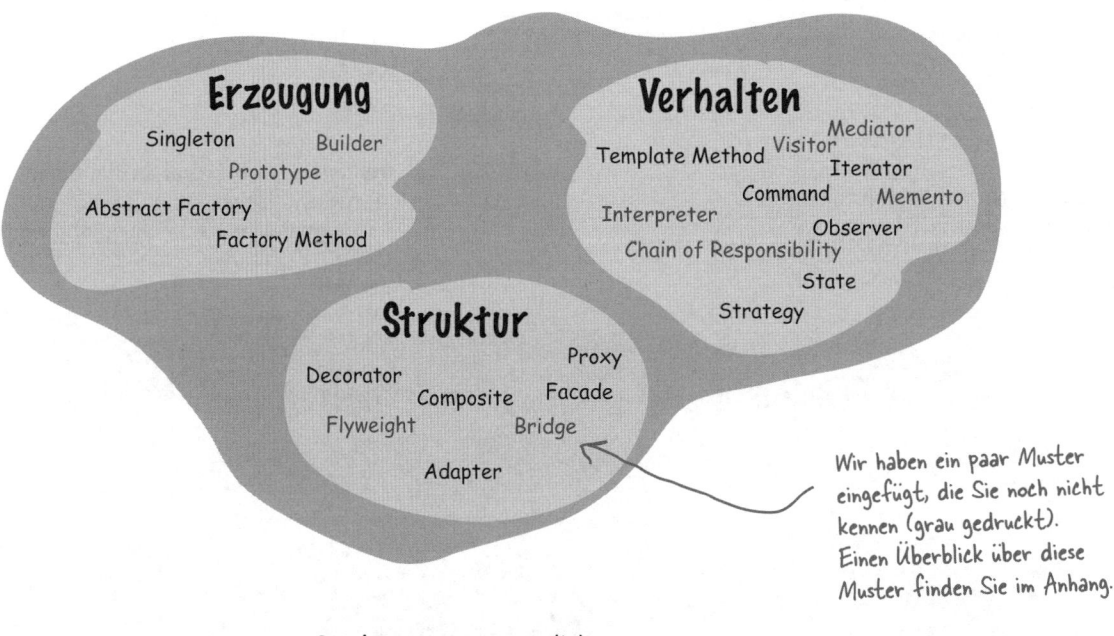

Wir haben ein paar Muster eingefügt, die Sie noch nicht kennen (grau gedruckt). Einen Überblick über diese Muster finden Sie im Anhang.

Strukturmuster ermöglichen die Zusammensetzung von Klassen oder Objekten zu größeren Strukturen.

Besser leben mit Mustern

Häufig werden Muster auch danach eingeteilt, ob das Muster mit Klassen oder mit Objekten zu tun hat:

Klassenmuster beschreiben, wie Beziehungen zwischen Klassen über Vererbung definiert sind. Beziehungen zwischen diesen Klassen werden zur Kompilierzeit hergestellt.

Objektmuster beschreiben Beziehungen zwischen Objekten und sind in erster Linie durch Komposition definiert. Die Beziehungen werden hier in der Regel erst zur Laufzeit hergestellt und sind dynamischer und flexibler.

Klassenmuster
- Template Method
- Factory Method
- Adapter
- Interpreter

Objektmuster
- Composite
- Visitor
- Iterator
- Decorator
- Command
- Memento
- Proxy
- Facade
- Observer
- Strategy
- Chain of Responsibility
- Bridge
- Mediator
- Flyweight
- Prototype
- State
- Abstract Factory
- Builder
- Singleton

Wie Sie sehen, gibt es viel mehr Objektmuster als Klassenmuster!

Es gibt keine Dummen Fragen

F: Sind das die einzigen Klassifikationsschemata?

A: Nein, es wurden auch andere Schemata vorgeschlagen. Manche davon beginnen mit den drei Kategorien und fügen dann Unterkategorien hinzu, z.B. »Entkoppelnde Muster«. Sie sollten sich mit den am häufigsten vorkommenden Schemata für die Organisation von Mustern vertraut machen, aber denken Sie sich ruhig auch ein eigenes aus, wenn Ihnen das hilft, die Muster besser zu verstehen.

F: Hilft die Einteilung der Muster in Kategorien wirklich dabei, sich an sie zu erinnern?

A: Auf jeden Fall haben Sie damit schon einmal ein Gerüst, an dem Sie sich bei Vergleichen orientieren können. Die Kategorien Erzeugungs-, Verhaltens- und Strukturmuster wirken auf viele Leute verwirrend, weil ein Muster oft in mehr als eine Kategorie zu passen scheint. Das Wichtigste ist, die Muster und die Beziehungen zwischen ihnen zu kennen. Wenn Kategorien dabei helfen, benutzen Sie sie!

F: Warum ist das Decorator-Muster in der Struktur-Kategorie? Ich hätte gedacht, das ist ein Verhaltensmuster – es fügt doch Verhalten hinzu!?

A: Ja, das sagen viele Entwickler! Hier der Gedankengang, der hinter der Klassifikation durch die GoF steckt: Strukturmuster beschreiben die Komposition von Klassen und Objekten unter Erzeugung neuer Strukturen oder neuer Funktionalität. Beim Decorator-Muster können Sie ein Objekt mit einem anderen einpacken und durch diese Objekt-Komposition neue Funktionalität erhalten. Der Blick richtet sich hier also darauf, wie Sie die Objekte dynamisch zusammensetzen, um Funktionalität zu gewinnen, und nicht auf die Kommunikation und Verbindung unter den Objekten, die der Zweck von Verhaltensmustern sind. Aber erinnern Sie sich, diese Muster verfolgen eine unterschiedliche Absicht – und oft ist das der Schlüssel zum Verständnis, in welche Kategorie ein Muster gehört.

Sie sind hier ▸ **597**

Musterkategorien

Meister und Schüler ...

Meister: *Grashüpfer, du siehst beunruhigt aus.*

Schüler: *Ja, ich habe gerade etwas über die Einteilung von Mustern gelernt, und nun bin ich verwirrt.*

Meister: *Fahre fort, Grashüpfer ...*

Schüler: *Nachdem ich schon viel über Muster gelernt habe, habe ich gerade gehört, dass jedes Muster in eine von drei Gruppen passt: Struktur, Verhalten oder Erzeugung. Wozu brauchen wir diese Einteilung?*

Meister: *Grashüpfer, wenn wir eine große Sammlung von irgendetwas haben, finden wir auf ganz natürliche Weise Kategorien, in die sich diese Dinge einordnen lassen. Das hilft uns dabei, diese Gegenstände auf einem abstrakteren Niveau zu betrachten.*

Schüler: *Meister, könnt Ihr mir ein Beispiel geben?*

Meister: *Natürlich. Nimm Autos: Es gibt viele verschiedene Automodelle, und wir teilen sie ganz natürlich in Kategorien ein, wie Kleinwagen, Sportwagen, Geländewagen, Lastwagen und Luxuswagen.*

Du siehst schockiert aus, Grashüpfer. Ergibt das keinen Sinn für dich?

Schüler: *Doch, Meister, es ergibt viel Sinn – aber ich bin schockiert, dass Ihr so viel über Autos wisst!*

Meister: *Grashüpfer, ich kann nicht **alles** mit Lotusblumen oder Reisschalen erklären. Kann ich nun fortfahren?*

Schüler: *Ja, ja, es tut mir Leid, bitte fahrt fort.*

Meister: *Wenn du erst einmal eine Klassifizierung oder Kategorien hast, kannst du leicht über die verschiedenen Gruppierungen sprechen: »Wenn du durch das Gebirge von Innsbruck nach Bozen fahren willst, nimmst du am besten einen leicht lenkbaren Sportwagen.« Oder: »Da das Benzin immer teurer wird, solltest du dir unbedingt einen Kleinwagen kaufen, die haben einen viel geringeren Verbrauch.«*

Schüler: *Also dadurch, dass wir Kategorien haben, können wir über einen Satz von Mustern als Gruppe sprechen. Wir wissen vielleicht, dass wir ein Erzeugungsmuster brauchen, aber nicht genau, welches – trotzdem können wir über Erzeugungsmuster reden.*

Meister: *Ja, und wir haben dadurch auch die Möglichkeit, ein Element mit den restlichen Elementen der Kategorie zu vergleichen. Ein Beispiel wäre: »Der Mini ist wirklich der eleganteste von allen Kleinwagen.« Oder wenn du die Suche nach einem Wagen einengen willst: »Ich brauche einen Kraftstoff sparenden Wagen.«*

Schüler: Ich verstehe – ich könnte also sagen, das Adapter-Muster ist das beste Strukturmuster, um die Schnittstelle eines Objekts zu ändern.

Meister: Ja. Außerdem können wir die Kategorien auch dann gebrauchen, wenn wir uns auf ein neues Territorium vorwagen wollen, zum Beispiel: »Wir möchten einen Sportwagen mit der Leistung eines Ferraris zum Preis eines Mazda Miata liefern.«

Schüler: Hört sich ja lebensgefährlich an ...

Meister: Ich bitte um Verzeihung, Grashüpfer, ich habe dich nicht richtig verstanden.

Schüler: Äh ... ich sagte: »Ich verstehe.«

Kategorien geben uns also die Möglichkeit, darüber nachzudenken, welche Beziehungen zwischen den Mustern innerhalb einer Gruppe bestehen oder zwischen einer Gruppe und einer anderen. Sie ermöglichen es uns auch, von einem Muster auf neue Muster zu schließen. Aber warum gibt es genau drei Kategorien, nicht vier oder fünf?

Meister: Weißt du, wie es Sterne am Nachthimmel gibt, so gibt es auch so viele Kategorien, wie du sehen möchtest. Drei ist eine praktische Zahl – es haben schon viele Leute gefunden, dass sich mit dieser Zahl Muster besonders schön gruppieren lassen. Andere wiederum haben vier, fünf oder mehr vorgeschlagen.

In Mustern denken

Kontext, Einschränkungen, Kräfte bzw. Mächte, Kataloge, Klassifikationen ... Mensch, das klingt ja allmählich reichlich akademisch. Okay, der ganze Kram ist wichtig und Wissen ist Macht. Aber machen wir uns nichts vor: Wenn Sie den akademischen Kram verstehen, Ihnen jedoch die *Erfahrung* sowie die Übung bei der Anwendung von Mustern fehlen, wird das Ihr Leben nicht sehr verändern.

Ihr musterhaftes Gehirn

Hier ist eine Kurzanleitung, wie Sie anfangen können, *in Mustern zu denken*. Was wir damit meinen? Wir meinen, dass man schon beim Ansehen eines Entwurfs erkennt, welche Muster von Natur aus dazu passen und welche nicht.

Halten Sie es einfach!

Erst einmal: Halten Sie in Ihrem Entwurf alles so einfach wie möglich. Ihr Ziel sollte Einfachheit sein und nicht: »Wie kann ich ein Muster auf dieses Problem anwenden?« Glauben Sie nicht, Sie seien kein geschickter Entwickler, nur weil Sie bei einem Problem kein Muster anwenden. Andere Entwickler werden die Einfachheit Ihres Entwurfs zu würdigen wissen und bewundern. Andererseits besteht der beste Weg, das Design einfach und flexibel zu halten, manchmal natürlich auch in der Verwendung eines Musters.

Muster sind keine Wunderwaffe (eigentlich sind sie überhaupt keine Waffe!).

Muster sind, wie Sie wissen, allgemeine Lösungen für wiederkehrende Probleme. Sie haben auch den Vorteil, dass sie schon von vielen Entwicklern gründlich getestet wurden. Wenn Sie also meinen, dass ein Muster nötig sei, können Sie beruhigt mit dem Gedanken einschlafen, dass schon viele Entwickler das Muster angewendet und ihr Problem mit ähnlichen Methoden gelöst haben.

Muster sind jedoch keine Wunderwaffe. Sie können sie nicht einfach einstöpseln, das Programm kompilieren und dann früh zum Mittagessen gehen. Wenn Sie Muster verwenden, müssen Sie auch über die Folgen für den Rest Ihres Entwurfs nachdenken.

Sie wissen, Sie brauchen ein Muster, wenn ...

Ah ... die interessanteste Frage überhaupt: Wann verwenden Sie ein Muster? Beziehen Sie bei der Arbeit an Ihrem Entwurf nur dann ein Muster ein, wenn Sie sicher sind, dass damit ein Problem in Ihrem Entwurf gelöst wird. Wenn es eine einfachere Lösung geben könnte, denken Sie erst über diese nach, bevor Sie sich auf ein Muster festlegen.

Um zu *wissen*, wann ein Muster angebracht ist, brauchen Sie all Ihr Wissen und Ihre Erfahrungen. Sobald Sie sicher sind, dass eine einfache Lösung Ihren Anforderungen nicht genügt, sollten Sie Ihr Problem in Verbindung mit all den Einschränkungen betrachten, unter denen Ihre Lösung funktionieren muss – das wird Ihnen helfen, ein passendes Muster für Ihr Problem zu finden. Wenn Sie sich gut mit Mustern auskennen, fällt Ihnen vielleicht gleich ein passendes Muster ein. Wenn nicht, überprüfen Sie solche Muster, die danach aussehen, als könnten Sie das Problem lösen. Besonders hilfreich sind hier die Abschnitte »Zweck« und »Anwendbarkeit« in den Musterkatalogen. Sobald sie ein Muster gefunden haben, das gut zu passen scheint, vergewissern Sie sich, dass Sie auch mit seinen Konsequenzen leben können, und untersuchen Sie die Auswirkungen auf den Rest Ihres Entwurfs. Und wenn alles gut aussieht – dann her damit!

Eine Situation gibt es, in der Sie ein Muster benutzen sollten, obwohl es auch eine einfache Lösung täte: wenn Sie erwarten, dass sich Aspekte Ihres Systems ändern werden. Wenn Sie veränderungsanfällige Bereiche in Ihrem Entwurf entdecken, ist das normalerweise – wie wir schon gesehen haben – ein ziemlich sicheres Anzeichen dafür, dass ein Muster benötigt wird. Sie sollten aber sicher sein, dass Sie Muster nur für *in der Praxis gängige Veränderungen* vorsehen, die mit hoher Wahrscheinlichkeit eintreten, und nicht für *hypothetische Veränderungen,* die *vielleicht* eintreten.

Und nicht nur während des Entwurfs sollten Sie den Einsatz von Mustern in Erwägung ziehen, sondern auch beim Refactoring.

Refactoring-Zeit ist Musterzeit!

Refactoring ist der Prozess, bei dem man den Code verändert, um ihn besser zu organisieren. Das Ziel ist es, seine Struktur zu verändern, nicht sein Verhalten. Ein wunderbarer Zeitpunkt, sich den Entwurf noch einmal daraufhin anzusehen, ob er mit Mustern vielleicht besser strukturiert werden könnte. Ein Code, der mit Bedingungsanweisungen gespickt ist, könnte beispielsweise signalisieren, dass er das State-Pattern nötig hat. Oder es ist vielleicht an der Zeit, konkrete Abhängigkeiten mithilfe einer Factory aufzulösen. Über das Thema des Refactoring mit Mustern sind ganze Bücher geschrieben worden, und wenn Sie etwas mehr können, sollten Sie sich mit diesem Gebiet intensiver beschäftigen.

Nehmen Sie heraus, was Sie nicht wirklich brauchen. Haben Sie keine Angst, ein Muster aus Ihrem Entwurf zu entfernen.

Nie redet jemand darüber, wann man ein Entwurfsmuster wieder herausnimmt. Man könnte glatt denken, das wäre was Anstößiges! Aber wir sind doch hier alle erwachsen und kommen damit klar, oder?

Also, wann entfernen Sie ein Muster? Wenn Ihr System komplex geworden ist und die Flexibilität, die Sie eingeplant hatten, nicht benötigt wird. Mit anderen Worten: wenn eine einfachere Lösung ohne das Muster besser wäre.

Wenn Sie es im Moment nicht brauchen – dann lassen Sie es!

Muster können viel – Sie entdecken mit Leichtigkeit eine ganze Menge Möglichkeiten, wie Sie sie in Ihren aktuellen Entwürfen einsetzen könnten. Und natürlich lieben Entwickler es, schöne Architekturen zu erstellen, die man von allen Seiten verändern kann.

Widerstehen Sie der Versuchung. Wenn heute eine praktische Notwendigkeit dafür besteht, dass Ihr Entwurf Veränderungen unterstützt, dann benutzen Sie ein entsprechendes Muster. Ist der Grund aber rein hypothetisch, lassen Sie das Muster weg – es macht Ihr System nur komplexer, und vielleicht werden Sie es nie brauchen!

Richten Sie Ihre Gedanken auf den Entwurf, nicht auf ein Muster. Verwenden Sie Muster, wenn ein natürlicher Bedarf dafür besteht. Wenn aber etwas Einfacheres funktioniert, dann benutzen Sie das.

Muster ergeben sich ganz *natürlich*

Meister und Schüler ...

Meister: *Grashüpfer, deine Grundausbildung ist nun fast abgeschlossen. Welche Pläne hast du?*

Schüler: *Ich fahre nach Disneyland! Und danach habe ich vor, jede Menge Code mit Mustern zu schreiben!*

Meister: *Halt, warte! Schieße niemals mit Kanonen auf Spatzen.*

Schüler: *Was meint Ihr, Meister? Jetzt, wo ich Entwurfsmuster gelernt habe, sollte ich sie da nicht in all meinen Designs anwenden, um maximale Leistungsfähigkeit, Flexibilität und Wartbarkeit zu bekommen?*

Meister: *Nein. Muster sind ein Werkzeug; und ein Werkzeug sollte man nur dann einsetzen, wenn man es wirklich braucht. Du hast ja auch viel Zeit darauf verwendet, Entwurfsprinzipien zu lernen. Gehe immer von Deinen Prinzipien aus und schreibe den einfachstmöglichen Code, der die Aufgabe erfüllt. Wenn du aber siehst, dass ein Muster notwendig wird, dann setze es ein.*

Schüler: *Also soll ich meine Entwürfe nicht auf Mustern aufbauen?*

Meister: *Das sollte nicht dein Ziel sein, wenn du mit einem Entwurf anfängst. Lass die Muster ganz natürlich hervortreten, während dein Entwurf fortschreitet.*

Schüler: *Wenn Muster so was Großartiges sind, warum soll ich dann so vorsichtig mit ihrer Anwendung sein?*

Meister: *Muster können Komplexität mit sich bringen, und unnötige Komplexität können wir niemals gebrauchen. Aber mit Mustern kann man viel erreichen, wenn man sie dort einsetzt, wo sie nötig sind. Wie du schon weißt, sind Muster erprobte Designerfahrung, mit der sich häufige Fehler vermeiden lassen. Außerdem sind sie ein gemeinsames Vokubular, mit dem wir anderen unseren Entwurf beschreiben können.*

Schüler: *Also, woher wissen wir dann, wann es okay ist, ein Muster einzubauen?*

Meister: *Setze ein Muster ein, wenn du sicher bist, dass es zur Lösung eines Problems in deinem Entwurf erforderlich ist. Oder wenn du ziemlich sicher bist, dass es in Zukunft nötig wird, weil sich die Anforderungen an deine Anwendung ändern werden.*

Schüler: *Ich vermute, ich werde noch mehr lernen müssen, obwohl ich schon eine Menge über Muster weiß.*

Meister: *Ja, Grashüpfer. Unser ganzes Leben lang streben wir danach zu lernen, wie wir die Komplexität und die Veränderung von Software bewältigen können. Aber nun, da du eine ganze Reihe von Mustern kennst, ist die Zeit für dich gekommen, sie anzuwenden, wenn sie in deinem Entwurf nötig sind, und weitere Muster dazuzulernen.*

Schüler: *Moment mal, wollt Ihr damit sagen, dass ich gar nicht ALLE kenne?*

Meister: *Die grundlegenden Muster hast du gelernt, Grashüpfer. Du wirst feststellen, dass es noch viele weitere gibt, unter anderem Muster, die nur in bestimmten Bereichen Einsatz finden, z.B. in nebenläufigen Systemen oder Unternehmenssystemen. Aber jetzt, da du die Grundlagen kennst, hast du die besten Voraussetzungen, um sie zu lernen!*

Besser leben mit Mustern

Ihr Denken wird mustergültig

ANFÄNGERGEIST
»Ich brauche ein Muster für Hallo Welt.«

Der Anfänger verwendet überall Muster, und das ist auch gut so: So sammelt er eine Menge Erfahrung und übt die Verwendung von Mustern. Der Anfänger denkt auch: »Je mehr Muster ich benutze, desto besser.« Der Anfänger wird lernen, dass das nicht so ist, dass alle Entwürfe so einfach sein sollten wie möglich. Komplexität und Muster sind nur dann angebracht, wenn sie für die Erweiterung in der Praxis benötigt werden.

Wenn er weiter dazulernt, beginnt der fortgeschrittene Verstand zu erkennen, wo Muster notwendig sind und wo nicht. Der fortgeschrittene Geist versucht zwar noch immer, zu viele quadratische Muster in runde Löcher zu stecken, doch er beginnt auch zu erkennen, dass man Muster an solche Situationen anpassen kann, in denen die traditionellen Muster nicht passen.

FORTGESCHRITTENES DENKEN
»Vielleicht brauche ich hier ein Singleton.«

DIE ZEN-SICHT DER DINGE
»An diesen Platz gehört von Natur aus ein Decorator.«

Der Zen-Geist sieht Muster dort, wo sie natürlicherweise hingehören. Er ist nicht davon besessen, Muster zu verwenden, sondern sucht nach einfachen Antworten, die das Problem am besten lösen. Der Zen-geschulte Geist denkt in den Begriffen der Objekt-Prinzipien und der dafür notwendigen Kompromisse. Wenn auf natürliche Weise ein Muster notwendig wird, wendet der Zen-Verstand es an – wohl wissend, dass er es vielleicht anpassen muss. Der Zen-Geist erkennt auch Beziehungen zu ähnlichen Mustern und versteht die feinen Unterschiede im Zweck miteinander verwandter Muster. *Der Zen-Meister ist in einer Hinsicht aber auch wie ein Anfänger* – er lässt nicht zu, dass all das Wissen über Muster zu viel Einfluss auf seine Entwurfsentscheidungen nimmt.

Sie sind hier ▶

Wann man *keine* Muster verwendet

> WARNUNG: Die Verwendung von Mustern im Übermaß kann dazu führen, dass Ihr Code übertrieben komplex und verkünstelt wird. Nehmen Sie immer die einfachste Lösung, die funktioniert, und verwenden Sie Muster nur, wenn es nötig ist.

Moment mal! Ich habe dieses ganze Buch durchgelesen – und jetzt sagen Sie mir, ich soll Muster NICHT benutzen?

Natürlich wollen wir, dass Sie Entwurfsmuster benutzen!

Aber noch wichtiger ist uns, dass Sie ein guter OO-Designer sind.

Wenn eine Entwurfslösung nach einem Muster verlangt, haben Sie den Vorteil, eine von vielen Entwicklern langzeiterprobte Lösung einsetzen zu können. Außerdem verwenden Sie damit eine Lösung, die gut dokumentiert ist und die andere Entwickler wiedererkennen werden (Sie wissen schon, die Sache mit dem gemeinsamen Vokabular).

Die Verwendung von Mustern kann jedoch auch Nachteile haben. Muster bringen oft zusätzliche Klassen und Objekte mit sich und können so Ihren Entwurf komplexer machen. Außerdem werden Ihrem Entwurf dadurch vielleicht weitere Ebenen hinzugefügt, wodurch er nicht nur komplexer, sondern auch ineffizienter wird.

Die Verwendung eines Musters kann manchmal auch des Guten zu viel sein. Oft können Sie einfach auf Ihre Entwurfsprinzipien zurückgreifen und eine viel einfachere Lösung für das gleiche Problem finden. Wenn das der Fall ist, akzeptieren Sie es und verwenden die einfache Lösung.

Wir wollen Sie aber auch nicht entmutigen. Wenn ein Entwurfsmuster das richtige Hilfsmittel für eine Aufgabe ist, bringt das viele Vorteile mit sich.

Besser leben mit Mustern

Vergessen Sie nicht die Macht des gemeinsamen Vokabulars

Wir haben in diesem Buch so viel Zeit darauf verwendet, praktische OO-Grundlagen zu besprechen, dass man leicht die menschliche Seite von Entwurfsmustern vergisst – sie tragen nicht nur dazu bei, Ihr Gehirn mit Lösungen anzureichern, sondern sie liefern Ihnen auch ein Vokabular, das Sie mit anderen Entwicklern teilen. Unterschätzen Sie nicht, was ein gemeinsames Vokabular alles vermag – es ist einer der *größten Vorteile* von Entwurfsmustern.

Seit wir das letzte Mal über gemeinsames Vokabular geredet haben, hat sich etwas verändert: Sie haben inzwischen angefangen, sich selbst ein ganz ansehnliches Vokabular aufzubauen! Ganz zu schweigen davon, dass Sie auch einen kompletten Satz von OO-Designprinzipien gelernt haben. Auf dieser Grundlage können Sie die Motivation und Arbeitsweise aller neuen Muster, die Ihnen begegnen, leicht verstehen.

Die Entwurfsmuster-Grundlagen sind Ihnen nun vertraut; es ist Zeit für Sie, hinauszugehen und das Wissen an andere weiterzugeben. Warum? Der Grund ist der: Wenn auch Ihre Entwicklerkollegen Muster kennen und das gemeinsame Vokabular benutzen, führt das zu besseren Entwürfen und besserer Kommunikation, und – was das Allerbeste ist – es spart Ihnen eine Menge Zeit, die Sie für coolere Sachen gebrauchen können.

Sie sind hier ▶ **605**

Fünf Wege zu einem gemeinsamen Vokabular

Die fünf besten Wege zu einem gemeinsamen Vokabular

1: In Entwurfsmuster-Besprechungen: Wenn Sie sich mit Ihrem Team zur Diskussion eines Software-Entwurfs treffen, helfen Ihnen Muster, länger »beim Entwurf zu bleiben«. Die Diskussion von Designs aus der Perspektive von Mustern und OO-Prinzipien hält Ihr Team davon ab, sich in Einzelheiten der Implementierung zu verfangen, und verhindert viele Missverständnisse.

2: Mit anderen Entwicklern: Verwenden Sie Muster in Ihren Gesprächen mit anderen Entwicklern. Dies hilft den anderen Entwicklern, etwas über neue Muster zu lernen, und festigt die Gemeinschaft. Das Beste daran, das Gelernte mit anderen zu teilen, ist das tolle Gefühl, wenn jemand anderer es »kapiert«!

3: Bei der Dokumentation von Architekturen: Wenn Sie eine Architektur dokumentieren, können Sie durch die Verwendung von Mustern den Umfang der zu schreibenden Dokumentation verringern und dem Leser ein klareres Bild des Entwurfs vermitteln.

4: In Code-Kommentaren und bei Namenskonventionen: Benennen Sie die Muster, die Sie beim Schreiben von Code verwenden, in den Kommentaren eindeutig. Benutzen Sie außerdem Klassen- und Methodennamen, die die zugrunde liegenden Muster erkennen lassen. Andere Entwickler, die Ihren Code lesen müssen, werden Ihnen dankbar sein, weil sie Ihre Implementierung dadurch rasch verstehen können.

5: In Gruppen von interessierten Entwicklern: Teilen Sie Ihr Wissen. Viele Entwickler haben schon von Mustern gehört, verstehen aber nicht besonders gut, worum es dabei geht. Bieten Sie ein Mittagspausen-Seminar über Muster oder einen Vortrag in Ihrer regionalen Anwendergruppe an.

Besser leben mit Mustern

Eine Fahrt durch Objekthausen mit der Gang of Four

Herumlungernde Jets oder Sharks werden Sie in Objekthausen nicht antreffen, aber Sie werden der Gang of Four begegnen. Wahrscheinlich haben Sie schon gemerkt, dass Sie in der Musterwelt nicht weit kommen, ohne Ihnen über den Weg zu laufen. Also – was ist das für eine mysteriöse Bande?

»Die GoF«, bestehend aus Erich Gamma, Richard Helm, Ralph Johnson und John Vlissides, das sind ganz einfach die Jungs, die den ersten Musterkatalog zusammengestellt und damit eine ganze Bewegung auf dem Gebiet der Software-Entwicklung ausgelöst haben!

Wie sie zu dem Namen gekommen sind? Das weiß keiner so genau; es ist einfach ein Name, der an ihnen hängen geblieben ist. Aber überlegen Sie doch mal: Wenn in Objekthausen schon so eine Art »Bande« unterwegs sein muss, könnten Sie sich dann nettere Jungs vorstellen? Sie haben sogar zugesagt, uns zu besuchen ...

Die GoF hat die Software-Musterbewegung aus der Taufe gehoben, aber auch viele andere haben wichtige Beiträge geleistet, unter anderem Ward Cunningham, Kent Beck, Jim Coplien, Grady Booch, Bruce Anderson, Richard Gabriel, Doug Lea, Peter Coad und Doug Schmidt, um nur ein paar Namen zu nennen.

> Es gibt heute mehr Muster, als Sie im GoF-Buch finden; lernen Sie auch diese.

— John Vlissides

> Zielen Sie auf praktische Erweiterbarkeit ab. Bauen Sie keine hypothetische Allgemeingültigkeit ein; sehen Sie Erweiterung nur da vor, wo es wichtig ist.

— Richard Helm

> Halten Sie alles einfach und lassen Sie sich nicht von der Begeisterung davonreißen. Wenn Sie auf eine einfachere Lösung ohne ein Muster kommen – dann her damit.

— Ralph Johnson

> Muster sind Hilfsmittel, keine Regeln – sie müssen zurechtgebogen und an Ihr Problem angepasst werden.

— Erich Gamma

---

* John Vlissides verstarb 2005. Ein großer Verlust für die Entwurfsmustergemeinschaft.

Muster-*Informationsquellen*

Ihre Reise hat gerade erst begonnen ...

Jetzt haben Sie sich in Entwurfsmuster eingearbeitet und sind bereit, sich tiefer hineinzuknien. Hier haben wir drei Standardwerke, die in Ihr Bücherregal gehören:

Das Standardbuch über Entwurfsmuster

Dies ist das Buch, dessen Erscheinen 1995 das Tor zum Gebiet der Entwurfsmuster aufgestoßen hat. Sie finden hier alle grundlegenden Muster. Dieses Buch lieferte auch die Grundlage für die Zusammenstellung der Muster, die wir Ihnen in diesem Buch vorgestellt haben.

Es kamen viele weitere Bücher hinzu, denn seit der Veröffentlichung dieses ersten Buchs ist das Gebiet der Entwurfsmuster sehr stark gewachsen. Dennoch ist es noch heute das Standardwerk.

Wenn Sie sich ein Exemplar von *Design Patterns* anschaffen, haben Sie eine wunderbare Basis für die weitere Erkundung von Mustern im Anschluss an das vorliegende Buch.

Die Autoren von »Design Patterns« werden auch liebevoll »Gang of Four« oder kurz GoF genannt.

Muster wurden von dem Architekten Christopher Alexander erfunden. Sie waren die Anregung, ähnliche Lösungen auch auf Software anzuwenden.

Die Standardbücher über Muster

Muster gab es schon vor der GoF. Erfunden wurden sie von Christopher Alexander, einem Professor für Architektur an der University of California in Berkeley – ja, genau, Alexander ist *Architekt*, kein Informatiker. Er fand Muster für den Bau lebender Architekturen (z.B. Häuser, Städte und Metropolen).

Wenn Sie das nächste Mal in der Stimmung sind, sich richtig tief in ein Buch zu versenken, holen Sie sich *The Timeless Way of Building* und *A Pattern Language* (deutsche Ausgabe: *Eine Mustersprache*). Sie erfahren, wo die Wurzeln der Muster liegen, und werden direkte Analogien zwischen dem Entwerfen von »lebender Architektur« und flexibler, erweiterbarer Software erkennen.

Also, holen Sie sich eine Tasse Sternback-Kaffee, lehnen Sie sich zurück und genießen Sie ...

Besser leben mit Mustern

Weitere Informationsquellen zu Entwurfsmustern

Sie werden feststellen, dass es da draußen eine lebendige, nette Gemeinschaft von Musteranwendern und -schreibern gibt, die sich freuen, wenn Sie sich ihnen anschließen. Hier ein paar Informationsquellen, mit denen Sie anfangen können ...

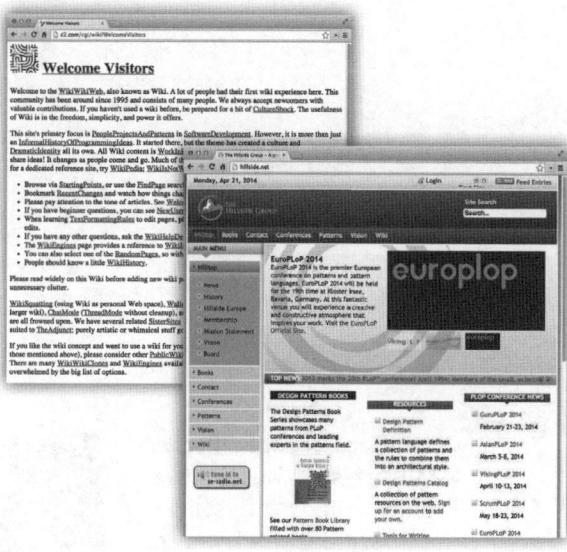

Websites

Das **Portland Pattern Repository,** betrieben von Ward Cunningham, ist ein WIKI, in dem es um alles geht, was mit Entwurfsmustern zu tun hat. Jeder kann mitmachen. Sie finden Diskussions-Threads zu wirklich jedem Thema, das Sie sich im Zusammenhang mit Mustern und OO-Systemen vorstellen können.

`http://c2.com/cgi/wiki?WelcomeVisitors`

Die **Hillside Group** unterstützt die Anwendung von gängigen und erprobten Programmier- und Designtechniken und bietet eine zentrale Informationsquelle für die Arbeit mit Mustern. Auf dieser Site findet man unter anderem Informationen über viele musterrelevante Arbeits- und Hilfsmittel, z.B. Artikel, Bücher, Mailinglisten und Tools.

`http://hillside.net/`

bzw. für die europäische Gruppe

`http://hillside.net/europlop/HillsideEurope/`

Konferenzen und Workshops

Und wenn Sie der Mustergemeinde gern einmal »von Angesicht zu Angesicht« gegenüberstehen möchten, informieren Sie sich, wann und wo die vielen Konferenzen und Workshops über Muster stattfinden. Auf der Hillside-Website gibt es eine vollständige Liste. Beispielsweise könnten Sie sich ja einmal die ECOOP (Europe Conference on Object-Oriented Programming) ansehen.

Sie sind hier ▸ **609**

Der Musterzoo

Wie Sie gerade gesehen haben, stammen Muster ursprünglich nicht aus dem Softwarebereich, sondern aus der Architektur von Gebäuden und Städten. Tatsächlich kann das Musterkonzept in vielen verschiedenen Gebieten angewendet werden. Machen Sie einen Spaziergang im Musterzoo und sehen Sie sich ein paar davon an ...

Mit **Architekturmustern** wird die lebendige, dynamische Architektur von Gebäuden, Städten und Metropolen erstellt. Dies ist die ursprüngliche Anwendung von Mustern.

Lebensraum: In Gebäuden zu finden, in denen Sie gern leben oder die Sie gern anschauen oder besichtigen.

Lebensraum: In der Umgebung von dreischichtigen Architekturen, Client-Server-Systemen und dem Internet zu beobachten.

Bereichsspezifische Muster sind Muster, die Probleme in ganz bestimmten Bereichen betreffen, z.B. in nebenläufigen Systemen oder Echtzeitsystemen.

Feldnotiz: Von MVC ist bekannt, dass es auch schon als Anwendungsmuster anerkannt wurde.

Bereichsspezifische Muster sind Muster, die Probleme in ganz bestimmten Bereichen betreffen, z.B. in nebenläufigen Systemen oder Echtzeitsystemen.

Helfen Sie uns, einen Lebensraum zu finden.

J2EE

Besser leben mit Mustern

Geschäftsprozessmuster beschreiben die Wechselwirkung zwischen Firmen, Kunden und Daten. Anwenden kann man sie z.B. auf Probleme der Art: »Wie kann man effektiv Entscheidungen treffen und vermitteln?«

Wird in der Umgebung von Vorstandsetagen und Projektmanagementsitzungen beobachtet.

Helfen Sie uns, einen Lebensraum zu finden.
Entwickler-Team
Kundensupport-Team

Organisationsmuster beschreiben die Strukturen und Arbeitsweisen von menschlichen Organisationen. Im Mittelpunkt standen dabei bis jetzt meistens Unternehmen, die Software produzieren oder Support dafür bieten.

Benutzerschnittstellenmuster behandeln die Problematik, wie man interaktive Softwareprogramme entwirft.

Lebensraum: Hält sich gern der Nähe von Videospiel-Designern, GUI-Erstellern und Produzenten auf.

Feldnotizen: Bitte tragen Sie hier Muster-Anwendungsbereiche ein, die Sie selbst entdeckt haben:

_____

_____

_____

_____

Sie sind hier ▸ **611**

Antimuster

Mit Antimustern gegen die Schlechtigkeit

Das Universum wäre doch einfach nicht vollständig, wenn es Muster gäbe, aber keine Antimuster, oder?

Ein Entwurfsmuster bietet Ihnen eine allgemeine Lösung für ein wiederkehrendes Problem in einem bestimmten Kontext – und was macht dann ein Antimuster?

> Ein **Antimuster** beschreibt eine SCHLECHTE Lösung für ein Problem.

Wahrscheinlich fragen Sie sich jetzt: »Wer um alles in der Welt würde seine Zeit damit verschwenden, schlechte Lösungen zu dokumentieren?«

Betrachten Sie es einmal so: Wenn es eine wiederkehrende schlechte Lösung für ein häufiges Problem gibt, können wir andere Entwickler davon abhalten, den gleichen Fehler zu machen, indem wir die schlechte Lösung dokumentieren. Das Vermeiden schlechter Lösungen kann schließlich genauso wertvoll sein wie das Finden guter Lösungen!

Sehen wir uns die Elemente eines Antimusters einmal an:

Ein Antimuster sagt Ihnen, warum eine schlechte Lösung gut aussieht. Es ist doch so: Keiner würde sich für eine schlechte Lösung entscheiden, wenn nicht irgendetwas daran nach außen hin verlockend aussähe. Eine der wichtigsten Aufgaben des Antimusters ist es, Sie auf den verführerischen Aspekt der Lösung aufmerksam zu machen.

Ein Antimuster sagt Ihnen, warum diese Lösung auf lange Sicht schlecht ist. Um zu verstehen, warum das ein Antimuster ist, müssen Sie verstehen, in welcher Weise es sich später negativ auswirken kann. Das Antimuster beschreibt, wo Sie durch die Verwendung dieser Lösung in Schwierigkeiten geraten werden.

Ein Antimuster schlägt Alternativlösungen vor, die in einem konkreten Fall als gute Lösungen infrage kommen. Um wirklich eine Hilfe zu sein, muss ein Antimuster Ihnen auch die richtige Richtung zeigen: Es sollte andere Möglichkeiten vorschlagen, die zu guten Lösungen führen könnten.

Sehen wir uns so ein Antimuster einmal an.

> Ein Antimuster sieht immer nach einer guten Lösung aus, erweist sich aber als schlechte Lösung, wenn es angewendet wird.
>
> Durch das Dokumentieren von Antimustern helfen wir anderen, schlechte Lösungen schon vor der Implementierung zu erkennen.
>
> Wie bei den Mustern gibt es viele Arten von Antimustern, so z.B. Entwicklungs-, OO-, Organisations- und bereichsspezifische Antimuster.

Besser leben mit Mustern

Hier ist ein Beispiel für ein Antimuster aus dem Bereich der Software-Entwicklung.

Antimuster

Name: Allheilmittel

Problem: Sie müssen Techniken für Ihr Software-Projekt auswählen und sind der Meinung, dass genau eine Technik die Architektur vorrangig bestimmen sollte.

Kontext: Ein neues System oder Software-Element, das Sie entwickeln müssen, passt nicht gut zu der Technik, mit der das Entwicklerteam vertraut ist.

Die wirkenden Kräfte:

- Das Entwicklerteam mag die Technik, die es gut kennt.
- Das Entwicklerteam ist mit anderen Techniken nicht vertraut.
- Jede fremde Technik wird als riskant betrachtet.
- Mit der vertrauten Technik lässt sich die Entwicklung leichter planen und einschätzen.

Vorgeschlagene Lösung: Auf jeden Fall mit der bekannten Technik arbeiten. Die Technik wird als Allheilmittel für viele Probleme eingesetzt, auch da, wo sie eindeutig nicht geeignet ist.

Überarbeitete Lösung: Das Wissen der Entwickler durch Fortbildung, Training und Studiergruppen erweitern und die Entwickler so mit neuen Lösungen konfrontieren.

Beispiele:

Webunternehmen behalten und pflegen weiterhin ihr firmeninternes, selbst entwickeltes Caching-System, auch wenn woanders längst Open Source-Alternativen im Einsatz sind.

Genau wie ein Muster hat auch ein Antimuster einen Namen, der in das gemeinsame Vokabular aufgenommen wird.

Das Problem und der Kontext, genau wie bei einer Musterbeschreibung.

Sagt Ihnen, warum die Lösung gut aussieht.

Die schlechte, aber verlockende Lösung.

Wie man zu einer guten Lösung kommt.

Beispiel dafür, wo dieses Antimuster beobachtet wurde.

Angepasst, nach dem Portland Pattern Repository WIKI auf http://c2.com/. Dort finden Sie viele Antimuster und Diskussionen. Das hier beschriebene Muster heißt dort »Golden Hammer«.

Sie sind hier ▸ **613**

Design-Werkzeugkasten

Werkzeuge für Ihren Design-Werkzeugkasten

Jetzt haben Sie einen Punkt erreicht, an dem Sie auf eigenen Füßen stehen können. Zeit für Sie, in die Welt hinauszugehen und selbstständig Muster zu erforschen ...

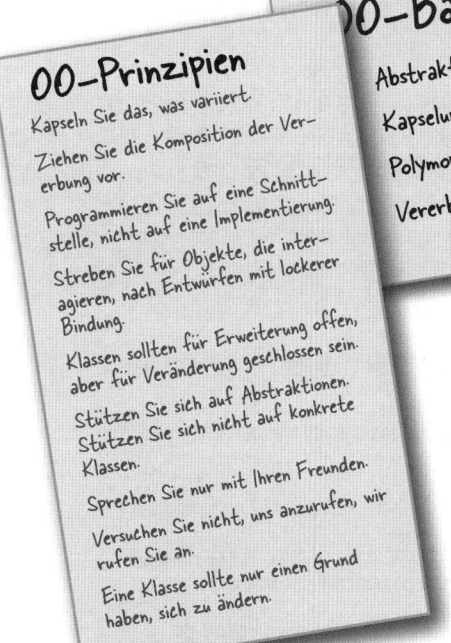

OO-Prinzipien
Kapseln Sie das, was variiert.
Ziehen Sie die Komposition der Vererbung vor.
Programmieren Sie auf eine Schnittstelle, nicht auf eine Implementierung.
Streben Sie für Objekte, die interagieren, nach Entwürfen mit lockerer Bindung.
Klassen sollten für Erweiterung offen, aber für Veränderung geschlossen sein.
Stützen Sie sich auf Abstraktionen. Stützen Sie sich nicht auf konkrete Klassen.
Sprechen Sie nur mit Ihren Freunden.
Versuchen Sie nicht, uns anzurufen, wir rufen Sie an.
Eine Klasse sollte nur einen Grund haben, sich zu ändern.

OO-Basics
Abstraktion
Kapselung
Polymorphismus
Vererbung

Die Zeit ist für Sie gekommen, sich hinauszuwagen und selbst weitere Muster zu entdecken. Es gibt viele bereichsspezifische Muster, die wir gar nicht erwähnt haben, und auch noch ein paar grundlegende, auf die wir nicht eingegangen sind. Und dann müssen Sie ja auch noch Ihre eigenen Muster schreiben ...

Sehen Sie sich auch den Anhang an; wir zeigen Ihnen dort noch ein paar weitere grundlegende Muster, die man kennen sollte.

Punkt für Punkt

- Verwenden Sie Muster in Ihren Entwürfen nur dann, wenn es sich auf natürliche Weise ergibt, und nicht zwangsweise, nur um ein Muster zu benutzen.
- Entwurfsmuster sind nicht in Stein gemeißelt; Sie können sie so anpassen und zurechtbiegen, wie Sie sie gerade brauchen.
- Verwenden Sie immer die einfachste Lösung, die Ihren Anforderungen entspricht, selbst wenn sie kein Muster umfasst.
- Studieren Sie Musterkataloge, um sich mit Mustern und den Beziehungen zwischen Ihnen vertraut zu machen.
- Mit Musterklassifikationen (oder -kategorien) lassen sich Muster in Gruppen einteilen. Wenn es Ihnen weiterhilft, benutzen Sie sie.
- Um selbst Muster zu schreiben, müssen Sie viel Engagement, Zeit und Geduld mitbringen, und Sie müssen bereit sein, eine Menge Code-Verbesserungen durchzuführen.
- Denken Sie daran, dass die meisten Muster, denen Sie begegnen werden, Anpassungen existierender Muster sind und keine neuen Muster.
- Erweitern Sie das gemeinsame Vokabular in Ihrem Team – einer der größten Vorteile, die Sie aus der Verwendung von Mustern ziehen können.
- Wie jede Gemeinschaft hat auch die Mustergemeinde ihren eigenen Fachjargon. Lassen Sie sich davon nicht abschrecken. Wenn Sie dieses Buch gelesen haben, kennen Sie schon das meiste davon.

Abschied von Objekthausen ...

Schön, dass Sie hier waren!

Wir werden Sie ganz sicher vermissen. Aber keine Sorge – noch bevor Sie es richtig gemerkt haben, ist vielleicht schon das nächste Buch dieser Reihe erschienen, und dann können Sie uns ja wieder besuchen. Welches Thema das nächste Buch hat, fragen Sie? Hmmm, eine gute Frage! Warum helfen Sie uns nicht einfach bei der Entscheidung? Senden Sie eine Mail mit Ihrem Vorschlag an booksuggestions@wickedlysmart.com.

Wer macht was? Lösung

Ordnen Sie jedem Muster die passende Beschreibung zu:

Muster	Beschreibung
Decorator	Umschließt ein Objekt und stellt eine andere Schnittstelle dafür zur Verfügung.
State	Unterklassen entscheiden, wie die Schritte in einem Algorithmus implementiert werden.
Iterator	Unterklassen entscheiden, welche konkreten Klassen erzeugt werden.
Facade	Sorgt dafür, dass nur genau ein Objekt erzeugt wird.
Strategy	Kapselt austauschbares Verhalten und entscheidet mittels Delegierung, welches Verhalten verwendet wird.
Proxy	Clients behandeln Sammlungen von Objekten und Einzelobjekte auf gleiche Weise.
Factory Method	Kapselt zustandsbasiertes Verhalten und wechselt durch Delegieren zwischen den Verhaltensweisen.
Adapter	Bietet eine Möglichkeit, eine Sammlung von Objekten zu durchqueren, ohne die Implementierung der Sammlung zu offenbaren.
Observer	Vereinfacht die Schnittstelle einer Gruppe von Klassen.
Template Method	Packt ein Objekt ein und fügt dabei neues Verhalten hinzu.
Composite	Ermöglicht es einem Client, Familien von Objekten zu erstellen, ohne konkrete Klassen anzugeben.
Singleton	Ermöglicht die Benachrichtigung von Objekten, wenn sich ein Zustand ändert.
Abstract Factory	Umschließt ein Objekt und kontrolliert so den Zugriff darauf.
Command	Kapselt einen Auftrag als ein Objekt.

14 Anhang
Anhang: Übrig gebliebene Muster

Nicht jeder kann eine Berühmtheit sein. In den letzten zehn Jahren hat sich eine Menge geändert. Seit die 1. Auflage von *Entwurfsmuster: Elemente wiederverwendbarer objektorientierter Software* erschienen ist, haben Entwickler diese Muster Tausende von Malen angewendet. Die Muster, die in diesem Anhang zusammengefasst sind, sind vollwertige, ausgewiesene, offizielle GoF-Muster, sie werden nur nicht so oft verwendet wie die Muster, mit denen wir uns bis jetzt beschäftigt haben. Dennoch werden diese Muster mit vollem Recht als großartige Muster betrachtet, und wenn Sie in einer Situation sind, die danach verlangt, können Sie sie mit erhobenem Haupt anwenden. In diesem Anhang möchten wir Ihnen eine ungefähre Vorstellung davon vermitteln, worum es bei diesen Mustern geht.

Bridge-Muster

Verwenden Sie das Bridge-Muster (Bridge = Brücke), wenn Sie nicht nur Ihre Implementierungen, sondern auch Ihre Abstraktionen variieren wollen.

Ein Szenario

Stellen Sie sich vor, Sie wollen das »Herumflätzen« vor dem Fernseher revolutionieren. Sie schreiben den Code für eine neue ergonomische und benutzerfreundliche Fernbedienung für Fernsehgeräte. Es ist Ihnen schon klar, dass Sie gute OO-Techniken benutzen müssen, denn die Fernbedienung basiert zwar auf nur einer *Abstraktion*, doch gibt es eine Menge *Implementierungen* – eine für jedes Fernsehermodell.

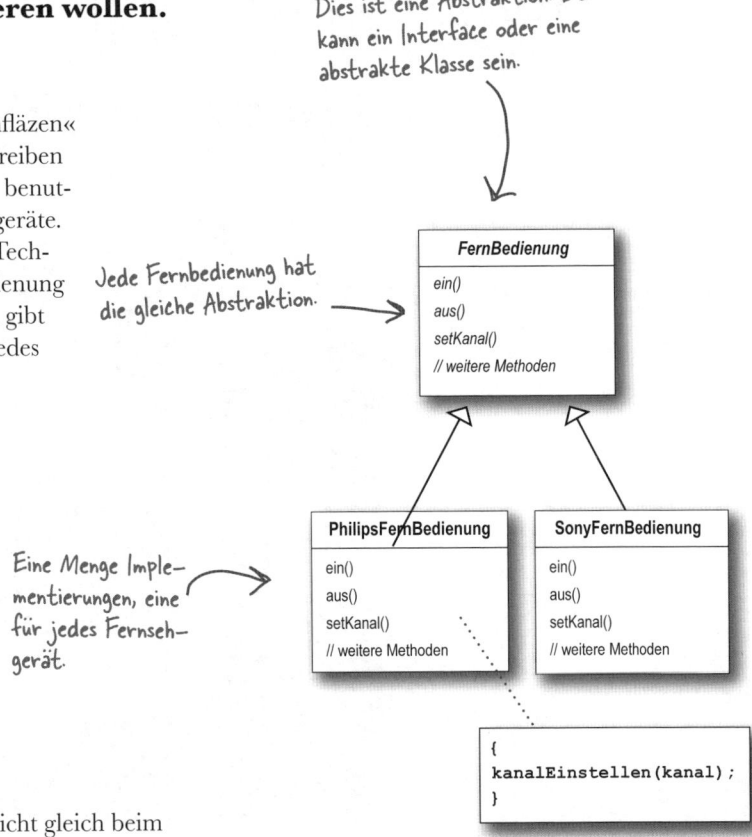

Ihr Dilemma

Sie wissen, dass die Benutzerschnittstelle nicht gleich beim ersten Mal perfekt sein wird. Tatsächlich erwarten Sie, dass das Produkt wiederholt überarbeitet werden muss, während Daten über die Benutzerfreundlichkeit der Fernbedienung gesammelt werden.

Ihr Dilemma ist also, dass sich die Fernbedienungen verändern werden *und* die Fernsehapparate. Sie haben die Benutzerschnittstelle schon *abstrahiert*, damit Sie die *Implementierung* über die vielen Fernsehgeräte variieren können, die Ihre Kunden besitzen. Aber Sie müssen auch *die Abstraktion selbst variieren*, weil sie sich im Lauf der Zeit ändert, wenn die Fernbedienung auf der Grundlage des Benutzer-Feedbacks verbessert wird.

Wie muss also ein OO-Design aussehen, mit dem Sie Implementierung *und* Abstraktion variieren können?

Übrig gebliebene Muster

Verwendung des Bridge-Musters

Das Bridge-Muster ermöglicht es Ihnen, die Implementierung *und* die Abstraktion zu variieren, indem Sie die beiden in getrennten Klassen-Hierarchien unterbringen.

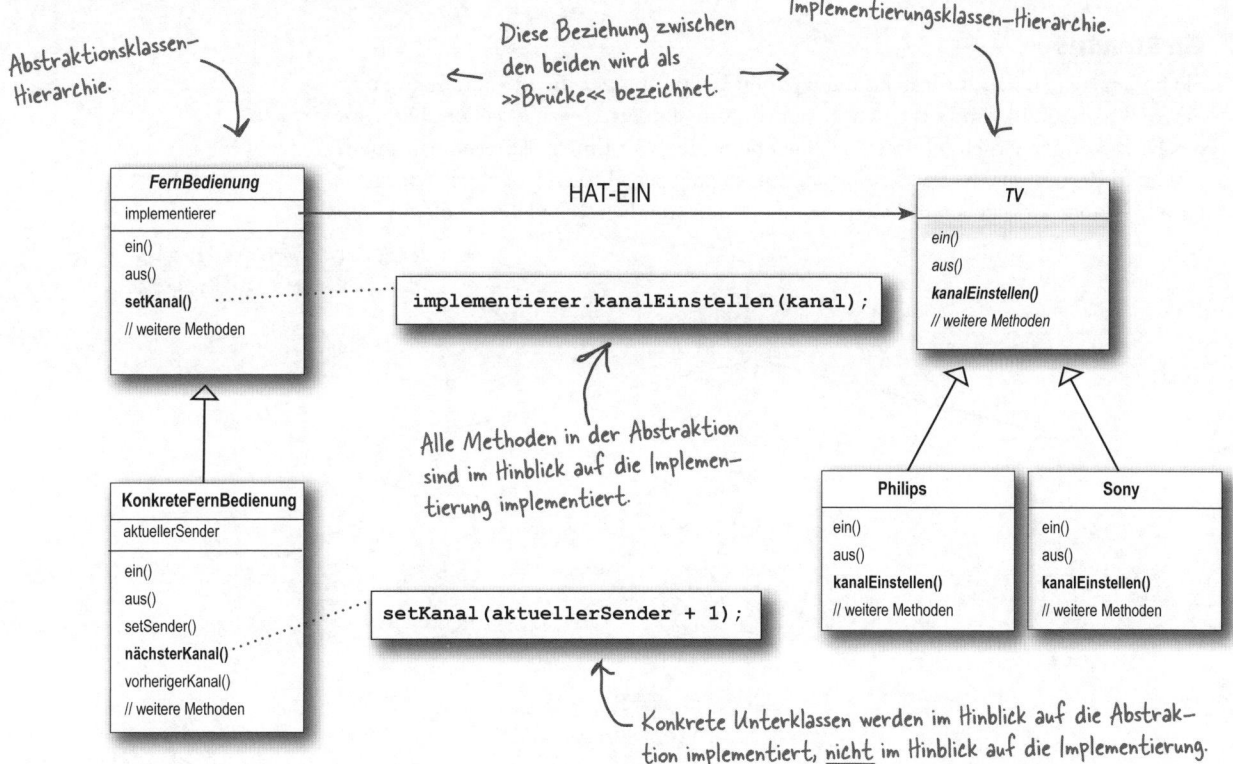

Sie haben jetzt zwei Hierarchien, eine für die Fernbedienungen und eine zweite für plattformspezifische TV-Implementierungen. Die Brücke erlaubt es Ihnen, beide Hierarchie-Seiten unabhängig voneinander zu variieren.

Vorteile des Bridge-Musters

- Entkoppelt eine Implementierung, sodass sie nicht permanent an eine Schnittstelle gebunden ist.
- Abstraktion und Implementierung lassen sich unabhängig voneinander erweitern.
- Veränderungen an den konkreten Abstraktionsklassen haben keinen Einfluss auf den Client.

Verwendung und Nachteile

- Nützlich für grafische und fensterbasierte Systeme, die auf vielen Plattformen laufen sollen.
- In jedem Fall nützlich, wenn Sie eine Schnittstelle und eine Implementierung auf unterschiedliche Weise variieren müssen.
- Erhöht die Komplexität.

Sie sind hier ▸ **619**

Builder-Muster
Verwenden Sie das Builder-Muster, um die Konstruktion eines Produkts zu kapseln und seinen Aufbau in mehreren Schritten zu ermöglichen.

Ein Szenario

Sie haben soeben den Auftrag erhalten, einen Urlaubsplaner für Musterland – einen neuen Themenpark direkt vor den Toren von Objekthausen – zu erstellen. Die Gäste des Parks können ein Hotel und verschiedene Sorten von Eintrittskarten auswählen, Tische in Restaurants reservieren lassen und sogar Special Events buchen. Um den Urlaubsplaner zu erstellen, müssen Sie Strukturen wie die folgenden erzeugen können:

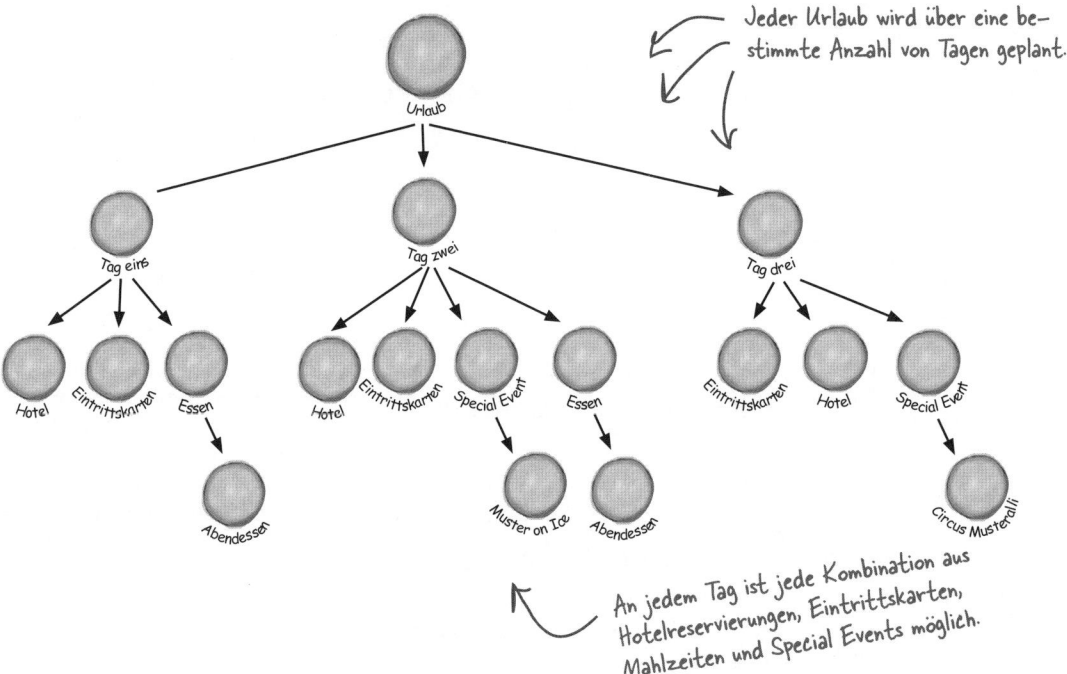

Sie brauchen ein flexibles Design

Die Pläne für die einzelnen Gäste können sich in der Anzahl der Tage und der Art der Aktivitäten unterscheiden. Ein ortsansässiger Besucher braucht vielleicht kein Hotel, wünscht sich aber Reservierungen für Abendessen und Special Events. Andere Gäste kommen mit dem Flugzeug nach Objekthausen und wollen ein Hotel, Reservierungen zum Abendessen und Eintrittskarten.

Sie brauchen also eine flexible Datenstruktur, die Urlaubsplaner mit allen Variationen repräsentieren kann. Zudem benötigen Sie eine Abfolge von möglicherweise komplexen Schritten für die Erzeugung des Planers. Wie können Sie die komplexe Struktur erzeugen, ohne sie mit den Schritten für die Erzeugung zu vermischen?

Verwendung des Builder-Musters

Erinnern Sie sich an das Iterator-Muster? Wir haben dort die Iteration in einem separaten Objekt gekapselt und die interne Repräsentation der Collection vor dem Client verborgen. Hier steckt der gleiche Gedanke dahinter: Wir kapseln die Erzeugung des Reiseplaners in einem Objekt (dem Builder oder Erbauer, hier nennen wir es Ersteller), und unser Client bittet dann den Ersteller, die Struktur des Reiseplaners für ihn zu erstellen.

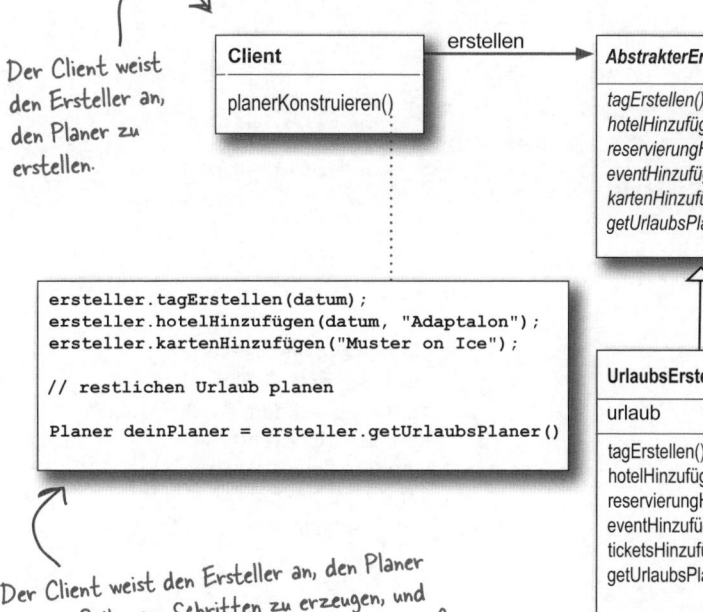

Der Client weist den Ersteller an, den Planer zu erstellen.

Der Client benutzt zur Erstellung des Planers eine abstrakte Schnittstelle.

Der konkrete Ersteller erzeugt echte Produkte und speichert sie in der Urlaubs-Kompositum-Struktur.

Der Client weist den Ersteller an, den Planer in einer Reihe von Schritten zu erzeugen, und ruft dann die Methode getUrlaubsPlaner() auf, um das vollständige Objekt zu erhalten.

Vorteile des Builder-Musters

- Kapselt die Art und Weise, wie ein komplexes Objekt hergestellt wird.
- Ermöglicht die Herstellung von Objekten in einem Prozess, der aus mehreren Schritten besteht und variiert (im Gegensatz zu Ein-Schritt-Fabriken).
- Verbirgt die interne Repräsentation des Produkts vor dem Client.
- Produkt-Implementierungen können ausgetauscht werden, weil der Client nur eine abstrakte Schnittstelle sieht.

Verwendung und Nachteile

- Häufig für den Aufbau von Composite-Strukturen verwendet.
- Die Herstellung von Objekten erfordert mehr Wissen über den Arbeitsbereich des Clients, als wenn man eine Fabrik verwendet.

Sie sind hier ▸ **621**

Chain of Responsibility-Muster

Nutzen Sie das Chain of Responsibility-Muster, wenn Sie mehr als einem Objekt eine Chance geben wollen, eine Anfrage zu bearbeiten.

Ein Szenario

Seit der Java-gestützte Kaugummiautomat auf dem Markt ist, bekommt Kaukugel mehr E-Mails, als die Mitarbeiter verkraften können. Nach ihrer eigenen Analyse erhalten sie vier Arten von Mails: Fanpost von Kunden, die das neue 1-aus-10-Spiel toll finden, Beschwerden von Eltern, deren Kinder süchtig nach dem Spiel sind, und Anfragen, Automaten an neuen Standorten aufzustellen. Außerdem erhalten sie auch eine ganze Menge Spam.

Die ganze Fanpost geht direkt an den Geschäftsführer, alle Beschwerden an die Rechtsabteilung und alle Anfragen bezüglich neuer Automaten an die Abteilung für Kundenakquisition. Spam muss gelöscht werden.

Ihre Aufgabe

Kaukugel hat schon ein paar intelligente Detektoren geschrieben, die herausfinden, ob eine E-Mail Spam, Fanpost, eine Beschwerde oder eine Anfrage ist. Von Ihnen hätten sie nun gern einen Entwurf, der den Posteingang mithilfe der Detektoren abwickelt.

Übrig gebliebene Muster

Verwendung des Chain of Responsibility-Musters

Mit dem Chain of Responsibility-Muster erzeugen Sie eine Kette von Objekten, die eine Anfrage prüfen. Nacheinander sehen sich alle Objekte die Anfrage an und bearbeiten sie oder geben sie weiter an das nächste Objekt in der Zuständigkeitskette.

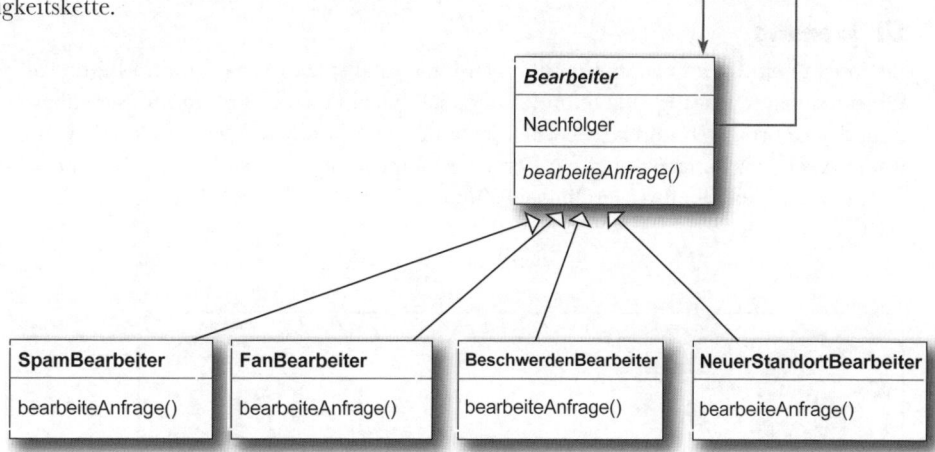

Jedes Objekt in der Kette fungiert als ein Bearbeiter und hat ein Nachfolgerobjekt. Kann es die Anfrage bearbeiten, tut es dies, andernfalls leitet es die Anfrage an seinen Nachfolger weiter.

Wenn eine E-Mail eingeht, wird sie dem ersten Bearbeiter übergeben: dem SpamBearbeiter. Wenn dieser die Anfrage nicht beantworten kann, wird sie an den FanBearbeiter weitergegeben. Und so weiter ...

Jede E-Mail wird dem ersten Bearbeiter übergeben.

E-Mails, die am Ende der Kette ins Leere fallen, werden nicht bearbeitet – aber Sie können natürlich immer einen Bearbeiter implementieren, der dort alles auffängt.

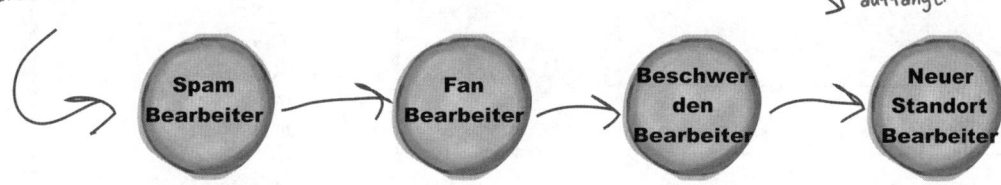

Vorteile der Chain of Responsibility

- Entkoppelt den Absender der Anfrage und ihre Empfänger.
- Vereinfacht Ihr Objekt, weil es die Struktur der Kette nicht kennen muss und keine direkte Referenz auf ihre Elemente braucht.
- Erlaubt es Ihnen, Verantwortlichkeiten dynamisch hinzuzufügen oder zu entfernen, indem Sie die Elemente oder die Reihenfolge in der Kette ändern.

Verwendung und Nachteile

- Wird häufig in fensterbasierten Systemen eingesetzt, um auf Ereignisse wie Mausklicks oder Tastatureingaben zu reagieren.
- Die Bearbeitung der Anfrage ist nicht garantiert; sie kann am Ende der Kette ins Leere fallen, wenn sie von keinem Objekt bearbeitet wird (dies kann ein Vorteil oder ein Nachteil sein).
- Es kann schwierig sein, die Laufzeitcharakteristika zu beobachten und zu debuggen.

Sie sind hier ▸ **623**

Flyweight-Muster
Verwenden Sie das Flyweight-Muster, wenn mit einer Instanz einer Klasse viele »virtuelle Instanzen« bereitgestellt werden können.

Ein Szenario
Sie möchten in Ihrem neuen, brandheißen Landschaftsplanungsprogramm Bäume als Objekte hinzufügen. Eigentlich tun Bäume nicht viel in diesem Programm; sie haben x- und y-Koordinaten und können sich dynamisch selbst hinzeichnen, abhängig von ihrem Alter. Der Punkt ist, dass ein Benutzer möglicherweise gern Unmengen von Bäumen in dem Landschaftsdesign für sein Zuhause hätte. Das könnte dann so aussehen:

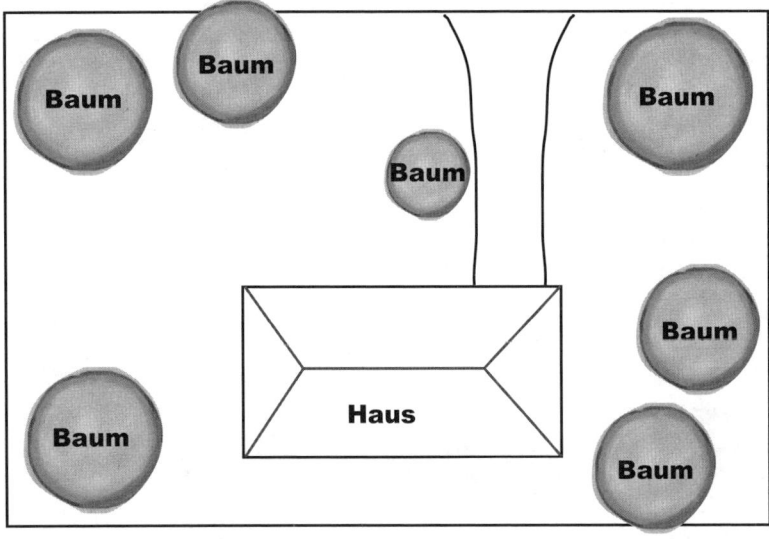

Jede Baum-Instanz hält ihren eigenen Zustand.

Das Dilemma Ihres Großkunden
Gerade haben Sie Ihren »Referenzkunden« an Land gezogen. *Den* wichtigen Kunden, um den Sie sich seit Monaten in einem Pitch bewerben. Er kauft 1.000 Arbeitsplatzlizenzen Ihres Programms und will es für die Landschaftsgestaltung bei der Planung von Gartenstädten einsetzen. Nachdem er Ihre Software eine Woche lang benutzt hat, beschwert sich Ihr Kunde, dass die Anwendung anfängt zu lahmen, sobald größere Baumgruppen erzeugt werden.

Übrig gebliebene Muster

Verwendung des Flyweight-Musters

Wie wäre es, wenn Sie Ihr System so abänderten, dass Sie statt Tausender von Bäumen nur eine einzige Baum-Instanz haben und ein Client-Objekt, das den Zustand *all* Ihrer Bäume verwaltet? So wird Ihre schwerfällige Anwendung zu einem echten Fliegengewicht!

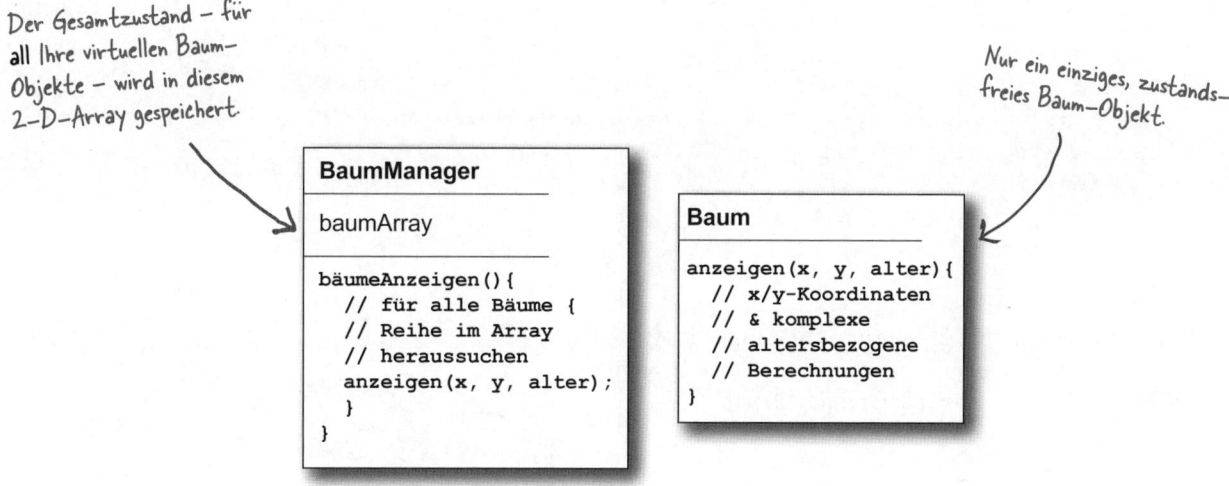

Der Gesamtzustand – für all Ihre virtuellen Baum-Objekte – wird in diesem 2-D-Array gespeichert.

Nur ein einziges, zustandsfreies Baum-Objekt.

Vorteile des Flyweight-Musters

- Verringert die Anzahl der Objekt-Instanzen zur Laufzeit und spart dadurch Speicher.
- Speichert den Zustand für viele »virtuelle« Objekte zentral an nur einem Ort.

Verwendung und Nachteile

- Das Flyweight-Muster wird verwendet, wenn eine Klasse viele Instanzen hat und sie alle auf die gleiche Weise verwaltet werden können.
- Ein Nachteil des Flyweight-Musters: Haben Sie es erst einmal implementiert, können sich einzelne logische Instanzen der Klasse nicht mehr unabhängig von den anderen Instanzen verhalten.

Interpreter-Muster
Erstellen Sie mit dem Interpreter-Muster einen Interpreter für eine Sprache.

Ein Szenario

Erinnern Sie sich an den Ententeichsimulator? Sie haben das Gefühl, der gäbe auch ein prima Lernprogramm ab, um Kindern das Programmieren beizubringen? Jedes Kind soll dabei eine Ente mit einer einfachen Sprache steuern. Hier ein Beispiel für die Sprache:

Das Interpreter-Muster setzt Kenntnisse über formale Grammatiken voraus.

Doch auch wenn Sie nie etwas über formale Grammatiken gelernt haben, sollten Sie sich die Beschreibung durchlesen – das Wesentliche werden Sie verstehen.

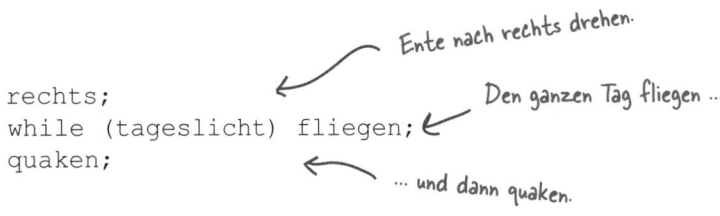

```
rechts;                      ← Ente nach rechts drehen.
while (tageslicht) fliegen;  ← Den ganzen Tag fliegen ...
quaken;                      ← ... und dann quaken.
```

Denken Sie jetzt an Ihre Einführungskurse in die Programmierung zurück, in denen Sie gelernt haben, wie man eine Grammatik erzeugt. Schreiben Sie also die Grammatik hin:

```
ausdruck     ::= <befehl> | <sequenz> | <wiederholung>
sequenz      ::= <ausdruck> ';' <ausdruck>
befehl       ::= rechts | quaken | fliegen
wiederholung ::= while '(' <variable> ')'<ausdruck>
variable     ::= [A-Z,a-z]+
```

Ein Programm ist ein Ausdruck, der aus Sequenzen von Befehlen und Wiederholungen (»while«-Anweisungen) besteht.

Eine Sequenz ist ein Satz von Ausdrücken, die durch Semikola getrennt sind.

Es gibt drei Befehle: rechts, quaken und fliegen.

Eine while-Anweisung ist einfach eine Bedingungsvariable und ein Ausdruck.

Und was nun?

Sie haben eine Grammatik; nun brauchen Sie nur noch eine Möglichkeit, Sätze in der Grammatik zu repräsentieren und zu interpretieren, sodass die Schüler sehen können, wie sich ihre Programmierung auf die simulierten Enten auswirkt.

Übrig gebliebene Muster

Implementierung eines Interpreters

Wenn Sie eine einfache Sprache implementieren müssen, definiert das Interpreter-Muster eine klassenbasierte Repräsentation für die Grammatik und dazu einen Interpreter, der Sätze interpretiert. Um die Sprache zu repräsentieren, verwenden Sie für jede Regel der Sprache eine Klasse, die diese Regel repräsentiert. Hier die in Klassen übersetzte Entensprache; beachten Sie die direkte Abbildung auf die Grammatik.

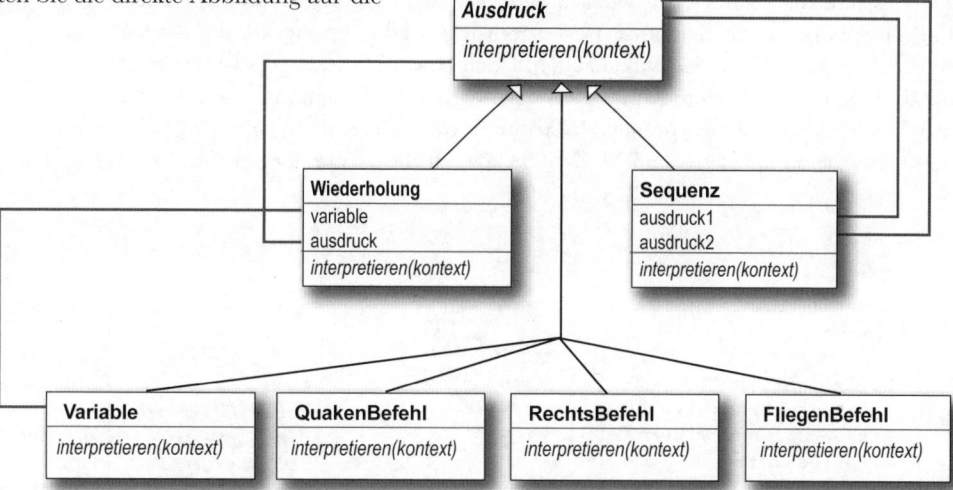

Um die Sprache zu interpretieren, rufen Sie die Methode interpretieren() auf jedem Ausdruckstyp auf. Als Übergabeparameter erhält die Methode einen Kontext mit dem zu analysierenden Eingabe-Stream des Programms; sie gleicht die Eingabe ab und wertet sie aus.

Vorteile des Interpreter-Musters

- Die Repräsentation jeder Grammatikregel in einer Klasse sorgt dafür, dass die Sprache leicht zu implementieren ist.
- Weil die Grammatik durch Klassen repräsentiert wird, lässt sich die Sprache leicht verändern oder erweitern.
- Indem Sie die Klassenstruktur um zusätzliche Methoden erweitern, können Sie neues Verhalten jenseits der Interpretation hinzufügen, z.B. das Ausdrucken mit Zierschriften und eine ausgefeiltere Programmvalidierung.

Verwendung und Nachteile

- Verwenden Sie Interpreter, wenn Sie eine einfache Sprache implementieren müssen.
- Geeignet, wenn Sie eine einfache Grammatik haben und Einfachheit wichtiger ist als Effizienz.
- Wird für Skript- und Programmiersprachen eingesetzt.
- Dieses Muster kann schwerfällig werden, wenn es sehr viele Grammatikregeln gibt. In diesen Fällen kann ein Parser/Compiler-Generator geeigneter sein.

Sie sind hier ▸

Mediator-Muster
Verwenden Sie das Mediator-Muster, wenn Sie eine komplexe Kommunikation zwischen in Beziehung stehenden Objekten und ihre Steuerung zentralisieren wollen.

Ein Szenario

Bob besitzt ein Java-gestütztes automatisches Haus – dank der netten Mitarbeiter von HausDerZukunft. Alle seine Geräte wurden dafür gemacht, sein Leben zu erleichtern. Sobald Bob aufhört, auf die Schlummertaste zu drücken, gibt sein Wecker der Kaffeemaschine die Anweisung, Kaffee aufzubrühen. Doch obwohl Bob schon so ein schönes Leben hat, fragen er und andere Kunden ständig nach neuen Funktionen: kein Kaffee an den Wochenenden ... Rasensprenger 15 Minuten vorher abdrehen, wenn ein Regenschauer auf dem Plan steht ... an Müllabfuhrtagen frühe Weckzeit einstellen ...

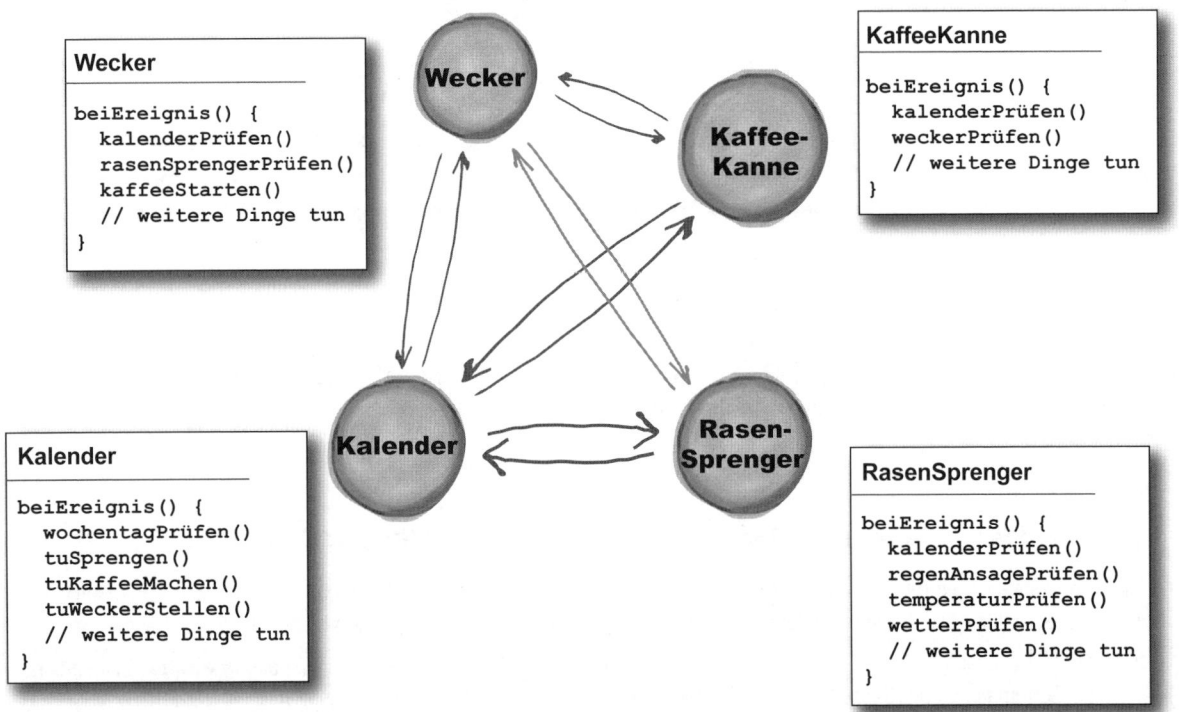

Das Dilemma von HausDerZukunft

Es lässt sich nur noch schwer verfolgen, welche Regeln in welchem Objekt stecken und wie die verschiedenen Objekte zusammenhängen.

Übrig gebliebene Muster

Mediator in Action ...

Wird dem System ein Mediator hinzugefügt, lassen sich alle Gerät-Objekte stark vereinfachen:

- Sie teilen dem Mediator mit, wenn sich ihr Zustand ändert.
- Sie reagieren auf Anfragen vom Mediator.

Bevor der Mediator hinzugefügt wurde, mussten sich alle Gerät-Objekte untereinander kennen ... sie waren allesamt eng gekoppelt. Durch die Vermittlung des Mediators sind alle Gerät-Objekte *vollständig voneinander entkoppelt*.

Der Mediator enthält die gesamte Steuerungslogik für das komplette System. Wenn ein vorhandenes Gerät eine neue Regel braucht oder das System um ein neues Gerät erweitert wird, ist klar, dass die gesamte dafür notwendige Logik zum Mediator hinzugefügt wird.

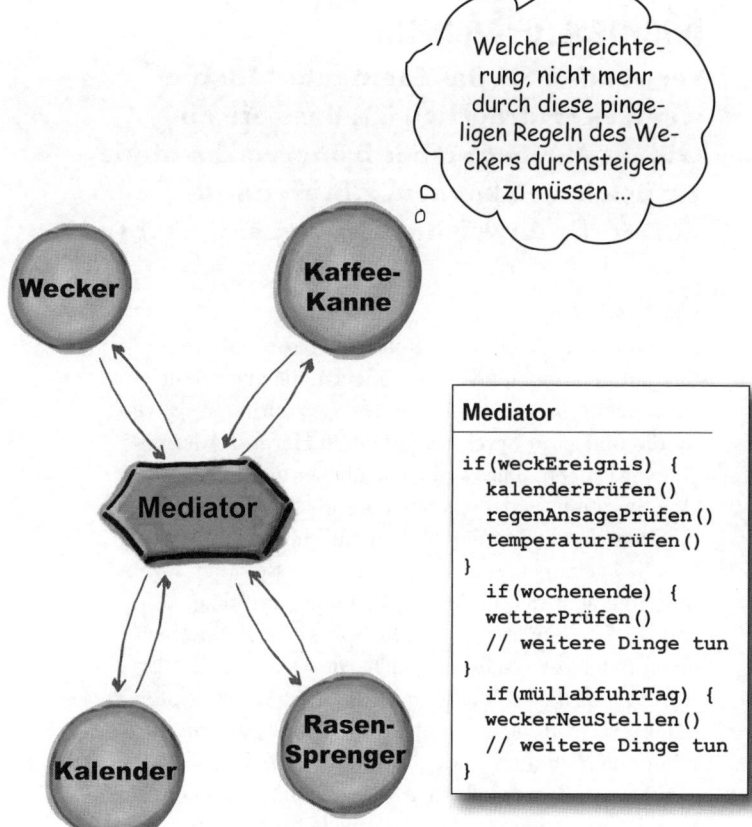

Welche Erleichterung, nicht mehr durch diese pingeligen Regeln des Weckers durchsteigen zu müssen ...

Mediator

```
if(weckEreignis) {
  kalenderPrüfen()
  regenAnsagePrüfen()
  temperaturPrüfen()
}
if(wochenende) {
  wetterPrüfen()
  // weitere Dinge tun
}
if(müllabfuhrTag) {
  weckerNeuStellen()
  // weitere Dinge tun
}
```

Vorteile des Mediator-Musters

- Erhöht die Wiederverwendbarkeit der durch den Mediator unterstützten Objekte, da sie vom System abgekoppelt werden.
- Vereinfacht die Wartung des Systems durch zentrale Steuerungslogik.
- Vereinfacht die Nachrichten, die zwischen den Objekten im System hin- und hergehen, und verringert ihre Anzahl.

Verwendung und Nachteile

- Der Mediator wird häufig eingesetzt, um miteinander in Beziehung stehende GUI-Komponenten zu koordinieren.
- Ist der Entwurf nicht ordentlich gemacht, kann es sich nachteilig auswirken, dass das Mediator-Objekt selbst übermäßig komplex wird.

Sie sind hier ▸

Memento-Muster

Verwenden Sie das Memento-Muster, wenn es erforderlich ist, dass Sie ein Objekt in einen seiner früheren Zustände zurücksetzen können, z.B. wenn Ihr Benutzer die Anweisung »rückgängig« gibt.

Ein Szenario

Ihr interaktives Computer-Rollenspiel ist ein Riesenerfolg und hat Scharen von Anhängern, die alle versuchen, zum sagenumwobenen »Level 13« vorzudringen. Je weiter die Spieler in Levels mit größeren Herausforderungen vordringen, umso wahrscheinlicher geraten sie in eine Situation, in der das Spiel beendet wird. Aber Fans, die Tage damit verbracht haben, auf einen höheren Level zu gelangen, sind verständlicherweise sauer, wenn ihre Spielfigur den Löffel abgeben muss und sie ganz von vorn beginnen müssen. Die Spieler fordern daher einen Befehl »Fortschritte speichern«, damit sie das Erreichte speichern können und so wenigstens der größte Teil ihrer Anstrengungen nicht umsonst war, wenn ihre Figur einen unfaires Ende findet. Die Funktion »Fortschritte speichern« soll einen wieder auferstandenen Spieler auf den letzten Level zurückbefördern, der vollständig abgeschlossen wurde.

Memento bei der Arbeit

Das Memento-Muster hat zwei Ziele:

- Den wichtigen Zustand des Schlüssel-Objekts von einem System speichern.
- Die Kapselung des Schlüssel-Objekts bewahren.

Vor dem Hintergrund des Prinzips »nur eine Zuständigkeit pro Klasse« ist es auch eine gute Idee, den zu speichernden Zustand von dem Schlüssel-Objekt zu trennen. Dieses separate Objekt, das den Zustand hält, wird Memento-Objekt genannt.

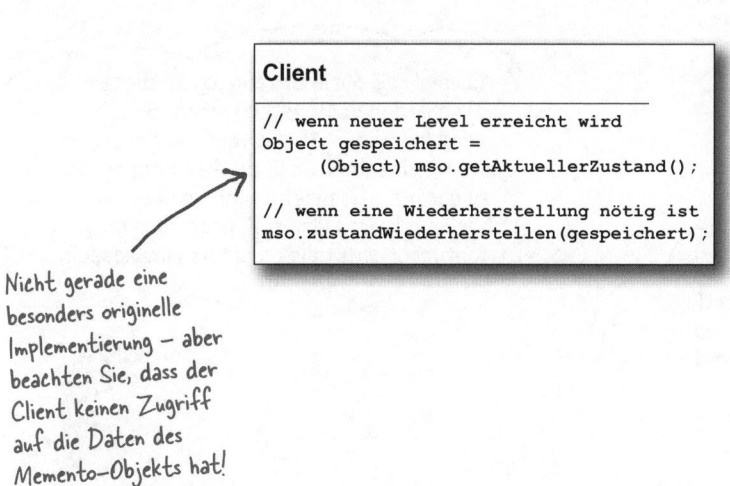

SpielMemento

gespeicherterSpielZustand

Client

```
// wenn neuer Level erreicht wird
Object gespeichert =
    (Object) mso.getAktuellerZustand();

// wenn eine Wiederherstellung nötig ist
mso.zustandWiederherstellen(gespeichert);
```

Nicht gerade eine besonders originelle Implementierung – aber beachten Sie, dass der Client keinen Zugriff auf die Daten des Memento-Objekts hat!

MasterSpielObjekt

spielZustand

```
Object getAktuellerZustand() {
  // Zustand erfassen
  return(spielZustand);
}

zustandWiederherstellen(Object
    gespeicherterZustand){
  // Zustand wiederherstellen
}

// weitere Spielaktionen
```

Vorteile des Memento-Musters

- Wenn der gespeicherte Zustand außerhalb des Schlüssel-Objekts gehalten wird, bleibt die Kohäsion besser erhalten.
- Bewahrt die Kapselung der Daten des Schlüssel-Objekts.
- Bietet eine leicht zu implementierende Wiederherstellungsmöglichkeit.

Verwendung und Nachteile

- Das Memento-Muster wird zur Speicherung eines Zustands verwendet.
- Speicherung und Wiederherstellung können zeitaufwendig sein.
- In Java-Systemen sollten Sie in Betracht ziehen, Systemzustände stattdessen über Serialisierung zu speichern.

Prototype-Muster
Verwenden Sie das Prototype-Muster, wenn die Instantiierung einer gegebenen Klasse aufwendig oder kompliziert ist.

Ein Szenario

Ihr interaktives Rollenspiel hat einen unstillbaren Appetit auf Monster. Bei der Reise durch eine dynamisch erzeugte Landschaft treffen Ihre Helden auf eine schier endlose Reihe von Feinden, die besiegt werden müssen. Sie möchten gern, dass sich die Eigenschaften der Monster mit der sich wandelnden Landschaft verändern, denn es ergibt nicht viel Sinn, wenn vogelähnliche Monster Ihren Figuren in unterseeische Reiche folgen. Und Sie möchten außerdem fortgeschrittenen Spielern die Möglichkeit geben, Monster nach ihren eigenen Vorstellungen zu erzeugen.

Auweia! Die bloße **Erzeugung** all dieser verschiedenen Monsterinstanz-Sorten wird knifflig ... All die verschiedenen Zustandseinzelheiten in die Konstruktoren zu packen – das sieht nach schlechter Kohäsion aus. Es wäre toll, wenn man all die Instantiierungsdetails an einem Ort kapseln könnte ...

Es wäre viel sauberer, wenn wir den Code für die **Einzelheiten** der Monstererzeugung von dem Code trennen könnten, der dann für die Erzeugung der Instanzen im Spielverlauf zuständig ist.

Übrig gebliebene Muster

Prototype kommt zu Hilfe

Das Prototype-Muster ermöglicht es Ihnen, neue Instanzen durch das Kopieren bereits vorhandener Instanzen zu erzeugen. (In Java bedeutet das in der Regel, dass Sie die clone()-Methode oder – wenn Sie tiefe Kopien brauchen – Deserialisierung einsetzen.) Ein Schlüsselaspekt dieses Musters ist, dass der Client-Code neue Instanzen erzeugen kann, ohne zu wissen, welche spezifische Klasse da gerade instantiiert wird.

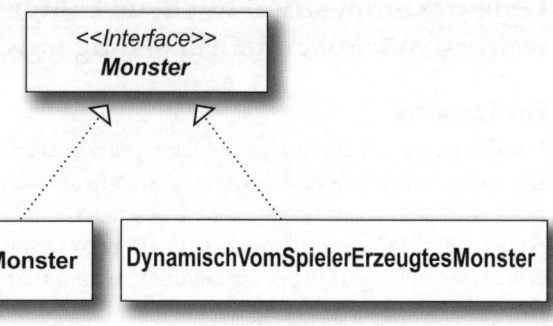

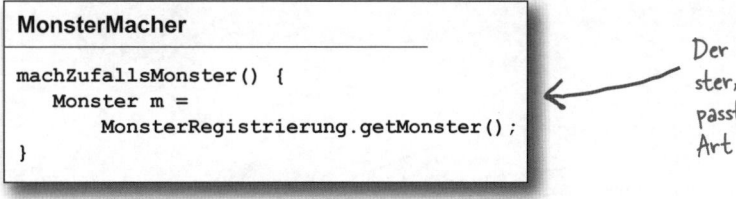

```
MonsterMacher

machZufallsMonster() {
    Monster m =
        MonsterRegistrierung.getMonster();
}
```

Der Client braucht ein neues Monster, das zur aktuellen Situation passt. (Er erfährt nicht, welche Art von Monster er bekommt.)

```
MonsterRegistrierung

Monster getMonster() {
    // das richtige Monster suchen
    return richtigesMonster.clone();
}
```

Die Registrierung sucht das geeignete Monster heraus, klont es und gibt den Klon zurück.

Vorteile des Prototype-Musters

- Verbirgt die Komplexität der Erzeugung neuer Instanzen vor dem Client.
- Bietet dem Client die Möglichkeit, Objekte mit unbekanntem Typ zu erzeugen.
- Unter manchen Umständen kann das Kopieren eines Objekts effizienter sein als die Erzeugung eines neuen Objekts.

Verwendung und Nachteile

- Das Prototype-Muster sollte in Betracht gezogen werden, wenn ein System neue Objekte mit unterschiedlichen Typen innerhalb einer komplexen Klassenhierarchie benötigt.
- Es kann gelegentlich kompliziert sein, eine Kopie von einem Objekt zu machen.

Visitor-Muster
Verwenden Sie das Visitor-Muster, wenn Sie ein Objekt-Kompositum um neue Fähigkeiten erweitern möchten und Kapselung unwichtig ist.

Ein Szenario
Die Gäste, die das Restaurant Objekthausen und das Pfannkuchenhaus Objekthausen besuchen, sind in letzter Zeit gesundheitsbewusster geworden. Bevor sie ihr Essen bestellen, fragen sie nach Nahrungsmittelinformationen. Da beide Restaurants bereit sind, Sonderbestellungen entgegenzunehmen, fragen manche Gäste sogar nach Nahrungsmittelinfos zu einzelnen Zutaten.

Lösungsvorschlag von Jupp:

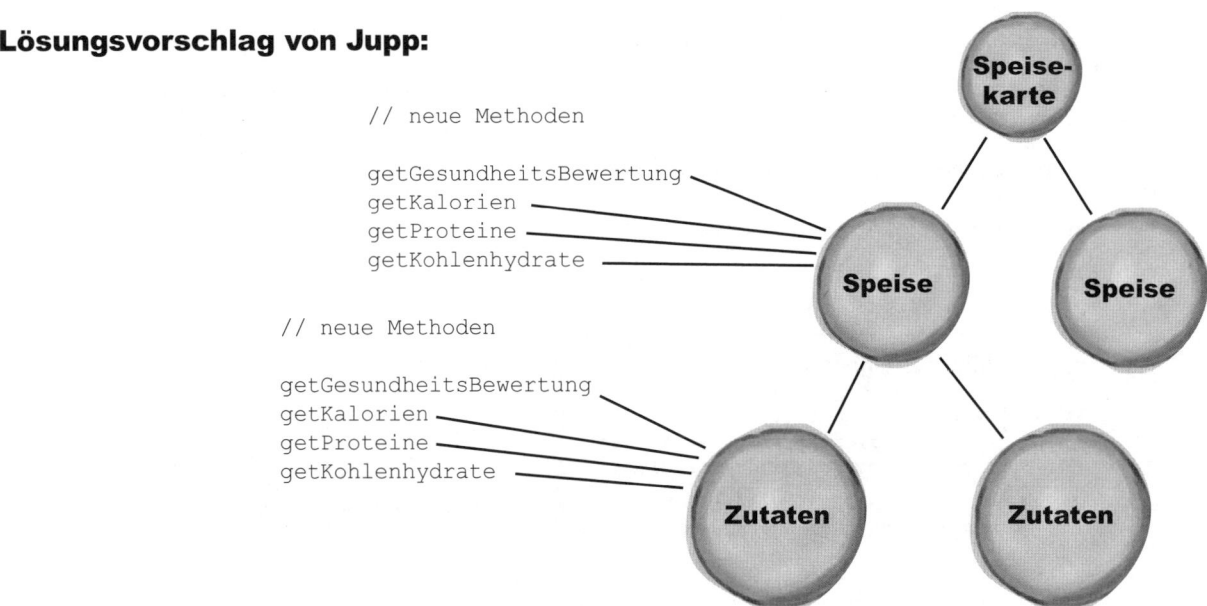

Einwände von Wim ...
»Mensch, da öffnen wir ja anscheinend die Büchse der Pandora. Wer weiß, welche neue Methode wir als Nächstes hinzufügen müssen, und jedes Mal, wenn wir eine neue Methode hinzufügen, müssen wir das an zwei Stellen tun. Außerdem, was ist, wenn wir das Grundprogramm um – sagen wir mal – eine Rezept-Klasse erweitern wollen? Dann müssen wir diese Änderungen an drei verschiedenen Stellen machen ...«

Übrig gebliebene Muster

Der Visitor kommt vorbei

Der Visitor muss jedes Element des Kompositums besuchen; diese Funktionalität steckt in einem Durchquerer-Objekt. Der Visitor wird vom Durchquerer angeleitet, den Zustand von allen Objekten im Kompositum zu erfassen. Wenn der Zustand einmal erfasst ist, kann der Client den Visitor verschiedene Operationen auf dem Zustand ausführen lassen. Ist neue Funktionalität erforderlich, muss lediglich der Visitor erweitert werden.

Der Client fragt den Visitor nach Informationen aus der Kompositum-Struktur ... Neue Methoden lassen sich zum Visitor hinzufügen, ohne dass das Kompositum beeinflusst wird.

Der Visitor muss getZustand() auf allen Klassen aufrufen können; hier können Sie neue Methoden hinzufügen, die der Client benutzen kann.

Diese Kompositumsklassen müssen nur um eine getZustand()-Methode erweitert werden (und sie dürfen nicht besorgt über eine Enthüllung sein).

getGesundheitsBewertung()
getKalorien()
getProteine()
getKohlenhydrate()

Client / Durchquerer → **Visitor** → getZustand() → **Speisekarte**, **Speise**, **Speise**, **Zutaten**, **Zutaten**

Der Durchquerer weiß, wie er den Visitor durch die Struktur des Kompositums leiten muss.

Vorteile des Visitor-Musters

- Ermöglicht Ihnen, Operationen zu einer Kompositumsstruktur hinzuzufügen, ohne die Struktur selbst zu ändern.
- Das Hinzufügen neuer Operationen ist relativ einfach.
- Der Code für Operationen, die der Visitor durchführt, ist zentralisiert.

Verwendung und Nachteile

- Bei der Verwendung des Visitors wird die Kapselung der Kompositumsklassen zerstört.
- Da die Durchquerungsfunktion mit in die Sache verwickelt ist, sind Veränderungen an der Kompositumsstruktur schwieriger.

Sie sind hier ▸ **635**

Index

A

A Pattern Language (Alexander) 608
Abhängigkeit im Observer-Muster 52
Abstract Factory-Muster 155
   Definition 158–159
   Factory Method-Muster und 160–163
   Implementierung 160
   Muster kombinieren 514–517, 569
   Übung, die Muster Beschreibungen zuordnet 594, 616
   Zutatenfabrik aufbauen 148–150, 169
abstrakte Klasse 130
   Definition 298
   Methoden in 299
abstrakte Superklasse 12
ACM-Konferenz 609
Adapter-Muster 249
   Adapter entwerfen 257
   Decorator-Muster vs. 260–261
   Definition 251
   einen Enumerator an das Iterator-Interface anpassen 257
   einfache Adapter aus dem wahren Leben 256
   EnumerationIterator-Adapter schreiben 258–259
   Facade-Muster vs. 268
   in Model-View-Controller 552
   mit remove()-Methode umgehen 258
   Muster kombinieren 510–511
   Objekt- und Klassenadapter 252–255
   Proxy-Muster vs. 478
   Übung, die Muster Beschreibungen zuordnet 387, 391, 493, 594, 616
   Übung, die Muster ihrem Zweck zuordnet 262, 281
Adapter, OO (objektorientierte) 244
   in Aktion 246–247
   Objekt, Klassenobjekt und Klasse 252–255
   Testlauf 248
   Zwei-Wege-Adapter erstellen 250

Aggregate 334, 345
Alexander, Christopher
   A Pattern Language 608
   The Timeless Way of Building 608
Algorithmen kapseln 283
   Template Method-Muster und 294
      Applets in 315
      Code testen 302
      Code unter der Lupe 298–299
      das Hollywood-Prinzip und 304–306
      Definition 297
      Hooks in 299–301
      im wahren Leben 307
      sortieren mit 308–313
      Swing und 314
   zubereitungsRezept() abstrahieren 290–293
Anfragen
   kapseln 208
   protokollieren mit Command-Muster 238
   reihen mit Command-Muster 237
Anti-Muster 612–613
Anwendbarkeit-Abschnitt im Musterkatalog 591
Anwendungsmuster 610
Applet, Template Method-Muster und 315
Architekturmuster 610
Array-Elemente durchlaufen 329, 331
ArrayList, Arrays und 326–331, 355
Arrays
   ein Element entfernen 342
   Iteration und 332–333
   Iterator und hasNext()-Methode mit 335
   Iterator und next()-Method mit 335
   mit Template Method-Muster sortieren 308–313
Aufrufer 203, 208–209, 211, 239
ausgeben()-Methode, in Dessert-Unterkarte mit Composite-Muster 368–371, 378

B

Basham, Bryan, (Servlets & JSP von Kopf bis Fuß) 557
Basissysteme kapseln, Fassaden 268
Baumstruktur, Composite-Muster 364–366, 372
Befehl-Klassen in Command-Muster 230
   Methodenreferenzen übergeben 233–234
   mit Lambda-Ausdrücken verwenden 231–236
Befehl-Objekte
   Aktionsanforderungen kapseln 198
   verwenden 206
   zuordnen 203
Beispielcode-Abschnitt in Musterkatalog 591
Bekannte Verwendungen-Abschnitt in Musterkatalog 591
Benutzerschnittstellen-Entwurfsmuster 611
Beobachter
   in Klassendiagramm 52
   in Kurz-Krimi 48–50
   in Observer-Muster 45
Bert Bates, (Servlets & JSP von Kopf bis Fuß) 557
Bibliotheken
   Entwurfsmuster vs. 29
   Frameworks vs. 29
Blätter in der Baumstruktur von Composite-Mustern 364–366, 372
Bridge-Muster 618–619
Builder-Muster 620–621
Business Process-Muster 611

C

Caching Proxy als Form eines virtuellen Proxy 478, 494
Café-Speisekarte mit Iterator-Muster implementieren 351
CD-Cover, mit Proxy-Muster anzeigen 470
   Code für 501–504
   Image-Proxy schreiben 472–475
   Review-Prozess 477
   Viewer testen 476
   virtuellen Proxy entwerfen 471
Chain of Responsibility-Muster 622–623

Classloader, mit Singletons verwenden 186
Client-Heap 445–448
Client-Unterstützung (Stubs) in RMI 448–449, 452, 454–456, 465–466
Code-Magneten-Übung
   für Observer-Muster 69, 79
   für RestaurantSpeisekarten-Iterator 358, 390
Collection-Klassen 356
Collections, Iteratoren und 357
Command-Muster 199
   Anfragen einreihen mit 237
   Anfragen protokollieren mit 238
   Befehl-Klassen in
      Lambda-Ausdrücke verwenden 231–236
      Methodenreferenzen übergeben 233–234
      Überblick 230
   Befehl-Objekte
      Aktionsanforderungen kapseln 198
      erstellen 205
      verwenden 206
      zuordnen 203
   Definition 208–209
   dumme und kluge Befehl-Objekte 229
   Heimautomatisierungsfernsteuerung 195
      Befehl-Klassen in 230–236
      Befehle rückgängig machen 218–222, 224–225, 229, 242
      definieren 208
      Dokumentation schreiben 217
      entwerfen 197–198
      erstellen 205–207, 241
      Herstellerklassen für 196
      Implementierung 212–214
      Klassendiagramm 209
      Makro-Befehle 226, 227–229, 242
      Null-Objekt in 216, 235
      testen 206, 214–215, 228, 234
      Wiedergabe von An-/Aus-Plätzen 236
      zu ladende Befehle erstellen 210–211
      zuordnen 203–204, 241
   Null-Objekt 216
   Übung, die Muster Beschreibungen zuordnet 594, 616
   zuordnen 203–204, 241
Composite-Iterator 376–379

Composite-Muster 364
  Baumstruktur von 364–366, 372
  bei Implementierungsfragen 384–385
  Dessert-Untermenü verwenden 361
    entwerfen 367, 375
    Implementierung 368–371
    Iteratoren verwenden in 376–381
    testen 372–374
  in Model 2 564
  in Model-View-Controller 538–539, 565
  Iterator-Muster und 376
  mit Iterator verwenden 376–383
  Muster kombinieren 519–521
  Sicherheit vs. Transparenz 521
  Transparenz in 375
  try/catch, verwenden 383
  Übung, die Muster Beschreibungen zuordnet 387, 391, 594, 616
  vegetarisches Menü mit Iteratoren 381–383
Copy-On-Write Proxy 495
Cunningham, Ward 609

D

Decorator-Muster 82
  Adapter-Muster vs. 260–261
  Definition 93
  in Java I/O 102–103
  in Strukturmusterkategorie 597
  Muster kombinieren 512–513
  Nachteile von 103
  Proxy-Muster vs. 478–480
  Sternback-Kaffee-Projekt 90–92, 106
    Bestellungscode testen 100–101
    Code Größen hinzufügen 101
    Code schreiben 97–99
    Getränke dekorieren 94
    Getränkebestellung visualisieren 96, 109
    Getränkebestellungen aufbauen 91–92
    Java-Dekorierer testen 102–105
  Übung, die Muster Beschreibungen zuordnet 493, 594, 616
  Übung, die Muster ihrem Zweck zuordnet 262, 281
Delegieren, Verhalten zur Laufzeit hinzufügen 87
Demeters Gesetz 275

Design Patterns: Reusable Object-Oriented Software (Gamma et al.) 608
Dessert-Speisekarte mit Composite-Muster 361
  entwerfen 367, 375
  Implementierung 368–371
  Iteratoren nutzen 376–381
  testen 372–374
DJ-View 540–547, 570–582
Domain-spezifische Muster 610
doppelt geprüfte Sperren, Verwendung von Synchronisierung reduzieren mit 184
Dreierregel, angewandt auf Entwurfsmuster 593
dumme Befehl-Objekte 229
dynamische Aspekte dynamischer Proxys 492
dynamischer Proxy
  erstellen 486–490
  verwenden, um Proxy-Implementierung aufzubauen 481–482

E

echtes Subjekt
  als Ersatz für Proxy-Muster 478
  an Konstruktor übergeben 488
  den Client stattdessen das Proxy nutzen lassen 478
  Methoden aufrufen auf 487
  Proxy übergeben für 490
Eine Klasse, eine Verantwortlichkeit 187, 348, 375
Einer aus zehn-Wettbewerb in Kaugummiautomat mit State-Muster 402
  Code ändern 404–405
  neuer Entwurf 406–408
  Zustandsdiagramm mit Anmerkungen versehen 408, 434
  Zustandsdiagramm zeichnen 403, 432
  Zustandsklassen implementieren 409, 412–417, 421
  Zustandsklassen umarbeiten 410–411
Eins-zu-viele-Beziehung, Observer-Muster definieren 51
Enten-Magneten, Übung, Objekt-und Klassen-Adapter 253–254
Entensimulator neu aufbauen 507
  Abstract Factory-Muster hinzufügen 514–517, 569
  Adapter-Muster hinzufügen 510–511
  Composite-Muster hinzufügen 519–521

Decorator-Muster hinzufügen 512–513
Iterator-Muster hinzufügen 519
Klassendiagramm 530–531
Observer-Muster hinzufügen 522–528
Entkoppeln, Iteratoren ermöglichen 340, 344, 346, 355–356
Entwurfsmuster
Anleitung zum besseren Leben mit 584
Anwendung der Dreierregel 593
Autor von, werden 593
Bibliotheken vs. 29
Definition 585–587
eigene entdecken 592
Erstellungsmuster-Kategorie 596, 598–599
Frameworks vs. 29
Ihr Denken wird mustergültig 603
Image-Proxy neu entwerfen 475, 498
Implementierung von Interface in 119
in Mustern denken 600–601
Kategorien von 596–599
Klassen neu entwerfen, um Redundanz zu entfernen 284–289
Klassendiagramm zeichnen, das View und Controller nutzt 548, 569
Klassenmuster 597
Objektmuster vs. 597
organisieren 595
parallele Sätze von Klassen zeichnen 135, 167
Ressourcen für 608–609
Strukturmuster-Kategorie 596, 598–599
übermäßige Verwendung 604
Übung, die Muster Beschreibungen zuordnet 616
Verhaltensmuster-Kategorie 596, 598–599
verwenden 29, 602, 604
von Klassen und Interfaces 25, 34
Zustandsdiagramm zeichnen 403, 432
Entwurfsprinzipien
auf Basis von Abstraktionen entwerfen 141
auf ein Interface programmieren, nicht auf eine Implementierung 11–12, 71, 76, 78–79, 344
das Hollywood-Prinzip 304–306
das Veränderliche kapseln 9, 76, 78, 138
eine Instanz, *siehe* Singleton-Muster
Eine Klasse, ein Verantwortlichkeit-Prinzip 187, 348, 375
Komposition der Vererbung vorziehen 23, 76, 78, 405

mit Observer-Muster 76, 78
Offen-Geschlossen-Prinzip 88–89, 359, 404
Prinzip der einen Verantwortlichkeit 348–349
Prinzip der Umkehrung der Abhängigkeiten 141–145
Prinzip der Verschwiegenheit 273–277
streben Sie nach locker gebundenen Entwürfen zwischen Objekten, die interagieren 53
Enumeration 256
Adapter schreiben, die Iterator anpassen 259, 281
an Iterator anpassen 257
java.util.Enumeration als ältere Implementierung von Iterator 256, 347
remove()-Methode und 258
Erstellungsmethode
new-Operator ersetzen durch 118
statische Methode vs. 117
Unterklassen verwenden mit 123–124
Erzeugungsmusterkategorie, Entwurfsmuster 596, 598–599
externe Iteratoren 347

F

Fabrikmethode 127, 136
als abstrakt 137
deklarieren 127–129
parallele Klassenhierarchien und 134
Facade-Muster 262
Adapter-Muster vs. 268
Complexity Hiding-Proxy vs. 495
Definition 272
Heimkino aufbauen 263
Fassade konstruieren in 269
Fassade-Klasse implementieren 266–268
Interface implementieren 270
testen 271
Klassendiagramm 272
Prinzip der Verschwiegenheit und 277
Übung, die Muster Beschreibungen zuordnet 387, 391, 493, 594, 616
Übung, die Muster ihrem Zweck zuordnet 262, 281
Vorteile 268
Factory Method-Muster 133
Abstract Factory-Muster und 160–163
Code unter der Lupe 153
Definition 136

einfache Fabrik und 137
Fabrikmethode deklarieren 127–129
Factory-Objekte im Überblick 116
Hersteller-Klassen 133–134
konkrete Klassen und 136
Objektabhängigkeiten betrachten 140
parallele Klassenhierarchien 134
parallele Sätze von Klassen entwerfen 135, 167
Prinzip der Umkehrung der Verantwortlichkeiten 141–145
Produkt-Klassen 133–134
Übung, die Muster Beschreibungen zuordnet 594, 616
Factory-Muster
Abstract Factory 155
  Definition 158–159
  Factory Method-Muster und 160–162
  Implementierung 160
  Muster kombinieren 514–517, 569
  Übung, die Muster Beschreibungen zuordnet 594, 616
  Zutatenfabrik aufbauen 148–150, 169
Einfache Factory
  Definition 119
  Erstellung 117
  Factory Method-Muster und 137
  konkrete Klassen mit new-Operator instantiieren 112–115
  Muster-Ehrenmedaille 119
  Überblick Factory-Objekte 116
Factory Method 133
  Abstract Factory in 155, 158–163
  Abstract Factory und 160–163
  Code unter der Lupe 153
  Definition 136
  Einfache Factory und 137
  Fabrikmethode deklarieren 127–129
  Hersteller-Klassen 133–134
  Objekthierarchien betrachten 140
  parallele Klassenhierarchien 134
  parallele Sätze von Klassen zeichnen 135, 167
  Prinzip der Umkehrung der Verantwortlichkeiten 141–145
  Übung, die Muster Beschreibungen zuordnet 594, 616
  Vorteile von 137
Übung, die Muster Beschreibungen zuordnet 306, 320

faule Abhängigkeiten 304
Firewall-Proxy 494
Flyweight-Muster 624–625
Frameworks vs. Bibliotheken 29

G

Gamma, Erich 607–608
Gang of Four (GoF)
  Kataloge 589
  Überblick 589, 607–608
Ganzes/Teil-Beziehung, Sammlung von Objekten 384
Garbage Collectors 186
gemeinsames Vokabular
  Bedeutung von 26–27
  Macht von 28, 605–606
globale Variablen vs. Singleton 187
globaler Zugriffspunkt 179

H

Handbuch zum besseren Leben mit Entwurfsmustern 584
HashMap 352, 356, 357
hasNext()-Methode
  in Arrays 335
  in java.util.Iterator 347
HAT-EIN-Beziehung 23
  Komponenten einpacken 93
Heimautomatisierungsfernsteuerung mit Command-Muster 195
  An-/Aus-Plätze anzeigen 236
  Befehl-Klassen in 230
    Lambda-Ausdrücke verwenden 231–236
    Methodenreferenzen übergeben 233–234
  definieren 208
  Dokumentation schreiben 217
  entwerfen 197–198
  erstellen 205–207, 241
  Hersteller-Klassen für 196
  Implementierung 212–214
  Klassendiagramme 209
  Makro-Befehle 226
    feste Vorgabe vs. 229

Rückgängigknopf 229, 242
  verwenden 227–228
Null-Objekt 216, 235
Rückgängig-Befehle
  erstellen 218–220
  Implementierung für Makro-Befehl 242
  mehrere erstellen 229
  testen 221, 224–225
  Zustand zur Implementierung verwenden 222
  testen 206, 214–215, 228, 234
  zu ladende Befehle erstellen 210–211
  Zuordnung 203–204, 241
Heimkino-System erstellen 263
  Facade-Muster testen 266–268
  Fassade konstruieren in 269
  Interface implementieren 270
  Spitzen Sie Ihren Bleistift 276
  testen 271
Helm, Richard 607–608
Herausgeber/Abonnent, als Observer-Muster 45
Hersteller-Klassen in Factory Method-Muster 133–134, 136–137
Hollywood-Prinzip 304–306
Hooks in Template Method-Muster 299–301

I

Ihr Denken wird mustergültig 603
Image-Proxy schreiben 472–475
Implementieren auf Interface, in Entwurfsmuster 119
Implementierung von Verhalten 13
Implementierung-Abschnitt in Musterkatalog 591
Implementierungen
  programmieren auf 43
  schreiben 17
import- und package-Anweisungen 130
in Mustern denken 600–601
Instantiierung eines Objekts 172–174
Instantiierung konkreter Klassen
  in Objekten 140
  new-Operator verwenden für 112–115
Instanzvariablen
  anstelle von Klassen verwenden 84–85
  in Objekt einpacken 99–100

Integration von Verhalten 15–17
Interface-Typ 15, 18
Interface
  programmieren auf 112–115
  schreiben auf 11–12, 71
interne Iteratoren 347
Interpreter-Muster 626–627
Iterator 256, 347
Iterator-Muster 334
  Café-Speisekarte implementieren 351
    Code überarbeiten 352–354
  Code unter der Lupe, HashMap verwenden 352
  Code, der Offen-Geschlossen-Prinzip verletzt 359–360
  Collections und 357
  Composite-Muster und 375
  Definition 345–346
  java.util.Iterator 341
  Klassendiagramm 346
  Muster kombinieren 519
  Null-Iterator 376, 380
  Objekte entfernen 341
  Prinzip der einen Verantwortlichkeit 348–349
  Restaurant-Speisekarten zusammenführen 324
    Code mit java.util.Iterator vereinfachen 342–344
    Implementierung von 326–331
    Iterator kapseln 332–333
    Iteratoren hinzufügen 335–341
    Iteratoren implementieren 334
  Übung, die Muster Beschreibungen zuordnet 387, 391, 594, 616
Iteratoren
  Adapter für Enumeration schreiben 258–259, 281
  Code mit java.util.Iterator vereinfachen 342–344
  Collections und 357
  Entkopplung ermöglichen 340, 344, 346, 355–356
  Enumeration anpassen an 257, 347
  externe 347
  HashMap und 357
  hinzufügen 335–341
  Implementierung 334
  interne und externe 347
  kapseln 332–333
  ListIterator verwenden 347
  mit Composite-Muster verwenden 376–383
  polymorpher Code mit 345, 347
  Reihenfolge von 347

J

Java Collections Framework 357
Java Virtual Machines (JVMs)
  Bug in Garbage Collector 186
  Remote Method Invocation (RMI) 444
  Unterstützung des Schlüsselworts volatile 184
Java-Dekorierer (java.io-Package) 102–105
java.lang.reflect-Package, Proxy-Unterstützung in 452, 481, 488
java.util, eingebautes Observer-Muster 64–71
java.util.Collection 357
java.util.Enumeration, ältere Implementierung von
java.util.Iterator
  Code vereinfachen mit 342–344
  Schnittstelle von 341
  verwenden 347
JButton, in Swing-API 72–73
JFrames, Swing 314
Johnson, Ralph 607–608

K

Kapseln
  der Objektkonstruktion 620
  des Veränderlichen 9, 76, 78, 138, 405
  von Anfragen 208
  von Code
    bei der Objekterstellung 116–117
    in Verhalten 22–23
    Objekterstellung 138
  von Iteration 332–333
  von Methodenaufrufen 193, 208
  von Verhalten 11
Kapseln von Algorithmen 283
  Template Method-Muster und 294
    Applets in 315
    Code testen 302
    Code unter der Lupe 298–299
    das Hollywood-Prinzip und 304–306
    Definition 297
    Hooks in 299–301
    im wahren Leben 307
    sortieren mit 308–313
    Swing und 314
    zubereitungsRezept() abstrahieren 290–293
Kathy Sierra (Servlets & JSP von Kopf bis Fuß) 557
Kaugummiautomat-Controller-Implementierung mit State-Muster 394
  abschließen 422
  Code aufräumen 425
  Code schreiben 398–399
  Code testen 400–401
  Diagramm zum Code 396–397
  Einer unter Zehn-Wettbewerb 402
    Code ändern 404–405
    neuer Entwurf 406–408
    Zustandsdiagramm annotieren 408, 434
    Zustandsdiagramm zeichnen 403, 432
    Zustandsklassen implementieren 409, 412–417, 421
    Zustandsklassen umarbeiten 410–411
  Kaugummiautomat wieder auffüllen 428–429
  VerkauftZustand und GewinnZustand in 424
  Vorführung von 423–424
Kaugummiautomat-Überwachung mit Proxy-Muster 438
  Remote-Proxy 441
    bei RMI-Registry registrieren 460
    Client wiederverwenden für 461
    für Remote-Service vorbereiten 458–459
    Objekte einpacken in 480
    Rolle von 442–443
    Rückblick auf den Vorgang 465–466
    testen 462–464
    Überwachungscode hinzufügen 444
KeinBefehl, in Fernsteuerungscode 216, 235
KISS (Keep It Simple), bei Entwurfsmustern 600
Klassen für hochstufige Komponenten 141
Klassen
  siehe auch Unterklassen
  abstrakte 130
  Adapter 250, 280
  Adapter-Muster 251
  als Proxy-Klasse identifizieren 492
  als Verhalten 14
  anstelle statischer Singletons verwenden 186
  Command-Muster 230
    Lambda-Ausdrücke verwenden 231–236
    Methodenreferenzen übergeben 233–234

Dekorierer ändern 110
erstellen 10
Factory Method-Muster, Hersteller und Produkt 133–134
hochstufige Komponenten 141
Komposition verwenden mit 23
new-Operator zur Instantiierung konkreter verwenden 112–115
nur eine Verantwortlichkeit 348–349
Offen-Geschlossen-Prinzip 88–89
stattdessen Instanzvariablen verwenden 84–85
Zustand
   Anzahl in Entwurf erhöhen 420
   Definition 407
   Implementierung 409, 412–417, 421
   Zustandsklassen überarbeiten 410–411
   Zustandsübergänge in 420

Klassenadapter, Objekt vs. 252–255
Klassenentwurf, Observer-Muster 51–52
Klassenhierarchien, parallele 134
Klassenmuster, Entwurfsmuster 597
Klassifikationsabschnitt im Musterkatalog 591
kluge Befehl-Objekte 229
Knoten in Composite-Muster-Baumstrukturen 364–366, 372
Kohäsion 348
Komplexität verbergender Proxy 495
Komponenten von Objekten 273–277
Komposition der Vererbung vorziehen 23, 76, 78, 405
Komposition 505
der Vererbung vorziehen 23, 87
Objektadapter und 255
Vererbung vs. 95
Verhalten zur Laufzeit hinzufügen 87
zusammengesetzte Muster verwenden
mehrere Muster vs. 528
Model 2 555
   Composite-Muster 564
   Observer-Muster 563
   Strategy-Muster 564
   von Handy 557–562
Model-View-Controller 532
   Adapter-Muster 551
   Beat-Modell 541, 570–573

Composite-Muster 538–539, 565
Controller implementieren 548–549
Controller pro View 565
DJ-View implementieren 540–547, 574–577
HerzController 553, 582
HerzModell 551, 579–581
Mediator-Muster 565
Model in 565
Observer-Muster 538–539, 543–545
Song 532–533
Strategy-Muster 538–539, 548–549, 551
testen 550
Views, die auf Methoden für den Modellzustand zugreifen 565
Web und 555–556
Zustand des Modells 565
konkrete Hersteller 137
konkrete Klassen
erweitern von 145
Factory-Muster und 136
loswerden 118
new-Operator zum Instantiieren von 112–115
Objekte instantiieren und 140
Variablen, die Referenzen darauf halten 145
konkrete Methoden als Hooks 299–301
konkrete Unterklassen
abstrakte Klassenmethoden, Definition durch 303
in Pizzeria-Projekt 123–124
konkretes Implementierungsobjekt, zuweisen 12
Konsequenzen-Abschnitt in Musterkatalog 591
Konstante in der Softwareentwicklung 8
Kräfte 588
Kreuzworträtsel 33

L

Lambda-Ausdrücke 74, 231–236
Laufzeitfehler, Gründe für 137
LinkedList 356
ListIterator 347
lockere Bindung 53

M

magische Kugeln, Entwurfsmuster sind keine 600
Makro-Befehle 226
   feste Vorgaben vs. 229
   Rückgängig-Knopf 229, 242
   verwenden 227–228
Mediator-Muster 565, 628–629
mehrere Muster nutzen 505
   in Entensimulator
      Abstract Factory-Muster hinzufügen 514–517, 569
      Adapter-Muster hinzufügen 510–511
      Composite-Muster hinzufügen 519–521
      Decorator-Muster hinzufügen 512–513
      Iterator-Muster hinzufügen 519
      Klassendiagramm 530–531
      Neuaufbau im Überblick 507–509
      Observer-Muster hinzufügen 522–528
Memento-Muster 630–631
Methoden von Objekten, Komponenten von Objekten vs. 273–277
Methodenreferenzen übergeben 233–234
Methoden
   als Hooks 299–301
   in Implementierung überschreiben 145
Model 2 555
   Composite-Muster 564
   Observer-Muster 563
   Strategy-Muster 564
   von Handy 557–562
Model-View-Controller (MVC) 532
   Adapter-Muster 552
   Beat-Modell 541, 570–573
   Composite-Muster 538–539, 565
   Controller pro View 565
   Controller-Implementierung 548–549, 577–578
   DJ-View-Implementierung 540–547, 574–577
   HerzController 553, 582
   HerzModel 551
   Mediator-Muster 565
   Model in 565
   Observer-Muster 538–539, 543–545
   Song 532–533
   Strategy-Muster 538–539, 548–549, 551, 579–581
   testen 550
   Views greifen auf Methoden des Model-Zustands zu 565
   Web und 555–556
   Zustand des Models 565
Modellierung des Zustands 396–397
Motivation-Abschnitt in Musterkatalog 591
Multithreading
   umgehen mit 190
   verbessern 183–184
Muster gegen Muster 505
Muster kombinieren
   Abstract Factory-Muster 514–517
   Adapter-Muster 510–511
   Composite-Muster 519–521
   Decorator-Muster 512–513
   Iterator-Muster 519
   Klassendiagramm für 530–531
   Observer-Muster 522–528
Muster, mehrere nutzen 505
   in Entensimulator
      Abstract Factory-Muster hinzufügen 514–517, 569
      Adapter-Muster hinzufügen 510–511
      Composite-Muster hinzufügen 519–521
      Decorator-Muster hinzufügen 512–513
      Iterator-Muster hinzufügen 519
      Klassendiagramm 530–531
      Observer-Muster hinzufügen 522–528
      Zusammenfassung 507–509
Muster, zusammengesetzte nutzen 505–506
Musterkatalog 587, 589–592
Mustervorlagen, Verwendung von 593

N

Name-Abschnitt in Musterkatalog 591
new-Operator durch konkrete Methoden ersetzen 118
next()-Methode
   in java.util.Iterator 347
   mit Iterator, Arrays 335
Null-Iterator 376, 380
Null-Objekte 216

O

Objektadapter vs. Klassenadapter 252–255
Objekterstellung kapseln 116–117, 138
Objekte
    einpacken 90, 250, 260, 268, 514
    erstellen 136
    Komponenten von 273–277
    locker gebundene Designs zwischen 53
    Singleton 173, 176
    Zustände teilen 420
Objektkonstruktion kapseln 620
Objektmuster, Entwurfsmuster 597
objektorientierter Entwurf (OO)
    siehe auch Entwurfsprinzipien
    Adapter 244
        in Aktion 246–247, 248
        Objekt- und Klassenadapter 252–255
        Zwei-Wege-Adapter erstellen 250
    Entwurfsmuster vs. 30–31
    Erweiterbarkeit und Veränderung von Code in 89
    locker gebundene Designs und 53
    Richtlinien für die Vermeidung der Verletzung des Prinzips der Umkehrung der Verantwortlichkeiten 145
Objektzugriff mit Proxy-Muster steuern 438
    Cache-Proxy 478, 494
    Complexity Hiding-Proxy 495
    Copy-On-Write-Proxy 495
    Firewall-Proxy 494
    Remote-Proxy 441
        für Client wiederverwenden 461
        für Remote-Service vorbereiten 458–459
        mit RMI-Registry registrieren 460
        Objekte einhüllen in 480
        Rolle von 442–443
        testen 462–464
        Überwachungscode hinzufügen 444
        Zusammenfassung 465–466
    Schutz-Proxy 481
        dynamischen Proxy erstellen 486–490
        dynamischen Proxy nutzen 481–482
        Interessen schützen 485
        Partnervermittlung implementieren 483–484
        Partnervermittlung testen 491–492
    Smart Reference-Proxy 494

    Synchronisierungs-Proxy 495
    virtueller Proxy 469
        Image-Proxy schreiben 472–475
        testen 476
        virtuellen Proxy entwerfen 471
        Zusammenfassung 477
Observer-Muster 37
    Abhängigkeiten in 52
    Definition 51
    Eins-zu-viele-Beziehungen 51–52
    Herausgeber/Abonnent 45
    in java.util eingebautes nutzen 64–71
    in Kurz-Krimi 48–50
    in Model 2 563
    in Model-View-Controller 538–539, 543–545
    Klassenentwurf für 51
    Klassenmuster-Kategorie 594
    Lambda-Ausdrücke und 74
    lockere Bindung in 53
    Muster kombinieren 522–528
    Observer-Objekt in 45
    Subjekt-Objekt in 45
    Swing und 72–73
    Übung, die Muster Beschreibungen zuordnet 387, 391, 616
    verwenden in Wetterstation
        Anzeigeelemente aufbauen 59
        das in Java eingebaute Observer-Muster nutzen 67–71
        entwerfen 56
        Implementierung 57–58
        Klassen auspacken 40
        stärker machen 60
    Vorgang 46–47
Offen-Geschlossen-Prinzip
    Auswirkungen auf die Wartbarkeit des Codes 88–89
    Code, der es verletzt 359, 404
OO-Design (objektorientiertes Design)
    siehe auch Entwurfsprinzipien
    Adapter 244
        in Aktion 246–247
        Objekt- und Klassenadapter 252–255
        Testlauf 248
        Zwei-Wege-Adapter erstellen 250
    Entwurfsmuster vs. 30–31
    Erweiterbarkeit und Veränderbarkeit von Code 89

locker gebundene Designs und 53
Richtlinien zur Vermeidung der Verletzung des Prinzips der Umkehrung der Verantwortlichkeiten 145
Organisationsmuster 611

P

package- und import-Anweisungen 130
parallele Klassenhierarchien 134
Partnervermittlung mit Proxy-Muster 482
    dynamischen Proxy erstellen 486–490
    Implementierung 483–484
    Interessen schützen 485
    testen 491–492
Pizzeria-Projekt und Factory-Muster
    abstrakte Fabrik in 155, 158–159
    Aspekte identifizieren 114–115
    die Fabrik erstellen 117
    Framework für 122
    Hinter den Kulissen 156–157
    Implementierung 144
    konkrete Unterklassen in 123–124
    Konsistenz der Zutaten sichern 146–150, 169
    lokale Zutatenfabriken referenzieren 154
    Objekterstellung kapseln 116–117
    parallele Sätze von Klassen zeichnen 135, 167
    Pizza bestellen 130–134
    Pizzas umarbeiten 151–153
    Pizzeria erstellen 125–126
    Zweigstellen 120–121
polymorphen Code für Iterator verwenden 345, 347
Polymorphie 12
Prinzip der einen Verantwortlichkeit 348–349
Prinzip der Umkehrung der Abhängigkeiten 141–145, 306
Prinzip der Verschwiegenheit 273–277
Programmieren auf eine Schnittstelle vs. auf einen Supertyp 12
Programmieren auf Schnittstellen, nicht Implementierungen 11–12, 71, 76, 78–79, 344
Prototyp-Muster 632–633
Proxy-Klasse, Klasse identifizieren 492
Proxy-Muster 467
    Abwandlungen 478, 494–495
    Adapter-Muster vs. 478

    Complexity Hiding-Proxy 495
    Copy-On-Write-Proxy 495
    Decorator-Muster vs. 478–480
    dynamische Aspekte dynamischer Proxys 492
    echtes Subjekt
        als Ersatz für 478
        an Konstruktor übergeben 488
        den Client stattdessen das Proxy nutzen lassen 478
        Methode aufrufen auf 487
        Proxy zurückliefern 490
    Einschränkungen für das Übergeben der Typen von Interfaces 492
    Firewall-Proxy 494
    Implementierung des Remote-Proxy 441
        bei RMI-Registry registrieren 460
        Client wiederverwenden für 461
        für Remote-Service überwachen 458–459
        Objekte umhüllen und 480
        Rolle von 442–443
        testen 462–464
        Überwachungscode hinzufügen 444
        Zusammenfassung 465–466
    java.lang.reflect-Package 452, 481, 488
    Schutz-Proxy 481
        Adapter und 478
        dynamischen Proxy erstellen 486–490
        dynamischen Proxy nutzen 481–482
        Interessen schützen 485
        Partnervermittlung implementieren 483–484
        Partnervermittlung testen 491–492
    Smart Reference-Proxy 494
    Synchronisierungs-Proxy 495
    Übung, die Muster Beschreibungen zuordnet 493, 594, 616
    virtueller Proxy 469
        Cache-Proxy als Form von 478, 494
        einen virtuellen Proxy entwerfen 471
        Image-Proxy schreiben 472–475
        testen 476
        Zusammenfassung 477
Proxy-Muster, Objektzugriff steuern mit 438
    Caching-Proxy 478, 494
    Complexity Hiding-Proxy 495
    Copy-On-Write-Proxy 495
    Firewall-Proxy 494

Remote-Proxy 441
   bei RMI-Registry registrieren 460
   für Client wiederverwenden 461
   für Remote-Service zubereiten 458–459
   Objekte einpacken und 480
   Rolle von 442–443
   Rückblick auf den Prozess 465–467
   testen 462–464
   zu Überwachungscode hinzufügen 444
Schutz-Proxy 481
   dynamischen Proxy erstellen 486–490
   dynamischen Proxy testen 481–482
   Implementierung, Partnervermittlung 483–484
   Inhalte schützen 485
   Partnervermittlung testen 491–492
Smart Reference-Proxy 494
Synchronisierungs-Proxy 495
virtueller Proxy 469
   einen virtuellen Proxy entwerfen 471
   Image-Proxy schreiben 472–475
   Rückblick auf den Vorgang 477
   testen 476
Proxys 437

R

Refactoring 362, 601
Remote Method Invocation (RMI) 444
   bei RMI-Registry registrieren 460
   Code für Serverseite vervollständigen 453–456
   Code unter der Lupe 454
   Dinge, auf die man achten muss 456
   java.rmi importieren 458
   Methodenaufruf in 446–447

   Packages importieren 459, 461
   Remote-Service erstellen 449–453
Remote-Proxy 441
   bei RMI-Registry registrieren 460
   Client wiederverwenden für 461
   für Remote-Service vorbereiten 458–459
   Objekte umhüllen und 480
   Rolle von 442–443
   testen 462–464
   Überwachungscode hinzufügen 444
   Zusammenfassung 465–466

remove()-Methode
   Enumeration und 258
   in Collection-Objekten 341
   in java.util.Iterator 347
Ressourcen, Entwurfsmuster 608–609
Restaurant-Speisekarten zusammenführen (Iterator-Muster) 324
   Code mit java.util.Iterator verbessern 342–344
   Implementierung von 326–331
   Iteratoren hinzufügen 335–341
   Iteratoren implementieren für 334
   kapselnder Iterator 332–333
RMI (Remote Method Invocation) 444
   bei RMI-Registry registrieren 460
   Code für Serverseite vervollständigen 453–456
   Code unter der Lupe 454
   Dinge, auf die man achten muss 456
   java.rmi importieren 458
   Methodenaufruf in 446–447
   Packages importieren 459, 461
   Remote-Service erstellen 449–453
Rückgängig-Befehle
   erstellen 218–220
   Implementierung für Makro-Befehl 229
   mehrere erstellen 229
   testen 221, 224–225
   Unterstützung von 218
   Zustand zur Implementierung nutzen 222

S

Sammlungen von Objekten
   Bedeutung von 334
   Composite-Muster verwenden 367
      Baumstruktur 364–366, 372
      Code testen 372–374
      Implementierung, Komponenten 368–370
      mit Iteratoren verwenden 376–383
   Ganzes/Teil-Beziehung verwenden 384
   Implementierung, Iteratoren für 334
   Integration in Framework 351
      Code überarbeiten 352–354
   mit Iterator-Muster abstrahieren 323
      Code mit java.util.Iterator vereinfachen 342–344
   Iteratoren hinzufügen 335–341
      remove()-Methode in 341

Schokoladenfabrik, mit Singleton-Muster 177
   Schokokocher-Code reparieren 185
Schutz-Proxy 481
   dynamischen Proxy erstellen 486–490
   dynamischen Proxy implementieren 481–482
   Interessen schützen 485
   Partnervermittlung implementieren 483–484, 491–492
   Proxy-Muster und 478
Server-Heap 445–448
Service-Helfer (Skeletons) in RMI 448–449, 452, 454–456, 465–466
Servlet-Umgebung einrichten 557
Servlets & JSP von Kopf bis Fuß (Basham, Sierra und Bates) 557
Simple Factory-Muster 119
   eine Fabrik erstellen 117
   Factory Method-Muster und 137
   mit dem new-Operator konkrete Klassen instantiieren 112–115
   Muster-Ehrenmedaille 119
   Überblick über Fabrik-Objekte 116
Singleton-Muster 171
   Code unter der Lupe 175
   Definition 179
   doppelt geprüfte Sperren 184
   Eine Klasse, eine Verantwortlichkeit und 187
   globale Variablen vs. 187
   Implementierung 175
   Klassendiagramm 179
   mit Multithreading umgehen 181–184, 190
   Nachteile von 187
   Schokoladenfabrik 177
      Schokokocher-Code reparieren 185
   Übung, die Muster Beschreibungen zuordnet 594
   Unterklassen in 187
   verwenden 186
   Vorteile von 172
Singleton-Objekte 173, 176
Skeletons (Service-Helfer), in RMI 448–449, 452, 454–456, 465–466
Smart Reference-Proxy 494
Sortiermethoden in Template Method-Muster 308–313
Speisekarten zusammenführen (Iterator-Muster) 324
   Code mit java.util.Iterator vereinfachen 342–344
   Implementierung von 326–331
   Iterator kapseln 332–333
   Iteratoren hinzufügen 335–341
   Iteratoren implementieren 334
Spielen Sie JVM, Lösung, mit Multithreading umgehen 181–182, 190
Spitzen Sie Ihren Bleistift
   Abstract Factory-Muster schreiben 517, 569
   Befehle für Aus-Knöpfe erstellen 227, 242
   Beschreibungen von Zuständen von Implementierungen 404, 433
   Code ändern, um Framework für Iterator-Muster anzupassen 351, 389
   Code, der keine Fabrik nutzt 139, 168
   Dekorierer-Klassen ändern 101, 110
   Dinge, die Veränderung veranlassen 8, 35
   dynamischen Proxy erstellen 490, 499
   Faktoren, die den Entwurf beeinflussen 86
   Garagentor-Befehl implementieren 207, 241
   Getränkebestellung zeichnen 109
   Hinzufügen von Verhalten 14
   Implementierung von speisekarteAusgeben() 330, 389
   Kaugummiautomat-Zustände annotieren 417, 435
   Klassen ermitteln, die das Prinzip der Verschwiegenheit verletzen 276, 280
   Klassen für Adapter schreiben 250, 280
   Klassen für Dekorierer-Muster anpassen 524, 567
   Klassen in Singleton umwandeln 178, 191
   Klassen skizzieren 54
   Klassendiagramm für die Implementierung von zubereitungsRezept() 292, 320
   Methoden für Klassen schreiben 85, 108
   Methoden zum Auffüllen des Kaugummiautomaten 429, 436
   Muster Kategorien zuordnen 595, 595–597
   Pizzeria erstellen 126, 166
   Schar-Observer-Code schreiben 526, 568
   Schokokocher-Code reparieren 185, 192
   Vererbung 5, 35
   Wärmeindex erstellen 61
   Wetterstation 42, 78
   Zustandsdiagramm annotieren 408, 434
   Zustandsklassen implementieren 414, 433
   Zutatenfabrik aufbauen 150, 169
stark gebunden 53

State-Muster 418
  Anzahl von Klassen im Design erhöhen 420
  Einer von Zehn-Wettbewerb, Kaugummiautomat
    Code ändern 404–405
    neuer Entwurf 406–408
    Überblick 402–403
    Zustandsdiagramm annotieren 408, 434
    Zustandsdiagramm zeichnen 403, 432
    Zustandsklassen implementieren 409, 412–417, 421
    Zustandsklassen überarbeiten 410–411
  Kaugummiautomat-Controller-Implementierung 394
    Code aufräumen 425
    Code schreiben 398–399
    Diagramm zum Code 396–397
    fertigstellen 422
    Kaugummiautomat wieder auffüllen 428–429
    Testcode 400–401
    Verkauft- und GewinnZustand in 424
    Vorführung von 423–424
  Strategy-Muster vs. 419, 426–427
  Übung, die Muster Beschreibungen zuordnet 430, 436, 594, 616
  Zustand modellieren 396–397
  Zustandsobjekte teilen 420
  Zustandsübergänge in Zustandsklassen 420
statische Klassen anstelle von Singleton verwenden 181–182, 186
statische Methoden vs. Erstellungsmethoden 117
Sternback-Kaffee-Projekt und Decorator-Muster 82
  Bestellungscode testen 100–101
  Code schreiben 97–99
  dem Code Größen hinzufügen 101
  Getränke dekorieren in 94
  Getränkebestellung zeichnen 96, 109
  Getränkebestellungen aufbauen 91–92
  Java-Dekorierer nutzen 102–105
Sternback-Kaffee-Schulungshandbuch 284
  Template Method-Muster verwenden 294
    Code testen 302
    Code unter der Lupe 298–299
    das Hollywood-Prinzip und 304–306
    Definition 297
    Hooks in 299–301
  zubereitungsRezept() abstrahieren 290–293

Strategy-Muster 24
  in Model 2 564
  in Model-View-Controller 538–539, 548–549, 551
  State-Muster vs. 419, 426–427
  Template Method-Muster und 313, 316–317
  Übung, die Muster Beschreibungen zuordnet 306, 320, 387, 391, 430, 436, 594, 616
Struktur-Abschnitt in Musterkatalog 591
Strukturmuster-Kategorie, Entwurfsmuster 596, 598–599
Stubs (Client-Helfer), in RMI 448–449, 452, 454–456, 465–466
Subjekt
  in Klassendiagrammen 52
  in Kurz-Krimi 48–50
  in Observer-Muster 45–47
Superklasse
  abstrakte 12
  verwenden 4
Supertyp vs. auf Schnittstelle programmieren 12
SWAG 42
Swing
  Composite-Muster und 565
  Observer-Muster in 72–73
  Template Method-Muster und 314
Synchronisierung, als Overhead 182
Synchronization Proxy 495

T

Teil-Ganzes-Hierarchie 364
Teilnehmer-Abschnitt in Musterkatalog 591
Template Method-Muster 294
  abstrakte Klasse in
    Definition 298
    Hooks vs. 303
    Methoden in 299
  Applet und 315
  Code unter der Lupe 298–299
  das Hollywood-Prinzip und 304–306
  Definition 297
  Hooks in 299–301, 303
  im wahren Leben 307
  Klassendiagramm 297
  sortieren mit 308–313

Strategy-Muster und 313, 316–317
Swing und 314
Testcode 302
Übung, die Muster Beschreibungen zuordnet 306, 320, 430, 436, 594, 616

The Hillside Group (Website) 609

The Timeless Way of Building (Alexander) 608

Transparenz, in Composite-Muster 375

try/catch, nicht unterstützende Methoden 383

typsichere Parameter 137

U

übermäßige Verwendung von Entwurfsmustern 604

Übungen

Code-Magneten
für Observer-Muster 69, 79
für RestaurantSpeisekarten-Iterator 358, 390

Design-Puzzle
Image-Proxy umarbeiten 475, 498
Klassen umarbeiten, um Redundanz zu entfernen 287–288
Klassendiagramme unter Verwendung von View und Controller zeichnen 548, 569
von Klassen und Interfaces 25, 34
Zustandsdiagramme zeichnen 403, 432

einen Adapter schreiben, der Iterator an Enumeration anpasst 259, 281

Enten-Magneten-Übung, Objekt- und Klassen-Adapter 253

Handler für Partnervermittlung schreiben 489, 498

Iterator implementieren 336

mit Multithreading umgehen 253–254

Rückgängig-Knopf für Makro-Befehl implementieren 229, 242

Spielen Sie JVM, Lösung, mit Multithreading umgehen 181–182, 190

Spitzen Sie Ihren Bleistift
Abstract Factory-Muster schreiben 517, 569
Befehle für Aus-Knöpfe erstellen 227, 242
bei der Implementierung von speisekarteAusgeben() 330, 389
Beschreibungen von Zustandsimplementierungen wählen 404, 433

Code bei Iterator-Muster an Framework anpassen 351, 389
Dekorierer-Klassen ändern 101, 110
Dinge, die Veränderung vorantreiben 8, 35
dynamischen Proxy schreiben 490, 499
Faktoren identifizieren, die den Entwurf beeinflussen 86
Garagentor-Befehl implementieren 207, 241
Getränkebestellung skizzieren 109
Kaugummiautomat-Zustände beschreiben 417, 435
Klassen bestimmen, die das Prinzip der Verschwiegenheit verletzen 276, 280
Klassen für Adapter schreiben 250, 280
Klassen für Decorator-Muster ändern 524, 567
Klassen in ein Singleton verwandeln 178, 191
Klassen skizzieren 54
Klassendiagramm für die Implementierung von zubereitungsRezept() 292, 320
Methode zum Wiederauffüllen des Kaugummiautomaten 429, 436
Methoden für Klassen schreiben 85, 108
Muster Kategorien zuordnen 595–597
Schar-Observer-Code schreiben 526, 568
Schokokocher-Code reparieren 185, 192
Verhalten hinzufügen 14
Wetterstation 42, 78
zur Vererbung 5, 35
Zustandsdiagramm erläutern 408, 434
Zustandsklassen implementieren 414, 433
Zutatenfabrik erstellen 150, 169

Wer macht was
Muster einer Beschreibung zuordnen 306, 320, 387, 391, 430, 436, 493, 500, 594, 616
Muster ihrem Zweck zuordnen 262, 281
Objekte und Methoden dem Command-Muster zuordnen 204, 241

Umhüllen von Objekten 90, 250, 260, 268, 480, 514

Umkehrung, in Prinzip der Umkehrung der Verantwortlichkeiten 143

Unterklassen

Factory Method, Unterklassen entscheiden lassen, welche Klasse instantiiert wird 136
in Singletons 187
Klassenbibliotheken und 83
konkrete Befehle und 209

konkrete Zustände und 418
misslungene Vererbung 4
Pizzeria, konkrete 123–124
Template Method 294

V

Variablen
Referenzen auf konkrete Klasse festhalten 145
Verhalten deklarieren 15
Vector 356
vegetarische Speisekarte mit Composite-Muster 381–383
Veränderung
identifizieren 53
Iteration und 348
Konstante in der Softwareentwicklung 8
Vererbung 5
für Wartbarkeit 4
für Wiederverwendung 4, 13
Komposition vorziehen vor 23
Komposition vs. 95
mehrere Implementierungen 252
Nachteile 5, 87
Verhaltensmuster, Kategorie, Entwurfsmuster 596, 598–599
Verhalten
bei Hinzufügung an dekorierte Objekte delegieren 92
dynamisch setzen 20–21
entwerfen 11–12
Implementierung 13
integrieren 15–17
kapseln 11, 22
Klassen als 14
Klassen erweitern, um neue einzubauen 88
Variablen deklarieren 15
Verwandte Muster-Abschnitt in Musterkatalog 591
verzögerte Instantiierung 179
virtueller Proxy 469
Cache-Proxy als Form von 478, 494
Image-Proxy schreiben 472–475
testen 476
virtuellen Proxy entwerfen 471
Zusammenfassung 477

Visitor-Muster 634–635
Vlissides, John 607–608
volatile-Schlüsselwort 184
Von Kopf bis Fuß-Lernprinzipien xxvi

W

Wartbarkeit, Vererbung im Dienste von 4
Web, Model-View-Controller und 555
Wer macht was?-Übungen
Muster einer Beschreibung zuordnen 306, 320, 387, 391, 430, 436, 493, 500, 594, 616
Muster ihrem Zweck zuordnen 281
Objekte und Methoden dem Command-Muster zuordnen 204, 241
Wetterstation
Anzeigeelemente erstellen 59
eingebautes Java Observer-Muster nutzen 67–71
entwerfen 56
Implementierung 57–58
Klassen entpacken 40
starten 60
wickedlysmart-Website xxxi
Wiederverwendung 4, 87

Z

zubereitungsRezept(), abstrahieren 290–293
Zusammenarbeitsabschnitt im Musterkatalog 591
Zustand, Rückgängig-Befehl implementieren mit 222
Zustandsmaschine 396–397
Zustandsübergänge in Zustandsklassen 420
Zweck-Abschnitt in Musterkatalog 591
Zwei-Wege-Adapter erstellen 250

Kolophon

Alle Layouts im Innenteil wurden von Eric Freeman, Elisabeth Robson, Kathy Sierra und Bert Bates gestaltet. Von Kathy und Bert stammt das »Look-and-feel« der amerikanischen Head First-Reihe. Das Buch wurde mit Adobe InDesign CS (einem unglaublich coolen Design-Tool, von dem wir gar nicht genug bekommen können) und Adobe Photoshop CS hergestellt. Für den Satz wurden die Schriftarten Uncle Stinky, Mister Frisky (nein, das ist *kein* Witz), Ann Satellite, Arial, Baskerville, Comic Sans, Corndog, Futura, Marker Felt, Myriad Pro, Residoo, Skippy Sharp, Savoye LET, Jokerman LET, Courier New und Woodrow benutzt.

Der Innenteil wurde ausschließlich auf Apple Macintosh-Rechnern gestaltet und hergestellt – bei Head First legen wir alle viel Wert auf »Think Different«. Der gesamte Original-Java-Code wurde mit James Goslings Lieblings-IDE *vi* erstellt, aber wir sollten wirklich einmal Erich Gammas Eclipse ausprobieren.

Unsere Energielieferanten an den langen, mit Schreiben ausgefüllten Tagen waren der Koffein-Kraftstoff von Honest Tea und Tejava, die reine Luft von Santa Fe und die großartigen Klänge von Banco de Gaia, Cocteau Twins, Buddha Bar I–VI, Delerium, Enigma, Mike Oldfield, Olive, Orb, Orbital, LTJ Bukem, Massive Attack, Steve Roach, Sasha and Digweed, Thievery Corporation, Zero 7 und Neil Finn (in all seinen Inkarnationen), außerdem Unmengen von Acid Trance und mehr Musik aus den 80ern, als Sie so genau wissen möchten.

Zum Abschluss ein letztes Wort vom VKbF-Institut

Unsere erstklassigen Forscher arbeiten Tag und Nacht in wildem Kampf gegen die Uhr daran, die Geheimnisse des Lebens, des Universums und alles anderen zu entschlüsseln – bevor es zu spät ist. Noch nie wurde ein Forschungsteam mit derart hehren und einschüchternden Zielen zusammengestellt. Aktuell fokussieren wir unsere geballte Energie und Gedankenkraft auf die Entwicklung der ultimativen Lernmaschine. Wenn sie vollkommen ist, werden Sie und andere sich uns bei unserem Unternehmen anschließen!

Sie haben das Glück, einen unserer ersten Prototypen in der Hand zu halten. Aber unser Ziel kann nur durch stete Verbesserung erreicht werden. Deswegen bitten wir Sie, als einen Pionier in der Nutzung unserer Technologie, senden Sie uns Erfahrungsberichte zu Ihrem Fortschritt an fieldreports@wickedlysmart.com

Und wenn Sie das nächste Mal in Objekthausen sind, schauen Sie einfach vorbei und nehmen an einer der »Hinter den Kulissen«-Führungen im Labor teil.

Kaukugel & Co. KG

Ohne Ihren Beitrag werden die kommenden Generationen vielleicht nie die Freuden eines Kaugummiautomaten kennenlernen. Heute gefährdet unflexibler, jämmerlich entworfener Code Java-gesteuerte Maschinen. Kaukugel & Co. KG wird das nicht zulassen. Unser ganzes Augenmerk liegt darauf, Sie dabei zu unterstützen, Ihre Java- und OO-Design-Fertigkeiten zu verbessern, damit Sie uns dabei helfen können, die nächste Generation von Kaukugel & Co. KG-Maschinen zu bauen.

Na los, Java-Toaster sind so 90er! Besuchen Sie uns unter *http://www.wickedlysmart.com*.

Vorsicht
Sie könnten etwas lernen!

Lernen widerfährt einem nicht einfach so. Lernen ist etwas, was Sie tun. Sie können nicht lernen, ohne ein paar Neuronen zu strapazieren. Lernen heißt, neue Gedankenwege zu begehen, Brücken zwischen vorhandenem und neuem Wissen zu schlagen, Muster zu erkennen und Tatsachen und Informationen in Wissen umzusetzen (besser noch, in Erkenntnis).

Diese Lernphilosophie haben wir in einer innovativen Buchreihe umgesetzt – lassen Sie sich »von Kopf bis Fuß« begeistern!

Wir verwenden verschiedene Kniffe,

um Ihre Aufmerksamkeit zu erregen. Ein neues, schwieriges, technisches Thema zu erlernen muss ja nicht zwangsläufig langweilig sein. Die Abbildungen sind oft irritierend, zu groß geraten, lustig, sarkastisch oder skurril. Das Seitenlayout ist hochdynamisch – keine zwei Seiten gleichen sich, jede ist von Hand gebastelt, um die richtige Mischung aus Text und Abbildungen zu erreichen.

Wie Ihnen diese Reihe hilft

Wir erzählen Ihnen Geschichten in einer zwanglosen Sprache statt Vorträge zu halten. Wir nehmen uns nicht allzu ernst. Was fesselt Sie mehr – eine anregende Begegnung auf einer Party oder eine Vorlesung?

Wir setzen auf visuelle Reize.

Bilder lassen sich viel leichter merken als Worte allein, das Lernen wird durch sie viel effektiver. Und es macht definitiv mehr Spaß.

Außerdem erhältlich: C#, Datenanalyse, objektorientierte Analyse und Design, HTML, JavaScript, PHP & MySQL, Servlets & JSP, Softwareentwicklung, SQL, Statistik und Webdesign von Kopf bis Fuß. Weitere Themen sind in Vorbereitung, siehe www.oreilly.de/headfirst

anfragen@oreilly.de • http://www.oreilly.de • +49 (0)221-97 31 60-0

Informieren Sie sich auf www.oreilly.de

➡ Gesamtübersicht aller englischen und deutschen Bücher mit **Online-Bestellmöglichkeit**

➡ **Probekapitel** und Inhaltsverzeichnisse unserer Bücher

➡ Ankündigungen von **Neuerscheinungen**

➡ lesen Sie **Themenspecials, Artikel, Autoreninterviews**

➡ abonnieren Sie unseren **Newsletter**

➡ Sie wollen O'Reilly **Autor werden**?
www.oreilly.de/author

➡ für **User Groups** bieten wir ein spezielles Programm an: *www.oreilly.de/ug*

➡ lesen Sie unser **Verlagsblog** unter:
http://community.oreilly.de/blog

➡ folgen Sie uns auf **Twitter:**
http://twitter.com/oreillyverlag

O'Reillys eBooks

Ob Tierbücher, Kochbücher, Basics oder die beliebten Missing Manuals: O'Reilly-Leser können auch online auf das deutschsprachige Verlagsprogramm zugreifen (ausgenommen »Von Kopf bis Fuß«).

Und: Die eBook-Ausgabe ist ca. 20 % günstiger als das gedruckte Buch!

Erhältlich unter:
www.oreilly.de/ebooks

O'REILLY®

O'Reilly Verlag GmbH & Co. KG
Balthasarstraße 81, 50670 Köln
kommentar@oreilly.de